国家科学技术学术著作出版基金资助出版

现代汽车板工艺及成形理论与技术

THEORY AND TECHNOLOGY OF PROCESSING AND FORMING FOR ADVANCED AUTOMOBILE STEEL SHEETS

康永林 著

北 京
冶 金 工 业 出 版 社
2009

内 容 简 介

本书全面、系统地介绍和论述了现代汽车板工艺及成形理论与技术，是一部将与现代汽车板的内在和外在质量有关的冶金生产工艺全过程控制及其成形与应用技术融为一体的专著。内容包括：绪论、低（微）碳铝镇静钢板、超深冲 IF 钢板、热轧高强钢和先进高强度钢板、冷轧高强钢和先进高强度钢板、汽车用表面处理钢板、薄板坯连铸连轧工艺生产汽车板、特殊性能汽车板、汽车板的表面质量控制、板材成形性及其评价方法、汽车板的先进成形技术、板材成形中的动态摩擦等。

本书可供冶金工业、汽车工业及薄板冲压成形企业的工程技术人员、研究人员、设计人员以及从事金属材料产品开发、深加工和应用部门的专业人员阅读，同时也可作为大专院校有关专业师生的参考书。

图书在版编目(CIP)数据

现代汽车板工艺及成形理论与技术/康永林著. —北京：冶金工业出版社，2009.2

ISBN 978-7-5024-4780-9

Ⅰ.现… Ⅱ.康… Ⅲ.汽车—工程材料—钢板—研究 Ⅳ.U465.1

中国版本图书馆 CIP 数据核字(2008)第 214269 号

出 版 人 曹胜利

地　　址 北京北河沿大街嵩祝院北巷 39 号，邮编 100009

电　　话 (010)64027926 电子信箱 postmaster@cnmip.com.cn

责任编辑 张登科 美术编辑 李 心 版式设计 张 青

责任校对 王贺兰 李文彦 责任印制 牛晓波

ISBN 978-7-5024-4780-9

北京盛通印刷股份有限公司印刷；冶金工业出版社发行；各地新华书店经销

2009 年 2 月第 1 版，2009 年 2 月第 1 次印刷

169mm×239mm；35.5 印张；670 千字；548 页；1-3300 册

99.00 元

冶金工业出版社发行部 电话：(010)64044283 传真：(010)64027893

冶金书店 地址：北京东四西大街 46 号(100711) 电话：(010)65289081

（本书如有印装质量问题，本社发行部负责退换）

序

多年来,汽车工业不仅一直是工业发达国家经济的支柱产业之一,而且在一些发展中国家汽车工业也占有重要的地位。汽车的生产、销售和使用已同国家的经济、交通、物流、能源、资源、环境以及人民的生活密不可分。我国的汽车工业从21世纪初开始进入迅猛发展阶段,2007年,国内汽车产量突破888万辆,汽车销售量达到879.15万辆,成为世界第三大汽车生产国和第二大汽车消费国。

从现代汽车的设计、制造、使用和市场要求来看,动力性能、安全、节能与环保仍然是首要的问题。汽车车体轻量化、外形多样化、制造低成本以及材料的可回收再利用等在不断推动着现代汽车材料技术的发展,汽车工业的发展与原材料工业,尤其是钢铁工业已形成密切的关系。在汽车制造所使用的原材料中,钢铁材料占有最大的比重(约占三分之二左右),而钢铁材料中用量最大的是薄钢板。在汽车轻量化发展的过程中,尽管近年来一直存在钢铁材料同铝合金、镁合金、塑料及复合材料的竞争,但到目前为止,大量的研究结果表明,从汽车安全性、制造成本、材料的回收循环再利用以及轻量化与节能的综合效果来看,积极开发和采用高性能、高强度钢及其先进的设计与加工成形技术仍然具有明显的优势和良好的前景。

近年来,国内外在汽车用高性能钢,尤其是先进高强钢的基础研究和应用技术研究开发方面十分活跃,超高强钢板的强度已达到或超过1500MPa。在针对和解决汽车用高强钢随着强度增加,塑性和成形性能下降,开裂、起皱、回弹、成形件尺寸与形状精度控制、模具磨损和焊接等问题明显增加,以及如何进一步提高抗冲撞能量吸收值等关键问题时,从高性能先进高强钢的冶金与材料工艺原理出发,国内外许多研究者和公司相继研究开发了具有低屈强比的高强和超高强双相钢(DP 钢)、兼有高强度和良好塑性的相变诱导塑性钢(TRIP 钢)、孪晶诱导塑性钢(TWIP 钢)、热冲压成形钢(含 B 钢)、马氏体钢、Q&P 钢以及纳米粒子析出强化钢(NANO-HITEN 钢)等新一代高性能先进高强钢。总的趋势是朝着高成形性能、高强或超高强兼备的新一代汽车用钢的冶金、材料以及应用科学相关的理论与技术研究方向发展,并以此指导新型汽车板的冶金工艺控制技术和成形应用技术开发,以适应现代汽车安全、节能环保和社会可持续发展的总要求。

从现代汽车板的质量性能要求(如优良的成形性能、高表面质量和耐蚀性能、高强度及抗凹陷性、严格的板形、尺寸精度及性能均匀性,以及良好的焊接性能等)来看,其生产过程涉及到钢的冶炼、精炼、连铸、热轧、冷轧、退火和表面处理等全流程严格精确的控制,可以说现代汽车板的冶金质量与工艺控制水平已成为现代冶金生产技术水平的标志,是一项复杂的系统工程;另一方面,现代汽车板的成形应用涉及到汽车车体外观设计、复杂的成形模具与毛料设计、冲压成形工艺控制(如起皱、开裂、回弹、尺寸形状精度、成形件表面质量等)、成形板料性能、厚度与强度等的合理选材、板料激光拼焊与成形件连接、新型成形技术(如液压成形、热冲压成形、辊压成形等)、车体涂装等,也同样是一项复杂的系统工程。两个系统中均涉及到一系列多学科的相关理论与技术。

本书作者康永林教授是我国较早从事现代汽车板的冶金工艺及冲压成形理论与技术研究和产品开发的学者之一,多年来在该方向作了大量系统的理论与技术方面的研究和开发工作,颇有造诣和贡献。本书不但系统地总结了作者近年来在现代汽车板这一前沿领域取得的研究、开发、生产和应用方面的成果,同时也吸收了目前国内外有关汽车板的最新成果和进展,全面、深入、系统地论述了现代汽车的发展对材料的要求、现代汽车板主要品种的冶金质量与生产工艺控制、组织形成与强化机理,以及板材成形性能评价、冲压成形和应用等相关理论和工艺技术。书中许多资料和图表、数据来自生产实践,这对汽车板的冶金生产工艺和应用技术研究及产品开发具有重要的参考价值。

在书中，作者将现代汽车板的冶金工艺与冲压成形这两个复杂系统中相关的理论与技术紧密而有机地结合起来，既包含现代汽车板生产工艺理论与技术，又包含现代汽车板成形理论与技术，综合研究，整体讨论，科学论述，这既体现了研究工作的广泛性、深入性和创新性，也使本书内容更加全面、系统、厚重和富有新意，这正是现代汽车技术与冶金材料技术发展的客观需要。事实上，对于从事现代汽车板研究开发及生产人员来说，他们需要了解板材成形应用理论和相关的技术知识，以便为用户提供更好的应用技术服务和开发更适合用户和市场需求的汽车板新产品；同样，汽车板应用部门的有关人员也需要了解汽车板冶金生产过程及其冶金工艺控制的一些相关技术和知识，从而为经济地选材、合理地用材、低成本高效率地制造汽车提供科学的依据。

因此，该书不仅是现代汽车板相关理论与技术的总结和阐述，而且理论与生产实践结合，具有较强的实用性，对从事现代汽车板冶金生产工艺和成形应用技术研究及产品开发人员具有相当的参考价值，这将对我国现代汽车板的冶金工艺技术和应用技术发展起到一定的促进作用。

钢铁研究总院院长
中国工程院院士

2008 年 12 月

前　言

自1886年世界上第一台汽车问世以来，汽车工业已有120多年的历史。现代汽车工业的发展已成为现代社会文明的标志。从20世纪六七十年代起，北美、欧洲、日本以及韩国的汽车工业得到了迅速发展。近几年，世界汽车年产量已超过6000万辆。

中国的汽车工业从1953年第一汽车制造厂奠基开始，在经历了40多年的发展历程后，已跃上年产200万辆台阶，到21世纪初开始进入腾飞发展阶段。2000年，中国汽车产量207万辆，到了2007年，汽车产量突破888万辆，进而成为世界第三大汽车生产国。

汽车工业的发展与原材料工业有着密不可分的关系，据德国联邦统计局统计，生产一辆汽车的费用按比例分配为："原材料占53%、制造占30%、设计开发占5%、其他占12%"。因此，高质量原材料的准备非常重要。汽车工业需要的原材料主要为钢铁材料，约占70%，而钢铁材料中用量最大的是薄钢板。一辆轿车使用薄钢板约600～800 kg，薄板成形件500多件。同时，汽车板亦必须满足汽车的安全、节能与低排放、舒适、美观、防腐等项要求。由此可见，汽车行业是高质量薄钢板的最大用户，同时也是对薄钢板品质要求最高的行业。随着计算机、新材料以及各种新技术的日新月异，现代汽车正在朝着轻量化、高性能化、多样化和高级化方向发展。

汽车工业一直是工业发达国家国民经济的支柱产业，钢铁生产中的薄板产品，特别是深冲钢板和高强钢板，也一直伴随着汽车工业的发展而发展，几乎所有新产品的产生和新技术的采用都直接或间接地使汽车工业受益；同样，汽车工业对钢板质量和品种越来越高的需求，也促使冶金生产部门不断革新工艺技术和改进质量。

为适应现代汽车的减重、节能、环保、防腐、防噪声和安全、舒适这一发展的需要，除传统的结构性能、经济性能以外，汽车用钢板还必须满足一系列新的质量上的特殊要求，其中包括：优良的成形性能、焊接性能、表面形貌和光洁度；良好的抗凹陷能力及足够的强度和结构刚度；高的耐蚀性能；良好的板形、板面平直度和严格的尺寸精度及性能均匀性；部分零件钢板应具有吸声减振效果以及减少汽车在行驶中的雷鸣效应等。

要实现汽车安全、轻量化、高性能化、低排放和较低成本这个目标，在与轻合金、塑料及复合材料等竞争的过程中，钢铁工业的技术发展和创新十分重要。为了适应现代汽车对薄板品质的要求，近年来，钢铁工业不断开发和采用新的生产技术，逐步形成了具有不同特点的冷轧及热轧汽车薄板系列化生产技术，其中包括：(1) 以安全和减重节能为目标的高强度钢板系列；(2) 以提高成形性能为目标的深冲和超深冲钢板系列；(3) 以提高汽车防腐能力为目标的表面处理钢板系列；(4) 以发展高性能汽车为目标的减振消声用的复合钢板和改善外观质量、提高反光性能、涂漆性与美观的无缺陷高表面质量钢板等。

实际上，现代汽车板的质量控制与成形应用技术密不可分。汽车板生产的质量控制涉及冶金生产的全流程，是一个复杂的冶金系统工程；同时，板材的成形应用技术也是一个系统工程。将这两个系统紧密结合起来是实际的需要和必然。现代汽车板的研制、开发及生产人员需要了解有关板材冲压工艺、应用技术的基本环节原理和特点以及汽车使用环境条件对板材成形件影响的知识，同时，汽车板的应用部门、冲压工艺控制有关人员也需要了解汽车板材的冶金生产过程及其质量控制的基本知识，从而为合理经济地选材、用材，高质量、高效率地制造汽车提供科学的依据。

作者曾于1999年撰写出版了《现代汽车板的质量控制与成形性》一书，经过近10年的发展，国内外，尤其是我国生产汽车板的冶金工艺技术和汽车板应用技术发生了巨大变化和进步，同时冶金和汽车行业对汽车板的生产和应用技术提出了许多新的要求。为此，作者在本人及合作者近年来承担完成的国家自然科学基金重点项目、国家“973”项目、国家“863”项目、国家科技攻关和支撑计划项目，以及与国内大型和特大型钢铁企业关于新一代钢铁材料及汽车板相关理论与工艺技术、产品开发生产及应用技术等研究工作的密切合作，多学科结合，在当今国际上最先进的汽车板研制、开发、生产和应用这一前沿领域取得创新性成果的基础上，吸收了目前国内外有关现代汽车板研制、生产和应用的最新成果和经验，撰写了本书。本书对现代汽车板主要品种从冶金工艺的质量控制、生产工艺、组织形成控制与强化机理，以及板材成形性能、冲压成形工艺评价设计和控制等方面的工艺理论和应用技术进行了全面、系统和深入的论述。书中许多资料和图表、数据来自生产实践，同时参考了近十几年尤其是近几年来国内外有关文献（这些文献均在相关处列出）。这对汽车板的冶金生产工艺和应用理论与技术研究及产品开发具有重要的参考价值。本书内容主要包括：

（1）简要地介绍了现代汽车的发展及对材料的要求，汽车减重节能与排放要求，汽车用钢面临的挑战、轻量化与高强度钢板及先进高强度钢板，现代汽车板的质量品种要求、分类，以及板带生产的冶金工艺流程等。

（2）从理论上重点论述了汽车板生产工艺控制技术及相关机理。主要包括：低（微）碳铝镇静钢板（冶金成分、热轧、冷轧与退火工艺，以及钢板的组织性能和AlN形成控制机理等）；超深冲IF钢板（冶金成分、热轧、冷轧与退火工艺，钢中第二相粒子析出规律与再结晶规律，IF钢的二次冷加工脆性及控制等）；热轧高强钢板及先进高强钢板（强化机制、热轧DP钢、TRIP钢、贝氏体钢，以及含铜热轧高强钢板等）；冷轧高强钢板及先进高强钢板（冷轧高强钢板的特点，含磷、含铜冷轧高强钢板，BH钢板，冷轧DP钢、TRIP钢，含硅、锰超高强钢板，超高强TWIP钢板，水淬（WQ）超高强钢板、Q & P钢等）；汽车用表面处理钢板（品种质量要求，镀层结构特性及抗粉化剥落性能，耐腐蚀性能，超深冲IF钢镀锌板与先进高强镀锌板，表面处理钢板的成形技术，轿车组装后的表面处理技术等）；薄板坯连铸连轧工艺生产汽车板（热轧冷冲压用钢成分与工艺控制，热轧低碳高强汽车大梁板，热轧DP钢、TRIP钢、IF钢等）；特殊性能汽车板（树脂复合减振钢板，激光拼焊板，汽车用铝合金板等）；汽车板的表面质量控制（表面质量要求，汽车面板用薄钢板性能要求及设计，钢中夹杂物与铸坯表面质量控制，热轧及冷轧过程中的表面缺陷及控制，表面质量检测及控制，以及冷轧板退火过程表面质量控制）等。

（3）在系统论述汽车板生产工艺控制技术及相关机理的同时，详细阐述了汽车板成形及应用的相关理论与技术。主要包括：板材成形性及其评价方法（板材的成形性能，评价板材成形性的实验分析方法，影响板材冲压成形性能的因素分析，汽车冲压件成形分类及应用等）；汽车板的先进成形技术（先进高强钢板应用所面临的课题，涂镀层钢板、高强钢板以及不锈钢板的成形性及成形技术，超高强钢板的热成形技术，液压成形技术，数值模拟－CAE技术在汽车板冲压成形中的应用等）；板材成形中的动态摩擦（成形过程动态摩擦测试系统的原理与方法，不同材料及板材表面状态对摩擦系数的影响，润滑条件对摩擦系数的影响，冲压成形速度、模具温度、模具尺寸、形状对摩擦系数的影响）等。

中国工程院院士干勇教授在百忙中为本书作序，并就书稿结构和内容同作者进行了深入的讨论，提出了重要的观点和建议，使作者受益匪浅，在此深表谢意。

作者在研究工作过程中，曾得到殷瑞钰院士、李正邦院士、王国栋院士、翁宇庆教授、洪及鄙教授、李文秀教授、陈其安教授、李世俊教授、傅杰教授、王新华教授、刘浏教授等多方面关心、指导和支持，在此表示衷心的感谢。

作者在早期从事汽车板冶金工艺及板材成形应用技术的研究中，曾得到王先进教授的热情指导和帮助，在此表示真诚的谢意。感谢刘仁东、孔庆福、孙长杰、柏建仁、王中丙、毛新平、陈贵江、温德智、吴光亮、陆匠心、郑建平、方圆、刘晓等教授级高工近年来与作者的真诚合作和热情帮助。同时，还要感谢许多钢铁企业及校内的有关同志和老师多年来在汽车板相关研究与作者的密切合作和给予的大力支持。作者的一些研究生在汽车板的有关研究工作中做出了重要贡献，并对本书的文字编排和图表整理做了大量工作，在此表示谢意。

本书中许多内容的研究工作曾得到国家自然科学基金项目、国家科技支撑计划项目、国家"973"项目、国家"863"项目以及相关钢铁企业的支持，在此一并表示诚挚的感谢。同时感谢国家科学技术学术著作出版基金对本书出版的资助。

由于本人水平有限，书中不妥之处，恳请广大读者批评、指正。

作 者
于北京科技大学
2008年12月

目　录

1 绪　论

1.1 现代汽车的发展及对材料的要求

自从19世纪80年代第一辆汽车问世，尤其是从20世纪六七十年代以来，北美、日本和西欧的汽车工业得到了飞速发展。作为移动手段的汽车的基本功能（起步、行走、转弯、停止）至今虽然没有大的变化，但随着计算机、新材料以及各种新技术的发展，汽车的性能得到了迅猛提高，并不断增添新的活力。与此同时，汽车工业为社会经济的发展提供了巨大的推动力，给人们的生活方式带来了飞跃性的变化。

从全世界和北美、欧洲、日本自1969年以来的汽车生产量变化来看[1]，世界汽车的生产量因20世纪70年代的两次石油危机曾出现过下跌，从1983年起开始逐年上升，到1997年接近5620万辆，尤其是日本的汽车产量连年增加，到1997年已达到1100万辆/a。汽车工业形成日、美、欧三足鼎立的局面。图1－1为1994～2003年世界汽车产量变化情况[1]。到2003年，全世界年产汽车6100万辆，其中，美国平均年产汽车约1200万辆，日本平均年产1000万辆。而根据文献[2]，2004年预测，2004年到2011年，世界汽车仍然有较快的增长，欧洲、北美、日本和韩国等成熟市场的增长在6%左右，中国、印度、巴西、俄罗斯等快速增长市场将增长89%。

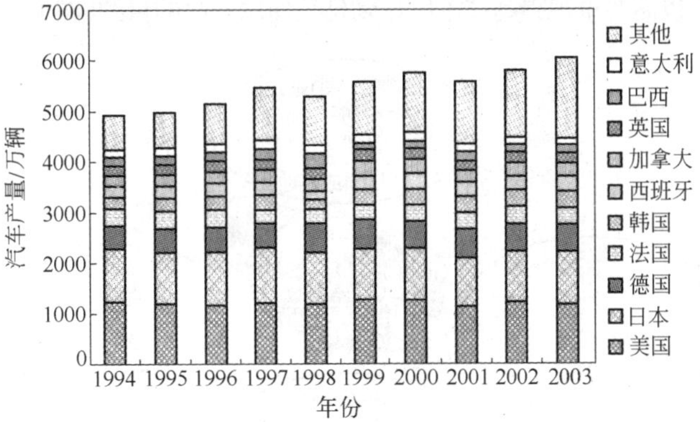

图1－1　1994～2003年世界汽车产量变化情况

图1－2为1978年以来中国汽车产量变化情况。中国在1997年汽车产量仅159万辆，其中轿车49万辆。但近年来，中国的汽车工业发展突飞猛进，2007

年汽车产量为888.24万辆,比1997年增长了4.58倍,平均年增长率超过18%。中国汽车产量已居世界第三位,并成为第二大汽车消费国,据统计,2007年我国国内汽车销售量为879.15万辆,同比增长21.84%[3]。

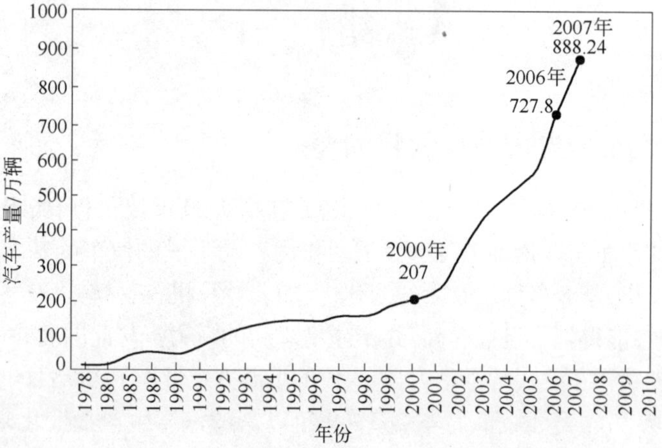

图1-2　1978年以来中国汽车产量变化情况

从现代汽车的设计、制造、使用和市场要求看,动力性能、安全、节能与环保仍然是首要的问题,由此,车体轻量化、外形多样化、功能高性能化以及制造低成本化在不断推动现代汽车技术的发展。

汽车的驾驶动力学、油耗、被动安全性、舒适性、质量和外观都是典型的市场要求,而这些要求则被转化成设计的功能要求。为了符合这些功能要求,在制定车身方案和进行设计时,必须提高强度以提高被动安全性,增强动态刚度以提高舒适性以及提高静态刚度。此外,也需要重视提高技术以达到延长使用寿命的目的(图1-3)[4]。

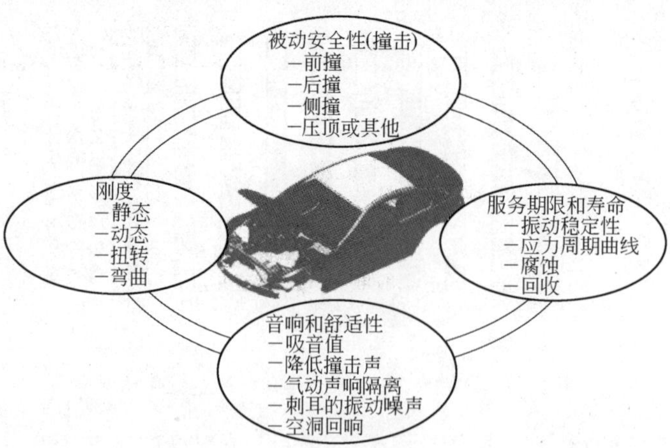

图1-3　车身设计的功能要求

在新型的车身设计循环中,一开始就要做出很多重要的决定,包括车身的设计理念,所应用的制造工艺以及使用的材料等。因为这些主要部分之间紧密相关,所以工艺周期后期的偏离和大变动通常意味着巨大的损失(图 1－4),工艺周期的中心环节是对可行性和成本的严格控制[5]。

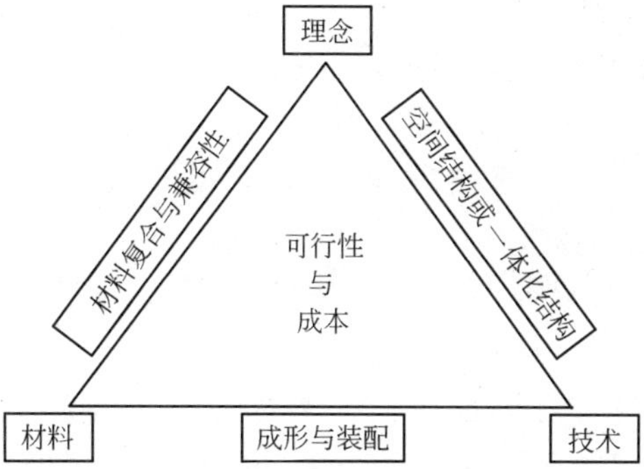

图 1－4　现代车身设计的主要构成

车身的轻量化工程可以采用多种轻量化结构来完成,图 1－5 是宝马汽车轻量化设计方案[4]。首先,在车身轻量化工程中,必须实现车身功能性的最佳组合。这意味着一辆轿车的均匀结构必须具有最佳载荷变化范围。但由于受舒适性的要求以及设计、装配的角度和很简单的车型尺寸的空间限制,通常这是很难完成的;下一步就是制造轻量结构,可以通过采用新的成形工艺,如辊压成形和液压成形,或其他特殊成形工艺(如中温成形),来实现减重;第三个可能方案是采用材料轻量化设计。事实上,采用高强度钢、多相钢、铝和各种常用塑料可以有效地减少重量。

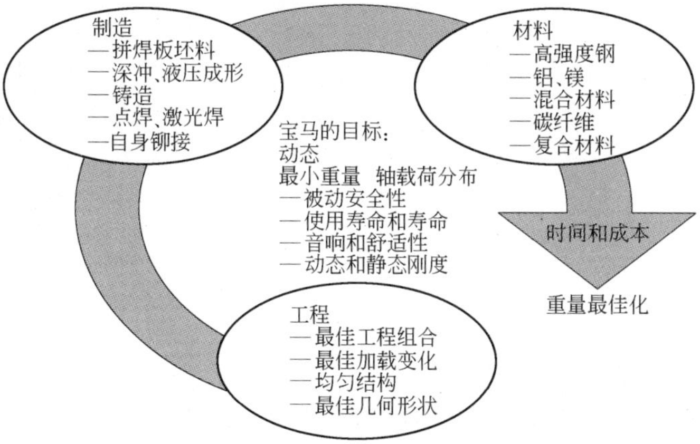

图 1－5　车身轻量化设计方案

从汽车对材料的要求来看,当钢或铝的薄板要用到车身上时,它们必须符合多种要求。首先,是由冲压车间、车身车间和涂漆车间组成的生产工艺链(图 1 – 6)[4]。在冲压车间的成形工艺方面,要考虑的主要有成形性、冲压力、工具涂层、切削、润滑和回弹;在车身制造的工艺过程中,所用的连接工艺都要进行可行性研究,要有各种高温连接技术,如点焊、MIG 焊以及可能的激光焊,还有各种钎焊;冷连接技术主要用于铝材料,铆接、钳住和卷边用于铝材料;针对表面和腐蚀方面,要求在涂漆后零部件具有 A 级表面质量等级。为保证抗低速和高速冲撞能力,材料的塑性和力学性能必须符合要求,同时车身刚度、音响和寿命等都必须符合要求。除了工艺链和最终产品,如轿车所提出的要求外,还应考虑到当今产品开发的过程是一个连续的虚拟过程(图 1 – 7)[4]。因而,在完全工艺链的各个领域中所谓的硬件试验的次数和一种新车的开发周期可以大大缩短,一种新车的开发总时间以及开发成本都可大大缩短和降低。在一种新车的开发期间,有效使用有限元模拟方法,用以确定静、动态刚度、音响、抗冲撞能力、强度和耐用性是很有必要的。这样可以应对缩短产品开发周期的挑战。所以,只有经过详细分析的材料才可以考虑使用。它们的力学性能,如对冲撞的模拟有用的、与应变速率有依从关系的应力应变曲线必须事先知道,这对每一工艺步骤,包括制模过程甚至它们的寿命的表现都是很重要的。

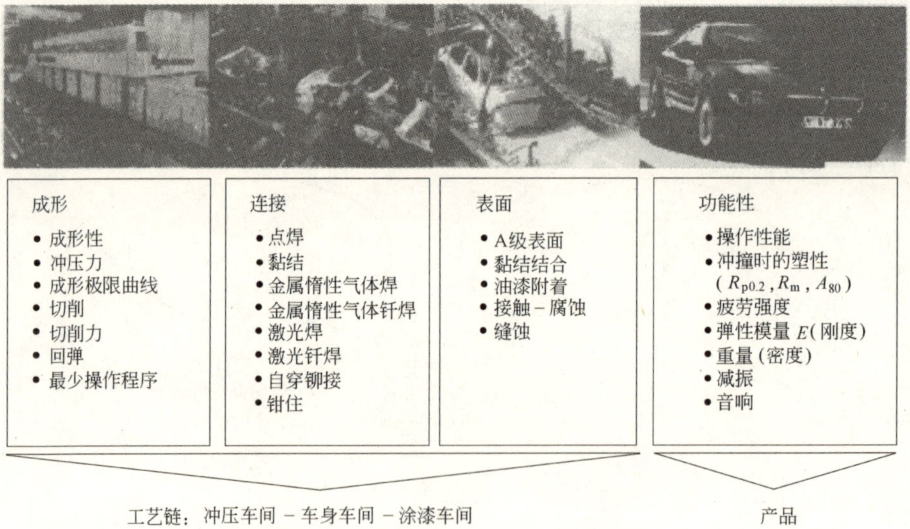

图 1 – 6　从汽车生产工艺链和最终产品的角度对材料提出的要求

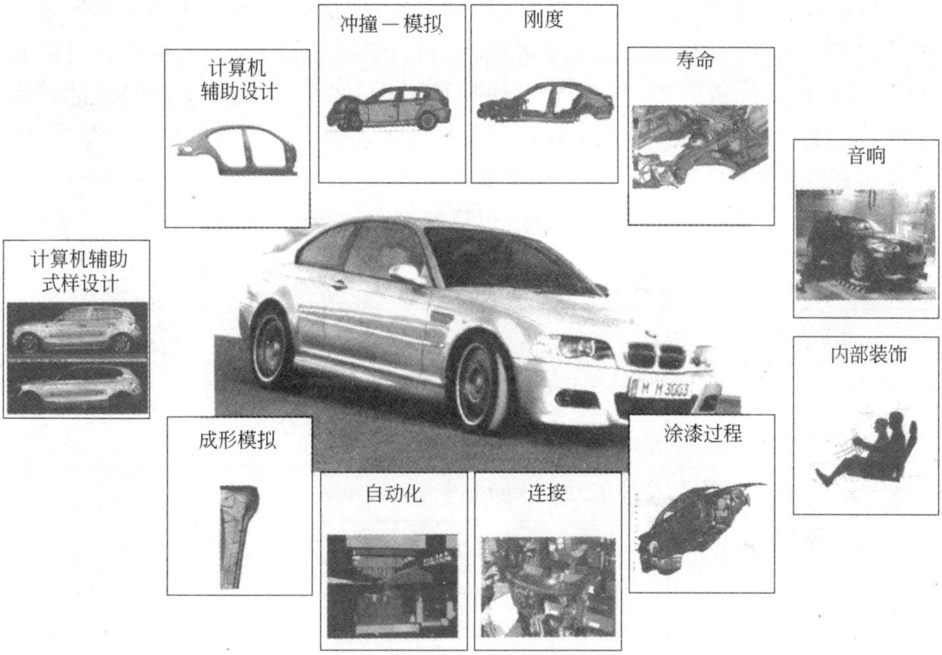

图 1－7　一种新车产品开发的虚拟过程

1.2　汽车发展面临的减重节能与排放要求

近年来，随着能源危机、石油价格不断上升以及地球温室效应加重，世界各国对能源和二氧化碳排放引起的环境问题更加重视，纷纷制定和采取各种严格的措施进行控制。在汽车领域，应对环境问题和提高冲撞安全性成为最常见的关键词。有许多研究表明，地球变暖和酸雨与汽车排放的二氧化碳、硫化物和氮氧化物有很大关系。因此，北美、欧洲和日本等对汽车排放物提出了越来越高的标准要求。表 1－1 为日本、欧洲和美国制定的乘用车降低油耗和 CO_2 减排目标[6]。其总的减排目标值在 6%～8%。

表 1－1　日本、欧洲和美国制定的乘用车降低油耗和 CO_2 减排目标

国家和地区	CO_2 减排目标	油耗降低目标
日　本	6%	汽油乘用车：降低 22.8%（与 1995 年相比，到 2010 年）约 15 km/L
		柴油乘用车：降低 14.9%（与 1995 年相比，到 2005 年）约 12 km/L
欧　洲	8%	乘用车燃耗：降低 25%（约 18.8 km/L），CO_2 排放 140 g/km（到 2008 年）
美　国	7%	乘用车 CAFE 目标值约 11.8 km/L

注：欧洲、美国是企业车辆的平均油耗，日本按车辆类别分别规定油耗。

目前各国的道路交通法规从排放控制规则、燃油效率到碰撞安全性等要求多种多样。另外，汽车制造商还要考虑并执行国家的保险规定。预期执行的有关排放控制、燃油效率和碰撞安全性法规见表1－2[7]。表1－2说明燃油效率法规正逐渐修改并严格化，汽车制造商正努力提高他们的发动机的燃烧效率，同时也正在改进燃烧技术。一种最有效的方法之一是降低车身的自重，按Egawa等人的预测，汽车自重每降低100 kg，可提高燃油效率约1.3 km/L。

表1－2 排放控制和燃油效率法规

国家和地区		规 定
欧 洲		CO_2排放协议：140 g/km，2009年；120 g/km，2012年
美 国	全 部	强化CAFE*规则
	加利福尼亚	GHG从2009～2014年燃油效率提高50%
	东北地区	采用加利福尼亚州的GHG规则
中 国		法规规定提高燃油效率： 第一步：从2005年起（国Ⅲ排放标准） 第二步：从2008年起（国Ⅳ排放标准）
韩 国		2010年起执行CAFE规定
日 本		2015年起将修订燃油效率法规

* CAFE（Corporate Average Fuel Economy）。

纵观碰撞安全性法规执行情况，汽车碰撞安全性规定也越来越严格。在北美地区，为满足越来越严格的法规和保护政策的需要，例如，为满足SUV车型碰撞（边部碰撞）和高速撞击的安全需要，应该对车体梁架结构进行强化，同时也应该增加诸如SRS（辅助救助系统）等碰撞保护设施，这样也将增加汽车的重量。

虽然汽车需要降低废气排放水平和提高燃油效率，但其与提高汽车的碰撞安全性能是相互矛盾的。因此，需要特殊的汽车减重技术来解决这一相互矛盾的问题。

在此情况下，欧洲汽车制造商纷纷寻找一种全新的汽车产品，以符合CAFE组织的要求及其严格的排放标准（见图1－8）[8]。

图1－9表示乘用车重量与油耗的关系[1]。可见，尽管发动机类型不同对油耗会有不同影响，但总的趋势是随着车体重量的减轻，每升汽油行使的里程数显著上升，即当车重从2500 kg降低到750 kg时，每升汽油行使的里程数从约5 km/L上升到约25 km/L，而相应地排出的CO_2量从约400 g/km下降到约100 g/km（见图1－10）[1]。

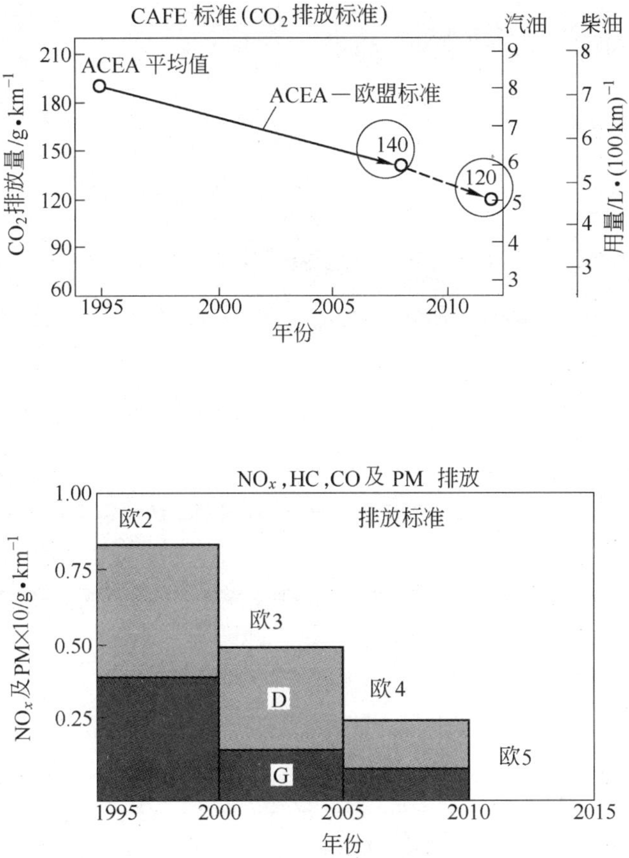

图 1－8　欧洲的汽车能耗和排放的法律限制

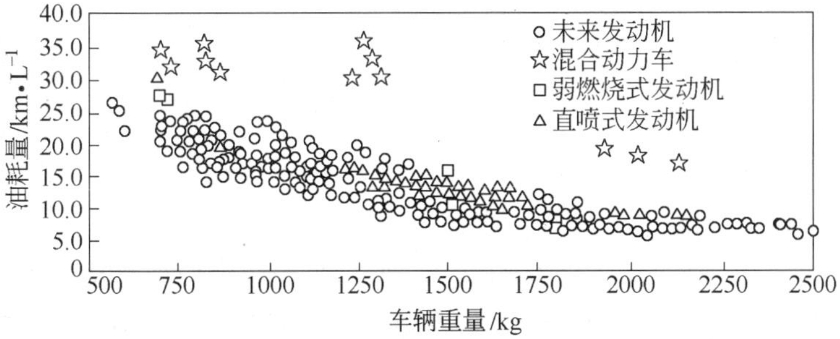

图 1－9　乘用车重量与油耗的关系

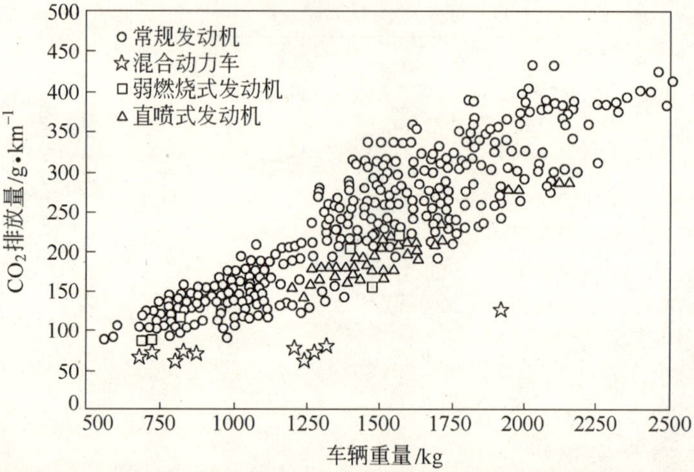

图 1-10　乘用车车重与 CO_2 排放量的关系

由此可见，为了应对节省能源和减少排放规定的要求，减轻车重是降低油耗从而降低二氧化碳排放的最有效方法（表 1-3[9]）。

表 1-3　影响汽车油耗的因素

因　素	因素降低量（每车）CO_2	排放降低量/g·km^{-1}
重　量	100 kg	8.8 ~ 10*
风阻系数	0.1 cw	3.2
滚动阻力	0.1%	1.8
电　耗	1 amp	0.3

* 包括由于减少的燃油而带来 CO_2 在燃油精炼过程中的排放降低量。

根据日本汽车技术生产加工部门委员会工作组分析报告“2020 年汽车及其制造技术的未来”指出，到了那个时代，通过技术的高度精确化，有可能将乘用车的燃耗（假定 2 L 车）提高到 100 km/L，换言之，可将燃油效率提高 6 倍，其中，发动机动力混合化 300%；发动机效率改善 35%；车体轻量化 26%；传动效率改善 20%（见图 1-11）[10]。

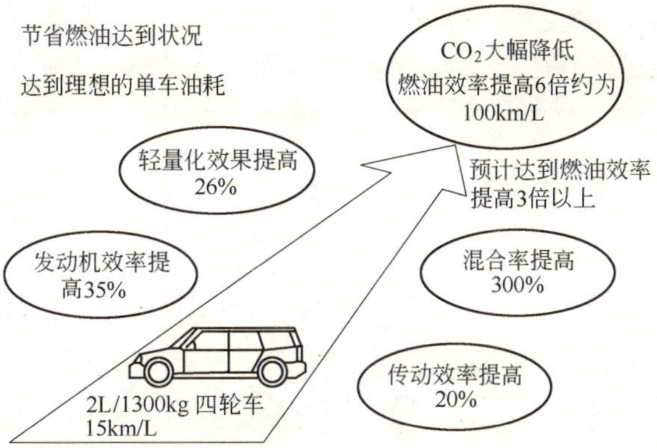

图1－11 汽车燃油提高的可能性与关键技术的贡献度

1.3 汽车用钢面临的挑战

1.3.1 汽车轻量化与高强钢板的挑战

汽车的减重(轻型化)是降低油耗的主要途径(约占50%以上),因而也是减少二氧化碳废气排放量的最有效对策。据统计,汽车车重每减轻1%,燃料可降低0.6%～1.0%[11]。另外,随着提高冲撞安全性的标准逐年严格,须提高车体强度、刚度并优化结构以提高安全性,针对这样的社会需求,应着眼于利用材料的高强度化,以使汽车的安全性和重量保持更好的平衡。各家汽车公司都在努力降低汽车车体的重量,他们既采用独特的结构设计改进技术,也进一步优化材料设计。在这一过程中,传统的在汽车上采用以钢铁材料为主的汽车用材受到严重的挑战。

通过优化材料设计而降低车体重量的工艺方法主要有以下两点:

(1) 以低密度材料替代钢铁材料,如使用低密度的铝合金、镁合金、塑料和复合材料等;

(2) 使用高强度材料降低钢板厚度规格。

为了达到同级别中最好的汽车这一总的目标,目前市场上有多种不同的车身概念。由于客户对车辆性能有着不同的要求,车厂采用了现代复合材料车身概念、铝车身概念或者传统的钢铁车身概念(应用了高科技钢铁)。材料和与之相关技术的选择依赖于技术目标和成本结构。为了解决超高强钢和轻合金、聚合物材料的混合设计问题,CRF(菲亚特汽车研究中心)和主要欧洲汽车制造商及大规模的欧洲工程(由EC发起的)的“超轻型汽车”目标是在稳定价格基础上减轻车重30%。该项目的主要方案便是采用多材料方法制造新车型(见图1－12)[8]。

为了减轻车重和提高安全性,近年来,汽车用钢板向高强度化发展成为一种趋势。当钢板厚度分别减小0.05 mm、0.01 mm和0.15 mm时,车身减重分别为6%、12%和

18%，可见增加钢板强度是减小板厚、减轻车重的主要途径。另外，在采用高强钢板减小板厚的同时，也提高了汽车的抗凹陷性、耐久强度、大变形冲击强度和安全性。

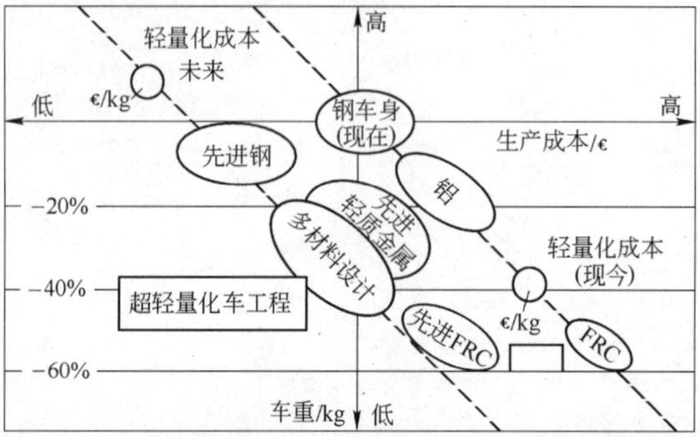

图 1－12　采用多材料方法制造新车型的构造

（降低排放的可持续生产工艺－轻量化设计“超轻量化车”EC 联合工程）

为了应对来自非钢材料的挑战，美国新一代汽车合作组织 PNGV 进行了 34 km/L车的开发，欧洲也进行了 100 km/3 L 车的开发，国际钢铁协会（IISI）的钢铁材料供应厂家从 1994 年至 1998 年联合世界 18 个国家的 35 家钢铁企业共同推进超轻型钢制车体 ULSAB（Ultra Light Steel Auto Body）、ULSAC（Ultra Light Steel Auto Closure）、ULSAS（Ultra Light Steel Auto Suspension）的研究开发项目。ULSAB 的目标是在确保车体性能和冲撞安全性能，并不增加成本的基础上，通过大量采用高强度钢板，并应用液压成形技术、激光拼焊技术等使汽车车重减轻 25%；ULSAC 的目标是通过采用液压成形框架结构，汽车内板部件最佳化，以及高强钢板的应用，使门窗结构减重 25%，车顶棚和前后盖板减重 30%；ULSAS 的目标是基于结构分析，对悬挂件（Suspension）形式进行最佳化设计，并进行强度与成形性的最佳材料选择，达到与铝制超连接悬挂件的重量基本相等，使成本降低 20%，其他钢制悬挂件基本不增加成本，车重减轻 20%～30%。

而 ULSAB-AVC（ULSAB-Advanced Vehicle Concept）项目则是国际钢铁协会（IISI）从 1999 年开始的委托 PES（Porsche Engineering Service Inc.）设计，由世界上 33 个钢铁公司共同完成的超轻型钢制车体研究开发项目。该项目主要是通过灵活运用 ULSAB、ULSAS 的成果以及先进钢铁材料，不仅在车体，而且包括外板件、车轴和驱动系统等进行整车综合，全面采用轻量化设计方案。ULSAB-AVC 是对到 2004 年达到实用化的 C-Class（相当于 1500 cc 级别）和 PNGV-Class（相当于 2500 cc 级别）车采用先进钢铁材料的轻量化设计方案，对 1999 年的两个级别代表车型实现整车减重 20%～30% 的目标[12]。

ULSAB 车体上的高强度钢板使用率为：$R_e \geqslant 210$ MPa 的钢板达 91%，$R_e \geqslant 280$ MPa 的钢板达 64%，有三种件使用了 $R_e \geqslant 550$ MPa 的超高强度钢板。另

外,还使用了 0.14 mm 厚钢板夹 0.65 mm 厚树脂的轻质夹层板[13]。图 1-13 为超轻型钢制车体 ULSAB 和 ULSAB-AVC 的材料构成[12]。可见,在 ULSAB-AVC 材料中,双相钢 DP500、DP600、DP700、DP800、DP1000 所占比例最大,超过 80%,DP800、DP1000 所占比例超过 70%。还采用了约 4% 的抗拉强度达到 1200 MPa 和 1520 MPa 超高强度马氏体钢(Mart)。

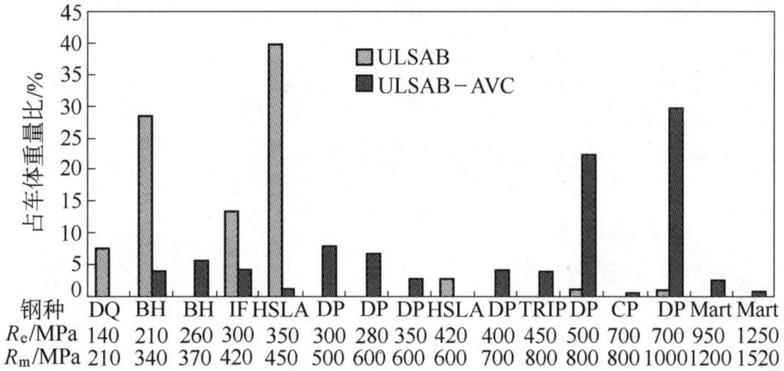

图 1-13 超轻型钢制车体 ULSAB 和 ULSAB-AVC 的材料构成

图 1-14 表示在 ULSAB 车体上,当采用高强钢板的比率提高时所推算的节约能量值[14]。也就是说,采用高强钢板达到汽车轻量化的节能效果比生产高强钢板所增加的能量大得多。

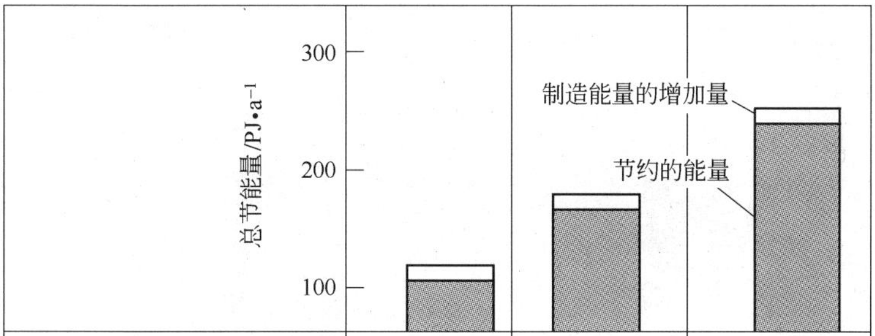

实例	A	B	C
高强度钢板比例的变化	10%→30%	30%→40%	40%→60%
能量消耗减少量	103.8	155.6	221.3
钢材减少量	11.7	17.6	24.7
高强度钢板制造消耗的能量	Δ4.6	Δ6.7	Δ11.3
总节能量	110.9	166.5	234.7

图 1-14 采用高强钢板(HSS)的节能效果

而在实际车体制造方面，近年来高强钢板的应用也在不断提高。图1－15为日本汽车公司从1979～2014年采用高强钢板的实际值和预测值情况[15]。图1－16则为在汽车车体上采用各强度级别钢板所占比例在2004年实际值和2014年的预测值[15]。由此图可见，到2014年日本汽车车体上所用高强度钢板中，抗拉强度在590～980 MPa以上级别的高强和超高强度钢板的比例明显增加，而抗拉强度为260～270 MPa级软钢所占比例由60%多下降到约40%。

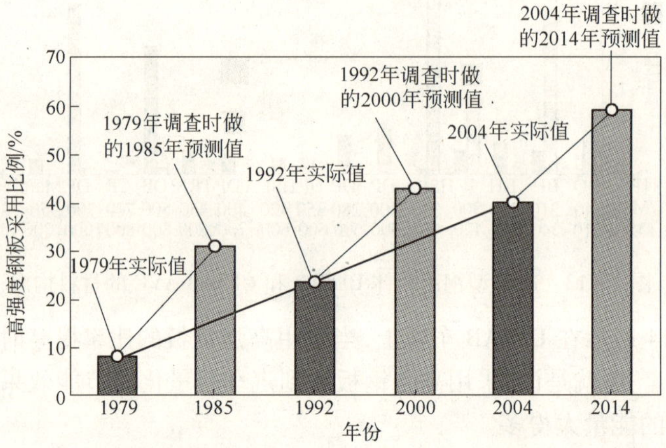

图1－15 日本汽车公司从1979～2014年采用高强钢板的实际值和预测值

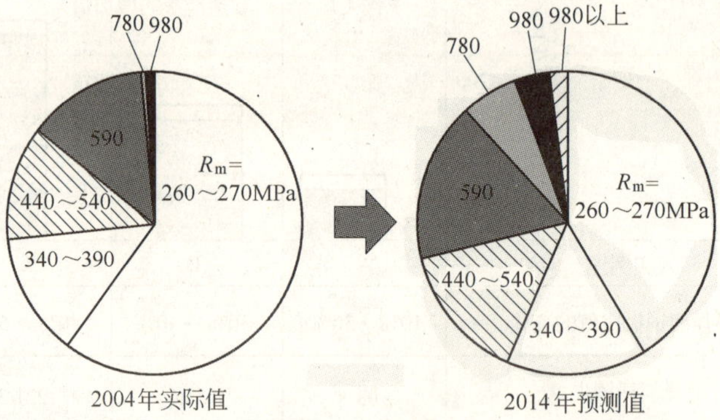

图1－16 日本汽车车体上采用各强度级别钢板所占比例
在2004年实际值和2014年的预测值

表1－4是日本日产(NISSAN)汽车从1995～2005年汽车材料应用的历史发展状况[16]。由此表可见，到2005年在NISSAN汽车上已经采用了980 MPa级DP钢和590 MPa级BH钢，并且在门部件上采用了5000和6000系铝合金板。

表 1-4 日产汽车从 1995~2005 年汽车材料应用的历史发展状况

类型 \ 年份	1995	1996	1997	1998	1999	2000	2001	2002	2003	2004	2005
环保与安全	• NCAP • CAFE		• SINCAP		• JNCAP				• EURONCAP		
钢	• 440MPa 钢				• 590MPa DP 钢			• 780MPa DP 钢		• 980MPa DP 钢 • 590MPa BH 钢 • 模压淬火	
	• DURA 钢(80)				• GA 钢				• GI 钢(EURO)		
铝	• 5000 系列(HOOD) • 6000 系列(FDR) • 7000 系列(D/G BAR)				• 挤压铸造(BIW)	• 6000 系列(HOOD,T/LID)					• 5000,6000 系列(DOOR)

现实中,在先进高强度钢(AHSS)的开发与应用上,还存在着来自客户和加工制造方面的挑战。

1.3.2 先进高强钢(AHSS)的开发应用面临客户的挑战[17,18]

从保证驾乘人员安全性出发,近年对车辆碰撞性能的要求在不断提高,从而促使车辆的重量在不断地增加而白车身的重量在不断地减轻。这主要是汽车附加系统的应用和车辆尺寸的增加。为了在市场上更具竞争性,只减重而不同时改善碰撞性能、驾驶性能和噪声振动是不可能的。

在最近十年中,钢铁工业开发了大量的高强钢来支持汽车工业的需求。一方面,零部件有了非常广泛的选材范围,使其获得最佳的钢材力学性能。另一方面,每一级别的钢种都需要测试和详细说明。

例如,对于 DP780(图 1-17),全球市场上不同的供应商有着不同设计理念(不同的合金和生产理念)。不同的合金成分会导致不同的成形和连接性能。为了使用一种新材料,对所有的力学性能必须了解和测试。很明显,这些差别将导致大量的测试工作和成本增加,尽管它们属于同样的材料并有着同样的命名方式。然而,同一个强度级别有更多的钢种。测试每一个钢种级别费时、费钱,因此是不可行的。除了通常的工作外,对汽车厂和钢铁工业的测试小组而言,节省测试时间和费用,减少车辆中所使用的钢种将成为他们的一个目标。

正确使用先进钢材的思想反映在不同的材料使用中。使用软钢或传统高强钢会帮助车身制造。随之而来的挑战是如何减轻不断增加的车身重量,车身越重耗能越多。因此,使用先进高强钢将解决(与最终客户有关的)部分问题,但是会给制造带来很大的挑战。新开发应用的热成形含硼钢可以解决许多尚未解决的问题,这种具有很高屈服、抗拉强度和很好零件精度的特性支持了这种热成形技术。挑战是零件数目(零件制造周期)和成本更高。

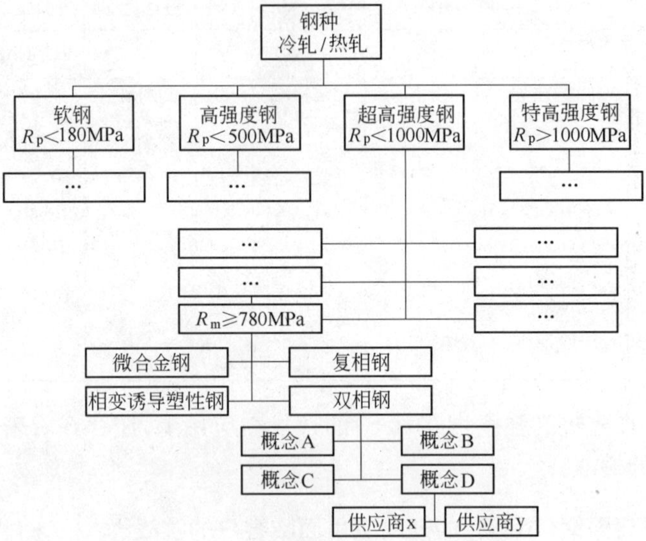

图1－17　对某个强度级别的钢种进行测试和详细说明以区别于其他钢种
(测试每个级别的钢种需要耗费大量的成本和时间)

选择正确的材料级别用在正确的位置是满足客户和企业要求的最佳办法。

1.3.3　先进高强钢(AHSS)在成形加工方面的挑战

为了应用好先进高强钢,对于材料力学性能、回弹行为、所要求的冲压力、微观结构、焊接特性和应变速率行为方面的信息和测试结果的了解是很有必要的。对于冷冲压成形工艺,冲压零件的公差精度是制造时的一个焦点。相对于软钢和传统高强钢,先进高强钢的回弹更大,这需要恰当地解决(图1－18)[17]。

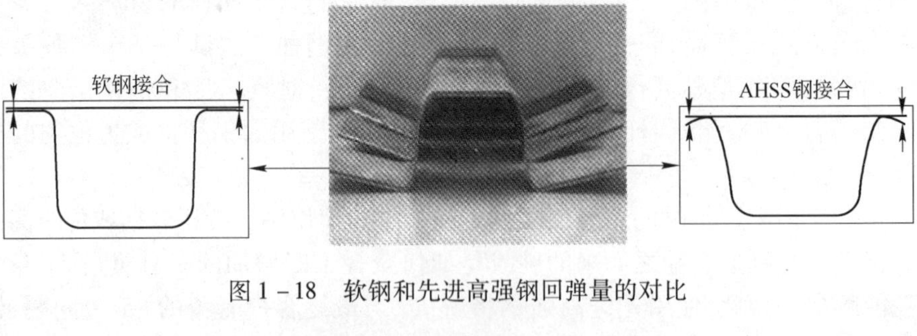

图1－18　软钢和先进高强钢回弹量的对比

由于零件复杂的几何形状,精确计算冲压力是很困难的。对于不同钢种的研究显示,冲压力与抗拉强度之间有着很好的一致性。因此,对具有高冲压力及小的冲压工作台和精确的冲压力的计算变得更加重要。为了选择正确的冲压线,零件的尺寸,是生产单个还是一对零件和冲压线中的传输系统都需要进行考虑。在大的冲压工作台上生产小的、长的零件是不合适的。因为冲压力即使是足够的,这个传输系统也不能把零件送到下一站。

先进高强钢应用中所遇到的一个新问题是成形件的起皱和开裂问题。开裂往往起于边部,在对边部处理后,例如,打磨或者抛光,情况可以得到改善。开裂敏感性受到切边质量(间隙优化、刀具和冲头边部质量)的影响。起皱则需要合理控制压边力和成形条件。对于大规模生产时,起皱和开裂都是不能接受的,需要更详细地进行冲压成形工艺优化。

1.4　现代汽车板的质量品种要求

1.4.1　现代汽车薄板的质量要求

汽车工业的发展与原材料工业有着极为密切的关系,没有原材料工业做基础,汽车工业就成为"无米之炊"。据德国联邦统计局统计,生产一辆汽车的费用为:原材料占53%、制造占30%、设计开发占5%、其他占12%,由此可见原材料之重要。汽车工业需要的原材料主要为钢铁材料,约占60%～70%,而钢铁材料中用量最大的是薄钢板,一辆轿车约使用薄钢板600～800 kg,薄板成形件500～600件。

汽车工业一直是工业发达国家国民经济的支柱产业,所以钢铁生产中的薄板产品,特别是深冲钢板,一直伴随着汽车工业的发展而发展,几乎所有新产品的产生和新技术的采用都是直接或间接地使汽车工业受益,同样汽车工业对钢板质量和品种越来越高的要求,也促使冶金生产部门不断革新工艺和改进质量。

现代汽车的发展趋势是减重、节能、防腐、防污染、防噪声和安全舒适。为适应这一发展的需要,对汽车用钢板的要求除传统的结构性能、经济性能以外,必须满足新的一系列质量上的特殊要求,其中包括[19]:

(1) 优良的成形性能,即:高的塑性应变比 r 值;高的应变硬化指数 n 值,高的均匀伸长率 A_u,高的总伸长率 A_t,低的屈服强度 R_e,高的抗拉强度 R_m,低的时效指数 AI 和低的屈服延伸,只有具备以上性能的钢板,才能够用于冲制复杂的汽车覆盖件;

(2) 良好的抗凹陷能力和足够的结构刚度,以避免在制造和使用中产生凹陷,特别是能在突发的冲撞事故中能最大限度地吸收能量,保护乘员的安全,这要求钢板有较高强度和刚度,即高的 R_m 和适当的烘烤硬化性与加工硬化能力;

(3) 良好的焊接性能,保证零件有效的连接及焊点和焊点周边区域的强度和性能不发生大的变化;

(4) 优良的表面形貌和光洁程度,良好的喷涂性能和对油漆涂镀层的附着性能,以求表面美观;

(5) 高的耐蚀性能;

(6) 良好的板形和板面平直度,严格的尺寸精度和性能均匀性;

(7) 为减少汽车在行驶中的雷鸣效应,部分零件钢板应有吸声减振效果。

1.4.2　现代汽车薄板的品种要求

要实现汽车安全、节能和高性能化与多样化,且价格便宜,这个目标与冶金工业密切相关。为了适应现代汽车对薄板品质的要求,冶金工业不断改进和完善生产技术,逐步形成了生产具有不同特点的冷轧汽车薄板系列,包括:(1)以减重节能为目标的高强度钢板系列;(2)以提高成形性能为目标的深冲和超深冲钢板系列;(3)以提高汽车防腐能力为目标的表面处理钢板系列;(4)以发展高性能汽车为目标的减振消声用复合钢板和高表面质量、高反光性能的镜面钢板等。

1.4.2.1　深冲及超深冲钢板

汽车部件整体化,即数件组合,对汽车制造的产量和汽车性能的提高都具有很大的优势。但随着汽车部件整体化的提出,对钢板的成形性能的要求也随之提高。深冲钢板的碳含量通常采用微碳和超低碳。一般说来,钢板强度的提高,会带来成形性能下降,因此汽车工业要寻求的是既有高的强度又有良好成形性的钢板,而满足这一要求的就是超深冲钢板。近年发展起来的超深冲钢板,即IF钢(Interstitial free steel),又称无间隙原子钢,是在超低碳钢($w(C) < 0.003\%$,$w(N) < 0.003\%$)中加入一定量的Ti、Nb,使钢中C、N原子被固定成碳、氮化合物,而钢中无间隙原子存在。该钢具有极优良的成形性,即高r值(>2.0)、高n值(>0.25)、高伸长率A($>50\%$)和非时效性($AI = 0$)。

1.4.2.2　高强度钢板

目前,高强度汽车板分为普通冲压级、深冲级和超深冲级三大类。按强化机理主要有四种类型:(1)固溶强化型;(2)析出强化型;(3)相变强化型;(4)析出强化+相变强化型。

表1－5为四种强化类型的高强度钢板冶金成分设计实例、强度级别、钢板特性以及适用实例[20]。

表 1-5 高强度钢板冶金成分设计实例及在汽车部件适用实例

强化机制	成分设计实例	强度级别 R_m/MPa	特 性	适 用 实 例
固溶强化	(低碳) P, Mn-P, Si-Mn 等	约 490	冲压用 一般加工用	外板,内板, 结构部件
固溶强化	(极低碳) Si, Mn, P + Ti, (Nb), (B) 等	约 490	深冲用	外板,内板, 结构部件
析出强化	(低碳,中碳) Mn-Nb, Si-Mn-Nb 等	约 590	一般加工用	内板,结构部件
相变强化 (马氏体系)	(低碳,中碳) Si-Mn, Si-Mn-P 等	590 ~ 980	DP 钢 (低屈强比型)	结构部件
相变强化 (残余 γ 系)	(低碳,中碳) Si-Mn 等	590 ~ 980	残余奥氏体 (TRIP) 钢	结构部件
析出 + 相变强化	(低碳,中碳) Si-Mn-Ti-(Mo) 等	约 1470	超高强度钢板	增强部件

1.4.2.3 涂镀层钢板

在汽车工业中,所采用的表面处理钢板,可分为三个系列:热浸镀系列、电镀系列和有机涂层系列。

1.4.2.4 新型特殊汽车钢板

新型特殊汽车钢板包括以安全减振为目的的减振钢板[21]、激光拼焊板和高光亮度镜面钢板等。

图 1-19 表示典型轿车单车用钢板量直方图,图 1-20 表示典型轿车单车涉及零件数目直方图。同时,汽车板又应满足轿车轻型、舒适、美观、防腐等项要求。由此可见,汽车行业是薄钢板的最大用户,同时也是对薄钢板品质要求最高的行业[22]。

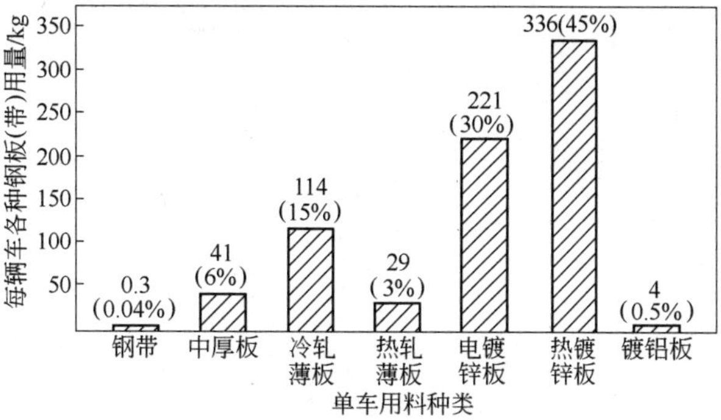

图 1-19 典型轿车单车用钢板量直方图

(百分数指各用料占全部用料量的比例)

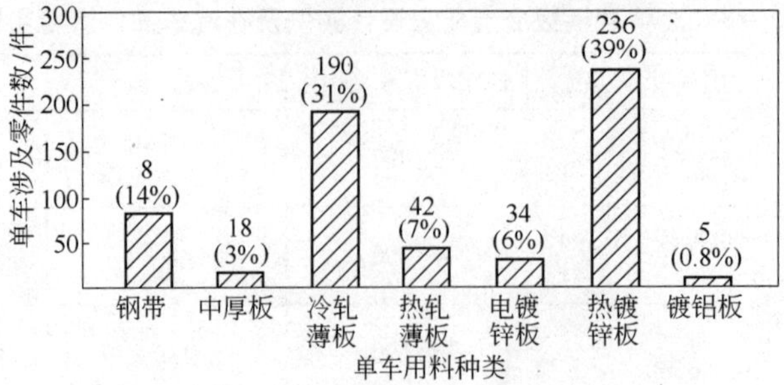

图 1 - 20　典型轿车单车涉及零件数目直方图

1.5　汽车板的分类

汽车板是薄钢板中的一个主要品种,也是技术水平要求最高的产品,它的种类多,对质量要求严格,且性能指标繁多,根据装车部位的不同,各有侧重。汽车板的分类充分体现了这一特点,有各种各样的分类方法,但每一种方法往往只反映了汽车板的某一特点,并不十分全面。

按钢种与合金成分分:有低碳钢、超低碳无间隙原子钢(IF 钢)、低合金高强度钢等。

按强度级别分:有普通强度级和高强度级别。

按冲压级别分:有商品级 CQ(Commercial Quality)、普通冲压级 DQ(Drawing Quality)、深冲压级 DDQ(Deep Drawing Quality)和超深冲压级 EDDQ(Extra Deep Drawing Quality),图 1 - 21 表示各冲压级别钢板的 n 值、$\bar{r}$ 值性能范围[23];图 1 - 22 表示各种级别钢板的伸长率和 r 值性能范围[24]。

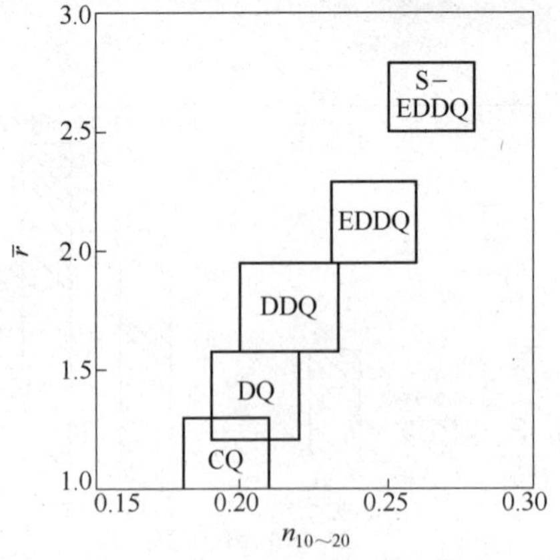

图 1 - 21　各冲压级别钢板的 n 值、$\bar{r}$值性能范围(S-EDDQ:Super EDDQ)

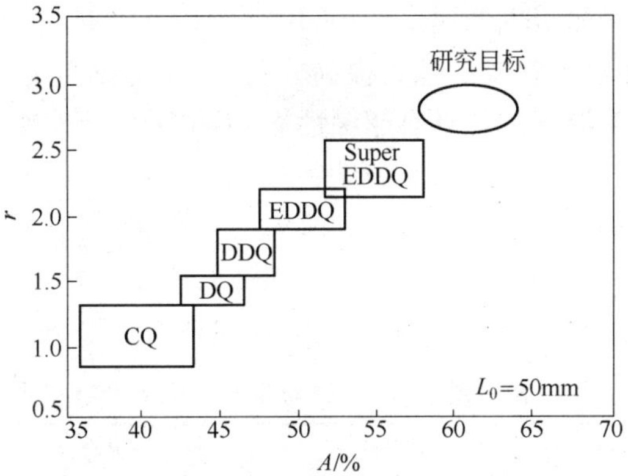

图1-22　各种级别钢板的伸长率和 r 值性能范围

按冲压件的复杂程度分：P级（普通拉延），S级（深拉延），Z级（最深拉延），F级（复杂冲压），HF级（很复杂冲压）和ZF级（最复杂冲压）。

还有一些分类方法，诸如按某一性能、按组织分类等。

但实际上，人们并不十分严格按以上的分类方法进行，现在一般习惯上约定俗成的分类方法是，综合考虑了脱氧方式、钢种、强度和冲压级别进行划分：

深冲钢板：包括用铝镇静钢制造的普通冲压级别钢板以及深冲级别钢板（08Al、03Al等）；

高强钢板：包括各种低合金高强度钢板（HSLA）、加P钢板、烘烤硬化钢板（BH钢板）、双相钢板（DP）、相变诱导塑性钢板（TRIP）等；

镀层钢板：包括热镀锌、电镀锌深冲和深冲高强度钢板、高强镀锌钢板和各种合金化镀层钢板等；

超低碳超深冲钢板：无间隙原子钢板（IF钢板）、超深冲高强钢板、超深冲烘烤硬化钢板等；

复合钢板：包括轻质夹层复合钢板和树脂复合减振钢板等。

尽管以上的分类方法并不十分科学和严格，但各具特色。

首先，体现了汽车钢板的进步，一般将汽车用冲压钢板分为三代产品，沸腾钢为第一代，铝镇静钢为第二代，无间隙原子钢为第三代。第一代产品广泛用于20世纪50～60年代，第二代产品广泛用于20世纪60～80年代，第三代产品则是20世纪80年代以后才广泛生产和使用的现代汽车板产品，三代冲压用钢板的性能比较见表1-6[25]。

表1-6　三代冲压用钢板的性能比较

钢　种	R_e/MPa	R_m/MPa	A_t/%	r 值	n 值
沸腾钢	180～190	290～310	44～48	1.0～1.2	约0.20
铝镇静钢	160～180	290～300	44～50	1.4～1.8	约0.22
IF钢	100～150	250～300	45～55	1.8～3.0	0.23～0.28

其次,反映了冲压级别的提高,汽车用钢的基本性能是冲压成形性,这三代产品的进步也集中反映在成形性的提高方面,铝镇静钢只能用于普通冲压件和一般深冲件,无间隙原子钢则具有超深性能,可用于复杂深冲件。

第三,反映了现代汽车用材的新的特殊要求,现代汽车的发展趋势是减重、防腐、防噪声,相应开发了高强、镀层和减振复合板,将这三类钢板单独列出反映了这一趋势,并有利于在各类钢板内部实现强度和冲压级别的系列化。

为了今后应用方便,将汽车用钢板的JIS标准和对应的ISO标准列于表1-7。

表1-7 汽车用钢板的JIS标准和对应的ISO标准[26]

钢板类型	JIS标准	符 号	特征及用途	对应ISO标准
热轧钢板	JIS G 3131 热轧钢板及钢带	SPHC SPHD SPHE	质软,从一般冲压到深冲钢板	ISO 3573(商用及冲压级热轧低碳钢板) ISO 4995(结构用热轧钢板) ISO 4996(高屈服强度结构用热轧钢板) ISO 5951(具有良好成形性的较高屈服强度的热轧钢板)
	JIS G 3113 汽车结构用热轧钢板及钢带	SAPH315 SAPH370 SAPH400 SAPH440	具有较高强度和冲压性能,用于汽车框架结构及其他部件	
	JIS G 3134 汽车成形用热轧高强钢板及钢带	SPFH490 SPFH540 SAPH590 SAPH540Y SAPH590Y	具有优良成形性的热轧高强钢板,主要用于汽车	
冷轧钢板	JIS G 3141 冷轧钢板及钢带	SPCC SPCC-T SPCD SPCE SPCEN	从一般成形到深冲成形,成形范围广,用于汽车、家电等	ISO 3574(商用及冲压级冷轧低碳钢板) ISO 4997(结构用冷轧钢板)
	JIS G 3135 汽车成形用冷轧高强钢板及钢带	SPFC490 SPFC540 SAPC590 SAPC540Y SAPC590Y	成形性能优良的冷轧高强钢板,主要用于汽车	

1.6 现代板带生产的冶金流程简介

为了更好地理解现代汽车板的质量控制,首先简要地介绍一下有关现代板带生产从冶炼到成品的整个冶金流程。现代板带生产流程已形成高炉冶炼—铁水预处理—转炉吹炼—炉外精炼—连铸—铸坯加热—热轧—酸洗—冷轧—退火(或热镀锌)。

与现代汽车板冶金生产流程相对应的现代冲压生产线技术对材料提出了更高的要求。大的面板要求更宽的钢卷宽度,有时甚至要达到1900 mm。很明显,材料沿钢卷宽度方向的力学性能必须保持在很小的公差范围内。当需要进一步进行多部分冲压成形时,不同冶金生产条件下得到的板卷性能之间要有很低的离散度。如图1-23所示,只有通过钢厂中在整个生产线严格的参数控制才能得到这种低的性能离散程度[5]。从这个方面来说,对微观组织和化学性能的预测对于钢的性能和质量的控制至关重要。很多模型已经建立起来,用来模拟钢铁产品的热力学过程、其冶金学演变以及最终的性能,这些模型推动了工艺方法的建立。

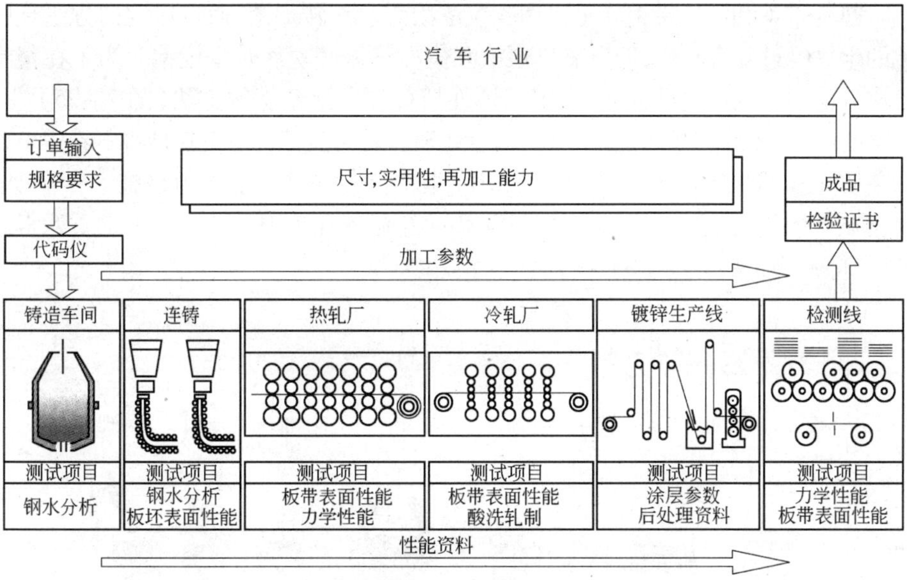

图 1-23 汽车板生产线的工艺参数和性能的监控

图 1-24 概述了在板带生产的不同阶段,一些重要因素如何产生作用以及对材料性能的影响[27]。

生产范围	生产途径	重要影响因素	受影响的材料性能
炼钢厂	冶炼 精炼 连铸	化学成分 脱氧 洁净度 浇注类型	强度 成形性能 时效行为
热轧带钢厂	热轧带钢的轧制	加热炉中的温度和停留时间 终轧温度 冷却速度 卷取温度	组织形成 第二相析出 织构 各向异性
冷轧带钢厂	酸洗 冷轧带钢的轧制 退火	冷轧变形率 退火条件 (紧卷、松卷、连续退火) 温度-时间变化 退火气氛	组织形成 第二相析出 织构 各向异性 时效指数
	平整	平整变形率	屈服强度形成 屈服强度值 表面微观组织

图 1-24 生产流程及其对冷轧薄板性能的影响

热轧带钢和冷轧带钢几乎只用吹氧法冶炼。在转炉中,通过适宜的方法预脱硫的生铁经过复合吹炼,即以氧枪顶吹和惰性气体底吹后转变成钢。为了在很窄的成分范围内调整化学成分,采用了炉外精炼和二次精炼的方法(图 1 – 25)[28]。严格的脱氧、循环和气体搅拌处理、真空处理以及活性材料的喷吹是将不希望出现的杂质元素(即[O]、[N]、[P]、[S]、[H])限制到很低含量的有效措施[29]。例如,宝钢在 2003 年通过纯净钢冶炼控制技术的实施,在生产 IF 钢时,钢中杂质元素总量([O] + [N] + [P] + [S] + [H])小于 0.008%[30]。

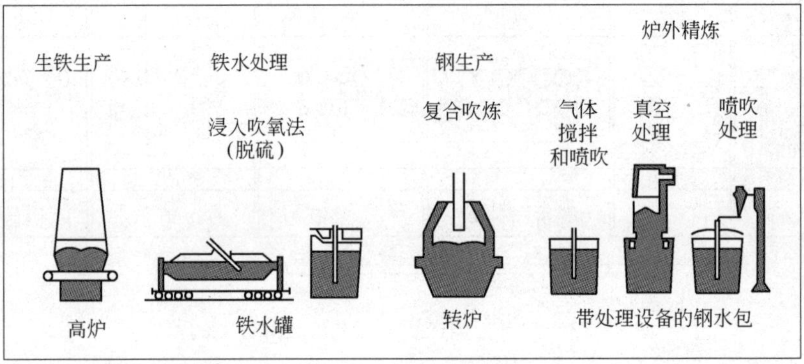

图 1 – 25 钢铁生产和处理过程工艺步骤

目前,基本上只用连铸法生产热轧带钢和冷轧带钢。从连铸到热轧带钢,可通过连铸结晶器的调整或大功率的侧压轧机来实现连铸坯宽度与热轧带钢宽度的匹配。板坯在步进式加热炉中加热。目前为了节能和提高生产率,越来越多地采用将热板坯直接送入加热炉(热装)或直接轧制高温板坯(直接轧制)的方法。

现代化的热连轧宽带钢机组具有紧凑、高效配置的特点。日本 JFE 公司 1995 年在千叶工厂建设了一条现代化板带热轧生产线(图 1 – 26)。这是世界上第一套可实现带钢无头轧制的热连轧机组。在这套机组上,成功地采用了强润滑铁素体区轧制生产深冲钢板[31]。

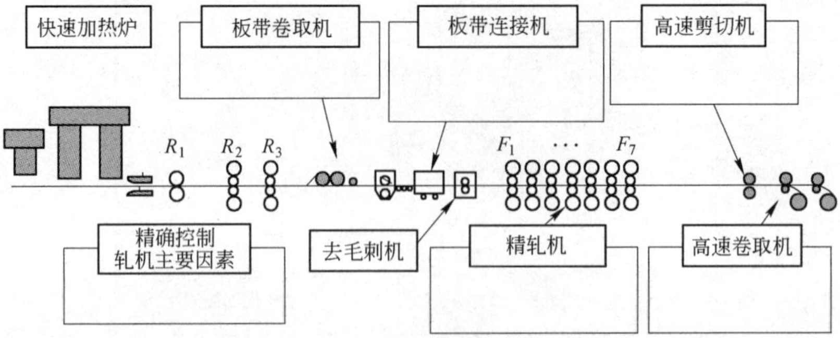

图 1 – 26 日本 JFE 公司千叶工厂板带热轧生产线机组示意图

热轧带钢在冷轧前必须清除带钢表面的氧化铁皮，这可在热硫酸或盐酸中进行。氧化铁皮在适宜的轧辊中破碎有助于其溶解。最近试验了用悬浮的钢砂或在中性溶液中电解的方法进行无酸除鳞[26]。

冷轧通常在4～6架轧机组成的冷轧机组中进行[32]。消除冷轧加工硬化的再结晶退火可以采用罩式退火炉或连续退火炉（图1－27）。不仅从技术、经济的角度，而且从材料性能的角度来看，这两种方法各有优缺点，它们最大的差异是退火周期不同。

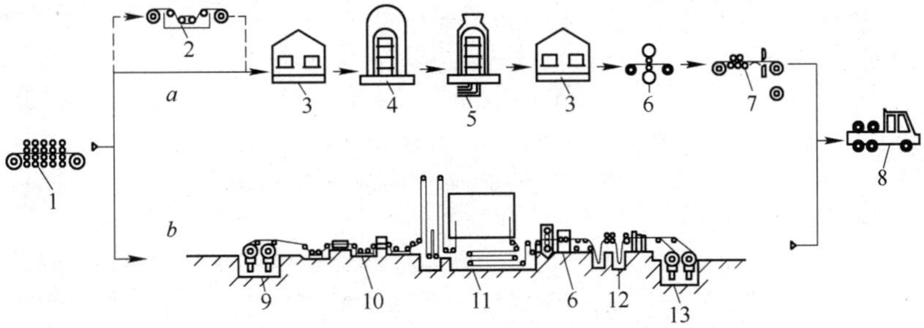

图1－27 冷轧厂不同退火方式下的工艺步骤

a—常规罩式退火方式；*b*—连续退火方式

1—冷轧机组；2—带钢清洗；3—仓库；4—罩式退火设备；5—带卷冷却；6—平整机；7—检查和卷取设备；8—发货；9—入口段；10—清洗段；11—热处理段；12—检查段；13—出口段

参 考 文 献

［1］ 江河 隆幸. なぜ高强度钢板が多用されるのか［J］，塑性と加工，2005，46（534）：556～559.

［2］ Hardy Mohrbacher. 快速增长地区的汽车发展情况［C］. 汽车用铌微合金化钢板. 北京：冶金工业出版社，2006：115～117.

［3］ 张毅. 汽车产销去年首次突破800万辆［N］，经济日报，2008－01－14（1）.

［4］ Bruno Lũ dke，Markus Pfestorf. 轻型车身的功能设计——如何根据结构要求来确定车身材料［C］. 汽车用铌微合金化钢板. 北京：冶金工业出版社，2006：21～35.

［5］ Hardy Mohrbacher. 铌微合金化汽车板——现代车身设计难题的一种低本高效的解决方案［C］. 汽车用铌微合金化钢板，北京：冶金工业出版社，2006：1～20.

［6］ 板仓浩二. 自动车の轻量化とマグネシュム合金の适用［J］，塑性と加工，2007，48（556）：401～406.

［7］ Yuichi Azuma. 高强度钢汽车轻量化技术［C］. 汽车用铌微合金化钢板. 北京：冶金工业出版社，2006：74～79.

［8］ Antonio Fuganti. 新一代高强钢在未来汽车上的应用［C］. 汽车用铌微合金化钢板. 北京：冶金工业出版社，2006：49～62.

［9］ 杨雄飞. 钢或铝在汽车上的应用——谁对环境最友好［N］. 世界金属导报，2007，45（1857）（10）.

［10］ 汽车技术生产加工部门委员会工作组（日本）. JSAEシンポジウム. 14－04（2004），13～16.

［11］ 栗原雄毅，近藤博史，小松干也，千叶明男. 日产技报［N］. Vol. 29（1991），16.

[12]　栗山 幸久. ULSAB-AVCプロジエクトの概要[J]. 塑性と加工,2004,45(525):804~808.
[13]　栗山 幸久. 塑性と加工[J]. Vol. 39,No. 453,(1998. 10). 1009~1013.
[14]　山崎 一正. 自动车用高强度钢板の现状と今后の展望[J]. 塑性と加工,2005,46(534):565~569.
[15]　杉山 隆司. 高强度钢板の车体への变迁[J]. 塑性と加工,2005,46(534):552~555.
[16]　Kiyoshi Takagi,Tomoyuki Yoshida,Akihiro Sato. 汽车车身材料的应用发展[C]. 汽车用铌微合金化钢板. 北京:冶金工业出版社,2006:63~67.
[17]　Torsten Hallfeldt. 先进高强钢板在汽车上应用的可行性和挑战[C]. 汽车用铌微合金化钢板. 北京:冶金工业出版社,2006:86~95.
[18]　康永林,汽车轻量化先进高强钢与节能减排[J]. 钢铁,2008,43(6):1~7
[19]　康永林,王先进,唐荻. 轧钢[J]. 总第72期,(1996):53.
[20]　松元　孝,斋藤　实. 塑性と加工[J]. 2005,46(534):574~579.
[21]　康永林,初元璋,吴洪军. 锻压技术[J]. 1993,18(2):38~43.
[22]　康永林. 现代汽车板的质量控制与成形性[M]. 北京:冶金工业出版社,1999:1~13.
[23]　Kohsaku Ushioda, et al. Proceeding of International Forum for Physical Metallurgy of IF steel. Tokyo, (1994),227.
[24]　秋末 治. 深冲用冷轧钢板的开发与展望[J]. 日本金属学会报,1994,33(1):55~59.
[25]　崔德理. 冶金工艺对无间隙原子钢板织构及深冲性能影响的研究[D]. 北京:北京科技大学,1992.
[26]　林央. 自动车用高强度钢板の规格と种类[J]. 塑性と加工,2007,46(534):612~617.
[27]　鲁茨·迈耶. 带钢轧制过程中材料性能的优化[M]. 赵辉译. 北京:冶金工业出版社,1996:5~14.
[28]　Haaster H P. Thyssen Techn. Ber., 15(1983),S. 1~14.
[29]　Hammer R,Simon U R W. Metallurgical requirements in the production of HSLA steels, Int. Conf. On Technology and Application of HSLA Steels Philadelphia. 1983:1~18.
[30]　王利,陆匠心. 宝钢高等级汽车板的生产技术及发展[C]. 2004年全国炼钢、轧钢生产技术会议文集. 无锡,2004:57~63.
[31]　Takano T,Matsuda K, et al. Iron and Steel Engineer. 1997,74(2):41.
[32]　Kopineck H J,Wladika u H. Stahl u Eisen. 1982,Vol. 102:1053~1060.

2 低(微)碳铝镇静钢板

2.1 低(微)碳铝镇静钢板的冶金成分与性能

冲压成形用低碳铝镇静钢通常是指 08Al(w(C) = 0.04% ~ 0.06%)钢,在现代汽车制造的冲压成形件中,对于一些成形性能和强度要求不是很高的内板部件,从材料成本考虑,低碳铝镇静钢板仍占有一定的比例。而另一方面,根据近年来国内外的一些研究和生产实践表明,将低碳铝镇静钢的碳含量降为微碳,是提高成形性能(n 值、r 值等)的有效方法。Ushioda K. 等的研究指出,当铝镇静钢的碳含量降至 0.02% 以下时,钢中碳化物间距增大,有利于 γ - <111>//N.D 织构形成,提高 r 值[1]。由此出现了微碳钢(有时称为 03Al,w(C) = 0.01% ~ 0.03%)。

表 2 - 1 为低碳 08Al 和微碳 03Al 钢的主要成分控制范围[2~5],表 2 - 2 为 08Al 和 03Al 钢的通常成形性能范围[2~5]。对照冷轧冲压钢板成形性能级别的国际标准 ASTM A1008 - 2000(见表 2 - 3)可见,08Al 冷轧板的实际性能控制范围在 DQ 级 ~ DDQ 级之间,03Al 冷轧板的实际性能控制范围在 DDQ 级 ~ EDDQ 级之间。

表 2 - 1 08Al 和 03Al 钢的主要成分控制范围(质量分数) (%)

钢 种	C	Si	Mn	S	P	N	TO	Als
08Al (SPCD, St13, St14)	0.04 ~ 0.05	≤0.025	≤0.25	≤0.010	≤0.012	≤0.005	≤0.003	0.03 ~ 0.05
03Al (SPCE, St14, St15)	0.01 ~ 0.03	≤0.02	≤0.20	≤0.008	≤0.010	≤0.004	≤0.003	0.03 ~ 0.05

表 2 - 2 08Al 和 03Al 钢的成形性能范围

钢 种	R_e/MPa	R_m/MPa	A_{50}/%	r_m 值	n 值
08Al(SPCD, St13, St14)	160 ~ 240	280 ~ 330	38 ~ 48	1.4 ~ 1.9	0.20 ~ 0.23
03Al(SPCE, St14, St15)	140 ~ 210	270 ~ 320	45 ~ 52	1.7 ~ 2.5	0.21 ~ 0.25

表 2 - 3 国际标准 ASTM A1008 - 2000 对各级别冷轧板的性能指标要求

钢板冲压级别	R_e/MPa	R_m/MPa	A_{50}/%	n_{90}	r_m 值
CQ	140 ~ 275	276 ~ 380	≥30	F	F
DQ	150 ~ 240	280 ~ 350	≥36	0.17 ~ 0.22	1.3 ~ 1.7
DDQ	115 ~ 200	280 ~ 331	≥38	0.20 ~ 0.25	1.4 ~ 1.8
EDDQ	105 ~ 170	280 ~ 318	≥40	0.23 ~ 0.27	1.7 ~ 2.1

2.2　低(微)碳铝镇静钢板的热轧工艺与组织性能

根据钢厂在传统工艺流程中多年的研究和生产实践，总结出冷轧后采用罩式退火工艺生产低碳铝镇静钢的普遍接受的热轧工艺为“三高一低”，即高的加热温度、初轧出口温度、终轧温度和低的卷取温度。其主要目的是高的加热温度有利于铸坯中的 AlN 溶解，并使晶粒组织均匀，经轧制后快速冷却至较低的温度卷取有利于防止 AlN 析出，对提高冷轧成品板的成形性能有利[6]。

总结传统流程的热轧工艺控制范围通常为：

铸坯加热温度：(1200 ± 20)℃；

精轧终轧温度：(900 ± 20)℃；

卷取温度：560 ~ 620℃。

铸坯加热通常分为预热区、加热区和均热区，当设定加热温度后，因铸坯内部和表面温差较大，需要一定的加热时间才能达到内外温度均匀，经一定保温时间后才能达到组织均匀和 AlN 析出物的溶解。因此，铸坯加热温度和时间需要根据铸坯入炉温度进行优化控制。图 2 - 1 为厚度 200 mm 铸坯从室温到出炉加热过程中表面和中心部的温度变化实例。鉴于目前能源紧张状况，需要考虑节约能耗，有的结合热送热装并采取较低的加热温度，以及控制氧化皮的形成等综合优化加热工序，达到均匀铸坯温度和组织的目的。

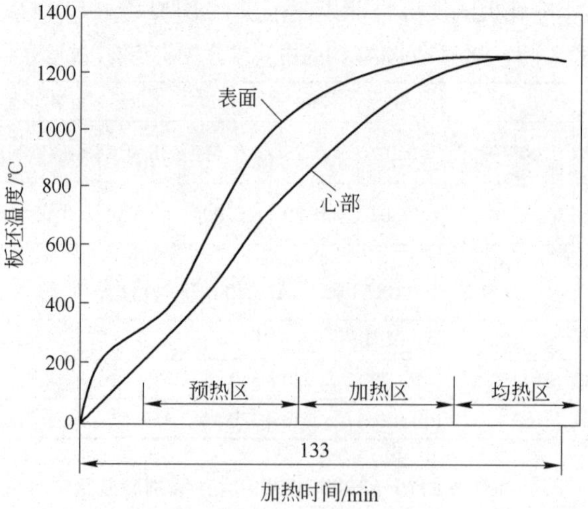

图 2 - 1　厚度 200 mm 铸坯从室温到出炉加热过程中表面和中心部的温度变化曲线[7]

在用于经罩式退火生产冷轧冲压用低碳铝镇静钢的热轧与卷取控制中，主要考虑的是在罩式退火过程中所希望的织构控制取决于钢中 AlN 的析出，因此必须通过高温热轧后的快速冷却和低温卷取阻止热轧带钢中 AlN 的提前析出。

与罩式退火不同,连续退火过程中的组织形成则是另一种方式。对于连续退火方式,高的卷取温度是获得软的、具有良好深冲性能薄板的重要先决条件(见图2-2)[7]。

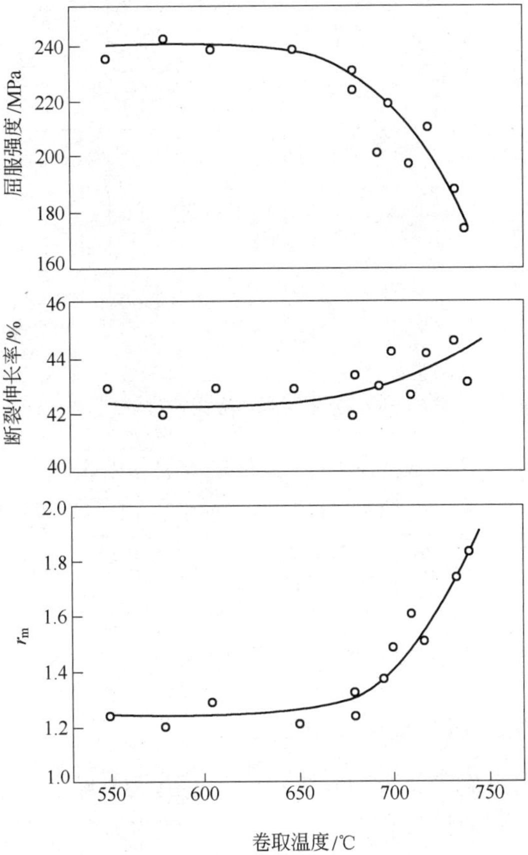

图2-2 卷取温度对冷轧连续退火薄板力学性能的影响

事实上,冷轧冲压用低碳铝镇静钢的最终性能与炼钢、连铸、热轧、冷轧和退火各工序的工艺控制均密切相关,每一个工序都有其特定而严格的工艺控制要求,其中一个工序出了问题都会影响最终产品的质量和性能。图2-3表示St14罩式退火薄板的深冲性能厚向异性指数 r 值与各工序关系的示意图。就优化AlN形成而言,在炼钢阶段就要对Al和N含量加以调整。在热轧厂,除了有足够高的终轧温度外,快速冷却到600℃以下的卷取温度也很重要,以便在获得优化冷轧压下率后,在退火过程中能够通过AlN粒子对织构的控制形成所希望的组织。如果所有这些生产阶段都以工艺优化为前提,那么成品薄板则由于其高的 r 值而具有非常好的深冲性能[7]。

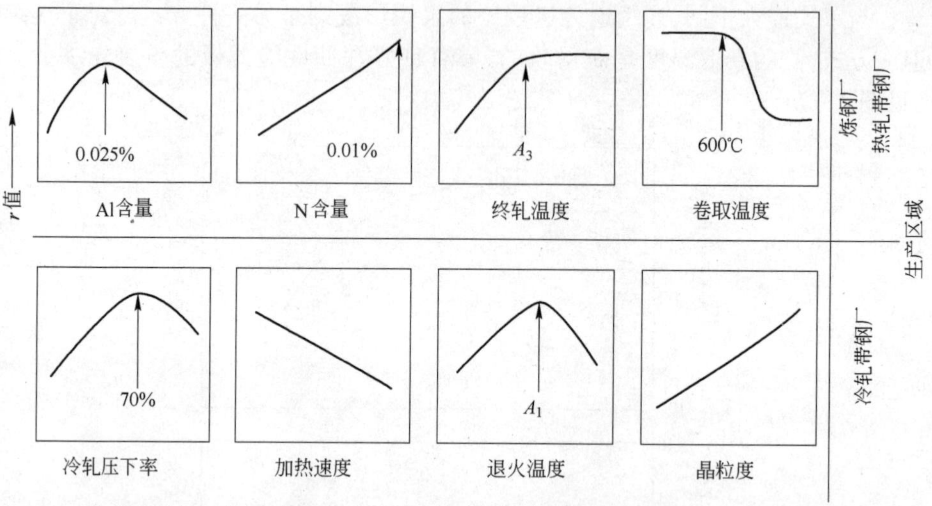

图2-3　各工艺因素对St14冷轧薄板r值影响规律(连续退火)的示意图[7]

表2-4为08Al热轧板的典型力学性能范围和组织状态。

表2-4　08Al热轧板的典型力学性能范围和组织状态

R_e/MPa	R_m/MPa	A_{10}/%	平均晶粒尺寸/μm	晶粒度/级
230~290	350~400	40~48	14~18	7~8

2.3　低(微)碳铝镇静钢板冷轧与退火工艺

2.3.1　冷轧压下率对板材成形性的影响

冷轧压下率对冷轧带钢中的轧制织构和在退火中形成的再结晶织构将产生重要的影响。在低碳铝镇静钢生产中,当压下率约为75%时,能够获得对法向各向异性值r_m极为有利的晶格取向(见图2-4)。

为研究冷轧压下率对低碳铝镇静钢的力学性能影响,作者曾同合作者对表2-5所示的低碳铝镇静钢(SPHD)成分及热轧工艺参数条件进行了冷轧试验。在冷轧中分别做65%、70%、75%、80%、85%五个压下量,在不同冷轧变形量下,采用相同再结晶退火工艺制度700℃保温6 h。

图2-5~图2-7分别为板材的力学性能和成形性能各项指标随冷轧压下率的变化。图2-5显示板材的屈服强度、抗拉强度随压下率的增加而上升;图2-6说明在冷轧压下率70%~75%之间的板材r值达到最高;图2-7也显示冷轧压下率70%~75%附近时板材的n值和伸长率达到最高值。由此可见,在相同的低碳铝镇静钢成分和热轧工艺条件下,保证冷轧压下率在70%~75%附近对于获得高的板材成形性能是有利的。

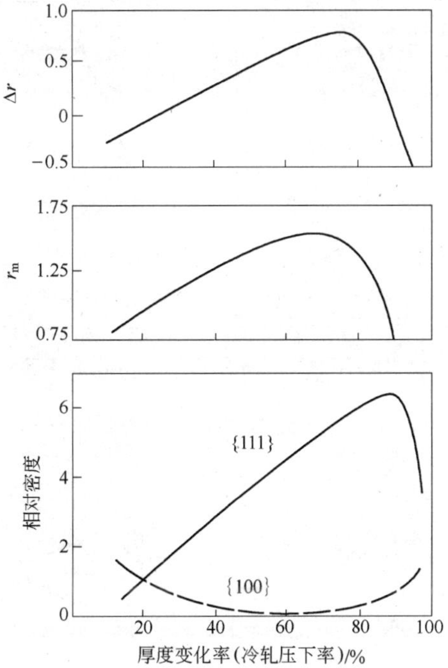

图 2-4 冷轧压下率对铝镇静钢薄板织构和各向异性值的影响[7]

表 2-5 实验用 SPHD 钢的化学成分(质量分数) (%)

钢卷号	C	Si	Mn	P	S	Als	开轧温度/℃	终轧温度/℃	卷取温度/℃
1285	0.039	0.027	0.138	0.007	0.005	0.027	1040	875	623
1296	0.036	0.042	0.147	0.007	0.003	0.030	1028	883	608

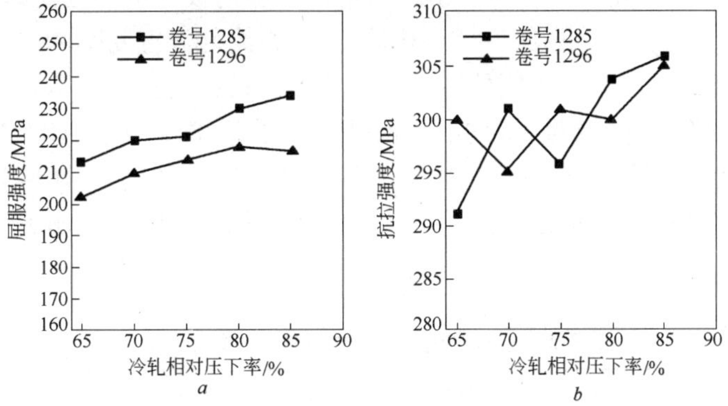

图 2-5 SPCD 板材的屈服强度、抗拉强度随冷轧压下率的变化

a—屈服强度;b—抗拉强度

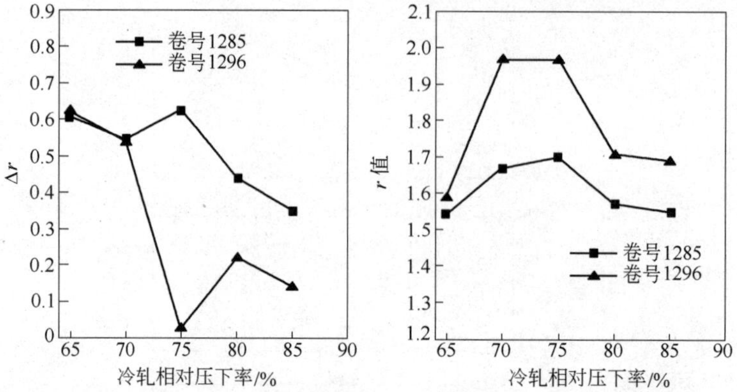

图 2-6　SPCD 板材 Δr 和 r 值随冷轧压下率的变化

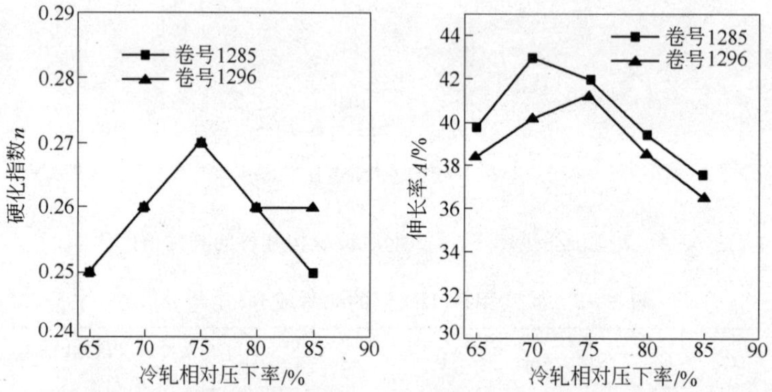

图 2-7　应变硬化指数 n、伸长率 A 随冷轧压下率的变化

常军等试验研究了冷轧压下率对低碳铝镇静钢板的深冲性能影响[8,9]。其采用的试验钢化学成分见表 2-6。热轧工艺为:终轧温度 855 ~ 870℃，卷取温度为 560 ~ 585℃;经采用不同的冷轧压下率后进行的退火工艺为:以 40℃/h 加热到 700℃保温 14 h,带罩冷却 4 h 后吊外罩。图 2-8 为板带的 0°、45°和 90°三个方向的 r 值和平均值 r_m 与冷轧压下率的关系。其结果表明,随冷轧压下率的提高，r_m 值的峰值在冷轧压下率约为 73 % 处,而 Δr 值随冷轧压下率的提高而单调下降。

表 2-6　试验钢的化学成分(质量分数)　　(%)

C	Si	Mn	P	S	Als
0.059	0.017	0.232	0.010	0.010	0.054

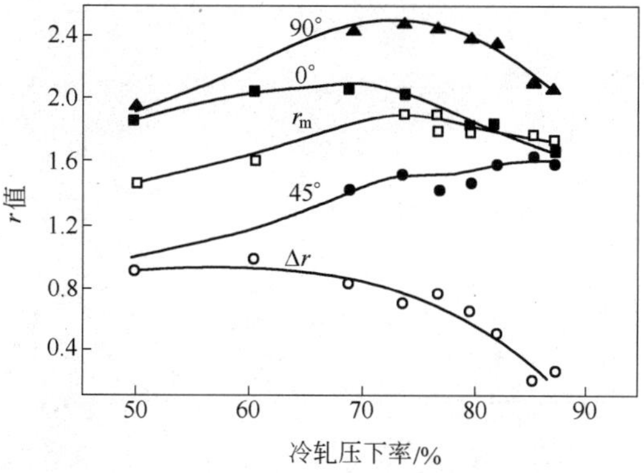

图 2-8 冷轧压下率对 r 值的影响

2.3.2 退火工艺对低(微)碳铝镇静钢板材成形性能的影响

2.3.2.1 罩式退火、连续退火工艺的特点

现在生产冲压板的退火方式主要有三种,分批紧卷退火、分批松卷退火和连续退火。紧卷退火是一种传统的生产方法,并仍在广泛应用。

在冲压钢板的性能改进方面,最突出的是连续退火技术的广泛使用,早在20世纪30年代就出现了冷轧板的连续退火机组。该技术生产的板形好,性能均匀,但钢板较硬,不适于冲压钢板的生产,这是由于原来的连续退火快速加热造成晶粒细化,快速冷却钢板内固溶碳未能充分析出产生的时效硬化,因此不能制造优质深冲钢板。20世纪70年代以后,由于冶炼和热轧技术进步才使得连续退火机组生产冲压板取得成功。用连续退火生产深冲板的技术实际上由三部分组成:其一,严格控制钢的化学成分,碳含量要低,一般 $w(C) < 0.04\% \sim 0.05\%$;其二,热轧高温卷取,适合的成分必须与热轧高温卷取相配合才能有大的晶粒,为配合连续退火,热轧卷取温度通常为700~750℃,比传统方法高100~150℃;其三,要有退火过程的过时效处理,生产软质冲压板如果快速冷却,会有大量过饱和碳残留下来,影响冲压性能。为使固溶的碳析出,一定要有过时效处理,在生产CQ、DQ和DDQ级深冲板时,过时效处理是将带钢分别加热到700℃、750℃、850℃,均热40~60 s,然后冷却到400℃左右,保温30 s或更长,由于急冷增加了碳的析出动力,保持加热就可使碳析出[6]。

目前在国内外生产冷轧冲压或深冲板材,采用罩式退火和连续退火的都很多,两种退火工艺都有各自的特点。图2-9为冷轧连续退火和罩式退火工艺过程的温度变化曲线[7]。

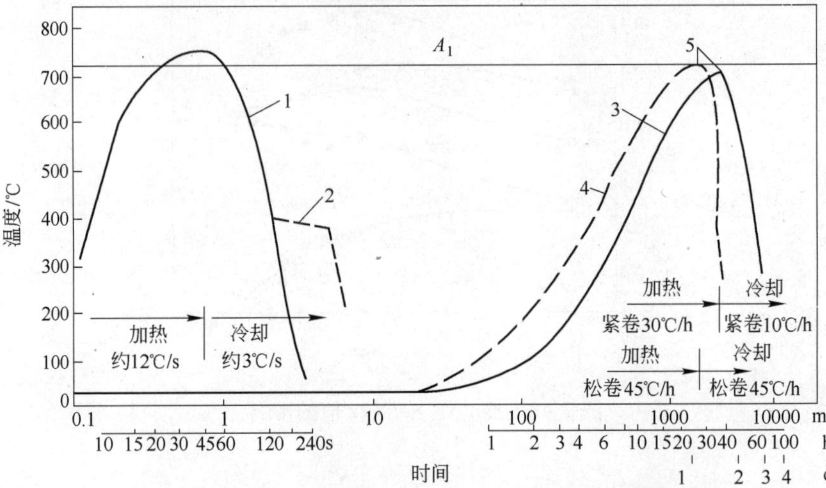

图 2-9　冷轧连续退火(左)和罩式退火(右)过程的温度变化曲线

1—连续退火炉中的带钢温度;2—过时效;3—紧卷退火带钢卷心部温度;

4—松卷退火带钢卷心部温度;5—移去加热罩,放上冷却罩

在罩式退火工艺过程中,通常采用紧卷退火,也可以采用松卷退火,将几个带卷重叠堆垛,卷紧的带卷通过加热罩间接加热。图 2-10 表示罩式退火加热—冷却阶段时间—温度变化过程。整个退火过程可以持续几天,其原因在于退火带卷大且卷得紧密和几乎只有轴向热传导,轴向传导的热量大约是径向传导热量的 20 倍[7]。

图 2-11 为强对流全氢罩式退火炉的典型退火曲线。其装炉量为 79 t,4 卷料,板宽为 1100 mm,热点 720℃,冷点 685℃。同氮氢炉和强对流炉相比,加热小时能力提高 79%;冷却小时能力提高 84%,炉台小时能力提高 82%[10]。

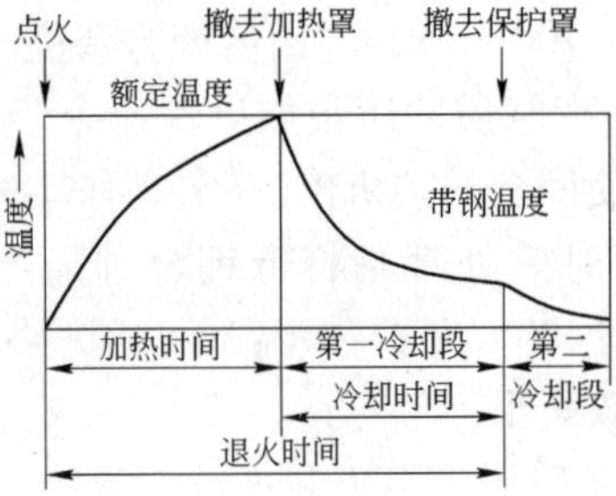

图 2-10　罩式退火加热—冷却阶段时间—温度变化过程

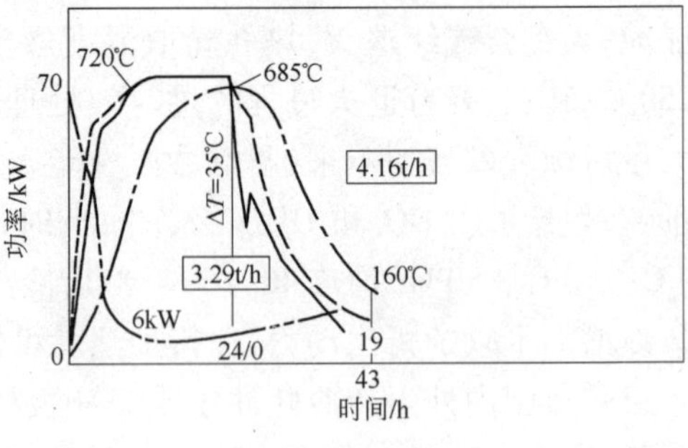

图 2-11　强对流全氢罩式退火炉的典型退火曲线

2.3.2.2 低碳、微碳钢的罩式退火及连续退火工艺实例分析

罩式退火生产冷轧 St14 薄板时采用的是低温卷取。退火时,带卷心部温度约为700℃。图2-12、图2-13和图2-14分别为俄罗斯扎波罗热钢铁公司和国内钢铁企业A和B在生产08Al冲压板时采用的三台阶和双台阶退火工艺[11]。

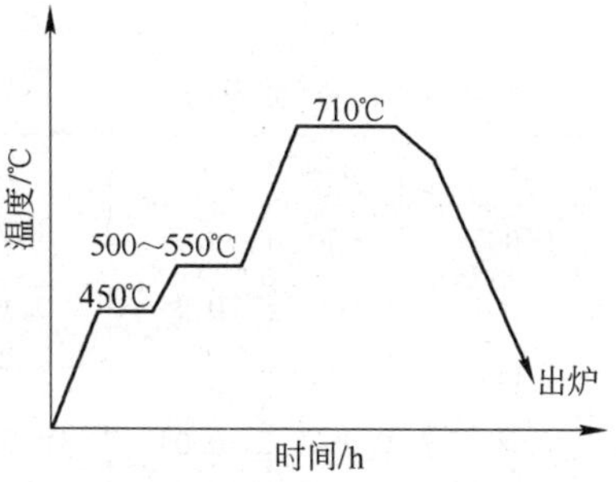

图2-12 08Al三台阶退火工艺

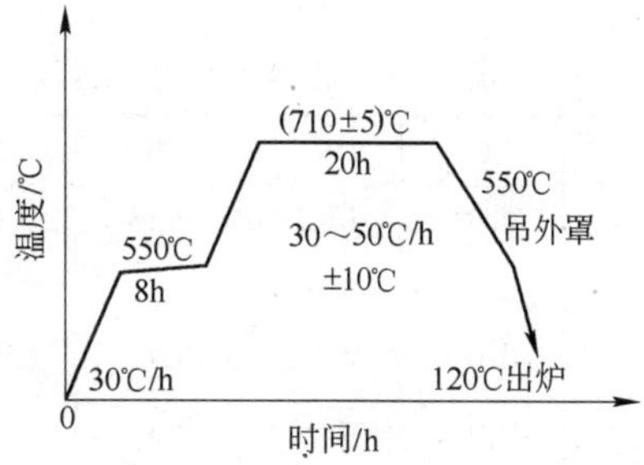

图2-13 08Al双台阶退火工艺A

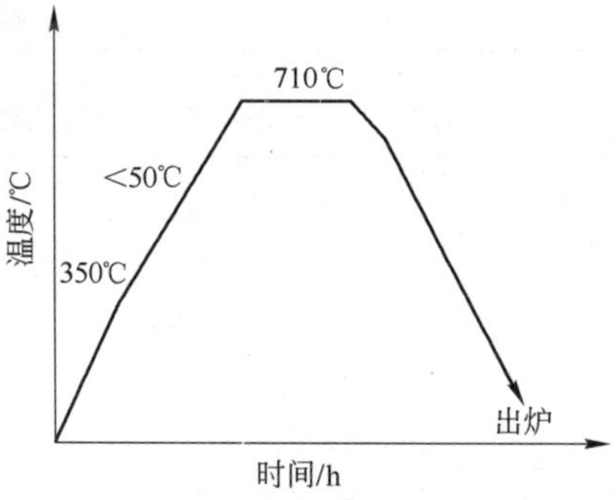

图2-14 08Al双台阶退火工艺B

表2-7为国内某钢厂现行的典型产品罩式退火工艺制度[10]。

表2-7 国内某钢厂现行的典型产品罩式退火工艺制度

钢 质	碳的质量分数/%	厚度/mm	控制温度/℃	压紧温度/℃	保温时间/h			出炉温度/℃
					卷重			
					<6 t	6~10 t	>10 t	
10	≤0.10	≤0.5	700±10	660±5	8	10	12	110
	≤0.10	0.6~0.8	700±10	670±5	8	10	12	110
	≤0.10	0.9~1.25	700±10	680±5	8	10	12	110
难冲件			720±10	710±5	15	15	15	100

何崇智等试验研究了武钢微碳深冲钢板的工艺与成形性能及织构特征[3,5]。其采用的微碳钢化学成分及热轧、冷轧和退火工艺列于表2－8和表2－9,并与低碳铝镇静钢SPCEN和08Al作了比较。表2－10为微碳钢及08Al深冲钢板成品的力学与成形性能。可见,在所采用的工艺条件下,微碳钢具有良好的成形性能,r值在1.7～1.9之间,n值在0.20～0.24之间,伸长率为45%～49%。

表2－8　武钢工业生产的微碳03Al钢板的化学成分(质量分数)　(%)

钢　号	C	Si	Mn	P	S	Als	Cu	N
WG-1	0.02	0.02	0.16	0.010	0.006	0.050	0.03	0.0050
WG-2	0.03	0.02	0.15	0.012	0.007	0.040	0.05	0.0034
WG-3	0.02	0.02	0.15	0.017	0.004	0.050	0.03	0.0055
WG-4	0.03	0.02	0.15	0.017	0.008	0.050	0.03	0.0020
WG-5	0.02	0.02	0.15	0.015	0.008	0.050	0.03	0.0025
SPCEN	0.04	0.02	0.23	0.011	0.010	0.053	—	—
08Al	0.04	0.02	0.20	0.012	0.014	0.060	<0.05	0.0040

表2－9　武钢工业生产微碳03Al的工艺参数

钢　号	热轧工艺		冷轧压下率/%	退火工艺		成品板厚/mm
	终轧温度/℃	卷取温度/℃		退火温度/℃	退火时间/h	
WG-1	910	565	73.3	680	24	0.8
WG-2	900	580	72.0	680	26	0.9
WG-3	900	540	73.3	680	24	1.2
WG-4	902	557	73.7	700	45	1.0
WG-5	892	541	73.7	700	47	1.0

表2－10　微碳钢及08Al深冲钢板成品的力学与成形性能

钢　号	R_e/MPa	R_m/MPa	A_{10}/%	IE/mm	$\bar{r}$	$\bar{n}$	Δr	晶粒度/级	渗碳体级别/级
WG-1	190/170	295/290	49/48	10.8	1.751	0.225	0.548	7	1.5
WG-2	188/189	310/310	45/46	11.2	1.684	0.241	0.567	7	2
WG-3	179/188	290/290	46/45	10.8	1.919	0.193	0.633	9	2
WG-4	168/163	280/280	49/49	11.2	1.939	0.212	0.703	6～7	2
WG-5	169/177	290/290	48/49	11.2	1.812	0.210	0.583	6～7	2
SPCEN	172	290	47	—	1.717	0.235	—	6～7	0
08Al	170	295	47	10.1	1.4～1.8	0.20	0.70	7	2.5

在采用连续退火生产铝镇静钢深冲钢板时,热轧卷取温度通常控制在700~750℃,其目的是使热轧卷的铁素体晶粒长大,碳化物聚集而粗大化,氮化铝进一步析出和长大。用这样的原料经冷轧后连续退火,铁素体晶粒才能长得足够大,而碳化物的聚集和粗大化使对深冲不利的织构晶粒在碳化物附近减少。快速加热推迟了粗大碳化物的固溶及回复,形成有利于深冲的再结晶组织。表2-11和表2-12分别表示在连续退火CAPL机组进行铝镇静钢SPCD和SPCE级冲压用钢时的退火工艺参数和典型力学性能[10]。

表2-11 CAPL机组生产铝镇静钢的退火工艺参数

产品牌号		加 热	均 热	过时效(OA)
SPCD	带温/℃	700	700	450~400
	时间/s		≥40	≥180
SPCE	带温/℃	850	850	450~400
	时间/s		≥60	≥300

表2-12 CAPL机组生产铝镇静钢产品的典型力学性能

牌号	钢种	化学成分(质量分数)/%							CAPL条件		力学性能			
		C	Si	Mn	P	S	N	Als	H、S	OA	R_e/MPa	R_m/MPa	A/%	硬度HRB
SPCD	压盖钢	0.06	0.003	0.28	0.008	0.014			700	450~400	223	326	45	46
SPCE	铝镇静钢	0.04	0.017	0.19	0.004	0.007	0.0019	0.047	840	450~400	182	320	47	45
	铝镇静钢	0.002	0.002	0.18	0.012	0.005	0.0030	0.036	850	450~400	143	260	50	26

当采用连续退火时,要获得相近的力学性能,必须采用很高的退火温度,图2-15为基本化学成分和连续退火温度对微碳软钢薄板屈服强度的影响。采用高温卷取也是连续退火的一个缺点(一是带卷的氧化铁皮较厚,冷轧酸洗时间和费用也增加,其次是高温卷取钢卷头尾与卷内温差较大,因而连续退火后带卷头尾约10~20m性能偏低,必须切去降级或改作他用,损失浪费较大),并且连续退火钢还不具有罩式退火钢一样高的抗时效性[7]。

对于连续退火铝镇静钢来说,碳含量是一个重要的影响因素,最佳力学性能在碳含量将到0.02%时才能得到,此外,还要采用尽可能高的在A_1点以上的退火温度(见图2-16)[7]。

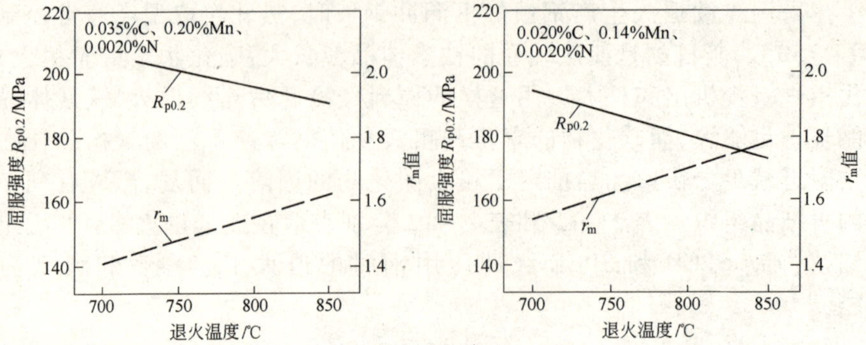

图2－15　基本化学成分和连续退火温度对微碳软钢薄板屈服强度的影响
（退火方式包括淬水急冷）

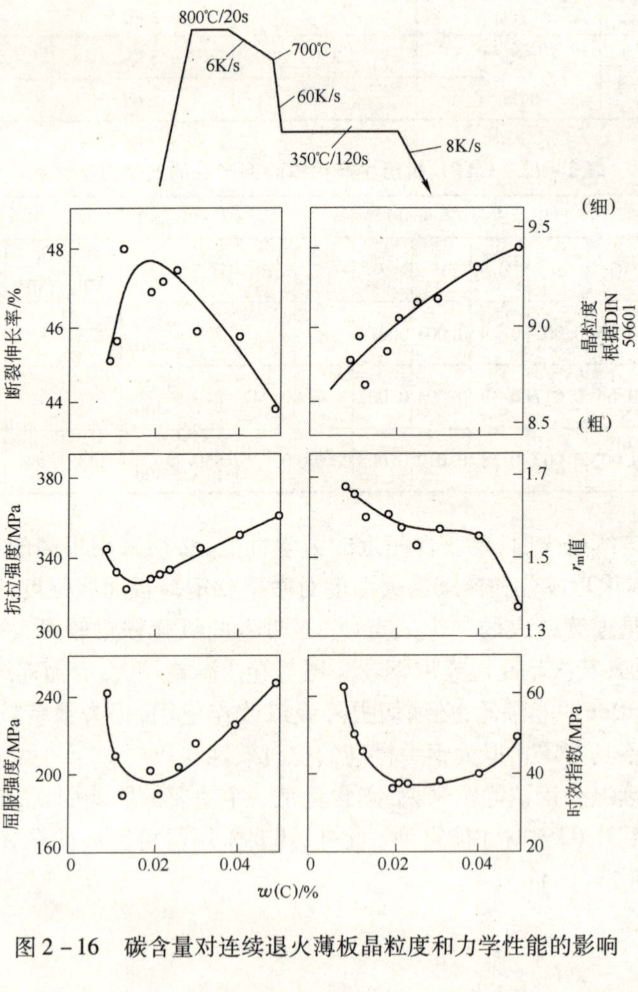

图2－16　碳含量对连续退火薄板晶粒度和力学性能的影响

当采用连续热镀锌线生产铝镇静钢深冲合金化镀锌板时，为了得到合金化镀锌后板材良好的最终性能，需要对热轧、卷取、冷轧、连退及合金化镀锌工艺进行优化控制。国内某钢铁企业在生产低碳铝镇静钢合金化镀锌板时采用了如表2-13的成分、表2-14所示的热轧工艺控制参数、表2-15所示的连退、热镀锌及合金化主要工艺控制参数，在此成分和工艺条件下获得的合金化镀锌板的力学性能和镀层黏附性测试结果见表2-16[12]。

表2-13 低碳铝镇静钢合金化镀锌板铸坯的化学成分(质量分数) (%)

类别	钢种	铸坯规格 /mm×mm	C	Si	Mn	P	S	Cu	Als
第一批	W08Al	210×1100	0.068	0.020	0.280	0.011	0.0140	0.030	0.040
	WLC	210×1100	0.040	0.010	0.280	0.009	0.0110	0.050	0.020
第二批	SHX	250×1300	0.043	0.019	0.194	0.006	0.0049	0.024	0.043
	SHX	250×1300	0.033	0.010	0.129	0.007	0.0040	0.026	0.047
	SHX	210×1100	0.043	0.012	0.180	0.009	0.0040	0.030	0.050
	SHX	210×1100	0.050	0.004	0.162	0.007	0.0060	0.024	0.053
	SHX	210×1100	0.051	0.015	0.184	0.012	0.0060	0.028	0.047
	SHX	250×1300	0.049	0.004	0.159	0.009	0.0060	0.030	0.020
第三批	SHX	210×1050	0.040	0.004	0.180	0.008	0.0060	0.060	0.020
	SHX	210×1050	0.040	0.010	0.220	0.009	0.0050	0.060	0.030
	SHX	210×1050	0.041	0.010	0.170	0.008	0.0060	0.050	0.040
SHX设计成分			≤0.05	≤0.03	0.12~0.25	≤0.025	≤0.02	≤0.02	≤0.05
日本样品			0.023	0.015	0.19	0.005	0.0075	0.0075	0.044

表2-14 热轧工艺控制参数

工艺参数	板坯加热温度/℃	在炉时间/min	终轧温度/℃	卷取温度/℃
设定值	1200±30	>120	880±30	680±30
实测值	1200	124	885	683
	1190~1210	123~125	875~900	660~700

表 2－15 连退、热镀锌及合金化主要工艺控制参数

类别	镀锌号	钢种	厚度/mm	连续退火带钢温度/℃			锌锅温度/℃	锌液铝含量/%	机组速度/m·min⁻¹	合金化		
				出预热炉	出还原炉	入锌锅				炉温/℃	时间/s	煤气/m³·h⁻¹
第一批	1114101	WLC	0.8	570	750	465	465	0.170	70	1150	5	2800
	1114301	W08Al WLC	1.2	580	740 760	465	465	0.170	50	1200	6	2800
	1114501	W08Al	1.0	560	740	460	465	0.170	60	1200	5	2800
第二批	3c11701	SHX	1.0	565	750	460	465	0.161	60	1150	5	2800
	3c11901	SHX	1.2	575	750	465	465	0.161	50	1200	6	2800
第三批	5314309	SHX	0.9	580	760	465	465	0.153	70	1150	5	2800
	5505801	SHX	1.0	580	760	465	465	0.153	60	1150	5	2800

表 2－16 低碳铝镇静钢合金化镀锌板的力学性能和镀层黏附性测试结果

类别	钢种	厚度/mm	力学性能						镀层含量	反复弯曲/次
			R_e/MPa	R_m/MPa	A_{10}/%	IE/mm	HRB	冷弯	双面/g·m⁻²	
第一批	W08Al W08Al WLC	1.0 1.2 0.8 1.2	240 252 250 240	355 265 364 350	39 40 39.5 41.5	10.7 11.0 9.9 11.1	55 57 54 56	完好 完好 完好 完好	189 238 203 202	65 51 65 41
第二批	SHX	1.0	240	350	40	10.8	53	完好	181	63
	SHX	1.2	255	370	41	11.1	54	完好	138	52
第三批	SHX	0.9	234	350	41	10.9	52	完好	142	66
	SHX	1.0	250	368	41.5	11.0	53	完好	156	68
日本样品		0.8	240	355	41	10.3	52	完好	117	65

注：锌层黏附性试验：球冲、裂纹、脱落均为一级，T 弯试验均为 OT。

经过试验研究，所确定的生产深冲性能优良、韧性良好的深冲合金化镀锌板的工艺参数为：钢坯加热温度不低于1200℃，终轧温度(880 ± 30)℃，卷取温度(680 ±30)℃，冷轧压下率64% ～70%，热镀锌带钢出还原炉(760 ± 10)℃，合金化温度1100 ～ 1200℃，机组速度 70 ～ 80 m/min。另外，锌液铝含量应调整到0.15% ～0.17%，镀层厚度控制在 100 ～ 180 g/m²(双面)[12]。

2.4 低碳铝镇静钢板的平整与拉矫

低碳铝镇静钢经冷轧后的再结晶退火，钢质很软，拉伸变形时在屈服极限附近具有明显的屈服延伸现象，这与碳钢中存在间隙固溶碳、氮原子钉扎位错有关。退火状态的薄板在开卷或弯曲时形成弯折，拉伸时形成滑移带。为避免出

现与这类现象相关的缺陷，退火后的带钢要进行平整。其作用除了消除明显的屈服延伸外，另一目的是通过平整得到所希望的板带表面形貌并改善带钢平直度。平整量通常根据带钢的厚度和铁素体晶粒度采用1%左右的变形量，使表面层部分有明显的冷变形。在低碳钢中屈服极限有一极小值，平整时的冷变形使位错脱离间隙原子团，以至随着平整量的增大，在随后变形时只需较低的应力便开始屈服，而较大的平整量在组织中产生附加位错，这些位错又导致强化。图2－17表示平整量对各类冷轧带钢品种的影响[7]。

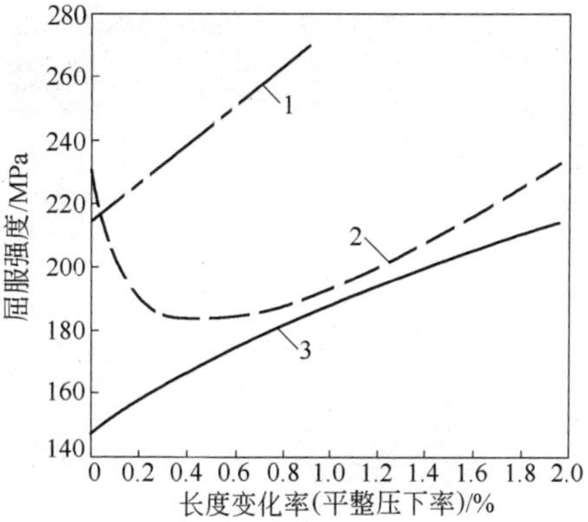

图2－17 平整率对各类冷轧带钢品种的影响
1—含铬双相钢；2—St14；
3—微合金超深冲钢(IF钢)

另外，平整量对板带的 n 值和总伸长率也有影响。试验结果表明随平整量的增加，冷轧软钢板带的 n 值和总伸长率均呈线性下降(见图2－18和图2－19)[7]。

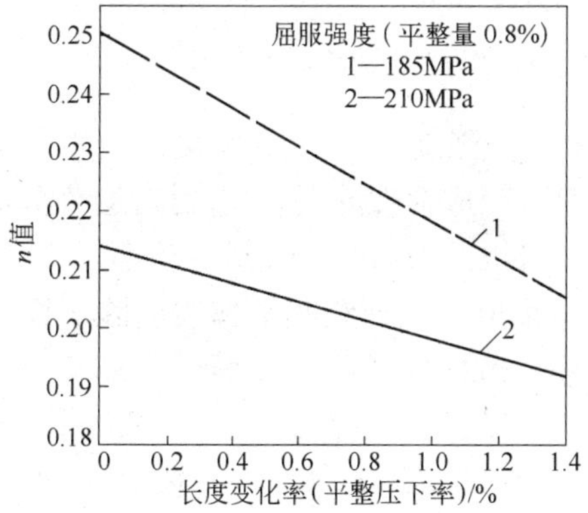

图2－18 平整率对冷轧软钢薄板 n 值的影响

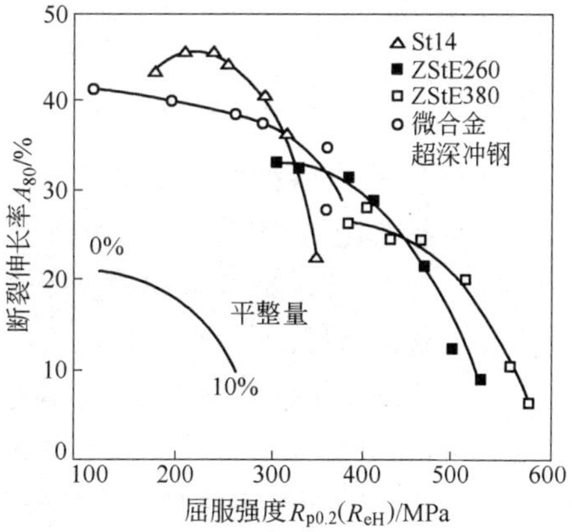

图2－19 强烈的平整对冷轧钢屈服强度和总伸长率的影响

有研究针对微碳钢03Al软钢在不同退火温度和平整量条件下的屈服强度和 n 值变化进行了试验。图2－20表明在680℃退火时屈服强度在平整量约1.2%时达到最低值，n 值则随平整量增加而线性下降，在710℃退火时也具有相同的趋势[13]。图2－21表明平整量为1.0%左右时，屈服强度与退火温度之间的关系。

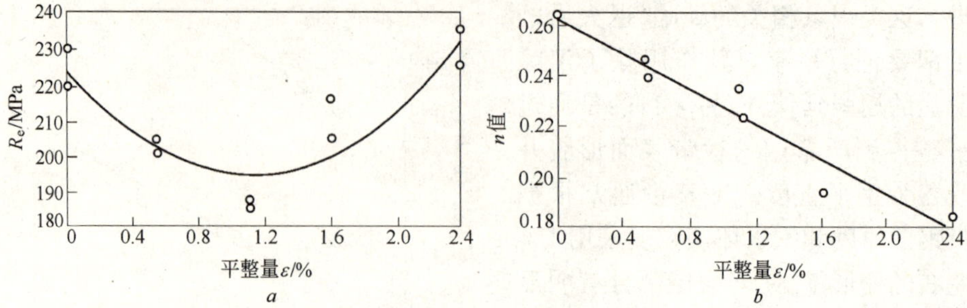

图 2-20　在 680℃退火时平整量与屈服强度及 n 值的关系

a—平整量与屈服强度的关系;b—平整量与 n 值的关系

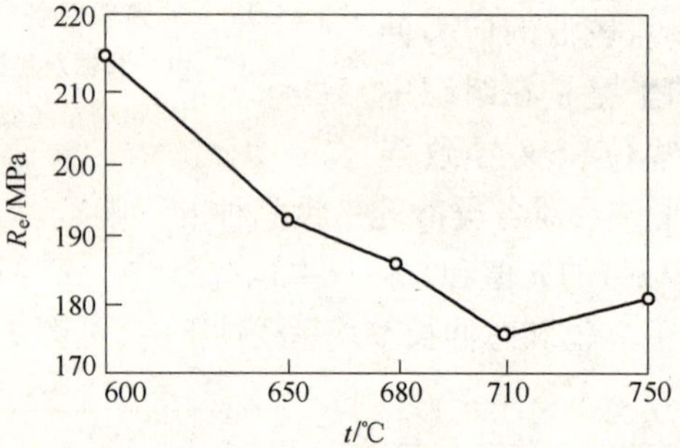

图 2-21　平整量为 1.0% 时屈服强度与退火温度的关系

对于 IF 钢和双相钢冷轧带钢没有明显屈服强度点,其屈服强度随着平整量的增大而不断提高,因此为了避免平整对薄板冷成形性的损害,有时对退火薄板不进行平整,所要求的表面粗糙度是在冷轧机组的最后一架轧机中获得。

为了获得良好的带钢平直度,在一些连续退火或连续热镀锌线上除了设有平整机外还采用了拉弯矫直设备,有的在连退或热镀锌机组后面设有光整拉矫联合机组,先进的拉矫机采用喷雾式两弯两矫形式。拉弯矫直时,带钢通过纵向拉伸和弯曲的叠加获得延伸。当带钢通过两个所谓的 S 辊组获得张力时,弯曲是在辊径小于 100 mm 的辊上产生,在大多与平整组合使用的拉弯矫直过程中,可给予最大约为 1.2% ~2% 的总变形率。平整主要使表层区域变形,并在带钢表面压印出所要求的粗糙度,而拉弯矫直则对整个钢板截面产生作用并有助于平整带钢的浪形和拱起。然而,拉矫也很大程度上在带钢内部产生内应力。通过带钢的拉弯矫直,每增加 0.1% 的伸长率,带钢屈服强度提高约 2 MPa。为了获得所希望的带钢平直度,大多在 0.5% 到 1.0% 之间的伸长率足以满足要求[7]。但在现代连续热镀锌线上,个别产品的最大拉矫伸长率接近或达到 2.0%。

2.5 钢中 AlN 的形成及对板材成形性能的影响

前面提到,低(微)碳铝镇静冲压用钢的成形性能与钢中 AlN 的控制密切相关,主要是通过控制 AlN 在热轧过程中的固溶和随后冷轧再结晶退火过程中的析出来获得强烈的 γ 纤维织构,这是由于细小的 AlN 析出粒子可以增大再结晶形核的阻力,但对不同取向的晶粒,其阻力是不同的,AlN 析出粒子对{110}织构组分的晶粒阻力最大,而对{111}织构组分的晶粒阻力最小,最终使驱动力大的{111}取向晶粒在形核中占优势,从而导致 γ 纤维织构的显著发展,这方面已有大量研究[14]。而钢中 AlN 控制的关键在热轧后的卷取温度控制,由于铝镇静钢在冷轧后的退火方式有罩式退火和连续退火两种工艺的不同,因此 AlN 的控制及其在不同退火方式中对钢板的组织、织构和深冲性能指标 *r* 值的作用机制也明显不同。图 2-22 表示卷取温度和退火工艺对铝镇静钢组织、织构和深冲性能 *r* 值的影响。

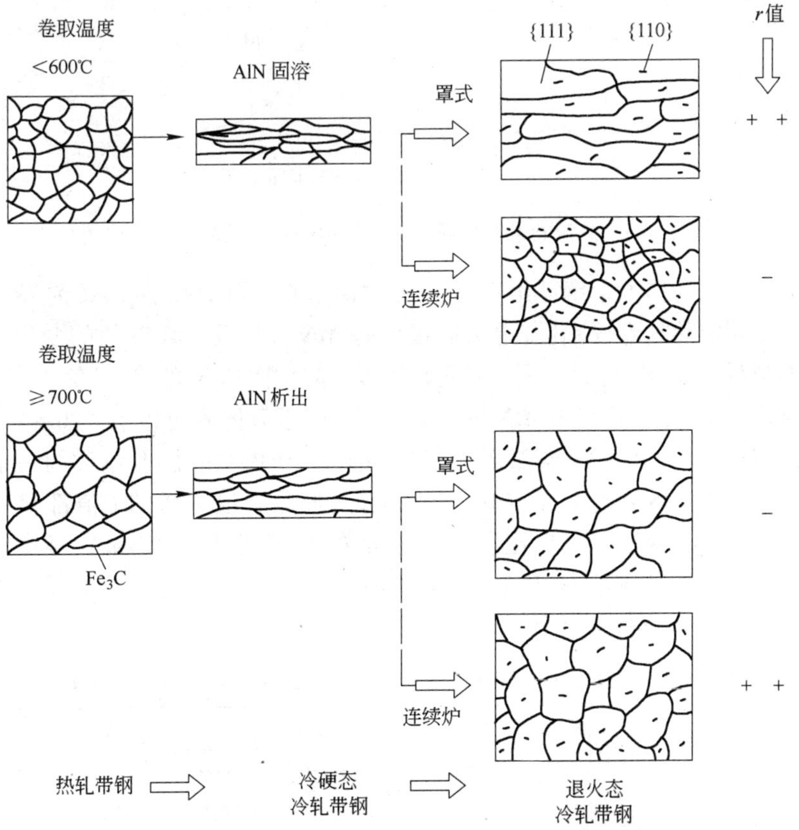

图 2-22 卷取温度和退火工艺对铝镇静钢组织、织构和深冲 *r* 值的影响

在罩式退火的缓慢加热过程中，存在着使铝镇静钢中产生细小的 AlN 粒子析出与冷轧组织的再结晶相互作用的可能性。图 2－23 表示高温卷取和低温卷取的铝镇静钢的再结晶变化的比较[7]。低温卷取的热轧带钢中 AlN 析出物被过冷，以致钢中固溶的铝和罩式炉加热时出现的 AlN 析出对再结晶产生强烈的迟滞作用。在冷变形组织中，主要在被强烈拉长的晶粒晶界上形成的氮化物抑制着铁素体的再结晶，使得在 AlN 粒子晶格中由相对粗大的铁素体晶粒产生了伸长的"饼形"晶粒组织。由于取向选择，铁素体晶粒表现出{111}择优取向的特征。当在罩式炉中高温条件下停留较长时间时，晶粒开始长大，在这一过程中，有{111}取向的晶粒优先长大，从而又产生了织构强化，这一织构强化对板带的 r 值提高极为有利。

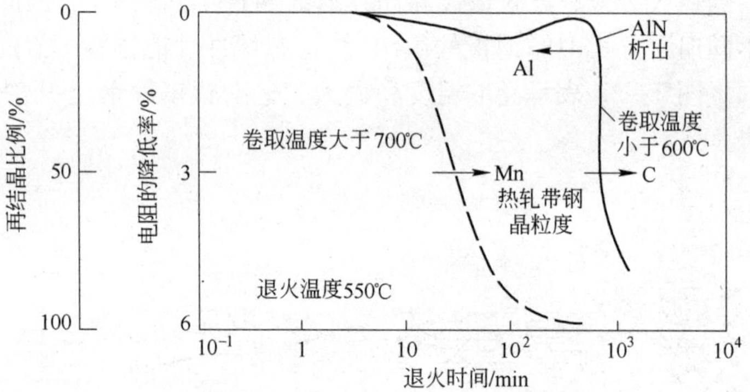

图 2－23　高温卷取和低温卷取的铝镇静钢再结晶行为的比较

表 2－17 为国内某钢厂生产 08Al 板材时，对不同的热轧卷经冷轧及罩式退火后试验测定热轧卷、冷轧及退火后板材的 AlN 含量及 r 值、n 值的变化情况跟踪取样结果[15]。由此表可见，在所取热轧卷样中，AlN 的含量在 0.001%～0.0054%之间，冷轧后钢中 AlN 的变化很小，在原数值附近波动约 0～0.002%左右，经罩式退火后，AlN 含量增加到 0.016%～0.031%之间，增加约一个数量级。热轧卷中 AlN 含量高于 0.002%以上的，经冷轧退火后的 r 值都很低（r＝1.1～1.3 左右），相反，在热轧卷中 AlN 含量较低（低于 0.002%），经冷轧退火后的 r 值都较高（如样品 4、5、6 号，r＝1.46～1.63 左右）。这一试验结果与前面的 AlN 作用机理分析是完全一致的。

表 2－17　08Al 不同的热轧卷经冷轧及罩式退火后板材的 AlN 含量及 r 值、n 值变化

序　号	热轧后			冷轧后	退火后		
	w(AlN)/%	r_{15}	n_{20}	w(AlN)/%	w(AlN)/%	r_{15}	n_{20}
1	0.0032	0.785	0.203	0.0032	0.0175	1.14	0.224
2	0.0040	0.86	0.206	0.0035	0.0296	1.1	0.194

续表 2－17

序 号	热轧后			冷轧后	退火后		
	w(AlN)/%	r_{15}	n_{20}	w(AlN)/%	w(AlN)/%	r_{15}	n_{20}
3	0. 0021	0. 851	0. 205	0. 0038	0. 0240	1. 346	0. 228
4	0. 0017	0. 842	0. 195		0. 0249	1. 54	0. 220
5	0. 0010	0. 814	0. 210		0. 0270	1. 46	0. 221
6	0. 0015	0. 885	0. 206		0. 0216	1. 63	0. 230
7	0. 0054			0. 0029	0. 0309	1. 142	0. 229
8	0. 0041			0. 0044	0. 0167	1. 329	0. 255

参 考 文 献

[1] Ushioda K, Koyama K, Takahashi M. Metallurgical Investigation for Producing Deep-drawable Continuously Annealed Al-killed Sheet Steels Through Low-temperature Coiling, ISIJ International, 30 (9), 1990:764.

[2] 康永林. 现代汽车板的质量控制与成形性[M]. 北京:冶金工业出版社,1999.

[3] 田德新,凤佩华,刘慧. 微碳冷轧深冲汽车板的研制[J]. 钢铁研究,1997,6:23～29.

[4] 彭涛,钟定忠. 武钢汽车用钢板的开发生产与发展设想[C]. 中国汽车工程学会汽车材料分会第十二届年会论文. 济南,2000 年 9 月.

[5] 何崇智,张志军,田德新,等. 武钢微碳深冲钢板的织构特征与成型性[J]. 钢铁,1998,33(7):37～40.

[6] 康永林,唐荻,王先进. 汽车板的成分、工艺及组织控制[J]. 轧钢,1996,6:53～56.

[7] 鲁茨·迈耶. 带钢轧制过程中材料性能的优化[M]. 赵辉译. 北京:冶金工业出版社,1996.

[8] 常军,程兴德,徐建中,等. 冷轧压下率对低碳铝镇静钢冷轧板深冲性能的影响[J]. 钢铁钒钛,2000,21(2):21～25.

[9] 罗裕厚 ,杨学高 ,彭鑫. 压下率对冷轧深冲板性能的影响[J]. 轧钢,2001,18(2):12～14.

[10] 傅作宝. 冷轧薄钢板生产(第二版)[M]. 北京:冶金工业出版社,2005:225～279.

[11] 罗裕东,杨学高,段向东. 冷轧深冲板的结构与性能分析,我国冷轧板带生产技术发展现状与展望[C]. 第三届四次冷轧板带学术会议论文集. 1998:125～132.

[12] 张雨泉. 深冲合金化镀锌板生产工艺的研究[C]. 中国汽车工程学会汽车材料分会第十二届年会论文. 济南,2000 年 9 月.

[13] 唐荻,谷春阳,王先进,等. 退火温度及平整量对 03Al 钢板组织性能的影响[J]. 钢铁,1999,34(增刊):47～51.

[14] 康永林,景钦广,吴光亮,等. 卷取温度、冷轧总变形量对含硼 08Al 钢力学性能的影响[J]. 钢铁,2007,42(4):67～72.

[15] "薄板成形性能研究". 国家"七五"科技攻关项目鉴定材料. 1990,10～11.

3　超深冲IF钢板

3.1　超深冲IF钢的冶金成分控制

3.1.1　超低碳钢的发展

超深冲钢系列作为第三代深冲钢的出现应归功于对无间隙原子钢(IF钢)的研究。Comstock等人在1949年最先指出,当普通的低碳钢中加入足够量的Ti($Ti>4(C+N)$),钢中的C、N原子完全析出成Ti(CN),此时该钢具有优异的深冲性能,这便成了IF钢发展的基础。但是,当时低碳钢中一般含0.005% C、0.003% N,那么固定C、N所需要的Ti量约为0.25%~0.35%。由于Ti价格昂贵,Comstock的发现被搁置,IF钢的发展受挫。

直到20世纪60年代后期,由于真空脱气(RH)技术在冶金生产中的应用,钢中的碳含量可以降到0.01%以下,于是冶金学家对IF钢重新感兴趣。据报道,约在1967~1970年出现了商品IF钢,含钛IF钢($C<0.01\%$)具有足够高的$\bar{r}$值可满足深冲级钢板的要求。大约在同时,发现Nb也可以改善深冲性能。那时,几乎所有汽车钢板都是经过罩式退火生产,铝镇静钢(AK钢)是用于汽车生产的主要钢种。Ti处理的IF钢比AK钢深冲性能好,但由于需要真空脱气和昂贵的Ti合金化,故其成本高,使之应用仅限于少量特殊零件,例如难以用AK钢生产的油箱底壳等。

约在1972年,Nippon Steel Co.和NKK分别开发了用于汽车板生产的连续退火机组。但当时通过连续退火用低碳铝镇静钢难以生产高$\bar{r}$值的深冲板,而令人关注的是IF钢经连续退火后具有良好的深冲性能。于是,在20世纪70年代,用连续退火生产商用级(CQ)、冲压级(DQ)钢,而用罩式退火生产深冲级(DDQ)的AK钢;用连续退火生产少量IF钢用于特殊零件。20世纪70年代末期,工业生产的IF钢的成分大致为:0.005%~0.01% C、0.003% N、约0.15% Ti;而对含Nb钢,约含0.15% Nb。

在20世纪80年代,冶金生产技术得到进一步发展,采用底吹转炉和改进的RH处理可以经济地生产出$w(C)\leqslant 0.002\%$的超低碳钢,RH处理时间缩短到10~25 min[1,2],从而导致由传统的IF钢变为现代的IF钢。现代IF钢的成分范围见图3-1,大致为:$w(C)\leqslant 0.005\%$、$w(N)\leqslant 0.003\%$、$x(X)/x(C)\approx 1$,其中X代表有效钛或有效铌,一般约含0.05% Ti。而近年的IF钢,因洁净钢冶炼和RH

处理水平的不断提高,已完全可以达到 IF 钢中 $w(C+N) \leqslant 0.003\%$,C、N 分别低于 0.002%,并且可以控制到钢中平均碳含量在 0.001% ~0.0015%。

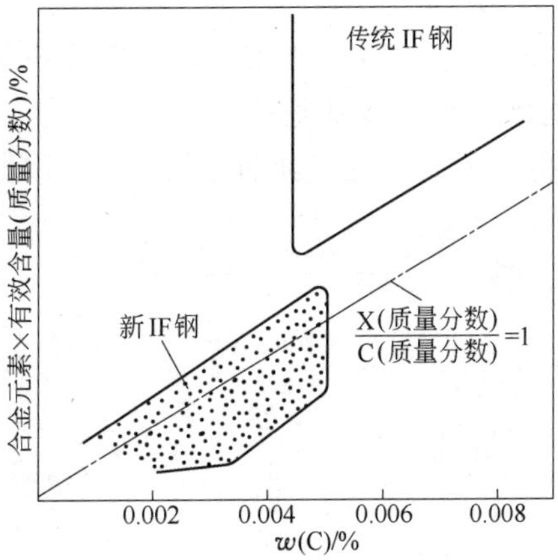

图 3-1 IF 钢成分范围示意图

20 世纪 80 年代以来,IF 钢在国际范围内取得飞速发展。自 1986 年以来,IF 钢产量出现成倍增长的趋势,1994 年世界 IF 钢产量已超过 1000 万 t,1997 年仅日本的 IF 钢产量就已达到 1000 万 t。

为什么 IF 钢取得了如此重大和迅速的发展,使其应用不再仅限于少量难冲零件？关键在于两大突破:(1)成本降低;(2)市场需求增加。

IF 钢的发展历史与其成本密切关联。最初就是由于成本昂贵而阻止了 IF 钢的发展,后来也是由于成本降低而使 IF 钢的研究和生产重新发展。现代 IF 钢成本降低的原因归纳起来有下面七点:

(1) 现代 IF 钢 C、N 大幅度降低,因而 Ti、Nb 的加入量大大减少;

(2) 冶炼技术的进步,特别是底吹转炉和改进 RH 处理,使 RH 处理时间大大缩短;

(3) 特别是对于 Ti 处理 IF 钢,热轧采用低温加热有利于提高深冲性能,低温加热降低能耗;

(4) IF 钢热轧可采用低温卷取,从而避免高温卷取带来的酸洗效率下降;

(5) 由于 IF 钢具有非时效性,所以连续退火中可以省去过时效处理;

(6) 利用 IF 钢在连续热镀锌线上可以生产廉价的镀锌板;

(7) 对于汽车上的难冲件,用 IF 钢来生产比用铝镇静钢生产的成品率高。

IF 钢的使用范围及迅速增长的需求是又一个关系到 IF 钢发展的重大问题。由于 IF 钢所具有的非时效性和超深冲性,以 IF 钢为基础业已开发出众多超低碳钢系列产品,形成了第三代冲压用钢,从而打破了以前 IF 钢只用于少数难冲件的格局。超低碳钢系列几乎可以满足汽车用钢板所提出的各种性能要求,如深冲性、高强度、耐腐蚀、BH 性。超低碳钢的生产已成为一个国家汽车用钢板生产水平的标志,其应用极为广泛。

图 3-2 表示日本钢铁自 1940 年以来钢中含碳量的发展变化[3,4]。图中表示 50 多年来钢中含碳量呈明显下降趋势,从约 0.1% 到 0.001% 以下,与此同时,钢中的 N、S、P、O 和 H 的含量也得到明显的改善。取得这一结果,主要是通过采用 RH 工艺得到的。

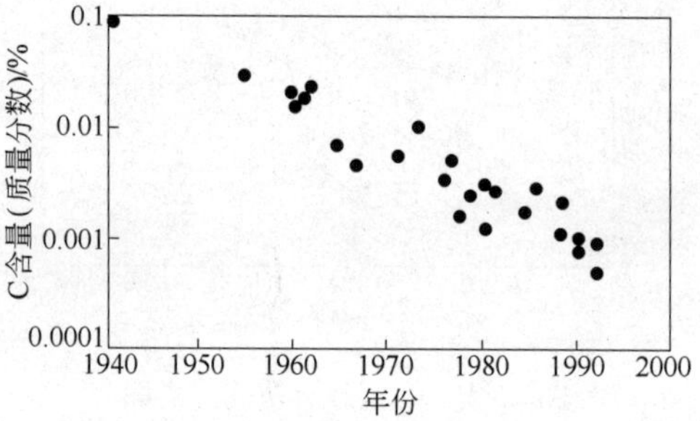

图 3-2　日本钢铁中碳含量的变化

图 3-3 表示 40 年来汽车板的伸长率 A 和 r 值的进展[5]。开始材料是含碳量 0.06% 的沸腾钢,伸长率是 42%,r 值为 1.2,铝镇静钢的伸长率达到 43%～45%,r 值为 1.3～1.5。在 20 世纪 60 年代,罩式退火期间的脱碳成为可能,伸长率提高到 48%。当 IF 钢得到开发时,r 值达到 1.8 以上,但伸长率还略低于 48%。现在,通过对超低碳 IF 钢 Ti、Nb 添加的最优化,使伸长率和 r 值分别达到 50% 和 2.5 以上。

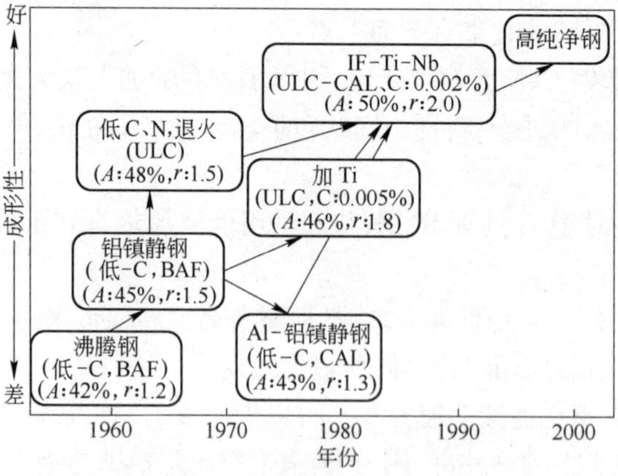

图 3-3　40 年来汽车板的伸长率 A 和 r 值的进展

3.1.2 冶金成分在钢中的作用及控制

成分是钢板性能优劣的基础，对成形用钢也是如此，因此在生产冲压用钢中，对成分的严格控制和对不同成分在成形中作用的理解是至关重要的。

(1) 碳(C)：碳是钢中最一般的强化元素，碳使强度增加，塑性下降，但是对冲压成形用钢而言，需要的是低的屈服强度、高的均匀伸长率和总伸长率。由此可知，希望冲压用钢的含碳量低一些，一般冲压钢的碳含量小于 0.1%，常用的碳含量不大于 0.08%（如我国 08Al），优质冲压钢碳含量不大于 0.04%（如我国的 K08Al，而 03Al 的碳含量为 0.015% ~0.03%），超深冲压钢（IF 钢）碳含量则不大于 0.003%，对于采用吹氧转炉生产的钢，碳含量最低可低于 0.04%，所以在冶炼过程中就必须采用新技术以降低碳的含量。随钢中固溶碳含量的增加，垂直于板法向的 <111> 取向织构密度降低，产品时效问题明显。从图 3-4 可见，钢中碳含量的变化对钢的各力学性能有明显的影响[6]，而图 3-5 则更清楚地显示随钢中碳含量的降低，钢的重要成形性指标 r 值和总伸长率 A_t 得到改善，尤其是当钢中含碳量约低于 0.01% 以下时，r 值和 A 值急剧上升[4]。

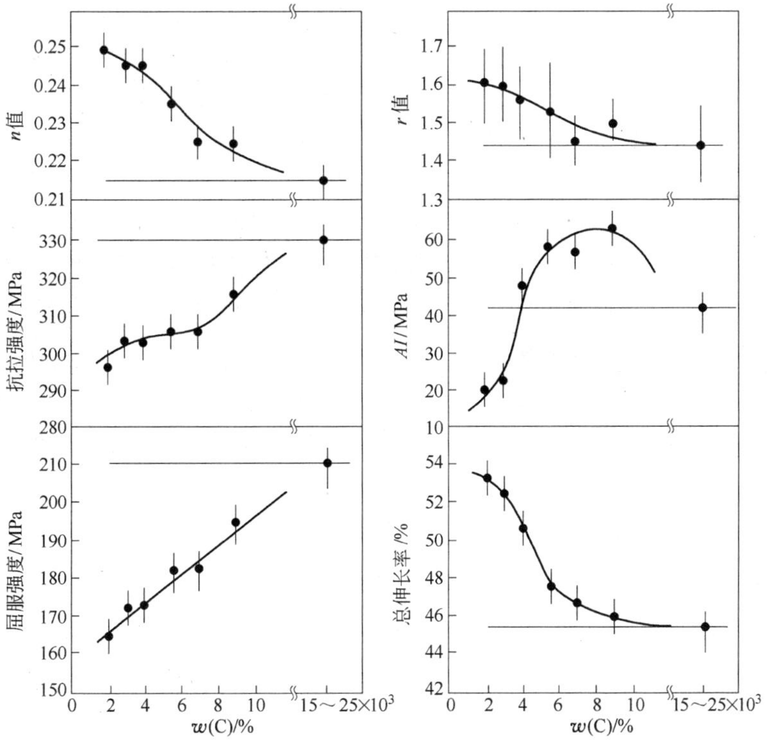

图 3-4 降低碳含量对工业生产的连续退火超低碳钢的力学性能和成形性能的影响

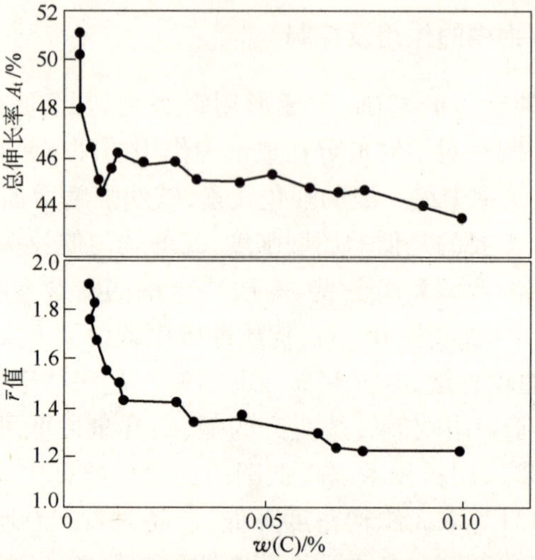

图3-5　冷轧钢板的碳含量与总伸长率 A_t 和 $\bar{r}$ 值的关系
（在碳含量为0.005%～0.01%时，A_t 值下降是由于连续退火后固溶碳量高引起的）

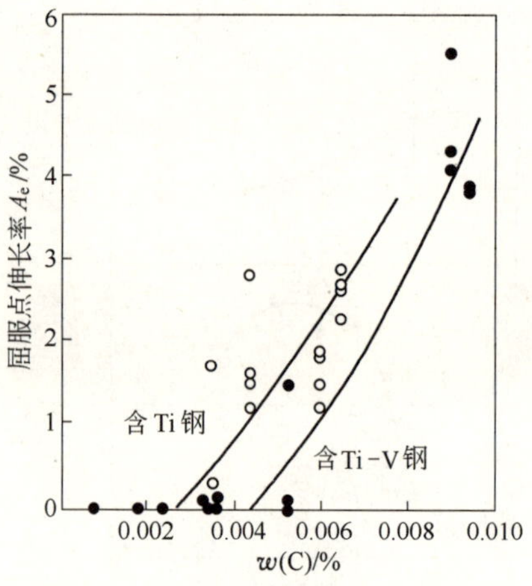

图3-6　含Ti钢和Ti+V钢的屈服点伸长率（经快速时效处理）与碳含量的关系

无时效是IF钢的一个重要特征，图3-6表明在含Ti钢和Ti+V钢中，碳含量对快速时效处理（100℃/h）后的屈服点伸长率 A_e 的影响[7]，可见当含碳量接近0.003%时，开始出现屈服延伸，在含碳量在0.008%以内时，对于相同的含碳量，含Ti钢比Ti+V钢的屈服点伸长率 A_e 值高。

（2）氮（N）：氮在钢中一般使屈服强度和抗拉强度增加，硬度值上升，r 值下降并引起时效。对于冲压用钢板，氮的作用和碳元素一样，主要是造成屈服效应和应变时效。另外，如果工艺上控制不当，氮会和钛、铝等形成带尖角的夹杂物，这对于冲压也是不利的。因此，冲压用钢总是要降低氮，使其尽量低。

（3）铝（Al）：铝在优质冲压钢中一般是作为脱氧剂加入的，作用主要是去除吹氧冶炼时溶在钢液中的氧。另外作为定氧剂，抑制氮在铁晶体内的固溶，消除应变时效，提高低温塑性。

(4) 氧(O):氧是炼钢中不可缺少的元素,但是氧与其他许多元素亲和力强,易于在钢中形成各种夹杂物,这对钢的性能不利。另外,如果氧过高也会影响其他元素的效果,如,向钢中添加 Ti 以固定碳和氮时,如果氧含量不大于 0.015%,则钢的{111}织构强而{100}织构弱,r 值较高,但当氧含量大于 0.015%时,则{111}织构强度突然下降,r 值也突然下降。

(5) 硫(S):硫在深冲钢中是有害元素,应尽量降低。硫通常在钢中形成硫化物如 MnS、TiS、Ti-Nb-S 等。根据国外对 IF 钢的剖析结果,IF 钢的硫含量控制在 0.008%以下[8]。硫在铁水预处理后可降至 0.01%左右,然后经转炉吹炼降硫 30%~50%时,IF 钢中的硫可降至 0.005%~0.007%的水平。J. B. Yoon 等认为,随着硫含量的增加,Ti-IF 钢的抗磷斑特性和搪瓷粘附特性都有明显的提高[9]。

(6) 磷(P):磷对钢一般总是一种有害的元素,会增加钢的脆性,但是磷又是一种可以提高钢强度最有效的元素,对于低碳钢适当的加入磷,可以生产成形性优良的深冲高强度钢。研究发现,在低碳钢中加入适量的磷,对成形性的影响不大,但可大大提高钢的强度。但磷对钢的成形性的总的影响是,随着钢中磷含量的增加,抗拉强度 R_m 和屈服强度 R_e 增加,伸长率 A,n 值和 r 值均降低[10]。还有的研究认为,在脱碳脱氮的薄板钢中加入 0.05%~0.08%的磷,反而可以提高钢板的 r 值[11]。可能的解释是,磷的加入引起了下列因素的变化:热轧板晶粒,固溶碳含量,二相粒子的分布。

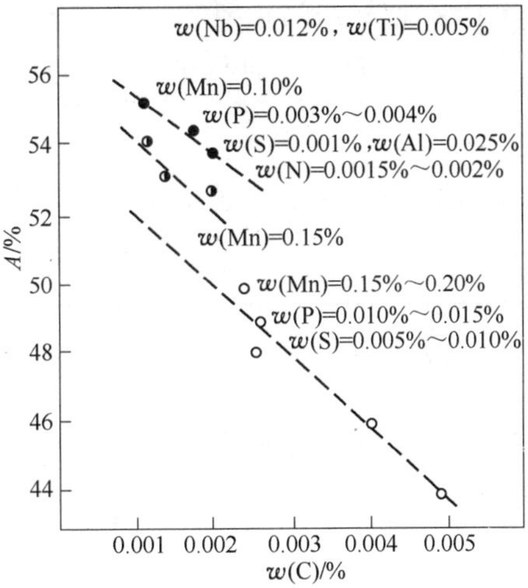

图 3-7 碳、硫、磷含量对钢伸长率的影响

另外,C、S、P 含量的增加同样不利于伸长率的提高,如图 3-7 所示[12]。

Nagamichi 等研究了不同的碳、硫含量对 IF 钢 r 值和伸长率 A 值的影响(图 3-8)[13]。从图 3-8 可见,当含碳量在 0.0005%~0.0011%时,硫含量在 0.005%左右的 r 值和 A 值达到最高,以后随硫含量增加 r 值和 A 值呈下降趋势。而从奥氏体晶粒尺寸来看,当加热温度在 1100℃以上时,IF 钢的晶粒尺寸呈明显的下降趋势(图 3-9)[14]。

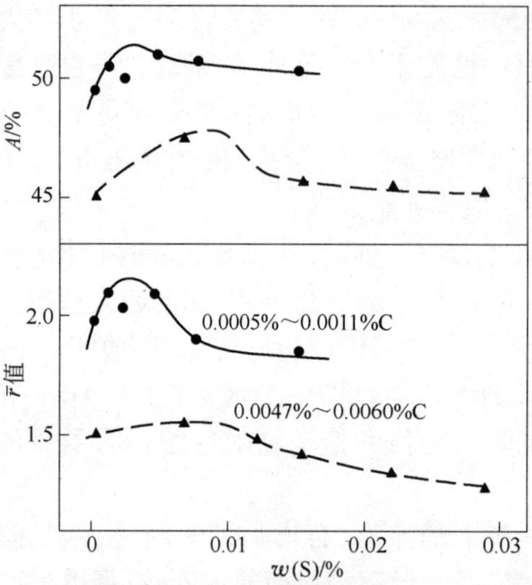

图 3-8　硫含量对 0.043% Ti-0.008Nb 复合添加 IF 钢在 1100℃加热时的$\bar{r}$值的影响

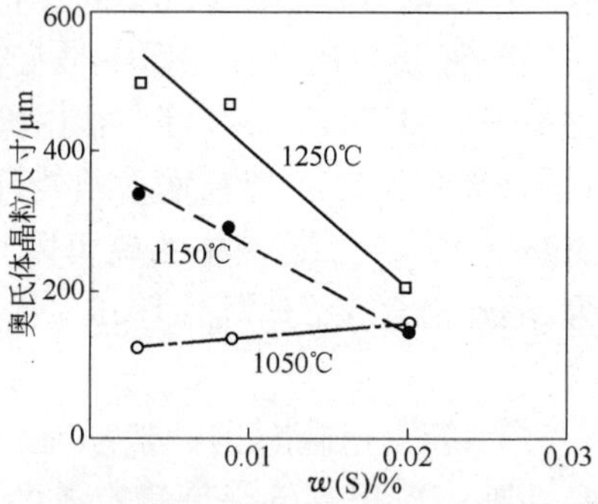

图 3-9　含 0.002% C、0.15% Mn、0.07% Ti 的 IF 钢在 1000℃热侵蚀下，钢中硫含量与奥氏体晶粒尺寸的关系

其他元素对钢板 n 值的影响如表 3-1 所示[15]。

表 3-1　部分元素对钢板 n 值的影响

元 素 名 称	对 n 值改变量	铁素体中固溶度（质量分数）/%
Cu	-0.06	1
Si	-0.06	15
Mo	-0.05	3
Mn	-0.04	3
Ni	-0.04	10
Co	-0.04	75
Cr	-0.02	100

另外，钢中夹杂物对板材的成形性能也有重要的影响。夹杂物在钢板中是降低钢的力学性能和工艺性能的主要原因，对于冲压钢板，不论沸腾钢、镇静钢在铸坯表面附近有夹杂物时，轧制成薄板后，这些夹杂物就会暴露出来，成为表面缺陷或表皮缺陷。对冲压用钢的要求应是表面无缺陷，在轧制和退火过程可以通过精心操作和控制不产生表面缺陷，但钢内部的夹杂物引起的表面缺陷则不易控制。因此，在钢的冶炼过程中应严格控制夹杂物的数量，尺寸和分布。钢中夹杂物一般是在炼钢，浇铸和凝固过程中产生的。分析液态钢水成分时发现，

在低碳钢中可以含有0.03%～0.08%的氧，而钢水凝固后，钢中氧的含量大大降低，只有不到0.0003%，这就导致了氧化物夹杂的形成，在冲压钢中常见的夹杂物有Al_2O_3、MnO、SiO_2和MnS等。夹杂物往往是脆而坚硬的，当材料发生变形时，夹杂物常常会与基体脱离，在金属内部形成孔洞，最终导致失稳和断裂[15]。

3.1.3 IF 钢的冶金工艺简介

3.1.3.1 IF 钢冶金工艺流程简介

IF 钢的冶金工艺流程见图3－10。冶金工艺流程的每一步工序，从成分控制到热轧、冷轧、退火、平整，都影响IF钢的最终性能[16]。

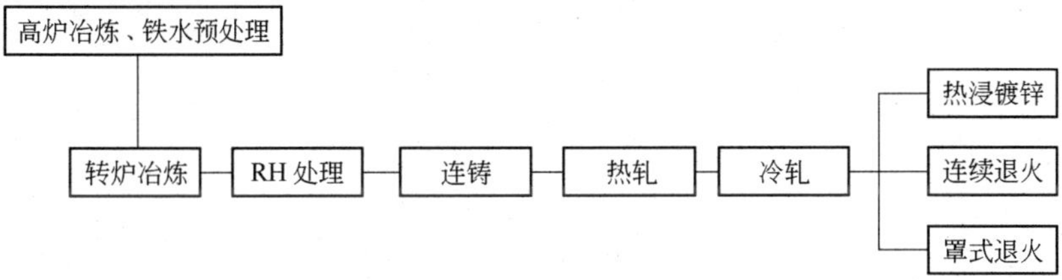

图3－10 IF 钢生产工艺流程

成分是IF钢性能的先决因素，与铝镇静钢相比，IF钢的成分特点是：(1)超低碳；(2)微合金化；(3)钢质纯净。

对深冲钢研究得到的一个重要结论是：固溶C严重损害$\bar{r}$值。这是由于随固溶C增加(0.0003%～0.005%)，再结晶织构{111}组分急剧减少。固溶N具有与C相似的作用。IF钢生产通过真空脱气使C、N含量尽量低，这有两个效果：(1)对$\bar{r}$值有利；(2)减少Ti、Nb合金消耗。现代IF钢，已可以达到$w(C) \leqslant$ 0.001%～0.002%、$w(N) \leqslant 0.002\%$。

IF钢的冶炼工艺主要解决脱碳和防止增碳、降氮和防止增氮，纯净度控制及微合金化来消除C、N间隙原子的问题。首先进行高炉铁水预处理，通过同时喷吹含MgC和CaC的混合物使硫降到不大于0.01%以下，并吹氩搅拌使成分均匀，然后进行转炉冶炼。常规的转炉生产其终点碳含量一般控制在0.02%～0.04%，要使钢中碳含量达到超低碳($w(C) \leqslant 0.003\%$)，只有通过真空脱气装置(RH)，大型真空脱气装置脱碳可使钢中碳降低到0.0010%～0.002%的水平。真空脱碳后，后工序的增碳因素很多，如图3－11所示[17]。若选用低碳保温材、低碳保护渣、无碳耐火材料及其他有效措施，其增碳可控制在0.0005%以下。

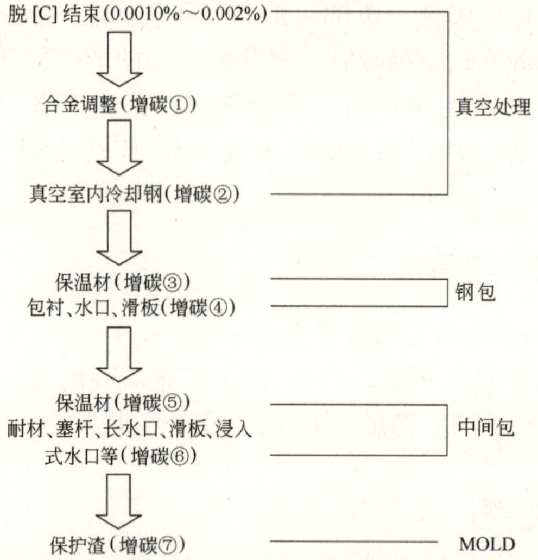

图 3 - 11　IF 钢冶炼增碳示意图

目前冶炼中降氮主要依靠转炉，真空处理时原始氮含量小于 0.002% 时，基本不降氮。相反若密闭性能不好会导致增氮。因此转炉停吹后，如何避免钢水与空气接触则是防止后期增氮的关键。

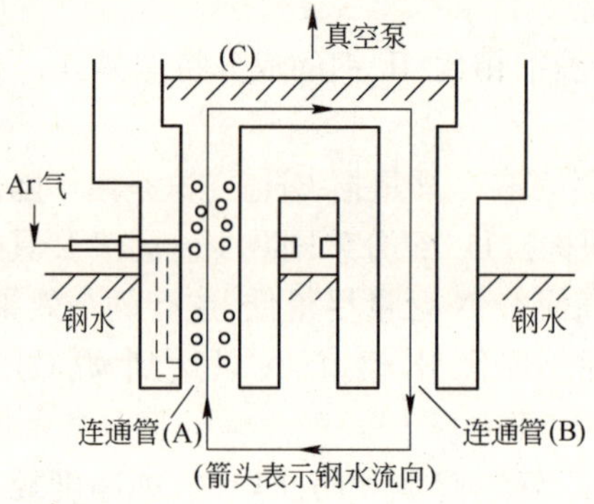

图 3 - 12　RH 真空脱气设备示意图

IF 钢的基本生产过程是，首先要将氧气转炉中的碳含量降到最低程度，即大约为 0.02% C。然后，用真空脱气设备处理钢水(图 3 - 12)，以获得极低的碳含量[18]。在真空脱气设备上有两个称之为连通管的支管脱气罐被插入钢包中。Ar 气或所谓的提升气体，在连通管(A)一半长的位置吹入。脱气管的上部分(C)与真空泵相连，处于减压状态下。由于连通管(A)中的钢水量与吹入的提升气体量相比有所减少，所以(A)中的钢水表现比重下降，低于连通管(B)中的钢水表现比重。此外，由于(C)处于减压状态下。钢水通过连通管(A)上升到脱气罐的上部分。在减压状态下的脱气罐内，钢水中的碳和氧很容易发生反应，生成二氧化碳，然后释放出去。正是用这种方法，钢水经过了脱碳处理。经在线真空处理的冲压钢，氮、碳含量大大降低，尺寸大于 40 μm 的夹杂减少 1/2 ~ 3/4，大大提高了冲压性能。

图 3 - 13 为 RH 处理时间与钢水中碳含量的关系[19]。很明显，RH 处理时间 10 min 内，碳含量由 0.021% 迅速下降到约 0.0018%，在此之后碳含量下降缓慢，当钢中加 Al 后，碳含量略有上升。分析认为，这是由于 RH 处理开始时，真

空腔内形成的富碳炉渣熔化的结果。另外，在 RH 处理中，钢水中的碳含量也随吹氩气流量的增加而下降(见图 3 - 14)[20]。

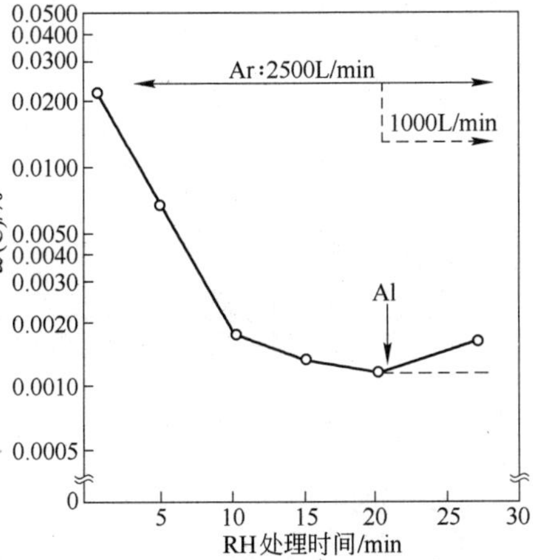

图 3 - 13 RH 处理过程中钢水中碳含量的变化

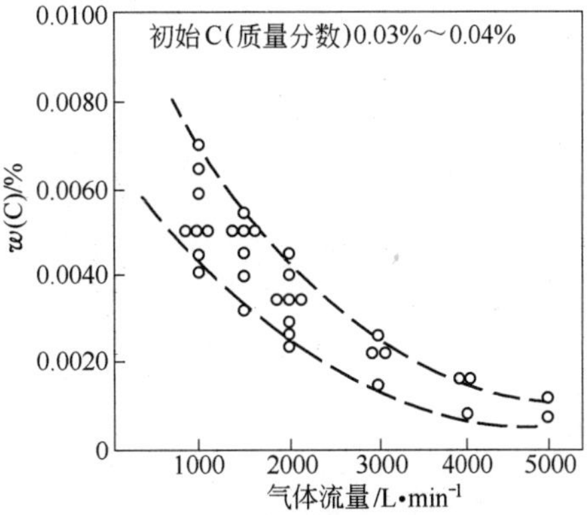

图 3 - 14 RH 处理时氩气流量对钢水中最终碳含量的影响

同样，脱碳后的钢水由于连通管(B)下降。在回到钢包中后，钢水再一次通过连通管(A)被送进脱气罐进行脱碳。用这种方法，钢水中的碳含量在 20 min 内可降到约 0.002%。最近，由于采用了有效的促进脱碳反应的方法，如采用较大直径的连通管和加大提升气体的含量，已经可以在大量生产基础上使碳含量降到 0.001% 左右。

为了使剩余的碳(接近 0.001%)变成碳化物，再添加 Ti 和 Nb 之后，要进行脱碳。从理论上说，因为 Ti 相对原子质量是 48，C 相对原子质量是 12，所以 4 倍于碳的钛才足以把碳全部变成 TiC。然而，事实上，由于收得率的损失，必须添加 10 余倍碳的 Ti。当进行到这一步时，极少量剩余的碳也全部变成了碳化物，使钢中完全除去了间隙原子。

因此，如果钢水中含有大量碳，就必须相应的添加大量的 Ti 或 Nb，除去钢中的间隙原子。这样不仅导致生产成本提高，而且还有大量的碳化物形成，最终导致生产出的 IF 钢变硬。为了避免这种情况，钢水中的碳含量应该降低到前面提到的最低水平。

当添加到钢水中的 Ti 含量足以使普通钢变成 IF 钢时，薄板钢的力学性能会发生什么变化呢？这可以用图 3 - 15 来说明[18]。

图 3 - 15 中横坐标表示有效 Ti 含量是去除可与钢水中碳和氮化合的 Ti 含量后的总 Ti 含量。这是因为钢水中的钛不仅可与硫化合，而且可与氮化合。例如，在 0 处的 Ti 表示所有的 Ti 确实与钢水中所含的所有的碳和氮化合了。纵坐

标上 r 值是薄板成形性能的参数。按照这个参数，r 值越大，成形性能越好。从图 3－15 中可以明显看出，当 Ti 达到 0 时，或钢变成 IF 钢时，薄钢板的成形性能可以显著提高。

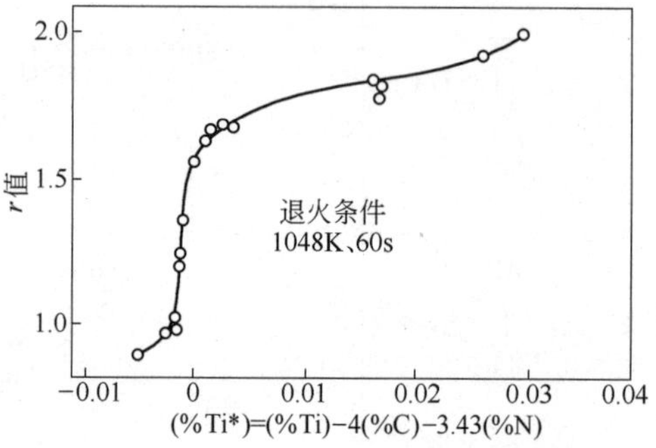

图 3－15　有效 Ti 含量与 r 值之间的关系

经过化学成分调整的钢水可连铸成板坯，板坯在经过热轧、冷轧和退火后部工艺处理后变成最终产品。

3.1.3.2　IF 钢连铸中产生的表面缺陷

IF 钢连铸坯缺陷按其类型及特征可分为 4 种：线状夹杂、针孔、气孔和分层，如表 3－2 所示。

表 3－2　影响钢板性能稳定的缺陷类型及特征

缺陷		外观	板坯中的原始缺陷
表面缺陷	线状夹杂	沿卷长方向的长条状缺陷 通常呈暴露状，且在裂纹端部存在夹杂	位于表皮或表皮下 3 mm 内的夹杂，可分为氧化铝类和粉末类
	针孔	沿卷长方向的短线状缺陷 通常广泛的分布在钢卷表面上 有时可观测到针孔全深	伴随有气泡的夹杂位于钢板表皮下，经轧制可暴露于钢板表面
	气孔	沿卷长方向较宽的线状缺陷。外露于表面而宽展，虽尺寸较短但仍可见	伴随有气泡的夹杂位于铸坯表层下 10 ~ 30 mm，经轧制、宽展暴露于钢板表面；多出现于板宽边部
	分层	呈线条状趋于卷长方向分布，缺陷尺寸取决于原始裂纹大小	板表面裂纹、擦伤保持原始状态或开坯撕开后仍保留

Ti-IF 钢表层及内部缺陷比 Nb-IF 钢和 Al 镇静钢多，其原因分析如下：

（1）IF 钢容易引起结晶器水口堵塞，这是因为碳含量很低导致钢水易吸氧；当加入 Ti 后，Ti 与水口耐火材料反应而变质；Al_2O_3 易黏附水口上。

（2）裂纹源易在铸模中心形成，这是由于中部黏滞的钢水捕获 Al_2O_3 粒子所致。就 Ti-IF 钢而言，Ti 可还原渣中的 SiO_2 形成大量 TiO_2。这种成分替换使得渣粉黏度降低,弯液面的表面张力亦降低。于是渣粉中的 Al_2O_3 粒子在钢水中很容易被捕获而形成裂纹源。与之相反,Nb-IF 钢不会对钢板表面产生如此有害的作用。

当从浸渍水口吹 Ar 气注入钢液太多的时候,液面的扰动加速了钢水中 Al_2O_3 粒子的捕获。

(3) 就 IF 钢而言,Ar 气泡及非金属夹杂物很容易在铸坯表层被捕获。由于 IF 钢是超低碳钢,凝固温度高,且液相线与固相线之间温差很小,固液两相区很窄,凝固速度快,因此游离的气泡和非金属夹杂物很容易被凝固的表层截住。

3.1.4 IF 钢的微合金化

IF 钢冶炼的另一关键所在就是通过 Ti 或 Nb 处理使固溶体中的间隙原子(C,N)得以清除,得到纯净的铁素体基体,从而消除间隙原子的不利影响。值得注意的是:工业生产的超低碳钢($w(C)=0.001\%\sim0.005\%$)若不经过 Ti、Nb 处理,其$\bar{r}$值并不高,因此,为了获得高的$\bar{r}$值必须进行微合金化。

按添加合金元素分类,目前工业生产的 IF 钢有三种,即单一添加钛的 Ti-IF 钢,单一添加铌的 Nb-IF 钢和复合加钛铌的 Ti + Nb-IF 钢。

IF 钢微合金元素的作用如下[22]:

Ti-IF 钢	-Ti 固定 N、C 和 S
Nb-IF 钢	-Nb 固定 C,Al 固定 N
Ti + Nb-IF 钢	-Ti 固定 N,Nb 固定 C

三种 IF 钢各具有优缺点。

Ti-IF 钢的特点是:(1)力学性能优异且对成分和生产工艺参数的变化不敏感,即性能稳定,工艺过程的可操作性强;(2)力学性能的平面各向异性(Δr、$\Delta\delta$)大;(3)镀层抗粉化能力较差。

Nb-IF 钢的特点是:(1)力学性能的平面各向异性(Δr、ΔA)较小;(2)镀层抗粉化能力较好;(3)$\bar{r}$值及 A 值不及 Ti-IF 钢好,且力学性能对工艺比较敏感,采用高温卷取带来板卷头尾性能较差。它的再结晶温度明显高于 Ti-IF 钢,且力学性能不及 Ti-IF 钢好,对工艺较敏感,可操作性差。

Nb + Ti-IF 钢兼有 Ti-IF 钢和 Nb-IF 钢两者的优点,其特点是:(1)力学性能比 Nb-IF 钢好;(2)力学性能对工艺不敏感、整卷性能均匀;(3)镀层具有良好的抗粉化能力;(4)适合于在高温连续退火工艺下生产出 EDDQ、SEDDQ 级的超深冲冷轧板,高强钢、BH 钢及热镀锌钢,也是电镀锌 IF 钢和热镀锌 IF 钢基板的最佳选择。

在 IF 钢中,如果 Ti 和 Nb 的添加量过多,就会导致两个不利结果:一是成本增加,二是再结晶温度提高。

在 Ti-IF 钢中,Ti 在净化 C 之前先与 N、S 结合,所以 Ti 的最少加入量为:

$$w(\mathrm{Ti})\geqslant(48/14)w(\mathrm{N})+(48/32)w(\mathrm{S})+(48/12)w(\mathrm{C}) \qquad (3-1)$$

为了区别总钛量(Ti)、可与 C 结合的有效钛量(Ti^{eff})及过剩钛量(Ti^{exc}),定义:

$$w(Ti^{eff}) = w(Ti) - (48/14)w(N) - (48/32)w(S) \tag{3-2}$$

$$w(Ti^{exc}) = w(Ti) - (48/14)w(N) - (48/32)w(S) - (48/12)w(C) \tag{3-3}$$

式中,48、14、32 和 12 分别为钛,氮,硫和碳的相对原子质量。

Nb、Ti 对 IF 钢性能的影响见图 3－16[23]。尽管关于最佳的 Nb、Ti 含量观点不尽一致,然而公认的事实是:超低碳钢经过适当地 Nb、Ti 处理后$\bar{r}$值大大提高。

对于 Ti-IF 钢,一般 Ti 含量约为 0.04% ~0.07%,要使 $w(Ti)/w(C+N)$ 比值大于 15,钢中碳和氮的含量之和应小于 0.0033% ~0.0046%。IF 钢中氮含量约为 0.002%,因此钢中碳含量应以 0.001% ~0.002% 为宜。图 3－17 为 Ti/(C+N)比值对 r 值的影响[24]。

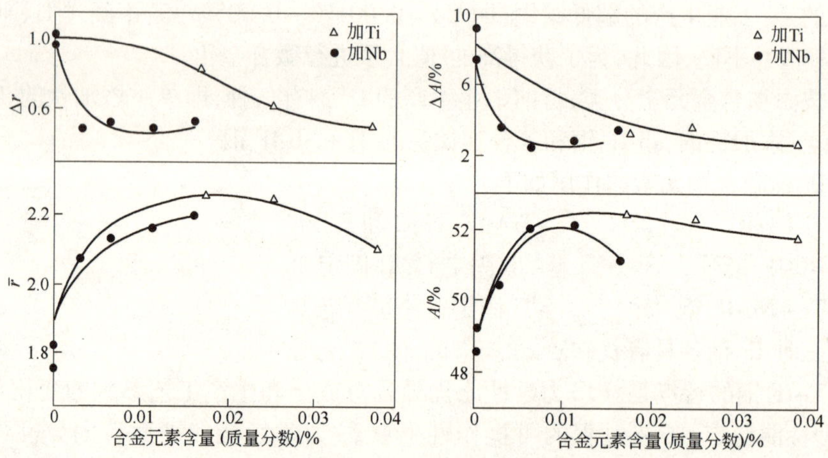

图 3－16　Ti、Nb 有效含量对商用 IF 钢板力学性能的影响

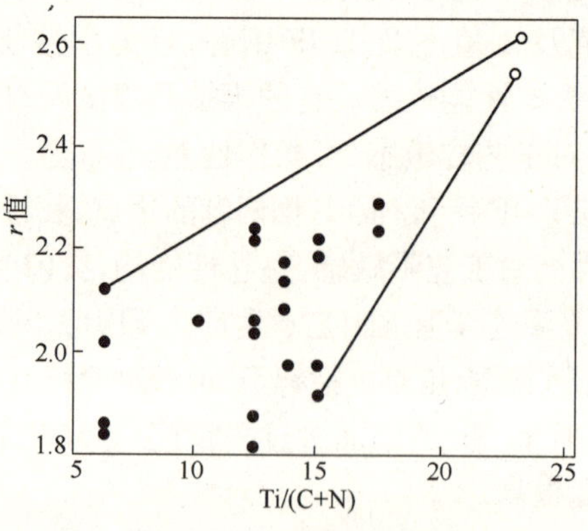

图 3－17　Ti/(C+N)比值对 r 值的影响

3.2 超深冲 IF 钢的热轧工艺控制

3.2.1 IF 钢的热轧及卷取工艺

从 IF 钢生产的冶金工艺过程得知，热轧工艺控制是其质量控制的重要环节。图 3－18 表示获得极好超深冲成形性能促进 ND// <111> 织构形成的 IF 钢冶金过程控制基本原理[13]。可见在热轧工艺控制中，采用低温加热，低温终轧，铁素体区润滑轧制，高的终轧压下率和轧后迅速冷却有利于获得高的板带组织性能。

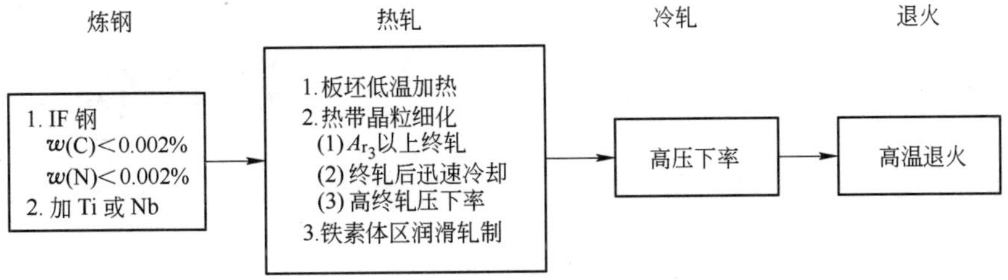

图 3－18 促进 ND// <111> 织构形成的冶金控制基本原理

IF 钢热轧过程中要发生第二相粒子的析出，奥氏体的形变和再结晶，γ/α 相变，甚至铁素体的形变和再结晶（当在 α 区终轧时）。热轧板的微观组织和析出物的形态对最终性能有很大影响。热轧得到细小均匀铁素体晶粒和粗大的析出物（TiN，NbC 等）有利于 *r* 值和塑性[25]。细小弥散的析出物阻碍再结晶和晶粒长大，对 *r* 值不利。当成分给定时，热轧板的组织和析出物形貌取决于热轧参数（如板坯加热温度、轧制速度、压下量、卷取温度等）。

3.2.1.1 板坯加热温度（*SRT*）

在板坯加热过程中要发生第二相粒子的溶解。碳氮化物的溶解（或析出）与温度及钢中 C、N、Ti、Nb、Al 的含量有关，由溶度积来控制。Sotoh 等人研究了在 1000℃ 和 1250℃ 加热时碳氮化物的溶解情况，其结果是：NbC 在 1000℃ 完全溶解，AlN 在 1250℃ 完全溶解，而 Ti(CN) 在 1250℃ 尚未完全溶解，而且 Ti-IF 钢中 Ti(CN) 粒子在 1250℃ 加热温度下比在 1000℃ 加热温度下更细小、弥散[26]。显然加热时未溶解的碳氮化物必定粗大。所以低温加热容易得到粗大的析出物，特别是对 Ti-IF 钢。因此不难理解低温加热对 *r* 值有利（尤其对 Ti-IF 钢），见图 3－19[27]。有的研究得到[26]：随钢中 Nb、Ti 含量增加，板坯加热温度对 *r* 值的影响减小。总之，在 IF 钢生产中采取低温加热是有利的，尤其是 Ti、Nb 加入量较少的情况下。

文献[28]针对宝钢生产的 Ti-IF 钢（平均值为：0.002% C，0.0022% N，

0.065% Ti)生产统计分析了板坯加热温度 SRT 对 Ti-IF 钢的$\bar{r}$值影响趋势(图 3－20)。可见,其总的趋势是$\bar{r}$值随出炉温度的增加而下降。

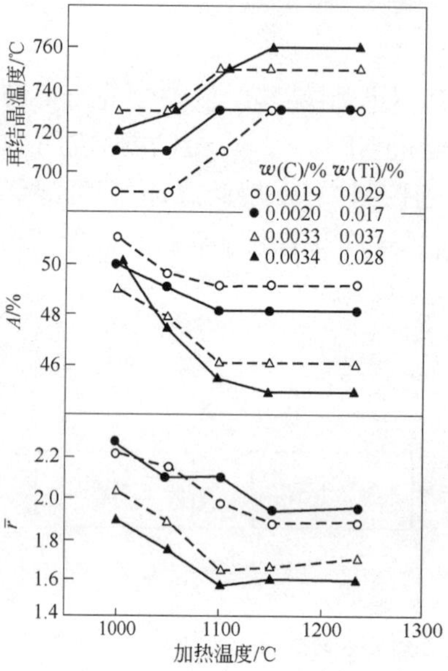

图 3－19　板坯加热温度对含 Ti 或含 Nb 超低碳钢力学性能的影响

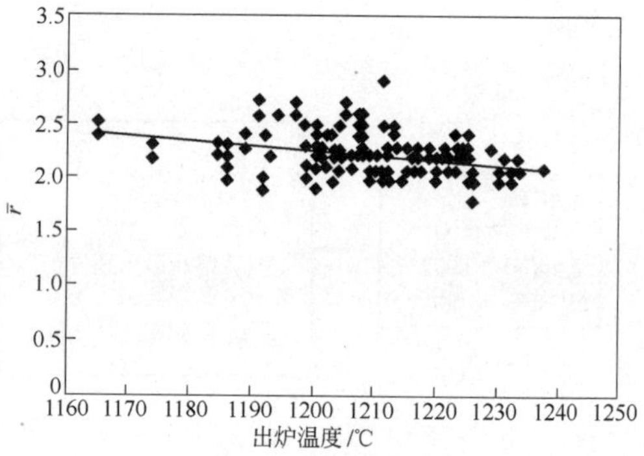

图 3－20　板坯加热温度 SRT 对 Ti-IF 钢的$\bar{r}$值影响趋势

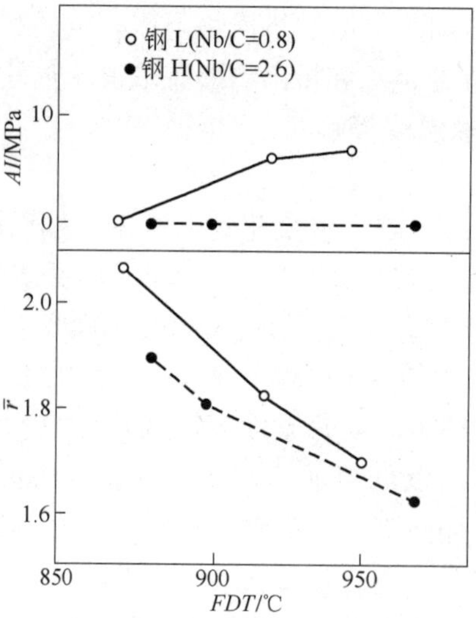

图 3－21　终轧温度和 Nb/C 原子比对含 Nb 钢$\bar{r}$值及时效指数(AI)的影响

3.2.1.2　终轧温度(*FT*)

许多研究者研究了终轧温度对 Ti-IF 钢的影响。尽管他们的结果存在一些差异,但都发现终轧温度对 Ti-IF 钢的 *r* 值影响很小。而对 Nb-IF 钢,桥本等人发现终轧温度对 *r* 值有明显影响[29]。随终轧温度下降,*r* 值明显提高,特别是在 Nb/C 较低时(见图 3－21)。对 Nb/C 较低的钢,低温终轧易发生形变诱导析出并使析出物粗化和使铁素体晶粒细化。

Gupta 等人发现,终轧温度对 Nb + Ti-IF 钢 *r* 值的影响比对 Ti-IF 钢要显著[30]。在 835 ~920℃之间,随终轧温度上升,*r* 值增加并在约 900℃ 处有一峰值。

3.2.1.3　卷取温度(*CT*)

根据已有的研究结果,多数观点认为,随卷取温度升高再结晶温度下降(图 3－22),*r* 值提高(图 3－23)[29]。卷取温度对 Nb-IF 钢的影响显著,并且对 Ti-IF 钢,随过剩钛(Ti*)增加,卷取温度的影响减小。这些影响的原因在于高温卷取有利于碳氮化物的析出和粗化,特别对在较低温度(热轧后)发生的析出。NbC 的析出温度比 Ti(CN)的低,所以 CT 对 Nb-IF 钢的影响大。但是,若卷取温度太高则导致:(1)由于产生更多的氧化铁皮使酸洗效率下降,尤其 $CT > 700$℃ 时(见图 3－24)[31];(2)由于冷速不均使板卷的头尾性能较差。

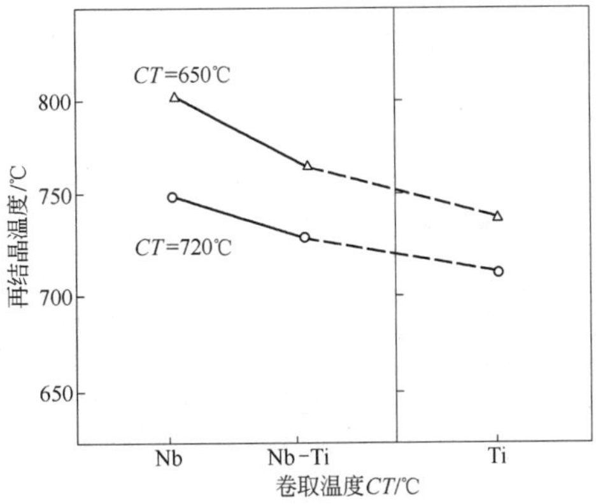

图 3－22　卷取温度对 Ti、Nb＋Ti、Nb-IF 钢再结晶温度的影响

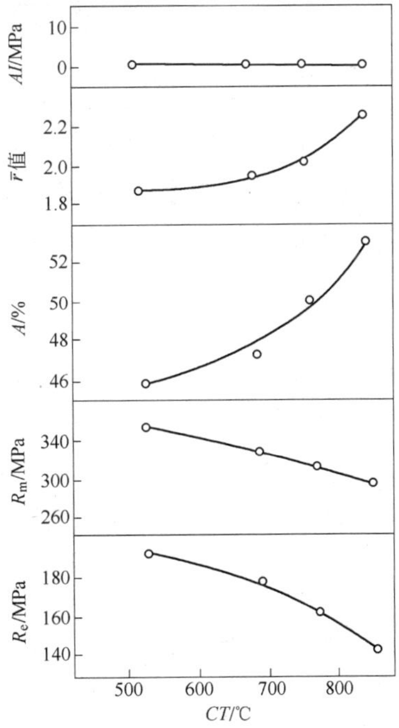

图 3－23　卷取温度对工业生产的 Nb-IF 钢力学性能的影响
(w(C)＝0.003%,Nb/C＝1.7,830℃退火)

最初的 IF 钢是 Ti-IF 钢和 Nb-IF 钢,而 Ti-IF 钢在合金化成本上比 Nb-IF 钢低且具有良好的成形性。由于其再结晶温度低,退火温度也较低,如果在钢坯加热和热轧时采用低温卷取,可生产 DDQ 级 Ti-IF 钢。Nb-Ti-IF 钢热镀锌层具有良好的抗粉化性能,其热轧卷取温度也与单独加 Ti 或 Nb 不同。图 3－25 表示含碳量 0.0025%～0.003% 的 Nb-IF 钢、Ti-IF 钢和 Nb-Ti-IF 钢在 600℃ 和 700℃ 卷取温度下的总伸长率 *A* 值和 *r* 值随 Nb、Ti、含量的变化[13]。从降低生产成本

和控制带卷全长性能均匀性上考虑，采取钢坯低温加热、低温卷取是有利的。通常由于析出处理在卷取过程中完成，因此 IF 钢的性能随卷取温度变化，而卷取温度沿整个带卷长度并不均匀，带卷头部温度高，尾部温度低，这两部分的性能不如中间部分。这一现象在卷取温度高于 700℃ 时更为明显。

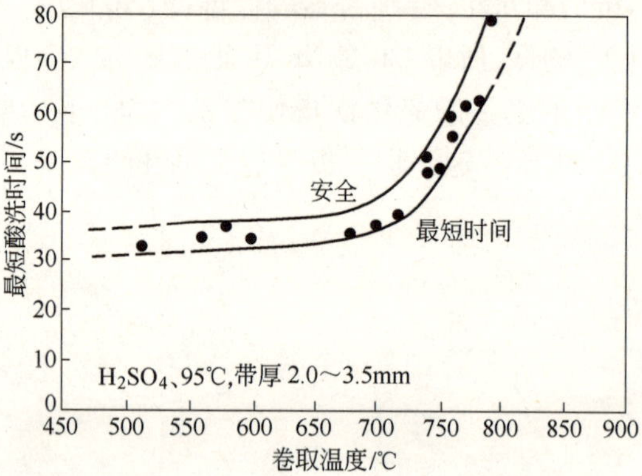

图 3－24　卷取温度对钢板酸洗时间的影响

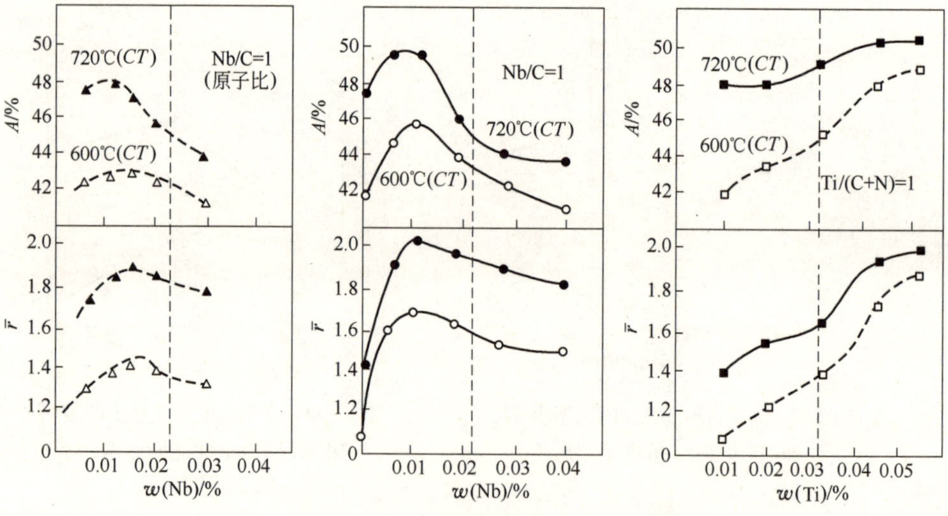

图 3－25　Ti 和 Nb 含量对碳含量为 0.0025%～0.003% 的 Ti-IF、Nb-IF 和 Nb-0.01% Ti-IF 钢的性能影响

图 3－26 表示在 650℃ 和 750℃ 卷取温度下，Ti-IF 钢的 r 值、A 值和再结晶温度随钢坯加热温度的变化[13]，可见低温加热可改进钢板性能。采用 1050℃ 加热温度和 650℃ 卷取温度等于或高于采用 1250℃ 加热 750℃ 卷取温度时钢的性能。其原因是 $Ti_4C_2S_2$ 在低加热温度下析出，而碳的清除在卷取之前就已开始。

对 Nb-Ti-IF 钢采用低温卷取，生成$(Ti,Nb)_4C_2S_2$，同样可以获得良好的板材特性[32]。

钢	w(C)/%	w(Mn)/%	w(P)/%	w(S)/%	w(Al)/%	w(N)/%	w(Ti)/%
A	0.0019	0.20	0.010	0.010	0.045	0.0034	0.029
B	0.0020	0.20	0.010	0.010	0.045	0.0032	0.017
C	0.0033	0.20	0.010	0.010	0.045	0.0034	0.037
D	0.0034	0.20	0.010	0.010	0.030	0.0027	0.023

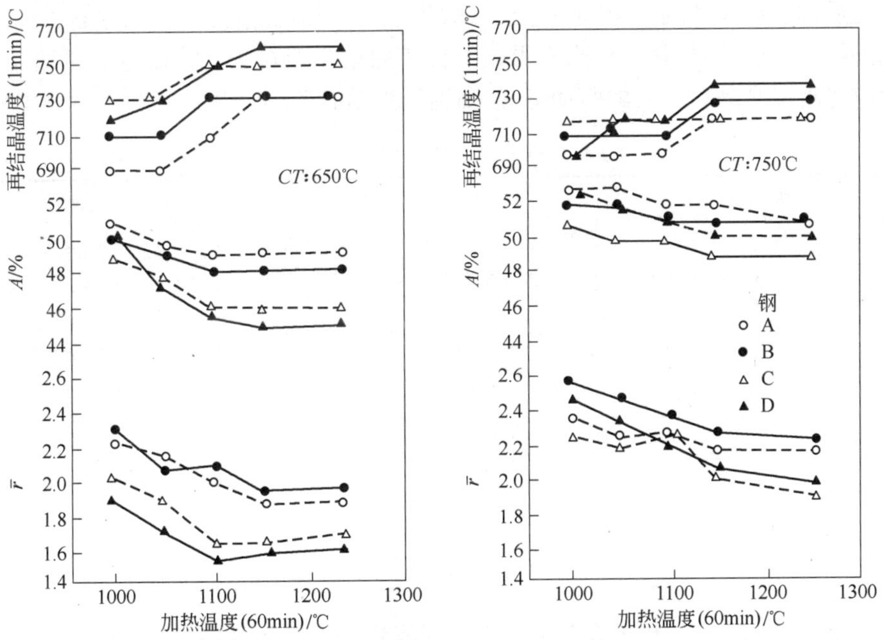

图 3-26 热轧条件对 Ti-IF 钢力学性能影响

IF 钢生产中究竟应采取“高温卷取”还是“低温卷取”各种文献说法不一。一般来说，用罩式退火生产深冲铝镇静钢其热轧卷取温度最低（CT = 550 ~ 600℃）；用连续退火生产深冲铝镇静钢，其卷取温度最高（CT = 700 ~ 750℃）；生产 Ti-IF 钢采用的卷取温度居中（CT = 650 ~ 700℃），生产 Nb-IF 钢和 Ti + Nb-IF 钢选用较高的卷取温度（CT = 680 ~ 750℃）。

文献[33]在 Nb + Ti-IF 钢冷轧板的生产中采用终轧温度(920 ±20)℃、卷取温度(750 ±20)℃和层流冷却为前段冷却的热轧工艺控制方案，冷轧压下率 75% ~ 85%，710℃以上的高温、长时间罩式退火工艺制度，平整伸长率按 0.5% ~0.8% 控制所得到的力学性能为：屈服强度 R_e = 130 ~ 170 MPa 的比例为 93%；抗拉强度 R_m = 285 ~ 320 MPa的比例为 96.4%；伸长率 A≥42% 的比例为 95.7%；$\bar{n}$≥0.25 的比例达 89.5%；$\bar{r}$全部大于 2.0，其中$\bar{r}$≥2.4 的比例为 71.2%。

3.2.2　IF 钢热轧组织及第二相粒子

为了提高钢板的深冲性能，众多的研究者对 IF 钢热轧工艺优化进行了不懈的努力。表 3－3 是新日铁公司的工艺优化过程，表 3－4 是其产品性能[34]。首先热轧时必须保证晶粒细化，一般采取的具体措施是终轧温度刚好略高于 A_{r_3} 和终轧后立即快速冷却。当热轧满足这两个条件时，晶粒尺寸约为 20 μm，而常规热轧后的晶粒尺寸则为 40 μm 左右。故使最终产品的 $\bar{r}$ 值提高 0.2 左右[35]。其次，通过降低板坯加热温度来获得粗大稀疏的第二相粒子。最后退火再结晶过程应尽量提高晶粒长大的驱动力，故高温退火是必要的。

表 3－3　新日铁公司生产 S-EDDQ 级钢板的工艺

炼　钢	热　轧	冷　轧	连续退火
1. 高纯度：$w(C)<0.002\%$ $w(N)<0.002\%$ 2. 合适的钛添加量	1. 低温板坯加热温度 2. 轧制温度略高于 A_{r_3} 3. 终轧后快速冷却	高的压下率	高的退火温度

表 3－4　新日铁公司生产的 S-EDDQ 级钢板的性能

板厚/mm	R_e/MPa	R_m/MPa	A/%	r 值	n 值
0.8	116	273	53.8	2.63	0.278
1.2	121	271	56.8	2.63	0.272
1.6	126	280	57.2	2.58	0.273

图 3－27 表示典型的含各种微合金元素钢的奥氏体晶粒生长特性。从该图可见，加钛使奥氏体晶粒在高的均热温度下被控制在很小的尺寸[36]。

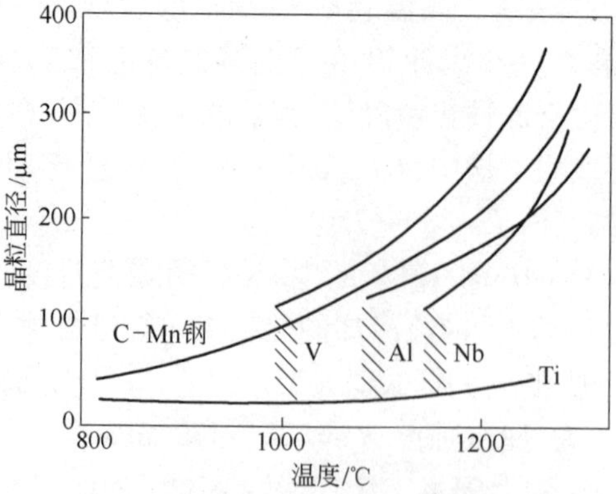

图 3－27　含各种微合金元素钢的奥氏体晶粒生长特性

关于 IF 钢的力学特性已有很多研究。Morrison[37]和 Masui 等[38]分别给出了晶粒尺寸 d 和加工硬化指数 n 值的关系式：

$$n=5/(10+d^{-1/2}) \tag{3-4}$$

$$n=10/(10+\sigma_i+1.3d^{-1/2}) \tag{3-5}$$

式中，σ_i是除晶粒尺寸以外的强度分量。但据观察，加钛 IF 钢的 n 值与晶粒尺寸基本无关（见图 3－27）。

钢中第二相粒子的大小、分布及量的多少会对冷轧和退火工艺及产品性能产生影响，但是热轧工艺过程中形成的第二相粒子是基础和主要的。关于这些析出相的行为及其对性能的影响是目前 IF 钢基础研究的热点之一。过去的研究认为第二相粒子主要有以下几种：

$$Al+N \longrightarrow AlN$$

$$Ti+N \longrightarrow TiN$$

$$Ti+S \longrightarrow TiS$$

$$Ti+C \longrightarrow TiC$$

$$Nb+C+N \longrightarrow Nb(C,N)$$

而最近的研究表明，$Ti_4C_2S_2$是 Ti-IF 钢中必不可少的固定碳的析出物，它与 TiS 完全不同，在退火板中对控制固溶碳含量起着重要作用[34,39]。IF 钢热轧板中的第二相粒子的组成情况，见表 3－5[39]。析出物的大小随 Ti、Ti + Nb、Nb-IF 钢依次减小，其密度却呈上升趋势。在 Ti + Nb-IF 和 Ti-IF 钢中以粗大 TiN 为主，Nb-IF 钢中的析出物均匀细小，密度较高。研究还表明[35]，Ti-IF 钢中的析出物比 Nb-IF 钢中的具有较低的固溶度，这就导致 Ti-IF 钢第二相粒子的析出温度比 Nb-IF 钢更高，且尺寸更为粗大。

表 3－5 热轧板中第二相粒子的组成情况

钢 种	合金元素	第二相粒子
Ti	Ti、S	TiN、TiS、$Ti_4C_2S_2$、Ti(C,N)
Ti + Nb	Ti、Nb、S	Ti(C,N)、TiN、TiS、Ti-Nb-S
Nb	Ti、Nb	TiN、Nb(C,N)

Hua 等人[40]经过研究认为 $Ti_4C_2S_2$不是独立形核和长大的，而是 TiS 在原位置上通过消耗奥氏体基体上的 Ti、S 直接相变而形成的，他们提出的反应方程式如下：

$$TiS+[Ti]+[C] \longrightarrow 1/2Ti_4C_2S_2$$

对于 Ti-IF 钢，TiN 粒子在 950～1250℃之间加热过程中非常稳定。硫化物如 MnS、TiS 和 $Ti_4C_2S_2$等虽然总量保持不变，但每一种硫化物的含量却随着温度的不同而变化。当温度低于 1050℃时，以 $Ti_4C_2S_2$为主；温度升高后它就会逐渐分解成 TiS 和 MnS,在 1050℃以上时,硫化物以 MnS 和 TiS 为主[34]。

众多研究表明,第二相粒子的大小和分布对再结晶织构的发展有重要的影响,它在退火钢板中对控制固溶碳含量起着重要作用。第二相粒子的类型、形状、大小、数量及分布取决于钢的化学成分和加工工艺。图 3－28 为 Ti-IF 钢冷轧板中第二相粒子的析出形式和稳定状态[41]。

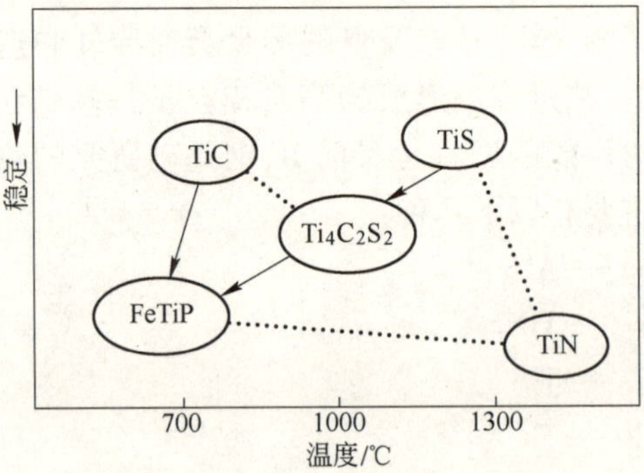

图 3－28　Ti-IF 钢冷轧板中第二相粒子的析出形式和稳定状态

低的板坯加热温度促使析出物由(TiS + 细小的 TiC)向 $Ti_4C_2S_2$ 转变,而且 $Ti_4C_2S_2$ 是在 γ 区形成,尺寸一般为 0.1 ~ 0.2 μm,要大于 α 区形成的 TiC(0.01 ~ 0.03 μm)。因此,降低板坯加热温度可以促进粗大的 $Ti_4C_2S_2$ 析出,同时有效抑制细小第二相 TiC 的产生[27]。

析出物的平均颗粒尺寸显著地受化学成分和热轧工艺的影响(见图 3－29)[42]。加热后未溶解的析出物很粗大且强化作用不大。热轧过程中形成的析出物主要是应变诱导析出,它比热轧后形成的析出物粗大,因此其对析出强化的影响小。

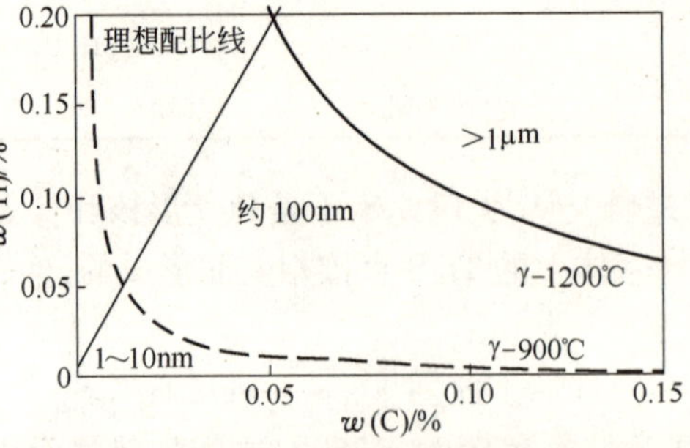

图 3－29　典型的钛碳化物颗粒直径随析出温度和成分的变化

具有粗大析出物的 IF 钢不仅具有强烈的{111}织构和很高的$\bar{r}$值，而且还表现出较高的晶界移动特性。阻碍{111}再结晶织构发展的主要机制是细小弥散分布的第二相粒子对晶界迁移的钉扎作用。细小密集的析出物并不损害{111}取向上晶粒的回复和形核[42]。但是分布在晶界上的这些粒子所产生的钉扎力会阻碍晶粒的长大。钉扎力与第二相粒子的数量成正比，与平均尺寸成反比。如果{111}晶面上的晶粒生长受到抑制，那么其他方向特别是{100}面的晶粒就会迅速长大，从而导致$\bar{r}$值下降。显而易见，第二相粒子的分布越粗大稀疏，那么晶界上的钉扎力也就越小，这样就相应促进了{111}再结晶织构的发展。

3.2.3 铁素体区热轧深冲钢板

3.2.3.1 成分对热轧深冲板的影响

为了降低生产成本，同时获得具有良好成形性能的热轧板，低碳及超低碳钢铁素体区热轧工艺得到迅速发展。研究结果表明：要达到高的 r 值，需要调整钢的成分和工艺条件。对低碳钢（LC）、微碳钢（ELC）和超低碳 IF 钢（ULC-IF），在精轧机上，采用适当的轧制压下率，就有可能利用现有的轧机实现铁素体区轧制。铁素体区热轧的两个关键是：(1)在铁素体区精轧及终轧；(2)良好的热轧润滑条件。

如图 3－30 所示，ELC 和 ULC 钢在 850～750℃之间的轧制负荷与在奥氏体区轧制基本相同，而碳含量对铁素体轧制区屈服强度和伸长率的影响见图 3－31，从 ULC-IF 钢研究结果表明，在低温（＜800℃）铁素体区轧制，采用有效的润滑可以生产 r 值达到 1.8 的 DDQ 级热轧深冲板[43]。

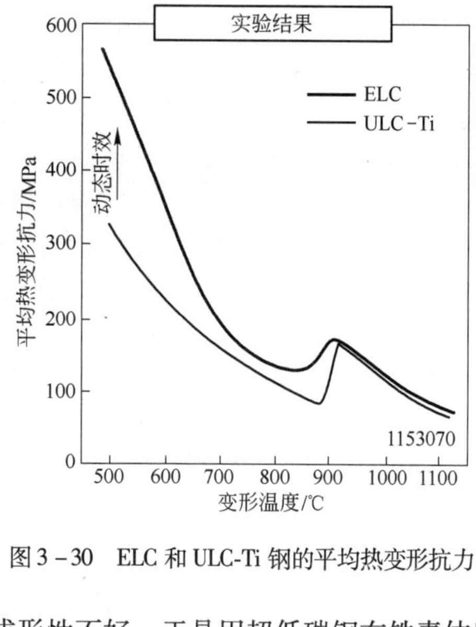

图 3－30 ELC 和 ULC-Ti 钢的平均热变形抗力

热轧深冲板要求板材具有良好深冲性能，尤其应具有高的 r 值，较高的 n 值和伸长率 A 值，并控制时效值 AI 和二次加工脆性 BTT 值。热轧深冲板使用在较厚规格（如大于 3.2 mm）板的地方，因为生产厚规格冷轧板有一定困难。一般铝镇静钢热轧板成形性不好。于是用超低碳钢在铁素体区轧制来提高热轧板的成形性[44]。

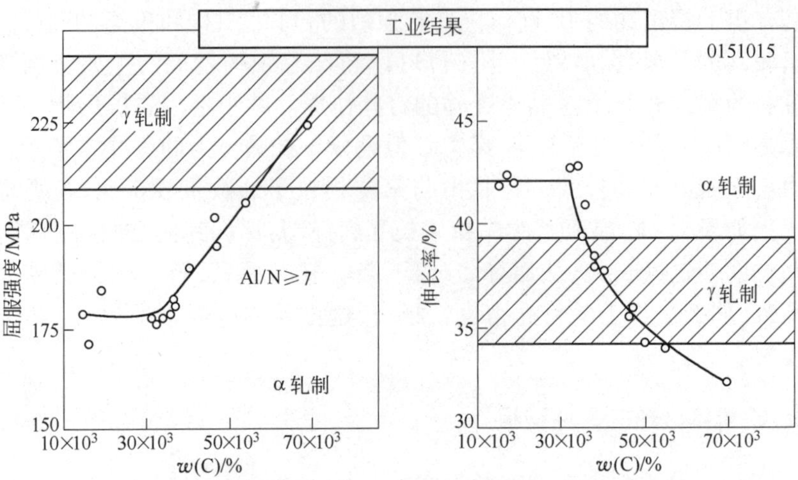

图 3-31　碳含量对铁素体区轧制后屈服强度和韧性的影响
（终轧温：800～750℃；卷取温度：700～650℃）

对于热轧深冲板，决定其深冲性能（尤其是 r 值）的最重要的冶金因素是热轧过程中固溶碳和固溶氮的含量。在超低碳钢中，如果添加 Ti 或 Nb 并在适当的热轧条件下使热轧板中的固溶碳、氮含量降为零，则得到较高 r 值的热轧深冲板是可能的[45]。对于 IF 钢，影响其热轧过程中固溶碳、氮含量的主要因素是板坯的加热温度。这是因为在板坯加热过程中要发生第二相粒子的溶解。碳、氮化物的溶解（或析出）与加热温度及钢中的 C、N、Ti、Nb、Al 的含量有关，由溶度积来控制。Sotoh 等人[26]研究了在 1000℃ 和 1250℃ 加热时碳氮化物的溶解情况，其结果是 NbC 在 1000℃ 完全溶解，AlN 在 1250℃ 完全溶解，而 Ti(C,N) 在 1250℃ 尚未完全溶解，而且 Ti-IF 钢中 Ti(C,N) 粒子在 1250℃ 加热温度下比在 1000℃ 加热温度下更细小弥散。溶解的第二相粒子使 IF 钢在热轧过程中有固溶碳、氮的存在，因此，低的加热温度对热轧板的深冲性能有利。

3.2.3.2　热轧工艺及润滑条件的影响

图 3-32 清楚地表明传统热轧工艺和新的铁素体区润滑热轧工艺的区别[46]。由该图可见，传统的深冲钢板是采用热轧、冷轧和再结晶退火工艺生产的。而新的工艺是采用铁素体区润滑热轧工艺不需冷轧可直接生产具有高的 r 值的深冲板。在传统的热轧工艺中，热轧是在 A_{r_3} 相变温度以上完成，通过热轧期间的反复轧制和再结晶以获得细的再结晶组织。由于热轧后再结晶的奥氏体向铁素体转变，热轧晶体取向总是具有任意性，所以在这种状态下钢板的 r 值一般低于 1.0 。

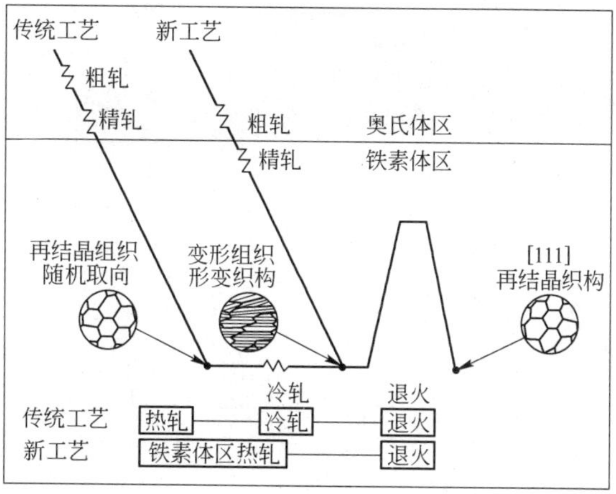

图 3 - 32 传统热轧工艺和新的铁素体区润滑热轧工艺的比较

在轧制温度和润滑条件相同情况下，压下制度不同对热轧退火板的屈服强度 R_e、抗拉强度 R_m、伸长率 A 及 n 值影响不大，而对 r 值的影响显著。大道次压下率的热轧退火板的 r 值明显高于小道次压下率的 r 值[45]。

要想得到高的$\bar{r}$值，必须发展{111}织构，这对热轧板也不例外。对超低碳钢，如果加入充分的钛或铌，则铁素体的动态再结晶被延迟或阻止。当热轧温度降到铁素体未再结晶区时，如果累积足够的变形，并在适当的温度下退火使形变铁素体发生再结晶，那么，这样的"热轧 + 退火"钢板的织构有可能与"冷轧 + 退火"板的织构相同，即有较强的{111}织构，从而得到高的$\bar{r}$值。

在铁素体区热轧工艺中，润滑对板材的深冲性能起重要的作用，图 3 - 33 表示采用润滑和不采用润滑时板材 r 值的变化[46]。造成这一结果的主要原因可解释为，在铁素体热轧区轧制过程中，由于板材和轧辊之间的摩擦引起的剪切应变造成板厚方向上的不均匀变形对织构影响很大。板材在无润滑条件下轧制时，随着剪切应变的增大，<110>//ND 的密度增大，<111>//ND 密度减小，在板厚方向上存在织构的不均匀性，使 r 值不高，而且这种不均匀性在再结晶过程结束之后仍然存在。在润滑条件下轧制时，表层部位的 <110>//ND 的密度减小，整个板厚方向上的轧制织构也变得均匀，{111}织构组分占有优势，使 r 值提高[45]。

图 3 - 34 为热轧润滑对轧后退火板材沿板厚方向不同取向的 X 射线衍射强度比的影响[46]。可见采用润滑对有利织构取向强度沿厚度方向的分布比不采用润滑要高而且也均匀得多，这是采用润滑轧制可显著提高板材 r 值的内在原因。润滑条件的好坏反映轧件与轧辊之间摩擦系数及剪切摩擦应力，应变的大小，图 3 - 35 表明摩擦系数 μ 与热轧退火板材 r 值间的关系[46]。

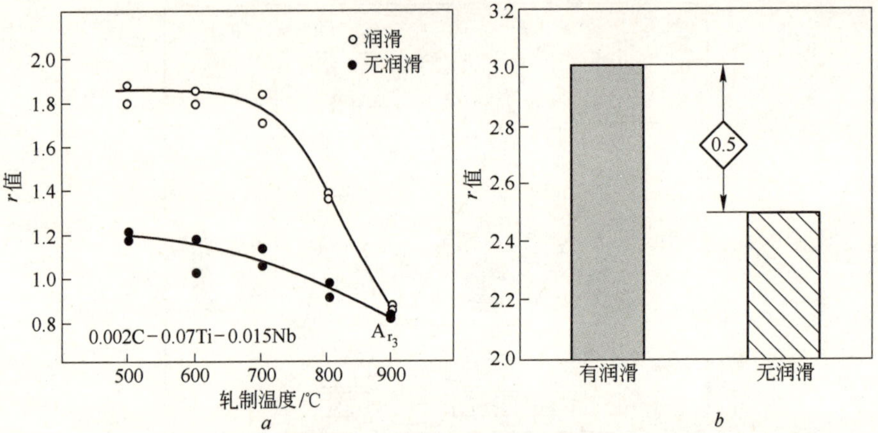

图 3-33 采用润滑和不采用润滑时板材 r 值的变化

a—轧制温度和润滑条件对 IF 钢热轧退火板 r 值的影响(热轧后在 750℃退火 5 h,压下量 65%);
b—冷轧退火钢板在铁素体区热轧时采用润滑和不采用润滑时 r 值的差别

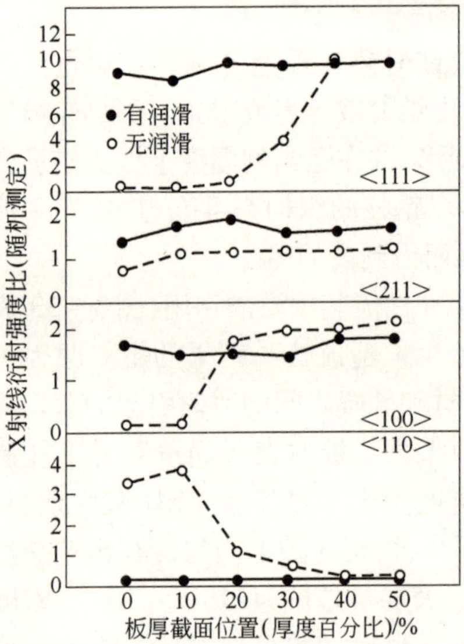

图 3-34 热轧润滑对轧后退火板材(压下量 65%,700℃终轧后在 850℃退火 20 s)沿板厚方向不同取向的 X 射线衍射强度比的影响

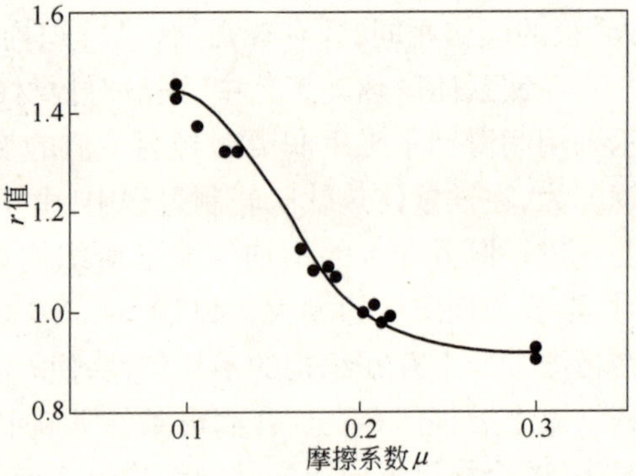

图 3-35 摩擦系数 μ 与热轧退火板材 r 值间的关系

另外,铁素体区热轧时采用润滑还可以显著降低轧制变形阻力和总轧制力,降低设备负荷(见图 3-36)[47]。

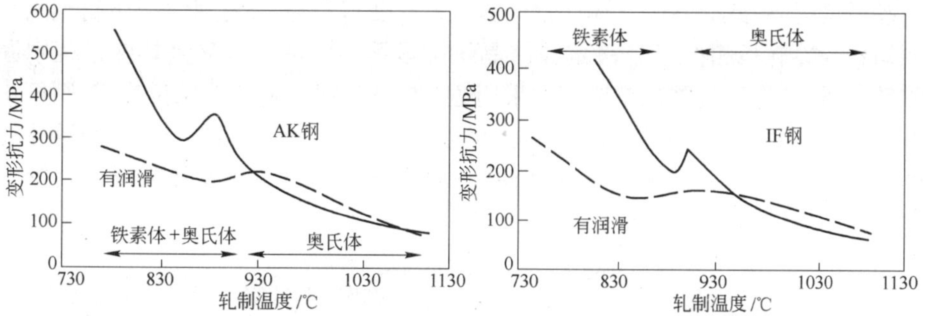

图3-36 热轧润滑对AK钢和IF钢变形行为的影响

J. C. Herman研究了低碳钢(LC)、微碳钢(ELC)和超低碳钢(ULC)分别在奥氏体区和铁素体区轧制时,精轧温度区间及卷取温度不同条件下的力学性能(见表3-6和表3-7)[46]。从表中可见,与奥氏体区轧制相比,铁素体区轧制对材料力学性能影响明显的是*r*值,即采用铁素体区轧制并通过退火可明显提高钢的*r*值。

表3-6 热轧薄板采用的轧制和卷取温度

轧制区域	钢 种	状 态	终轧/℃	卷取/℃
奥氏体区轧制	LC/ELC	HR	>860	
	ULC-IF	HR	>900	
	High C-Mn	HR	>800~840	
铁素体区轧制	LC/ELC	HR	880~770	>680
	ULC-Ti	HR	900~770	>720
	LC/ELC	DA	800~700	<500
	ULC-Ti	DA	800~600	<500

注:HR—热轧材料(hot rolled material);DA—直接退火材料(direct annealed material)。

表3-7 薄板坯直接轧制后的力学特性

轧制区域	钢 种	状 态	卷取/℃	R_e/MPa	R_m/MPa	A/%	n值	$\bar{r}$值
奥氏体区轧制	ELC	HR	680	270	370	40	0.2	0.9
	ULC-IF	HR	720	140	300	45	0.2	1.0
铁素体区轧制	LC,ELC	HR	680	200	330	40	0.22	0.6~0.8
	ULC-Ti	HR	720	120	290	45	0.22	1~1.1
	LC,ELC	DA	500	250	350	40	0.2	1.0
	ULC-Ti	DA	400	135	290	45	0.22	1.4

对于超低碳热轧深冲钢板,研究表明[45,46]:(1)加入充分的钛或铌使再

结晶温度提高,此时在铁素体非再结晶区控轧变得容易,在这种情况下得到的轧制织构与冷轧板相似;(2)决定再结晶织构最重要的冶金因素是热轧过程中固溶碳含量,如果通过添加钛或铌和采用适当的热轧条件使固溶碳量为零,则可获得高的$\bar{r}$值(见图 3-37[48]);(3)热轧时必须有良好的润滑条件,$\bar{r}$值随润滑条件的改善而提高,而且润滑条件对$\bar{r}$值的影响大于道次压下率及轧制温度的影响(见图 3-33a)。

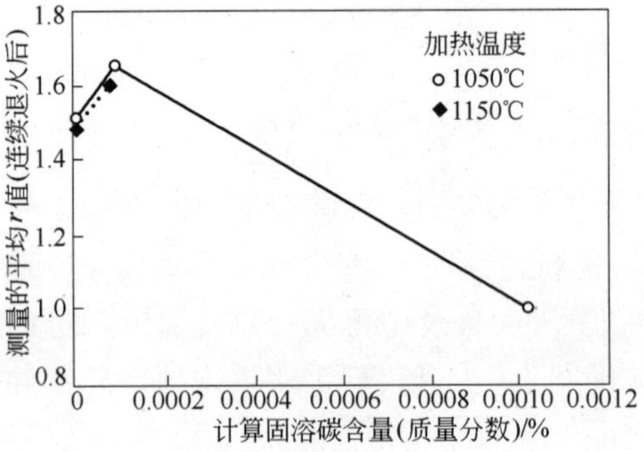

图 3-37 通过限制终轧道次的固溶碳含量改进热轧薄板的深冲性能

值得注意的是,采用铁素体区润滑热轧的新工艺,可以在不改变化学成分、冷轧、退火等其他条件的情况下提高冷轧板的$\bar{r}$值约 0.6。与对每一工艺环节进行优化的方法相比,新工艺更加经济、高效。表 3-8[49] 比较了采用传统工艺(在奥氏体区热轧,再进行冷轧、退火)所得到的冷轧板,与采用新工艺(在铁素体区润滑热轧,再进行冷轧、退火)所得到的冷轧板的力学性能。

表 3-8 在奥氏体区和铁素体区热轧所得到的冷轧板力学性能比较

工 艺	R_e/MPa	R_m/MPa	R_e/R_m	$\bar{r}$值
在奥氏体区终轧	96	276	0.35	1.678
在铁素体区终轧	104	267	0.39	2.316

3.2.4 超低碳热轧拉延板

热轧拉延板要求板材具有良好拉延成形性能,尤其应具有高的伸长率 A 值,并控制时效值 AI 和二次加工脆性 BTT 值。由于超低碳热轧拉延板具有极好的拉延性能,在一些用途上可代替拉延件用优良冷轧板,实现"以热代冷",也能用于冷轧板难以生产的厚度在 1.5~4 mm 且成形性要求高的零件制造。

热轧拉延钢板的成分特点可概括为:(1)超低碳;(2)微合金化;(3)钢质纯净;(4)适量的固溶碳。研究表明[50,51]对于超低碳热轧拉延板,首先要求碳含量低，而且其他杂质少。钢质的纯净化，特别是 C、N、S、Mn 量的减少，降低了固溶元素的量，通过控制细小沉淀物的量和分布，改善了晶粒的长大条件，从而增加了塑性。硫含量的降低，还能控制残余固溶碳量，这对于提高抗冷加工脆性十分有效。另外，硼的加入并不影响钢的延伸性，并且适量硼（约 0.001%）的加入能显著降低冷脆转变温度（-40 ~ -75℃）和时效值。文献[50]研究了超低碳热轧拉延板有效钛碳比（Ti*/C）对其性能的影响（见图 3-38）。

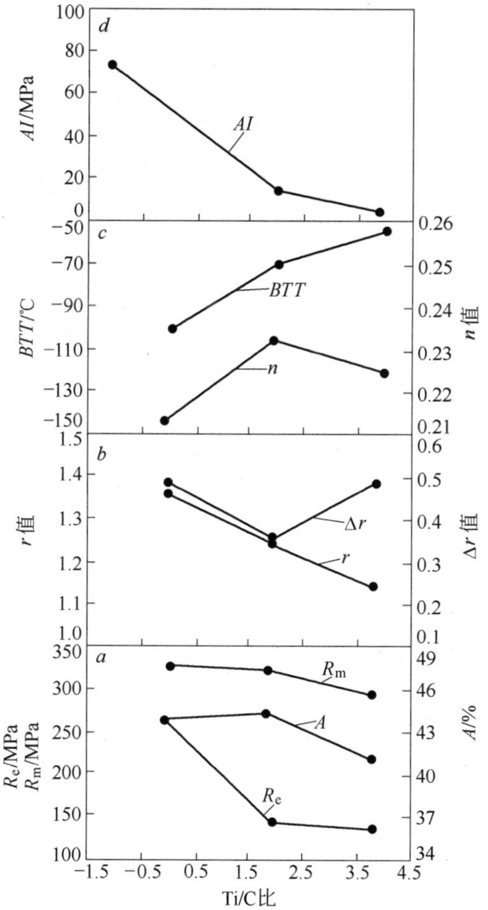

图 3-38 Ti*/C 对超低碳热轧拉延板力学性能的影响

a—Ti*/C 与 A, R_e, R_m；*b*—Ti*/C 与 r 值，Δr 值；*c*—Ti*/C 与 n 值和低温脆性转变温度 *BTT*；*d*—Ti*/C 与时效值 *AI*

热轧工艺对超低碳热轧拉延板的性能也有影响。板坯加热温度降低，使固溶碳量减少，显著提高其伸长率。开轧温度的降低，加快了第二相粒子的析出，粗化第二相粒子，改善其力学性能，特别是塑性和平面各向异性。图 3－39 表示开轧温度对超低碳热轧拉延板性能的影响，图 3－40 表示卷取温度对超低碳热轧拉延板性能的影响[50]。

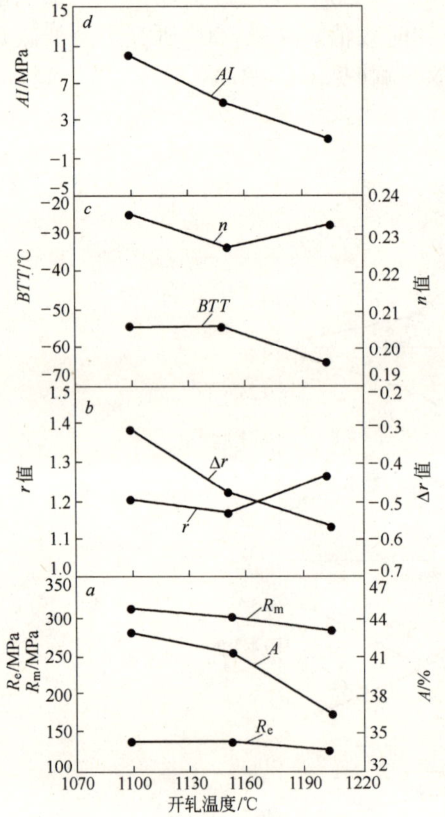

图 3－39　开轧温度（*IRT*）对超低碳热轧拉延板力学性能的影响

a—*IRT* 与 *A*、R_e、R_m；*b*—*IRT* 与 *r* 值、Δ*r* 值；*c*—*IRT* 与 *n* 值和低温转变温度 *BTT*；*d*—*IRT* 与 *AI* 值

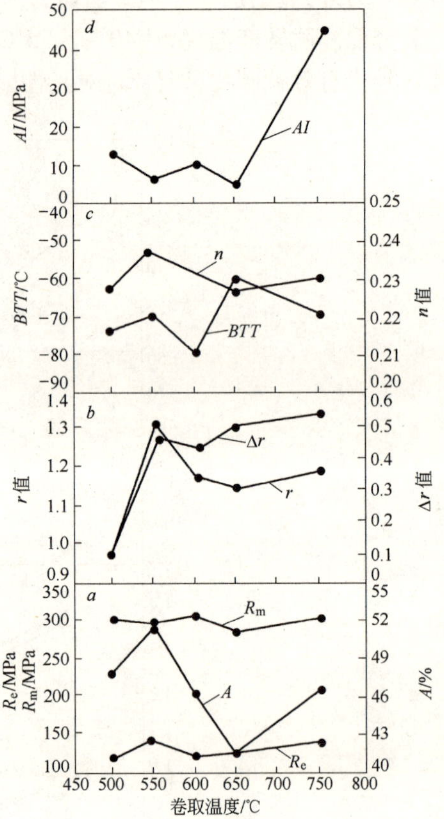

图 3－40　卷取温度（*CT*）对超低碳热轧拉延板性能的影响

a—*CT* 与 *A*、R_e、R_m；*b*—*CT* 与 *r* 值、Δ*r* 值；*c*—*CT* 与 *n* 值和低温脆性转变温度 *BTT*；*d*—*CT* 与时效值 *AI*

增加热轧压下率，将细化晶粒，粗化析出物，显著改善其塑性和冷脆性。热轧拉延板着重 *A* 值和冷脆转变温度，需要有少量（0.0003% ～0.0005%）的固溶碳来强化晶界，以改善冷加工脆性，所以一般采用较低温度卷取（550 ～600℃）。当 *CT*≤600℃时能得到最好的拉延性能和冷脆性，*A*≥46%，*BTT*≤ －70℃。图 3－41表示压下率对超低碳热轧拉延板的性能的影响[50]。

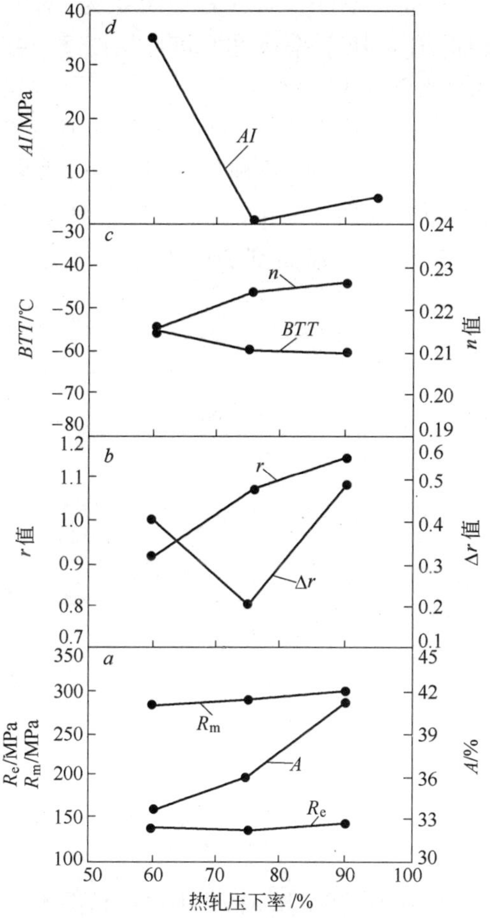

图 3－41 压下率对超低碳热轧拉延板的性能的影响

a—压下率与 A、R_e、R_m；*b*—压下率与 *r* 值，Δ*r* 值；*c*—压下率与 *n* 值和低温脆性转变温度 *BTT*；*d*—压下率与时效值 *AI*

3.3 超深冲 IF 钢板的冷轧及退火工艺控制

3.3.1 IF 钢板的冷轧及退火工艺

3.3.1.1 冷轧压下率对 IF 钢板性能的影响

冷轧对退火后 IF 钢深冲性能影响的主要因素是冷轧总压下率。若没有冷轧变形，就不会有退火过程的再结晶，从而也就无法获得较强的{111}有利织构和高 *r* 值。因此，在适当的成分和合理的热轧之后，保证充分的冷轧

压下率是获得高的 r 值重要条件。研究者一致认为，对 IF 钢，r 值随冷轧压下率增加而单调增加，直至压下率高达 90%，见图 3－42[51]。在实际生产中为了获得高的 r 值，普遍采用大于 75% 的冷轧压下率，但由于设备的生产能力所限，压下率一般不超过 85%。Senuma 等的研究结果也证明了对 IF 钢，在终轧温度 $FT > A_{r_3}$ 和 $FT < A_{r_3}$ 两种热轧条件下，大多数情况下板材的 r 值随冷轧压下量的增加而增加（见图 3－43）[52]。Haga 等人对加硼 IF 钢的研究表明，冷轧压下率从 80% 提高到 90% 时，板材的平均 r 值可提高 0.2 以上（图 3－44）[53]。

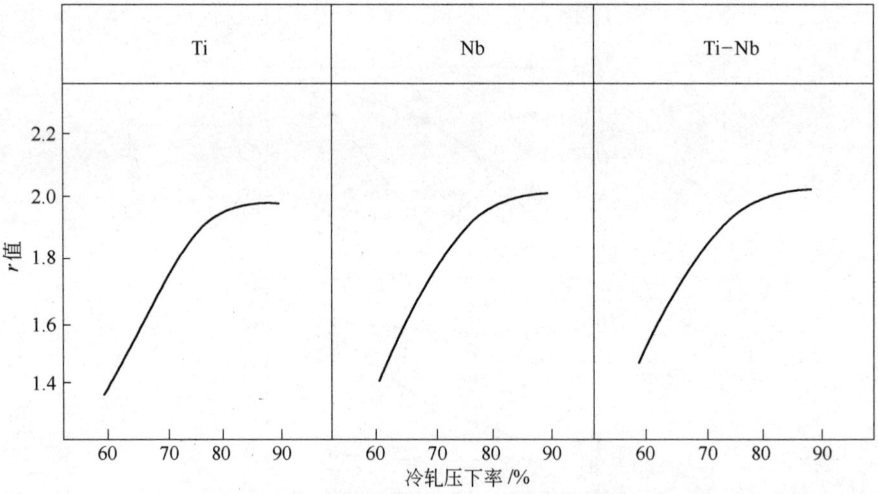

图 3－42　冷轧压下率对 IF 钢 r 值的影响

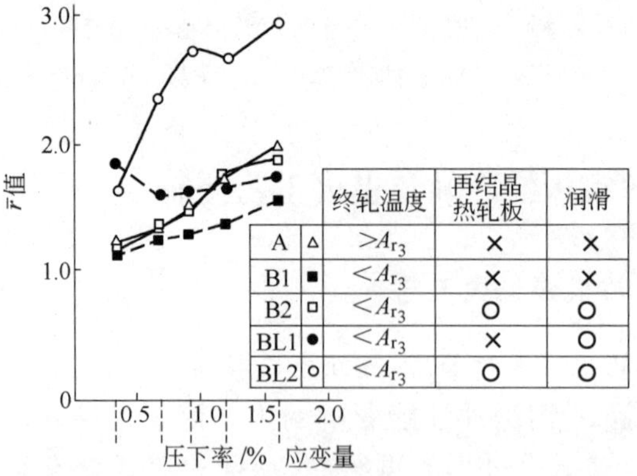

图 3－43　冷轧压下率对几种 IF 钢试样 $\bar{r}$ 值的影响

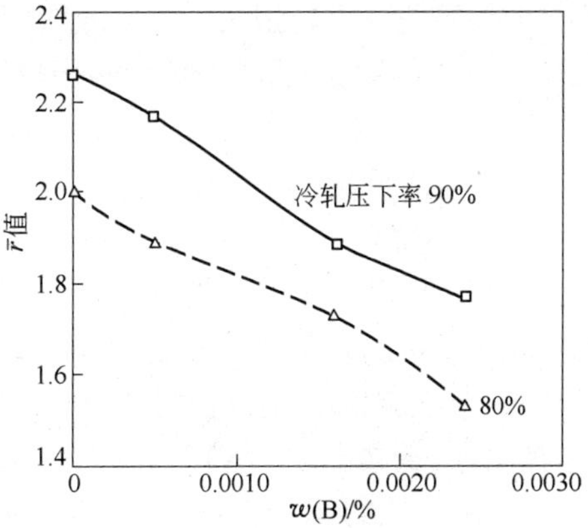

图 3-44 加硼 IF 钢中硼和冷轧压下率对$\bar{r}$值的影响

3.3.1.2 冷轧板的罩式退火和连续退火工艺

IF 钢生产过程的每一工艺阶段，从成分控制的炼钢，热轧，冷轧，退火直到平整，都影响 IF 钢的最终性能，但就其影响程度而言，炼钢和退火最大，热轧其次，最后是冷轧和平整，表 3-9 形象地显示了各生产工序对低碳铝镇静钢和 IF 钢性能的影响程度[54]。

表 3-9 各生产工序对低碳铝镇静钢和 IF 钢性能的影响程度

参 数	低碳铝镇静钢		IF 钢
	罩式退火(BA)	连续退火(CA)	BA 或 CA
碳含量	低(*)	低(**)	低(***)
锰含量	低(*)	低(**)	(#)
微合金化元素(Al、Ti、Nb)含量	Al(***)	(#)	Ti/Nb(***)
板坯加热温度(*SRT*)	高(***)	低(*)	低(*)
热轧规程	(#)	(#)	(**)
终轧温度 (*FT*)/℃	$>A_{r3}$(**)	$>A_{r3}$(**)	$>A_{r3}$或$<A_{r1}$(**)
卷取温度 (*CT*)/℃	低，<600(***)	高，>700(**)	高(*)
冷轧压下率/%	约 70	约 85	约 90
退火加热速度	20 ~ 50K·h^{-1}(***)	5 ~ 20K·s^{-1}(**)	(#)
最高退火温度/℃	约 720	约 850	约 900

注：(#)—基本无影响；(*)—有影响；(**)—重要；(***)—很重要。

用于冷轧退火生产的设备有：常规罩式退火炉、全氢罩式退火炉和连续退火炉。

A 罩式退火

常规罩式炉退火是用于钢板再结晶处理的主要方式，即采用以氢气、氮气和其他气体混合(HNX)作为保护气体进行退火。当以氮气为主时,氮气量占95%~97%,氢气量约为3%~5%。罩式炉是一种依靠强制对流传热的退火设备,炉中钢卷的升温加热主要取决于保护气体的对流传热和钢卷本身的传导传热。随着现代工业的发展,对冷轧后的钢板性能要求日益提高,这种传统的罩式炉受到严重的挑战,迫使罩式炉制造商们纷纷对罩式炉进行改造,出现了全氢炉。

全氢罩式退火炉是在充分利用普通罩式炉的优点基础上,又克服了普通罩式退火炉及连续退火炉不可避免的缺陷而发展起来的。20世纪70年代初,奥地利埃伯纳(Ebner)开发了用于黄铜工业的强对流罩式退火炉。直到20世纪70年代末,才被用于钢铁工业,德国的工业炉公司在20世纪80年代初研制开发了全氢罩式退火炉,现已被广泛的用于钢铁工业,称为HICON/H_2,即强对流全氢罩式退火炉。全氢罩式退火炉的特点和效果如图3-45所示[55]。

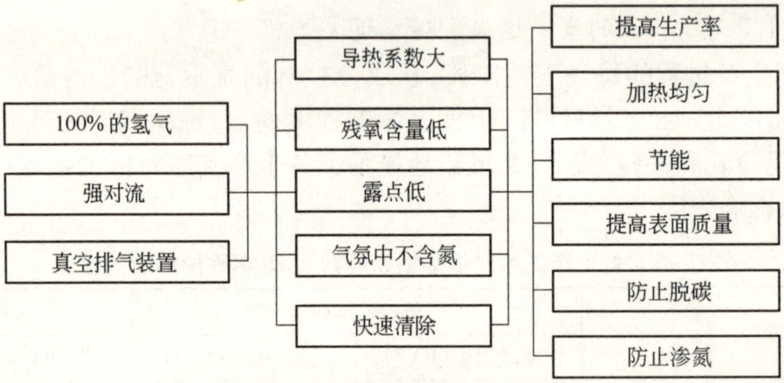

图3-45　全氢罩式退火炉的特点和效果

全氢炉是在常规罩式炉的基础上,采用强对流循环的大功率电机,大大提高了保护气氛循环量;采用100% H_2作为保护气氛,由于H_2优越的传热性能(其传导系数为N_2的7倍)使罩式炉的生产效率显著提高;还采用金属封闭炉台、气/水组合冷却罩及优化设计的扩散器和对流板等重大改进,降低了露点,使钢板表面不因酸洗后C^{4+}、Cr^{2+}等离子吸附而发黑,这样一来既改善了钢带表面质量,使表面洁净度高而发亮,同时提高了板材力学性能和深冲性,降低能耗,节约成本。所以用全氢罩式炉取代常规的罩式炉是罩式退火技术的重大进步。图3-46为全氢罩式炉与常规的罩式炉退火周期的比较[56]。

另外,为了提高罩式炉的产量,便于对钢卷的装入、抽出进行自动控制,美国的Lee Wilson公司开发了连续箱式退火炉,即UAD(Unitized Annealing Department)。钢卷在同一个室里加热、均热、冷却,钢卷装入、抽出均在同一出口处[57]。

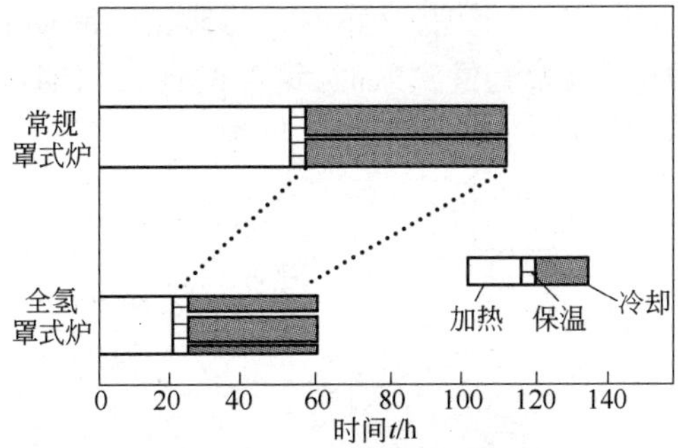

图 3-46 罩式炉的退火周期

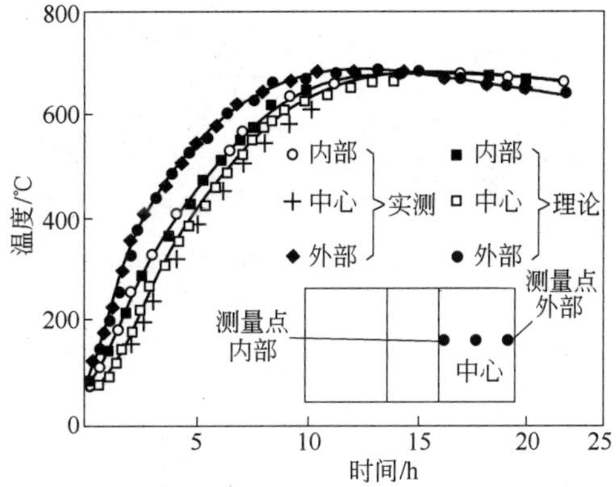

图 3-47 罩式炉内温度变化的实测值与计算值比较

罩式退火炉内不同垛位的钢卷和同一钢卷的不同部位温度是不同的，但每一炉钢卷在加热和冷却过程中有一个温度最高点和最低点，通常称为热点和冷点。实验测得的热点在钢卷的边部，冷点通常在钢卷心部靠内侧。退火过程的每个阶段是在一个温度范围内进行的，因此只要将冷点和热点的温差（通常称为 ΔT）控制在过程进行的温度范围内，就能达到对退火过程的控制，从而控制最终产品性能。图 3-47 为罩式炉内温度变化的实测值与计算值比较，图 3-48为生产 DDQ 级深冲板的优化退火曲线[58]。

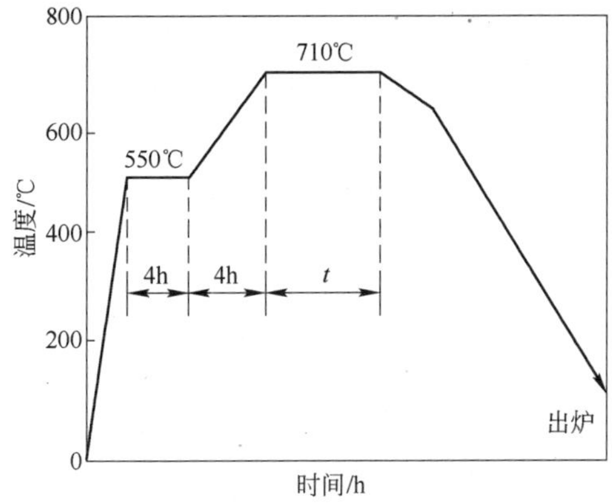

图 3-48 生产 DDQ 级深冲板的优化退火曲线

图 3－49 为采用罩式炉生产铝镇静钢时的典型热周期曲线[59]。从图中可见，当采用全氢（100% H_2）大流量吹入时，钢卷的退火周期可缩短到 43 h，且钢卷的热点（hot spot）和冷点（cold spot）曲线也更接近。

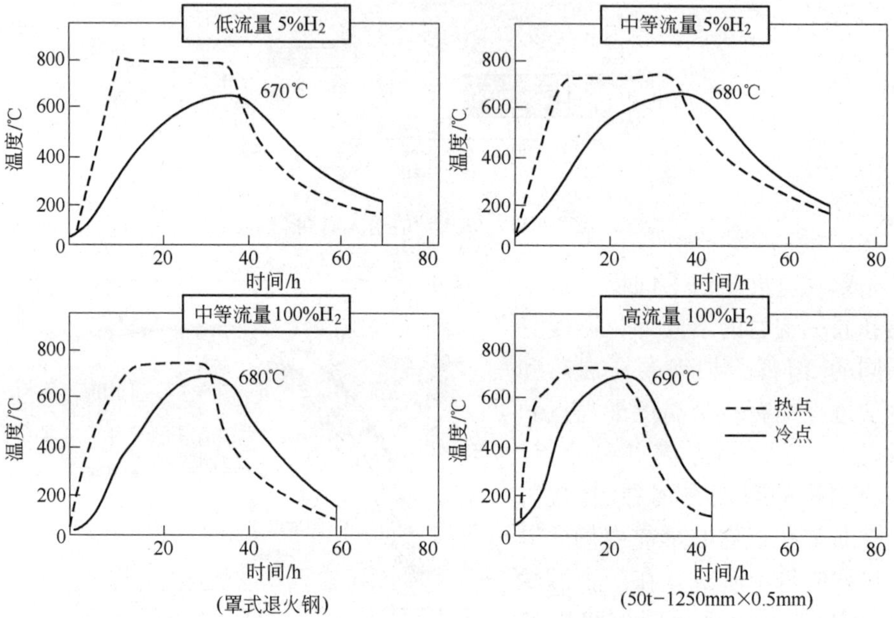

图 3－49　采用罩式炉生产铝镇静钢时的典型热周期曲线

B　连续退火

日本钢管福山厂 No. 1CAL 于 1971 年 8 月投产，是世界上第一条连续退火线。新日铁君津厂 No. 1CAPL 于 1972 年 10 月投产，这两条采用过时效技术生产出深冲级冷轧钢板，从而开创了用连续退火工艺生产冷轧板带的历史。

连续退火机组典型的有 5 种类型：NSC-CAPL（新日铁）、KM-CAL、NKK-CAL（JFE）、CRM-HOWAQ 和 LOI-DREVER 连续退火线（比利时）。由于 CRM-HOWAQ 类型一次冷却采用热水，目前在世界上发展不大，所以主要是前三种类型 CAL 以及 LOI-DREVER 连续退火线。

新日铁在 20 世纪 90 年代开发了“R-OA”（即 Reheating-Over Aging，再加热－过时效）技术。连续退火技术在过时效工艺方面，大多数采用恒温时效法，少数机组如新日铁君津 No. 2 CAPL 采用斜坡时效以加快 C 的析出速度[57]。一般来说，低碳铝镇静钢生产冷轧深冲薄板，由于力学性能和时效指数达不到要求，所以不能用作汽车外板，汽车外板须用超深冲 IF 钢板及其高强钢板。因此，采用新日铁的“R-OA”技术可用低碳铝镇静钢生产冷轧冲压板（包括 DQ 和 DDQ 产品），可以满足汽车内板对力学性能和时效指数的要求。

图 3 - 50 为日本广烟厂在 CAPL 上采用“R-OA”的退火工艺和微碳板(ELC)力学性能试验结果。

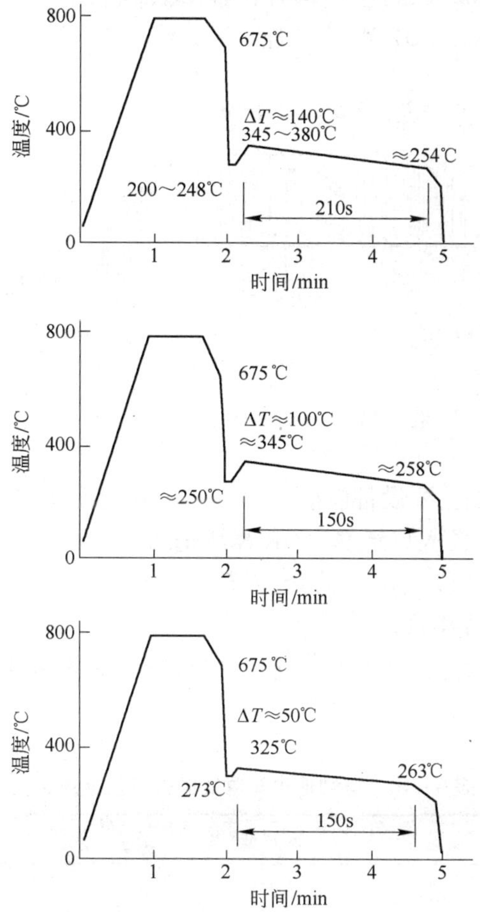

图 3 - 50 日本广烟厂 CAPL 上采用“R-OA”的退火工艺和微碳板(ELC)力学性能试验结果

目前,热镀锌板材的生产多采用连续退火技术,即退火工艺与镀锌工艺相结合,退火过程在连续退火炉中进行,分为三段:预热段、还原段和冷却段。预热段是按工艺要求把带钢预热到一定温度,同时把钢表面的残余油脂通过蒸发和灼烧清除掉;还原段的目的是把带钢表面的氧化铁皮还原成适合镀锌的活性海绵状纯铁层,同时完成钢的再结晶退火;冷却段的目的是把带钢冷却到入锌锅的温度,且保持已还原的活性表面不被氧化。经过连续退火炉后,带钢进锌锅中进行热镀锌。

我国某大型钢铁企业于 2007 年建成投产的 2130 冷轧连续退火机组项目由

德国西马克－德马克公司主承包，电气供应商为德国西门子公司，炉子供货商为LOI集团下属DREVER公司。连续退火线生产能力约为950000 t/a（入口原材料）。机组长度约462 m，可生产钢种包括CQ、DQ、DDQ、EDDQ、SEDDQ、HSS、BH、DP、TRIP等。图3－51为2130连续退火线工艺流程图。

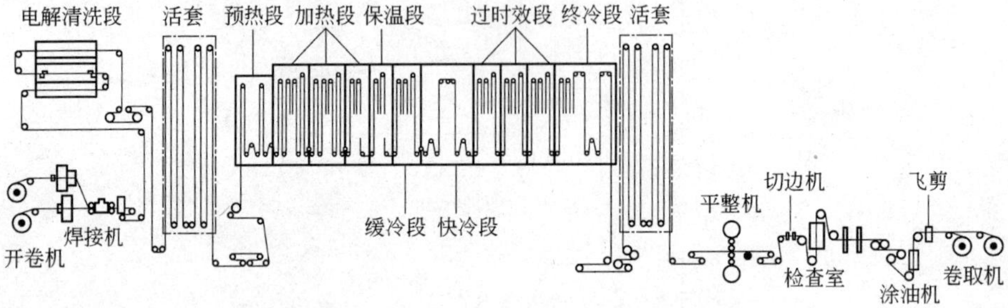

图3－51 2130连续退火线工艺流程图

连续退火机组的主要设备包括：1号和2号开卷机、1号和2号矫直机、入口剪、焊机、电解清洗段、入口活套、立式连续退火炉（预热、加热、保温、缓冷、快冷、过时效、终冷等各段）、出口活套、光整机、检查活套、切边剪、测宽仪、检查站、涂油机、出口剪、卷取机等。

罩式退火与连续退火技术的不同点主要在于：加热速度、退火温度、保温时间，即加热制度不同，如表3－10[61~63]所示。

表3－10 连续退火与罩式退火工艺参数比较

退火和冷却参数	罩式退火	连续退火
加热速度/$K \cdot s^{-1}$	0.01	10
再结晶区/℃	560～620	610～670
退火温度/℃	650～750	700～900
保温时间/min	120～1200	1～5
冷却速度/$K \cdot s^{-1}$	0.001	10～1000

罩式退火采用缓慢的加热方式和长的保温时间，整个工艺非常耗时，因而能源消耗和主要费用都很高。也是由于这些特点，使冷轧板退火充分，表面质量优良，退火性能良好。而且，随着罩式退火技术的改进，全氢炉的出现，使能耗和成本降低，生产效率提高，产品性能也有所改善。

同罩式退火相比，连续退火生产则有更大的优越性[62]，主要在于：

（1）连续退火带钢的力学性能，无论在带钢长度还是宽度方向上，都比较均匀。

（2）带钢平整度高，板形好，有利于汽车厂深加工成形构件的形状控制；带钢表面质量好，无粘结现象，对于喷漆或者表面涂层处理，其表面与涂料的粘结附着力强，喷漆或涂层质量好。

（3）生产周期短。

（4）退火温度范围较高，冷却速度自由度大，有利于新产品的开发。

因此，连续退火生产技术，在世界范围内得到了广泛的应用。但是，在连续退火生产中，要求冷轧板必须在短时间内再结晶和进行充分的晶粒长大，这就需要钢质纯净，所以过去用罩式退火生产的低碳冷轧板不适合于用连续退火生产。由于 IF 钢的一个很大优点：含碳量相当低（$w(C) \leq 0.003\%$），其 r 值几乎不随退火中的加热速度改变，这就意味着 IF 钢超深冲板能用快速加热的连续炉生产。但由于连续退火初期投资大，目前仍有许多厂家在使用罩式退火。

3.3.2 IF 钢冷轧板的退火再结晶组织

3.3.2.1 IF 钢冷轧板的退火再结晶规律

在冷轧薄板生产过程中，再结晶退火是一个关键的工艺环节。薄板在退火过程中经历回复，再结晶和晶粒长大三个过程，影响着成品板的性能。

首先，从冷轧钢板的硬度值随加热温度和保温时间的变化可以大致看出再结晶过程材料组织的变化。图 3 – 52 为两种 IF 钢（T1-Ti-IF 钢、N1-Ti + Nb-IF 钢）再结晶退火后的硬度变化规律[64]。图 3 – 52*a* 中显示，当温度高于 580℃时，Ti + Nb-IF 钢的硬度值开始急剧下降，说明此时钢板开始发生回复和再结晶过程，曲线在 580℃和 700℃之间，硬度值下降很快，说明该温度区内再结晶过程进行激烈，再结晶晶粒大量形核并长大。当温度超过 700 ℃以后，曲线比较平稳。随着温度的继续升高，硬度值下降不大，此时钢板内的冷加工组织已完全消除，晶粒已完全再结晶；对于 Ti-IF 钢，根据硬度的变化曲线可知，其再结晶开始、终了均比 Ti + Nb-IF 钢有所延迟，当温度在高于 590℃时硬度值才开始急剧下降，曲线在 590 ~ 720℃之间，硬度值下降很快，之后，随温度值的升高硬度变化很小，这说明钢在 720℃已全部再结晶；在图中还可以发现，Ti-IF 钢在 600℃左右，硬度值下降一半，Ti + Nb-IF 钢大约在 590℃左右时硬度值才下降一半；根据常规再结晶温度定义可以得出该条件下 Ti-IF 钢的名义再结晶温度在 600 ~ 610℃之间，Ti + Nb-IF 钢在 590 ~ 600℃之间。

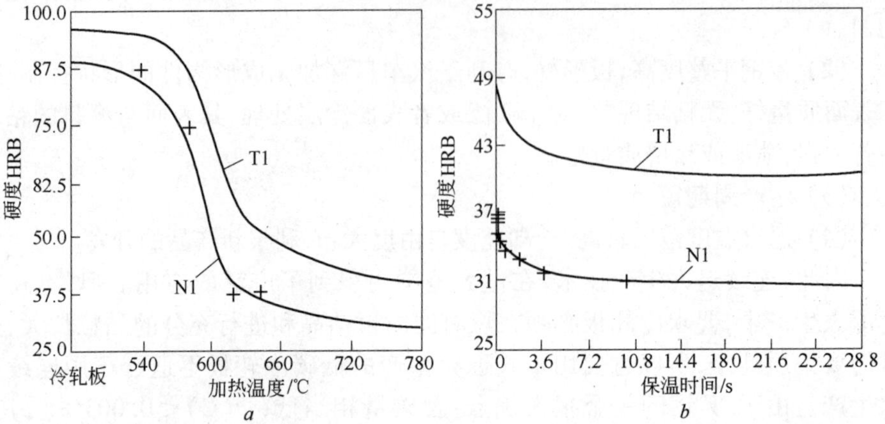

图 3 - 52　两种 IF 钢再结晶退火后的硬度变化规律

a—加热温度与硬度（保温 2 h）；*b*—保温时间与硬度

（T1：Ti-IF 钢，C0.004%，Ti0.07%；N1：Ti + Nb-IF 钢，0.003% C，0.061% Ti，0.005% Nb）

图 3 - 52*b* 示出了冷轧 IF 钢板在 720℃保温的再结晶退火过程中，硬度随保温时间的改变而变化的规律，可以看出：整个保温过程中，Ti + Nb-IF、Ti-IF 钢硬度值变化不大，并且硬度均较低。这说明以低速连续升温到 720℃的过程中，IF 钢板内的晶粒已经全部发生再结晶；当保温时间达 1 h 时，钢板的硬度值已降到最低值，此时保温时间再延长，其硬度值基本不变。由此可以看出，在 IF 钢退火过程中，退火温度是最关键因素，当钢板内晶粒充分再结晶后，保温时间的影响很小[64]。

从 Ti + Nb-IF 和 Ti-IF 钢再结晶过程中的硬度及金相组织变化规律，可以得出：IF 钢在罩式退火过程中，当加温到 700℃保温 2 h 后或当连续加热到 720℃以上不保温，此时，冷轧板内晶粒会全部发生再结晶，且晶粒已基本为等轴晶。比较这两种不同成分不同工艺的 IF 钢冷轧板在相同的退火条件下硬度值及金相组织变化规律，发现 Ti-IF 钢板的再结晶开始温度、结束温度都相应的较 Ti + Nb-IF 钢板略高，大约高 5 ~10 ℃。

热轧卷取温度是影响再结晶过程的一个重要工艺参数，卷取温度升高，导致再结晶温度下降，如图 3 - 53 所示。高温卷取有利于碳氮化合物的析出和粗化，特别是对在较低温度发生的析出，如 NbC，它的析出温度低于 Ti(C、N)这样更有利于降低加 Nb 钢的再结晶温度。因而，认为热轧卷取温度的升高是导致 Ti-IF 钢比 Ti + Nb-IF 钢再结晶延迟的主要原因[64]。

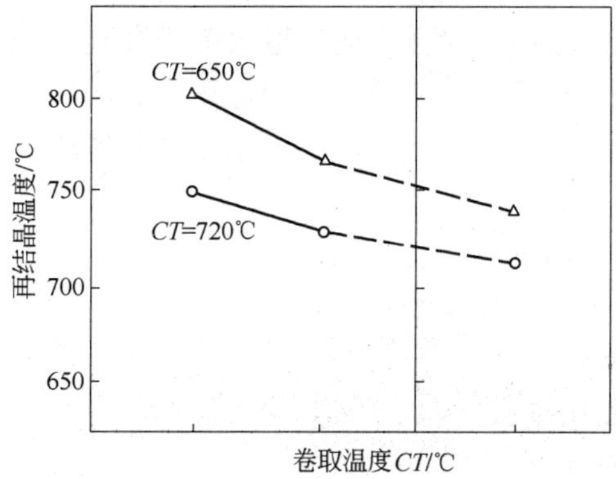

图 3－53 热轧卷取温度对 IF 钢再结晶温度的影响

许多研究指出[65~67]，加 Ti 或加 Nb 都提高 IF 钢的再结晶温度。图 3－54 表示合金含量对加 Ti 和加 Nb IF 钢的再结晶温度的影响[35]。

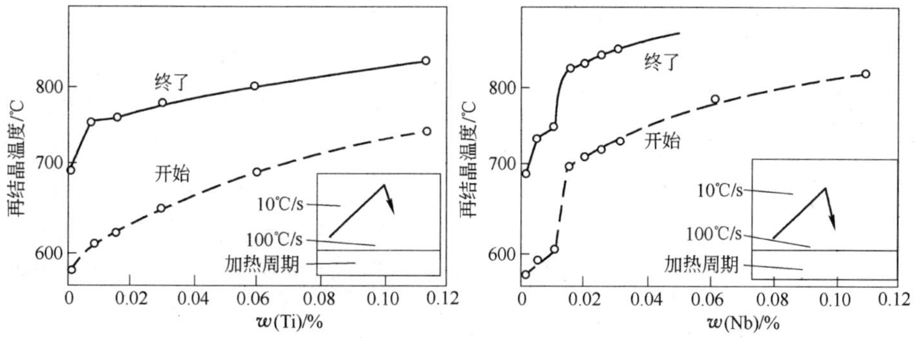

图 3－54 合金含量对加 Ti 和加 Nb IF 钢的再结晶温度的影响

3.3.2.2 IF 钢冷轧退火板的组织特征

A 罩式退火时的组织形成特征

罩式退火时首先起作用的是缓慢的加热。对于铝镇静钢，存在着使细小的氮化铝粒子的析出与冷轧组织的再结晶相互作用的可能性。低温卷取的热轧带钢中氮化铝析出物被过冷，以致钢中固熔的铝和罩式炉加热时出现的 AlN 析出对再结晶产生了强烈的迟滞作用。在冷变形组织中，主要在被强烈拉长的晶粒晶界上形成的氮化物控制着铁素体的再结晶，使得仿佛在 AlN 粒子晶格中有相对粗大的铁素体晶粒产生了伸长的“饼形”组织。由于取向选择，铁素体晶粒表现出{111}择优取向的特征。当在罩式炉中高温条件下停留较长时间时，晶粒开始长大，在这一过程中，有上述择优取向的晶粒优先长大，从而又产生了织构强化。此外，随着退火的强化还可以得到非常小的位错密度。在带卷从退火温度开始的缓慢冷却过程中，随着温度的降低，过饱的固溶体中的碳有了析出的机会，其最终状态是以含量非常低的间隙固溶碳原子和氮原子为特征的[61]。

罩式炉退火冷轧带钢的典型组织具有如下特征：

(1) 粗大、伸长的铁素体组织；

(2) 有利的织构；

(3) 很小的位错密度；

(4) 氮稳定结合成氮化铝；

(5) 相对粗大的渗碳体析出物。

由此得到的力学性能是：低的屈服强度和抗拉强度，良好的冷成形性能和平整前显著但通过平整消失的屈服平台。如果热轧带钢高温卷取，那么，虽然择优取向及其对厚向各向异性的有利作用明显下降，但由于在热轧带钢中形成了较为粗大的渗碳体，退火薄板能够得到更低的屈服强度。

B　连续退火的组织形成特征

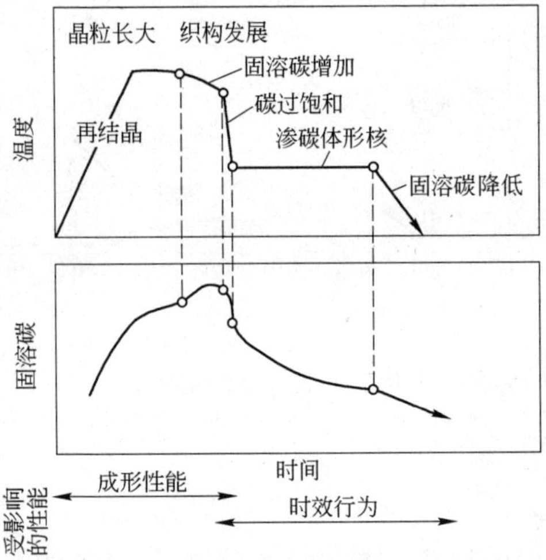

图 3 - 55　连续退火过程中组织和固溶碳含量变化情况

连续退火炉退火过程中的组织形式是另一种进行方式。时间 - 温度变化过程中的第一阶段是用来进行再结晶和晶粒长大的，这一阶段包括加热在退火温度下的保温和以中等速度冷却的第一冷却段，在这一阶段中形成了对薄板成形性能很重要的组织和织构特征。退火过程的第二阶段包括快速冷却到过时效温度和过时效处理，这一阶段决定了组织中的碳化物分布和固溶碳含量。因而，首先给定了薄板的时效行为，图 3 - 55 以图示的形式表示了连续退火过程中组织和固溶碳含量变化的各个阶段[61]。一般来说，与罩式退火过程不同的是，快速加热时不能通过第二相粒子的预先析出来控制织构。再结晶首先导致产生了较细的铁素体晶粒，其晶粒大小在高温退火保温时会增大。由于在两相区退火时{111}织构优先形成，并且在第一个冷却段通过晶粒长大这一织构还得以加强，这样一来就形成了有利于 r 值的组织。高的卷取温度非常有助于形成所希望的渗碳体分布的粗大铁素体晶粒组织（图 3－56）的发展[61]。

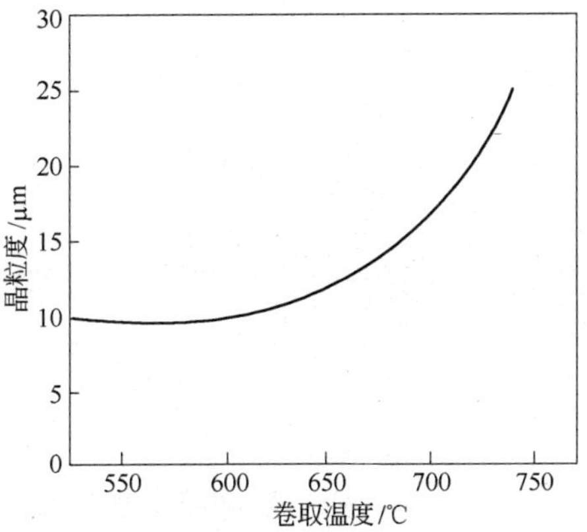

图 3－56 热轧带钢卷取温度对冷轧带钢再结晶晶粒度的影响
（连续退火，无铝软钢）

在退火过程的第二阶段，快速冷却是为了渗碳体的析出和弥散，也是为了强制固溶碳的过冷。图 3－57 说明随着冷却速度的增大，过时效时形成的碳化物之间的距离变小，时效倾向性下降。图 3－58 表明了冷却速度和降低碳过饱和度所必需的过时效处理间的关系，过冷度越大，析出的碳化物越密，过时效处理需要的时间越短，因为必要的过时效时间与扩散行程的平方成正比。将一般含碳量的钢与经真空处理、碳含量大大降低的钢加以比较，由图 3－56 和图 3－57 可以清楚地看到，对于溶解碳原子的析出来说，碳化物粒子间较大间距的不足。低碳钢过时效前和过时效后测量的屈服强度的差别超过了 100 MPa，其时效指数大约是真空处理钢时效指数的三倍。对于过时效动力学来说，除了冷却

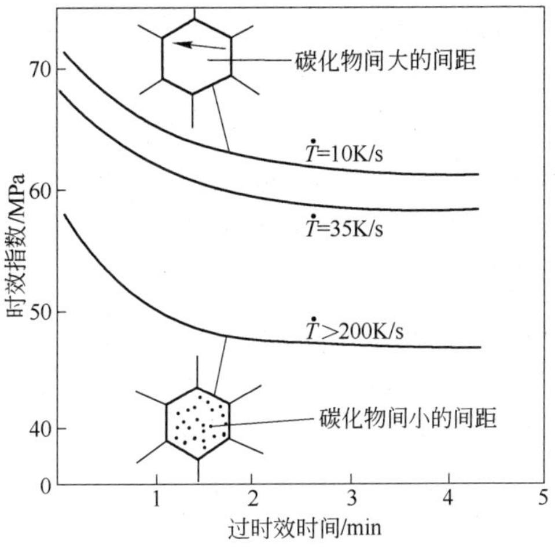

图 3－57 冷却速度 $\dot{T}$ 对连续退火薄板时效行为的影响
（钢中含 0.036% C 和 0.0013% N）

速度外，开始急冷时的温度本身通过对碳化物弥散程度和碳过饱和程度的影响，也起着重要作用。急冷温度的升高加速了过时效进程。

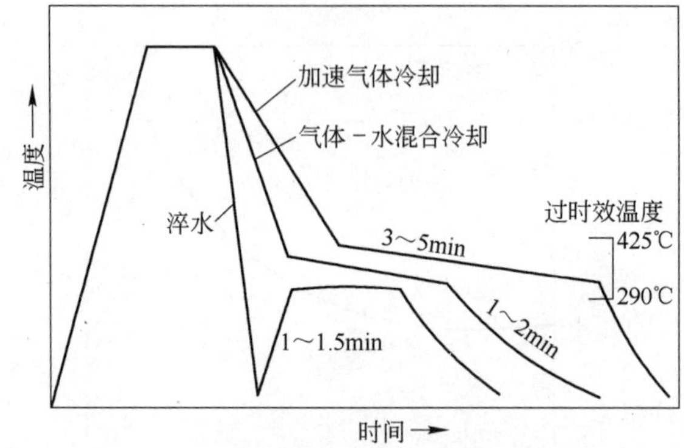

图 3－58　在具有最大碳溶解度的温度条件下冷却速度对所需过时效条件的影响

薄板连续退火以后是否还有时效问题，取决于过时效程度，即取决于碳过饱和度的降低。时效当其在冷成形加工前就产生作用时可能是缺点，但当以后要利用其成形提高强度时，它又可以产生所希望的功效。如所谓的"烘烤硬化钢"，这种钢是在冷成形后的烤漆过程中获得了人为时效。

到目前为止，几乎只是从考虑固溶碳行为方面，研究了连续退火薄板的时效行为和其通过工艺参数产生的影响。但是，也必须考虑固溶氮的时效。使钢中保持相同的氮含量，改变铝含量和添加的硼含量，并且在不同的热轧带钢生产和连续退火条件下进行仔细的研究表明，在过时效退火后的冷轧带钢中，可以残留有完全固溶的氮。作为冶金学固氮措施，高的铝含量是必要的。与此相比，更为有效的是加入一定量的硼。就连续退火工艺参数而言，低的板坯加热温度和高的卷取温度都会产生有利的作用。连续退火过程中，高的退火温度能够保证氮化物的完全析出。但对微观组织和织构的发展来说，在退火开始前就进行固氮是有利的。

在连续退火炉中的退火过程产生了与罩式退火明显不同的薄板组织结构。其微观组织的特征是：更细小的、球状的、含有在热轧带钢中就已析出的氮化物和有时效行为确定的碳化物弥散分布的铁素体组织。若对冷成形性能有很高要求，必须有其他附加的冶金学措施，但这已经表明，连续退火开辟了可以生产高强度薄板的有利途径。

S. Lateri 等将两种 Ti-IF 钢（LC 和 HC）在罩式退火和连续退火条件下的晶粒尺寸进行了研究比较，两种 Ti-IF 钢（LC 和 HC）化学成分和退火条件示于表 3－11和表 3－12，两种钢的平均晶粒尺寸见图 3－59、图 3－60 和图 3－61[68]。

表 3 – 11　两种 Ti-IF 钢(LC 和 HC)的化学成分(质量分数)　　(%)

名　称	C	Ti	Mn	P	S
LC 钢	0.0022	0.043	0.170	0.014	0.006
HC 钢	0.0090	0.120	0.120	0.010	0.008

表 3 – 12　罩式退火和连续退火的工艺条件

名　称	加 热 速 度	保温温度/℃	保温时间/min
罩式退火	20 ℃·h⁻¹	700	600
连续退火	10 ℃·s⁻¹	800	1

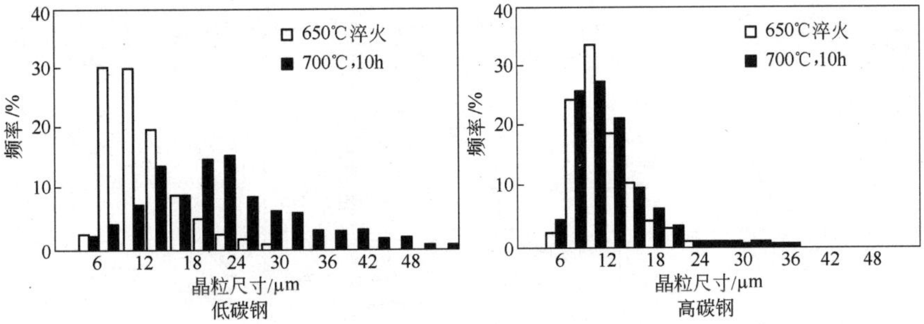

图 3 – 59　两种 Ti-IF 钢(LC 和 HC)在再结晶终了(650℃快冷)和在 700℃保温 10 h 的晶粒尺寸分布

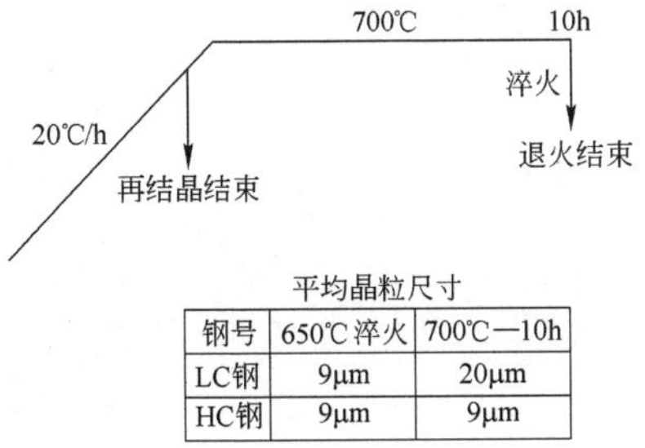

图 3 – 60　两种 Ti-IF 钢(LC 和 HC)在罩式退火再结晶终了和退火结束时的平均晶粒尺寸

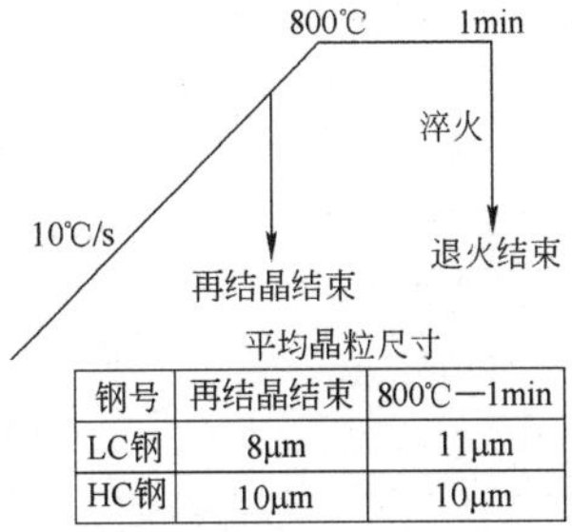

图 3 – 61　两种 Ti-IF 钢(LC 和 HC)在连续退火再结晶终了和退火结束时的平均晶粒尺寸

3.3.3　退火工艺对冷轧 IF 钢力学性能的影响及控制

A. J. Boucek 等人[69]对退火温度与伸长率 A、屈服强度及抗拉强度的关系分别进行了详细研究，图 3 – 62 表明，伸长率随着退火温度提高而增加，屈服强度及抗拉强度则随着退火温度提高而下降。几乎所有研究都发现随着退火温度升高，IF 钢 r 值上升[30]，如图 3 – 63 所示。Osawa 等人[70]发现保温时间的影响只有在退火温度稍大于再结晶温度时才显著，在充分再结晶区保温时间的作用很小，图 3 – 64 显示了不同退火温度下 IF 钢$\bar{r}$值与保温时间的关系。

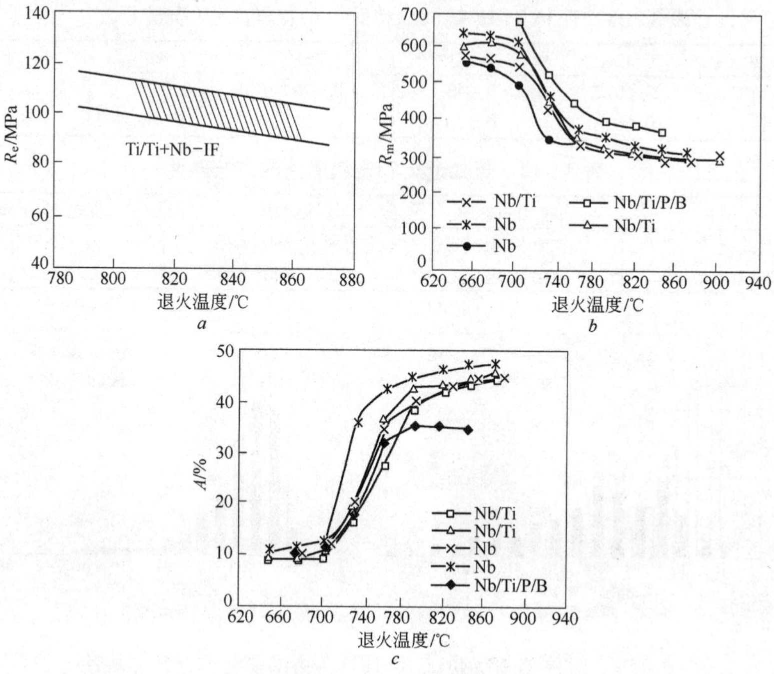

图 3－62　连续退火温度与 IF 钢力学性能的关系

a—退火温度与 R_e 的关系；*b*—退火温度与 R_m 的关系；*c*—退火温度与伸长率 *A* 的关系

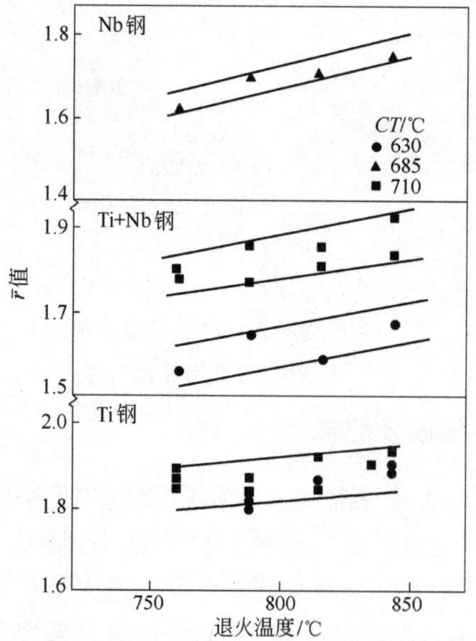

图 3－63　连续退火温度对 IF 钢 $\bar{r}$ 值的影响

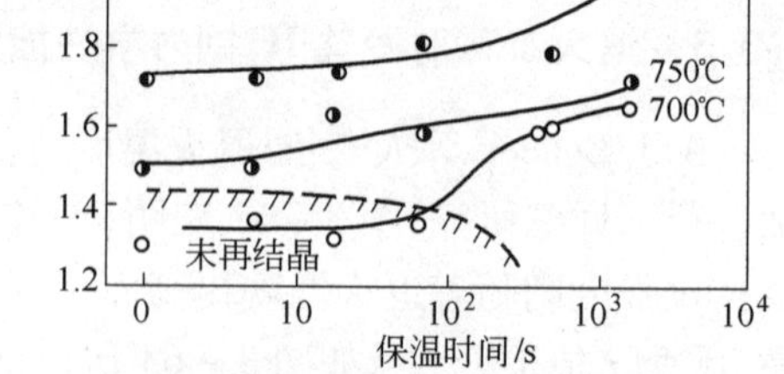

图 3－64　不同退火温度下 IF 钢 $\bar{r}$ 值与保温时间的关系

与 AK 铝镇静钢不同,IF 钢的 r 值对退火过程中的加热速度不敏感。所以不管是罩式退火生产线还是连续退火生产线都可以生产出高 r 值的 IF 钢。图 3－65 显示了退火加热速度对 AK 钢和 IF 钢 r 值的影响[54]。可见在同样退火温度下,罩式退火比连续退火对 r 值略微有利。欧洲各国和中国等普遍采用罩式退火炉生产 IF 钢,退火的冷点温度控制范围为 680 ～ 710℃;而更多的日本公司则采用连续退火线(CAPL 或 CAL)生产 IF 钢,IF 钢连续退火采用的温度较高,一般在 830 ～ 870℃左右1～2 min,IF 钢连续退火还可省去过时效处理。

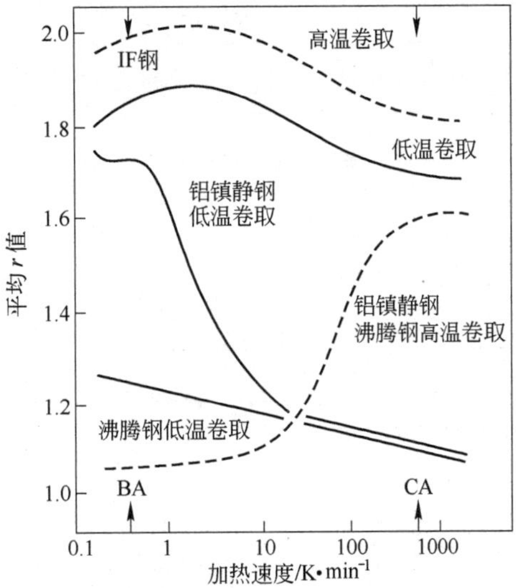

图 3－65 退火加热速度对 AK 钢和 IF 钢平均 r 值的影响

有研究对采用连续退火和罩式退火工艺对 IF 钢板的屈强比、抗拉强度、伸长率以及 n 值、r 值作了比较,发现与罩式退火比较,连续退火 IF 钢板的屈服强度比较高,抗拉强度偏低,伸长率和 n 值、r 值均高。但通过连续退火工艺调整可以改进屈强比和抗拉强度。表 3－13 为大生产统计的典型连续退火与罩式退火 IF 钢性能均值比较[71]。

表 3－13 典型连续退火与罩式退火 IF 钢性能均值比较

退火方式	样本数	R_e/MPa	R_m/MPa	A/%	r 值	n 值
连续退火	1036	154.12	288.61	46.12	2.63	0.247
罩式退火	501	139.68	304.20	43.63	2.38	0.233

经采用相同的热轧、冷轧和平整工艺(出炉温度:(1200±30)℃;终轧温度:(920±30)℃;卷取温度:(680±30)℃;冷轧变形率 80%;平整量 0.5%),不同成分和退火温度的比较见表 3－14,相应的力学性能见表 3－15[71]。经比较可见,4 种成分和工艺的屈服强度在 155～165 MPa,抗拉强度在 284～301 MPa,1 号、3 号工艺除抗拉强度外,其他性能指标均完全可以满足要求,2 号、4 号工艺抗拉强度的 C_{pk} 值较高,1 号、3 号的 r_{90} 值很高。

表 3－14　IF 钢成分和退火温度（质量分数）　　（%）

工艺	C	N	Mn	P 及偏差	S	B	Ti	退火温度/℃
1 号	≤0.002	≤0.003	≤0.2	≤0.01	≤0.01	—	≤0.08	870
2 号	≤0.002	≤0.003	≤0.2	≤0.01	≤0.01	—	≤0.08	830
3 号	≤0.002	≤0.003	≤0.2	0.01～0.014	≤0.01	≤0.0015	≤0.08	870
4 号	≤0.002	≤0.003	≤0.2	0.01～0.014	≤0.01	≤0.0015	≤0.08	830

表 3－15　IF 钢不同成分和退火温度的力学性能比较

工艺	样本数	R_e/MPa	R_m/MPa	R_m的 C_{pk}	A/%	r_{90}	n_{90}
1 号	35	158	284	0.39	46.7	3.16	0.239
2 号	1264	155.7	294.7	1.22	46.5	2.81	0.235
3 号	83	160.8	286.3	0.99	46.6	2.96	0.235
4 号	206	164.9	300.8	1.95	45.4	2.59	0.231

文献[71]的试验结果认为，通过添加适量 P、B，既可提高强度，又兼顾防止二次脆性，但 r 值有所降低。从综合成形性能和保证生产考虑，采用 1 号、2 号成分并按照 830℃连续退火均热温度为最佳工艺设计。

对于 Nb-Ti-IF 钢（0.001% C，0.002% N，0.05% Ti，0.020% Nb，冷轧压下率 81%）热模拟连续退火温度制度为：选择 80m/min 和 120m/min 两种较为典型的带钢运行速度进行模拟，最高退火温度分别为 780℃、820℃、860℃和 900℃，模拟连续退火工艺曲线如图 3－66 所示，退火工艺对 Nb-Ti-IF 钢力学性能的影响规律见图 3－67[72]。从图 3－67c、d、e 可以看出，退火温度对于 n 值、r 值及伸长率的影响基本相同，均随退火温度的上升而增加。在 80 m/min 带速条件下可获得较高的 n 值，而在 120 m/min 带速条件下获得了较高的 r 值及伸长率。

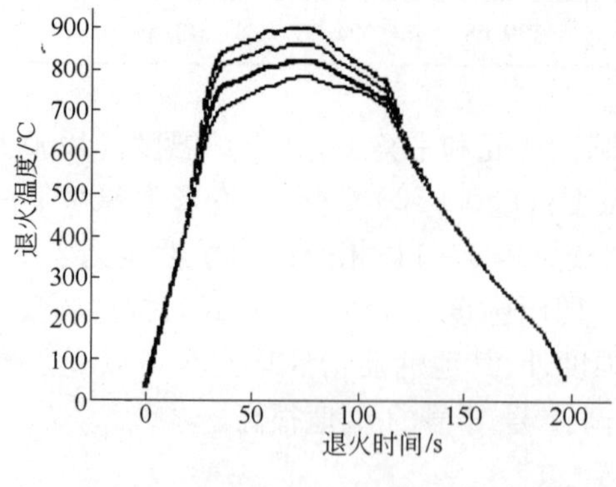

图 3－66　模拟 IF 钢连续退火工艺曲线

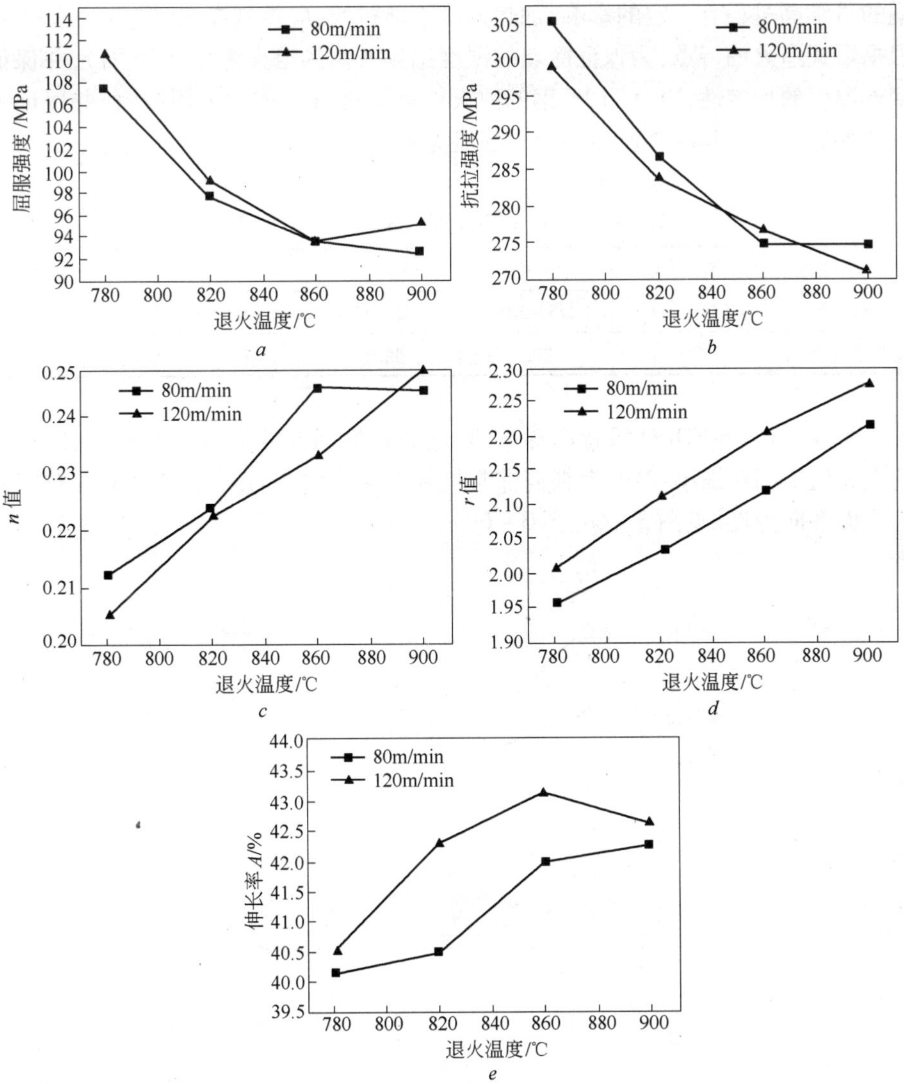

图 3-67 连续退火温度对 Nb-Ti-IF 钢力学性能的影响

a—退火温度对屈服强度的影响；*b*—退火温度对抗拉强度的影响；*c*—退火温度对 *n* 值的影响；*d*—退火温度对 *r* 值的影响；*e*—退火温度对伸长率的影响

而文献[73]对 Nb-Ti-IF 钢（0.0029% C，0.016% Nb，0.048% Ti，板坯加热温度为 1220 ℃，终轧温度为 920 ℃，卷取温度为 730 ℃，冷轧总压下率为 77%）进行了罩式退火热模拟研究。其结果认为：（1）Nb + Ti-IF 钢保温 1 h 的再结晶温度为 660 ℃，保温 3 h 的再结晶温度为 650 ℃。保温时间的长短对再结晶温度有一定的影响，延长保温时间可以降低再结晶温度；（2）升温速度对 Nb + Ti-IF

钢的再结晶过程有一定的影响，加热速度不能过快，应控制在 50 ℃/h 为宜；(3) 根据罩式退火的特点，为保证冷点的温度达到所需的退火温度(680 ℃)，并保证钢卷温度的均匀性，Nb + Ti-IF 钢的退火控制温度按罩式炉上限控制，并保证足够的保温时间。其冷轧产品的力学性能见表 3－16。

表 3－16　Nb + Ti-IF 钢冷轧成品力学性能

力学性能	R_e/MPa	R_m/MPa	A_{80}/%	r 值	n 值
范　围	136～174	275～328	42～52	1.92～2.64	0.23～0.29
平均值	146	292	45.4	2.17	0.271

另外，对于 S-EDDQ 级特超深冲 IF 钢通过低温连续退火工艺可以使 IF 钢的金相组织相对细小均匀，在拥有非常优异的深冲性能的同时，亦具有相对较低的平面各向异性(见图 3－68、图 3－69)[74]。

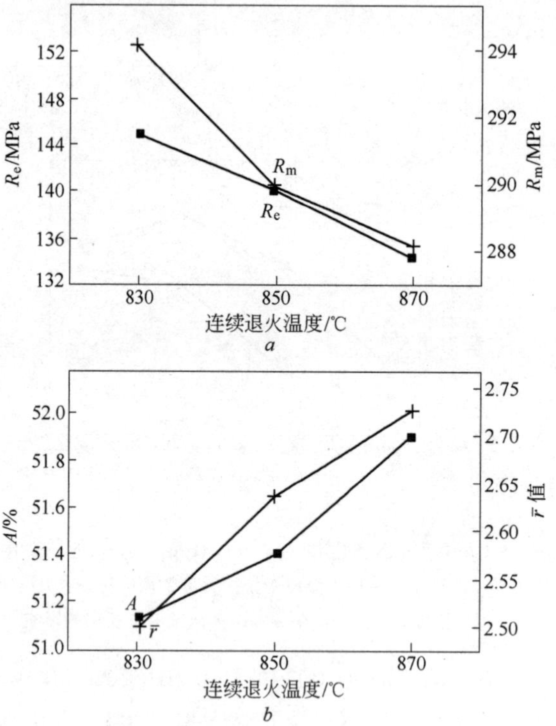

图 3－68　连续退火温度对 S-EDDQ 级 IF 钢力学性能的影响

a—强度值；b—伸长率 A 和$\bar{r}$值

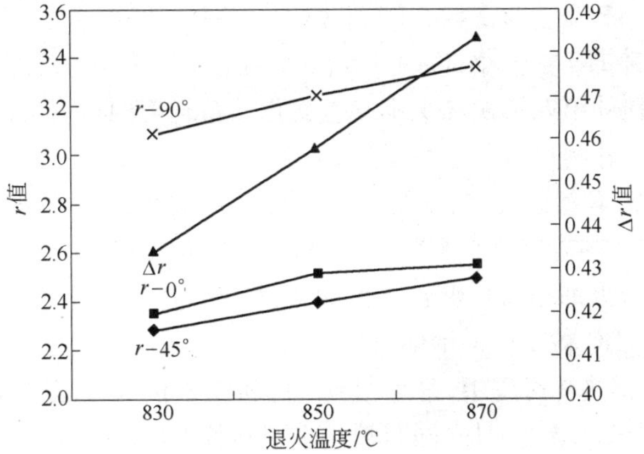

图 3-69 退火温度对 r(0°、45°、90°)及 Δr 值的影响

3.4 IF 钢冷轧退火过程中的第二相粒子析出规律

向超低碳钢液中加入 Ti、Nb 来固定 C 和 N 间隙原子从而得到 IF 钢,加入的 Ti、Nb 和 C 及 S 结合,生成一系列的二次析出相,这些二次析出相,在随后的浇铸过程和热轧过程中逐步析出、演化和聚集长大。从对 IF 钢的第二相粒子的许多研究结果表明,冷轧退火后第二相粒子的形态、尺寸及分布与钢在铸造、热轧及卷取工艺过程密切相关。文献[75]曾利用热模拟技术系统地研究了 Ti-IF 钢热轧过程中的第二相粒子析出规律,在文献[63]中进行了总结,如表 3-17 所示。

表 3-17 Ti-IF 钢热轧过程中各阶段第二相析出物的种类及尺寸范围

考察阶段	析出物种类及尺寸/nm				
	TiN	TiS	$Ti_4C_2S_2$	TiC	$TiS + Ti_4C_2S_2$
铸态	50~100	50~200	50~200		
再加热后	50~100	50~300			
初轧前	50~100	100~400	50~200		
R1	50~100	50~200	50~200		
R3	50~100	50~300	50~300		100~300
R6	50~100	100~300	100~300	5~15	100~300
精轧前	50~100	100~400	100~400		200~400
F2	50~100	100~400	100~400		200~400
F4	50~100	100~500	100~400		200~400
F6	100~300	200~500	200~500	5~10	300~500
F7	100~300	200~500	200~500	5~10	300~500
热轧卷	200~300	200~1000	300~800		300~1200

分析表 3 – 17 及参考文献，可得出如下结论：

（1）铸态时 TiN 粒子小，说明该粒子主要是在钢液凝固后才开始析出，其形态和大小直到精轧第四道次几乎不发生变化。精轧第四道后，开始明显长大，从而表明 TiN 粒子轧制过程中还在变化。

（2）在粗轧第六道次、精轧第六、七道次后，应变诱导析出大量的细小 TiC 粒子。其原因为：随着塑性变形的进行，材料应变积累增加，造成晶格畸变加剧，以至应变诱导析出细小 TiC 颗粒。但如果材料发生再结晶，会使晶格畸变得到恢复，从而导致 TiC 粒子反向溶解。

（3）在 IF 钢热轧过程中，第二相粒子的析出很快，而且随着温度的降低，析出速度加快，析出物量也增加，同时粒子也逐渐长大。

（4）热轧过程中随着温度的降低，TiS 析出粒子开始向 $Ti_4C_2S_2$ 析出粒子转化。

（5）热轧卷取后的缓慢冷却过程中，各种析出物粗化和积聚长大。

利用透射电镜对 Ti + IF 钢冷轧板以及不同退火工艺条件下处理的退火板析出物的尺寸、大小及分布进行观察的结果见表 3 – 18[63]。其中冷轧板中的第二相析出物以粗大的 TiS、TiN 粒子为主，有一部分 $Ti_4C_2S_2$ 粒子，尺寸大约在 200 ~ 500 nm 之间。从典型粒子的形貌和成分并对照热轧卷曲后析出物尺寸分布发现：热轧板经冷轧后，析出物种类、分布保持不变，但粒子平均尺寸明显减小，这与温度的降低有关。经 650℃保温 2 h 后的退火板中典型的析出物的形貌和能谱图的整体来看，退火板中粗大粒子有所减少，出现了尺寸较小的质点，大约在 100 ~ 200 nm 之间。

表 3 – 18　Ti-IF 钢退火过程中析出物的种类、尺寸及分布

工艺条件	析出物		数量（或分布）
	种类	尺寸/nm	
冷轧板	TiS、TiN、$Ti_4C_2S_2$	200 ~ 500	占多数
650℃ ×2 h	$Ti_4C_2S_2$	100 ~ 200	占多数
	TiN	200 ~ 300	少　量
720℃ ×0 h	TiS	80 ~ 100	占少数
	Ti(CN)*	<50	少　量
720℃ ×2 h	TiC	<50	弥散分布
	FeTi(CN)*	20 ~ 30	
	TiS	80 ~ 100	一部分
720℃ ×4 h	TiC	20 ~ 30	弥散分布
	FeTiP*	100	一部分
	TiS	80 ~ 100	少　量
750℃ ×2 h	TiC	20 ~ 30	弥散分布
	FeTi(CN)*	20	弥散分布
	$Ti_4C_2S_2$	100	少　量

* 表示该表达式为元素组成，而非分子构成。

随着退火温度的升高,退火板中粗大的粒子逐渐分解,当加热到 720℃时,钢板中析出物主要是较小尺寸的 TiS 粒子(大约在 80 ~ 100 nm),也出现了极微小的 Ti(CN)互溶粒子,尺寸在 20 nm 左右。在 720℃保温 2 h 后,钢中细小粒子增加,且弥散分布,粒子大小约为 20 ~ 50 nm,主要是 TiC、FeTi(CN),此时,中等尺寸的粒子也有所保留。继续延长保温时间到 4 h,观察退火后板中析出物,钢中极微细的 TiC、Ti(CN)粒子更加弥散,而且有 P 析出,与 TiC、Fe 互溶在一起。

当加热温度升高到 750℃,保温 2 h 后,退火板中基本没有粗大析出粒子。微细的 TiC、FeTi(CN)颗粒弥散分布在基体上,大小约为 20 nm。

通过观察,经不同退火工艺处理后的 Ti-IF 钢板中析出的第二相粒子尺寸、分布以及成分检测结果,可以得出如下规律:对于 Ti-IF 钢,冷轧板中主要是粗大的 TiS、$Ti_4C_2S_2$ 以及 TiN 粒子;在退火过程中随着保温温度的升高,粗大的硫化物颗粒开始分解,颗粒逐渐细化,当温度升高到 720℃时,出现极细微的 TiC,并且有些以 TiN 为基形成细小的 Ti(CN)互溶物;继续升温到 750℃,细小的 TiC、Ti(CN)弥散分布,并且 P、Fe 以 TiC、Ti(CN)为基体复合析出;当在 720℃保温时,随着时间的延长,析出粒子逐渐细化,并且有少量的 P 析出。

表 3-19 中示出了 Ti+Nb-IF 钢冷轧板以及罩式退火过程中,随着加热温度、保温时间的增加,退火板析出粒子的变化规律[63]。冷轧板中以 TiS、TiN 等粗大粒子为主,并且有少量中等尺寸的 Ti(CS)粒子存在,其尺寸大小分别为 200~300 nm、50 ~ 100 nm。

表 3-19 Ti+Nb-IF 钢退火过程中析出物的种类、尺寸及分布

工艺条件	析出物		数量(或分布)
	种类	尺寸/nm	
冷轧板	TiS, TiN	200~300	占多数
	$Ti_4C_2S_2$	50~100	少量
650℃×2 h	Ti(CN)*	100~200	占多数
	TiN	<50	少量
	TiS	200~300	少量
720℃×0 h	TiS, TiN	200~300	少量
	FeTiP*	40~60	弥散分布
	FeTiNbPC*	80~100	一部分
720℃×2 h	FeTiNbPC*	80~100	一部分
	TiNbC*	20~30	弥散分布
	$Ti_4C_2S_2$	50~100	少量

续表 3－19

工艺条件	析出物		数量(或分布)
	种类	尺寸/nm	
720℃ ×4 h	FeTiNbPC *	50	弥散分布
	$Ti_4C_2S_2$	50～100	少量
750℃ ×2 h	FeTiNbPC *	80～100	一部分
	$Ti_4C_2S_2$	200～300	少量
	FeTiNbPC *	20～50	弥散分布

* 表示该表达式为元素组成,而非分子构成。

当进行退火再结晶处理时,随着加热温度的升高,钢板中较大第二相粒子逐渐分解,微细小颗粒也相应逐步增加。当温度在 650℃时,钢中出现少量的 Ti(CN)互溶粒子,大小不足 50 nm。而且,在此温度下,P、Fe 元素开始析出,与 TiC 复合成较粗大的析出物,大约在 100 ～ 200 nm 左右。连续升温到 720℃过程中,退火板中硫化物依然有所保留,而粗大析出粒子 FeTiPC 已分解成 40～60 nm 的细小粒子弥散分布;保温 2 h 后,钢中弥散分布着尺寸细小的 TiC、NbC 的互溶颗粒,且较大粒子 FeTiNbPC 的量有所减少;如果继续延长保温时间到 4 h,此时,一部分 FeTiNbPC 粒子分解成小于 50 nm 的微细颗粒弥散分布,但还有少量的硫化钛($Ti_4C_2S_2$)存在。当退火温度提高到 750℃,析出粒子中以弥散分布的细小碳化物 FeTiNbC为主,中等尺寸的 FeTiNbP 复合物和较粗大的 $Ti_4C_2S_2$颗粒均很少。

文献[76]发表了关于 Ti-IF 钢微量相的研究结果,并提出了一套电化学电解提取、分离方法,并对各种析出物进行了定量化研究。TiN、TiS 及 TiC 都是在低碳钢研究过程中普遍遇到的析出物,其相结构已经有了较明确的认识,其中 TiN 为面心立方晶系结构,晶格结构参数为 $a=0.420$ nm,TiS 为三方晶系,晶格结构参数为 $a=0.234$ nm,$c=0.256$ nm,TiC 为面心立方晶系结构,晶格结构参数为 $a=0.933$ nm。陈守煌[77]首先使用电化学电解提取法对 X60 管线钢的析出相进行研究,进而采用该方法对 Ti + Nb-IF 钢的析出相进行了研究。

除了在低碳钢中常见的析出物 TiN、TiC 及 MnS 之外,K. Tsunoyama 等人[78]在 1987 年首先发现 $Ti_4C_2S_2$析出物在 IF 钢生产过程中的重要作用。关于 $Ti_4C_2S_2$这个二次相,Kedida 和 Rohole 早在 1960 年就报道其具有六角晶系结构,晶格结构参数为 $a=0.321$ nm,$c=1.120$ nm,之后,Ball[79]等人又进一步证实 $Ti_4C_2S_2$是与 TiS 完全不同的析出物,过去常被人们混为一谈。最近,由 Yoshinaga[80]等人的研究表明,$Ti_4C_2S_2$是 Ti-IF 钢中一个必不可少的固定 C、N 间隙原子的析出物,它的形成和演化对 Ti-IF 钢的热轧过程及后续的退火过程都起着非常重要的作用。

Himotani 等人[34]利用电解化学相分析对 Ti-IF 钢中各种析出物进行了电解提取和分离,并利用 X 射线对提取物进行了能谱和衍射花样分析,证实了 Ti-IF

钢中第二相析出物为 TiN、TiS、$Ti_4C_2S_2$ 和 TiC，其中前三种在 γ 相区以前就开始析出了，而 TiC 仅到 α 相区才开始析出。除此之外，他们还对各种析出物的化学配比进行了定量验证。

IF 钢第二相粒子的溶度积与平衡析出与溶度积有关。溶度积就是析出物在固溶体中随温度变化时的平衡溶解系数，它反映了析出物随温度变化时，在固溶体中的溶解量的变化。文献[81]给出了关于 TiN、TiS、$Ti_4C_2S_2$ 及 TiC 四种析出物在高温状态下的溶度积计算式。

借助于热动力学原理和溶度积计算公式，就可以分析、研究 Ti-IF 钢在高温状态下的平衡析出过程。从平衡析出量随温度变化图，可以直观地观察到各析出物在平衡状态下析出的始点温度，析出量随温度变化的趋势。虽然平衡析出与实际析出过程有一定的差别，但它对复杂的动态析出过程的分析是非常有帮助的。1994 年，Subramanian[81] 在总结前人研究成果基础上，对 Ti-IF 钢各析出物平衡析出随温度变化规律进行了总结，在一个曲线图上同时给出了这几种析出物随温度变化的规律曲线，从中可以容易地知道各种析出物析出的先后顺序为：

$$TiN \rightarrow Ti_4C_2S_2 \rightarrow TiS \rightarrow TiC$$

除此之外，还可以清楚地了解到热轧过程中各析出物析出量随温度变化的趋势。

为了在后续退火过程中获得很强的{111}有利织构，IF 钢热轧过程工艺参数的制定围绕着获得均匀、细小的热轧铁素体晶粒和轧后稀疏、粗大的第二相粒子这两个目标进行。Satoh[82] 和赵辉[83] 分别在实验室中借助实验方法研究了热轧工艺参数对热轧过程第二相粒子的析出和演化的影响。Satoh 研究了热轧压下率和轧制速度的影响，其研究结论是：大的压下量和高的轧制速度使得细小的析出物的体积分数大量减少。赵辉对热轧过程进行了分析，得出的结论为：较高的板坯加热温度使在连铸过程中已析出的第二相粒子又反向溶解，并在随后的轧制过程中和轧后冷却过程中重新沉淀，从而起到细化晶粒的作用；高速、大压下量和低的终轧温度对加速第二相粒子析出，提高细化晶粒效果，同时又促进第二相粒子在卷取后逐渐粗化。轧后急冷对热轧后晶粒细化有很大影响，对轧后第二相粒子的析出也有一定影响。一般，为了获得较大的相变（γ/α）细化晶粒效果，采用尽可能大的冷却速度。卷取温度是控制析出物状态的最后一个热轧参数。较高的卷取温度不仅促使析出物在铁素体中继续析出，而且能提高扩散能力，促进第二相粒子在卷取后的缓冷过程中聚集、粗化。但是，高的卷取温度也带来诸如氧化铁皮增加，酸洗效率降低等一系列缺点，所以应综合考虑。

从冷轧退火过程中 IF 钢第二相粒子析出演变的研究来看，Belyansky A[84] 等人对 IF 钢中直径大于 30 nm 的第二相粒子在再结晶过程中的演变进行分析研究，得到了第二相粒子所占的体积百分数与再结晶温度的关系，他发现当再结晶温度上升到700℃时，第二相粒子的体积百分数达到最大，而当再结晶温度继续升高时，第二相粒子发生粗化且部分第二相粒子发生再溶解导致其体积百分数下降。

在研究热轧存在的碳化物粒子尺寸和分布对 IF 钢深冲性能影响时，S Satoh[85]等人发现：由于冷轧产生的位错与碳化物粒子的弹性相互作用导致碳化物粒子在再结晶退火初期时部分溶解，间隙 C 原子的固定量上升，从而观察到了时效 AI 明显增大。

文献[86]对 Ti + Nb-IF 钢中粗大的第二相粒子（如 TiS、TiN、$Ti_4(CS)_2$）在热轧阶段和退火阶段的粒度和数量进行了统计分析，结果表明：较粗大的第二相粒子尺寸和数量在退火阶段与热轧态有所不同，但是具体的变化趋势取决于化学分析。通过对 Ti-IF 钢在罩式退火和连续退火后的 TiN、TiS 和 $Ti_4(CS)_2$粒子尺寸比较来看，其差别并不明显，见表 3 – 20[87]。

表 3 – 20 在不同状态下三种第二相粒子尺寸范围（nm）

第二相粒子种类	热轧态	冷轧态	罩式退火态	连续退火态
TiN	200 ~ 1100	170 ~ 1000	180 ~ 1400	200 ~ 1200
TiS	40 ~ 420	50 ~ 350	40 ~ 500	40 ~ 450
$Ti_4(CS)_2$	100 ~ 500	80 ~ 550	80 ~ 600	100 ~ 540

文献[72]对 Nb-Ti-IF 钢试验模拟连续退火过程中不同退火温度条件下钢中第二相粒子的析出尺寸和状态进行了分析（见图 3 – 70）。由图 3 – 70*a*、*b* 可以看出，780℃及 820℃温度下退火的试样第二相粒子数量较多，有较多的 30 nm 以下的细小粒子，呈条带状偏聚。860℃及 900℃的温度下退火的试样（见图 3 – 70*c*、*d*）第二相粒子数量相对较少，细小粒子尺寸变大。各试样 100 nm 以上的粒子数量无较大差别，分布均匀。即随退火温度的升高，第二相粒子逐渐溶解聚集长大。

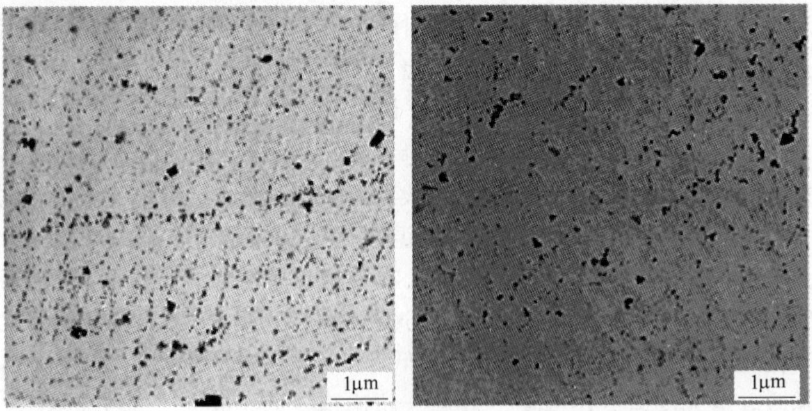

a *b*

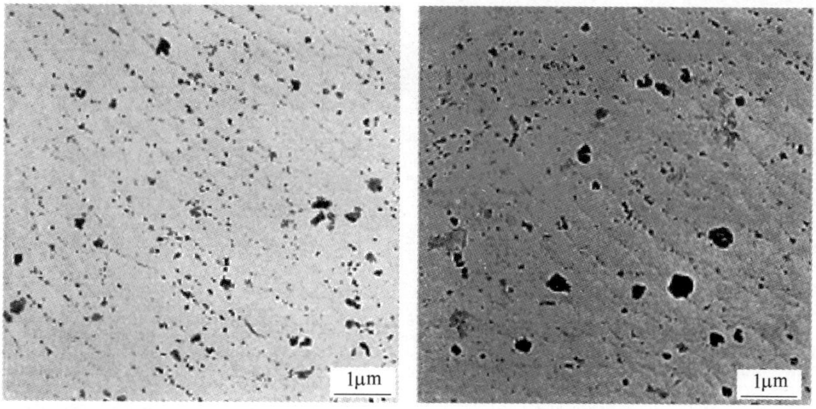

c　　　d

图 3-70　不同连续退火温度试样的透射电镜照片

a—780℃;b—820℃;c—860℃;d—900℃

3.5　IF 钢冷轧板的再结晶织构

3.5.1　板材 r 值与再结晶织构的关系

r 值是衡量钢板深冲性能的重要指标。据 Whiteley 等人[88]的研究结果,r 值的大小和钢板的晶体取向密度函数(即织构)密切相关。若{111}晶面平行于钢板轧面的晶粒比例较高,对应的 r 值也比较高,因为{111}晶面是主滑移面,而 <110>方向是主滑移方向,由此构成的滑移系平行于板面,则板材成形时抗厚度减薄能力强,所以深冲性能好。

图 3-71 清楚地表示了不同晶体取向与板面的关系[89]。而{100}晶粒的比例高对钢板的 r 值不利。一种简单的表示如图 3-72 所示,即 r 值与{111}和{100}织构强度的比值成线性关系[58]。IF 钢之所以具有非常高的 r 值是由于其晶粒{111}面高度平行于板面的缘故。

D. Daniel[90]等进一步总结了低碳钢中织构 r 值与各种织构组分的关系,见表 3-21。由此可见,要想得到优异的深冲性能(高的 r 值和尽量低的 Δr 值)应具有强烈的{111} <110>和{111} <112>织构,{554} <225>次之。由于{111} <110>织构将导致 30°、90°、150°等方向的制耳出现,{111} <112>织构将导致 0°、60°、120°等方向的制耳,因此,同等强度的两种织构将大大减少制耳的出现。

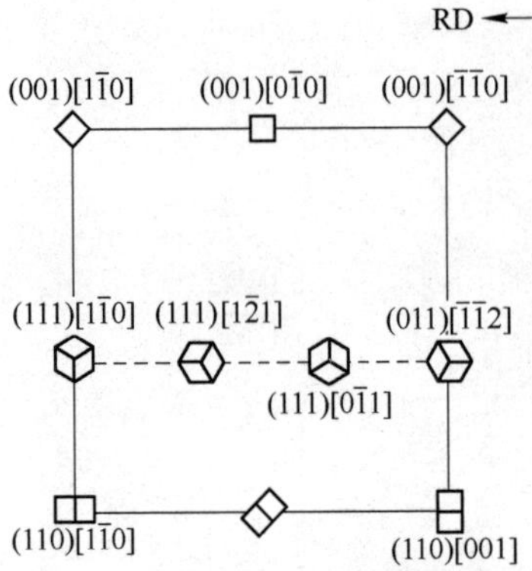

图 3－71　热轧 Ti-IF 钢板的织构图示

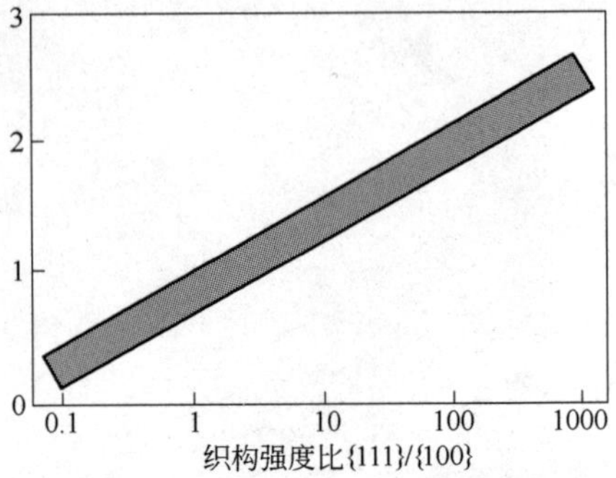

图 3－72　$\bar{r}$值与{111}/{100}织构强度比的关系

表 3－21　各类织构与 r 值的关系

织构类型	r 值	Δr
{001}<110>	0.4	-0.8
{112}<110>	2.1	-2.7
{111}<110>	2.6	0
{111}<112>	2.6	0
{554}<225>	2.6	1.1
{110}<001>	5.1	8.9

3.5.2　IF 钢再结晶织构形成机理

金属的再结晶过程通常表现为形核和向变形晶粒里生长，直至金属变形组织全部由低位错密度的非变形晶粒组成。再结晶中多晶体内各晶粒的取向会发生很大变化。长期以来人们一直在研究冷变形晶粒与再结晶晶粒之间的关系，以及它们对再结晶过程的影响，并试图来了解再结晶机制。其间提出了各种理论，但总的说来其中最有影响，也为很多人接受的是两种理论，即“定向形核理论”和“选择生长理论”[91]。

“定向形核理论”由 Burgers 首先提出。这种理论认为：一次再结晶的核心具有在晶体学上与变形织构密切相关的特殊位向，这些定向晶核靠消耗形变基体长大而产生再结晶织构。“选择生长理论”是由 Barrent 首先提出的，这种理论认为：在大变形金属中存在很多具有不同位向的晶核，只有那些相对应于形变织构有利取向的晶核才能长大而形成再结晶织构。此外，还有人认为“定向形核”和“选择生长”同时起作用，从而出现了所谓“定向成核—选择长大理论”。

同样，对于 IF 钢的再结晶织构形成机制，有些研究者认为“定向形核”机制起主要作用，也有人认为“选择生长”有一定作用。鉴于单独使用“定向形核”机制或“选择生长”机制来解释 IF 钢再结晶织构形成机理存在着较大的困难和争议，并且这两种理论存在着一定的互补性，目前，有一些学者开始同时使用“定向形核”和“选择生长”机制来解释 IF 钢再结晶织构的演变规律。

Dillamore 等人提出了一个关于深冲钢板再结晶织构“定向形核”模型。该模型认为：冷轧织构由完整的 γ 纤维织构和不完整的 α 纤维织构组成，不同形变晶粒取向有关，见图 3 – 73。储能大小顺序为{110} > {111} > {112} > {100}，储能大意味着驱动力大，即亚晶形核容易进行。{110}取向晶粒大，但数量最少，而晶粒的形成和长大是相互竞争过程，最终的再结晶织构是由最快且数量最多的晶体结构构成，故{111}织构组分占优势，{112}和{100}织构组分较弱。另外，热轧过程中析出细小第二相粒子增大再结晶形核的阻力，但对于不同取向的晶粒，其阻力是不同的，现在普遍认为针对镇静钢，细小的 AlN 析出物对{100}织构组分晶粒阻力最大，对{111}织构组分晶粒阻力最小，最终使驱动力大的{111}取向晶粒在形核竞争中占优势，从而得到强烈发展。同样 Lindh、Hutchinson 和 Bate 等人使用 EBSP 手段研究了各种 IF 钢的再结晶过程，发现{111}取向晶粒在初次再结晶阶段首先在{111}冷变形基体上形核长大，然后依靠{001}冷变形晶粒完成再结晶，再结晶织构形成符合“定向形核”机理，而没有发现“定向生长”的证据[92]。

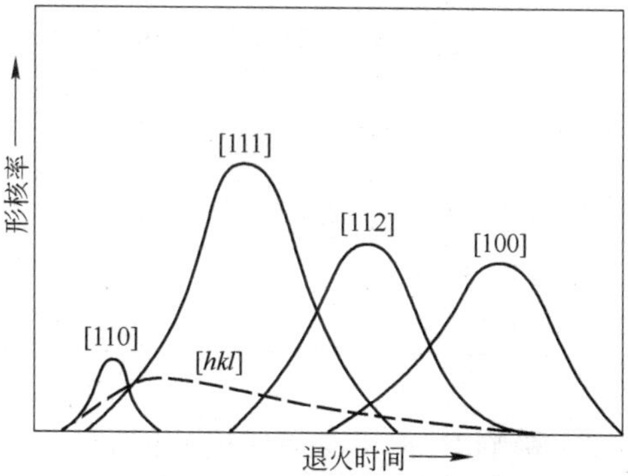

图 3 – 73 不同取向晶粒的形核速率

以 J. J. Jonas 和 T. Urabe[93] 为代表，对 IF 钢再结晶织构的演变机理进行研究发现，“选择生长”机制起主要作用，冷轧晶粒易绕着 <110> 轴发生转动。RD 取向冷轧晶粒绕 <110> 轴转动特定的角度可以转变 ND 取向再结晶晶粒，如表 3 – 22 所示。

表 3 – 22 RD 织构组分和再结晶织构的取向关系

冷轧织构组分	再结晶织构组分	空间取向关系
{223} <110>	{111} <123>	22° <110>
{112} <110>	{554} <225>	35° <110>
{113} <110>	{111} <123>	52° <110>
{115} <110>	{111} <110>	70° <110>

与 J. J. Jonas 等相似，Lee[94,95]针对 IF 钢再结晶织构演变机理提出了一个模型，他认为：变形晶粒最大主应力方向在再结晶中转变为新晶粒的最小弹性模量方向，通过这个假设，再结晶过程将最大程度地释放变形储存能。由这个模型预报的晶粒取向关系与围绕共有<110>轴转动的关系等价。他预报的冷轧织构组分与再结晶织构的空间取向如表 3－23 所示。

表 3－23　冷轧织构组分和再结晶织构的取向关系

冷轧织构组分	再结晶织构组分	空间取向关系
{112}<110>	{567}<943>	30°<110>
{112}<110>	{554}<225>	35°<110>
{225}<110>	{223}<472>	25°<110>
{001}<110>	{111}<112>	55°<110>

3.5.3　影响 IF 钢再结晶织构的因素

IF 钢再结晶织构受化学成分、热轧工艺条件、冷轧压下率、退火工艺条件等等因素影响[91]，在这些方面，已有大量的研究结果，但是大多集中在宏观方面；另外经过长期的研究之后，发现热轧板晶粒尺寸、析出物形态以及 C、N 间隙原子和置换型原子 Ti、Nb、P、Si 等的固溶量也是影响退火过程中{111}织构形成的重要因素。

Hook[96]对热轧晶粒尺寸与 Nb-IF 钢再结晶织构进行研究，发现冷轧织构和退火织构都受热轧晶粒尺寸的影响。热轧晶粒尺寸越大，{112}<110>冷轧织构越弱。热轧晶粒尺寸增大，退火织构中的{223}<110>、{554}<225>、{110}<113>组分减弱，{001}<110>、{221}<110>组分增强。Hutchinson 等人[97]也对热轧晶粒尺寸与 IF 钢再结晶织构的关系进行了研究，表明在热轧晶粒尺寸最小时可获得最强的<111>/ND 织构，随着热轧晶粒尺寸的增大，<111>/ND 织构减弱，尤其表现为{111}<110>组分的减弱，{110}<001>组分增强。

A. Okamoto[98]研究了微量固溶 C 对再结晶织构的影响，发现随着微量固溶 C 的增加，{111}织构急剧减弱，{001}增强，r 值下降。固溶 N 的作用与 C 相同。Ushioda[99]研究了不同固溶 C 量的非合金化钢的再结晶动力学，结果表明随着固溶 C 增加，再结晶形核率增加而晶粒长大速度不变，从而导致非{111}取向晶粒的形核增加，因此间隙固溶原子损害了钢的深冲性能。Massatoshi Sudo[100]指出：固溶 C 原子的存在抑制了冷轧变形过程中{111}<112>取向晶粒向{211}<011>转动，并抑制了冷轧织构的形成和发展，而在退火阶段，固溶 C 原子对再结晶行为无明显作用。

Messien 和 Greday[101]对不同固溶 Ti 含量与 IF 钢 r 值的关系研究表明：固溶 Ti 原子量在 0.1% 时 r 值最大。随着固溶量的继续增加，由于再结晶温度提高，实验中 IF 钢再结晶不完全，r 值下降。Hook[96]对不同固溶 Ti 含量的 Ti-IF 钢的研究却认为：固溶 Ti 含量大小与再结晶织构和 r 值没有明显的关系。虽然 P 原子对碳钢再结晶织构有影响，但 Ohashi[102]等人发现固溶 P 原子对 IF 钢再结晶织构的作用很小。

Kuodera 等人[103]在 1968 年提出：细小的析出物导致一个非常强的钉扎效应，阻碍退火过程中晶粒的再结晶和长大。Satoh 等人[82]提出：在不考虑织构析出物形态的前提下，具有{111}取向晶粒的回复比具有{100}取向晶粒的回复要快。{111}再结晶晶粒在晶内首先形核，因而弥散、细小的析出物通过钉扎机制强烈地抑制具有{111}取向再结晶晶粒的生长。钉扎机制的实质是析出物对晶粒边界移动的阻碍。Hu[104]指出：晶粒开始再结晶时对所受到的驱动力来自基体的残余应变能，随应变增大而增大；再结晶晶粒成核之后，生长过程中所受到的驱动力来自晶粒界面表面自由能，但是这个驱动力要比前者小得多。

在以上研究基础上，许多研究者指出：IF 钢热轧过程获得细小的晶粒，卷取后使细小的析出物粗化是使退火过程中{111} 取向晶粒充分发展的必要条件。温熙宇等人[105]也对 IF 钢析出相对织构形成的影响进行了研究，他们认为：冷轧析出相对织构转变的影响是由析出相对{110} <111>和 {112} <111>滑移系的阻碍作用不同，导致各织构的增量不同，并且各向异性储能与平行轧面晶粒的{*hkl*}面的相对畸变大小有对应关系；冷轧后退火织构的形成来自随机向晶粒中析出相和冷轧织构中析出相的共同作用，即随机取向晶粒的形核与长大和原有取向晶粒的长大。

3.5.4　退火工艺对 IF 钢织构的影响

石京曾对罩式退火工艺条件对 IF 钢织构的影响进行了研究[87]，从退火温度 650℃和 710℃的 Ti-IF 钢（0.0035% C，0.076% Ti）试样进行 ODF 织构分析（图 3－74）可见，两种温度下的织构强度、组分差别不大，这说明了在保温 4 h，钢板已完全再结晶条件下，退火温度对 Ti-IF 钢的织构影响不大，其性能的主要差别来自再结晶晶粒的形状和晶粒度。在低温罩式退火条件下，保温时间对再结晶织构的影响是明显的（见图 3－75），这说明在低温罩式退火条件下，保温时间长短决定了 IF 钢的性能，较长的保温时间对 IF 钢提高性能极为有利。若在较高温下退火（710℃），则退火时间对 Ti-IF 钢织构的影响不明显（见图3－76）。但从对钛，铌复合添加的 Ti＋Nb-IF 钢的实验结果来看，退火温度对钢的织构有明显影响，图 3－77 为 Ti＋Nb-IF 钢的退火温度与 r 值的关系，可见 r 值随退火温度增加而明显增加。

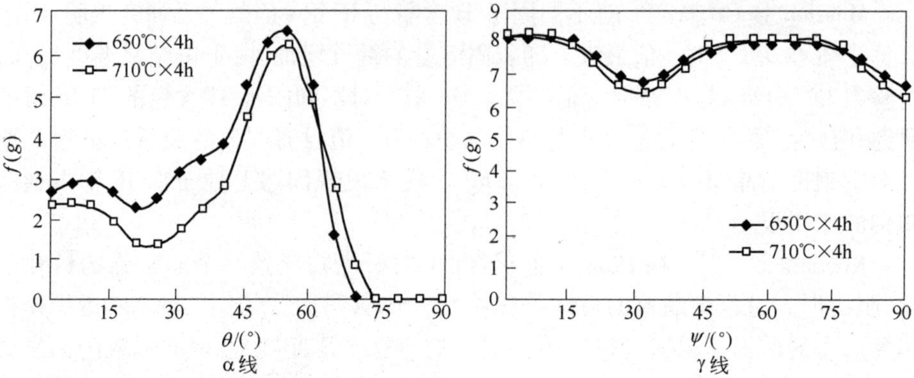

图 3－74　退火温度为 650℃和 710℃的 Ti-IF 钢(0.0035% C,0.076% Ti)织构比较

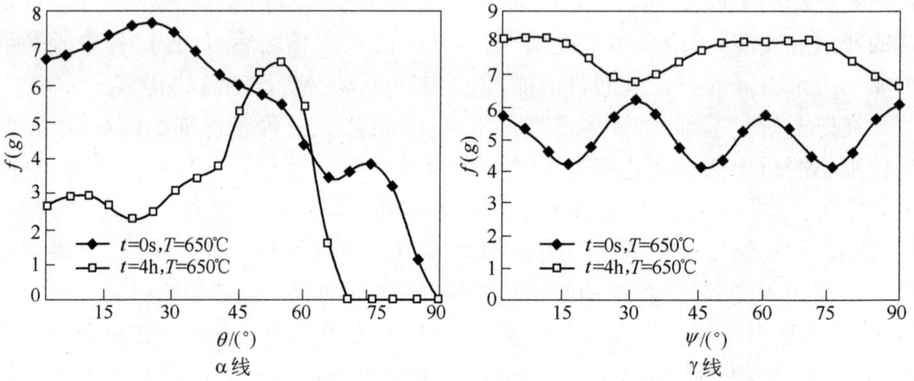

图 3－75　Ti-IF 钢随保温时间 α 线和 γ 线取向密度的变化(650℃退火)

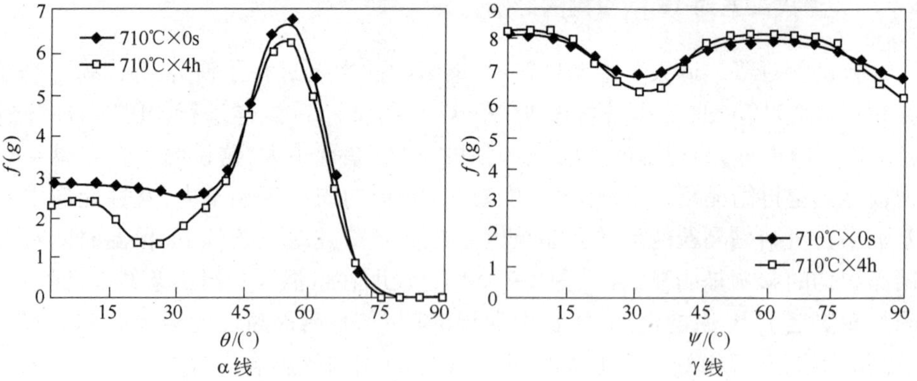

图 3－76　Ti-IF 钢随保温时间 α 线和 γ 线取向密度的变化(710℃退火)

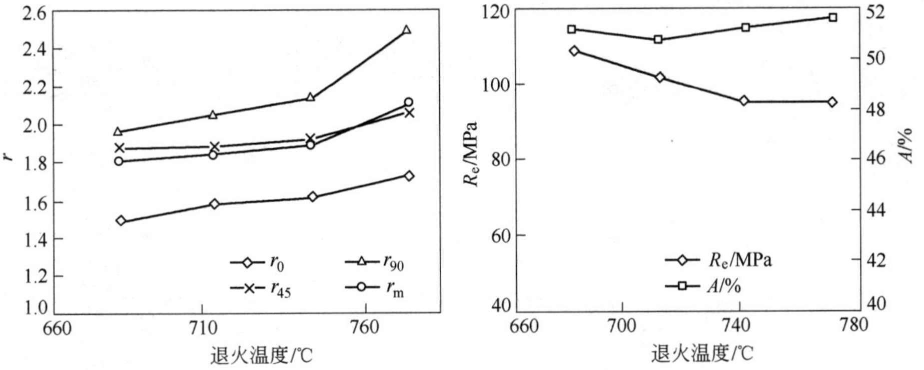

图 3－77 Ti＋Nb-IF 钢(0.0031% C,0.076% Ti,0.017% Nb)的退火温度与力学性能的关系

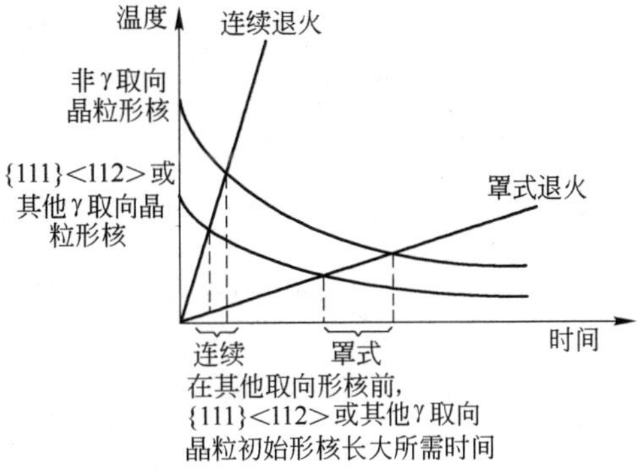

图 3－78 不同取向织构形核顺序与温度及时间的关系

S. Kanteri 等研究了在罩式退火和连续退火条件下加热速率与 Ti-IF 钢织构形核及发展的关系(见图 3－78)[68]。采用慢速加热的再结晶织构 γ 线分量比例要比快速加热的大一些。这主要归因于首先形核生长所必要的时间,而优先形核本质上属于在其他取向形核发生之前有利取向形核发生的 γ 线晶粒。

李锋等对 Nb-Ti-IF 钢连续退火模拟试验表明,连续退火过程中退火温度不同(780～900℃)、带钢速度不同(80 m/min,120 m/min)时,板材 < 111 > // ND 织构取向强度变化明显(见图 3－79)[72]。由图 3－79*a* 可知,对深冲性能有利的 < 111 > // ND 织构在板厚方向上是不均匀的,中部最好,1/4 层次之,表面较差。这是因为,轧辊和钢板之间的摩擦,会使钢板表面层发生剪切应变,这种剪切应变将生成平行于板面的{110}织构。

左军等对 Nb＋Ti-IF 钢的罩式退火模拟试验表明,Nb＋Ti-IF 钢的{111}织构随退火温度的升高而加强,当退火温度低于 660℃时,{111}织构体积分数基本保持一致,当退火温度超过 660℃时,{111}织构体积分数随退火温度的升高而升高,这个临界温度与其所测的再结晶温度基本一致,图 3－80 为 Nb＋Ti-IF 钢模拟罩式退火温度与{111}体积分数关系[73]。

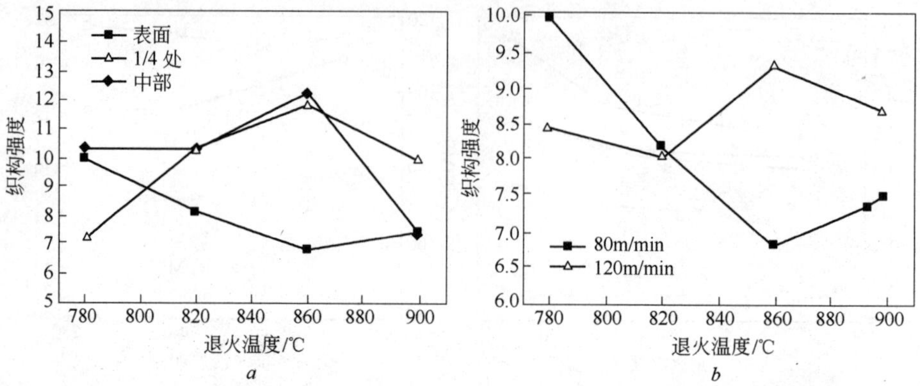

图 3－79　Nb＋Ti-IF 钢连续退火板材＜111＞//ND 织构取向强度随退火温度变化

a—80 m/min 织构变化；*b*—80 m/min 与 120 m/min 表面织构变化比较

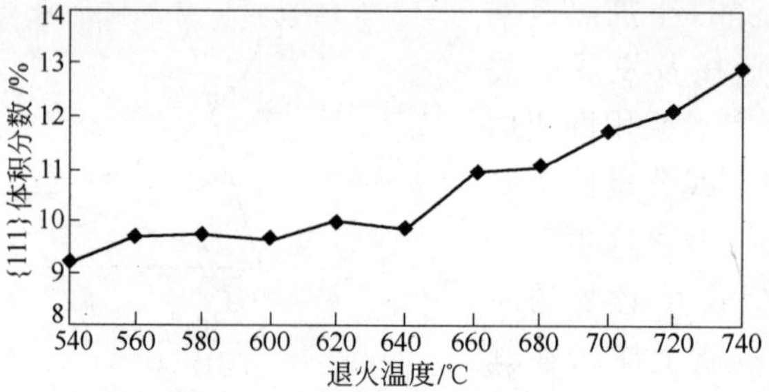

图 3－80　Nb＋Ti-IF 钢模拟罩式退火温度与{111}体积分数关系

3.6　超深冲高强 IF 钢

在现代高强深冲钢的生产中，铁素体区热轧已成功应用于 IF 钢中，同时织构控制在铁素体轧制中起着重要作用[106,107]。高强 IF 钢板普遍采用加 P 固溶强化的方法来生产。但随着 P 的加入，强度的提高成形性参数 *r* 值下降，在汽车厂冲压难冲件时冲废率偏高[108]。为进一步提高高强 IF 钢成形性，有的试验研究了提高高强 IF 钢 *r* 值常规热轧、铁素体区热轧、冷轧、退火及平整工艺。研究了工艺过程中组织、性能及织构的转变规律。从而使高强 IF 钢产品综合性能可以满足汽车厂的要求。高强 IF 钢(170P1) *r* 值的试验材料选用 Ti-P 系列高强 IF 钢。化学成分见表 3－24[109]。

表 3－24　Ti-P 高强 IF 钢化学成分（质量分数）　　（%）

钢　种	C	Si	Mn	P	S	Ti
170P1	＜0.0030	＜0.020	0.15～0.35	0.035～0.055	＜0.008	0.030～0.050

所采用的热轧工艺参数见表 3－25。热轧卷板的厚度为 5.0 mm，冷轧成品厚度为 1.0 mm。冷轧钢板的力学性能见表 3－26。从表 3－26 可以看出，采用常规轧制的钢板力学性能能够达到标准要求，但 r 值不高[109]。采用铁素体区热轧高温卷取，钢板性能达不到要求，伸长率偏低。采用铁素体区轧制低温卷取加预退火，可以生产出高 r 值且符合标准要求的高强 IF 钢板。

表 3－25　加 P 高强 IF 钢试验参数

工艺路线	热轧工艺制度			预退火	冷轧工艺制度		备　注
	加热温度/℃	终轧温度/℃	卷取温度/℃		压下率/%	罩式炉退火	
1	≤1220	≤920	≤730	—	80	(690～740)℃×(8～16)h	常规轧制
2	≤1050	≤750	≤730	—	80	(690～740)℃×(8～16)h	高温卷取
	≤1050	≤700	≤550	680℃×2 h	80	(690～740)℃×(8～16)h	低温卷取

表 3－26　冷轧钢板的力学性能

钢　种	工艺路线	R_p/MPa	R_m/MPa	A_{80}/%	n 值	r 值	备　注
170P1	1	215	350	38.5	0.263	1.65	常规轧制
	2	253	355	32.8	0.262	1.68	铁素体轧制＋高温卷取
		204	342	34.5	0.235	2.1	铁素体轧制＋低温卷取＋预退火
	标准	≥180	≥340	≥34	≥0.20	≥1.6	

3.7　IF 钢的二次冷加工脆性及控制

冷加工脆性是 IF 钢的缺陷之一，也是普通 IF 钢尤其是高强 IF 钢所必须考虑的问题。这是由于高强度 IF 钢中多用 P 来进行固溶强化，在 IF 钢中由于 C，N 被固定，晶界清洁，P 有晶界偏析的倾向。钢板在冲压成形后，具有一定的内应力，受外力作用容易产生晶间断裂现象，即二次加工脆化。冲压成形应变越大，对应的内应力也越大，其脆化趋势也越严重。由于 IF 钢的晶界上没有固溶的碳和氮，因而晶界强度低，极易发生断裂，尤其在初始冷加工后这种趋势更强烈，这是引起二次加工脆性的主要原因。据研究，晶界处的 P 含量可比基体中的 P 含量高 10 倍[110]。考虑到第二次变形工艺，韧－脆性转变温度以低于 －40℃ 为好。由于 Nb 的固溶度比 Ti 的大，因而 Nb-IF 钢在阻止冷加工脆性方面比 Ti-IF 钢有更好的抵抗能力。另外，有研究表明，B 的少量加入（0.002%）能够显著降低 IF 钢的冷脆转变温度。这是因为 B 可以在晶界处快速偏析而起强化作用，还可以抑制 P 在晶界处的偏析，如图 3－81 所示[111]。

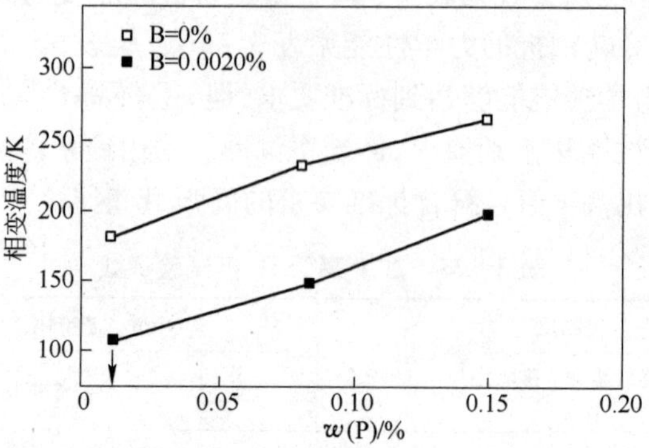

图 3-81　B 对不同 P 含量 IF 钢冷脆转变温度的影响

从图 3-82 可见，钢的成分和退火方式对冷加工脆性转变温度均有明显的影响，其中 B 的加入显著降低了冷加工脆性转变温度，对提高高强 IF 钢的冷加工脆性非常有效[112]。还有的研究表明，卷取温度对脆性转变温度也有影响[113]。在 500～650℃之间卷取时，脆性转变温度不变，700℃卷取时脆性转变温度升高。而且高温卷取(600～700℃)组织主要沿晶界断裂，而低温卷取呈解理断裂，主要原因是第二相的析出减少了固溶碳量，促使 P 在晶界偏析，脆化了晶界。

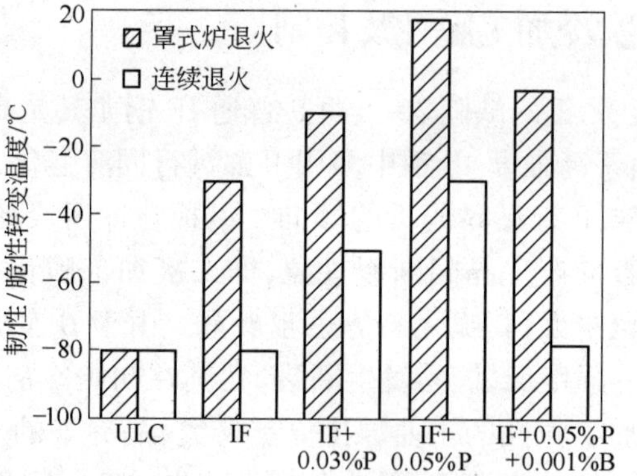

图 3-82　钢的成分和退火方式对冷加工脆性转变温度的影响

二次加工脆化性能差的汽车钢板在严寒地区使用时，有可能受外力作用发生脆裂。汽车钢板二次加工脆化试验是评价汽车钢板使用性能的一项重要试验。评价指标一般采用二次加工脆化温度或称为韧脆转变温度(Ductile Brittle

Transition Temperature, DBTT)。丁富连等用宝钢冷轧 IF 钢板、镀锌 IF 钢板、含磷 IF 钢板等 IF 钢的二次加工脆化进行了试验评价方法和机理作了分析研究。对不同的样杯拉延比、样杯直径、样杯高度、样杯圆角半径、冲制样杯时润滑剂、落锤高度等影响因素作了系统分析研究,得出各因素与 DBTT 测试值的相互关系[114]。

另外,有研究表明,退火方式对冷加工脆性也有很大影响。连续退火的产品,其脆性转变温度达 -100℃,而经罩式退火后的钢板其脆性转变温度仅为 -25℃[115]。文献[114]的研究也认为退火工艺是影响 IF 钢二次加工脆化的一个主要因素, IF 钢罩式炉退火比连续退火有较高的 DBTT(约高 20 ~ 40℃)。目前有关罩式炉退火比连续退火有较高的 DBTT 的理论解释主要是磷易于偏聚在晶界,降低了晶界结合力。因此对于罩式退火,须采取措施提高加工脆性的抵抗力。

K. Tanikawa 等对新型的 440 MPa 级细晶高强 IF 钢进行了抗二次加工脆性的研究,并与传统含 Ti-高强 IF 钢板进行了对比。另外,进一步对晶粒细化和硼的添加对 IF 钢抗二次加工脆性的影响进行了对比[116,117]。其主要结果如下:

(1) 实验步骤。表 3 - 27 中所列化学成分的材料在实验室中进行了熔炼和浇铸。钢 A00 到 A15 给出了传统超低碳含钛 IF 钢的典型化学成分,其基本固溶强化元素为 0.3% Si、2.0% Mn 和 0.075% P 以及含量为 0 ~ 0.0015% 的硼。钢 B00 到 B15,碳和铌的含量与细晶强化高强 IF 钢的基本合金设计相一致,以利用细晶强化和 NbC 沉淀的沉淀强化,其基本固溶强化元素普遍为 0.01% Si、2.0% Mn 和 0.08% P。

表 3 - 27 实验用钢化学成分(质量分数) (%)

试验钢	C	N	S	Nb	Ti	B
A00	24×10^{-4}	18×10^{-4}	0.005	0.004	0.045	痕量
A02	26×10^{-4}	18×10^{-4}	0.005	0.003	0.045	2×10^{-4}
A04	26×10^{-4}	17×10^{-4}	0.005	0.004	0.045	4×10^{-4}
A08	21×10^{-4}	19×10^{-4}	0.005	0.004	0.046	8×10^{-4}
A15	20×10^{-4}	19×10^{-4}	0.005	0.003	0.045	15×10^{-4}
B00	60×10^{-4}	30×10^{-4}	0.006	0.11	痕量	痕量
B02	66×10^{-4}	26×10^{-4}	0.006	0.11	痕量	2×10^{-4}
B04	59×10^{-4}	24×10^{-4}	0.006	0.11	0.001	4×10^{-4}
B10	54×10^{-4}	26×10^{-4}	0.005	0.10	0.001	10×10^{-4}
B15	58×10^{-4}	25×10^{-4}	0.006	0.11	0.001	15×10^{-4}

铸锭经热轧制成 30 mm 厚的中间尺寸的板坯。经 1200℃、1 h 均热后，中间坯经热轧轧制成 3.0 mm 厚，终轧控制温度为 890℃，然后空冷。为了模拟热轧卷取，钢 A 和钢 B 系列热轧板分别在 620℃和 580℃均热 1 h，然后随炉冷却。热轧板经过酸洗后冷轧成 0.75 mm 的标准规格尺寸，冷轧过程轧制压下率为 75%。钢 A 系列和钢 B 系列的冷轧板采用盐浴分别在 795℃和 825℃下退火 110 s。接着按 0.5% 伸长率进行平整。拉伸试验采用 JIS No.5 横向试样，r 值的测量采用前面介绍过的方法。二次加工脆性的测量采用冲杯折边试验，杯深 35 mm，冲压比为 2.0，见图 3－83。

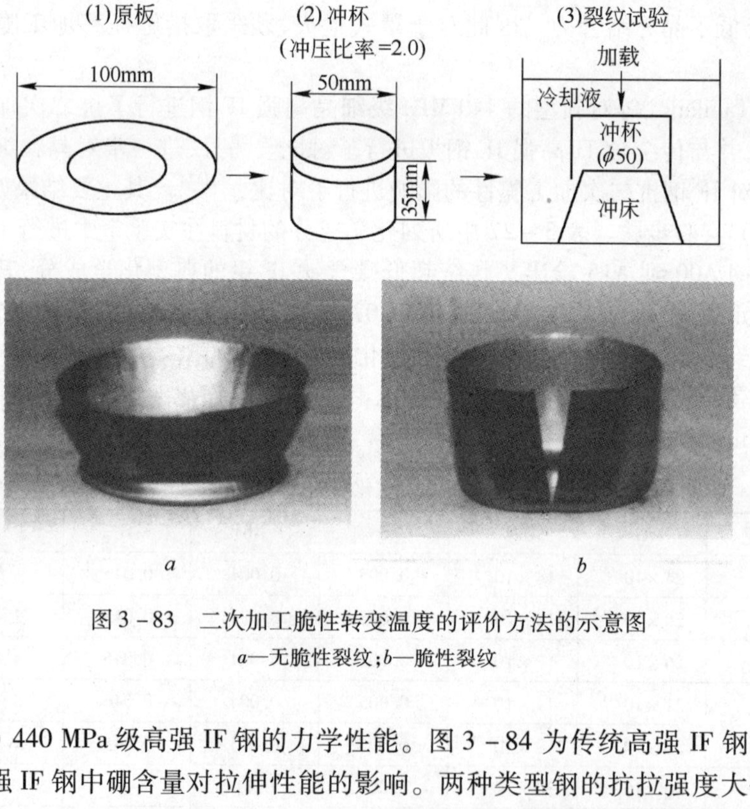

图 3－83　二次加工脆性转变温度的评价方法的示意图

a—无脆性裂纹；*b*—脆性裂纹

（2）440 MPa 级高强 IF 钢的力学性能。图 3－84 为传统高强 IF 钢和晶粒细化高强 IF 钢中硼含量对拉伸性能的影响。两种类型钢的抗拉强度大体上在同一水平，为 450～460 MPa。然而，B 系列钢的屈服强度在 A 系列钢以下 15～20 MPa，这是独特无沉淀区的一种反应。B 系列钢的 r 值平均值比 A 系列钢要高，且随着硼含量的增加，差距增大。从深冲性和表面反射度角度而言，B 系列钢作为冲压外板用钢表现出更加令人满意的拉伸性能、较高的 r 值和较低的屈服强度，进而与含硼成分下的情形一致。

（3）二次加工脆性。本研究中所有的裂纹表面均为晶间表面。图 3－85 显示了硼含量对二次加工脆性(SWE)转变温度(T_c)的影响。两种系列钢的转变温度随着钢中硼含量的增加而得到改善。在成分中不含硼的情况下钢 A00,成分为传统 IF 高强钢的成分,表现出脆性转变温度为 -5℃;但是钢 B00,新研发的晶粒细化高强 IF 钢,脆性转变温度急剧下降到 -80℃。这等同于 A 系列钢硼含量为 0.001% 下的温度值。

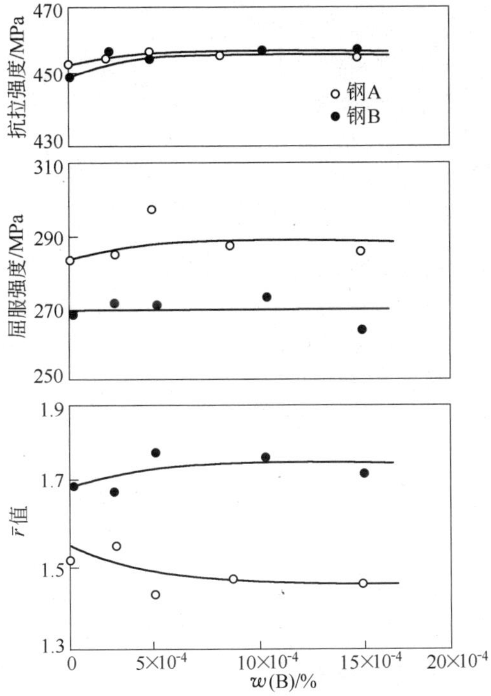

图 3-84 硼含量对 A 系列钢和 B 系列钢退火试样拉伸性能的影响

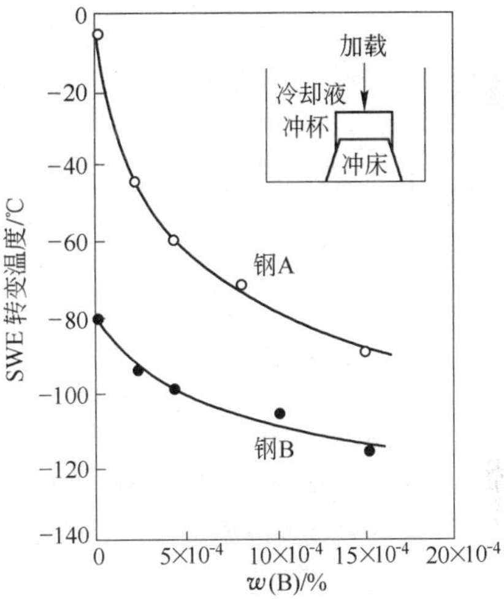

图 3-85 硼含量对二次加工脆性转变温度的影响

图 3-86 显示了转变温度(T_c)和铁素体晶粒尺寸的关系,这里所有试样的抗拉强度为 450~460 MPa。B 系列钢的晶粒尺寸为 7~8 μm,比 A 系列钢的 10~11 μm 的晶粒尺寸要小。晶粒细化是提高抗二次加工脆性(ASWE)的另外一种有效方法。另外,可以推断 B 系列钢转变温度的改善归因于,除晶粒细化外,柔软无沉淀区的存在使得深冲过程中晶粒边界附近应力集中现象得到缓和[117]。

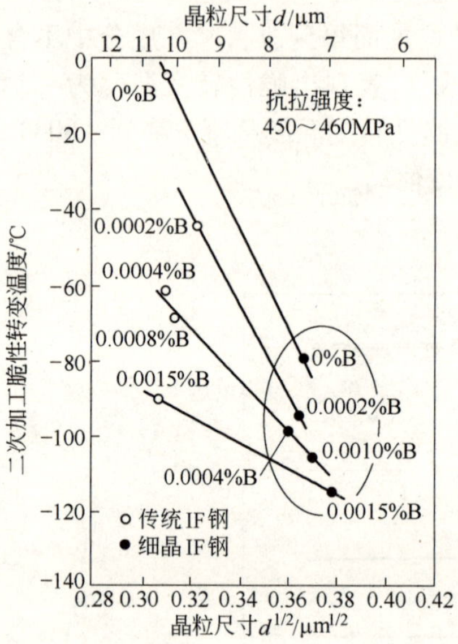

图 3－86　转变温度与铁素体晶粒尺寸的关系

参 考 文 献

[1] Cramb A W, Byrne M. Metallurgy of Vacuum-Degassed Steel Products. Proc. Conf. Held at the 1989 Fall Meeting in Indianapolis, Indiana, 1989, 3 ~ 27.

[2] 康永林,唐荻,王先进. 轧钢[J]. 1996, 73:53 ~ 56.

[3] Sasabe M. 90th and 91st Nisiyama Memorial Seminar, ISIJ, Tokyo, 1983, 2.

[4] Sasabe M. 143rd and 144th Nisiyama Memorial Seminar, ISIJ, Tokyo, 1992, 1.

[5] Kouzou Tsunoyama, Dr. ir. Jozef Diliewijins Liber Amicorum. Laboratorium voor Algemene Metallurgie, Siderurgie en Fysische Metaalkunde[D]. University Gent, 1997:125 ~ 133.

[6] Hosoya. Effects of the purification of interstitial elements on the metallurgical aspects of continuously annealed ultra-low carbon steel sheets, Metallurgy of Vacuum-Degassed steel Products, Editor: R. Prad -han, TMS, Warrendale, Pennsylvania (USA), 1990:291.

[7] Taylor K A, Speer J G. Development of Vanadium-Alloyed, Bake-Hardenable sheet Steels, for Hot-Dip Coated Applications[R]. Mech. Work &Steel Proc. Conf. XXXV. Indianapolis, IN, ISS, 1997.

[8] 孔冰玉,陆匠心. 国外汽车板解剖分析报告[R]. 上海:宝山钢铁公司钢研所, 1989.

[9] Yoon J B, et al. Proceeding of the 38th Metal Working and Steel Processing Conference: ISS-AIME, XXXIV [C]. 1996.

[10] 王作成. 冶金因素对超低碳高强度 IF 钢板组织及性能影响的研究[D]. 北京:北京科技大学, 1994.

[11] Yoda R, Tsukatanil, Inoue T, et al.. Effect of Chemical Composition on Recrystallization Behavior and r-

value in Ti-added Ultra-low Carbon Sheet Steel[J]. ISIJ Int. 1994,34(1):70~76.

[12] Asamura T. International Symposium for LC and ULC Sheet Steels. Aachen, Germmany. 1998,3:1~14.

[13] T. Nagamichi, N. Mizui, et al. CAMP-ISIJ,1996,9:370.

[14] K. Kaba, et al. CAMP-ISIJ. 1994,7:819.

[15] 殷瑞钰. 钢的质量现代进展[M]. 北京:冶金工业出版社. 1995:300~305.

[16] Beyer G, et al. International Symposium for LC and ULC Sheet Steels, Aachen, Germmany. 1998,425~436.

[17] 马衍伟. IF 钢冶金技术研究[D]. 北京:北京科技大学博士后研究工作报告,1998.

[18] H. Takechi. SEAISI Quarterly,1995,10:85~88.

[19] Tanaka. Nippon Kokan Technical Report (Overseas)[J]. 1987,48:21.

[20] Scheel. Demands and Application of Secondary Steelmaking, Private Communication.

[21] Hiroshi Takechi. IF 钢生产技术最新进展[M]. 汽车用铌微合金化钢. 北京:冶金工业出版社,2006:281~288

[22] Pascoal J. P., Bordignon. Advanced Automobile Materials. Beijing, China. 1997:,193~202.

[23] Susumu Satoh, et al. Kawasaki Steel Tech. Rep. 1985,12:36~44.

[24] 谭善昆,龚志坚,宋起峰. 汽车金属材料试验研究论文集[C]. 1998,30~38.

[25] 梁志德,徐家桢,王福. 织构材料的三维取向分析术 – ODF 分析[M]. 沈阳:东北工学院出版社,1986.

[26] S. Sotoh, et al. Technology of Continuously Annealed Cold-Rolled Sheet Steel[C]. Proc. Conf. Held at the TMS-AIME Fall Meeting, in Detroit, Michigan, USA, 1984:151~167.

[27] S. Sanagi, et al. CAMP-ISIJ, (1990),3:1768.

[28] 邱昱斌,贾旭. 热轧出炉温度对 IF 钢 r 值的影响[J]. 宝钢技术,增刊(总第 111 期),2004:36~39

[29] Hanshimoto O., et al. Proc. of Int. Conf. on Advances in Physical Metallurgy and Applications of Steel [C]. 1981:95~104.

[30] Gupta I. et al. Hot and Cold Rolled Sheet Steel[C]. TMS-AIME. 1988:139~153.

[31] Wolfgang Black, et al. Metallurgy of Vacuum-Degassed Steel Products[C]. Proc. Conf. held at the 1989 Fall Meeting in Indiana. 1989:73~90.

[32] Hashmoto N, Yoshinaga N, Suehiro M. CAMP-ISIJ. 1996,9:13~46.

[33] 左军. $\bar{r} \geq 2.0$ 超深冲 Nb + Ti-IF 钢冷轧板的生产[J]. 轧钢,2007,24,(6):22~24

[34] Himotani S, Endo J, Takayama T, et al. Isolation and Determination of Sulfide in Ti-bearing Ultra Low Carbon Steels, ISIJ, Int. 1994,34(1):17~23.

[35] Takechi H. Metallurgy Aspects on Interstitial Free Steel From Industrial Viewpoint, ISIJ Int. 1994,34(1):1~8.

[36] Christian Standaert. The Role of Preciption in the Processing of Sheet Steels, Prof. dr. ir. Jozef Dilewijns Liber Amicorum, Labortorium voor Algemene Metallurgie, Siderurgie en Fysische Metaalkunde, Universiteit Gent. 1997:165~174.

[37] Morrison W B. Trans. ASM[J]. 1966,59:824.

[38] Masui H, Takechi H. Tetsu to Hagane. ISIJ[J]. 1972,58,(8):68.

[39] Wilshynsky-Dresler D O, et al. Int. Forum for Physical Metallurgy of IF Steels, ISIJ, Tokyo, Japan. 1994:13~32.

[40] Hua M J, Garcia C I, Deardo A J. The Rational Design of High Performance Ultra-Low Carbon Sheet

Steels[C]. International Symposium Modern LC and ULC Sheet Steels for Cold Forming: Processing and Properties. Aachen, Germany,1998:145 ~ 156

[41] Mizui N. International Symposium Modern LC and ULC Sheet Steels for Cold Forming: Processing and Properties[C]. Aachen, Germany. 1998:169 ~ 183.

[42] The Iron and Steel Institute of Japan. International Forum for Physical Metallurgy of IF Steels. Tokyo, Japan,1994:10 ~ 11.

[43] Leroy V, Paepe A De, Herman J C. Ferritic Hot Rolling of Thin Gauge Hot Strips: Processing and Proper-tices, Proc. of Modern LC and ULC sheet steels for Cold Forming: Processing and Propercies. Aachen, Germany. 1998:51.

[44] 王先进,康永林,商建辉. 中国汽车材料工程学会汽车材料分会第11届年会论文[C]. 1998.

[45] 赵罕. IF钢热轧深冲板的试验研究[D]. 北京:北京科技大学,1995.

[46] Saiji Matsuoka, et al. Proc. of Modern LC and ULC sheet steels for Cold Forming: Processing and Propercies. Aachen, Germmany. 1998. 85 ~ 96.

[47] Engl B, Kawalla R, Schmitz H P, Hechelmann L, et al. Proc. of Modern LC and ULC sheet steels for Cold Forming: Processing and Propercies. Aachen, Germany. 1998,623 ~ 633.

[48] JeaN-Claude Herman. Rolling of Flat Steel Products, Prof. dr. ir. Jozef Dilewijns Liber Amicorum, Labortorium voor Algemene Metallurgie, Siderurgie en Fysische Metaalkunde, University Gent. 1997: 175 ~ 194.

[49] Wang Xianjin, Ma Yanwei, Kang Yonglin. Development and Research of Automobile Steel Sheets in China. International Symposium Modern LC and ULC Sheet Steels for Cold Forming: Processing and Properties. Aachen, Germany,1998: 27 ~ 38

[50] 秦绪榜. 冶金工艺对汽车用热轧拉延钢板性能影响的研究[D]. 北京:北京科技大学, 1997.

[51] Tokunaga Y, et al. US,4504326[P].

[52] Senuma T, Kawasaki K. ISIJ Int'L. 1994,34,(1):51.

[53] Haga J, Nagamichi T, Midzui N. CAMP-ISIJ. 1997,10:501

[54] Hutchinson B, et al. In 10th Int. Conf. On "Textures of Materials". Switzerland,1994:1917 ~ 1928.

[55] 可知康彦,等. NKK技报[J]. 1994,145:47 ~ 52.

[56] 徐乐江,陈永和. 国内外冷轧板带生产技术现状及发展趋势[C]. 第6届轧钢学术大会论文集. 1997:239 ~ 269.

[57] 杨学高,段向东. 冷轧带钢罩式退火工艺优化[C]. 三届四次冷轧板带学术会议论文集. 1998, 73 ~ 79.

[58] Hutchinson W B. Development and Control of Annealing Textures in Low-carbon Steels[J]. International Metals Reviews,1984,29(1):25 ~ 42.

[59] Leroy V, Bouquegneau D. Review of Annealing Technology, IISI, Technical Exchange Session,1996,1.

[60] 首钢冷轧连退机组培训教材. 北京:首钢公司,2007

[61] 鲁茨·迈耶. 赵辉译. 带钢轧制过程中材料性能的优化. 北京:冶金工业出版社,1996:108 ~ 113.

[62] 傅作宝. 冷轧薄钢板生产[M]. 北京:冶金工业出版社,2005,276 ~ 281.

[63] 王先进,赵林春,等. 现代汽车板的需求与对策. 武钢内部资料,1984,10:8.

[64] 彭璇,IF钢冷轧薄板罩式退火过程中工艺优化及二相粒子的演变规律[D]. 北京:北京科技大学,1997.

[65] Tsunovama K, et al. Metallurgy of Vacuum-Degassed Steel Products,, Pradhan, R. (Ed.), Warrendale,

Min. Met. Mat. Soc,1990:127.

[66] Gupta I,Bhattacharya D. Metallurgy of Vacuum-Degassed Steel Products, Pradhan, R. (Ed.),Warrendale,Min. Met. Mat. Soc,1990.43.

[67] Tokunaga Y,Kato H. Metallurgy of Vacuum-Degassed Steel Products, Pradhan, R. (Ed.),Warrendale, Min. Met. Mat. Soc,1990:91.

[68] Kanteri S,Regle H,et al. Int. Symposium, Modern LC and ULC Sheet Steels for Cold Forming: Processing and Properties. Aachen, Germany,1998,2:521 ~532.

[69] Boucek A J,et al. In 1989 Mechanical Working and Steel Processing Proceeding. 1989:533 ~546.

[70] Osawa K, et al. InMetallurgy of Vacuum-Degassed Steel Products[C]. Metallurgical Society of AIME. 1990:181 ~196.

[71] 贾旭. 连退 IF 钢抗拉强度性能改进[C]. 2004 年全国炼钢、轧钢生产技术会议文集,2004: 604 ~605

[72] 李 锋,吕家舜,敖列哥,等. 连续退火工艺对于 Nb-Ti-IF 钢性能及再结晶织构的影响[C]. 2007 中国钢铁年会论文集. 北京:冶金工业出版社,2007:5 ~48.

[73] 左军,常军,张开华. Nb-Ti-IF 钢冷轧板罩式退火工艺研究[C]. 2007 中国钢铁年会论文集. 北京:冶金工业出版社,2007:5 ~18

[74] 方百友,张生龙,何国柱,等. 低温退火工艺对冷轧 IF 软钢深冲特性的影响[C]. 2007 中国钢铁年会论文集. 北京:冶金工业出版社,2007:5 ~25.

[75] 焦书军. 利用热模拟技术研究 Ti-IF 钢热轧过程中二相粒子析出规律[D]. 北京:北京科技大学,1997.

[76] 沈汝美,等. 钢铁研究学报[J]. 1994,2:71 ~76.

[77] 陈守煌. 管线钢微细析出物的定量分析方法[J]. 宝钢技术,1995,5:48 ~53.

[78] Tsunoyama K, et al. Proceedings Hot-& Cold-Rolled Sheet Steels. ed. by R. Pradhan and G. Ludkovsky, 1988,155 ~164.

[79] Ball C J. Met. Sci. [J]. 1984,18:577 ~579.

[80] Yoshinaga N. ,ISIJ International. 1994,34(1)33 ~42.

[81] Subramanian S. V. ,et al. ISIJ International. 1994,34,(1):61 ~69.

[82] Satoh S,et al. Trans. Iron and Steel Inst. Japan,1986,26:737.

[83] 赵辉,等. 钢铁研究. 1993,1:10.

[84] Belyansky A, et al. Proc. Int. Forum on "Physical Metallurgy of IF Steels", Tokyo, The Iron and Steel Institute of Japan,1994:289 ~292.

[85] Satoh S,Morita M, et al. in "Developments in the Annealing of Sheet Steels", The Minerals, Metals & Materials Society,1992:177 ~188.

[86] 邱瑞青,等. 析出相对 IF 钢织构的影响[J]. 钢铁,1997,32:89 ~92.

[87] 石京. IF 钢罩式退火工艺优化及再结晶织构研究[D]. 北京:北京科技大学,1998.

[88] Whiteley R L, et al. In Flat rolled products III,New York. 1962:47 ~63.

[89] Takashi Asamura,et al. Prof. Dr. ir. Jozef Dilewijins Liber Amicorum. Universiteit Gent,1997:219 ~247.

[90] Daniel D,Jonas J J. Metall. Trans. 1990,21A:331.

[91] Ray R K,Jonas J J,Hook R E. International Materials Reviews,1994,39(4).

[92] Beves Hutchinson,Eva Lindh. In Proc. Int. Forrm on "Physical Metallurgy of IF Steels". Tokyo, The Iron and Steel Institute of Japan,1994:127 ~140.

[93] Jonas J J, Urabe T. In Proc. Int. Forum on "Physical Metallurgy of IF Steels", Tokyo, The Iron and Steel Institute of Japan, 1994:77 ~ 94.

[94] Lee D N. In Proc. 11th Int. Conf. on "Texture of Materials". Xi'an, China, 1996:503 ~ 508.

[95] Park Y. B., Lee D. N., Gottstein G. In Proc. 11th Int. Conf. on "Texture of Materials". Xi'an, China, 1996:531 ~ 536.

[96] Hook R E, et al. In "Metallurgy of Vacuum-Degassed Steel Products". Metallurgical Society of AIME, 1990:263 ~ 287.

[97] Hutchinson W B, et al. In "Metallurgy of Vacuum-Degassed Steel Products". Metallurgical Society of AIME, 1990:109 ~ 126.

[98] Okamoto A, et al. In Proc. 6th Int. Conf. on "Texture of Metals", Tokyo, Japan, 1981, 2:769 ~ 777.

[99] Ushioda K, et al. Tetsu-to-Hagne, 1984:70 ~ 96.

[100] Massatoshi Sudo, et al. In "1989 Mechanical Working and Steel Processing Proceeding". 1989: 547 ~ 562.

[101] Messien P, Greday T. CRM Metall. Rep., 1976, 49:3.

[102] Ohashi N, et al. In Proc. 6th Int. Conf. on "Texture of Materials", Tokyo, Japan, 1981:195 ~ 208.

[103] Kuodera H, et al. Bull. Japan. Inst. Meat., 1968, 7:383.

[104] Hu H. ASM Metals Handbook, Nith, 1985, 9:67.

[105] 温熙宇,等. IF 钢的第二相对织构转变的影响[J]. 钢铁,1995,30(10):53 ~ 57.

[106] Parks W H, Rock T R. Ferritic rolling of interstitial-free steel[J]. Iron and Steel Engineer, 1997, 10: 35 ~ 36.

[107] Matsuoka S., et al. Development of super deep drawable sheet by lubricant hot rolling in ferrite region, Recent development of modern LC and ULC sheet steels in Japan, Modern LC and ULC Sheet Steels for Cold Forming: Processing and Properties, Aachen, 1998: 85 ~ 96.

[108] Wang Li, Zhao Zisu, Mao Weimin, et al. Effect of Ti Content Precipitate Behavior in High Strength P and Mn-added Ti + Nb-IF Steels. In: Modern LC and ULC Sheet Steels for Cold Forming: Processing and Properties. Aachen: International Symposium, 1998.

[109] 尹显东,康永林,等. 高强深冲冷轧汽车板的试验研究[J]. 钢铁,2006, 10(41):46 ~ 49.

[110] James R., Fekete, et al. Advanced Sheet Steels for Automotive Applications. JOM, 1992:17.

[111] Yasuhara E, et al. ISIJ Int., 1994, 34:99.

[112] Heidtmann U, et al. International Symposium for LC and ULC Sheet Steels. Aachen, Germany, 1998, 1: 39 ~ 50.

[113] Zheng Lei, et al. Int. Forum for Physical Metallurgy of IF Steels. Tokyo, Japan, 1994:161.

[114] 丁富连,魏毅静,陈卓人,等. 汽车钢板二次加工脆化试验及其在宝钢的应用[J]. 宝钢技术,2006, 2:61 ~ 65

[115] The Iron and Steel Institute of Japan, International Forum for Physical Metallurgy of IF Steels, Tokyo, Japan, 1994:10 ~ 11.

[116] Tanikawa K, Hosoya Y, Nishimoto A. Physical Metallurgy of IF Steels, ISIJ, Tokyo, 1993:170

[117] Toshiaki Urabe, Yoshihiko Ono, Takeshi Fujita, et al. 最新汽车用含 Nb 冷轧钢板[M]. 汽车用铌微合金化钢板. 北京:冶金工业出版社,2006:305 ~ 318

[118] Fujita Takeshi, Urabe Toshiaki, Sakurai Michitaka. High Performance High Strength Steel Sheets for Automonile Body Exposed Panels[J]. JFE GIHO, 2007, 16:12 ~ 15.

4 热轧高强钢及先进高强钢板

4.1 先进高强钢板的成分与组织性能特征

4.1.1 高强钢的种类和成分特点

根据国际上近年对超轻钢制车体(ULSAB)的研究,将屈服强度(R_e)低于210 MPa的钢板称为软钢(Mild Steel),屈服强度在210 ~550 MPa的钢板称为高强钢板(HSS),屈服强度大于550 MPa的钢板称为超高强钢板(UHSS)(见图4-1),还有的将抗拉强度(R_m)低于270 MPa的钢板称为软钢,抗拉强度在270 ~700 MPa的钢板称为高强钢板,抗拉强度大于700 MPa的钢板称为超高强钢板(见图4-2)[1]。

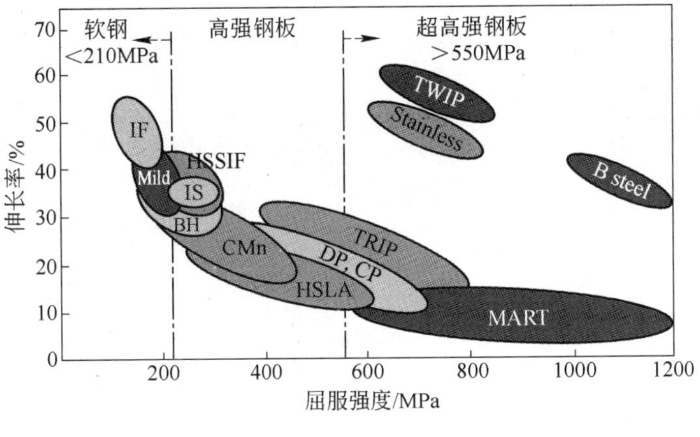

图4-1 钢板的屈服强度与伸长率的关系

表4-1为传统高强钢(HSS)、先进高强钢(AHSS)和高锰钢(HMS)钢种代号的英文完整表示。表4-2列出各种汽车车体用钢的种类、组织及其特性。

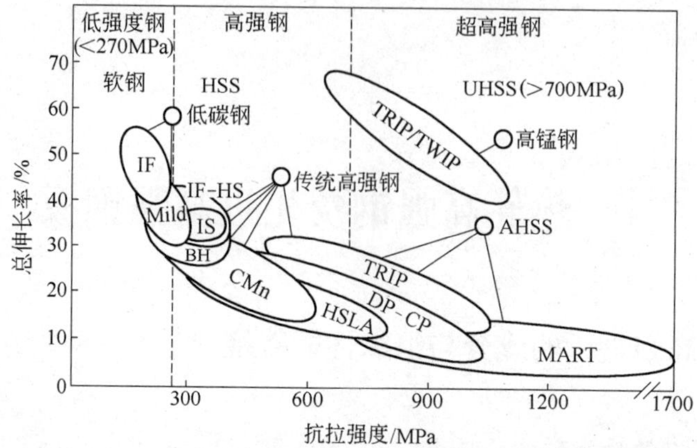

图 4-2　钢板的抗拉强度与伸长率的关系

表 4-1　传统高强钢(HSS)、先进高强钢(AHSS)和高锰钢(HMS)钢

HSS	AHSS	HMS
BH-Backe Hardening-烘烤硬化钢 IF-HS-High-strength-IF-高强 IF 钢 P-Rephorsphorised-含磷高强钢 IS-Isotropic-各向同性钢 CMn-Carbon-mangnese-碳锰钢 HSLA-High-strength low alloy-低合金高强钢	DP-Dual phase-双相钢 TRIP-Transformation indused plasticity-相变诱导塑性钢 CP-Complex phase-复相钢 PM-Partly martensitic-部分马氏体钢	HMS-TRIP-High Mn-transformation indused plasticity-高锰 TRIP 钢 HMS-TWIP-High Mn-twinning indused plasticity-高锰 TWIP 钢

表 4-2　汽车车体用钢的种类、组织及其特性[1]

钢　种	组　织	特　　性
软　钢	α(F)	LC:未合金化低碳铝镇静钢;超深冲用钢 IF:无间隙原子钢,微合金化超深冲用钢
高强钢 (HSS)	α(F)	BH:烘烤硬化钢,涂漆处理后通过碳的时效使强度增加 IF-HS:高强 IF 钢,通过添加锰、磷固溶强化 P:含磷合金化高强度钢 IS:各向同性钢,具有中等屈服强度,钛或铌微合金化 CMn:高强度钢,强度随固溶强化元素碳、锰、硅含量增加而增加 HSLA:高强度低合金钢,用铌、钛微合金化
先进高强钢 (AHSS)	$\alpha+\alpha'$(F+M) $\alpha+\alpha_B+\gamma_R$ ($F+B+A_R$) $\alpha'+\alpha$ (M+F) $\alpha+\alpha_B+\alpha'$ (F+B+M)	DP:双相钢,具有铁素体和5% ~30%马氏体组织 TRIP:相变诱导塑性钢,具有铁素体、贝氏体和残留奥氏体组织 PM:部分或完全马氏体钢 CP:复相钢,强化的铁素体、贝氏体和马氏体的混合组织
高锰钢 (HMS)	A 相或高体积分数 A 相	HMS-TRIP:应变诱发相变 $\gamma-\varepsilon-\alpha'$(A-ε-M) HMS-TWIP:应变过程中产生孪晶

表4－3为HSS、AHSS、HMS代表钢种的化学成分[1]。

表4－3 HSS、AHSS、HMS代表钢种的化学成分(质量分数) (%)

钢种	级别	C	Mn	Si	P	Al	Cr	Nb	Ti	V
BH	H180BD	0.04	0.70	0.50	0.01	0.04	—	—	—	—
	H180BD	0.01①	0.70	0.50	0.01	0.04	—	—	—	—
IF-HS	H260YD	0.003	0.40	0.10	0.05	0.03	—	0.04	0.02	—
P	H220PD	0.06	0.70	0.50	0.07	0.04	—	—	—	—
HSLA	H320LA	0.07	0.35	0.01	0.01	0.04	—	0.04	—	—
DP	H300X	0.10	1.00	0.50	0.01	0.04	—	—	—	—
	H300X	0.08	1.50	0.10	0.07	0.04	0.40	—	0.03	—
	H340X	0.10	1.20	0.10	0.01	0.04	0.80	0.04	—	—
	H340X	0.07	1.40	0.10	0.04	0.04	—	0.04	—	—
PM	MS1000-W	0.17	2.20	2.00	0.01	0.04	1.00	—	—	—
TRIP	RA 700K	0.20	1.50	1.50	0.01	0.04	—	—	—	—
	RA 700K	0.20	1.50	0.10	0.01	1.80	—	—	—	—
	RA 700K	0.15	2.00	0.10	0.04	0.04	—	—	—	—
	RA 700K	0.20	1.50	1.10	0.01	0.04	—	0.04	—	—
	RA 800K	0.20	1.50	1.50	0.01	0.04	—	—	—	0.10
HMS	TRIP	0.02	15	3	—	3	—	—	—	—
	TWIP	0.03	25	3	—	3	—	—	—	—
	TWIP	0.60	22	—	—	—	—	—	—	—

① 罩式退火。

4.1.2 热轧高强钢的组织特征

汽车用热轧高强钢的种类主要有：热轧双相(DP)钢板(包括铁素体＋马氏体双相钢，铁素体＋贝氏体双相钢)；热轧贝氏体钢；热轧TRIP钢；超高强复相钢及马氏体钢等。

表4－4表示不同汽车用钢中微观组织体积分数和晶粒尺寸范围。从表中可见，不同的成分和工艺获得不同的汽车用钢种类和组织[1]。

表4－4 不同汽车用钢中微观组织体积分数和晶粒尺寸范围

微观组织体积分数和晶粒尺寸		DDQ EDDQ	HSLA	DP	TRIP	PM
$f/\%$	F	100	100	70～90	50～55	0～30
$d/\mu m$		10～40	5～10	5～20	10～20	5～10

续表 4－4

微观组织体积分数和晶粒尺寸		DDQ EDDQ	HSLA	DP	TRIP	PM
f/%	M	0	0	10～30	1～5	100～50
d/μm		0	0	1～4	1～4	n. d.
f/%	A	0	0	<7	7～15	0
d/μm		0	0	0	1～4	0
f/%	B	0	0	0	30～35	0～30
d/μm		0	0	0	5～10	n. d.

注：f 为体积分数；d 为晶粒直径；n. d. 为不确定。

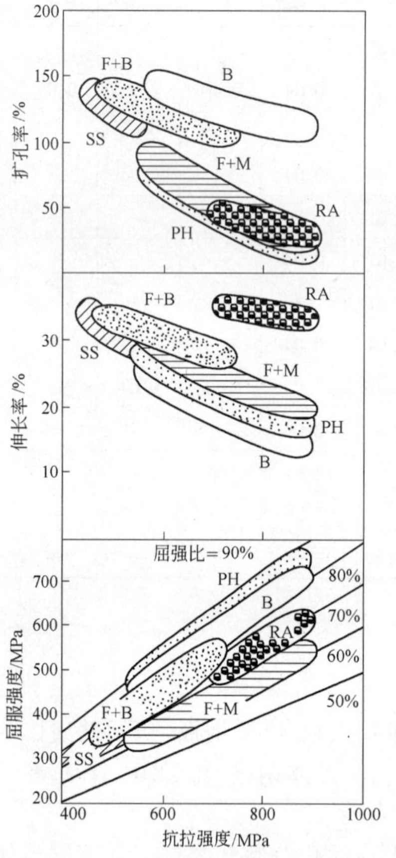

图 4－3　热轧高强钢板的抗拉强度与成形性能关系

B：贝氏体钢；F＋B：铁素体＋贝氏体钢；F＋M：铁素体＋马氏体钢；RA：残余奥氏体钢（TRIP 钢）；SS：固溶强化钢；PH：析出强化钢

汽车用热轧高强钢板的组织有铁素体系固溶强化组织、析出强化组织、贝氏体系单相组织，以及贝氏体系复合组织、残余奥氏体系复合组织、马氏体系复合组织。图 4－3 为热轧高强度钢板的抗拉强度与成形性能的关系[2]。由图 4－3 可见，除了残余奥氏体系复相钢（TRIP 钢）外，钢的总伸长率均随抗拉强度的增加而下降，钢的扩孔率 λ 随抗拉强度的提高而下降，而贝氏体系单相组织钢则具有高的抗拉强度与高扩孔率值的优异性能。不同汽车部件往往采用不同的成形加工方式，这需要根据高强钢的不同组织性能特征进行选材和用材，才能收到最佳效果。通过将图 4－3 中 6 种热轧高强钢板的钢板特性作一比较，可见以贝氏体组织强化为基础的高翻边性能钢板（铁素体＋贝氏体钢，F＋B）的强度－加工性能良好，且具有极好的强度－扩孔率比[2]。

像汽车车轮等部件，由于采用内缘翻边成形或延伸凸缘成形，要求使用的钢板具有高的扩孔率。高延伸翻边型高强度热轧钢板主要是根据此类部件的成形加工要求而开发的，目前在日本汽车上应用 780 MPa 级热轧高强钢板较多。过去的热轧高强钢板主要由软质的铁素体相和硬质第二相(如马氏体相)构成复合高强组织。此种材料由软质的铁素体相保证延伸,而由硬质的第二相提高钢的强度。但由于这种两相组织中基体相与第二相的硬度差别太大,不能保证高的扩孔率,通常在剪切加工或冲裁加工时,在剪切面附近易产生孔洞,由此导致翻边性能下降。因此,为了改善翻边性能,除了考虑提高铁素体的硬度和降低硬质的第二相的硬度外,还可以采取单相组织化、消除软硬不同的两相界面的方法。

近年开发的贝氏体-铁素体组织钢就是其中的一例。例如,通过添加 Ti 和 Si,热轧后急冷到600℃,获得抑制硬质碳化物析出的组织-贝氏体-铁素体组织,由此抑制剪切孔洞生成并保证延伸翻边成形。在贝氏体组织中,通过固溶强化和高位错密度保证钢的高强度。图4-4和图4-5分别为贝氏体-铁素体组织中的高位错密度和力学性能[3]。

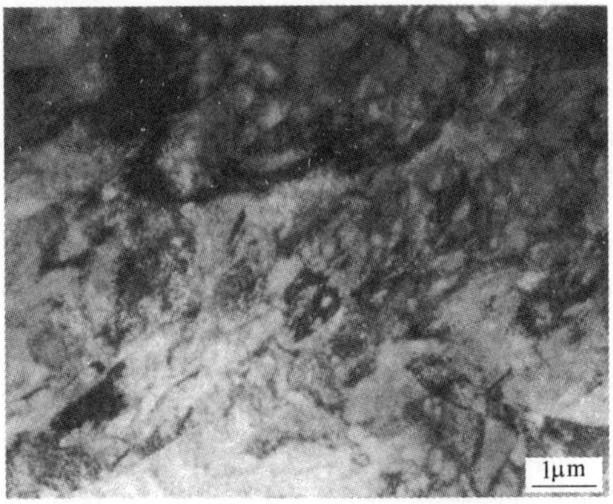

图4-4 贝氏体-铁素体组织中的位错密度透射电镜照片

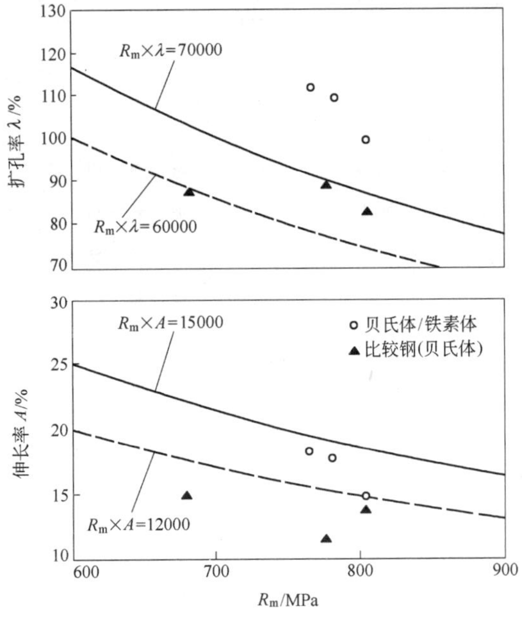

图4-5 贝氏体-铁素体钢的抗拉强度与伸长率及扩孔率的关系

高延伸型热轧高强钢板典型实例是热轧 DP 钢和热轧 TRIP 钢。热轧 DP 钢组织由多边形铁素体相和马氏体相两相组成，具有低屈服强度、高 n 值和高伸长率的优良特性。热轧 TRIP 钢则是由铁素体、贝氏体和残余奥氏体三相组织构成，具有高强度和高伸长率的特点，并且通过组织控制还可以进一步改善翻边性能。

近年还开发出 780 MPa 级纳米高强钢，该材料通过纳米粒子析出强化获得高强性能（称为 NANO 高强钢）。过去采用析出强化提高钢的强度的同时，钢的延伸性能变差，此种钢板通过控制纳米尺寸析出粒子的大小并保证组织的高度均匀性来改善钢的成形性尤其是使扩孔率得到大幅度提高[4,5]。

表 4－5 是日本到 2005 年开发的高强钢板的种类进展情况[6]。可见，在热轧高强钢板中，780 MPa 级以下强度级别的热轧高强钢板已达到实用化，980 MPa 级已完成开发，热处理后的超高强钢板强度达到 1470 MPa，高强和超高强钢板主要是 DP 钢、TRIP 钢和添加 Cu + P 钢；在冷轧高强钢板中，裸板最高强度达到 1470 MPa，冷轧 DP 钢在 1180 MPa 以下级别已达到实用化，1470 MPa 级 DP 钢已完成开发，冷轧 TRIP 980 MPa 以下级别已开发完成或正在开发，电镀锌、热镀锌及合金化镀锌 980 MPa 以下级别已完成开发或正在开发，冷轧系列高强及超高强钢板均为 DP 钢或 TRIP 钢。

表 4－5　日本到 2005 年开发的高强钢板的种类进展情况

钢板种类、性能及用途			抗拉强度/MPa									备　注
			340	390	440	540	590	780	980	1180	1470	
热轧钢板	热轧钢板	普通板				●	●	●	○			DP 钢 TRIP 钢 添加 Cu + P 钢
		高扩孔型				●	●	●	○			
		低屈强比				●	●	●				
		高延伸					○	●	○			
		高耐蚀性				●	●	○				
		热冲压用					●				(●)	
	热镀锌钢板	普通板				○	●	△				
		高扩孔型				○	○	○				
冷轧钢板	冷轧钢板	普通板	●	●	●	●	●	●	●	●	●	DP 钢 TRIP 钢
		深冲型	●	●	●							
		烘烤硬化型	●	○								
		低屈强比				●	●	●	●	●	○	
		高延伸				○	○	○	△			
		热冲压用					●				(●)	

续表 4-5

钢板种类、性能及用途			抗拉强度/MPa									备注
			340	390	440	540	590	780	980	1180	1470	
冷轧钢板	电镀锌钢板	普通板	●	●	●	●	●	○	○			
		深冲型	●	●	●							
		烘烤硬化型	●	○								
		低屈强比				●	●	○	○			DP 钢
		高延伸				○	○	○	△			TRIP 钢
	合金化热镀锌钢板	普通板	●	●	●	●	●	●	△			
		深冲型	●	●	●							
		烘烤硬化型	●	●	○							
		低屈强比			○	○	●	●	●			DP 钢
		高延伸					●	●	△			TRIP 钢
	镀铝钢板	热冲压用					●				(●)	

●已实用化；○已开发完；△开发中；(　)热处理后的强度。

4.2 高强钢板的强化机制、产品规格及应用

4.2.1 高强钢板的强化机制

高强钢板按轧制产品分类为热轧高强钢板和冷轧高强钢板，主要强化机制有：

(1) 固溶强化；

(2) 析出强化；

(3) 组织强化(相变强化)；

(4) 细晶强化；

(5) 形变强化(冷加工硬化，位错强化)。

其中，前三种主要通过在钢中添加 P、Mn、Si、Cu、Ti、Nb、No、V 等元素和钢中的 C、N 元素，并配合必要的热、冷轧及工艺控制，实现制造具有高强度和良好成形性能的高强度钢板。细晶强化和形变强化虽然可提高强度，但塑性成形性明显下降，所以在汽车用高强度钢板生产上很少采用。

固溶强化是通过添加 P、Si、Mn 等置换型固溶元素或 C、N 等间隙型固溶元素得到强化基体的方法。C、N 还具有涂漆烘烤时产生硬化的特性(BH 性)。

析出强化是使 Ti、Nb、V 等的碳化物和氮化物成为微细析出物分散于钢组织基体中(晶内或晶界)从而提高强度的方法。

组织强化是使珠光体、贝氏体、马氏体等硬质相分散于基体中形成较细的组织或复合组织从而产生强化作用的方法，组织强化可以生产相当宽强度范围的材料。铁素体＋马氏体钢是作为双相钢（DP 钢）很早就实用化的高强度钢，具有强度和延性综合性能良好且低屈服比的材料[7]。

贝氏体钢是为改善拉深性能而开发的高强度钢板，作为结构件和适于高扩孔型部件的热轧板受到重视。TRIP 钢是利用形变诱导相变从而提高延性的高强度钢板。对 Si-Mn 钢在热轧－退火过程中进行温度控制从而形成一定百分比的残余奥氏体（γ）相，这些残余奥氏体在加工变形中变成马氏体并阻止变形局域化，其结果显示高的均匀变形性能。TRIP 钢有良好的拉胀性能但拉深性能和弯曲性能稍差。

细晶强化对提高延性不利而有利于提高强度，但提高强度也是有限的。冷加工态的硬材是由位错机制提高强度的材料，但其延性大幅度下降而不适于加工成形。也有采用对加工硬化材料在不发生再结晶温度下进行回复退火，可使延性得到一定改善，或进行部分再结晶保留一些未再结晶区域并使材料强化的方法。但这些方法不适用于生产高强度汽车钢板。

4.2.2　采用不同强化机制的热轧高强钢板产品规格及应用

表 4－6 列出日本钢铁联盟的汽车用热轧钢板及钢带的标准及力学性能范围，并标明所对应的 JIS 标准和 ISO 标准[8]。

表 4－6　日本钢铁联盟的汽车用热轧钢板及钢带的标准及力学性能范围

种类符号		使用板厚 t/mm	抗拉强度 /MPa	屈服强度 /MPa	伸长率 A/%	扩孔率 λ/%	对应的 JIS 标准	对应的 ISO 标准（抗拉强度参考值）
软钢板	JSH270C	1.2～14.0	270 以上	185～305	37～51	—	G3131 SPHC	ISO3573 HR1（—） HR2（上限值 430） HR3（上限值 370） HR4（上限值 390）
	JSH270D	1.2～8.0		175～285	39～53		G3131 SPHD	
	JSH270E	1.2～5.0		155～255	42～55		G3131 SPHE	
普通钢板 W	JSH310W	1.4～14.0	310 以上	185～305	38～52	—	G3133 SAPH310	ISO4995HR235（下限值 330）
	JSH370W		370 以上	215～335	35～48		G3133 SAPH370	ISO4995 HR275（下限值 370）
	JSH400W		400 以上	235～355	33～46		G3133 SAPH400	ISO4995 HR355（下限值 430）
	JSH440W		440 以上	275～390	30～43		G3133 SAPH440	ISO4995 HR355（下限值 450）
	JSH490W	1.6～12.0	490 以上	325～450	26～40		G3133 SAPH490	ISO4996 HR420（下限值 490）
	JSH540W		540 以上	365～500	23～37		G3133 SAPH540	ISO4996 HR490（下限值 570）

续表 4 – 6

种类符号		使用板厚 t/mm	抗拉强度 /MPa	屈服强度 /MPa	伸长率 A/%	扩孔率 λ/%	对应的 JIS 标准	对应的 ISO 标准（抗拉强度参考值）
普通钢板 J	JSH370J	1.6 ~ 14.0	370 以上	225 ~ 365	33 ~ 48	—	—	—
	JSH400J		400 以上	255 ~ 395	32 ~ 46			ISO5951 HSF355（下限值 420）
	JSH440J		440 以上	305 ~ 445	30 ~ 43			ISO4996 HS390（下限值 460）
高扩孔型钢板 A	JSH370A	1.4 ~ 6.0	370 以上	215 ~ 335	35 ~ 48	90 以上	—	—
	JSH440A		440 以上	275 ~ 390	30 ~ 43	80 以上		
	JSH540A	1.6 ~ 6.0	540 以上	365 ~ 500	23 ~ 37	60 以上		
	JSH590A		590 以上	450 ~ 600	18 ~ 32	55 以上		
高扩孔型钢板 B	JSH440B	1.4 ~ 6.0	440 以上	275 ~ 390	30 ~ 43	100 以上	—	—
	JSH540B	1.6 ~ 6.0	540 以上	365 ~ 500	23 ~ 37	80 以上		
	JSH590B		590 以上	450 ~ 600	18 ~ 32	75 以上		
高屈强比型钢板	JSH440R	1.4 ~ 12.0	440 以上	325 ~ 440	27 ~ 40	—	—	—
	JSH490R	1.6 ~ 12.0	490 以上	365 ~ 490	23 ~ 37		—	ISO4996 HS460（下限值 530）
	JSH540R		540 以上	420 ~ 560	20 ~ 34		—	—
	JSH590R		590 以上	450 ~ 600	18 ~ 32		G3134 SPFH590	ISO5951 HSF560（下限值 610）
	JSH780R	2.0 ~ 6.0	780 以上	685 ~ 835	14 ~ 29		—	—
低屈强比型钢板	JSH540Y	1.8 ~ 6.0	540 以上	295 ~ 440	25 ~ 40	—	G3134 SPFH540Y	ISO5951 HSF490（下限值 540）
	JSH590Y		590 以上	315 ~ 480	23 ~ 38		G3134 SPFH590Y	—
	JSH780Y	2.0 ~ 4.5	780 以上	390 ~ 635	16 ~ 30		—	—

表 4 – 7 表示按成形性能和强化机制分类的汽车用热轧高强钢板种类[8]。

表 4 – 7 按成形性能和强化机制分类的汽车用热轧高强钢板种类

类　型	强度级别 R_m/MPa	强化机制	特　征	主要应用部件
一般成形用高屈强比型（HSLA）	440 ~ 980	固溶强化，析出强化	弯曲，可进行浅冲压成形	结构件，增强部件
深冲用	310 ~ 440	固溶强化	具有优良的深冲性能	结构件，增强部件
烘烤硬化型	310 ~ 590	固溶强化，相变强化（马氏体）	涂装过程中屈服点和抗拉强度提高	结构件，增强部件
高延伸凸缘型（高翻边成形）	370 ~ 980	固溶强化，析出强化，相变强化（马氏体）	塑性优良，扩孔率高，适合延伸凸缘成形，翻边成形	结构件，增强部件

续表 4－7

类　型	强度级别 R_m/MPa	强 化 机 制	特　　征	主要应用部件
低屈强比型（DP）	540～780	相变强化（马氏体）	具有高塑性，低屈服点，适于拉胀成形及深冲成形	结构件，增强部件
高塑性型（TRIP）	590～780	相变强化（残余奥氏体）	具有极高的塑性，优良的强度与塑性匹配，适于深冲成形	结构件，增强部件
高耐候型	440～780	固溶强化，相变强化（贝氏体）	耐候性能良好	结构件，悬挂件

为了提高白车身（BIW）的强度，人们对于先进高强钢、超高强钢、高强钢、烘烤硬化钢等钢种开展了大量的研究工作。典型的双相钢、TRIP 钢和析出强化钢被应用于骨架件和梁。烘烤硬化钢和固溶强化钢应用于内外面板。不同钢种的强化机理和典型应用如表 4－8 所示[9]。

表 4－8　不同钢种的强化机理和典型应用

钢　　种	强 化 方 式	常 规 应 用
析出强化钢	Ti、Nb 微合金化	保险杠，梁，骨架件，车门
固溶强化钢	添加 P、Mn、Si 或 Ti	骨架件，仪表台，车门，发动机罩
烘烤硬化钢	添加 Ti ＋烘烤	车门，发动机罩，后行李箱盖
双相钢	铁素体＋马氏体	保险杠，骨架件
相变诱导塑性钢	C、Si、Mn＋热处理	保险杠，骨架件，车轮

在汽车内板部件上虽然也采用了一些高强度钢板，但因内板部件数量大，采用高强度钢板的比例较低。内板部件存在复杂形状件多、成形难，若薄壁化存在使车体刚度下降等问题。具估计，多采用 400～600 MPa 的高强度钢板以减少板厚、推进汽车用板材的高强钢板化。

汽车构件多采用 R_m＝350～510 MPa 级高强钢板，其趋势是采用更高强度材料以求进一步薄壁化。汽车悬架也多采用高强钢板件，通常采用 R_m＝590 MPa 级的高强钢板，R_m≥800 MPa 级超高强钢板多用于车门框等部件。在汽车制造中也有使用 R_m＝1490 MPa 的超高强钢板材料。表 4－9 列出目前日本汽车厂正在使用的超高强钢板的种类、化学成分和力学特性值[10]。

表 4－9　日本汽车厂使用的超高强钢板的种类、化学成分和力学特性值

拉伸强度 /MPa	化学成分（质量分数）/%						力学特性值		
	C	Si	Mn	P	S	Ti	R_e/MPa	R_m/ MPa	A/%
780	0.06	0.70	2.4	≤0.015	≤0.015	—	620	850	18
980	0.14	0.50	2.4	≤0.015	≤0.015	—	750	1050	15
1180	0.14	0.50	2.5	≤0.015	≤0.015	0.05	950	1250	10
1370	0.15	0.50	2.7	≤0.015	≤0.015	0.05	1150	1420	8

以上几种钢板强化机制都是通过控制化学成分或生产工艺条件进行单一或组合方法提高强度的。日本已生产或开发的汽车用热轧高强钢板产品规格及应用成形部件情况见表4-10[7]。

表4-10 日本已生产或开发的汽车用热轧高强钢板产品规格及应用成形部件情况

强化机制	强度级别	可生产的规格范围		可生产的镀层板	应用成形部件
	R_e/MPa	板厚/mm	板宽/mm		
固溶强化	370	1.2~6.35	600~1800	EG、GI、GA、Zn-Ni	一般结构件(框架、构件等)
	400	1.2~6.53	600~1524		
	440	1.4~6.35	600~1800		支撑部件
	490	1.6~6.0	600~1850		
	540	1.6~6.0	600~1800		
	590	1.6~6.0	600~1850		
析出强化	440	1.6~6.0	800~1320	GA、GI、EG、Zn-Ni	一般结构件(框架、构件等)
	490	1.6~6.2	600~1850		
	540	1.6~6.2	600~1850		支撑部件 轮辋、托架等
	590	1.6~6.0	600~1850		
	690	1.6~6.0	600~1800		
	780	1.6~6.0	600~1800		
组织强化 (马氏体系)	540	1.6~6.0	600~1550	GA	支撑部件、轮辐、轮辋
	590	1.6~6.0	600~1600		
	690	1.6~6.0	600~1350		
	780	1.6~6.0	600~1450		
	980	2.0~4.5	800~1400		
组织强化 (贝氏体系)	440	1.4~6.3	600~1850	600~1850 600~1850GA、 GI、EG、Zn-Ni	难成形车内支撑部件
	490	1.6~6.2	600~1850		
	540	1.6~6.2	600~1850		
	590	1.6~6.0	600~1850		
	690	1.6~5.3	600~1600		
	780	1.6~5.0	600~1600		
组织强化 (M+B系) (析出+组织强化)	540	2.6~6.2	600~1524		支撑部件, 门框筋
	590	2.0~5.7	600~1600		
	690	2.0~4.5	800~1400		
	780	2.0~4.5	800~1400		
组织强化 (残余γ系)	590	1.4~6.0	600~1600	GA Zn-Ni	缓冲件,支撑部件, 强度部件, 车轮辐、轮辋
	690	1.4~6.0	600~1400		
	780	1.4~6.0	600~1400		
	980	2.0~4.5	800~1400		
耐蚀型	370	1.6~6.3	600~1524	GA、GI、 EG、 Zn-Ni	支撑部件 (端面露出部位)
	400	1.6~6.0	800~1800		
	440	1.6~6.3	600~1800		
	490	1.6~6.3	600~1524		
	540	1.6~6.2	600~1800		
	590	1.6~6.0	600~1600		
	690	2.0~5.0	600~1350		
	780	2.0~5.0	800~1400		
热处理 强化型	440	1.6~6.0	800~1850		离合器、变速箱、 发动机部件
	590	1.6~6.0	600~1800		

通过采用不同的冶金工艺可得到具有不同抗拉强度和伸长率的高强钢板，如图 4 - 6 所示[11]。

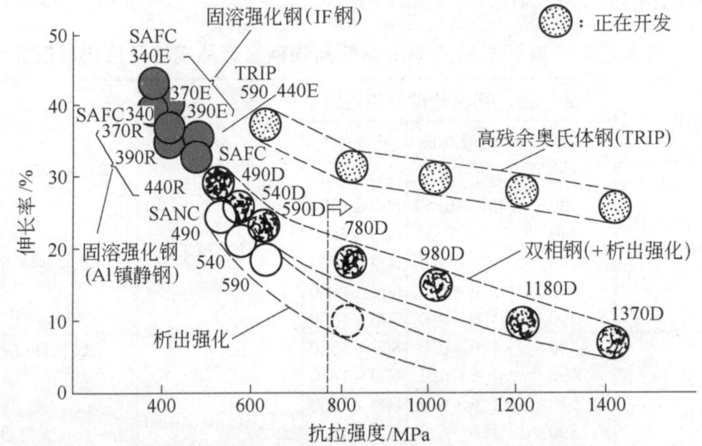

图 4 - 6　新日铁生产的高强钢板在不同强化机制下抗拉强度和伸长率的关系

图 4 - 7 表示热轧高强钢板的强度和延性的关系[7]。图中将固溶强化、析出强化、组织强化、TRIP 钢、耐蚀钢板和热处理强化型钢板的板厚 1.6 ~ 4.5 mm 看作同厚级别材料，包含了板厚效果对延伸的影响。从图中可见，与其他材料相比，TRIP 钢的强度 - 延性综合性能优于其他钢种。

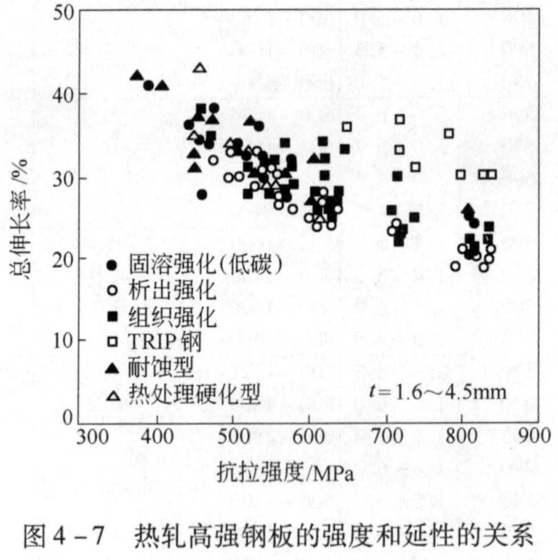

图 4 - 7　热轧高强钢板的强度和延性的关系

图 4 - 8 表示日本目前在汽车上使用钢板的强度和伸长率关系及主要部位[12]。

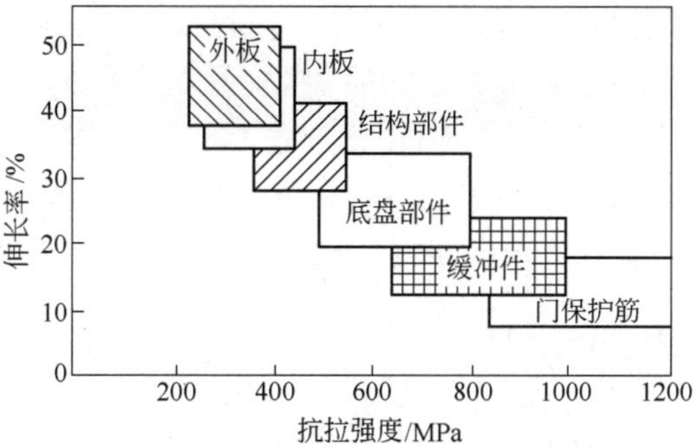

图 4-8 日本在汽车上使用钢板的强度和伸长率关系及主要部位

在热轧高强钢板的成形性能中，拉延性（拉胀性）和拉深性能常常是相反的。因此，开发出高拉延性能的双相钢（Dual Phase）、残余奥氏体钢（TRIP 钢）、高拉深性能的贝氏体钢、三相钢和高耐蚀性高强钢板等。表 4-11 是根据简单的强化机制进行的分类，但实际上有很多是采用组合强化机制达到钢板高强化的[7]。

表 4-11 热轧高强钢板的强化机制及钢板特性

强化机制	主要添加元素	强度级别 R_m/MPa	冲压成形特性	
			一般特性	具体特性
固溶强化（固溶+析出强化）	Si-Mn、Nb、Nb+V	370~590	一般加工用 一般冲压加工用	弯曲特性良好
析出强化	Nb、Ti、Si、Nb+Ti Nb+Ti+Cr	440~780	一般冲压加工用 高扩轧率型	深冲、弯曲、焊接性良好
相变强化（马氏体系）	Si-Mn Si、Cr	540~980	低屈服比型	具有高拉延，低屈服点 强度—拉延性综合良好
相变强化（贝氏体系）	Si-Mn Si-Mn-No、 Cr、Ti+Cr	440~780	高延伸型 高拉深型	高延伸，高拉深性
相变强化（M+B系）（析出+相变强化）	Si、Ti	540~780	高扩孔型 低屈服比型	具有高且均匀变形能力和局部变形能力，适于拉深成形
相变强化（残余奥氏体型）	Si-Mn、Si、(Cr,P)	590~980	高残余奥氏体钢板（TRIP 钢）	具有极高的伸长率，尤其强度—拉延性均良好
耐蚀性	Cu-P、(Ni,Si,Ti,Cr)、(Ni,Mo)	370~780	一般加工用 高拉深型	耐开孔腐蚀良好
热处理强化型	Cu(Ni)	440~590		加工性良好，热处理后强度提高

固溶强化钢板的主要添加元素为 Si 和 Mn，微观组织为铁素体或铁素体+珠光体，强度一般在 540 MPa 以下[13]。当化学成分一定时，通过控制终轧温度和变形率、冷却速度及卷取温度可获得不同的晶粒度和性能。如 C-Mn 系 0.14% C、0.1% Si、1.1% Mn 铝镇静低合金钢，轧后在输出辊道冷却至 200℃ 低

温卷取,获得细铁素体和珠光体组织,强度达到550 MPa,屈强比0.7左右,同时成形性和焊接性能良好。研究结果表明,卷取温度为600℃、400℃、200℃时,强度分别为460 MPa、510 MPa、550 MPa,而屈强比变化不大[14]。

析出强化钢的主要添加元素为Nb、Ti、V,组织为铁素体+珠光体,强度一般在540~780 MPa,具有屈服强度高、总伸长率低、成形性不良的特点[13]。

4.3 热轧双相钢(DP钢)

4.3.1 热轧马氏体双相钢板

热轧双相钢有马氏体双相钢(F+M)和贝氏体双相钢(F+B)。马氏体双相钢的主要添加元素为Si、Mn、P、Cr、Mo,组织特征为在多边形的基体上分散着细小马氏体小岛的复合组织,其强度为490~780 MPa。

这种钢具有优异的成形性能,包括低的屈强比,高的形变硬化率,保证冷成形后具有较高的强度,不出现明显的屈服点,具有高均匀应变量和断裂应变量。正是由于这些优点,双相钢具有优良的冲压性能,所以在汽车工业和其他方面有着广泛的应用。通过适当的化学成分和轧制条件的组合,可以在热轧状态获得双相钢。

化学成分不同,热轧双相钢的生产工艺也不同,主要表现在轧后冷却和卷取温度的差别。Si-Mn系热轧双相钢,成分简单,但要求生产工艺严格,即需要快速冷却,卷取温度极低。对于化学成分0.04%~0.10%C-0.5%~1.5%Si-1.2%~1.7%Mn钢:终轧温度稍高于A_{r_3},卷取温度低于200℃时,可以获得双相钢组织,其屈强比低于0.6。Si有利于提高强度而不牺牲韧性,并扩大合适的终轧温度范围。双相钢生产工艺是根据变形奥氏体CCT曲线制定的。对于C-Si-Mn-Al钢,通过调整化学成分,在A_{r_3}附近终轧后,冷却至M_s以下卷取,生产出强度为490~784 MPa的双相钢板。采用在线控制淬火方法生产出了车轮用600 MPa级热轧双相钢。钢的化学成分及性能分别见表4-12和表4-13。

表4-12 600 MPa级热轧双相钢的化学成分(质量分数) (%)

钢	C	Si	Mn	P	sol. Al	Ca	N
A	0.09	0.12	1.50	0.019	0.021	—	0.0049
B	0.08	0.14	1.48	0.021	0.037	0.0031	0.0061

表4-13 热轧双相钢A的力学性能

制造方法	厚度/mm	方向	R_e/MPa	R_m/MPa	A/%	Z/%	n(5%~15%)	r(15%)	弯曲性能
ICQ	2.9	L	412	615	32.0	66.9	0.181	0.77	好
		T	426	618	31.6	68.9	0.178	0.79	好

通过添加 Cr、Mo,开发了中温卷取 Si-Mn-Cr-Mo 或 Si-Mn-Cr 系热轧双相钢。奥氏体未再结晶区变形对 CCT 曲线有如下影响:(1)促进 α 的形成;(2)抑制贝氏体相变,这会导致未相变 γ 转变成马氏体。成分为 0.05% C-1.5% Si-1.6% Mn-0.58% Cr-0.25% Mo 的 Si-Mn-Cr-Mo 系双相钢在 550 ~ 600℃卷取,强度达到 650 MPa,屈强比为 0.58,n 值为 0.202[15,16]。

马氏体双相钢板,由于其上述优点,因而拉胀成形性好。但也存在不足:(1)弯曲时回弹性大,尺寸精度差;(2)翻边成形性差,由于翻边成形性依赖于局部变形能力,受到作为韧性破坏的空洞生成、长大和传播的影响,因而不能直接用拉伸实验中的伸长率来表示。韧性破坏的起点有夹杂物、碳化物和变形能力差异很大的二相(F + M)界面。(3)在 HAZ 发生 M 相回火软化。这些缺点限制了马氏体双相钢板在汽车制造中的应用范围。

近年已开发了具有良好综合性能,使 M 系复合相组织钢板的铁素体也析出强化的钢板。表 4 - 14 给出了 690 ~ 730 MPa 级钢板成分和力学性能的例子。这种高强钢板的生产工艺是:钢坯加热温度 1280℃→终轧温度 880℃→二阶段冷却→430℃卷取。

表 4 - 14 析出强化型双相钢的成分和性能

强度级别 /MPa	化学成分(质量分数)/%				板厚 /mm	R_e /MPa	R_m /MPa	A/%	λ/%
	C	Si	Mn	Ti					
690	0.06	1.25	1.46	0.076	2.9 ~ 3.2	516	688	25	64
780	0.08	1.49	1.75	0.097		558	828	21	41

4.3.2 热轧贝氏体钢板

热轧贝氏体钢有贝氏体双相钢(F + B)和贝氏体相钢(B)。其主要添加元素为 Si、Mn、(Nb)、Cr。其重要特性是具有优良的翻边性能,很适合冲压像汽车支撑部件要求较厚且成形性尤其是翻边性能良好的部件[13,17]。

4.3.2.1 影响热轧贝氏体钢翻边性能的冶金学因素

板材翻边性能是与极限变形能力有关的特性。即当钢板承受极限变形时,产生塑性断裂开始的微观孔洞生成及传播越难,则翻边性能越好。因此,翻边性能与拉伸试验时的局部延伸及缺口扩展能力有关。实际上,通常冲压成形是板材常处于冲孔加工且端面为剪切断面状态。因此成形件是在剪切断面附近有加工硬化层和微观孔洞的苛刻状态下工作的。板材的翻边性能多采用冲孔、扩孔实验求扩孔率的方法进行评价。

众所周知,钢中存在的 MnS 为代表的线形硫化物等非金属夹杂物以及珠光体一类的塑性差的碳化物对翻边性能有不良影响,因此采取脱硫处理和添加控制硫化物形态元素或降低含碳量等措施提高翻边性能。钢板的强度级别越高，材料缺口敏感性越强，因此，脱硫处理越有效。

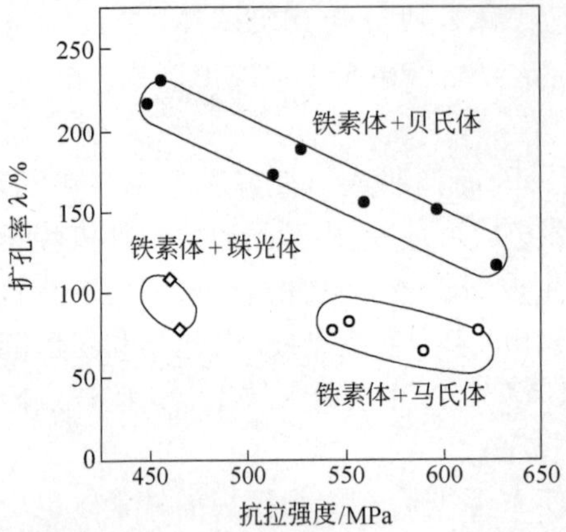

图 4－9　热轧贝氏体钢的微观组织对翻边性能的影响

在高强度钢板的生产中采用了各种强化机制，而利用低温相变组织的复合钢板因强度－加工性能均衡性好而受到重视。图 4－9 表示热轧贝氏体钢的微观组织对翻边性能的影响[18]。可见，以铁素体为母相的复合组织钢板扩孔率中采用以贝氏体组织为主体进行强化比用马氏体组织要好。

为了进一步提高有贝氏体组织钢板的强度，需要强化贝氏体本身和增加其体积百分数。研究结果表明[19]，扩孔率主要随钢中碳含量增加而下降，贝氏体体积百分数的增加没有什么不良影响。但总伸长率变化却相反，扩孔率随贝氏体体积百分数的增加而下降。有贝氏体组织的热轧钢板的加工性能仅考虑强度是不够的，需要从组织上优化，力求使组织均匀，微细化，这对提高复合组织钢板的加工性能很有效。

4.3.2.2　良好翻边性能高强度热轧贝氏体钢板的生产条件

(1) 化学成分采用以强脱硫处理的低碳 Si-Mn 钢；

(2) 精轧在相变点以上附近的高温区，确保充分的压下率以得到均匀细化组织；

(3) 通过适当调整成分、精轧条件和层流冷却模型并提高其精度，以控制贝氏体体积分数；

(4) 通过卷取温度的高精度化，进行合适的贝氏体相变温度控制。

因此，在生产中，卷取温度的控制非常重要。图 4－10 表示卷取温度对材质的影响。在利用贝氏体组织强化进行高翻边性能钢板的生产中，卷取温度在 400℃左右可得到最佳的钢材特性。

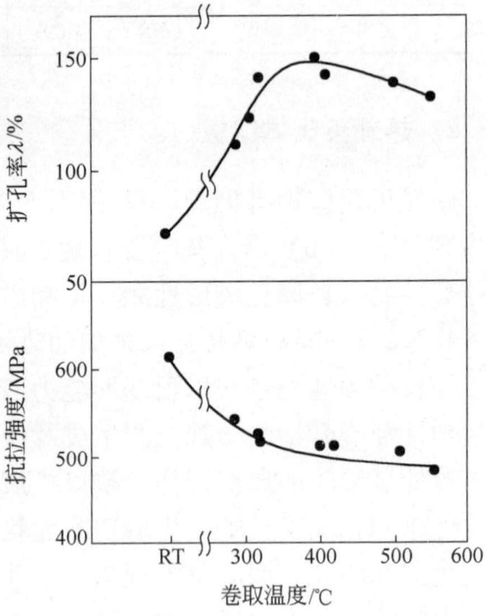

图 4－10　卷取温度对贝氏体钢翻边性能的影响

4.3.2.3 钢板特性

表4－15中列出了490～780 MPa级高翻边性能贝氏体钢板的化学成分和力学性能，考虑加工性和焊接性，碳含量控制得较低，根据强度级别调整Si、Mn含量。虽然采取强脱硫处理，但有时根据需要也添加钙等控制硫化物形态元素。另外，在780 MPa级高强度钢板中还辅助添加微量合金元素。在590 MPa、780 MPa级高翻边性能贝氏体钢板的微观组织观察显示，基本上是细晶粒且利用贝氏体组织强化的钢板，强度越高贝氏体体积分数越高。从力学性能看，扩孔率都很高，到780 MPa级都有与SAPH440级别高的扩孔率。

表4－15 490～780 MPa级高翻边性能贝氏体钢板的化学成分和力学性能

强度级别	化学成分(质量分数)/%						力学性能				
	C	Si	Mn	P	S	其他	R_e /MPa	R_m /MPa	A /%	Z /%	λ /%
NKHA-490SF	0.07	0.46	1.33	0.009	0.001	—	430	507	34	85	178
NKHA-540SF	0.08	0.43	1.45	0.010	0.001	—	409	550	32	74	131
NKHA-590SF	0.09	0.83	1.57	0.012	0.001	—	487	607	28	80	120
NKHA-780SF	0.07	0.99	1.54	0.007	0.001	Ti	696	810	18	86	79
NKHA-690SF	—	—	—	—	—	—	620	710	25	87	102
SAPH-440	—	—	—	—	—	—	307	475	32	65	65

在图4－11中列出了各种类型同一级别的高强度钢板的总伸长率与扩孔率的关系。对于540～590 MPa级别钢板，铁素体＋贝氏体系双相钢板的扩孔率较高，加工性和实用性都很高。在780 MPa级情况下，贝氏体钢板虽具有良好的扩孔率，但伸长率却不高。而含有残余奥氏体的TRIP钢具有高的总伸长率，但扩孔率却很低。这可能是由于生成极硬的高碳马氏体的缘故。由此可见，材料的强度越高，组织对加工性能的影响也越显著。所以，根据用途确定加工性能的水平，进行组织优化是很重要的。在贝氏体组织强化的同时需要灵活运用固溶强化或析出强化等辅助强化手段。

强度级别分别为540 MPa和590 MPa的含铌贝氏体双相钢的开发已有报道[14]，为了在热连轧生产线上获得理想的显微组织，通过考虑诸如钢板在输出辊道上的时间和设备的冷却能力等约束条件，确定合适的工艺如下：(1)对于590 MPa级的高锰钢，由于锰含量的增加，在750℃以上温度铁素体相变被抑制，钢热轧后快速冷却至750℃，此处是铁素体相变曲线的“鼻尖”所对应的温度。在此温度区慢速冷却，然后快冷至475℃卷取得到贝氏体第二相组织。(2)对于540 MPa级的低锰钢，由于高温区铁素体相变较快，钢热轧后被缓慢冷却至475℃卷取。结果，两种钢都获得15%的贝氏体第二相组织。以上两种钢的化学成分和最终性能见表 4－16。

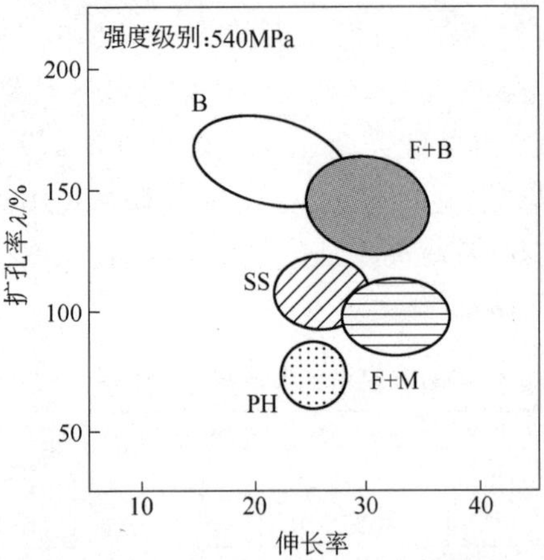

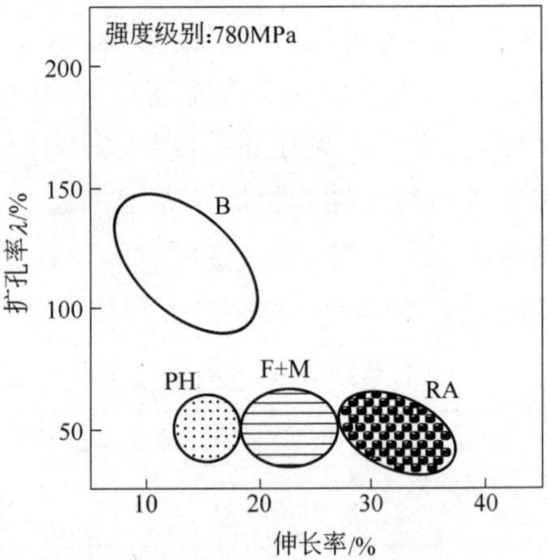

图 4－11　热轧高强度钢板的总伸长率与扩孔率的关系

B：贝氏体钢；F＋B：铁素体＋贝氏体钢；F＋M：铁素体＋马氏体钢；
RA：残余奥氏体钢(TRIP 钢)；SS：固溶强化钢；PH：析出强化钢

表 4－16　贝氏体双相钢的化学成分和力学性能

强度级别 /MPa	化学成分(质量分数)/%							厚度 /mm	方向	力学性能		
	C	Si	Mn	P	S	Al	Nb			R_e /MPa	R_m /MPa	A /%
540	0.05	0.57	1.09	0.008	0.005	0.025	0.018	2.3	L C	415 432	546 552	30.0 30.0
590	0.07	0.78	1.66	0.012	0.005	0.038	0.023	3.2	L C	502 523	552 624	30.0 28.0

0.19% C-0.60% Si-1.64% Mn 钢热轧后在不同温度下卷取，可以获得单相贝氏体、双相贝氏体和三相贝氏体钢，这种强度为 700～800 MPa 的高强度钢板的热轧工艺和力学性能见表 4－17。

表 4－17　C-Si-Mn 系高强钢板的热轧工艺和力学性能

相组织	热轧工艺			力学性能		
	终轧温度/℃	卷取温度/℃	板厚/mm	R_e/MPa	R_m/MPa	A/%
单相组织	975	370	2.9	690	850	19
双相组织	785	420	2.9	650	750	32
三相组织	795	220	2.9	660	860	23

在相同体积分数时，与马氏体相比，在屈服应力下贝氏体不能有效地消除不连续屈服点和 Luders 带，而三相钢可以解决这一问题。在贝氏体 + 铁素体双相组织中引入少量马氏体导致屈强比的降低和加工硬化率的提高。细化马氏体可以改善翻边成形性，因此三相钢很适合在汽车工业中应用。北美围绕三相钢开展了许多研究工作。这些钢含 0.1% ~0.25% C，加入 0.05% Nb，在控轧时调整奥氏体组织和冷却时控制相变特征；加入 1.6% ~2.0% Mn 和 0.40% ~0.50% Mo 也用于相变控制。由于这种三相钢显示出更高的强度水平和具有相当的韧性，对于制造要求高的疲劳性能、质量和安全性能重要的部件，显示出明显的优点。从生产消耗的观点来看，与 F + P 钢相比，用三相钢制造的部件成形后不需要后续加热、淬火和回火处理，降低能耗。

与以上低温卷取贝氏体钢不同，已开发出中温卷取汽车大梁用贝氏体热轧钢板，厚度 3.2 mm，强度分别为 686 MPa 和 784 MPa，具有优良的弯曲成形和翻边成形性能。成分特点为低碳高锰，加入 Ti 和 Cr 进行合金化。终轧温度 900℃。0.03C-0.5Si-2.0Mn-0.3Cr-0.08Ti 钢，热轧后在 600℃ 卷取，可获得良好的翻边成形性能，强度级别达到 686 MPa。而 0.08C-0.5Si-2.0Mn-0.3Cr-0.15Ti 钢，热轧后在 550℃ 卷取获得了最佳的弯曲成形性能，强度级别达到 784 MPa。但以上钢板的屈强比较高，分别达到 0.91 和 0.87。

另外，根据实验研究结果，高翻边性能的高强度贝氏体钢板的焊接性和疲劳特性与通常的析出强化钢板基本相同，并且也有可能用来生产合金化热镀锌钢板。

4.3.2.4　690 ~780 MPa 级热轧贝氏体车轮钢[20]

对于车轮底盘零件(例如车轮和悬臂)用高强度热轧钢板，除要满足常规的力学性能外，还应满足许多其他要求。对于车轮来说，尤其要求材料具有良好的扩孔性和高的疲劳强度，以防止产生扩孔成形不足和确保车轮的使用寿命。另外，直流对接焊的可焊性和焊缝的成形性是车轮轮辋材料需主要考虑的因素。通常，强度越高，要满足所有这些要求越难。目前，主要采用抗拉强度达590 MPa 的热轧钢板制造车轮，使用 700 MPa 级的钢种也在逐步增加。在强化机理中，加入 Si 作为铁素体的溶质对于获得更好的成形性尤其有效，而加入 Si 和/或碳、氮化物形成元素 Ti 和 Nb 对于获得好的疲劳强度有利。然而，在车轮钢中，Si 的加入是不利的，Si 易产生表面缺陷(所谓的“虎形”氧化皮)，降低产品的外观质量。因此，选择低 Si 成分作为基本成分，研究用 Ti 和 Nb 微合金化强化来开发 690 ~780 MPa 级热轧薄板车轮钢是有实际意义的。这里考虑的另一点是，采用单一化学成分研制两个钢种分别适用于制造轮辐和轮辋。由于这两种钢的要求稍有些不同，通常采用不同的化学成分，因此，如果能够采用相同成分的板坯生产两种钢，就可以降低生产成本。

A　Ti、Nb 和组织对力学性能的影响

在实验研究中采用钢的化学成分见表 4－18，析出强化元素 Ti 和 Nb 的含量是变化的。这些钢在真空炉中重熔，生产的钢锭进行锻造，坯料加热、热轧及冷却工艺见图 4－12。

表 4－18　钢的化学成分（质量分数）　　　（%）

C	Si	Mn	P	S	Ti	Nb
0.09	0.06	1.44	0.012	<0.001	0.02～0.10	痕量～0.04

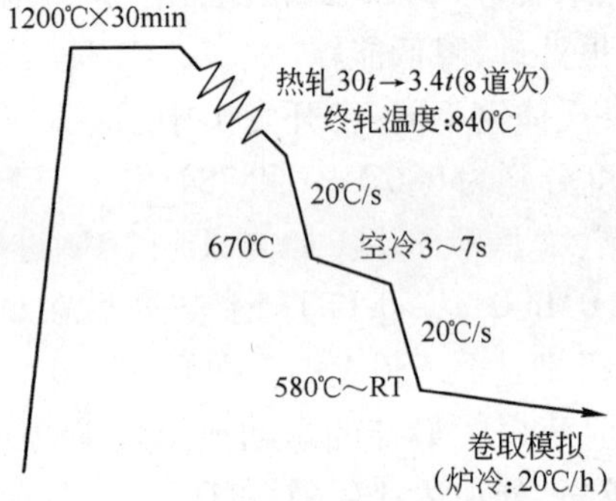

图 4－12　轧制工艺模拟方案

热轧板的组织主要取决于卷取温度，在 580℃、450℃和室温下卷取的热轧板的主要组织分别是铁素体（F）加珠光体、铁素体加贝氏体（B）以及铁素体加马氏体（M）。图 4－13 示出了抗拉强度（R_m）与伸长率（A）之间的关系以及抗拉强度与扩孔率（λ）之间的关系。在室温下卷取，抗拉强度最高，这时钢的组织为铁素体＋马氏体；尽管抗拉强度增加会降低伸长率，试验钢仍然获得了抗拉强度和伸长率之间好的平衡。然而，这种铁素体/马氏体钢的扩孔性差，它的扩孔极限仅为 30%～40%。另外，在 450℃下卷取时，钢的扩孔值最好，可达到 70%～100%，这意味着具有铁素体＋贝氏体双相组织的热轧板具有最好的扩孔性，最适合于制造轮辐。在最高卷取温度 580℃下卷取获得的铁素体和珠光体双相组织的热轧板也有好的强度和伸长率的平衡，然而，与铁素体/马氏体钢一样，钢的扩孔性差。因此，考虑到强度与伸长率的平衡，具有铁素体/珠光体组织和具有铁素体/马氏体组织的钢都适用于制造轮辋（制造轮辋要进行剧烈的翻边成形）。图 4－14 示出了加 Ti 和 Nb 对抗拉强度的影响，与卷取温度无关，增加 Ti 含量，抗拉强度增加。增加 Nb 含量也增加强度，但是这仅仅在卷取温度在 450℃以上和 Ti 含量在 0.06% 以下时才出现。

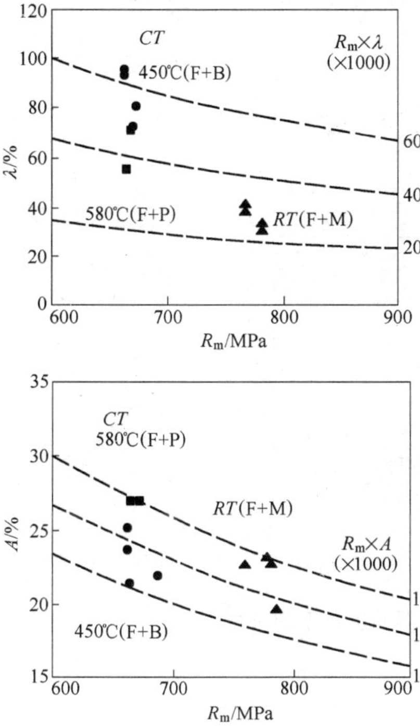

图 4-13 卷取温度对抗拉强度、伸长率和扩孔率 λ 的影响

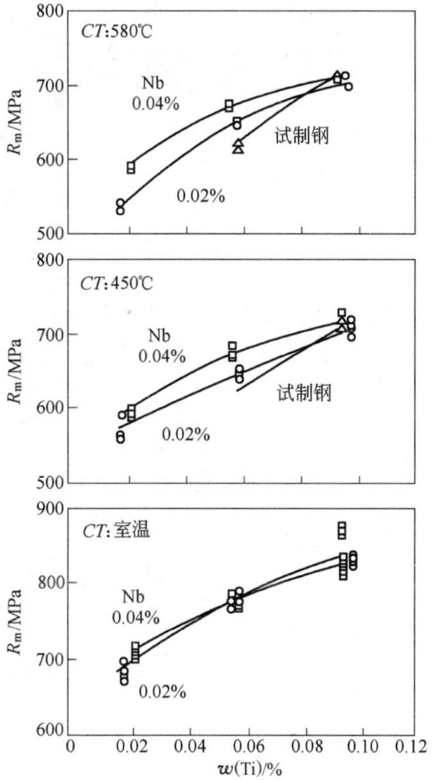

图 4-14 Ti 和 Nb 对抗拉强度的影响

B Nb、Ti 复合添加热轧贝氏体车轮钢的性能

a 成形性

在住友金属公司的工业轧机上生产了两种轮辐用薄钢板，这两种钢的成分为低 C、低 Si 加 Ti 和 Nb 微合金元素，强度为 690 MPa 和 780 MPa，板厚为 2.9 mm。表 4-19 列出了这两种钢的化学成分。图 4-15 示出了抗拉强度与伸长率及扩孔率的关系。试制钢的伸长率大约为 20%，扩孔率约为 70%，这对于轮辐压制成形具有足够的成形性。产生这种结果的原因是通过控轧、控冷促进了铁素体的形成，并获得了极细晶粒的微观组织。

表 4-19 试制轮辐钢的化学成分(质量分数) (%)

R_m/MPa	C	Si	Mn	P	S	其 他
690	0.08	<0.1	1.47	<0.02	<0.001	Ti、Nb
780	0.07	<0.1	1.46	<0.02	<0.001	Ti、Nb、Cr

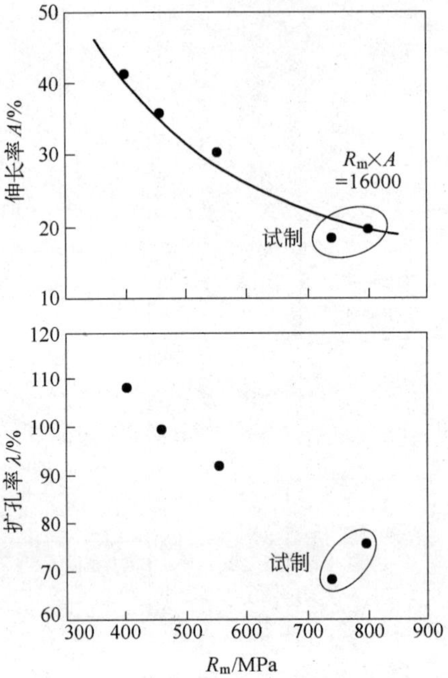

图 4－15　抗拉强度与伸长率及扩孔率的关系

b　疲劳韧性

为了估计试制钢在实际使用过程中的疲劳韧性，制造了车轮轮辐，将轮辐和轮辋装上车轮后，对车轮进行了旋转疲劳试验。尽管强度不同，在制造上述的轮辐时采用了通常在用普通 540 MPa 级钢制造轮辐时的压制成形工艺。观察发现，疲劳裂纹主要产生在轮辐后面的帽顶部，并朝周长方向扩展。图 4－16 示出了实际车轮的疲劳寿命、抗拉强度增加，有和无通风口的车轮的疲劳寿命都增加，但是当强度达到 700 MPa 以上时，疲劳寿命的增加趋于饱和。产生这种结果的原因是通过控轧、控冷促进了铁素体的形成，并获得了极细晶粒的微观组织。

从试制钢板和普通钢板上切割的小试样，无残余应力的疲劳寿命从测量的 S-N 曲线中估计得出。如图 4－17 所示，在抗拉强度高达 800 MPa 时，试样的疲劳寿命也不饱和。因此有可能是，实际车轮较低的疲劳寿命是由于在压制成形时产生的残余张应力造成的，如果调整车轮的形状，减少残余应力，试制钢在实际使用过程中可能还会有更长的疲劳寿命。

C　Nb、Ti 复合添加热轧贝氏体轮辋用钢的性能

在住友金属公司的生产线上试制了 3 种 690 MPa 级和 780 MPa 级的薄板钢，钢板的厚度为 2.3 mm，在表 4－20 中列出了这些薄板钢的化学成分。690 MPa级的 A 钢和 780 MPa 级的 B 钢主要是用 Ti 和 Nb 作为析出强化元素强

化的钢,C 钢主要是用 Cr 和 Mo 作为相变强化元素强化的钢。

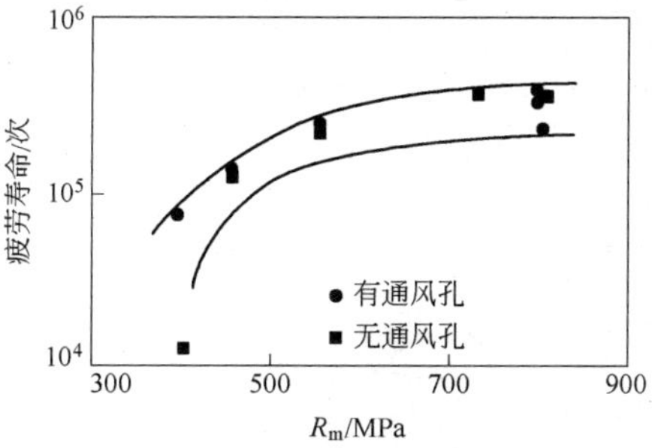

图 4-16 钢的抗拉强度对车轮疲劳寿命的影响

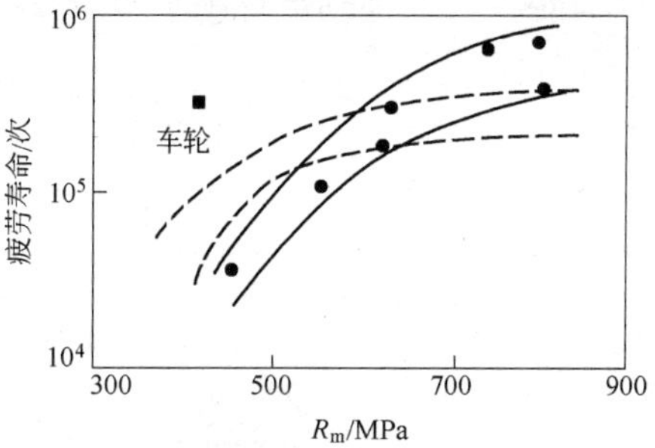

图 4-17 钢的抗拉强度对试样疲劳寿命的影响

表 4-20 试制轮辋钢的化学成分(质量分数) (%)

钢	R_m/MPa	C	Si	Mn	P	S	其 他
A	690	0.08	<0.1	1.55	<0.02	<0.001	Ti,Nb
B	780	0.11	0.4	1.57	<0.02	<0.001	Ti,Nb,Cr
C	780	0.10	0.4	1.49	<0.02	<0.001	Nb,Cr,Mo

如前所述,含有焊缝材料的扩孔成形对于轮辋是要考虑的关键因素之一,因此,先模拟扩孔成形。对经对接焊后修磨过的轮辐进行扩孔成形,直到如图 4-18 所示的破裂发生。轮辋从具有 60°顶角的锥形冲头的边上胀起,扩孔膨胀极限的定义为直径从起始直径到破裂时的增加率。扩孔膨胀造成的破裂出现在焊缝附近的热影响区。重要的是要选择加 Ti 和 Nb 的低 C 成分(例如 A 钢)来最大限度地减少相变强化元素(例如 Mo 和 Cr)的含量。

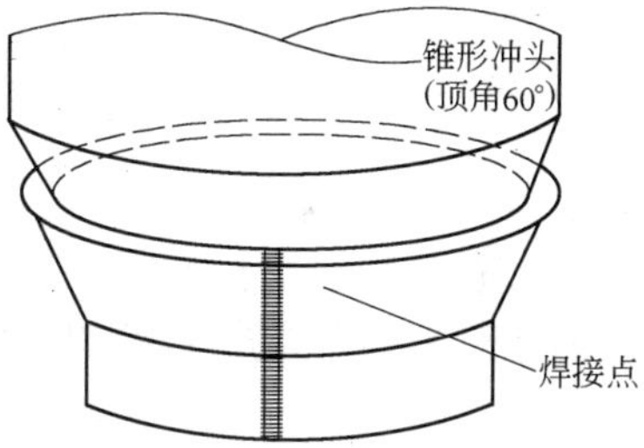

图 4-18 用锥形冲头进行的扩孔成形模拟

D 采用单一化学成分生产用于轮辐和轮辋的热轧贝氏体钢

根据以上结果,人们可能期望采用单一化学成分,通过改变热轧后冷却工艺来生产用于轮辐和用于轮辋的钢(比较表 4-19 第三行和表 4-20 中 B 钢的化学成分),尝试用相同化学成分的板坯来生产 780 MPa 级 2.9 mm 厚的轮辐用钢和轮辋用钢。表 4-21 和表 4-22 列出了板坯的化学成分和热轧工艺。图 4-19示出了钢的抗拉强度与伸长率的关系和抗拉强度与扩孔极限的关系。可以看到,两种钢对于 780 MPa 级都具有足够的强度,而轧后冷却工艺的改变成功地改变了它们的性能。卷取温度较高的钢获得了较好的伸长率(16% ~20%),

这种钢适合于制造轮辋，而卷取温度较低的钢获得了更好的扩孔率（大约50%～80%），这种钢适合于制造轮辐。

表 4－21　试制用于轮辐和轮辋的钢的化学成分（质量分数）　　（%）

C	Si	Mn	P	S	其他
0.09	0.02	1.5	<0.02	<0.001	Ti、Nb、Cr

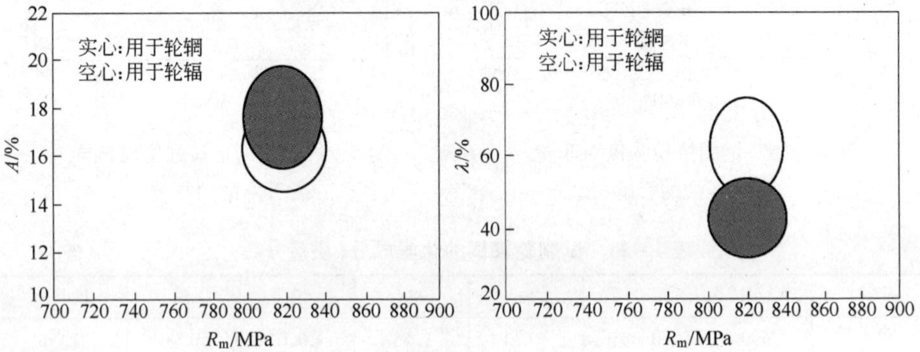

图 4－19　抗拉强度与伸长率和抗拉强度与扩孔极限的关系

表 4－22　试制钢的热轧工艺

项　目	终轧温度/℃	卷取温度/℃
轮辋用	840～900	>500
轮辐用		<500

对轮辋用钢进行了直流对接焊试验，并研究了热影响区硬度的变化，以便了解该钢是否适合于扩孔成形。图 4－20 示出了试制的 780 MPa 级贝氏体双相

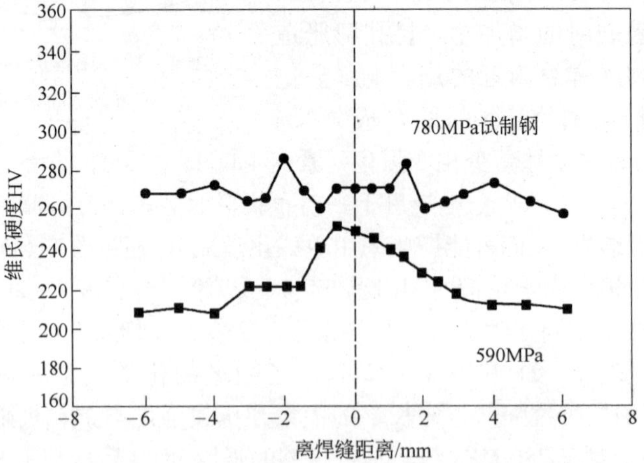

图 4－20　试制的 780 MPa 级贝氏体双相钢和普通 590 MPa 钢的硬度分布的比较

钢钢种和普通 590 MPa 级钢种横跨焊缝的硬度分布情况，从图中可知，所试制钢的硬度变化较普通钢小得多，这表明开发的钢具有极好的扩孔成形性。所试制钢的硬度变化量 ΔHV 仅为 30，根据实验数据，其对应于扩孔率大于 20%。因此，用于轮辐和轮辋的两种钢能够采用相同的低 C 和低 Si 添加适当 Ti 和 Nb 的化学成分和通过控制轧制工艺得到细小组织来生产。

对汽车底盘和车轮部分来说，主要的成形方式有拉伸翻边，弯曲，扩孔和电火花成形，这些成形方式要求材料具有较高的扩孔率、高的硬度和疲劳强度。局部的硬度可以通过弹性模量和厚度来确定，而疲劳强度由拉伸强度和厚度决定。综合所有的要求，高强度的铁素体－贝氏体轧热双相钢或贝氏体热轧钢是可选用的。

低 C-Mn-Si 铁素体－贝氏体双相钢的微观结构达到了性能的最优结合，且其离散程度最低，在这些钢中，铌是标准的微合金化元素。相对于传统的 340 MPa级钢，600 MPa 级钢在理论上的减重潜能大约为 20%。然而，对于 800 MPa级钢，其减重潜能会提高至 30% 以上。在这方面，住友公司的研究还阐述了生产车轮用的 700 MPa 和 800 MPa 的热轧钢的发展。可以达到目标强度的化学成分为低 C、Si、Mn、Cr 以及 Nb、Ti 微合金元素。通过调整卷取温度，可以调整钢的微观组织来获得更好的扩孔率或伸长率。图 4－21 显示出通过选择钢的合适的微观组织和化学成分可以使各项性能的结合达到最优化[21]。

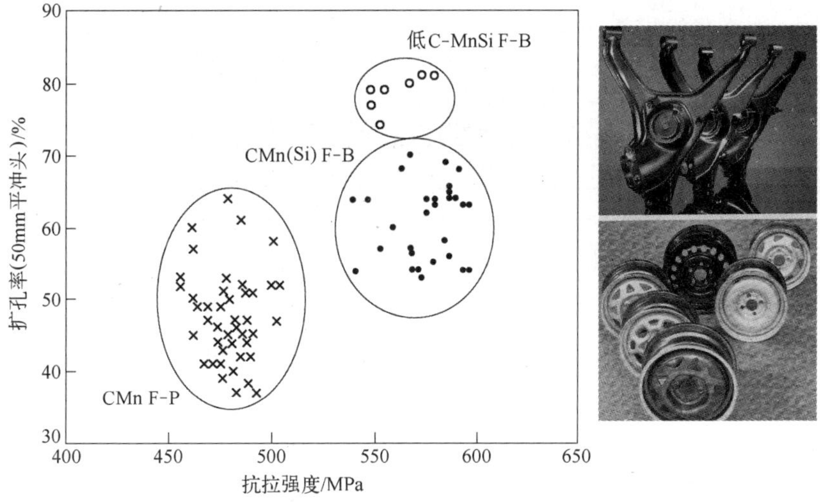

图 4－21　不同类型钢的扩孔率及抗拉强度之间的关系及其典型应用

(F-P：铁素体－珠光体　F-B：铁素体－贝氏体)

日本的几个钢厂在产品开发过程中遇到的一个重要的问题就是对半镇静钢种的设计，所谓的半镇静钢结合了高的扩孔率和高的伸长率。这一点是通过对微观组织的控制和避免微观组织中出现大的强度梯度来实现的[22]。

4.3.2.5　高 Ti 含量 780 MPa 级超高翻边性能高强度热轧钢板[23]

对于支撑臂等悬挂部件(见图 4－22)的成形,通常要求钢板具有延伸成形性和翻边成形性。Kashima 等人研究了在 0.05% C-0.5% Si-1.5Mn 钢中添加较高含量 Ti 并通过控制热轧工艺制度获得具有 B＋F 双相组织的高翻边性能的高强度热轧钢板。如表 4－23 所示,在成分设计中,在低碳钢中分别添加了 C/Ti 原子当量比为 1.3 及 0.5 的 Ti(表 4－23 中 A、B,为低 C-Ti 钢)。另外,采用主要为贝氏体单相组织的 C-Mn-Cr 钢作为比较(表 4－23 中 C)。

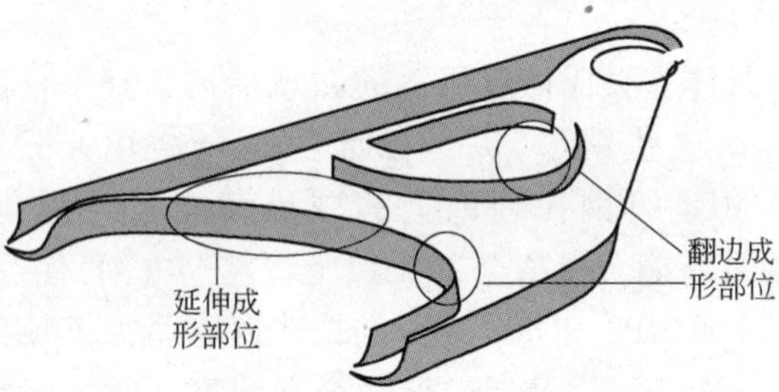

图 4－22　支撑臂悬挂部件要求的成形

表 4－23　780 MPa 级超高翻边性能高强度热轧钢的化学成分(质量分数)　(%)

钢种	C	Si	Mn	P	S	Al	Ti	Cr	Ti/C(原子比)
A	0.049	0.53	1.46	0.010	0.0017	0.033	0.26	—	1.28
B	0.049	0.54	1.49	0.010	0.0011	0.034	0.10	—	0.51
C	0.100	0.50	1.47	0.007	0.0017	0.042	—	0.53	—

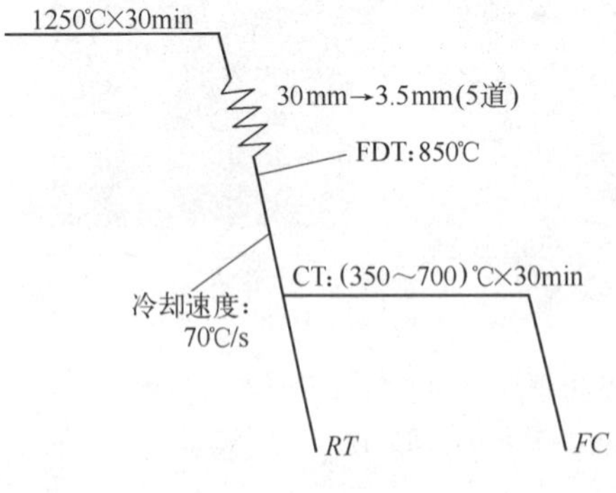

图 4－23　热轧工艺控制条件

热轧试验采用图 4－23 所示的工艺控制条件。坯料在 1250℃ 加热 30 min,终轧温度(*FDT*)850℃,由 30 mm经 5 道次轧成 3.5 mm 板材。然后以 70℃/s 冷速冷至卷取温度(*CT*),保温 30 min 后随炉冷却,以考察卷取温度的影响。

板材的翻边性能通过扩孔率 λ 分析:$\lambda=(D-D_0)/D_0$。其中:D 为扩孔后的直径(裂纹贯通板材厚度时的直径);D_0为扩孔前的直径。

图 4 – 24 表示卷取温度对热轧板材力学性能的影响。可见,低 C-Ti 钢 A(Ti/C = 1.3)的卷取温度从室温到 500℃的抗拉强度均在 780 MPa 以上,当卷取温度超过 500℃时,强度下降;伸长率在卷取温度达到 600℃时还在 15% ~20% 左右,之后开始增加;评价翻边性能的 λ 值,在卷取温度为 550℃附近较低,在其他卷取温度时均在 100% ~110%。而钢 B(Ti/C = 0.5)在同样工艺条件下的抗拉强度和 λ 值均低于钢 A。钢 C 虽然在 350℃卷取温度时的抗拉强度达到 800 MPa,但抗拉强度和 λ 值均随着卷取温度的提高而明显下降。

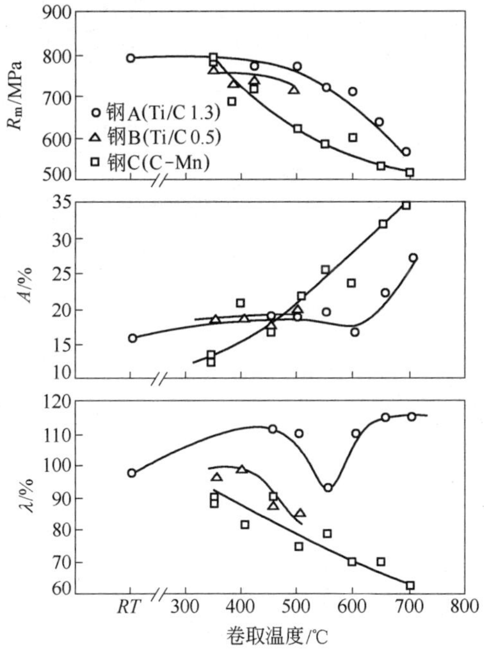

图 4 – 24 卷取温度对热轧板材力学性能的影响

通过透射电镜得知,钢 A 在 450℃卷取温度时的显微组织为具有高位错密度的细粒状贝氏体 + 铁素体组织(BF),经进一步分析得知,卷取温度低于 500℃时均为该种类型组织。卷取温度高于 650℃时为多边形铁素体组织,卷取温度在 550 ~600℃之间时为粒状贝氏体 + 铁素体组织。

钢 B 和钢 A 的组织相近,但其中存在渗碳体。钢 C 在卷取温度低于 450℃时为单相贝氏体组织,卷取温度高于 450℃时为铁素体 + 珠光体。

图 4 – 25 为不同成分和组织钢的抗拉强度同扩孔率 λ 值及伸长率 A 的关系,同时考虑其匹配积($R_m \times \lambda$)和($R_m \times A$)。可见,具有贝氏体 + 铁素体组织的钢 A(Ti/C = 1.3)具有最优的 R_m-λ 和 R_m-A 匹配值。

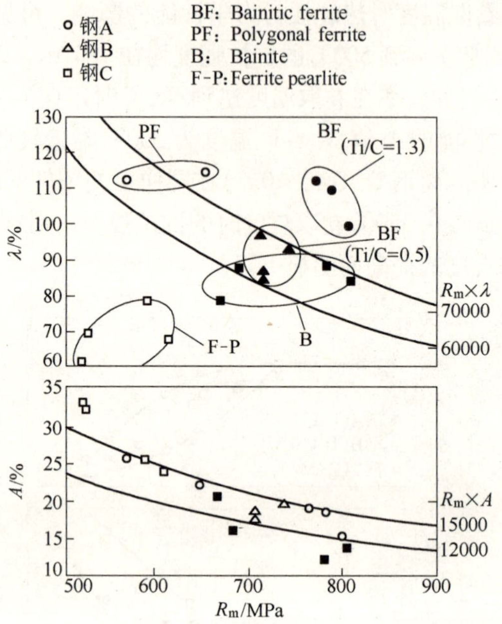

图 4-25　不同成分和组织钢的抗拉强度同扩孔率 λ 值及伸长率 A 的关系

根据组织观察结果,高含 Ti 钢 A(Ti/C = 1.3)在卷取温度 550℃时 λ 值急剧下降的原因是钢在此温度附近形成多边形铁素体(PF)和贝氏体 + 铁素体(BF)的混合组织,而且正好位于 TiC 析出的峰值,因此是组织不均匀与析出物的配合析出导致 λ 值下降。

图 4-26 表示试验钢 A 的热轧终轧温度 (FDT-Finishing Delivering Tem

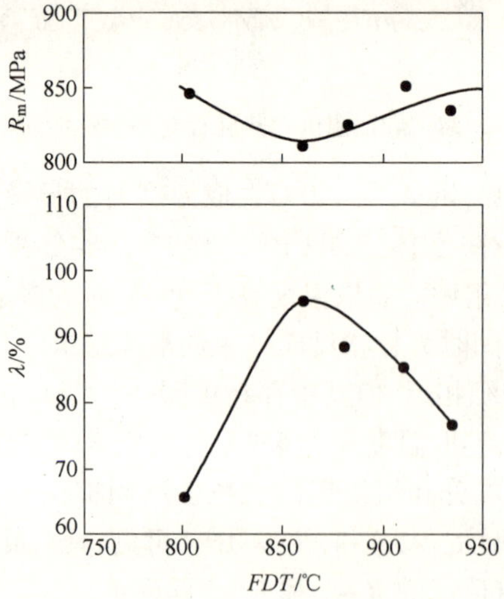

图 4-26　高含 Ti 钢 A 的热轧终轧温度(*FDT*)对抗拉强度和翻边性能 λ 值的影响

Perature) 对抗拉强度和翻边性能 λ 值的影响。可见,当终轧温度在 850℃附近时,λ 值达到最高,在高于或低于 850℃时,λ 值随着终轧温度的变化而降低。终轧温度在 850℃以下时处于两相区,组织为变形铁素体和贝氏体 + 铁素体的混合组织,从而导致 λ 值急剧下降。

图 4－27 为钢 A 的晶粒直径与 λ 值的关系。根据 EBSP(Electron Backscattering Pattern)当终轧温度高于 850℃时,晶粒为大于 15°的大角度晶界,随着终轧温度的降低,晶粒尺寸细化,而 R_m-λ 匹配值也随之提高。

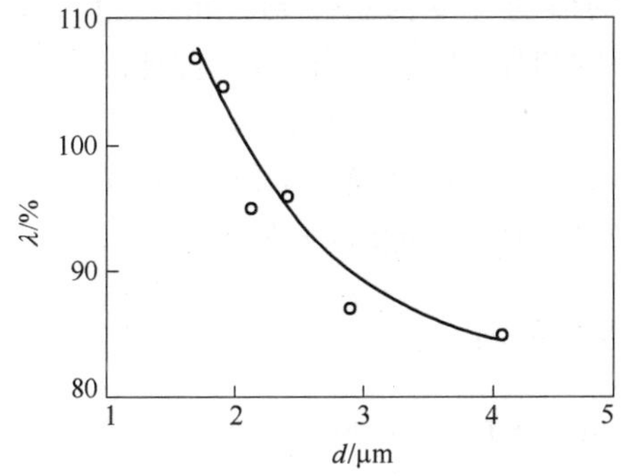

图 4－27　高 Ti 钢 A 的晶粒直径与 λ 值的关系

根据以上试验结果,在实际生产中采用表 4－24 的成分进行生产性试制,热轧工艺控制条件为:终轧温度(*FDT*)为 900℃,卷取温度(CT)为 450℃,产品的力学性能如表 4－25 所示。

表 4－24　780 MPa 级高钛热轧高强度钢的化学成分(质量分数)　(%)

C	Si	Mn	P	S	Ti	Ti/C
0.03	1.0	1.4	0.01	0.001	0.13	1.1

表 4－25　780 MPa 级高钛热轧高强度钢的力学性能

钢　种	厚度/mm	R_e/MPa	R_m/MPa	A/%	λ/%	$R_m \times \lambda$
新开发钢(高 Ti)	3.2	710	790	21	85	67150
传统钢	3.2	730	810	20	60	48600

为抑制对翻边性能有害的渗碳体的析出,利用 Ti 形成 TiC 以固定钢中的固溶 C,取 Ti/C 原子当量比大于 1,实际值为 1.1。热轧终轧温度也在 850℃以上,

为躲避 550℃附近 TiC 的析出,取卷取温度为 450℃。

从表 4 – 25 的力学性能可见,新开发的 780 MPa 级高钛热轧高强度钢同传统的同级别高强度钢相比,具有高的翻边性能 λ 值和高的 R_m-λ 匹配值。

4.4 热轧 TRIP 钢

TRIP(Transformation Induced Plasticity)钢是近年为满足汽车工业生产高强度、高塑性新型钢板的要求,开发研制含有残余奥氏体的低碳、低合金高强度钢板。利用残余奥氏体的形变诱发相变(Strain Induced Transformation)与相变诱导塑性性质,提高钢板的塑性,改善钢板的成形性能。

TRIP 钢板在冷成形过程中,残余奥氏体向硬的马氏体转变(形变诱导相变)的同时发生塑性变形。这种硬化使变形难以局部集中并使应变分散,从而得到高的均匀变形。这种现象称为相变诱导塑性[13]。

4.4.1 TRIP 钢的冶金学机制

按生产工艺的不同,TRIP 类钢可分为热处理型冷轧 TRIP 钢板和热轧型热轧 TRIP 钢板。热处理型 TRIP 钢是采用临界加热,下贝氏体等温淬火的工艺方法来获取 TRIP 转变所需的大量残余奥氏体,而热轧型是通过控制轧制和控制冷却来获得大量的残余奥氏体。因为,只有足够的残余奥氏体才能具有 TRIP 现象。钢中残余奥氏体含量一般在 10% ~20%(体积分数)。两种工艺生产的 TRIP 钢板显微组织都是由铁素体、贝氏体和残余奥氏体三相组成。

B. Engl 等给出热轧中控制钢材结构硬化过程的热轧工艺,如图 4 – 28 所示。图 4 – 29 表示 TRIP 钢板生产时由碳富集生成残余奥氏体的机制[26]。

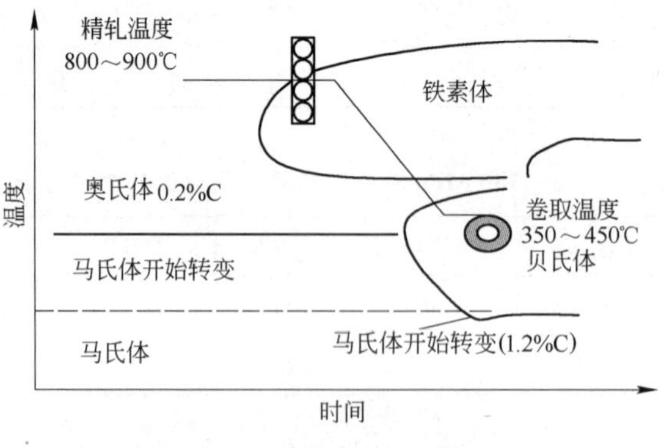

图 4 – 28 TRIP 钢热轧带钢生产

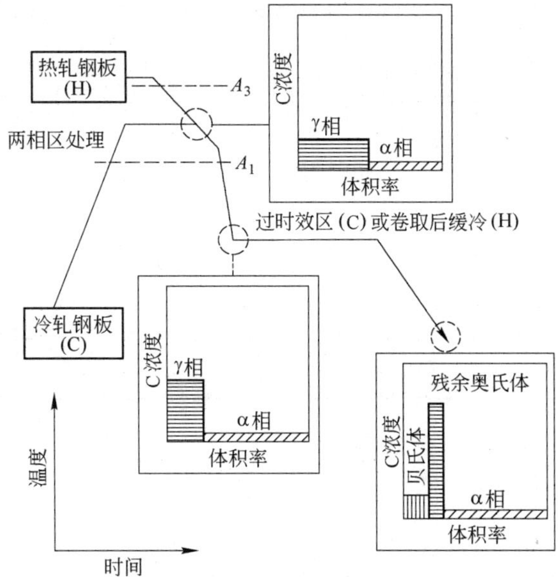

图 4-29 TRIP 钢板生产时由碳富集生成残余奥氏体的机制

4.4.2 TRIP 现象的影响因素

影响 TRIP 现象的因素主要是残余奥氏体量(A_R%)、残余奥氏体的稳定性和碳在残余奥氏体中的富积程度。而残余奥氏体量同钢的成分及热处理和控轧控冷工艺有关。

TRIP 钢的碳含量在 0.2% 左右并添加约 1% ~2% Si 和 1% ~2% Mn 形成 C-Si-Mn 钢,通过控制热轧后的冷却使碳向未相变的奥氏体中聚集,达到使奥氏体稳定化以保证目标残余奥氏体量[27]。

在热轧生产 TRIP 钢板时,为使 α/γ 二相分离,降低精轧温度,促进 α 相变或在通常条件下热轧后急冷,使组织细化,然后再缓冷使 α 相变发展。不论采取哪一种工艺,达到与目标强度对应的 α 相发展到一定程度时进行急冷,但在冷却到贝氏体转变区以上的温度进行卷取。在 α 相中分散马氏体相的双相钢的冷却终了温度最好在 M_s点以下,而 TRIP 钢为了得到残余奥氏体,需要在一定的温度范围内结束冷却,这在生产操作上是有困难的,但通过改进操作技术、稳定生产接近冷轧钢板的 TRIP 钢是可能的。表 4-26 为具有 TRIP 效果的高强度钢实例。

图 4-30 为 TRIP 钢板与采用其他强化机理生产的高强钢板的拉伸强度与总伸长率比较[28]。可见 TRIP 钢具有明显良好的拉伸强度与伸长率均衡性能。

表 4-26 具有 TRIP 效果的高强度钢板成分及性能实例

种 类	板厚/mm	$w(C)/\%$	$w(Si)/\%$	$w(Mn)/\%$	R_e/MPa	R_m/MPa	$A_{总}/\%$
冷轧	1.0	0.11	1.18	1.55	339	614	37
冷轧	1.2	0.14	1.74	1.49	411	695	33
冷轧	0.8	0.15	1.98	1.64	460	833	29
热轧	1.4	0.11	1.45	1.47	470	647	36
热轧	2.3	0.14	1.74	1.49	536	753	34
热轧	2.3	0.15	1.98	1.64	571	806	30
热轧	1.6	0.21	2.05	2.21	855	1083	22

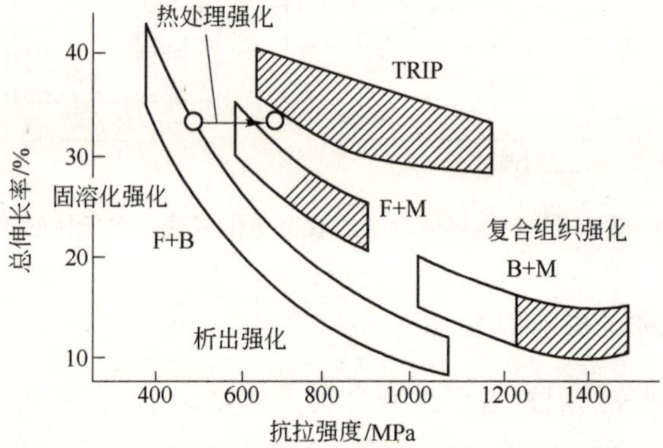

图 4-30 TRIP 钢板与其他高强度钢板的抗拉强度与总伸长率关系比较

F:铁素体;B:贝氏体;M:马氏体

M. Takahashi 等对 TRIP 钢的研究得到各种强塑积与残余奥氏体含量的关系,如图 4-31 所示[29]。可见随着奥氏体量增加强塑积提高,而决定残余奥氏体量的主要因素是工艺过程。另外,在热处理及热轧过程中,各个参数,例如:临界加热温度、贝氏体等温淬火温度、等温时间和冷却速率等均有影响。

影响 TRIP 现象的另一因素是残余奥氏体量与碳在奥氏体中的富积,有的研究表明:随着奥氏体稳定性的下降,残余奥氏体量减少,从而 TRIP 现象不明显,其原因是残余奥氏体迅速消失导致。铁素体相变和贝氏体相变过程对奥氏体稳定性具有重要作用[30]。

为了更好地控制残余奥氏体量,T. Minote 等[31]人采用组织观察和计算机模拟来研究 TRIP 现象。除了控制工艺外,Ichiro Tsuktani 等人对此研究表明最主要的是如何控制好钢中的化学成分:当硅的含量由 1.0% 增加到 1.5% 时显微结构由贝氏体 + 珠光体转变为铁素体 + 贝氏体 + 残余奥氏体,而且只有当硅含量大于1.0%,奥氏体含量才会明显提高。而锰的含量由1.5%增加到2.0%时,残余奥氏体量明显增加。如果没有锰,或者没有硅残余奥氏体含量都不会很高。另外,增加碳可以提高残余奥氏体量,并提高碳在残余奥氏体中的富集。但是,碳的提高会导致焊接性能的下降,因此,碳的含量一般控制在 0.2 左右[32]。T. Minote 等人[31]得出在碳含量为 0.2% 时,最佳组合是 1.5% Si 和 2.0% Mn。超过这个量,残余奥氏体会减少,一般认为残余奥氏体早期转变为马氏体。而马氏体的出现会降低 TRIP 现象。

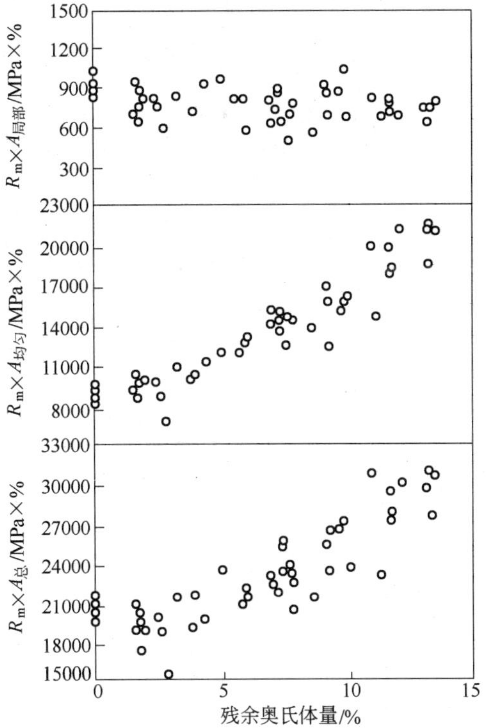

图 4-31 热轧板中的残余奥氏体量对强塑积的影响

图 4-32 为 TRIP 钢加工硬化特性与其他高强度钢板的比较[33],图中 n^* 为单向拉伸变形瞬间值。由图可见 TRIP 钢(图中 A)当真应变 $\varepsilon=0.05\sim0.10$ 左右时,n^* 值仍保持最大值,而其他三种高强钢板(图中 S、D、P)的 n^* 值在 $\varepsilon=0.05$ 附近达到最大值,以后开始显著下降。

图 4-33 为热轧 TRIP 钢中的残余奥氏体量随拉伸应变的变化[29]。可见,随拉伸应变的增加,钢中残余奥氏体量在降低,即残余奥氏体向马氏体转变。

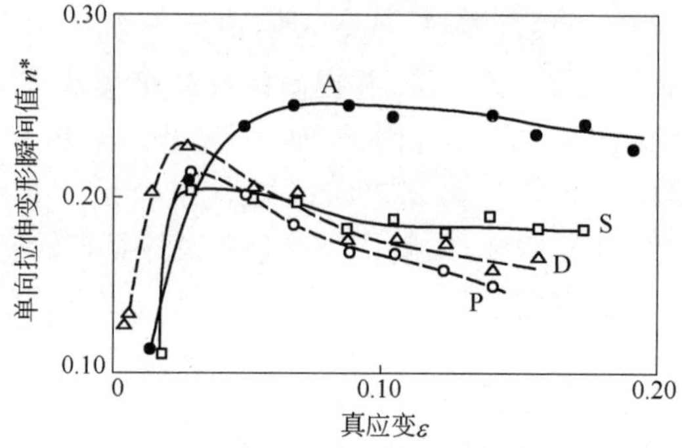

图 4－32　TRIP 钢与其他高强度钢板加工硬化特性的比较

A:TRIP 钢;P:析出强化钢;D:双相钢;S:固溶强化钢

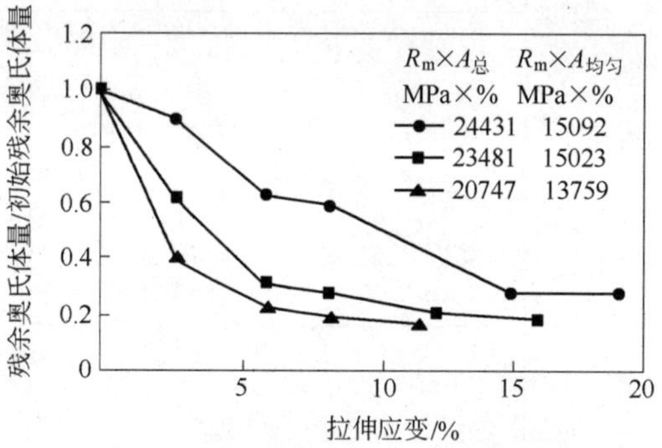

图 4－33　TRIP 钢中的残余奥氏体量随拉伸应变的变化

4.4.3　Nb 和 Mo 对热轧 TRIP 钢板力学性能的影响

众所周知，TRIP 钢的成形性能主要取决于残余奥氏体的数量和稳定性。但是,碳含量和 Nb、Mo 等合金含量较高的 TRIP 钢,相应的焊接性能和表面质量较差,生产成本也较高,其实用性不大。因此,碳含量通常控制在 0.2% 以下,硅、锰、铝等含量分别控制在 2% 以下。但是,这种成分又无法满足 780 MPa 和 980 MPa 强度级别的要求。Ti、Nb、V、Mo 等合金元素可以通过析出强化来提高钢的强度。许多研究结果显示,复合添加 Nb 或 Nb-Mo 可获得较高的强度和韧性。这些合金元素对热轧 TRIP 钢组织和性能的影响,可以通过控制卷取温度,使材料的强度级别达到 780 MPa。

4.4.3.1　化学成分和工艺条件

试验在 0.2C-1.5Si-1.5Mn-0.005P-0.03Al(质量分数,%)的化学成分

基础上，设计了5种Nb、Mo含量的材料。试验钢的化学成分如表4－27所示[34]。

表4－27 试验钢的化学成分(质量分数) (%)

序号	C	Si	Mn	P	S	Al	Nb	Mo	N
A	0.21	1.49	1.45	0.005	0.003	0.032			0.0068
B	0.21	1.48	1.48	0.005	0.003	0.021	0.016		0.0061
C	0.21	1.49	1.49	0.005	0.002	0.028	0.017	0.10	0.0065
D	0.21	1.60	1.53	0.005	0.003	0.031	0.048		0.0073
E	0.20	1.47	1.51	0.004	0.003	0.028	0.047	0.20	0.0065

试验获得的板坯厚度为30 mm，成品厚度为3 mm。设计的加热温度和终轧温度分别为1200℃和850℃。钢板在终轧以后冷却到750℃，采用水喷方式冷却，冷却速度为70℃/s。然后空冷10 s后继续采用水喷冷却到卷取温度。设定的卷取温度范围为300～550℃，间隔温度为50℃。

残余奥氏体的体积分数$\varphi(\gamma_R)$采用过饱和磁性法进行测量。残余奥氏体的碳含量$\omega(C_\gamma)$采用平均点阵常数a_0进行计算，计算公式如式(4－1)所示。平均点阵常数a_0。通过$(200)_\gamma$、$(220)_\gamma$、$(311)_\gamma$的点阵常数进行计算，衍射采用Mo-K_α靶。

$$\omega(C_\gamma) = (a_0 - 3.578)/0.033 \qquad (4-1)$$

残余奥氏体分布采用FE/SEM-EBSP带背散射功能的场发射扫描电子显微镜进行观察，试验步进宽度为150 nm。EBSP图像识别采用OIM图像取向分布系统进行分析。

4.4.3.2 力学性能

贝氏体转变使碳含量在残余奥氏体内进行聚集，这种聚集过程主要在热轧以后的卷取工艺中完成。因此，卷取条件是影响热轧TRIP钢的重要因素之一。

合金元素和卷取温度(CT)对抗拉强度(R_m)的影响如图4－34所示[34]。除高Nb-Mo钢E以外，对所有钢种而言，当卷取温度由300℃提高到400℃时，抗拉强度均显著降低；当卷取温度继续提高时，抗拉强度出现缓慢下降；而高Nb-Mo钢E的抗拉强度在450℃和500℃出现较高值。

合金元素和卷取温度对总伸长率的影响如图4－35所示。除碳钢在450℃卷取温度时显示伸长率峰值外，其他所有钢种均在400℃卷取温度出现伸长率峰值，并保持较高的抗拉强度[34]。

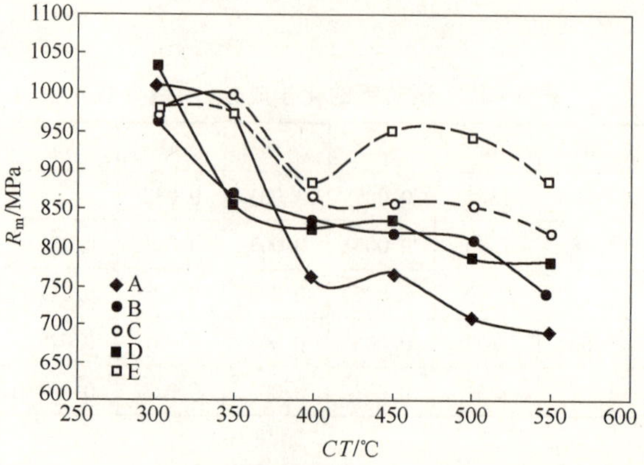

图 4-34　卷取温度和合金元素对抗拉强度的影响

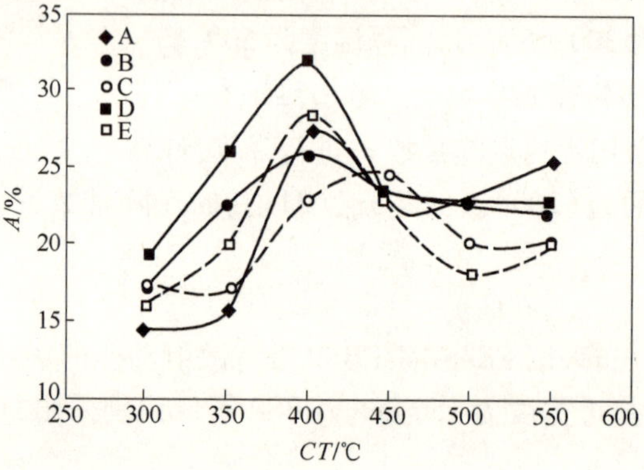

图 4-35　卷取温度和合金元素对伸长率的影响

钢的强度-塑性综合指标 $R_m \times A$ 值计算结果如图 4-36 所示[34]。计算结果显示，$R_m \times A$ 值与图 4-35 中的 A 值的变化趋势大致相同。卷取温度在 400℃时，D 钢和 E 钢的 $R_m \times A$ 值达到最高值。在所有试样中，A 钢的 $R_m \times A$ 值最低。

含 0.05% Nb 钢和含 0.05% Nb + 0.2% Mo 钢的 $R_m \times A$ 值高达 26000 MPa ×%，而其他钢的 $R_m \times A$ 值仅为 21000 MPa ×% 左右。这一结果显示，添加 0.05% Nb 可获得较高的抗拉强度和伸长率，而添加 0.2% Mo-0.05% Nb 则与添加 0.05% Nb 的 D 钢一样，也可获得较高的 $R_m \times A$ 值，同时，可以显著增加抗拉强度。

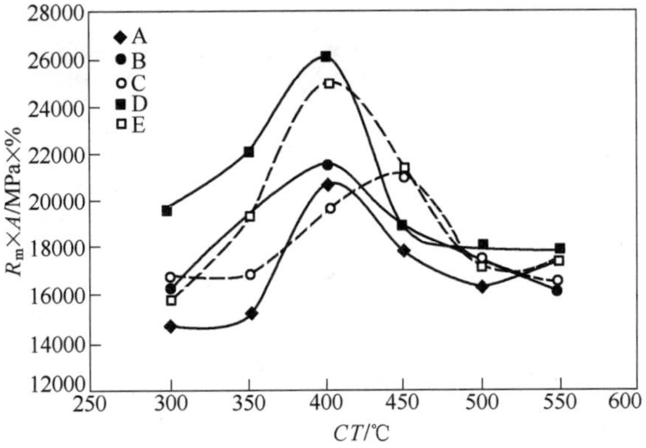

图 4-36 卷取温度和合金元素对抗拉强度×伸长率的影响

钢的总伸长率(A)包括均匀伸长率(A_u)和非均匀伸长率。均匀伸长率与总伸长率大体相同。除了碳钢以外,所有钢的最高均匀伸长率都出现在卷取温度400℃。含0.05% Nb 的 D 钢和 E 钢的均匀伸长率都大于20%。含0.02% Nb 的 B 钢和 C 钢的均匀伸长率仅次于 D 钢和 E 钢,而 A 钢的均匀伸长率最低,仅为16%。n 值的变化趋势与 A 和 A_u 值大体相同。尽管 Nb 钢的抗拉强度较高(与不含 Nb 的 A 钢相比),含 0.05% Nb 的 D 钢和 E 钢及含 0.02% Nb 的 B 钢与 C 钢都获得了较高的 n 值,其数值分别达到 0.25 和 0.20。另外,A 钢的 n 值也最低,仅为 0.16。

4.4.3.3 残余奥氏体与组织结构

残余奥氏体的体积分数和碳含量与卷取温度的关系如图 4-37 所示[34]。残余奥氏体随卷取温度及合金元素的变化关系与图 4-35 和图 4-36 显示的 A 值及 $R_m \times A$ 值变化关系基本相同。随着卷取温度的升高,残余奥氏体的体积分数首先增加,并在400℃出现峰值,随后开始降低。在500~550℃高温卷取范围内,Mo 钢比其他的钢显示了较高的残余奥氏体体积分数。

D 钢的残余奥氏体体积分数达到了最高值16%,比其他钢种高出4%。除C、E 钢以外,当卷取温度高于500℃时,所有试样的残余奥氏体的体积分数几乎都为0。相应的,D 钢的残余奥氏体碳含量在400℃卷取温度时也达到了最高值1.2%。

从钢的组织结构来看,A 钢的显微组织由等轴铁素体与第二相组成。含 Nb 钢的第二相形态略有伸长。分析结果显示,D 钢的残余奥氏体尺寸细小,沿贝氏铁素体板条分布。相反,A 钢的残余奥氏体尺寸较大.残余奥氏体主要沿铁素体晶界分布,与 D 钢沿贝氏铁素体板条分布不同。

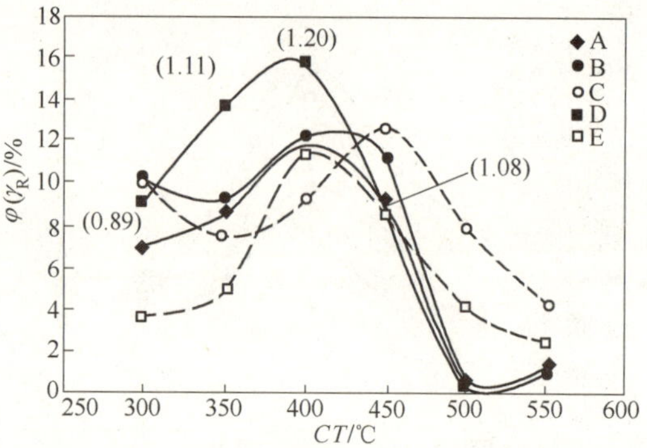

图 4－37 卷取温度对 D 钢残余奥氏体的体积分数和碳含量的影响

TRIP 钢的伸长率主要取决于残余奥氏体的体积分数及与碳含量相关的残余奥氏体的稳定性。图 4－37 分析结果显示，在不同的卷取温度条件下，残余奥氏体的体积分数和碳含量与伸长率的变化规律一致。另外，TRIP 钢的伸长率还取决于残余奥氏体的形态、残余奥氏体内细微粒子间距和铁素体基体形态。组织分析结果表明，Nb 元素对残余奥氏体形态具有显著影响。

在复相钢中，组织细化对成形性能具有重要影响。Regsbee 等人的研究结果显示，细小的残余奥氏体有利于获得较高的加工硬化指数和较高的 n 值，即使残余奥氏体数量保持不变也具有同样的效果。尽管无法精确测量残余奥氏体内颗粒间距，但观察结果也清楚地显示了 D 钢中较小的颗粒间距。根据 Regsbee 等人的试验结果和 Ashby 的理论，细小分布的残余奥氏体的组织特性有利于获得较高的加工硬化指数。分析结果显示，D 钢具有均匀细小的残余奥氏体组织结构。

试验结果表明，与 0.02% Nb 钢相比，TRIP 钢中添加 0.05% Nb 可以获得细小均匀的残余奥氏体，并有利于得到较高的伸长率和 n 值。从 B 钢和 D 钢的抗拉强度可以推断，0.05% Nb 钢中有相当数量的 Nb 固溶在基体中。析出的 NbC 和固溶的 Nb 都可以有效细化晶粒，也有利于残余奥氏体细化。

为了确定奥氏体的晶粒尺寸，将热轧试样加热到 750℃ 以后进行水淬。观察结果显示，A 钢包含有较大的块状马氏体，D 钢的组织细小，并略有伸长。在 D 钢中，变形铁素体不仅沿奥氏体晶界分布，而且也存在于变形的带状组织中。

对 D 钢在不同热轧阶段的 Nb 固溶状态进行了化学分析，结果如图 4－38 所示[34]。当试样在 1200℃ 加热保温时，大约有一半的铌析出。在轧制过程中，大约有 20% 的铌析出，其中，10% 的铌在冷却卷取阶段析出。而成品试样中，大约有 20% 的铌处于固溶状态。固溶态的铌对 0.05% Nb 钢的组织具有明显影响，析出的 NbC 对奥氏体的尺寸和形态具有一定的影响。

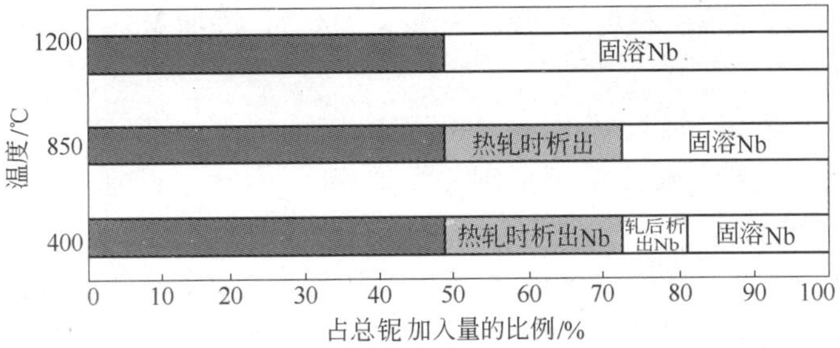

图 4-38 不同热轧工艺过程中铌固溶和析出的化学分析

4.5 热轧耐候高强钢

较厚的热轧钢板在汽车上常用作加工支撑部件且用量较大，当板厚减薄时，因开孔腐蚀引起的开裂会过早发生，因此需要采取防锈措施以提高汽车支撑部件的使用寿命。为此通过 P、Cu 复合添加提高钢板的耐蚀能力，开发了耐候热轧高强度钢板。

4.5.1 热轧耐候高强钢板的成分及组织设计[35]

耐蚀性钢板的基本成分根据耐候钢板的成分设计，并考虑模拟汽车实际腐蚀环境的加速腐蚀实验结果，采用 P-Cu 系和 P-Cu-Mo 系为基础。表 4-28 为各强度级别的耐蚀热轧高强钢板的化学成分。

表 4-28 耐蚀热轧高强钢板的化学成分（质量分数） （%）

强度级别/MPa	C	Si	Mn	P	S	Cu	Ni	Mo
400	0.003	0.04	0.81	0.097	0.001	0.28	0.32	—
540	0.045	0.05	1.27	0.097	0.001	0.32	0.27	0.16
590	0.049	0.04	1.54	0.097	0.001	0.32	0.28	0.19
780	0.055	0.09	1.79	0.100	0.001	0.31	0.29	0.20

确定化学成分的基本考虑是：

（1）P、Cu 是使锈层浓缩、致密、稳定并抑制锈蚀发展的元素。

（2）C 是对耐蚀性有影响的元素，希望尽可能降低。

（3）添加微量 Cr 在含氯离子环境中，有降低耐穿孔腐蚀的作用，因此，考虑汽车使用环境不添加此元素。

（4）Mo 与 P、Cu 复合添加时具有使锈层浓缩，起到和 P、Cu 同样的抑制锈蚀发展的效果。为确保材料的强度，需要添加 C 时，添加 Mo 起到补偿耐蚀性的作用。

基于以上考虑，强度级别在 440 MPa 以下时采用超低碳，强度级别在 540 MPa以上时为确保强度采用低碳并添加 Mo。为确保耐蚀性和提高伸长率，要使硫降到最低水平。

耐蚀钢主要用于汽车支撑部件，确保冲压加工性能是重要的，需要考虑高强钢的热轧组织对翻边性能的影响。从耐蚀性考虑，应使贝氏体组织均匀、分散。因此，用于汽车支撑部件材料的控制冷却保证翻边性能的方法对耐蚀钢也有效。

4.5.2　热轧耐候高强钢板的基本特性

实验结果表明，耐蚀性热轧高强度钢板除具有优良的耐蚀性能外，还有良好的成形性能、喷涂性能、抗疲劳性能、二次加工脆性和焊接性能。表 4 - 29 为耐蚀性热轧高强钢板的力学性能。图 4 - 39 为该材料的伸长率与传统材料的比较。

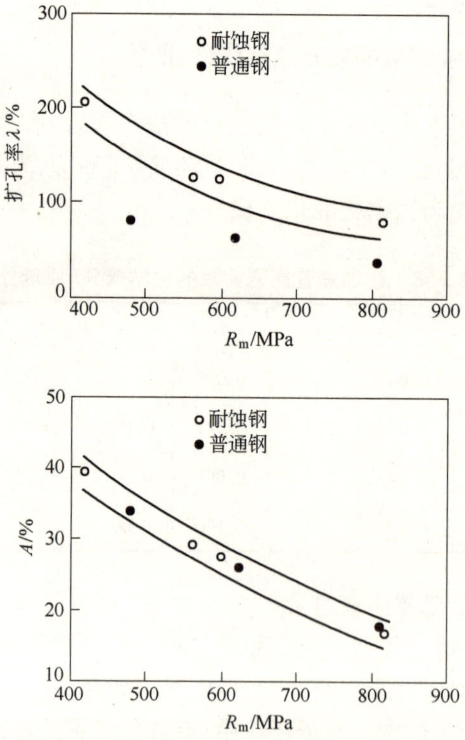

图 4 - 39　耐候热轧高强钢板的伸长率和扩孔率与传统材料的比较

表 4－29 耐蚀性热轧高强钢板的力学性能

强度级别/MPa	厚度/mm	R_e/MPa	R_m/MPa	A/%	λ/%
400	2.6	331	416	39.6	209
540	2.9	437	559	29.1	124
590	2.9	500	596	27.4	124
780	2.6	712	814	16.6	80

由图中可见，耐候热轧高强钢板通过极低硫化和控制冷却进行组织控制，其伸长率与传统材料基本相同，但翻边性能却得到明显提高。从极限拉深比(*LDR*)实验证明(见表 4－30)，强度级别为 400～780 MPa 的耐蚀性热轧高强钢板的 *LDR* 值在 2.16～2.20，具有良好的冲压成形性能。

表 4－30 热轧耐候高强钢板的极限拉深比(*LDR*)值

材 料	厚度/mm	*LDR* 值
耐候钢板 400 MPa	2.6	2.16
耐候钢板 540 MPa	2.6	2.16

实验条件：冲头：φ50；冲模：φ58－R19；压边力：2 t；润滑：石墨 PA920。

4.6 含铜热轧高强钢

理想的薄钢板是在加工成形时较软且加工性能好，而在加工完后加工件的强度增加。基于这一考虑开发了通过短时间热处理使屈服强度和拉伸强度增加的含铜高强钢板[16,36]。

含铜热轧高强度钢板是在超低碳钢中添加1%～1.6% Cu，在加工后短时间热处理时析出 ε-Cu，可使钢板的强度显著增加。图 4－40 表示在微碳钢(ELC)和 Ti-IF 钢中加入微量铜，对力学性能的影响。可见随铜添加量的增加，拉伸强度略有上升，当加铜量 1% 时，ΔR_m 上升约 40～50 MPa。随强度的增加，伸长率有所下降，但添加铜量达到 1.4% 时钢板的伸长率仍在 40% 以上。

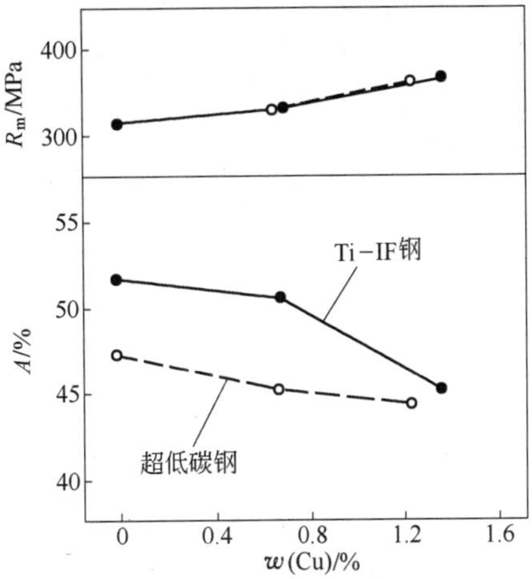

图 4－40 在微碳钢(ELC)和 Ti-IF 钢中加入微量铜对力学性能的影响

低的卷取温度抑制了铜的析出，软质相具有良好的冲压成形性，

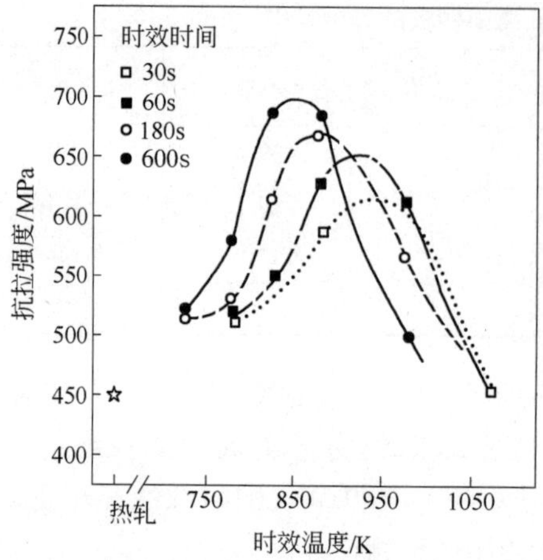

图 4－41　时效温度和时效时间对添加 1.6% Cu 热轧钢板的拉伸强度的影响

钢板成形后加热时效处理，析出强化使强度增加，且成形件具有较高的疲劳寿命。含铜超低碳热轧钢板在热处理中强度上升量随含铜量和热处理条件而变化。图 4－41 是添加 1.6% Cu 时热处理温度和热处理时间对钢板的拉伸强度的影响。实验材料是热轧后在 300℃ 以下卷取的热轧板，其拉伸试验值见表 4－31。存在强度达到峰值的时效温度，但该温度随时效时间而变化，时效时间越长，该峰值越向低温侧移动，且强度峰值变大。此强度的变化是由于铜的时效析出的结果。

表 4－31　热轧钢板的力学性能（$t=2.0$ mm）

钢　种	R_e/MPa	R_m/MPa	A/%
含铜钢板	361	436	35.5
SAPH440	320	456	35.6

钢中加入铜，在氧化气氛中较长时间加热时，由于选择性氧化的结果，在钢的氧化铁皮下会富集一薄层熔点低于 1100℃ 的富铜合金，此合金在约 1100℃ 时熔化并侵蚀钢表面层的晶界，使钢在热轧时开裂，因此，含铜钢中加入镍，这样可以使钢表面的铜富集层变为熔点超过 1200℃ 的铜镍富集层。已开发的含铜析出强化型钢板的化学成分及力学性能如表 4－32 所示。

表 4－32　钢板的化学成分及力学性能

化学成分（质量分数）/%								
C	Si	Mn	P	S	Al	Cu	Ni	Nb
0.05	0.19	0.51	0.005	0.003	0.036	1.02	1.01	0.066

力学性能				
450℃ 卷取	R_e/MPa	R_m/MPa	A/%	HV（载荷 49N）
热轧态	550	612	28.3	185
析出处理（30% Red. 550℃ ×30 min）	790	808	15.2	246

通常，铜在钢中的析出强化行为取决于其含量、过饱和程度、时效时间及时效温度。S. S. GHASEMI 等对含 Cu 低碳钢的三种预处理组织（F、B 和 M）分别进行了时效处理，研究其组织及硬化曲线的变化规律。结果表明，M 和 B 组织的时效强化效果远高于热轧状态的 F 组织。这是由于在 M 和 B 组织中高的铜固溶量、高的位错密度为 ε-Cu 的析出提供了大量的形核点。当 ε-Cu 主要在位错附近析出时，时效硬化程度最高。而在热轧状态，由于大量的 ε-Cu 在相间析出，不能发挥完全的时效析出潜力。如果终轧后在输出辊道上快速冷却，在时效处理前获得饱和程度较高的 F 组织，则可以得到最佳的析出强化效果[14]。

4.7　纳米粒子析出强化高强钢

Seto 和 Funakawa 等研究了通过纳米尺寸析出粒子的析出控制获得热轧纳米高强钢（NANOHITEN Steel）[37,38]。过去通常采用析出强化，但钢的伸长率下降，新的研究表明，通过将钢板的析出粒子大小控制在纳米尺寸，可以提高组织的均匀性并大幅度改善钢的成形性尤其是扩孔率。其成分特点是采用复合添加 Ti 和 Mo，形成特殊的碳化物（Ti，Mo）C 来抑制析出物的粗化，并通过在相界面的析出使析出物均匀分散。图 4－42 为透射电镜照片，可见纳米尺寸的微细析出粒子分布均匀。

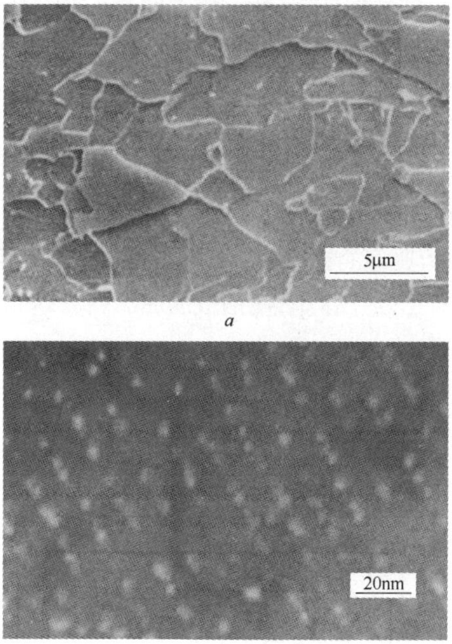

b

图 4－42　纳米高强钢的组织照片

a—SEM 照片；*b*—TEM 照片（暗场像）

纳米高强钢的主要特点是：

（1）基体为成形性优良的铁素体单相组织；

（2）通过数纳米尺寸的微细析出粒子强化；

（3）析出物的热稳定性极高；

（4）因析出强化所占比例非常大，可以不添加固溶强化元素 Si。

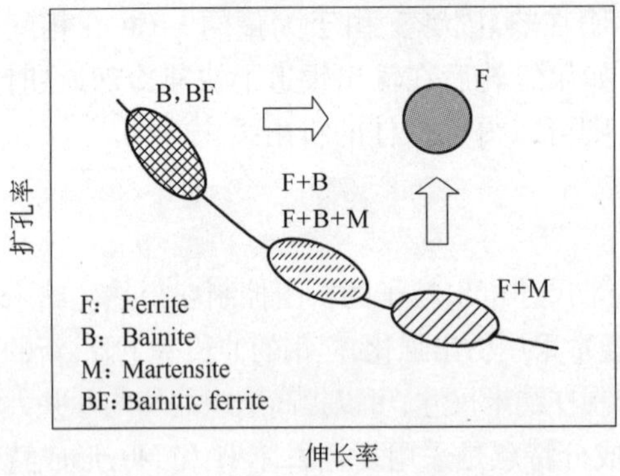

图 4－43　组织对伸长率和扩孔值的影响示意图

图 4－43 为组织对伸长率和扩孔值的影响示意图。F + M 等复相组织可得到高的伸长率但扩孔率低，贝氏体单相组织的扩孔率高但伸长率低。因此，采用过去的方法仅有铁素体单相组织的钢难以达到 780 MPa 级以上的强度水平。而纳米高强钢既具有铁素体组织的高伸长率又有单相组织的高扩孔值。

图 4－44 为根据 Orowan-Ashby 模型计算的不同析出粒子尺寸的析出量与析出强化量的关系，其中析出粒子的直径为 1 nm 和 10 nm[38]。可见，析出粒子的尺寸对析出强化的影响显著。例如，析出 TiC 的 C 含量为 0.08%（质量分数）时，析出粒子直径为 1 nm 的析出强化值可达到 700 MPa。基于此分析，纳米高强钢的目标是将钢中的析出粒子尺寸微细化至数纳米，使析出强化达到极限值。对此，康永林、周建等曾在 Ti 微合金化高强耐候钢的纳米尺寸析出强化的机制研究及产品开发中得到类似的实际结果。采用加 Ti 含量在 0.05% ~0.13% 范围时，得到钢板的组织为典型的铁素体组织，但钢中生成大量的直径小于 20 nm 的 TiC 粒子，因其强烈的析出强化作用，使钢板的屈服强度达到 500 ~700 MPa[39~41]。

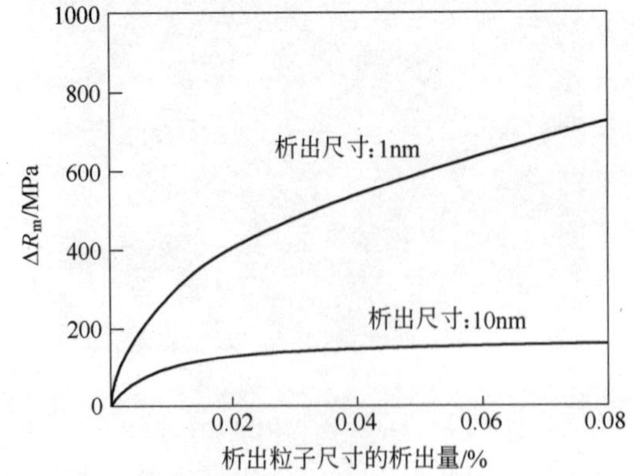

图 4－44　不同析出粒子尺寸的析出量对析出强化的影响

图4－45为纳米高强钢与传统HSLA钢抗拉强度热稳定性的比较[37]。将纳米高强钢和过去的TiC析出强化钢板加热到650℃保温一段时间后，在常温下测定拉伸强度降低量（ΔR_m）。可见，过去的利用TiC析出强化的钢板在650℃保温250 min后，抗拉强度随着TiC的粗化而显著降低，而以（Ti，Mo）C析出强化为主的纳米高强钢在650℃保温约22 h后的抗拉强度也不降低，表明纳米高强度钢中的析出物具有极高的热稳定性。

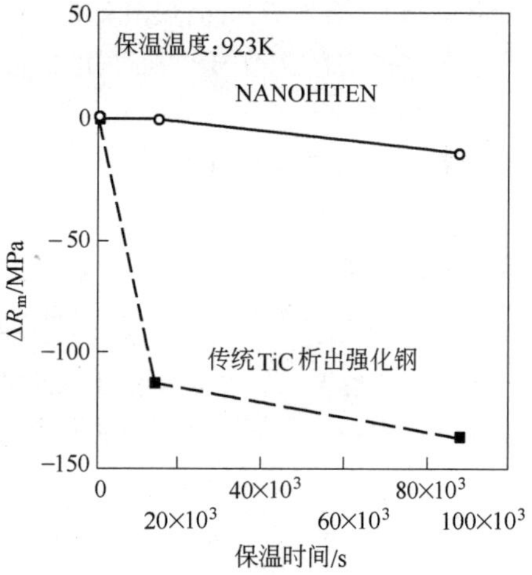

图4－45 纳米高强钢与传统HSLA钢抗拉强度热稳定性的比较

图4－46为将纳米高强钢加热到700℃以上的高温保温时，（Ti，Mo）C粒子直径和Ti/Mo原子比的关系的测定结果[37]。

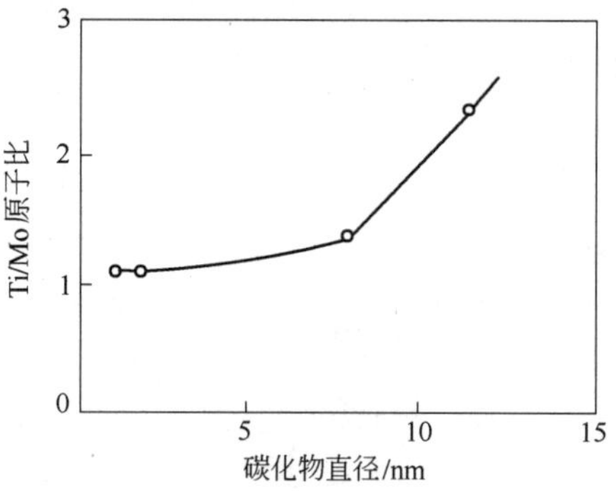

图4－46 （Ti，Mo）C粒子直径和Ti/Mo原子比关系的测定结果

纳米高强钢的热轧工艺同普通钢几乎没什么差别，在普通钢相同的卷取温度条件下较容易得到具有析出强化的铁素体单相组织。过去的析出强化钢采用高温卷取往往生成较粗的珠光体，而纳米高强钢由于将C含量控制得很低，并添加抑制珠光体相变的Mo，可以得到稳定的铁素体单相组织。并且，与随卷取条件不同强度易产生波动的复相钢和过去的析出强化钢不同，纳米高强钢的单相铁素体和析出物很稳定，所以其强度波动也很小。这对冲压成形时的回弹量变化影响也很小。

另外，因纳米析出物使钢板强度大幅度上升是在热轧后的卷取过程中发生的,780 MPa 级纳米高强钢热轧时的热变形抗力与 540 ~ 590 MPa 级钢相当,因此不会产生过去的 780 MPa 级钢轧制板厚 1.8 mm 以下薄规格的困难,可以生产宽度超过 1000 mm 的宽幅高强钢板。

表 4 – 33 为 780 MPa 级纳米高强钢的典型化学成分和力学性能与传统的高翻边型高强度热轧钢板的比较。可见,纳米高强钢具有比传统钢更加优良的伸长率与扩孔性能的匹配值。这主要是由前面所述的两个特点(1)和(2),即基体为铁素体单相组织与析出粒子的超细化的结果[37]。

表 4 – 33 780 MPa 级纳米高强钢与传统的高翻边型高强度热轧钢板的化学成分和力学性能比较

钢 种	化学成分(质量分数)/%				力学性能			
	C	Si	Mn	其他	R_e/MPa	R_m/MPa	A/%	λ/%
纳米高强钢	0.04	Tr.	1.4	Ti, Mo	745	805	20	100
传统高强钢	0.07	0.99	1.54	Ti	696	810	18	79

析出粒子的超细化使钢的屈服强度大幅度提高是纳米高强钢的特点之一,汽车在侧面冲撞对应的弯曲破坏强度也取决于钢的屈服强度,因此,纳米高强钢不仅可以用于汽车的悬挂件和车轮等行走部件,而且也可能生产热轧薄规格高强钢板和合金化热镀锌钢板。

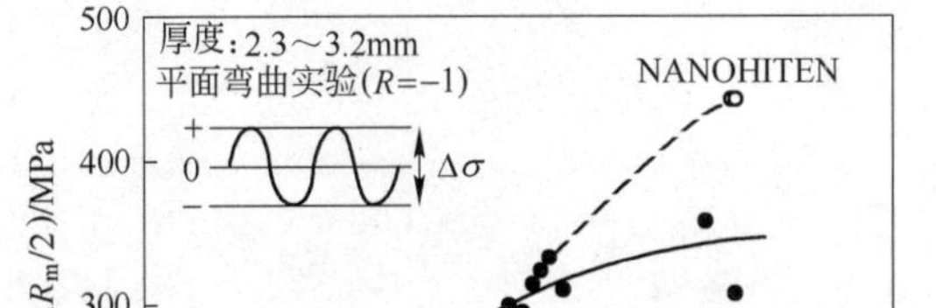

图 4 – 47 纳米高强钢和传统 HSLA 钢的抗拉强度 R_m 和平面弯曲疲劳极限关系比较

另外,纳米高强钢的特点(4)即不添加 Si 的成分设计对于提高钢板表面质量也很有效。通常,当钢板的抗拉强度超过 590 MPa 级时必须添加 Si,因 Si 在钢板表面富集使后续的表面化学处理性能变差,而完全不含 Si 的纳米高强钢的化学处理性能与软钢基本相同。加 Si 钢在热轧过程中产生的表面红锈(红色氧化皮)是由于在表面富集的 Si 的氧化物层产生的锈迹(凹凸)。图 4 – 47 为纳米高强钢和传统 HSLA 钢的抗拉强度 R_m 和平面弯曲疲劳极限关系比较,当强度超过 590 MPa 时,随母材强度的增加,疲劳极限的上升量减小,可以认为这与钢板表面粗糙度的影响有关。而不含 Si 的纳米高强钢没有这种表面红锈,可期待预期疲劳极限上升。

4.8 超高强复相钢及马氏体钢

超高强度钢通常为复相钢或马氏体钢。复相钢是指两相在数量和尺寸上有相同的数量级,其特点是细小的铁素体和高比例的硬相如贝氏体、马氏体组织,并且还存在微合金元素的析出强化,可获得的抗拉强度达到 800~1000 MPa 以上。强度更高的钢种以马氏体组织为代表,通过高温奥氏体快速淬火来获得,抗拉强度级可达到 1400 MPa 级。表 4-34 为奥钢联开发的超高强热轧钢板的力学性能。ALFORM700M 的基本组织为不规则的铁素体组织,ALFORM900M 为板条贝氏体组织+少量马氏体岛;多相钢 MP800 的基本组织为粒状贝氏体和板条下贝氏体组织以及少量分散分布的 M/A 岛;MS1200 为马氏体钢[43]。

表 4-34 超高强钢板的力学性能

钢 种	R_e/MPa	R_m/MPa	A/%	$A_{KV(-20)}$/J
ALFORM700M	≥700	750~930	≥15	≥40
ALFORM900M	≥900	940~1100	≥11	≥40
MP800	约 730(纵向)	约 870	约 14	
MS1200	约 1150	约 1360	约 5	

注:MS1200 钢伸长率为 A_{80}。

目前,部分马氏体钢或全马氏体钢为车身和底盘部分提供了最高的强度。这些热轧或冷轧超高强钢的抗拉强度高于 1000 MPa。当然,其成形性很有限而且只能用来生产外形相对简单的零件。马氏体钢可采用热成形淬火工艺进行应用。近几年,热成形制造的零件应用越来越广泛。在最近的一款大众汽车车型中,采用热成形的部分占据了整个车身重量的 15%。典型的模压硬化钢(PH 钢) 22MnB5 是利用钛和硼微合金化的。钢板在冲压前加热到 950°C 附近,然后在一个水冷模具中加压成形。这种材料的热成形性非常好,而且由于模具淬火最终零件的强度可以达到 1500 MPa。在丰田汽车公司的另一种工艺中,零件是经过回复退火的冷轧材料通过冷变形得到的,然后经过感应加热和淬火使得冲压后的零件局部淬硬。马氏体最终的强度是由钢中的含碳量水平和冲压后的冷却速率决定的[21]。

参考文献

[1] Black Wolfgang, Phiu-on Kriangyut. Grain refinement and mechanical properties in advanced high strength sheet steels, Proceedings of The joint international conference of HSLA steels 2005 and ISUGS 2005. Sanya, Hainan, China, 2005:50~57.

[2] 木下正行, ほか. NKK 技报[N], 1994, No. 145:1~8.

[3] 十代田哲夫. 自动车用高强度热延钢板の開发の现状と展望[J],塑性と加工,2005,46(534):570～579.

[4] 清水哲雄,船川义正,金子真次郎[N]. JFE 技报,2004,4:22～27.

[5] Fukukawa Y,Shiozaki T,Tomita K,et al.. ISIJInternatioal,44－11,2004,1954～1960.

[6] 山崎一正. 自动车用高强度钢板の现状と今后の展望[J]. 塑性と加工,2005,46(534):565～569.

[7] 林央. 塑性と加工[J],1994,Vol. 35:1087～1092.

[8] 林央. 自动车用高强度钢板の规格と种类[J]. 塑性と加工,2005,46(534):612～617.

[9] Ko Y S , Park H, Lee J K, Yun C S, Lim J D,汽车用微合金钢近来的发展和趋势[M]. 铌微合金化汽车用钢. 北京:冶金工业出版社,2006: 166～174

[10] 山崎一正,ほか. 新日铁技报[N]. 1994,No. 354:32～38.

[11] Takechi H. Proc. of Advanced Automobile Materials,Beijing China.

[12] 氏原新. 塑性と加工[J]. 1994,Vol. 35:1023～1028.

[13] 木下正行. 塑性と加工[J]. 1994,Vol. 35:1048～1053.

[14] 刘东升,王国栋,刘相华. 第6届轧钢学术大会论文集[C]. 1996:233～238.

[15] 张秀芳等. 轧钢[J],1996,No. 68:16.

[16] 鲁茨·迈耶. 带钢轧制过程中材料性能的优化[M]. 赵辉译. 北京:冶金工业出版社,1996:5～14.

[17] 木下正行,ほか. NKK 技报[N]. 1994,No. 145:1～8.

[18] 崛亚司ほか. 材料とプロセス[J]. 1991,Vol. 4:781.

[19] Kimura H,et al.. SAE 930283,1993.

[20] Hirohisa Kikuchi,Norio Imai,Toshiro Tomida,et al.. 690～780 MPa 级热轧薄板车轮钢的材料设计[M]. 汽车用铌微合金化钢板. 北京:冶金工业出版社,2006:251～257.

[21] Hardy Mohrbacher. 铌微合金化汽车板—现代车身设计难题的一种低成本高效的解决方案[M]. 汽车用铌微合金化钢板. 北京:冶金工业出版社,2006:1～20.

[22] Takahashi M,Hayashida T,Taniguchi H,et al.. Nippon Steel Technological Report,2003, No. 88:8.

[23] Takahiro Kashima, Youichi Muka. Development of 780 MPa Class High Strength Hot Rolled Steel Sheet with Super High Flange Formability. “R&D”Kobe Steel Engineering Reports,2002,52(3):19～22.

[24] 康永林,王波. TRIP 钢板的组织性能与工艺控制[J]. 钢铁研究学报,1999,11(3):62～66.

[25] Engl B,Heidtmann U,et al.. Cold formability and light weight construction driving for ces for recent steel development. International Symposium for LC and ULC Sheet Steels,Aachen, Germany,1998,Vol. 1:39～50.

[26] 左久间 康治ほか. 新日铁技报[N],1994, No. 354:17～21.

[27] Ichiro Tsuktani,Shun'ichi Hashimoto and Tsuyoshi INOUE ISIJ International, 1991,Vol. 31, No. 9:992～1000.

[28] 秋末治,羽田隆司. 新日铁技报[N]. 1994,No. 354:1～5.

[29] Takahashi M, Kawano O,Hayashida T,et al.. High Strength Hot-rolled Steel Sheets for Automobiles, Nippon Steel Technology Report. 2003,No. 378:7～11.

[30] 河野治等. 鉄と鋼[J],1996,Vol. 82,No. 3: 232～237.

[31] Minote T,Torizuka S,Ogawa A,Niikura M. ISIJ International. 1996,Vol. 36,No. 2:201～207.

[32] 武智弘. 鉄と鋼[J],1992,Vol. 78, No. 3:339～345.

[33] 臼田松男等. 塑性と加工[J]. 1998,Vol. 39 No. 444:77～81.

[34] Kenji Saito,Shushi lkeda,Shunichi Hashimoto,et al.. Nb 和 Mo 对热轧 TRIP 钢板力学性能的影响. 汽

车用铌微合金化钢板. 北京:冶金工业出版社,2006:258 ~ 264

[35] 吉武明英ほか. NKK 技报[N]. 1994,No. 145:9 ~ 16.

[36] Kopineck H J, Wladika U H. Stahl u Eisen. 1982, Vol. 102: 1053 ~ 1060.

[37] Seto K, Funakawa Y, Kaneko S. Hot Rolled High Steels for Suspension and Chassis Parts "Nanohiten", "Bht®Steel". JFE GIHO,2007, No. 16:28 ~ 33.

[38] Funakawa Y, Shiozaki T, Tomita K, et al. . ISIJ International,2004, 44(11): 1954 ~ 1960.

[39] 康永林,周 建,毛新平等. Ti 微合金钢的成分及工艺对显微组织和力学性能的影响[J]. 钢铁, 2006,41(10):72.

[40] 周建,康永林,毛新平等. Ti 微合金化高强耐候钢的析出相观察和物理化学相分析[J]. 钢铁研究学报,2005,17:34.

[41] Zhou Jian, Kang Yonglin, Mao Xinping, et al. . Effect of composition and processing of Ti microalloyed steels on microstructure and mechanical properties. in 2006 International Symposium on Thin Slab Casting and Rolling. Guangzhou, 2006:356.

[42] 周 建,康永林,毛新平等. CSP 流程生产 Ti 微合金化高强钢的析出行为研究[C]. 北京国际材料周(2006BIMW)会议论文集. 2006:35.

[43] 王瑞珍,罗海文,董瀚. 汽车用高强度钢板的最新研究进展[J]. 中国冶金,2006, 16(9):1 ~ 9.

5 冷轧高强钢及先进高强钢板

5.1 冷轧高强钢板的组织性能特点

冷轧高强钢板主要用于车体内外板及结构件，板厚范围通常在 0.5 ~ 1.2 mm，强度级别在 340 ~ 1470 MPa。其强化机制主要为固溶强化、析出强化、固溶 + 析出强化、相变强化和析出 + 相变强化。

冷轧高强钢板的种类主要有：冷轧高强超深冲钢板（高强 IF 钢板、超低碳加 P、加 Mn、超细晶钢板等）；冷轧烘烤硬化钢板（BH 钢板）；冷轧双相钢（DP）钢板；冷轧 TRIP 钢板；冷轧 TWIP 钢板；冷轧超高强度钢板（CP 钢、马氏体钢、WQ 钢等）。

从各类汽车部件的成形性考虑，开发了各种钢板。固溶强化钢板强度一般在 440 MPa 以下；通过在超深冲 IF 高强钢中添加 Si、Mn、P 等固溶强化元素，开发了 440 MPa 级钢种；在析出强化型钢板中添加 Nb、Ti、V 等元素，生成细小碳化物，强化了铁素体组织，其主体钢种是具有高屈强比、强度为 590 MPa 级的钢板；强度在 590 MPa 级以上的高强钢的主体钢种是马氏体、贝氏体等相变强化的复合钢板，而强度在 1180 MPa 以上超高强钢板一般是通过贝氏体系组织或马氏体单相组织进行强化处理。图 5 - 1 为各种冷轧高强钢板的强度与成形性能的关系[1]。

表 5 - 1 列出冷轧高强度钢板的强化机制、主要添加元素、强度级别和成形特性[2]。

表 5 - 1 冷轧高强度钢板的强化机制及钢板特性

强化机制	主要添加元素	强度级别 R_m/MPa	冲压成形特性	
			一般特性	具体特性
固溶强化（低碳系）	P-Mn Si-Mn、P	340 ~ 440	一般冲压用 一般加工用	拉胀成形性良好有 BH 性
固溶强化（超低碳系）	P-Mn、P-Si Mn-P-Ti、Ti、Nb	340 ~ 590	深冲用	深冲性优良有 BH 性
析出强化	Mn、Nb Si-Mn-Nb	390 ~ 590	一般加工用	焊接性良好
固溶 + 析出强化	Mn-Ti Si-Mn-P-Nb、Cu、Ti	490 ~ 590	一般加工用	适于弯曲加工高 r 值型

续表 5－1

强化机制	主要添加元素	强度级别 R_m/MPa	冲压成形特性	
			一般特性	具体特性
相变强化（马氏体系）(M＋B)	Mn-Si Mn-Si-P Mn、Si-Mn-Nb	390～1470	低屈强比型	适于高拉胀加工有BH性
相变强化（贝氏体系）	Mn-Cr	390～1470	高扩孔率型高延伸型	适于拉深成形
相变强化（残余奥氏体系）	Si-Mn	590～980	高残余奥氏体钢板(TRIP钢)	TRIP效果产生的高延伸高强钢板
析出＋相变强化	Mn-Si-Ti Mn-Si-Ti-Mo	780～1470	超高强钢板	高强度，加工性良好

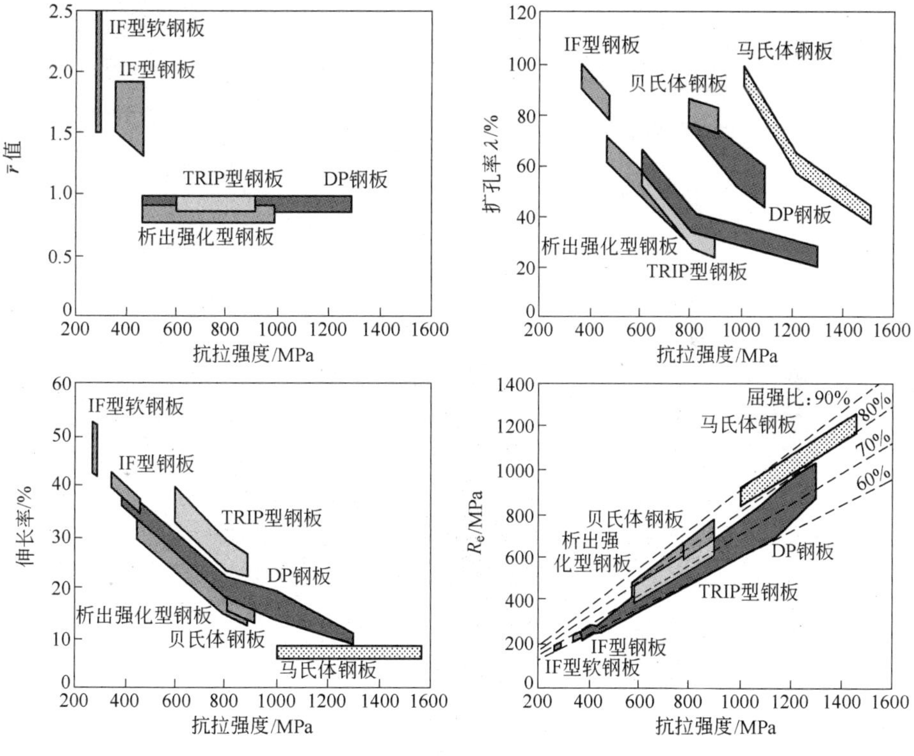

图 5－1 各种冷轧高强钢板的强度与成形性能关系

固溶强化是过去冷轧高强钢板主要采用的方式，通过添加 C、N、P、Si、Mn 等元素形成间隙固溶体或置换固溶体起到固溶强化的效果。各元素的固溶强化能如图 5－2 所示[3]。C、N 是最便宜的固溶强化元素，但其以固溶状态存在于钢

中除使 r 值急剧下降外，还产生时效性使钢的加工性能下降、屈服点上升并产生屈服延伸等不容忽视的问题，应尽可能降低其含量。因此，近年来固溶强化钢是在超低碳钢中以添加 P、Si、Mn、Cu 等元素为主。

冷轧高强钢板过去主要通过加 P 来生产，近年来由于真空脱气（RH）技术的发展，可以在生产 IF 钢的基础上，生产具有超深冲性的烘烤硬化（BH，Bake-Hardening）钢板。通过连续退火也可以生产中高级别的冷轧 TRIP 钢。图 5－3 表示冷轧低合金 TRIP 钢与析出强化钢的拉胀成形性比较[4]。可见，TRIP 钢比析出强化钢具有明显优异的成形性能。

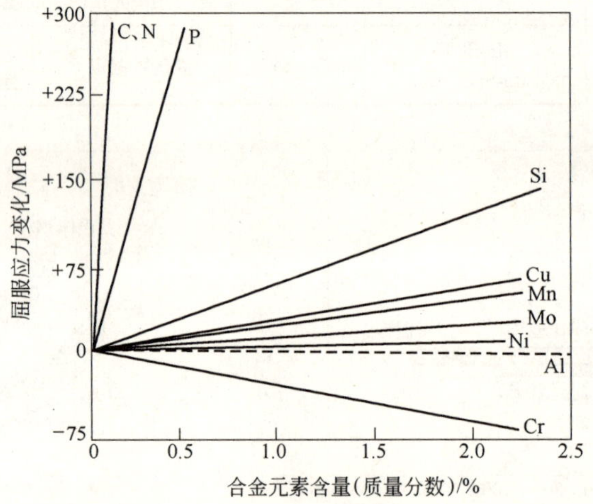

图 5－2　各元素的固溶强化能力

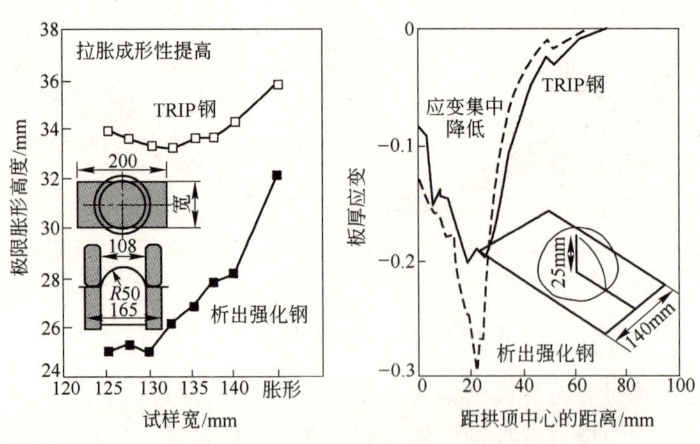

图 5－3　冷轧低合金 TRIP 钢与析出强化钢的拉胀成形性比较

5.2 冷轧高强钢板的产品规格及应用

表 5－2 列出日本钢铁联盟的汽车用冷轧钢板及钢带的标准及力学性能范围，并标明所对应的 JIS 标准和 ISO 标准[5]。

表 5－2 日本钢铁联盟的汽车用冷轧钢板及钢带的标准及力学性能范围

钢板种类记号		使用板厚 t/mm	抗拉强度/MPa	屈服强度/MPa	伸长率 A/%	烘烤硬化值/MPa	塑性应变比 r 值	对应的 JIS 标准	对应的 ISO 标准（抗拉强度参考值）
软钢板	JSC270C	0.3～3.2	270 以上	135～255	39～48	—	—	—	ISO3574 CR1（－）
	JSC270D	0.4～3.2		125～215	42～51		1.2 以上	G3141 SPCC	ISO3574 CR2（上限值 370）
	JSC270E			120～195	44～52		1.4 以上	G3141 SPCD	ISO3574 CR3（上限值 350）
	JSC270F	0.4～2.3		110～175	46～54		1.6 以上	G3141 SPCE	ISO3574 CR4（上限值 340）
	JSC260G		260 以上	100～165	48～56		1.8 以上	—	—
烘烤硬化钢板	JSC270H	0.4～3.2	270 以上	125～215	42～52	30 以上	1.4 以上	—	—
	JSC340H		340 以上	175～275	36～46		1.1 以上	G3135 SPFC340H	—
通用型钢板	JSC340W	0.4～3.2	340 以上	195～295	35～45	—	—	G3135 SPFC340	ISO4997 CR250（下限值 330）
	JSC370W		370 以上	195～295	32～42			G3135 SPFC370	—
	JSC390W		390 以上	235～345	31～42			G3135 SPFC390	—
	JSC440W	0.4～2.6	440 以上	275～380	28～40			G3135 SPFC440	—
高屈强比型钢板	JSC440R	0.4～2.6	440 以上	345～450	25～37	—	—	—	—
	JSC590R	0.6～2.3	590 以上	420～570	17～32			G3135 SPFC590	—
超深冲型钢板	JSC340P	0.4～3.2	340 以上	155～245	37～47	—	1.4 以上	—	—
	JSC370P		370 以上	165～255	35～45		1.4 以上		
	JSC390P		390 以上	195～295	33～44		1.4 以上		
	JSC440P	0.4～2.0	440 以上	235～345	30～41		1.3 以上		

续表 5 - 2

钢板种类记号		使用板厚 t/mm	抗拉强度/MPa	屈服强度/MPa	伸长率 A/%	烘烤硬化值/MPa	塑性应变比 r 值	对应的 JIS 标准	对应的 ISO 标准(抗拉强度参考值)
低屈强比型钢板	JSC590Y	0.6 ~ 2.3	590 以上	315 ~ 460	18 ~ 33	—	—	G3135 SPFC590Y	—
	JSC780Y		780 以上	410 ~ 635	13 ~ 26			G3135 SPFC780Y	
	JSC980Y	0.8 ~ 2.3	980 以上	590 ~ 930	9 ~ 20			G3135 SPFC980Y	
	JSC1180Y		1180 以上	835 ~ 1225	5 ~ 16			—	

日本各钢铁公司已生产或开发的汽车用冷轧高强钢板产品规格及应用成形部件情况见表 5 - 3[2]。

表 5 - 3　日本已生产或开发的汽车用冷轧高强钢板产品规格及应用成形部件

强化机制	强度级别 R_m/MPa	可生产的规格范围		可生产的镀层板	应用成形部件
		板厚/mm	板宽/mm		
固溶强化(低碳系)	340	0.4 ~ 3.2	500 ~ 2080	EG、Zn-Ni、GI、GA Zn-Fe	外板、内板、框架、托架、支柱等
	370	0.4 ~ 3.2	500 ~ 1829		
	390	0.5 ~ 2.8	500 ~ 1829		
	440	0.4 ~ 2.6	500 ~ 1829		
	340BH	0.4 ~ 3.2	500 ~ 2080		
固溶强化(超低碳系)	340	0.4 ~ 2.3	600 ~ 1829	EG、GA GI、Zn-Ni、Zn-Fe	深冲加工外板、内板
	370	0.5 ~ 2.3	600 ~ 1829		
	390	0.4 ~ 2.3	600 ~ 1829		
	440	0.4 ~ 2.3	600 ~ 1600		
	490				
	590				
	340BH	0.4 ~ 2.3	600 ~ 1829		
	390BH	0.4 ~ 2.3	600 ~ 1500		
析出强化	390	0.6 ~ 2.0	610 ~ 1550	EG、GI GA Zn-Ni Zn-Fe	内板
	440	0.5 ~ 2.6	610 ~ 1550		
	490	0.6 ~ 2.0	610 ~ 1550		
	540	0.6 ~ 2.0	610 ~ 1325		
	590	0.6 ~ 2.0	610 ~ 1250		

续表 5-3

强化机制	强度级别 R_m/MPa	可生产的规格范围		可生产的镀层板	应用成形部件
		板厚/mm	板宽/mm		
固溶+析出强化	490	0.8~2.3	600~1524	GA	加强部件、支柱
	540	0.6~2.3	600~1524	Zn-Ni	
	590	0.8~2.0	600~1650	Zn-Fe	
组织强化（马氏体系）（M+B系）	390	0.6~1.6	≤1250	Zn-Ni	轻加工的内板、结构部件、加强部件
	440	0.4~2.3	600~1580	Zn-Fe	
	490	0.4~2.3	600~1580	EG	
	540	0.4~2.3	600~1580		
	590	0.4~2.3	600~1580		
	780	0.4~2.3	600~1580		
	980	0.5~2.3	600~1500		
	1180	0.6~2.3	600~1250		
	1370	0.7~2.3	750~1300		
	1470	1.0~1.6	≤1250		
	390BH	0.4~2.3	600~1500		
	440BH	0.4~2.3	600~1500		
	490BH	0.4~2.3	600~1500		
	540BH	0.4~2.3	600~1500		
	590BH	0.4~2.3	600~1500		
组织强化（贝氏体系）	440	0.5~2.3	600~1600	GI、GA	构件、支柱板加强部件
	590	0.5~2.3	600~1600		
组织强化（残余γ系）	590	0.4~2.3	600~1650	Zn-Ni	高延性要求的、构造部件
	780	0.4~2.3	600~1625	Zn-Fe	
	980	0.8~1.8	700~1260	EG	
析出+组织强化	780	0.8~1.8	700~1625		缓冲件加强材料、门里加强板
	980	0.8~1.8	700~1260		
	1180	0.8~1.8	700~1250		
	1270	1.0~1.8	700~1250		
	1470				

表5-4为按成形性能和强化机制分类的汽车用冷轧高强钢板种类[5]。

表 5-4 按成形性能和强化机制分类的汽车用冷轧高强钢板种类[5]

类 型	强度级别 R_m/MPa	强化机制	特 征	主要应用部件
一般成形用	340~1470	固溶强化、析出强化、相变强化（马氏体）	弯曲，可进行浅冲压成形	结构件，增强部件，内板部件
冲压用	340~440	固溶强化	具有优良的冲压性能	外板件，内板件，结构件
烘烤硬化冲压用	340~440	固溶强化	涂装过程中屈服点和抗拉强度提高	外板件，内板件
深冲、超深冲用	340~440	固溶强化	塑性优良，r 值、n 值高，适于深冲、拉胀成形	外板件，内板件，结构件
高延伸凸缘型（高翻边型）	440~1180	固溶强化、析出强化、相变强化（马氏体）、相变强化（贝氏体）	塑性优良，扩孔率高，适于延伸凸缘成形，翻边成形	结构件，增强部件
低屈强比型（DP）	440~1270	固溶强化、析出强化、相变强化（马氏体）	具有高塑性，低屈强比，适于拉胀成形和冲压成形	结构件，增强部件
高塑性型（TRIP）	590~780	相变强化（残余奥氏体型）	具有极高的塑性，强度与塑性匹配良好，适于深冲成形	结构件，增强部件

汽车用高强度冷轧钢板主要用于车身零部件，大致分为内外板和面板部件、结构件和加强件 3 类。表 5-5 示出每一部件要求的钢板强度和特性及需解决的课题[1]。

表 5-5 汽车零部件用高强冷轧钢板

主要应用部件	部件要求的性能	适用材料	强度级别 R_m/MPa	进一步高强度化的材料技术课题
1. 面板部件 门 挡泥板 侧 板	外板表面质量 拉伸刚性 抗凹性 耐蚀性	BH 钢板 IF 高强钢板	约 340 约 440	镀层表面质量 成形性（A,r 值） 表面精度（R_m,n 值）
2. 结构部件 结构类部件 支架类部件	冲击强度 疲劳强度 刚性 耐蚀性	固溶强化型钢板 析出强化型钢板 DP 钢板 TRIP 钢板	440~980	成形性 （A、n 值、 扩孔率、弯曲性） 点焊性 镀层适用性 耐延迟破坏特性
3. 加强件 门撞击梁 结构 RF 薄板框架	冲击强度 疲劳强度	DP 钢板 贝氏体钢板 马氏体钢板	780~1470	

汽车外板分为车门和侧面两类，车门外板的抗凹性要求很高，适用于车门外板等拉伸成形主体部件，侧板适用于深冲成形性要求较高的部件。

在20世纪80年代后期，车门外板等部件开始使用烘烤硬化钢板(BH)，该钢板在超低碳钢板基础上，添加Nb、Ti等元素，将固溶碳含量控制在很低的水平。到了90年代，采用添加Mn、P等元素固溶强化的340 MPa级BH钢板的抗凹性能得到了提高，并广泛应用于车门外板等部件。BH钢的特点是对冲压形变的钢板进行烤漆高温时效处理，以提高屈服强度。在烘烤工序中，随着屈服强度的上升，抗凹性也随之上升，这时可缓解冲压成形时的表面形变。但需要注意的是，随着常温时效的进行，产生屈服延伸，降低了面板的表面质量。近年来，随着炼钢技术的进步，对固溶碳进行了高精度控制，保证了BH钢板的耐时效性，从而满足了汽车制造商的全球化生产。另外，具有低屈强比的双相钢(DP)以及具有高BH值的钢种都在开发之中[1]。

20世纪90年代前期，通过在IF钢中添加Si、Mn和P元素，开发出强度低于440 MPa级超深冲高强度冷轧钢板。90年代后期，340 MPa级IF合金化热镀锌钢板被用于汽车外部侧板。近年来，经过铁素体细晶强化和Nb的C、N化合物的弥散强化，开发出深冲成形性和合金化热镀锌优良的新型高强度冷轧钢板。作为合金化热镀锌钢板，当固溶强化元素添加量减少时，可获得低于440 MPa级的强度，能满足汽车外板表面质量的要求。390 MPa和440 MPa级高深冲冷轧钢板目前已应用于汽车外部侧板[1]。

图5-4为冷轧高强度钢板的强和延性的关系。与热轧钢板相比，因板厚范围窄(0.75~1.6 mm)，所以板厚效果对延伸的影响不大，通常的材料分布在$R_m \times A = 15000$的曲线上，TRIP钢与热轧同样是强度-延性综合性能显著优于其他钢种。图5-5和图5-6分别为冷轧高强钢板的r值和拉伸强度的关系及r值和总伸长率的关系[2]。

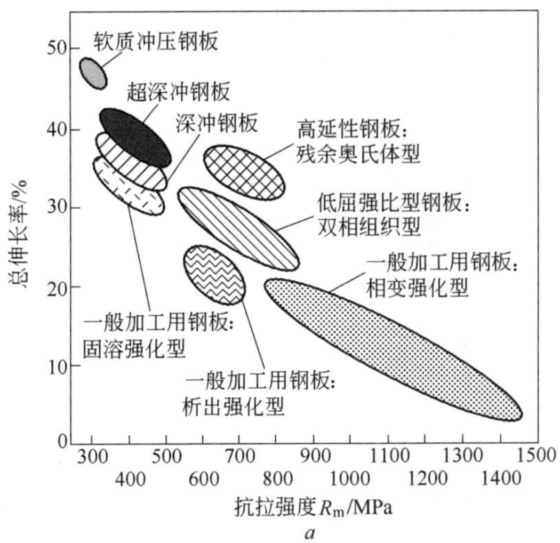

a

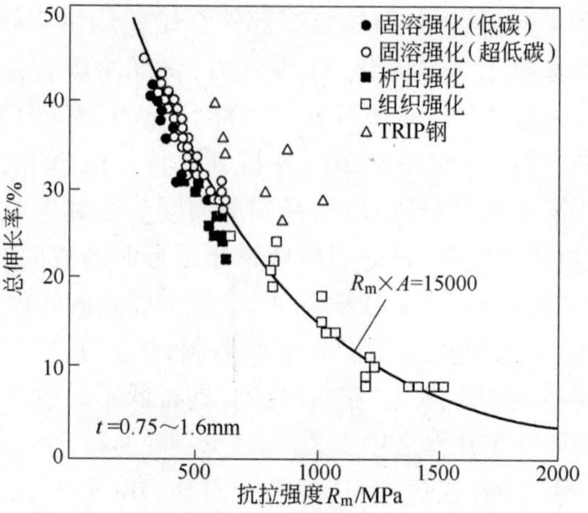

b

图 5－4　冷轧高强钢板的强度和总伸长率的关系

a—应用类型范围[6]；*b*—实测性能点分布[2]

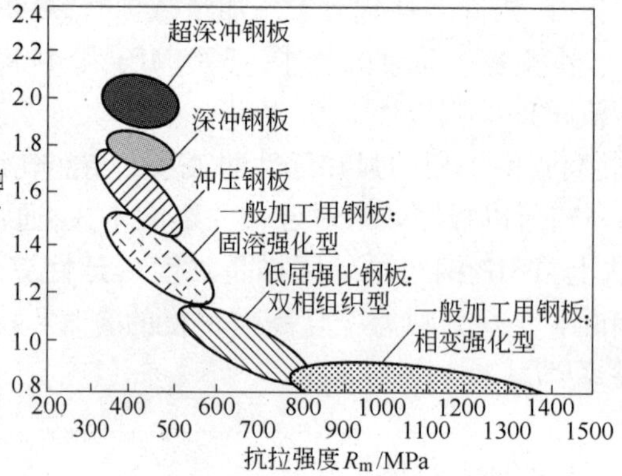

a

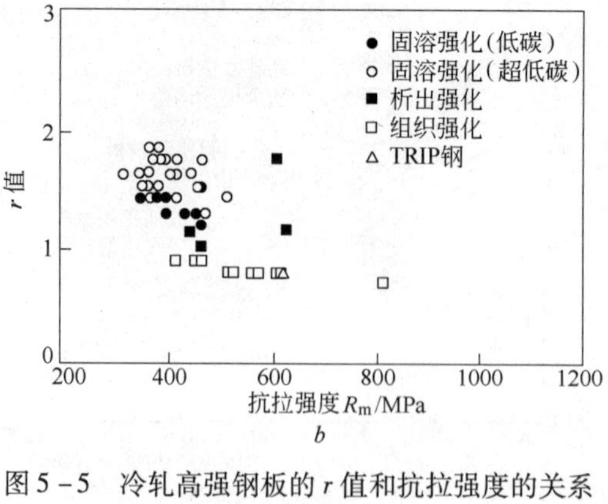

b

图 5－5　冷轧高强钢板的 r 值和抗拉强度的关系

a—应用类型范围[6]；*b*—实测性能点分布[2]

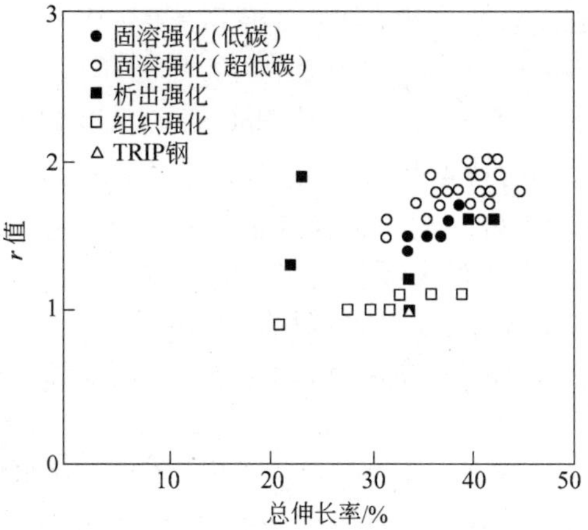

图 5－6 冷轧高强钢板的 r 值和总伸长率的关系

5.3 冷轧高强超深冲钢板

冷轧高强超深冲钢板的特点是采用微碳或超低碳，通过添加 P、Mn、Cu、Si 等固溶强化元素强化或细晶强化方法，可使钢板的抗拉强度提高到 440 MPa 级或更高级别，并且在提高钢板强度的同时保持良好的深冲或超深冲性能，可以用于汽车外板成形件或较复杂的内板成形件。

5.3.1 冷轧含磷高强超深冲钢板

含磷高强度钢板在含碳量上有低碳含磷钢板和超低碳含磷钢板（含磷高强 IF 钢板）。含磷高强 IF 钢板因其兼有高强度和超深冲性，近年来其开发和应用得到迅速发展。

含磷高强 IF 钢板的化学成分特点是：(1) 超低碳；(2) 微合金化；(3) 固溶强化；(4) 钢质纯净。

超低碳、微合金化和钢质纯净使含磷高强 IF 钢的深冲性、塑性和韧性得到大幅度提高，P、Mn、Si 等元素的固溶强化保证了 IF 钢的高强度。

对高强 IF 钢，一般 $w(C) < 0.005\%$、$w(N) \leqslant 0.003\%$。在超低碳钢中加入强 C、N 化物形成元素 Ti、Nb 使钢中 C、N 原子完全被固定而无间隙原子存在，从而使有利织构在退火过程中优先发展，这是高强 IF 钢具有优异深冲性能的关键。

按 Ti、Nb 处理的方式不同，高强 IF 钢可分为三类：Ti + P－IF、Nb + P－IF 和 Ti + Nb + P－IF。

Ti + P－IF 钢的特点是：(1) 性能稳定；(2) 有较强平面各向异性；(3) 镀层

抗粉化能力较差。在工业生产中，为了改善 Ti + P – IF 钢的平面各向异性在钢中往往加入微量的 Nb。

在 Nb + P – IF 钢中，C 与 Nb 结合成 NbC，N 与 Al 结合成 AlN，S 与 Mn 结合成 MnS。Nb + P – IF 钢的特点是：(1) 力学性能中的平面各向异性(Δr、ΔA)较小；(2) 镀层抗粉化能力好；(3) r 值及 A 值不及 Ti + P – IF 钢，其力学性能对工艺比较敏感，采用高温卷取带来板卷头尾性能较差。

在 Ti + Nb + P – IF 钢中，C 与 Nb 结合成 NbC，N 与 Ti 结合成 TiN。其特点是：(1) 性能稳定；(2) 小的平面各向异性；(3) 抗粉化能力强；(4) 力学性能比 Nb + P – IF 钢好。

在所有置换型固溶强化元素中，磷的强化作用最大(见图 5 – 2)，磷也是最便宜的添加元素。对于 380 MPa 级以下的高强 IF 钢，单独加 P 就可以满足强度要求；对于更高强度级别的高强 IF 钢，可通过两种或三种固溶强化元素的加入来实现(见表 5 – 6)[7]。

表 5 – 6　固溶强化元素含量对高强 IF 钢性能的影响

化学成分(质量分数)/%			力学性能				
Mn	Si	P	R_e/MPa	R_m/MPa	A/%	n(6% ~ 12%)	r 值
1.06	0.02	0.014	176	363	46	0.26	1.9
1.40	0.20	0.013	206	412	40	0.26	1.9
1.71	0.45	0.012	226	461	36	0.25	1.9
0.34	0.03	0.065	201	393	41	—	2.1

Ohashi 等人[8]研究了 P、Si、Mn 的固溶强化对 Nb + P – IF 钢性能的影响(见图 5 – 7)。结果表明：随 0.5Si + Mn + 10P 增加，强度增加、r 值下降，并且近似线性变化；同样的强度增加，Mn 使 r 值下降最多而 P 使 r 值下降最少，Si 居中。Matsuda 等人[9]在连续退火条件下研究了磷对 r 值的影响，人为在连续退火时加磷使 r 值降低。Y. Tokunaga 等人[10]在罩式退火条件下也得到相同的结论。

根据王作成的研究结果(见图 5 – 8)，随 IF 钢中磷含量增加，r 值、n 值及 A 值均呈下降趋势，而拉伸强度 R_m 上升[7]。

图 5 – 9 为冷轧压下率对罩式退火含磷高强 IF 钢板性能的影响[7]。可见增加冷轧压下率有利于提高深冲性能，拉伸强度 R_m 略有下降。当总压下率约在 80% 左右时，深冲性能最佳。从图 5 – 10 可看出，在罩式退火时，适当增加退火时间也有利于提高含磷高强 IF 钢板的成形性能。当退火温度在 680 ~ 760℃ 实验时，r、n、A 值呈上升，拉伸强度 R_m 略有下降趋势。从磷对高强钢板的组织、性能影响研究结果来看，随磷含量增加，有利织构{111}〈112〉及{554}〈225〉减弱，导致 r 值下降。

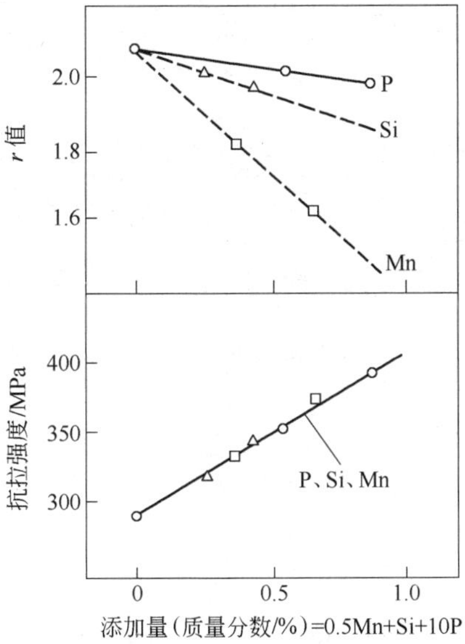

图 5-7 P、Mn、Si 对 Nb+P-IF 钢性能的影响

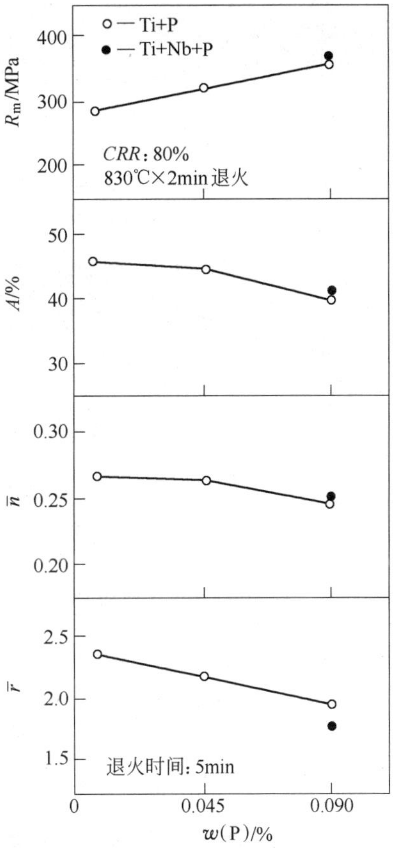

图 5-8 高强 IF 钢中磷含量变化对钢板成形性能的影响

P、Si、Mn 等强化元素虽然不像 C、N 那样，但其添加也产生阻碍对深冲有利的{111}织构组织发展的作用，使 r 值下降。要得到 500 MPa 以上的拉伸强度，将使 r 值降到 1.8 以下，同时伸长率也明显降低，从而失去作汽车内、外板用深冲钢板的功能。因此，现在这一类钢板的拉伸强度一般不超过 440 MPa[11]。

在 IF 钢中，由于无间隙原子存在，故而晶界很弱，在低温冲压变形时有时会出现脆裂的趋势，且随变形程度的增加，脆性转变温度提高。在高强 IF 钢中，低温脆性问题更加突出，原因是磷极易在晶界偏聚使晶界脆化，这种现象称为冷加工脆性，有下述四种方法可以抑制冷加工脆性：(1) 加入适量的 B；(2) 控制退火钢中存在少量固溶 C；(3) Ti 和 Nb 复合添加；(4) 将钢中 S 含量降至 0.002% 以下[12]。

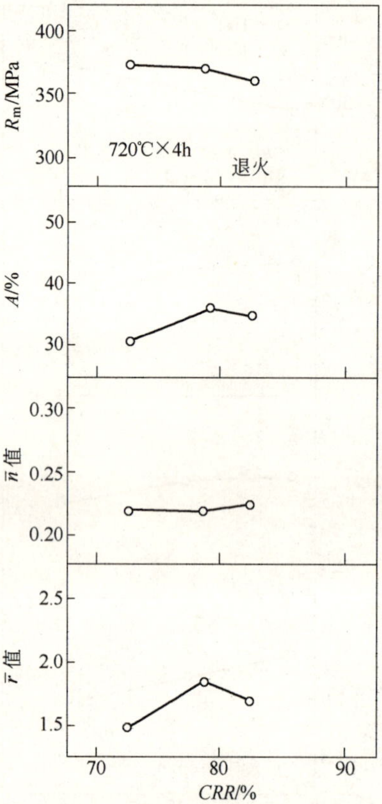

图 5-9　冷轧压下率对罩式退火含磷高强钢板性能的影响

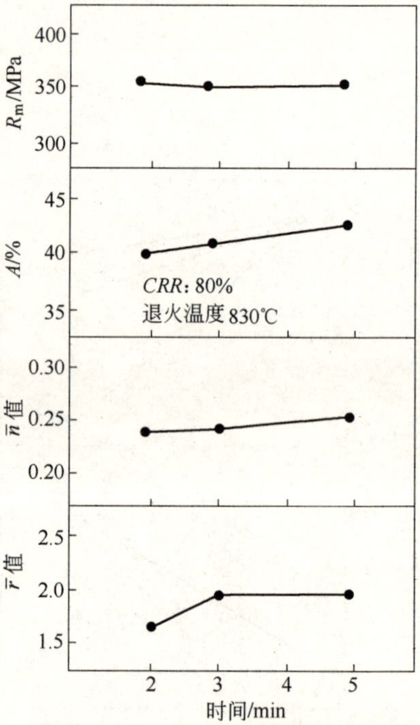

图 5-10　退火时间对磷高强钢板性能的影响

5.3.2　加锰冷轧高强超深冲钢板

以往以 IF 钢为基体的 340～440 MPa 级冷轧钢板一般采用 P 进行强化处理，这是因为 Si 为脆化元素，同时又会恶化化学处理性和镀锌的黏结性，Mn 在添加 Nb 的 IF 钢中会使 r 值明显恶化[13]，而且不论是 Si 还是 Mn，其强化能力和合金成本都不如 P 好，因此一般用 P 进行强化。但是，P 不仅是增大 IF 钢的二次加工脆化敏感性的元素，而且如果在合金化热浸镀锌钢板中添加大量的 P，还会导致合金化不均匀等问题[14]，这也是众所周知的。另一方面，在添加 Ti 的 IF 钢中，r 值与 Mn 量的相关性较小[15]，如果添加 2% 左右的 Mn，不会妨碍化学处理和合金化热浸镀锌的黏结性等[16,17]。

5.3.2.1　Mn 对 IF 钢再结晶行为和力学性能的影响[18]

在相当于连续退火的加热条件下，Mn 和 P 对 IF 钢再结晶行为的影响的实验结果示于图 5-11。再结晶结束后的硬度等级会随 Mn 或 P 中任一成分的增加而提高。图中定义的再结晶终了温度（T_R）会因 P 的添加而升高。在添加 P 的钢中，Mn 会使再结晶开始温度下降。

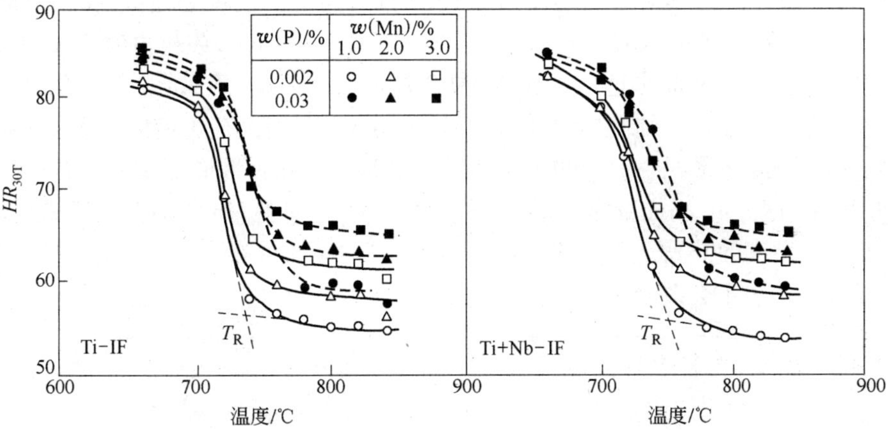

图 5－11　Mn 和 P 对表示 Ti-IF 钢和 Ti＋Nb－IF 钢的再结晶行为硬度曲线的影响

Mn 和 P 对 Ti-IF 钢再结晶温度（T_R）的影响用 Mn 处理的 T_R 变化见图 5－12。在超低 P 钢的情况下，由于在 Ti-IF 钢中添加 0.01% 的 Nb，再结晶温度约升高 10℃。但是，不论何种钢，Mn 都不会影响再结晶温度。任何一种钢都会因添加 0.03% P 而使再结晶温度进一步升高。这是因为在带材热轧时，会析出微量的（Fe，Ti）P 化合物。随着 Mn 量的增加，添加 P 后再结晶温度的上升值会减小。由 Ti 为主要添加元素的 IF 钢中再结晶行为的一系列变化可见，Nb 和 P 可分别通过（Ti，Nb）C，（Fe，Ti）P 的析出抑制再结晶。在添加 P 的钢中，可以判定 Mn 是增加再结晶晶核发生率的因素。

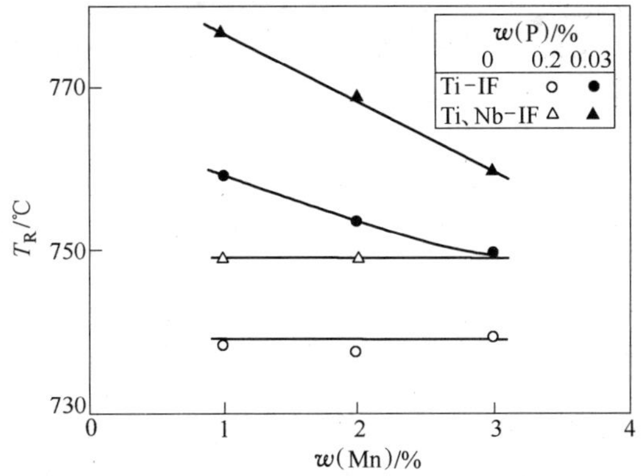

图 5－12　Mn 和 P 对 Ti-IF 钢再结晶温度（T_R）的影响

在含有0.03% P 的含 Mn Ti－IF 钢和 Ti＋Nb－IF 钢中，抗拉强度 R_m 和 r 值的退火温度的相关性示于图 5－13，图中示出了 A_{c_3} 相变点。随着退火温度的升高，R_m 会逐渐降低，Mn 添加量超过 2.5% 的钢，当退火温度超过 A_{c_3} 相变点时，R_m 会显著提高，这时因 α—γ—α 相变，导致 TiC、(Ti,Nb)C 发生再溶解，以及钢的组织由多边形铁素体变为微细粗厚铁素体所致。因此，用 Mn 进行强化时，随其添加量的增加，要限制退火温度的上限。用 Mn 强化含有 0.47% Si 及 0.03% P 的 IF 钢时，如果是生产 390 MPa 级钢板，Mn 的添加量应为 1% 左右；生产 440 MPa 钢板，Mn 添加量应为 2% 左右。关于 r 值，如果 Mn 添加量低于 2.0%，随着退火温度的升高，r 值会增大。但如果 Mn 的添加量高于2.5%，即使提高退火温度，r 值也不会改善。

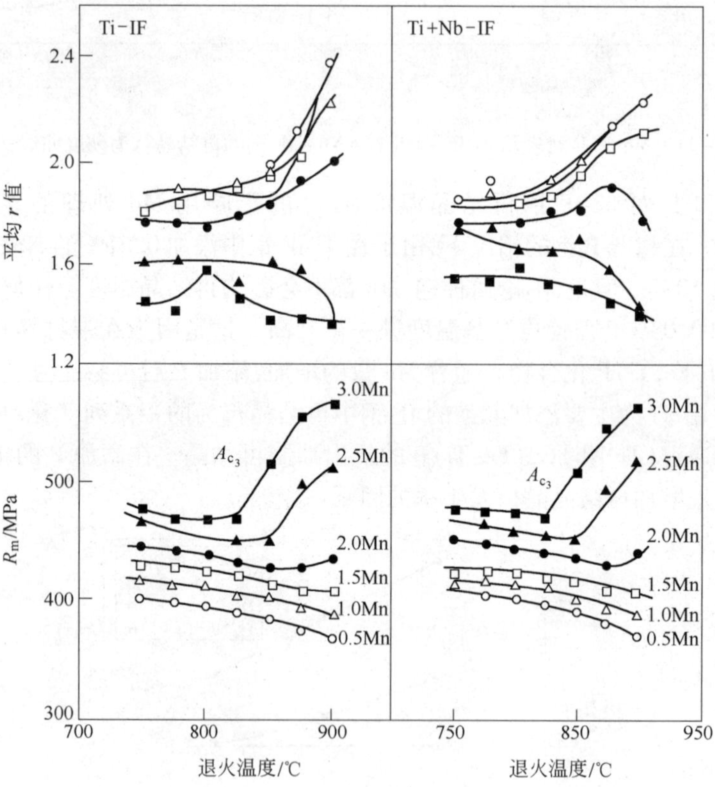

图 5－13　Mn 含量和退火温度对 Ti－IF 钢和 Ti＋Nb－IF 钢的 R_m 和平均 r 值的影响

关于在 A_{c_3} 相变点以下退火的钢板，根据图 5－13 的结果整理 R_m 和 r 值的平衡关系，其结果示于图 5－14。R_m 和 r 值的相关性处于随 Mn 含量不同而不同的线上。不论是 Ti-IF 钢，还是，Ti＋Nb－IF 钢，如果 Mn 的添加量达 1.5%，那就既能维持 r 值高于 2.0，又可使钢板强化至 440 MPa 左右。而且对于

440 MPa 级的钢板，由于在 Ti + Nb - IF 钢中添加 2% 左右的 Mn，因此能得到高于 1.8 的 r 值。上述结果暗示在 Nb-IF 钢中添加 Mn 后，r 值将显著下降[8]，但这种现象仅限于单独添加 Nb 的钢种。

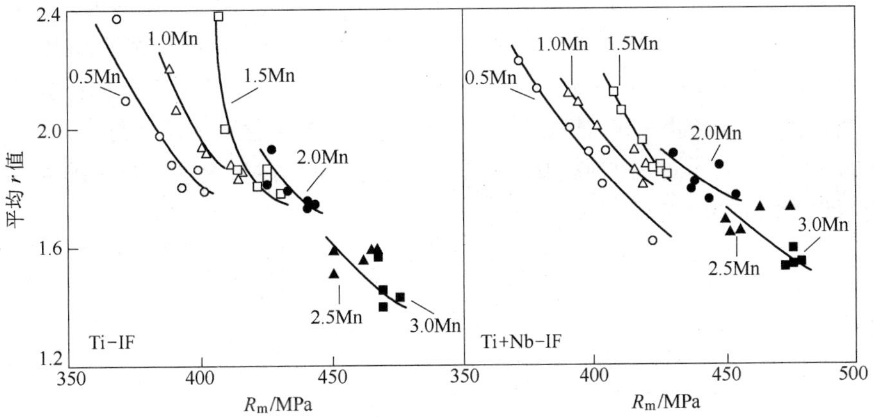

图 5 - 14　Mn 含量对 Ti-IF 钢和 Ti + Nb - IF 钢的 R_m 和平均 r 值平衡关系的影响

5.3.2.2　Si、Mn 和 P 的互换添加对 440 MPa 级高强度 IF 钢板力学性能的影响

A　Mn 和 P 相互置换添加的影响

各种钢的 R_m 和 r 值及总伸长率 A 与退火温度的相关性结果看，不论是何种成分系列，都能得到 420 ~ 440 MPa 级的抗拉强度。

关于 R_m，在 Nb-IF 钢的情况下，如果分阶段地把 Mn 和 P 由 2% Mn - 0.02% P 换成 0.3% Mn - 0.12% P，R_m 会降低。而在 Ti-IF 钢的情况下，当把 Mn 和 P 等同互换后，R_m 会逐渐提高。结果，两种钢的 R_m 值以 1.1% Mn - 0.07% P 为界进行转换。可以认为其主要表现是：在 Nb-IF 钢中添加 Mn 后，NbC 发生显微析出和组织细化；而在 Ti-IF 钢中添加 P 后，(Fe-Ti)P 化合物发生析出。

在 Ti + Nb - IF 钢的情况下，由于两者强化达到平衡，因此当所有的 Mn、P 平衡时，就能得到基本相同的 R_m。由以上结果可知，由于 Mn 和 P 的强化能随基体的 IF 钢种的不同而不同。因此，必须从该钢的成分设计上进行考虑。

在各成分系中，r 值几乎都会因高温退火而升高。如果将各成分系的 r 值进行比较，可以看出在含 Ti 钢中，用 P 置换 Mn 后，r 值明显恶化。而在单独添加 Nb 的钢中，采取相同成分置换后，r 值会逐渐升高，这一结果证明了 Ohashi 等人研究的在 Nb-IF 钢中用 P 强化的 r 值比用 Mn 好的结果，但 r 值小于 1.8。添加 Ti 的 IF 钢用 P 强化后 r 值的恶化是由于热轧板材中的(Fe, Ti)P 化合物发生显微析出造成的。在 Ti-IF 钢和 Ti + Nb - IF 钢中，尽管前者的强度等级为软质钢，但 r 值或与后者相同，或更高。可以认为这是由于热轧板材组织发生晶粒细化的缘故。

关于伸长率 A，不论是哪种实验钢，在 1.4% Mn－0.05% P 系都能得到与退火温度相关性小、A 值高的性能。如果是 2% Mn－0.02% P 系，在退火温度低于 A_{c_3} 相变点时能得到高的 A 值。对此，如果用 P 置换 Mn 后，伸长率会降低，同时其偏差明显增大，关于 440 MPa 级深冲用高强度钢的成分设计，根据上述结果，可以认为，以 Ti＋Nb－IF 钢为基体，用 Mn 进行固溶强化的方法最好。

图 5－15 表示过去的低 Mn 高 P－IF 钢和新的高 Mn 低 P－IF 钢屈服强度与拉伸强度的实验结果[4]。

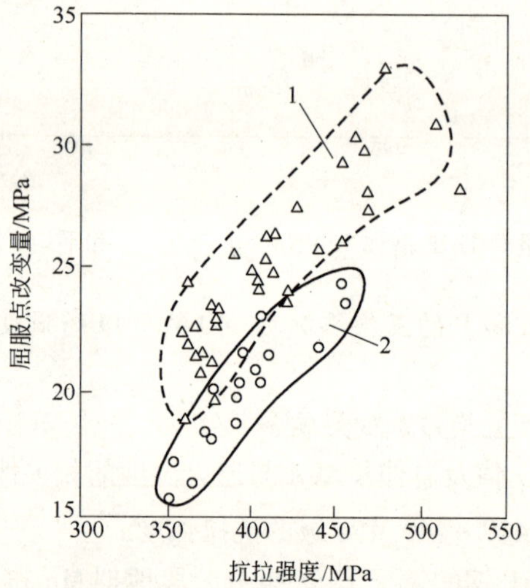

图 5－15　低 Mn 高 P－IF 钢和新的高 Mn 低 P－IF 钢屈服强度与拉伸强度的实验结果
1—低 Mn 高 P－IF 钢；2—高 Mn－(Cr)－低 P－IF 钢

B　Si 和 P 互换添加的影响

在 Mn 含量为 1% 和 2% 的 IF 钢中，前者将 Si 和 P 由 0.6% Si－0.07% P 换成 0.2% Si－0.12% P；后者由 0.6% Si－0.02% P 换成 0.2% Si－0.07% P 时，不论是何种含 Mn 量的钢，都能得到基本相同的 R_m 水平。如果是 1% Mn 钢，Si 和 P 置换后的 R_m 与 r 值变化不大。在 2% Mn 钢中，Si 和 P 置换后，Ti-IF 钢的 R_m 反而会下降。这是因为(Fe，Ti)P 化合物影响了析出强化。关于 R_m，虽然 Ti＋Nb－IF 钢的 R_m 处于前两种钢的中间值，但其 r 值最佳。关于伸长率，用 P 置换 Si 后，A 会下降，而且在以 P 进行强化为主体的情况下，A 的变化显著。

C　390～440 MPa 级超深冲冷轧钢板的开发

日本钢管根据实验室研究的 390～440 MPa 级超深冲型冷轧钢板基本成分设计的结果，进行了试生产。以 0.07% Ti＋0.01% Nb－IF 钢为基体试生产了两种钢，两种试制钢的化学成分示于表5－7。把连铸板坯加热至1200℃，在精轧温度900℃、卷取温度640℃的条件下热轧成2.8 mm厚（镀锌用的原板为6.0 mm厚），然后经酸洗，冷轧成0.7 mm厚（镀锌用的原板为1.6 mm厚）的钢板，最后在连续退火（CAL）和连续热浸镀锌线（CGL）上生产出冷轧带钢和合金化镀锌带钢。加热温度都是820℃。CGL的镀液浸渍温度和合金化温度分别为640℃和490℃。

表5－7 两种试制钢的化学成分（质量分数） （%）

种类	C	Si	Mn	P	S	Als	N	Nb	Ti
A	0.0016	0.33	2.03	0.037	0.003	0.041	0.0018	0.016	0.072
B	0.0029	0.34	2.21	0.041	0.003	0.037	0.0027	0.010	0.072

CAL退火材的力学性能值示于表5－8。以Ti＋Nb－IF钢为基体，用Mn进行强化后，能将屈强比（R_e/R_m）控制在60%以下，不仅能达到440 MPa的高强度，而且还能得到高的伸长率和r值。尤其是二次加工脆化转变温度也低于－50℃。

表5－8 CAL退火材的力学性能

种　类	t/mm	T_A/℃	R_e/MPa	R_m/MPa	A/%	$n_{10\sim20}$	r值	T_{th}/℃
A	0.7	820	258	428	38.5	0.225	1.99	－70
B	0.7	820	255	444	36.7	0.224	1.93	－50

为确认所开发钢板的冲压成形性，将钢板B冲压成油盘，由此证明了用0.7 mm厚的钢板冲压的油盘具有良好的成形性。从钢板B经化学处理后的磷酸锌薄膜的结晶形态照片中可观察到其结晶组织比较致密，看不到孔穴，可以推测钢板B具有良好的涂料黏结性和基体抗腐蚀性。

在对钢板B进行60 g/m^{2}的合金化热浸镀锌时镀层的断面组织照片和机械性能实验结果中，虽然看不到异常合金化反应，且伸长率和r值比冷轧钢板略低，但作为440 MPa级的合金化热浸镀锌钢板仍是一种良好的材质。而且，采用抽拉试验法对40～60 g/m^{2}范围内镀层重量变化的浸镀层黏结性进行了评价，其结果示于图5－16。可以确认，镀层剥离量与镀层重量的相关性比一般的软质钢板小，剥离量也比一般的软质钢板好。

5.3.3 加铜冷轧高强超深冲钢板

过去报道的深冲性能优良的高强度冷轧钢板的强度级别多在390 MPa以下，超过440 MPa级的则很少。但通过加铜并控制快速加热退火时的退火组织可以得到具有高r值的590 MPa级的高强度深冲钢板。

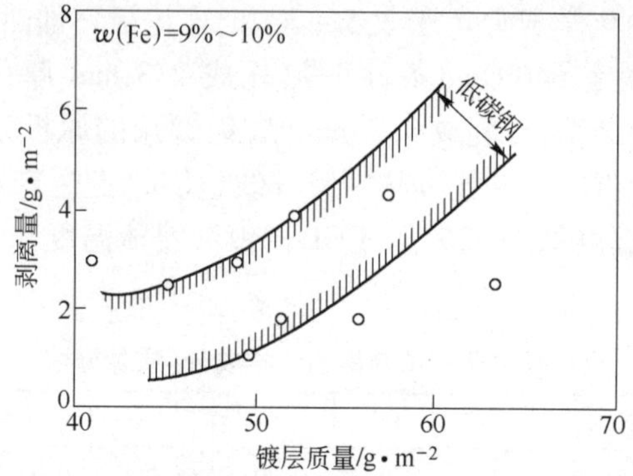

图 5-16　镀层重量对采用抽拉试验所测得的 Zn-Fe 镀层剥离量的影响

5.3.3.1　Cu 对再结晶组织的影响[19]

图 5-17 为添加铜量对连续退火 Ti-IF 钢板 $\bar{r}$ 值变化程度的影响。添加铜对 r 值变化程度的影响随热轧时卷取温度不同而变化，对于卷取温度在 780℃ 和 550℃ 的板卷，当加铜量超过 1% 时，r 值显著下降，而在室温下卷取时，加铜量对 r 值的影响较小，即使加铜量超过 1% 时，r 值下降量也不大。铜量超过 1% 钢板的 r 值随卷取温度变化而变化的原因是由于热轧钢板中铜过饱和的存在状态发生变化。即在室温卷取时，铜过饱和固溶于铁素体中，而在 780℃ 和 550℃ 退火卷取时，以微细析出物形式存在于热轧板中。这些析出物干预滑移的选择，冷轧时以与轧制方向成 60 度角的〈110〉为中心{554}〈225〉附近取向向{211}〈011〉取向转动的微小区域得到发展。这一微小区域与{111}轧制组织相比，具有蓄能高的再结晶形核条件，具有此形核取向的在结晶组织发展的结果使 r 值降低。因此，为提高 r 值，在不发生析出的低温进行卷取是很重要的。

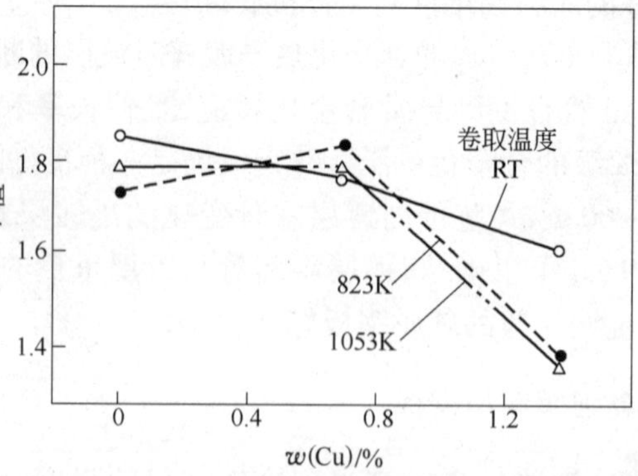

图 5-17　添加铜量对连续退火 Ti-IF 钢板 $\bar{r}$ 值变化程度的影响

5.3.3.2 再结晶后钢板强度的增加[19]

再结晶退火后使铜粒子析出,钢板强度增加。由于此析出在677℃以下的温度进行,因此不产生组织变化或 r 值变化。作为析出处理条件的一个例子,在 Ti + Nb - IF 钢中添加 1.7% Cu 的钢板,析出处理温度和时间对抗拉强度的影响见图 5 - 18。如该图所示,即使在600秒以下的极短时间的处理,也可以使强度大幅度提高。可以推测,在 IF 钢中的铜粒子的相分解初期过程中析出的不是 FCC 结构平衡相的 ε - Cu,而是可以解释为具有 BCC 结构的非平衡相。

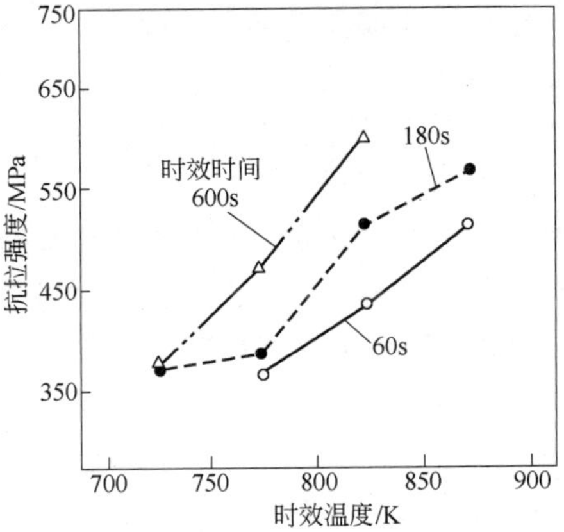

图 5 - 18 时效温度和时间对连续退火 Ti + Nb - IF 钢中添加 1.7% Cu 钢板的抗拉强度的影响

5.3.3.3 成形性

表 5 - 9 列出评价成形性的现场生产材料的化学成分,表 5 - 10 为拉伸实验值和极限拉延比。尽管开发的含铜钢板的拉伸强度 610 MPa 与过去 590 MPa 级钢板相同,但其特点是 r 值极高,达 1.9。从表 5 - 10 的钢板深冲性的评价结果可见,含铜钢的极限拉延比为 2.28 远优于过去的 590 MPa 级钢板,且具有与 370 MPa 级钢板相同的深冲性能。这一结果与 r 值十分对应。由含铜钢组织的主要取向由{100}极图可以得到,为{554}〈225〉,{111}〈112〉以及{111}〈110〉。

表 5 - 9 实验冷轧钢板的化学成分(质量分数) (%)

实验钢(t = 0.8 mm)	C	Si	Mn	P	S	Als	Ti	B	Cu	Ni
加铜钢	0.0038	0.01	0.25	0.013	0.003	0.049	0.050	0.0005	1.26	0.44
传统钢 590 MPa	0.10	0.23	2.09	0.013	0.005	0.039	0.084	—	—	—
传统钢 370 MPa	0.002	0.02	0.72	0.085	0.011	0.053	0.045	0.0009	—	—

表 5 - 10　实验冷轧钢板的拉伸实验值和极限拉延比

实验钢（t = 0.8 mm）	R_e/MPa	R_m/MPa	A/%	r 值	LDR
加铜钢	507	610	24.4	1.90	2.28
传统钢 590 MPa	429	610	23.9	1.10	2.05
传统钢 370 MPa	236	403	37.6	1.54	2.25

5.3.4　超细晶高强深冲钢板

已有研究结果显示，当 IF 钢采用固溶元素强化时，晶内与晶间强度差值增大引起了二次加工脆化转变温度的提高。而采用细晶强化、沉淀强化与固溶强化相结合的方法，可以改善高强 IF 钢的冲压成形性能和抗二次加工脆化性，并获得良好的成形件外观质量。

如图 5 - 19 所示[21]，传统高强 IF 钢是通过向强度级别为 270 MPa 左右的低碳 IF 钢中添加 Si、Mn、P 等固溶元素来进行强化的，在新型晶粒细化高强 IF 钢中，碳含量为 0.006%，是传统高强 IF 钢（0.002% C）的 3 倍，并且铌的加入量也高于其与碳的摩尔比（Nb/C > 1.0），从而不仅在钢中形成了无间隙原子性，而且使得更多细小的铌碳氮（NbCN）化合物弥散分布。这些细小沉淀物通过细晶强化和沉淀强化增加了钢的抗拉强度。因此，与传统高强 IF 钢相比，该钢中的固溶强化元素总量可以降低，这一点从合金化镀锌板获得均匀一致的表面外观角度而言是有利的。细晶强化是改善二次加工脆性的有效方法，二次加工脆性同

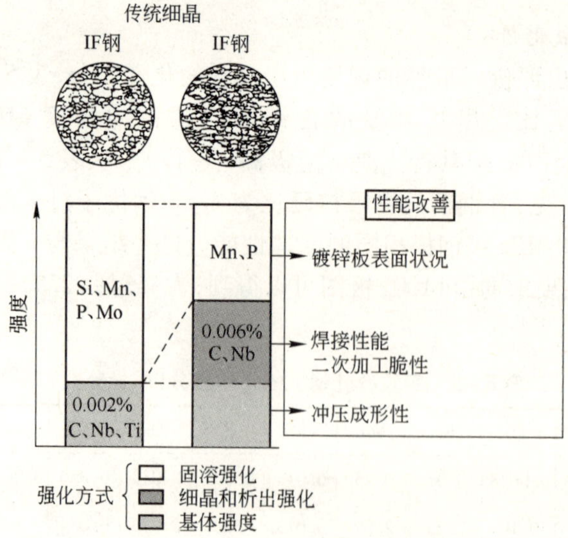

图 5 - 19　细晶高强钢的冶金学原理示意图

时也是高强 IF 钢应用的限制条件。这样,不仅避免了添加 Si 而导致的表面质量下降,并且减少了高成本的 Mo 等固溶强化元素的添加量。细晶高强钢具有如下特点:(1) 通过固定 C、N 获得深冲性能(高 r 值);(2) 合金化镀锌板(GA)表面质量优良(适于外板);(3) 通过细晶强化、韧性提高(抗二次加工脆性)[20,21]。

文献[20]给出实验室熔炼浇铸钢的化学成分如表 5－11 所示。钢 A 代表典型传统超低碳含铌 IF 钢的化学成分,此处铌碳摩尔比(Nb/C)大于 1.0。钢 B 中的碳含量和 Nb 含量较钢 A 高得多,以便通过 NbC 沉淀强化来增加钢的抗拉强度。

表 5－11 钢的化学成分(质量分数) (%)

钢 种	C	Si	Mn	P	N	Nb	Nb/C
A	0.0020	0.02	0.66	0.043	0.0029	0.022	1.42
B	0.0052	0.01	0.62	0.040	0.0032	0.068	1.69

注:Nb/C 为铌碳含量的摩尔比。

图 5－20 为碳和铌含量随退火温度变化对硬度的影响。含有更高碳含量和铌含量的钢 B 的再结晶开始温度较钢 A 要高。钢 A 和钢 B 的再结晶结束温度 T_R 分别是 680℃ 和 740℃。钢 B 完成再结晶温度比钢 A 高 60℃。根据钢 A 和钢 B 850℃ 退火后的光学显微组织观察结果,钢 B 的铁素体晶粒尺寸细化为 9 μm,钢A 的晶粒尺寸为 13 μm。

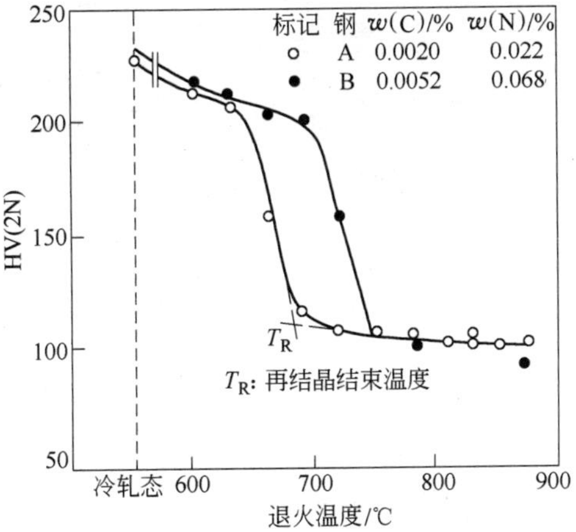

图 5－20 钢 A 和钢 B 冷轧试样退火过程中硬度变化

铸锭经热轧轧成 30 mm,1200℃ 均热 1 h 后,热轧成 2.8 mm,终轧温度为 900℃,然后空冷。为了模拟热卷取,热轧板 640℃ 均热 1 h 后随炉冷却。酸洗后，热轧板以 80% 轧制压下率冷轧成 0.56 mm。这些冷轧板在 830℃、850℃和 870℃的不同盐浴温度中退火 50 s，然后按 0.7% 的平整伸长率进行平整轧制。

在 830 ~ 870℃温度范围退火钢板的力学性能如图 5 – 21 所示[20]。钢 B 相对于钢 A 抗拉强度的增量 ΔR_m 在各个温度下均约为 30 MPa。可以推断，B 钢的抗拉强度由于沉淀强化和晶粒细化而增加。然而，钢 B 的屈强比与钢 A 相比却降低了 10%。如果上述两种强化机理增加钢 B 的抗拉强度，那么屈强比同样应当随着屈服强度的增加而增加。因此，可以推断，这种明显的不一致性是由不同屈服机理造成的。钢 B 的 r 值平均值为 2.0，比钢 A 高 0.2。可以推断，更高的碳含量和铌含量，超过了铌和碳的化学当量比，导致了再结晶织构的改善。

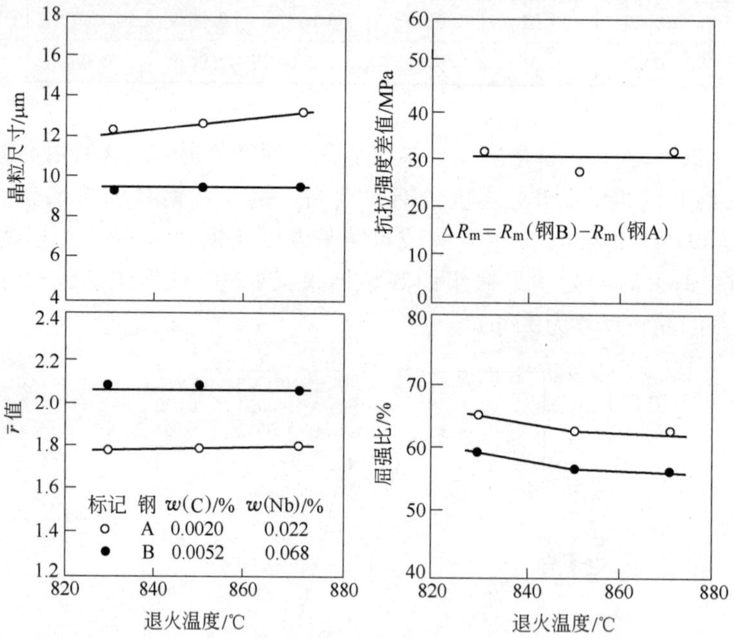

图 5 – 21　新开发细晶钢 B 与传统钢 A 力学性能的对比

通常，通过提高退火温度而促进优先晶粒{111}晶粒的生长，能够改善平均 r 值，而且利用 IF 钢可将其提高到 2.5 以上，如图 5 – 22 所示[20]。然而，含有粗大晶粒的钢板冲压成形后能引起表面的高低不平，即所谓的“桔皮现象”，这种现象是不适合于外板的表面质量要求。尽管钢 A 的平均 r 值与晶粒尺寸大小的相互关系与含钛 IF 钢的相一致，但是，就实际应用而言，具有细小晶粒的钢 B 与传统 IF 钢相比则表现出更能令人满意的 r 值平均值和晶粒尺寸的关系。

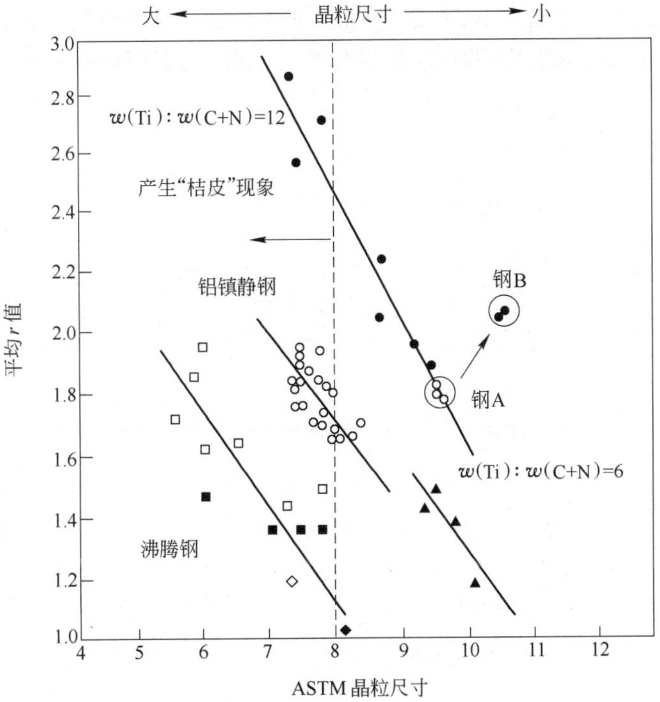

图 5－22 ASTM 晶粒尺寸数量与冷轧钢板平均 r 值的关系

5.3.5 添加锆或硅高强 IF 钢板

通常，在加 P 高强 IF 钢中以 Ti-IF 钢为基础，通过加 P 提高钢的强度，此时钢中的 P 并非 100% 固溶，很多情况下以（Fe，Ti）P 析出物析出，这对钢的塑性有一定的影响。对此，有的研究试验在钢中添加 Zr，试图用 Zr 来替换（Fe，Ti）P 中的 Ti，用 Si 替换 P，分析了钢中的析出物对塑性和机械性能的影响。

5.3.5.1 添加锆或硅高强 IF 钢的成分、加工工艺及力学性能[22]

Ikeda 等设计了加 Zr 代替 Ti、加 Si 低 Mn 含 Ti 以及无 Si 含 Ti 等三种超低碳钢，其成分见表 5－12。其中，加 Si 钢将形成（Fe，Ti）P 的 P 降到很低（0.005%），同时减少了易偏析的 Mn 的添加量，以 Si 的固溶强化为主提高钢的强度。

表 5－12 三种超低碳钢的冶金成分（质量分数） （%）

钢 种	C	Mn	Si	P	Nb	Ti	Zr
Zr 钢	0.002	1.4	0.2	0.1	0.015	—	0.03
Si 钢	0.002	0.5	1.2	0.005	—	0.04	—
Ti 钢	0.002	1.5	—	0.1	0.015	0.05	—

热轧实验工艺条件为:坯料加热到1150℃保温1 h后开轧,终轧温度900℃(压下率87%),卷取温度600℃(保温0.5 h)。热轧板经酸洗后冷轧到1.2 mm,然后再将冷轧板按图5-23所示的模拟连续热镀锌工艺进行热处理,退火加热温度从820℃到920℃[22]。

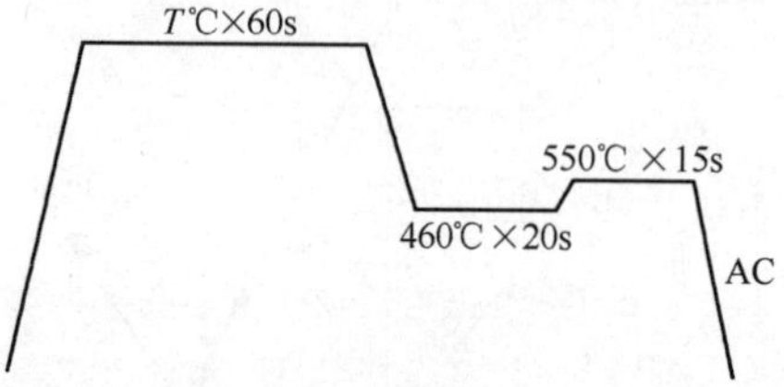

图5-23　热镀锌线的热处理工艺过程示意图

图5-24表示退火温度对含Zr钢(*a*)和高Si钢(*b*)的力学性能的影响。图5-24表明,对含Zr钢当退火温度超过900℃时钢的塑性变差,而微观组织观察结果也表明在退火温度低于900℃时,呈典型的较粗大的铁素体等轴晶组织,退火温度超过900℃时,呈针状铁素体组织。对于高Si钢(见图5-24),当退火温度增加到880℃以上时钢的强度略有下降,显微组织观察结果也表明,晶粒尺寸随退火温度的增加而增大,而钢的塑性变化不明显。

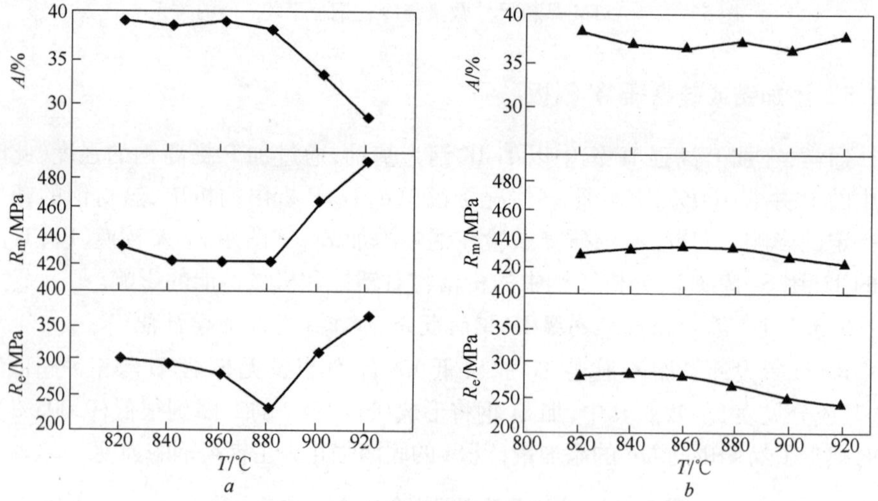

图5-24　退火温度对钢的力学性能的影响

a—含Zr钢;*b*—含Si钢

表5-13为退火温度在820℃时三种钢的力学性能。可见,拉伸实验得到的总伸长率$A_{总}$值为Zr钢>Si钢>Ti钢,均匀伸长率$A_{均}$及总伸长率$A_{总}$与均匀伸长率$A_{均}$的差值也遵循这一顺序。

表 5-13 退火温度 820℃时三种实验钢的力学性能

钢 种	R_e/MPa	R_m/MPa	$A_{总}$/%	$A_{均}$/%	$(A_{总}-A_{均})$/%	$R_m \times A$
Zr 钢	307	431	39.1	23.2	15.9	168
Si 钢	285	427	38.2	22.6	15.6	163
Ti 钢	303	444	34.7	21.6	13.0	154

5.3.5.2 钢中的析出物[22]

根据表 5-13 中的 Zr 钢等三种钢的样品 TEM 观察分析得知，在 820℃退火条件下，Zr 钢和 Si 钢中的析出物比 Ti 钢大幅度减少，在 Zr 钢中的析出物主要是 ZrN，Si 钢中的析出物主要是 TiN，Ti 钢中的析出物几乎都是(Fe,Ti)P，而且粒子大小不均，分布在晶界和晶内。图 5-25 为根据 EDX 分析得到的三种试验钢的析出粒子分布柱状图，该图的纵坐标表示每平方毫米的析出粒子数[22]。根据此分析得到的析出粒子数为：Zr 钢 2.1($\times 10^6$ 个 mm^2)、Si 钢 1.7($\times 10^6$ 个 mm^2)、Ti 钢 31.7($\times 10^6$ 个 mm^2)。可见，Zr 钢和 Si 钢中的析出粒子数比 Ti 钢少一个数量级还多。在 Ti 钢中的析出粒子多数为大于 50 nm 的较粗大(Fe,Ti)P 粒子，而 Zr 钢和 Si 钢中的析出粒子几乎观察不到，图 5-25 是根据 TEM 的分析极限 10 nm 以上的析出粒子统计结果。

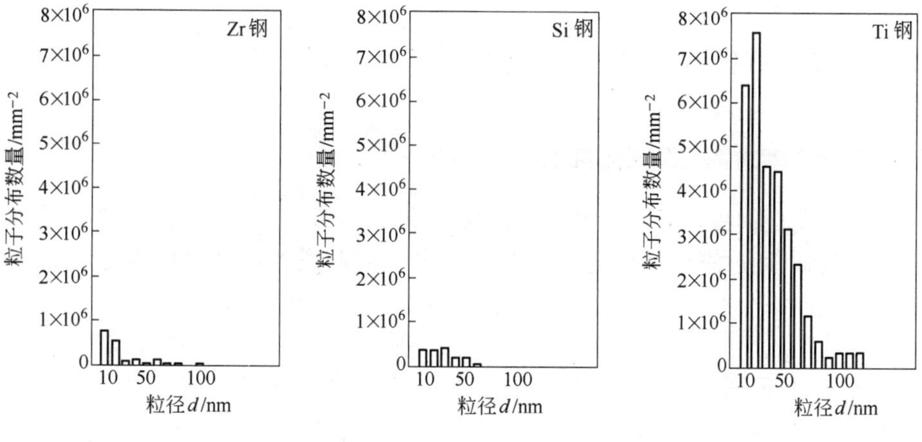

图 5-25 820℃退火后三种试验钢中的析出粒子尺寸分布图

图 5-26 为 820℃退火条件下，三种试验钢的拉伸应力-应变曲线测定结果[22]。可见，Zr 钢和 Si 钢虽然拉伸强度比 Ti 钢略低，但均匀伸长和总伸长率均高于 Ti 钢。根据近似应力-应变模型：

$$\sigma = C\varepsilon^n$$

得到在工程应变为 5%～10%得到的 C 值和 n 值，以及在 10%、15%的 n 值如表 5-14 所示。

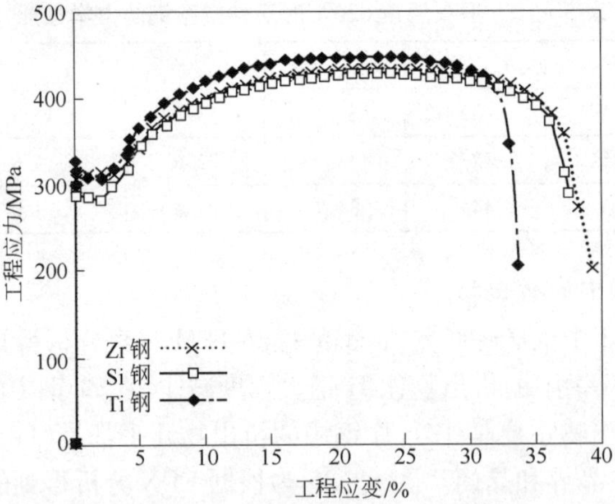

图 5－26　820℃退火后三种试验钢中的工程应力－应变曲线

表 5－14　试验钢的加工硬化指数的变化

钢　种	C 值	$n_{5,10}$值	$n_{10,15}$值
Zr 钢	831	0.271	0.271
Ti 钢	864	0.268	0.245

5.4　冷轧烘烤硬化钢板（BH 钢板）

5.4.1　BH 钢的特点及强化机理

烘烤硬化钢板（以下称 BH 钢板，Bake hardenable steel）是以低碳钢或超低碳钢为基础，通过添加微合金元素 Nb、Ti 或 V 而制成的烘烤硬化冷轧钢板，也是兼有优良深冲性能和高的烘烤硬化性能的新型优质汽车用薄板。BH 钢板的特点是冲压成形前较软、易成形加工，通过冲压成形后的涂漆烘烤过程使屈服强度增加，因此很适合于汽车外板等覆盖件，其用量也在逐年增加，尤其是在日本系列轿车及韩国系列轿车上应用更多。另外，采用 BH 钢板不影响成形件的形状稳定性且提高了抗凹陷性，有利于实现汽车外板的薄壁化。

BH 钢板具有优良的烘烤硬化性（简称 BH 性）的同时还要求常温非时效性。尤其是用于外覆盖件时，由时效引起的冲压成形后的表面滑移痕迹是很致命的缺陷，因此要确保耐时效性。常温时效性一般用时效指数（Aging index，简称 AI）来评价。实际上，常温时效通常引起材质劣化，尤其是屈服延伸，屈服强度上升等。

20 世纪 80 年代后期，车门外板等部件开始使用烘烤硬化钢板（BH），该钢板在超低碳钢板基础上，添加 Nb、Ti 等元素，将固溶碳含量控制在很低的水平。到了 90 年代，采用 Mn、P 等元素固溶强化的 340 MPa 级 BH 钢板的抗凹陷性能得到提高，并广泛应用于车门外板等部件。BH 钢板在烘烤工序中，随着屈服强度的上升，抗凹性陷性能也随之上升，这时可缓解冲压成形时的表面形变。但需要注意的是，随着常温时效的进行，产生了屈服强度的上升，降低了面板的表面质量。近年来，随着炼钢技术的进步，对固溶碳可以进行高精度控制，保证了 BH 钢板的耐时效性，从而满足了汽车制造商的全球化生产。另外，具有高 BH 值的钢种都在开发之中[23]。

BH 钢板的强化是通过固溶强化实现的，如图 5－27 所示。由于在钢中存在固溶 C 或 N，经冲压成形时产生错位，在约 170℃ 左右涂漆烘烤处理过程中，固溶碳与错位相互作用，使钢板强度上升，产生人工应变时效硬化的效果[24]。其原理与过去在低碳钢中产生的室温时效劣化现象相同。

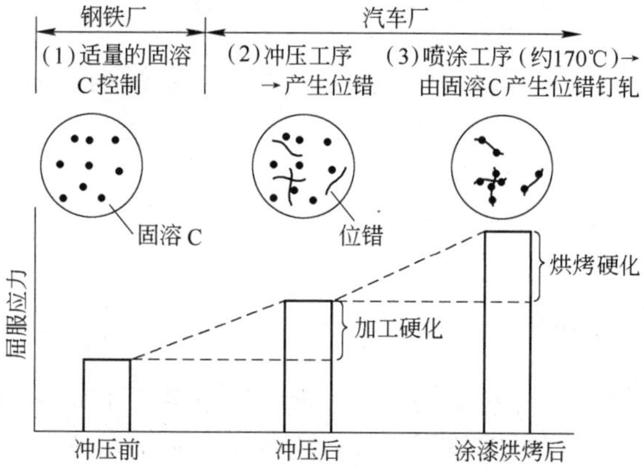

图 5－27　烘烤硬化机制简图

为防止冲压前产生常温时效导致材质劣化，重要的是严格控制钢中固溶碳量[11]。图 5－28 表示 BH 钢板、含 P 板和 IF 钢板的成形件和最终处理件的形状稳定性及抗凹陷性比较[25]。

图 5－29 表示 BH 钢板 *BH* 值和 *AI* 值的测定方法[26]。测 *BH* 值的条件是预拉伸应变量 2%，时效条件为 170℃、20 min，*AI* 值的预拉伸应变量 8%，时效条件 100℃、1 h。二者的评价方法和数值都很相似，通常 *BH* 值高则 *AI* 值也必然高。

在含有固溶 C 和 N 的钢中，必须进行平整轧制以消除屈服平台现象。然而当产品在室温下放置一定时间后，屈服平台又回复，同时由于自然应变时效的原因，屈服强度还会增加。在压缩成形前应变时效引起屈服平台回复对产品质量是不利的，会引起所谓“屈服延伸”缺陷，即在压缩成形的部件表面出现屈服平台现象。因此,对钢板一般都要求非时效性能以防止“屈服延伸”。应变时效会在压缩成形的汽车部件涂漆烘烤过程中发生。此时的应变时效则是所期望的性能,因为可以提高强度,这就是所谓的烘烤硬化。BH 钢板在经烘烤后表现出了优良的压缩成形性和高的强度。

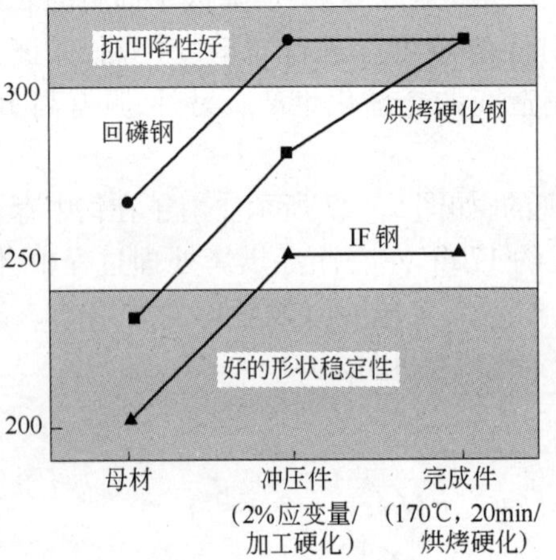

图 5 - 28　BH 钢板成形件和最终处理件的形状稳定性及抗凹陷性比较

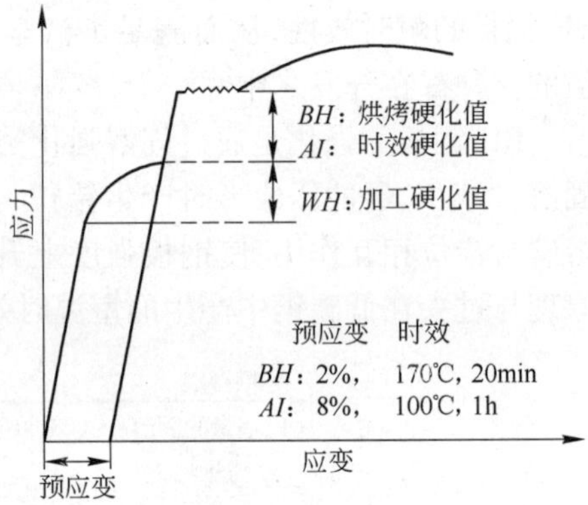

图 5 - 29　BH 钢板的 *BH* 值和 *AI* 值测定方法

5.4.2　冶金成分对 BH 性能的影响

为了有效控制 BH 钢中的固溶 C 含量、钢的 BH 性和强度,钢成分的精确控制非常关键,除 C 含量外,通过钢中加入微量微合金元素 Nb、Ti 或 V 外,适当加入 Cr、Mo 或 Mn 元素对钢的性能也有较明显的改变。

5.4.2.1　加入 Nb、Ti 控制固溶 C 含量

最初的 IF 钢具有良好的非时效性能,但不具有 BH 性能,因为固溶的 C 和 N 完全由于 Nb、Ti 或者 Nb + Ti 的清除效应而消除。超低碳 BH 钢中含有少量固溶 C,改进了 IF 钢的抗凹陷性能。

考虑到烘烤硬化性,需要有 0.0005% ~0.0015% 左右的固溶 C,Ti 的含量的波动将降低或者提高固溶 C 的含量(与最佳清除效应的含量相比较而言)。钢中固溶 C 含量的增加,自然应变时效后的屈服平台和涂漆烘烤后的 *BH* 值都随之提高。因此必须确定好最佳的固溶 C 含量,以便在非时效性能和 *BH* 值之间取得平衡[27]。

如图 5 - 30 所示,BH 钢板的 BH 性与钢中固溶 C 含量有关,当钢中固溶 C 由零上升到约 0.004% 时,*BH* 值由零增加 80 MPa 以上。

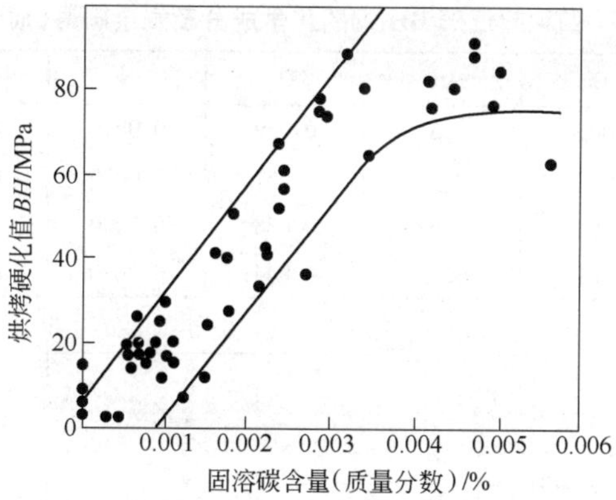

图 5-30 钢中固溶碳含量与 *BH* 值的关系

在生产 BH 钢过程中的再结晶退火时,由于存在固溶 C,阻碍{111}再结晶织构发展而使 *r* 值下降,所以采取如图 5-31 所示的工艺,即在达到再结晶退火温度前,使 C 形成稳定的碳化物,而固定下来,在再结晶后的高温加热及均热下,使一部分碳化物分解形成固溶 C[28]。

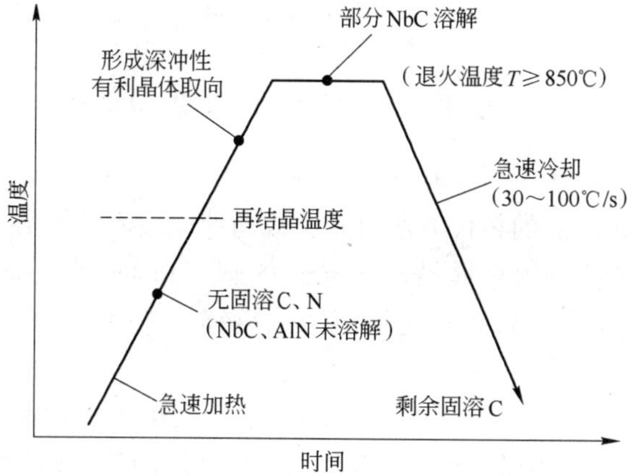

图 5-31 烘烤硬化超深冲高强钢板的制造原理

在超低碳钢中,通过添加 Nb 量不同以控制固溶 C 量,以下称为剩余 C,固溶 C 量在化学上指没有与 Nb 形成 NbC 被固定的 C 量,因此在计算上可表示为固溶 $C_{剩余}$ 量。

$$w(C_{剩余}) = w(C) - (12/93)w(Nb)$$

式中,C、Nb 为 C、Nb 含量(质量分数)。

表 5-15 表示四种超低碳 BH 钢的化学成分及剩余碳量。图 5-32 为 BH 钢中剩余碳含量与 *BH* 值、*AI* 值的关系,可见基本呈线性关系[26]。

表5-15 四种超低碳BH钢的化学成分及剩余碳量(质量分数) (%)

钢	C	Mn	Als	N	Nb	剩余C
A	0.0038	0.67	0.039	0.0019	0.010	0.0025
B	0.0026	0.70	0.053	0.0020	0.009	0.0014
C	0.0018	0.64	0.038	0.0020	0.009	0.0006
D	0.0016	0.65	0.044	0.0020	0.017	-0.0006

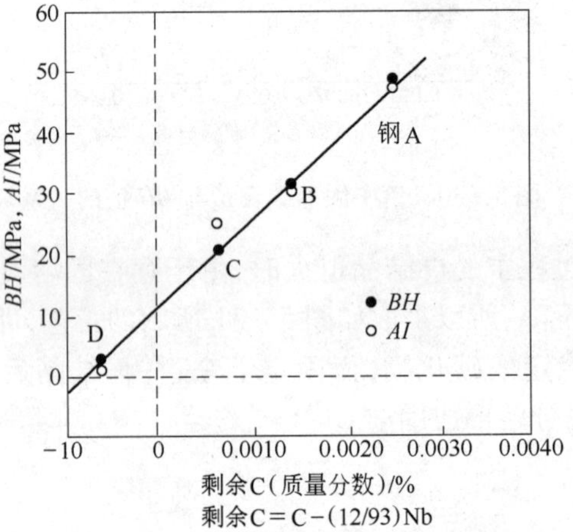

图5-32 BH钢中剩余碳含量与*BH*值、*AI*值的关系

5.4.2.2 加入Ti、V控制固溶C含量

近年来,一种Ti-V的替代方法得到了成功地应用[29,30]。在此方法中钛用来固定氮,而足够的钒被用来提供部分稳定的碳。Taylor等人研究了Ti处理和Ti、V复合处理的超低碳烘烤硬化钢板的热镀锌工艺,认为V增加了抗室温时效性[31]。

康永林等研究了钢中添加Ti、V处理的超低碳烘烤硬化钢板的工艺与性能的关系[32~34]。表5-16为Ti、V处理及Nb、Ti处理的超低碳BH钢的成分。通过热轧、冷轧后,模拟连续退火得到的钢板成形性能如表5-17所示。可见,在模拟连续退火条件下两种超低碳BH钢均具有良好的成形性能,抗拉强度也均超过BH340级别水平。

表5-16 超低碳BH钢的成分(质量分数) (%)

名称	C	Si	Mn	P	S	N	Al	Ti	Nb	V
Ti+Nb (4炉)	0.0020~0.0034	0.015~0.035	0.15~0.35	0.050~0.090	0.005~0.006	0.0044~0.0049	0.005	0.010~0.016	0.028~0.045	—
Ti+V (5炉)	0.0027~0.0039	0.015~0.035	0.15~0.35	0.060~0.088	0.004~0.006	0.0040~0.0048	0.005	0.010~0.019	—	0.030~0.041

表 5-17 Ti+Nb、Ti+V BH 钢模拟连续退火钢板的成形性能

编 号	屈服强度/MPa	抗拉强度/MPa	伸长率/%	*r* 值	*n* 值	*BH* 值/MPa
Ti + Nb	235	360	39.7	1.71	0.260	69
Ti + V	238	355	42.5	1.84	0.277	71

5.4.2.3 添加 Cr、Mo 的超低碳 BH 钢

根据低碳钢开卷批次退火模拟试验结果,添加 0.06% Cr 的钢板经过 3 天 50℃应变时效处理后,BH 值提高了 40 MPa,没有屈服平台回复的现象[35]。在这个试验中,Cr 与固溶碳发生中度的反应,显著地推迟了室温下的应变时效而 *BH* 值没有明显降低,加 Cr 的这种效应在 IF 钢中也出现过。

与 Cr 相似,Mo 也与固溶 C 发生反应,这一点在含 0.01% Nb、0.013% Ti 的 IF 钢中得到了验证。图 5-33 表明了加入 0.025% 的 Mo 就足以在人工时效后降低屈服平台的同时保持高的 BH 值。这种减少时效害处的效应被认为是由短程原子反应引起的[36]。图 5-33 中钢板的力学性能是:R_e 为 194 MPa,R_m 为 367 MPa,*A* 为 43%,平均 *r* 值为 2.3,*AI* 值为 33 MPa,*BH* 值为 46 MPa。退火温度:900℃;保温时间:80 s;冷却速率:40℃/s。表 5-18 给出了加 Mo 超低碳 BH 实验钢的化学成分[36]。

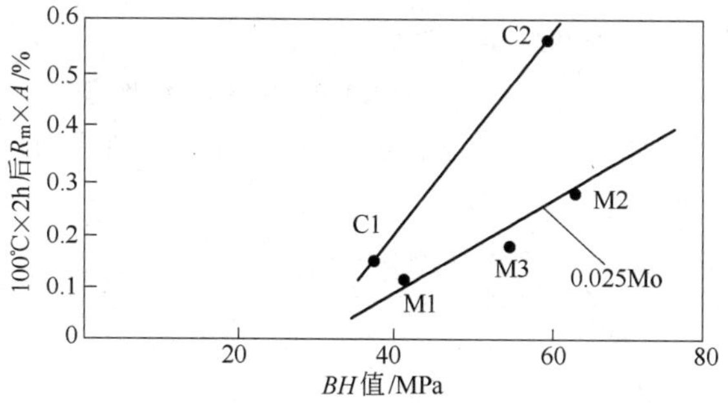

图 5-33 Mo 对经人工时效和烘烤硬化(BH)处理的 Nb-Ti-IF 钢屈服延伸($R_e \times A$)的影响

表 5-18 加 Mo 超低碳 BH 钢的化学成分(质量分数) (%)

编号	C	Si	Mn	P	S	Al	N	Ti	Nb	Mo	E×C
C1	20×10^{-4}	0.04	0.5	0.03	0.008	0.0035	25×10^{-4}	0.013	0.01	0	7×10^{-4}
C2	30×10^{-4}										17×10^{-4}
M1	18×10^{-4}									0.025	9×10^{-4}
M2	31×10^{-4}										18×10^{-4}
M3	25×10^{-4}										13×10^{-4}

注:w(E×C) = [C] - (12/920)[Nb],其中[C]和[Nb]为 1×10^{-4}%。

5.4.2.4　不添加 Ti 和 Nb 的低碳 BH 钢

罗石念、康永林等研究了不添加 Ti 和 Nb 的低碳 BH 钢[37]。实验钢的成分见表 5－19。经 1200℃加热、890℃热轧终轧、63% 冷轧变形和罩式退火后得到的低碳 BH 钢板材成形性能为：$r = 1.6 \sim 2.0$；$n = 0.20 \sim 0.22$；$R_e = 206 \sim 259$ MPa；$R_m = 350 \sim 400$ MPa；$BH = 30 \sim 60$ MPa。表 5－20 是厚度为 0.8～1.5 mm 低碳 BH 钢的力学性能实测结果。

表 5－19　低碳 BH 钢的化学成分（质量分数）　　（%）

C	Si	Mn	P	S	Als
≤0.04	≤0.03	≤0.25	≤0.08	≤0.02	≤0.03～0.06

表 5－20　厚度为 0.8～1.5 mm 低碳 BH 钢的力学性能实测结果

厚度/mm	屈服强度 R_e/MPa	抗拉强度 R_m/MPa	伸长率 A/%	r 值	n 值	BH/MPa
0.8	206～209	350～370	34～42	1.60～2.00	0.20～0.22	41～62
0.9	207～220	359～364	37～39	1.62～1.88	0.20～0.22	38～44
1.0	220～241	356～378	38～47	1.67～1.84	0.20～0.21	36～39
1.2	234～253	355～383	35～41	1.61～1.80	0.20～0.21	34～39
1.5	237～259	363～408	33～40	1.60～1.83	0.20～0.21	33～41

5.4.2.5　Mn 含量对 *BH* 值的影响

钢中 Mn 含量对 *BH* 值也有明显影响，见图 5－34 加 Ti 超低碳钢，图 5－35 加 Nb 超低碳钢。当 Mn 含量从 0.5% 增加到 2% 时，*BH* 值增加 20 MPa 左右[25]。

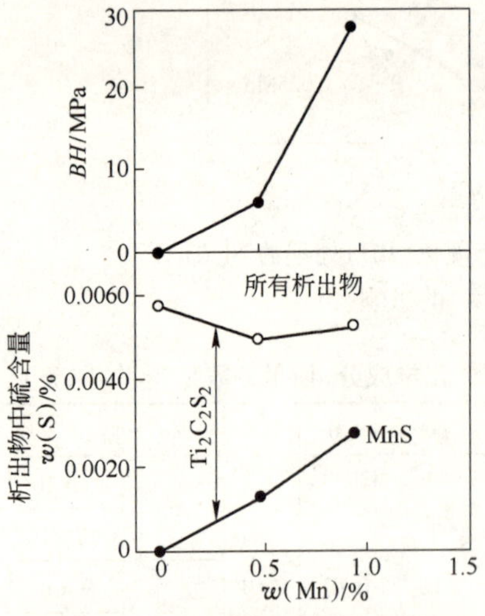

图 5－34　Mn 含量对加 Ti 超低碳钢 *BH* 值的影响
（0.0017%～0.0027% C，0.0054%～0.0060% S，0.02% Ti）

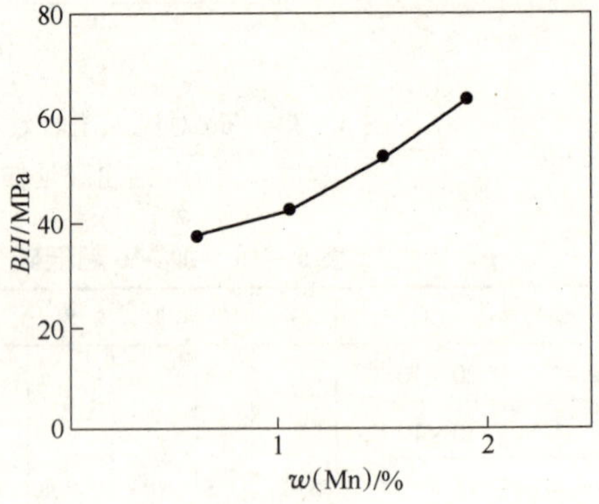

图 5－35　Mn 含量对加 Nb 超低碳钢 *BH* 值的影响
（0.0043%～0.0052% C，0.026% Nb，860℃退火）

5.4.2.6 添加B及调整工艺对超低碳BH钢的各向异性的影响

班必俊研究了Ti+Nb复合超低碳BH钢中添加B及调整工艺对超低碳BH钢的各向异性的影响[38]。其试验钢的冶金成分如表5-21所示。其中,BH-B钢中添加硼0.0015%。

表5-21 Ti+Nb复合超低碳BH试验钢的冶金成分(质量分数) (%)

钢种	C	Si	Mn	P	S	Al	B	Ti+Nb
BH-A	0.0015	Tr.	0.55	0.33	0.006	0.03	0.0001	≤0.05
BH-B	0.0016	Tr.	0.53	0.35	0.005	0.04	0.0015	≤0.05

图5-36为钢中添加硼元素含量对板材面内各向异性Δ*r*值的影响。可见,随硼元素含量的增加,板材Δ*r*值降低。

图5-37为热轧晶粒度和Δ*r*值的关系。表明,Δ*r*值随晶粒尺寸减小而降低。

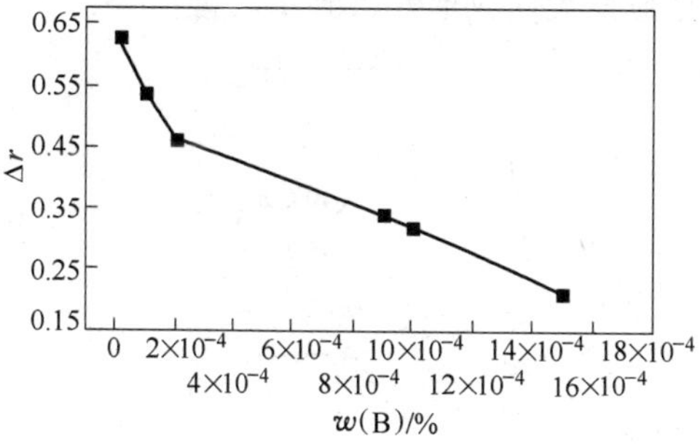

图5-36 硼对Δ*r*值的影响

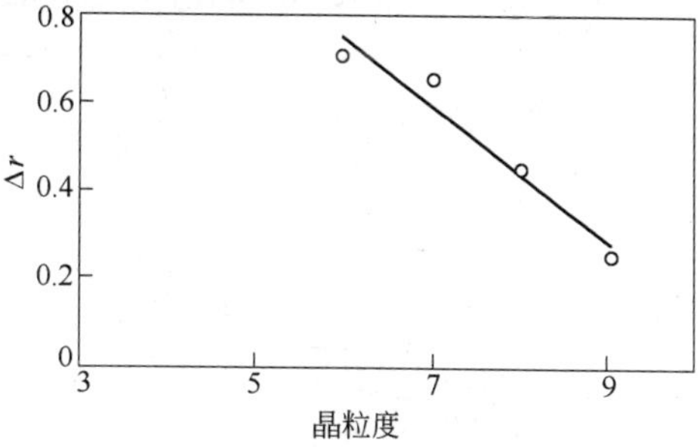

图5-37 热轧晶粒度和Δ*r*值的关系

图5-38为热轧卷取温度对Δ*r*值的影响。可见,Δ*r*值随卷取温度增加而增加。

图5-39为冷轧变形率对Δ*r*值的影响。表明Δ*r*值随冷轧变形率的增加而降低。

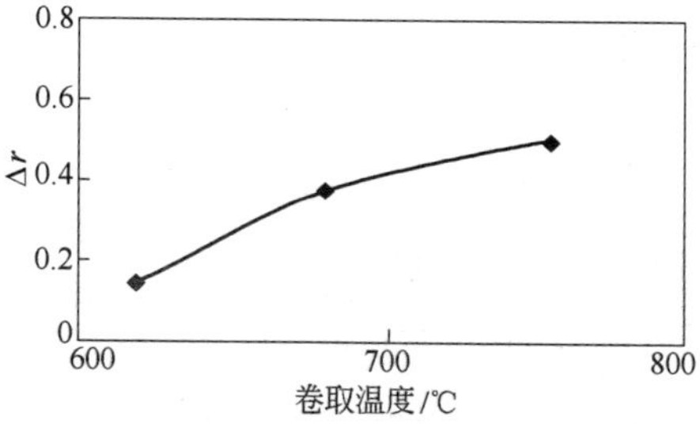

图5-38 热轧卷取温度对Δ*r*值的影响

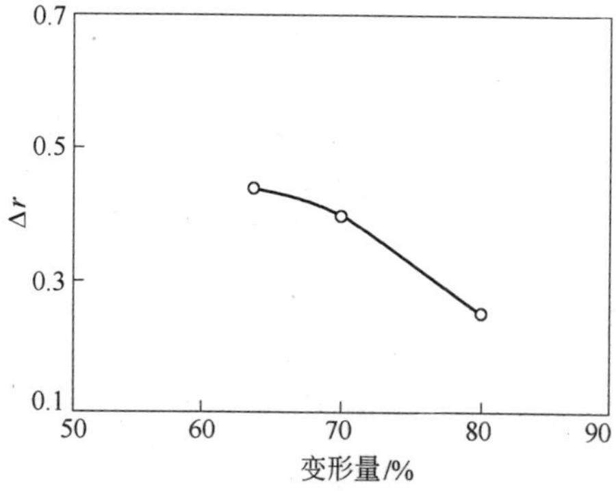

图5-39 冷轧变形量对Δ*r*值的影响

5.4.3　热轧及冷轧退火工艺对 BH 钢组织性能的影响

在 Nb 处理或 Nb + Ti 复合处理的超低碳钢中，添加 Ti 或 Nb 量较低情况下，往往采用较低的板坯加热温度和开轧温度，终轧在奥氏体区内进行并采用快速大压下及尽可能降低终轧温度，采取高温度卷取(>680℃)，总之，采用"二低一高"的热轧工艺。这样可保证碳、氮化物充分析出、长大，从而清除间隙原子，在随后的再结晶退火中降低再结晶温度，促使再结晶晶粒长大和{111}织构发展[39]。

与 TiC 不同，清除效应后的 NbC 是不稳定的且在高温退火期间发生溶解。图 5 - 40 表明了当退火时。均热温度提高，*AI* 值也增加[40]。其中，高的 *AI* 值表明了在 NbC 溶解后存在着高含量的固溶 C，这与高的 *BH* 值相一致。在这种情况下，冷轧前的清除效应并没有降低，因为 NbC 是在退火期间溶解的。并且，由于 NbC 在高温退火期间的溶解造成的晶粒长大使成形性得到了改善。

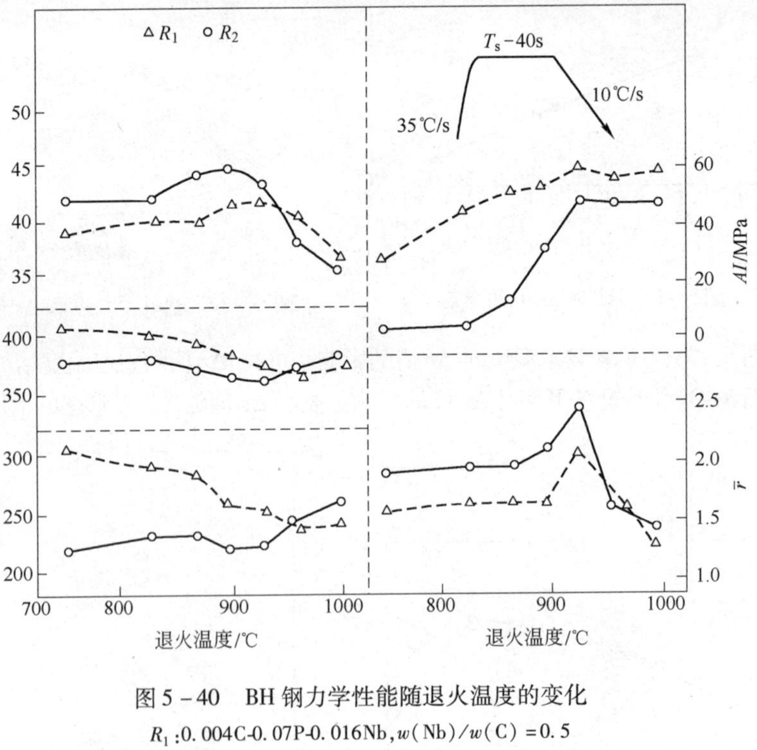

图 5 - 40　BH 钢力学性能随退火温度的变化

R_1:0.004C-0.07P-0.016Nb, w(Nb)/w(C) = 0.5

R_2:0.005C-0.07P-0.029Nb, w(Nb)/w(C) = 0.7

冷轧压下率为 80% 的罩式退火生产的 Ti + Nb BH 钢板的冷硬板和退火板的 TEM 观察结果如图 5 - 41 所示[34]。可以看出，冷硬板内位错密度较大，较大的冷变形量使位错塞积和缠结;第二相粒子弥散分布,尺寸约为 20 nm 左右。退火过程中发生再结晶,消除了冷轧过程的畸变能,退火板内位错密度显著降低,与冷硬板相比,第二相粒子尺寸变化不大,数量有所减少,第二相粒子分布较为稀疏,主要是在退火过程中第二相粒子分解,经快速冷却使部分 C、N 及 Ti、Nb 原子来不及析出而固溶于基体。

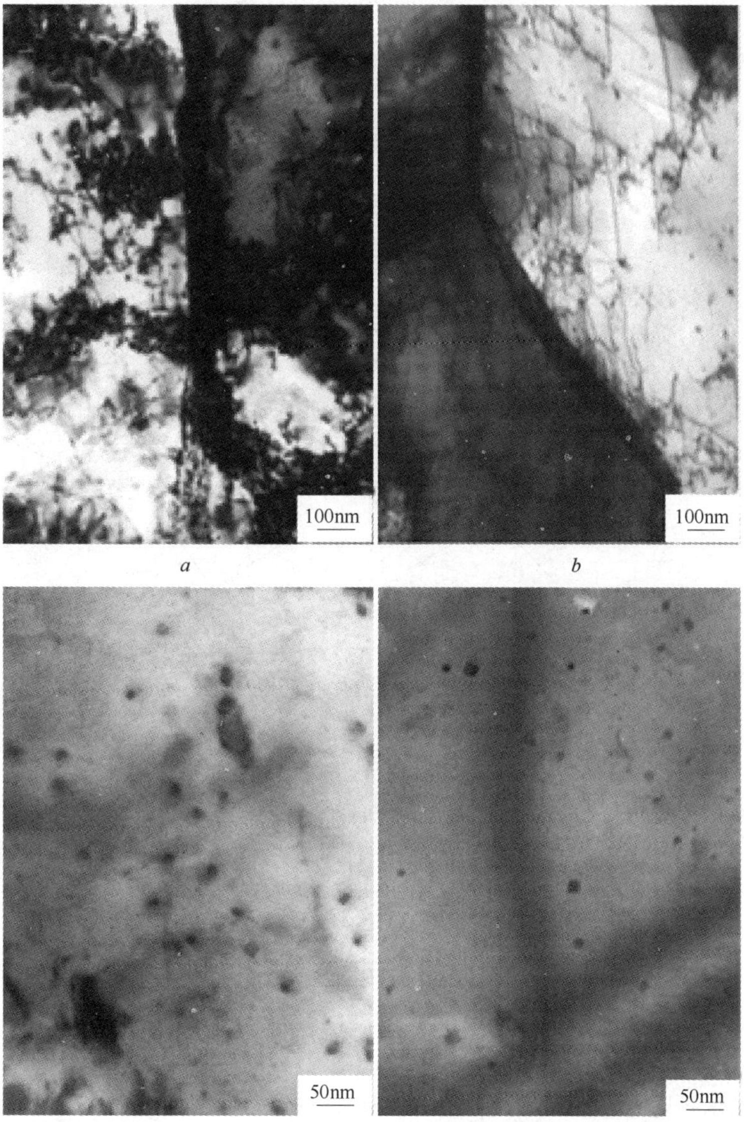

图 5－41 Ti + Nb 超低碳 BH 钢板冷硬板和退火板的 TEM 观察结果

a,*c*—冷硬板;*b*,*d*—退火板

退火温度和退火时间对 Ti + V 超低碳 BH 钢板性能的影响如图 5 – 42 和图 5 – 43 所示[32,34]。由图 5 – 42 可以发现，当退火时间为 60s 时，随着退火温度的增加，屈服强度和抗拉强度均呈降低趋势，伸长率在 790℃左右达到最大值，*n* 值在 830℃左右达到最大值，*BH* 值在 870℃左右达到最大值，*r* 值除在 790℃附近较小之外，其他各处值相差不大。

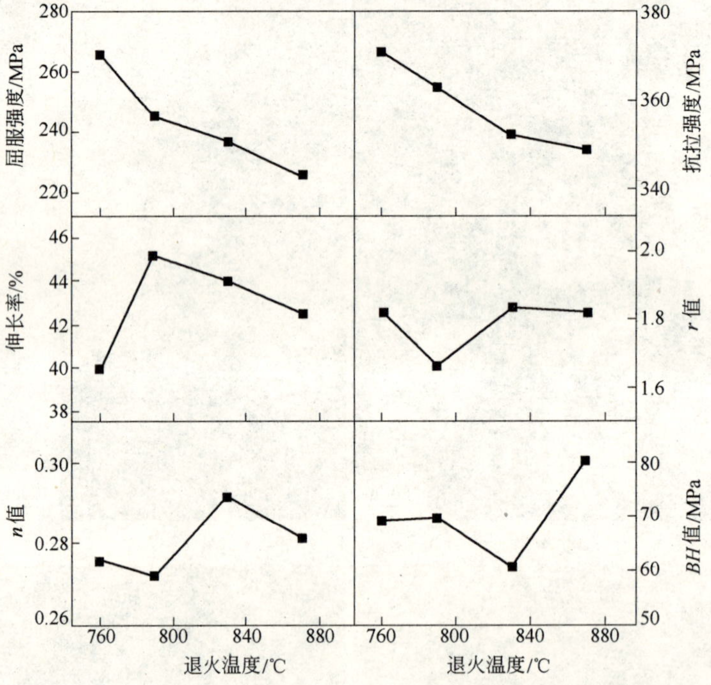

图 5 – 42　退火温度对 Ti + V 超低碳 BH 钢板性能的影响

由图 5 – 43 可以看出，退火时间对钢板性能具有较大的影响，随着退火时间的增加，屈服强度、抗拉强度和 *r* 值均有下降的趋势，伸长率和 *n* 值在退火时间为 60 s 左右时达到最大值，*BH* 值在退火时间为 60 s 时值最小。

在不添加 Ti 和 Nb 的低碳 BH 钢中，热轧卷取温度对钢的 *r* 值、*n* 值和 *BH* 值均有重要的影响。图 5 – 44、图 5 – 45 和图 5 – 46 分别表示卷取温度对低碳 BH 钢的性能影响规律[37]。可见，低的卷取温度对低碳 BH 钢的成形性能及 *BH* 值是有利的。

尹显东等曾进行了工业试制微碳 BH 钢的研究工作，表 5 – 22 为微碳 BH 钢主要化学成分控制范围。取微碳 BH 钢热轧板进行力学性能检验结果见表 5 – 23，表 5 – 24 为冷轧板力学性能[41]。

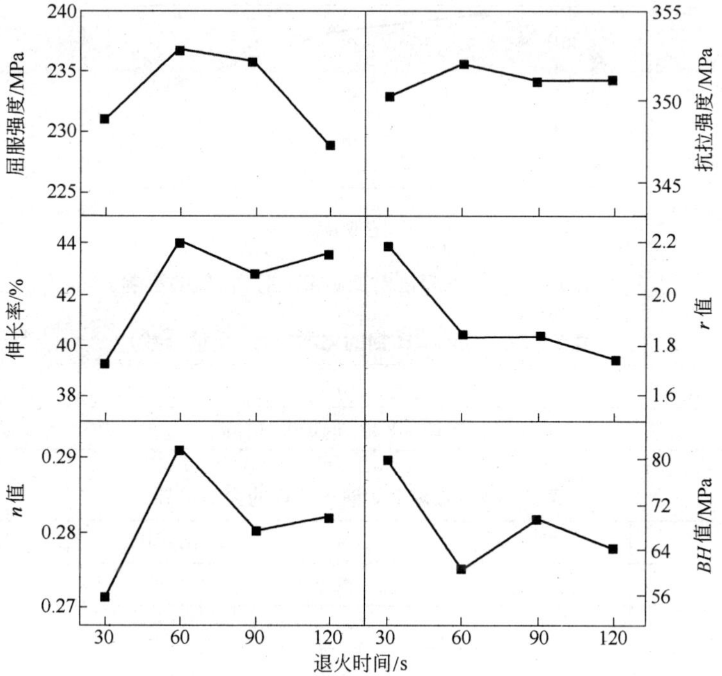

图5-43 退火时间对Ti+V超低碳BH钢板性能的影响

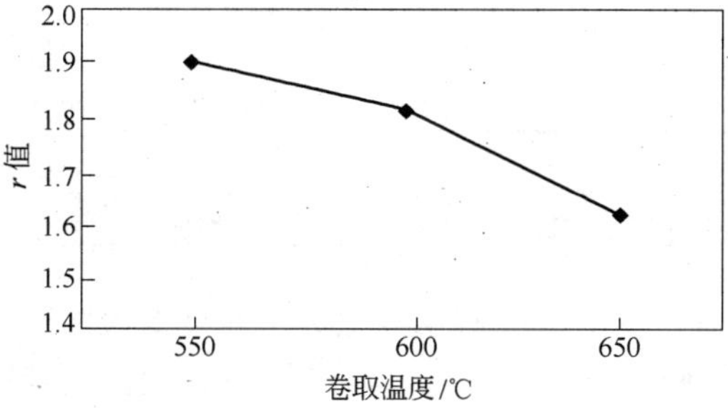

图5-44 卷取温度对低碳BH钢 *r* 值的影响

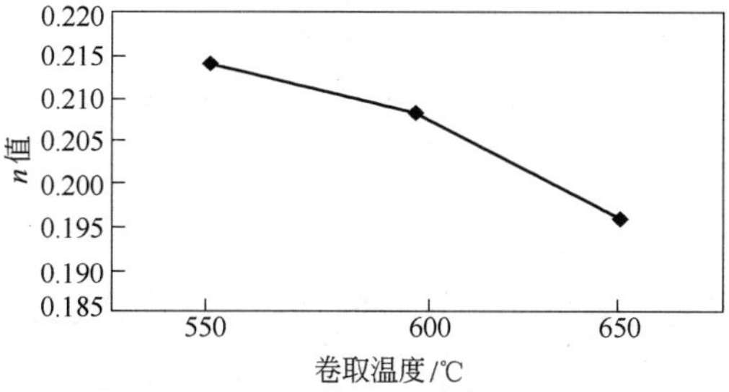

图5-45 卷取温度对低碳BH钢 *n* 值的影响

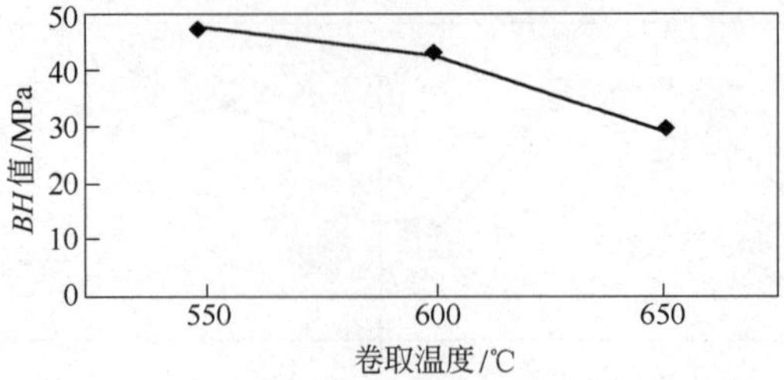

图5-46 卷取温度对低碳BH钢BH值的影响

表5-22 微碳BH钢的化学成分(质量分数) (%)

C	Si	Mn	P	S	Als
≤0.015	≤0.010	0.20~0.30	0.06~0.08	≤0.010	0.020~0.055

表5-23 微碳BH钢热轧板的力学性能

热轧卷	规格/mm	R_e/MPa	R_m/MPa	A/%
A	5.3	265/270	345/345	44.5/41.0
B	4.0	280/275	355/355	35.0/35.0

表5-24 微碳BH钢冷轧板力学性能

冷轧卷	规格/mm	R_e/MPa	R_m/MPa	A/%	BH值/MPa
A	2.0	225/225	344/340	36/36.5	45/45
B	1.5	225/220	345/340	36.5/36.5	45/40

5.4.4 退火方式对超低碳BH钢组织和性能的影响

超低碳BH钢板的退火方式有罩式退火和连续退火两种。罩式退火工艺生产周期长,退火温度低。连续退火工艺生产周期短,退火温度较高,比罩式退火生产率高。康永林等研究了退火方式对Ti+Nb超低碳BH钢板组织、性能以及织构的影响[33,34,42~45]。不同退火方式下的退火性能和组织分别如表5-25和图5-47所示。

表5-25 不同退火方式生产的超低碳BH钢板的性能

退火方式	屈服强度/MPa	抗拉强度/MPa	伸长率/%	r值	n值	BH值/MPa
罩式退火	225	355	43.2	1.52	0.28	45.9
连续退火	235	360	39.7	1.71	0.26	69.1

由表5-25可以看出,相对于罩式退火,连续退火生产的Ti+Nb超低碳BH钢板屈服强度、*r*值和*BH*值均较高,伸长率和*n*值相对较低。这可能是由于罩

式退火时间较长,冷轧畸变能释放较为完成,钢板得到了充分的软化,因此造成强度较低。连续退火温度较高,NbC 等析出物溶解较多,随着退火之后的快速冷却致使固溶原子来不及形成析出物从而使钢板具有较高的 *BH* 值。

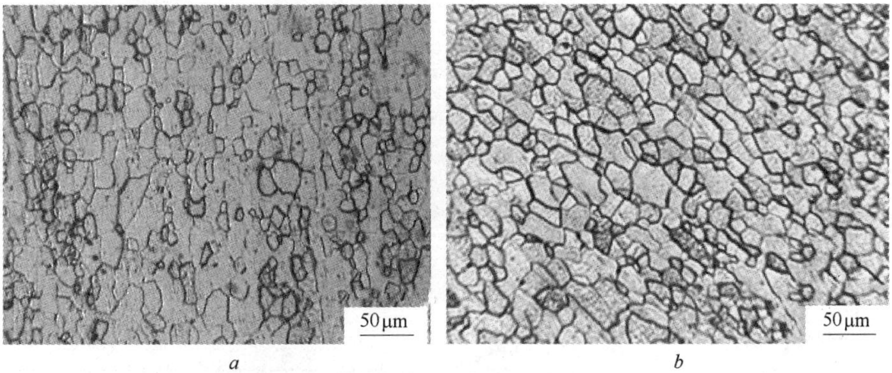

图 5-47 不同退火方式下的退火组织

a—罩式退火;*b*—连续退火

相对罩式退火钢板而言,连续退火钢板的晶粒较均匀,从金相照片上看来,等轴晶所占比例较大,罩式退火生产的钢板晶粒呈饼形。

退火方式对于退火过程中晶粒的转动有较大作用。罩式退火温度较低,退火周期较长,退火过程较缓慢;连续退火温度较高,退火周期较短,退火过程在很短的时间内完成。这就决定了连续退火过程中织构的演化不同于罩式退火。

不同退火方式下退火织构的 $\varphi_2 = 45°$ ODF 截面图和 α、γ 取向线分别如图 5-48 和图 5-49 所示。由图可以看出,连续退火生产的钢板的 {111} 织构

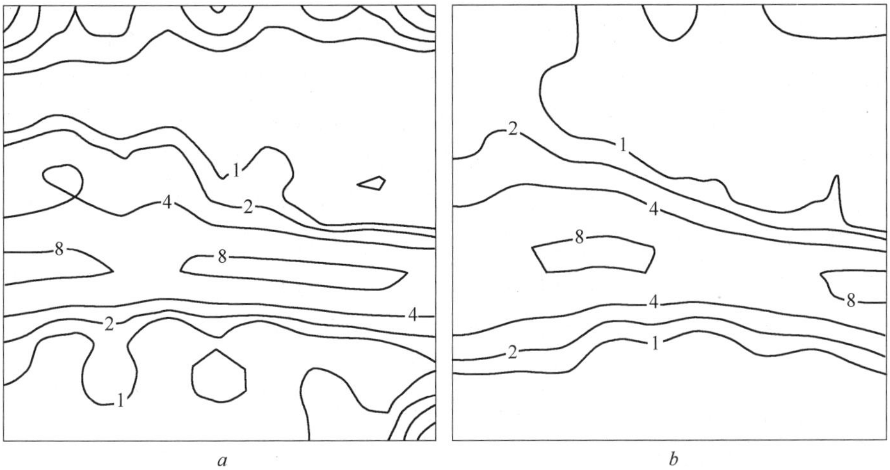

图 5-48 不同退火方式下退火织构的 $\varphi_2 = 45°$ODF 截面图

a—罩式退火;*b*—连续退火

较为强烈，这体现在连续退火生产的钢板具有较高 r 值上，连续退火生产的超低碳 BH 钢板的 r 值为 1.71，罩式退火生产的超低碳 BH 钢板的 r 值为 1.52。

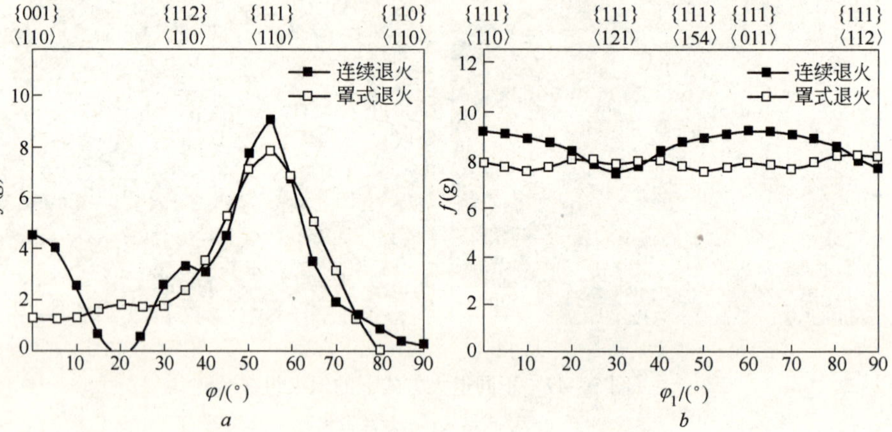

图 5-49　不同退火方式下退火织构的 α 取向线和 γ 取向线
a—α 取向线；*b*—γ 取向线

在 α 取向线上两种退火方式的各取向相差不大，在{111}〈011〉和{001}〈110〉取向附近连续退火条件下的退火织构的取向分布值高于罩式退火条件下的取向分布值。在 γ 取向线上，除在{111}〈121〉取向附近两种退火方式的取向分布值相差不大外，其他各处连续退火条件下的取向均强于罩式退火条件下的取向。

在成分和热轧工艺相同的条件下，冷轧压下率的大小对冷轧板和退火板组织及织构的形成具有较大的影响。选取冷轧压下率分别为 70% 和 80% 条件下的罩式退火生产的 Ti + Nb 超低碳 BH 钢板的冷轧板和退火板统一测试其 1/4 厚处的织构，此两种冷轧压下率所对应的退火板的 r 值分别为 1.36 和 1.52。由不同冷轧压下率下冷轧板和退火板的 $\varphi_2 = 45°$ ODF 截面图可以看出，两种冷轧压下率下冷轧织构的 α 取向线上的取向均较为强烈，其中冷轧压下率为 80% 时的各取向更为强烈，冷轧织构的 γ 取向线上的取向分布相差不大，基本相同。两种冷轧压下率下退火织构的 α 取向线上的取向均较弱，γ 取向线上的各取向较为强烈。

不同冷轧压下率下的冷轧织构和退火织构的 α 取向线和 γ 取向线如图 5-50 和图 5-51 所示。

两种冷轧压下率的冷轧织构均表现出强烈的 α 取向线织构，并在{223}〈110〉取向附近达到最大值；其 γ 取向线相差不大，基本相同。两种冷轧压下率的退火板均表现出了较弱的 α 取向线织构,具有较高的{111}⟨110⟩取向分布值;同时表现出了强烈的 γ 取向线织构,很直观地反映出了 80% 冷轧压下率条件下的 γ 取向线织构明显高于 70% 冷轧压下率条件下的 γ 取向线织构,因而 80% 冷轧压下率条件下生产的钢板的 r 值较高。

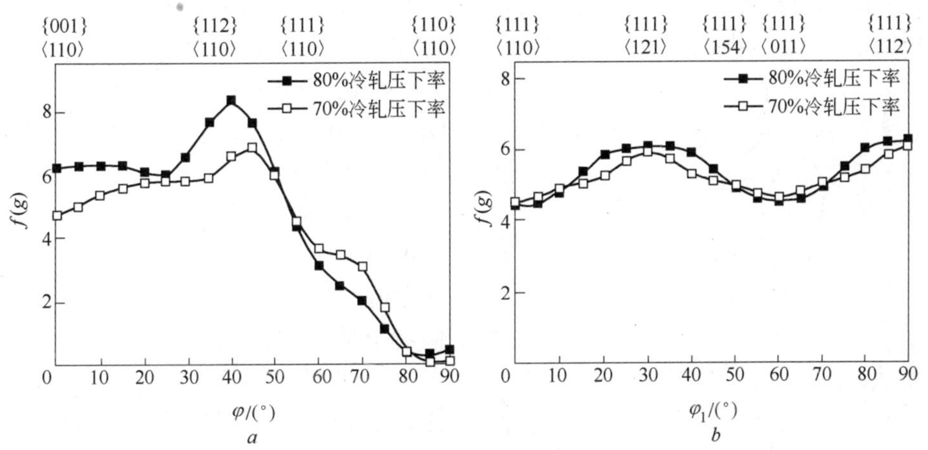

图 5-50　不同冷轧压下率下冷轧织构的 α 取向线和 γ 取向线

a—α 取向线;*b*—γ 取向线

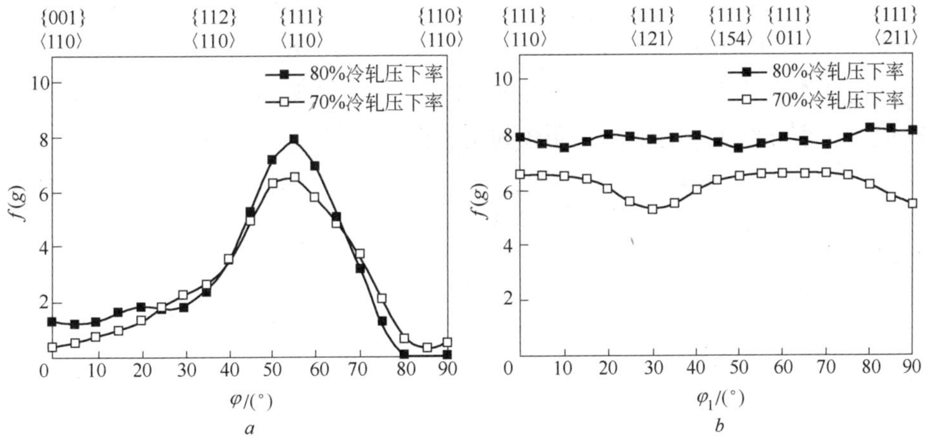

图 5-51　不同冷轧压下率下退火织构的 α 取向线和 γ 取向线

a—α 取向线;*b*—γ 取向线

总体看来,冷轧压下率的增加有利于退火板的{111}织构的增强,从而提高钢板的深冲性。钢板再结晶退火过程是再结晶形核、长大和大角度晶界迁移的过程,它伴随着晶粒取向或取向分布的变化,该过程的驱动力来自冷轧钢板的变形储能，而冷轧压下率的大小直接决定了钢板变形储能的大小，并且冷轧织构对退火织构有遗传性。因此，冷轧压下率的大小直接影响到退火板织构，进而影响其深冲性。

由生产过程的连续性可知，超低碳钢的织构发展也应该是连续的。各工艺过程的织构发展结果及其相互间的联系决定着成品板的最终织构特征，因此该板的最终织构实际上是整个生产过程中织构连续发展即演变的结果。

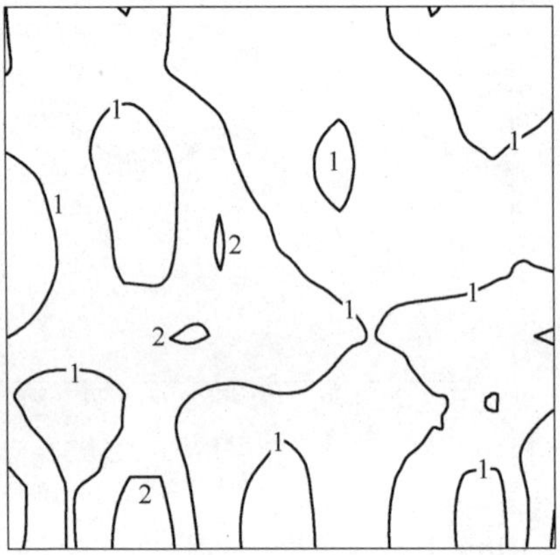

图 5－52　热轧织构的 $\varphi_2=45°$ODF 截面图

热轧、冷轧和退火织构的 $\varphi_2=45°$ ODF 截面图和 α、γ 取向线分别如图 5－52、图5－53 和图 5－54 所示。可以看出，热轧织构很弱，其 $\varphi_2=45°$ ODF 截面图上各取向相差不大，没有较为明显的强烈取向；同时 α 和 γ 取向线上的各取向均不是很强烈，较为平缓，热轧阶段没有形成强烈的取向。冷轧织构 α 取向线上的取向较为强烈，尤其在{223}〈110〉取向附近的取向分布值达到最大，其取向分布值接近 8；不利织构{001}〈110〉取向也较为强烈；在 γ 取向线上的取向较弱，最大的取向分布值接近 6。经过退火处理后，钢板在 α 取向线上的织构减弱，特别是不利织构{001}〈110〉取向分布值相对于冷轧由 6 减弱到 1 左右；在 γ 取向线上的取向增强，最大取向分布值大约在 8，而且 γ 取向线上的各取向分布较为均匀。

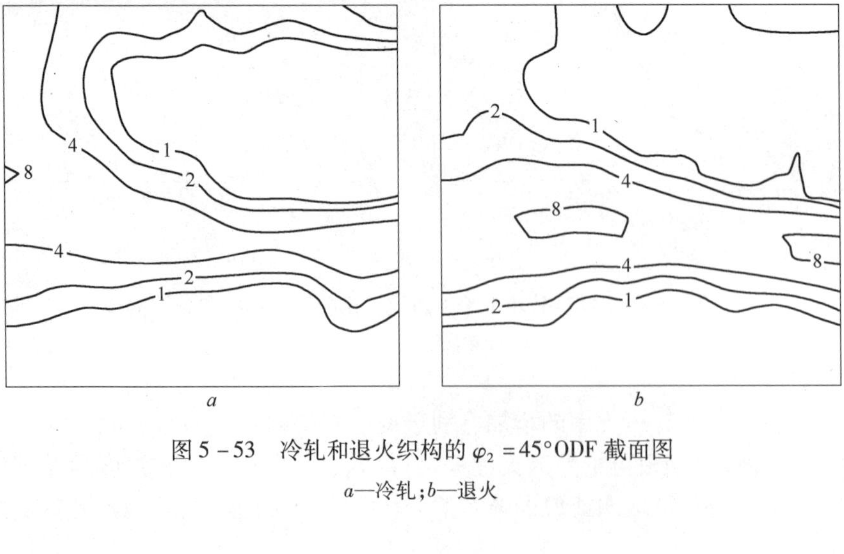

a　　*b*

图 5－53　冷轧和退火织构的 $\varphi_2=45°$ODF 截面图

a—冷轧；*b*—退火

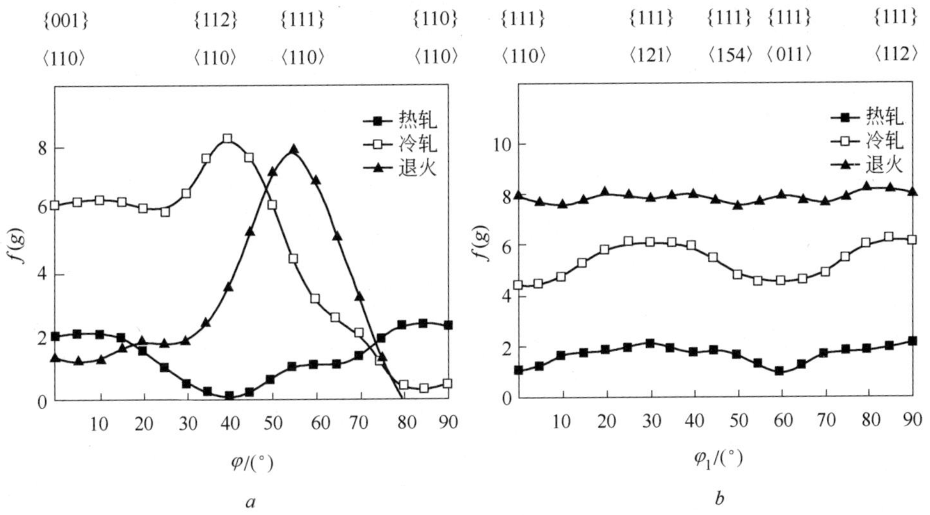

图 5－54　热轧、冷轧和退火织构的 α 取向线和 γ 取向线

a—α 取向线；*b*—γ 取向线

从热轧、冷轧和退火织构的 α 取向线和 γ 取向线上可以很直观地看出，罩式退火生产的 Ti＋Nb 超低碳 BH 钢板的织构在热轧、冷轧和退火过程中的演化过程。冷轧后，钢板 α 取向线上的各取向明显增强；退火后，钢板 α 取向线上除{111}⟨110⟩附近外，其他各取向均减弱，γ 取向线上的各取向随着热轧、冷轧和退火过程的进行而逐渐增强。

热轧织构很弱且特征不明显。这可能是由于高温条件下，轧制变形造成的晶粒取向差异被再结晶所消除而引起的。经冷轧变形的钢板具有了较强的择优取向，形成变形织构，变形织构中的不利织构{001}⟨110⟩较为强烈，同时具有典型的{112}⟨110⟩织构。再结晶退织构受形变织构的影响，即形变织构具有遗传性，再结晶退火使 α 取向线上取向明显减弱而使 γ 取向线上各取向明显增强，增加了钢板的深冲性。

在生产超低碳 BH 钢板中，一般采用 $\varepsilon > 75\%$ 的冷轧压下率。

图 5－55 为加 Nb 超低碳钢的 *BH*、*AI* 值及各种力学性能与退火均热温度的关系[46]。随均热温度升高，*r*、*AI* 和 *BH* 值增加，*n* 值、*A* 值先下降后趋于稳定，其它性能变化不大。

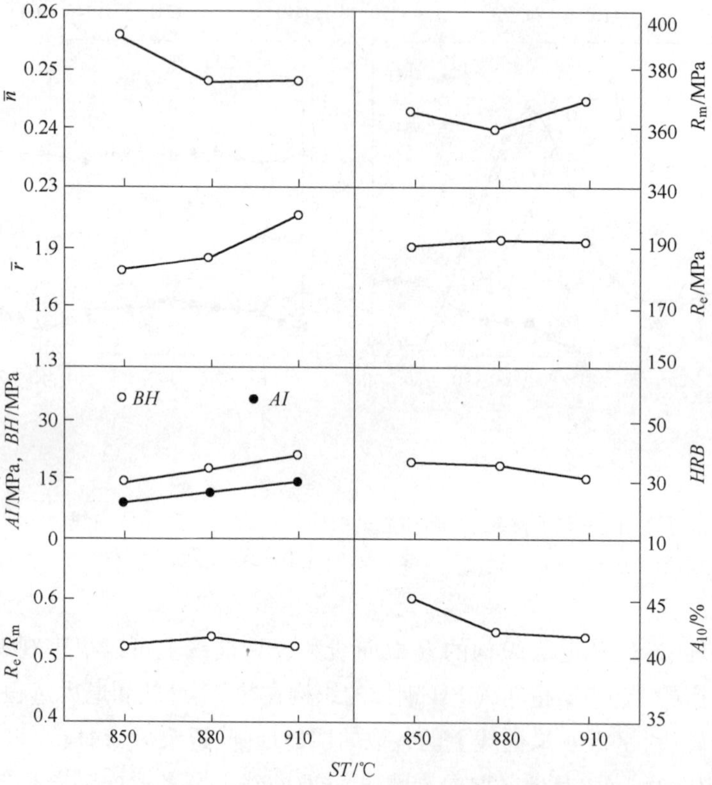

图 5－55　退火均热温度对含 Nb 超低碳 BH 钢板性能的影响
（0.0023% C，0.003% N，0.029% Si，0.2% Mn，0.098% P，0.045% Nb）

图 5－56 表示退火均热温度对加 Nb 及加 Ti 超低碳 BH 钢板 *BH* 值及 *r* 值的影响[25]。图 5－57 为冷却中间保温温度对 *BH* 值的影响[25]。

图 5－58 为冷却速度对 *BH* 值的影响[47]。当冷却速度低于 20℃/s 时，基本无 BH 性。当冷却速度约大于 30℃/s 时，*BH* 值约在 30 MPa 以上。

对于不同的微合金化处理的超低碳钢板，退火时分别采用空冷、吹风、喷水和淬火冷却方式得到的钢板性能见图 5－59[46]。可见，随冷却速度增加，硬度 HRB、拉伸强度 R_m 值和 *BH* 值均上升，而伸长率下降。

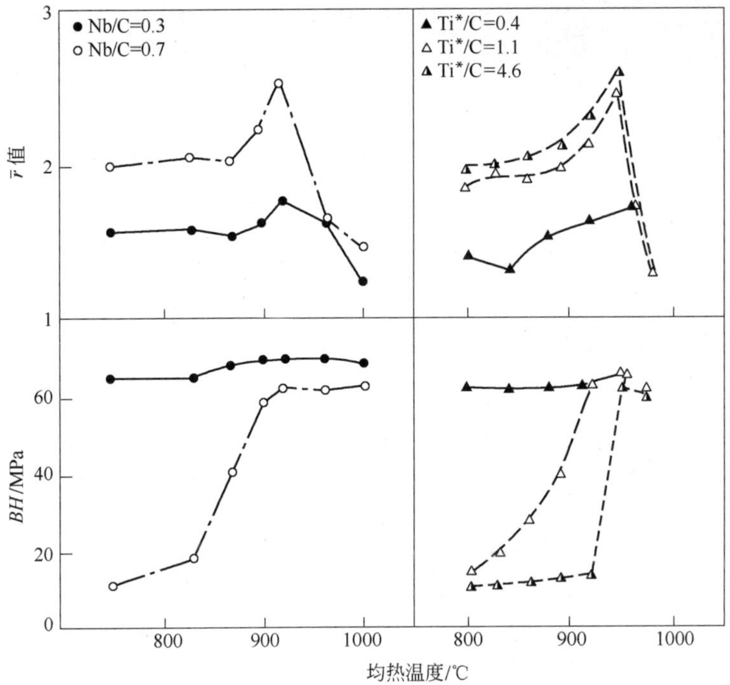

图 5-56 退火均热温度对加 Nb 及加 Ti 超低碳 BH 钢板 *BH* 值及 *r* 值的影响

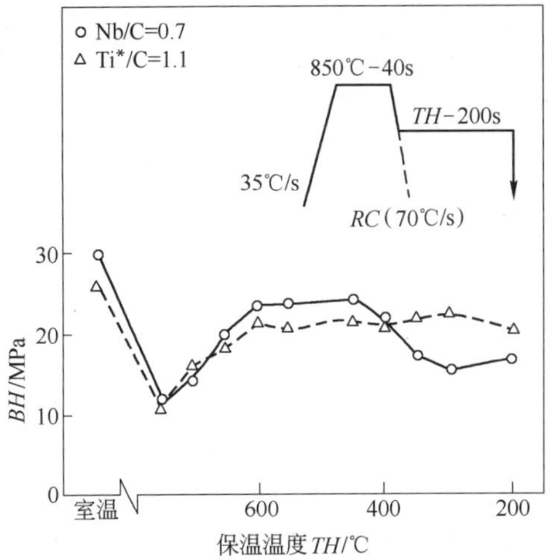

图 5-57 冷却中间保温温度对 *BH* 值的影响

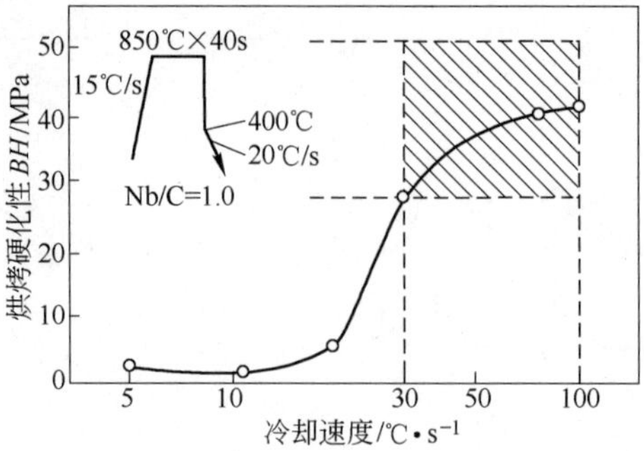

图 5-58　冷却速度对加 Nb 超低碳钢 *BH* 值的影响(850℃退火 40 s)

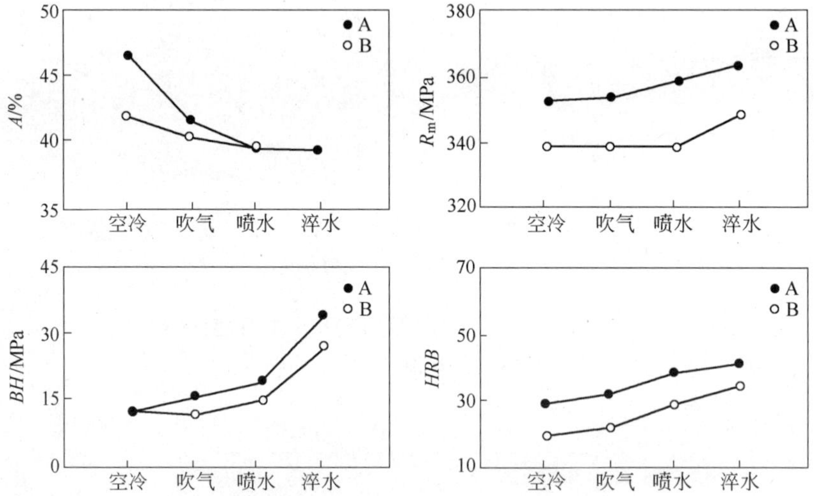

图 5-59　退火冷却速度对 BH 钢板性能的影响

(●A:0.0033% C,0.098% P,0.047% Nb;○B:0.0021% C,0.098% P,0.041% Nb,0.024% Ti)

5.4.5　时效时间、预变形量与 BH 性

图 5-60 为时效时间与超低碳钢的 *BH* 值关系[48]。*BH* 值在开始的较短时间内迅速上升,当达到某一值以后,随时效时间变化很小(或基本不变)。图 5-61 表示采用预应变 0% 和 2% 时,冷轧平整量对 *BH* 值的影响[48]。可见当加 2% 的预应变时,平整量超 0.5% 以后对 *BH* 值影响很小。

图 5-62 表示在不同时效温度下,时效时间与屈服强度 ΔR_m 的关系[26]。可见时效温度对屈服强度增加量 ΔR_m 的影响十分显著。

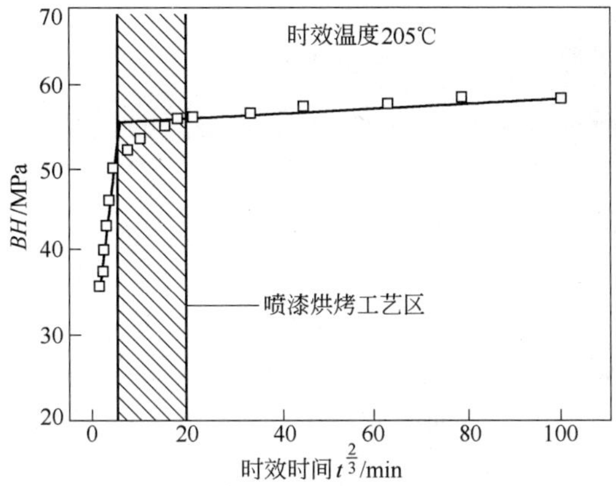

图 5－60　时效时间 $t^{2/3}$ 与超低碳钢的 *BH* 值关系

（预拉伸应变 2.8%）

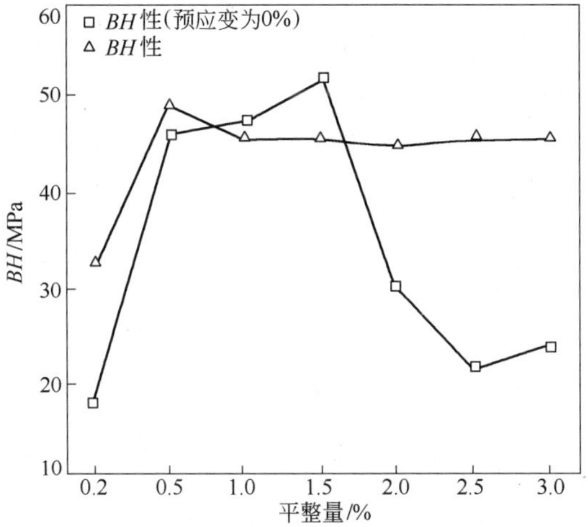

图 5－61　预应变 0% 和 2% 时，冷轧平整量对 *BH* 值的影响

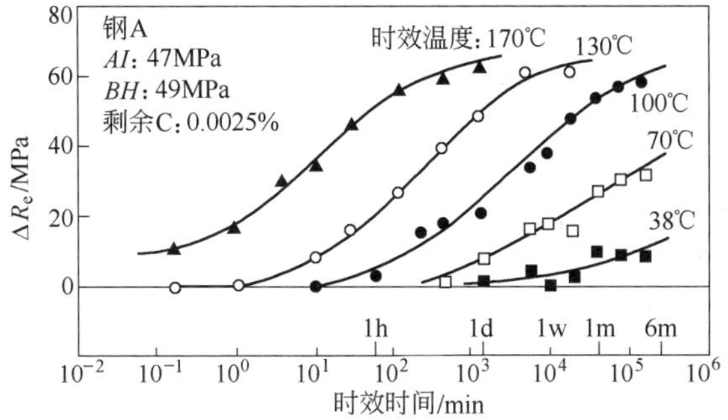

图 5－62　在不同时效温度下时效时间与屈服强度 ΔR_m 的关系

5.4.6　热镀锌超低碳 BH 钢烘烤硬化效应与时效

由于 BH 钢板将主要用于汽车外板，所以良好的抗腐蚀性是必要的。蒂森克虏伯（TKS）公司在他们的热镀锌生产线上开发生产了热镀锌或合金化热镀锌 ULC-BH 钢板。为了提供烘烤硬化效应所需要的固溶碳，一般是在超低碳钢中加入少量的 Ti 或 Nb 来稳定部分碳。也可以使用 V 来达到稳定碳的目的。甚至有人建议通过 Nb 达到全稳定化。其中，烘烤硬化效应所需要的固溶碳是通过在退火过程中 Nb 碳化物的再溶解而得到的，然而，碳化物的溶解必须在高温下完成，由于在高温下的热瓢曲问题，所以这个工艺在工业生产过程难以完成。Christine Escher 等研究了用钛或铌进行合金稳定碳问题[49]。

5.4.6.1　ULC-BH 钢烘烤硬化和时效性

对于 ULC-BH 钢来说，最主要的问题是在生产中控制固溶碳的含量。固溶碳含量不仅影响期望的烘烤硬化效应，还产生有害的材料特性，即所谓的在室温下的时效现象。时效现象能引起一种表面缺陷，即在冲压过程中出现所谓的吕德斯带。而对于外板来说，甚至是很轻微的吕德斯带都将导致冲压件的不合格。

烘烤硬化效应和时效都是由相同的物理过程造成的，即碳扩散到位错区（偏析）使位错发生钉扎，钉扎将削弱随后的变形。碳的扩散程度是由时间和温度所决定的。时效在室温下一般要几个星期或者几个月才能发生，而烘烤硬化效应则要在相对高的温度下几分钟内（如 20 min，170℃）就可以发生。在时效现象中，通过碳的扩散，位错的钉扎发生在成形和涂漆之前，即在材料的储藏和运输过程中。在烘烤硬化效应中，位错的钉扎是在对材料施加压力之后的涂漆烘烤中才发生。

表 5－26 给出了一些化学成分和工艺参数。样品经热轧和冷轧后，并在实验室中模拟连续退火过程，最高温度在 780～870℃变化[49]。保温时间为 60 s，冷却速度分别为 10℃/s 和 25℃/s 与对应于大生产中的热镀锌线生产工艺所采用的冷却速度。退火后，样品以压下量 1%～1.5% 平整。

表 5－26　Nb(Ti)-ULC-BH 钢的化学成分和热冷轧、退火实验工艺参数

Nb(Ti)-ULC-BH	化学成分（质量分数）/%						比　值	
试　样	C	S	Al	N	Nb	Ti	Nb/C	Ti/N
1	0.0026	0.006	0.027	0.0030	0.0094	0.0069	3.62	2.30
2	0.0023	0.005	0.027	0.0025	0.0137	0.0064	5.96	2.56
3	0.0024	0.005	0.027	0.0025	0.0148	0.0064	6.17	2.56
4	0.0019	0.005	0.027	0.0020	0.0190	0.0057	10.00	2.85
5	0.0019	0.005	0.027	0.0019	0.0200	0.0057	10.53	3.00

续表 5-26

Nb(Ti)-ULC-BH	化学成分(质量分数)/%						比 值	
试 样	C	S	Al	N	Nb	Ti	Nb/C	Ti/N
6	0.0026	0.004	0.031	0.0015	0.0150	<0.0005	5.77	<0.33

热轧条件(SRT)	终轧温度(*FT*)	卷取温度(*CT*)	冷轧	退火温度	冷却速率	平整量
1250℃	约 910℃	730℃	约 75%	780 ~ 870℃ 60 s	约 10℃/s 或 约 25℃/s	1.0% ~ 1.5%

图 5-63 为通过内耗法测得不同退火温度下的烘烤硬化值与固溶碳含量之间的关系,该图显示,烘烤硬化效应随着固溶碳含量的增加而加强,而不依赖于不同的工艺过程[49]。

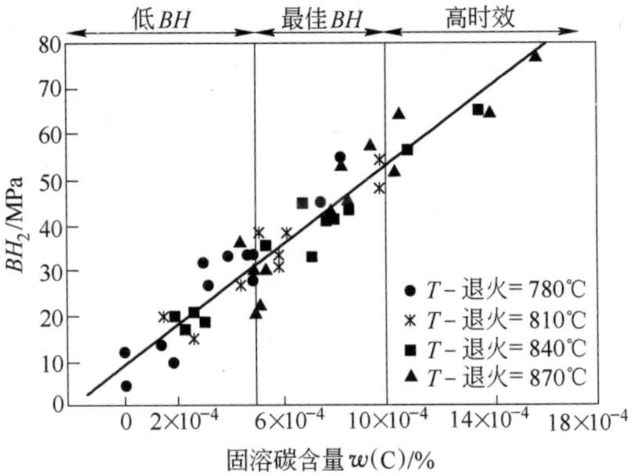

图 5-63 通过内耗法测得不同退火温度下的烘烤硬化值与固溶碳含量之间的关系
(其中:铌为合金的 ULC-BH 钢的 Ti/N < 48/14 (据表 5-26),BH_2 为变形 2% 的 *BH* 值)

5.4.6.2 根据化学成分预测固溶碳含量

为了优化生产工艺,对于已经商业化的 ULC-BH 钢的固溶碳量的预测是很重要的。由于通过内耗来测量固溶碳含量成本昂贵并且时间也很长,所以在实际中可以通过化学分析给出的化学成分(C、N、S、Ti 或 Nb 的含量)来计算固溶碳的含量。根据化学冶金计算考虑到氮化物、硫化物和碳化物的析出顺序(见图 5-64)。图 5-64 概括了在固定 N、S 和 C 含量下,加 Ti 和加 Nb 的 ULC-BH 钢的析出过程。它以一种比较简单的方式阐述了在 Nb 微合金钢中控制固溶碳是比较简单的,这是由于在加 Nb 的 ULC 钢中固溶碳只依赖于 Nb 的含量。另外,对于不同钢种也可以通过化学成分来计算固溶碳含量[49]。

图 5-65 显示了表 5-26 中的样品在不同退火温度和冷却速率下通过化学分析计算而得到的固溶碳含量与烘烤硬化值之间的关系[49]。其中 *BH* 值与固溶碳含量依赖关系的趋势与图 5-63 的结果相一致。固溶碳含量越高 *BH* 值越大。然而,退

火温度对 *BH* 值也有明显的影响。对于特定的固溶碳含量来说,其烘烤硬化值随着退火温度的升高而增大,而且,冷却速率越大这一影响也越大。这是由于随着退火温度的增加,NbC 的分解也在加剧。在冷却阶段,部分碳保留在固溶状态中。冷却速率越大,抑制 NbC 的再析出的能力越强。由于通过化学成分计算的固溶碳含量没有考虑到后面的工艺参数影响,如退火温度,所以对于高温退火(870℃)来说,计算而得的固溶碳含量小于实际影响 *BH* 值的固溶碳含量。因此使用内耗法来测定固溶碳含量要用样品本身测定,这种方法可以记录反映整个工艺过程。

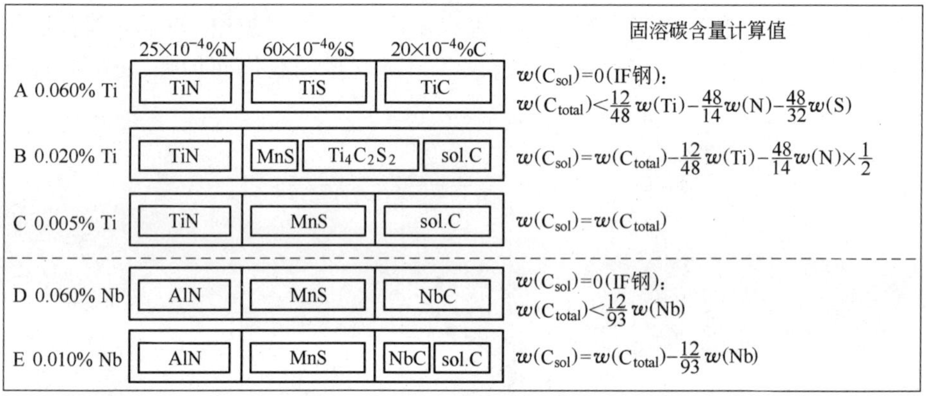

图 5-64　在固定 N、S 和 C 含量的 ULC 钢中不同的 Ti 或 Nb 含量下的析出形式

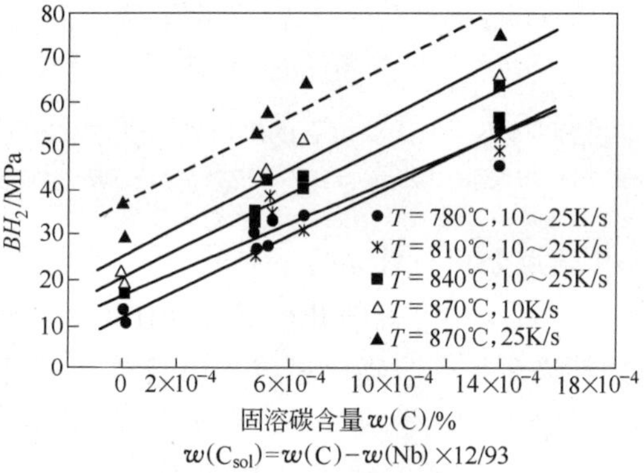

图 5-65　不同退火温度和冷却速率下通过化学分析计算
而得到的固溶碳含量与烘烤硬化值之间的关系
(其中:Nb 合金量为 ULC-BH 钢中 Ti/N < 48/14,见表 5-26)

为了避免发生热瓢曲现象,工业镀锌线上的退火温度一般要降到 780 ~ 820℃来生产 ULC-BH 钢。在这样较低的温度下,NbC 并不能很好地溶解。从图 5-65 中可以看出,在 780 ~ 820℃之间,为了得到想要的 *BH* 值(大于30 MPa)最低的固溶碳含量应该是 $7\times10^{-4}\%$ 左右。

图 5 – 66 显示了通过内耗法测得的固溶碳含量与通过化学成分计算获得的固溶碳含量之间的关系[49]。

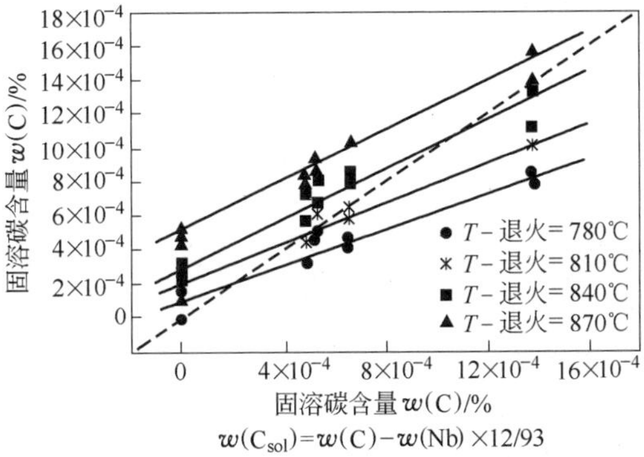

图 5 – 66　在不同的退火温度下通过内耗法测得的固溶碳含量
与通过化学成分计算获得的固溶碳含量之间的关系
(其中:Nb 合金量为 ULC-BH 钢中 Ti/N < 48/14,见表 5 – 26)

在大于 840℃的高温情况下,通过内耗法测得的值大部分都大于计算值。这可以解释为 NbC 的溶解。在 780 ~ 810℃的较低温度下,通过内耗法测得的值小于计算值,内耗法测量发现的游离碳比理论值要少一些。这可能是游离碳原子在能量上更趋于在晶界聚集或其他不均匀区上结合,这部分游离碳对内耗法测量值是没有贡献的。Senuma 指出,碳在晶界上的偏析可能在高温下发生再溶解并强化 BH 效应[50]。因此,碳的偏析量和潜在的 BH 能力也依赖于晶粒的大小[51,52]。

总之,通过化学成分计算而得的固溶碳含量和通过内耗法测得的固溶碳含量并不一致。其原因一是通过化学成分计算而得的固溶碳含量并不能反映其他因素的影响,如退火温度,而另一个原因是通过内耗法并不能测得在晶界和其他异质部位的碳含量,而这些碳对 BH 效应是起作用的。尽管如此,通过计算的方法还是可以大致地估计烘烤硬化效应和时效性,这对优化商业上的 ULC-BH 钢工艺是有用的。

5.4.6.3　烘烤硬化效应和时效之间的关系

烘烤硬化和时效都基于相同的物理机制,两者都强烈地依赖固溶碳含量。图 5 – 67 中显示了样品 1 ~ 6(表 5 – 26)在自然和人为的时效之后 *BH* 值对屈服伸长率的关系[49]。从 TKS 长期生产 BH 钢的经验来看,屈服延伸量大于 0.5% 的钢板在冲压后可能影响钢板表面质量,所以应该避免屈服延伸量大于 0.5% 的情况出现。从图 5 – 67 中可以看出,*BH* 值不应超过大约 50 MPa 的极限值,否则,不能保证在室温下足够的抗时效性。这点符合在 780 ~ 810℃时低温下相对应的固溶碳含量为 $15\times10^{-4}\%$ 的极限值(即没有 NbC 溶解,见图 5 – 65)。可以总结得出，通过计算所得的生产铌微合金化的 ULC-BH 钢所需的固溶碳应该被调整为 $(7\sim15)\times10^{-4}\%$。这也符合通过内耗法测得的 $(5\sim10)\times10^{-4}\%$ 的范围（见图 5－63）。

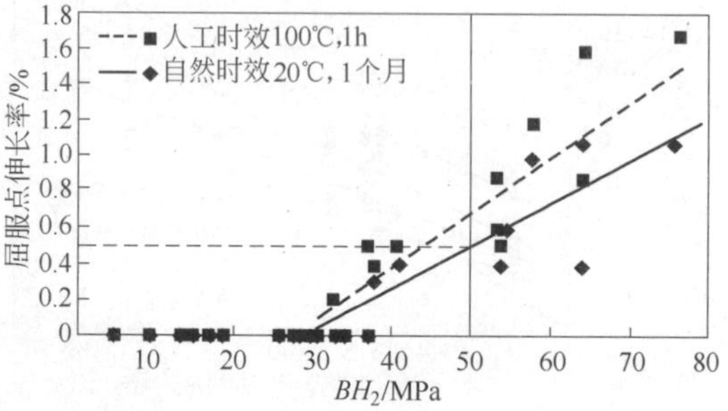

图 5－67　在自然和人为的时效之后 *BH* 值对屈服点伸长率的关系
（其中：加 Nb 的 ULC-BH 钢中 Ti/N＜48/14，见表 5－26）

5.4.6.4　商业化的含钛和铌的 ULC-BH 钢

众所周知，在铁素体基体中出现固溶碳能导致屈服强度的增加。图 5－68 显示了对于商业化的加 Ti 和 Nb 的 ULC-BH 钢的屈服强度增加值与固溶碳含量之间的关系。生产参数在表 5－27 中列出[49]。两种钢的屈服强度都随着固溶碳含量的增加而增加。Ti-ULC-BH 钢的实验值弥散度要比 Nb-ULC-BH 钢大很多。

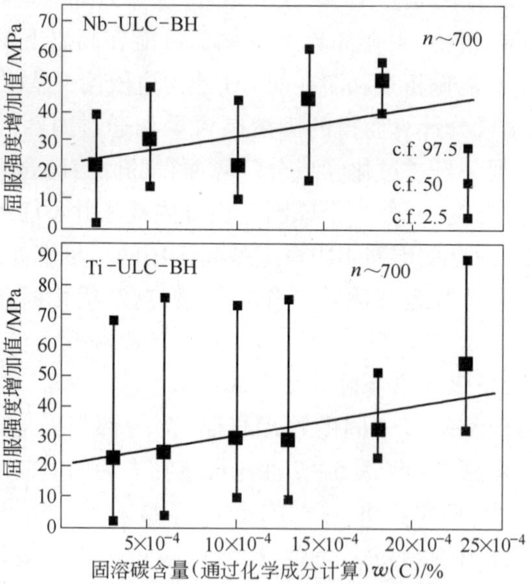

图 5－68　商业化的加 Ti 和 Nb 的 ULC-BH 钢的屈服强度增加值与固溶碳含量之间的关系

表 5-27 加 Nb 和加 Ti 的 ULC-BH 钢的工业生产参数

项 目	化学成分(质量分数)/%						Nb/C	Ti/N
钢 种	C	S	Al	N	Nb	Ti		
Ti-ULC-BH	0.0010 ~ 0.0025	0.004 ~ 0.008	0.025 ~ 0.065	0.0012 ~ 0.0032		0.010 ~ 0.014		4 ~ 9
Nb-ULC-BH					0.006 ~ 0.010	<0.005	3 ~ 7	<3

热轧条件			冷 轧	退火温度/℃	平整量
板坯再加热温度 *SRT*	终轧温度 *FT*	卷取温度 *CT*	约 75%	约 820℃	1.5%
1250℃	约 910℃	700℃			

另外一个对含 Nb 的 ULC-BH 钢屈服强度有显著影响的因素是 Ti 的含量，这点在图 5-69 中显示[49]。由于没有特意添加 Ti，所以含量都小于 $50 \times 10^{-4}\%$。即便所有的 Ti 都溶解，其值还是小于需要稳定 N 的值，即 Ti/N < 48/14。尽管 Ti 的绝对量很小，但是屈服强度却随着 Ti 含量的增加明显地增大。原因是 TiN 粒子的形成和硬化效应。由于 ULC-BH 钢需要精确地符合成形的要求，所以应该避免 Ti 的波动带来的屈服强度的波动。

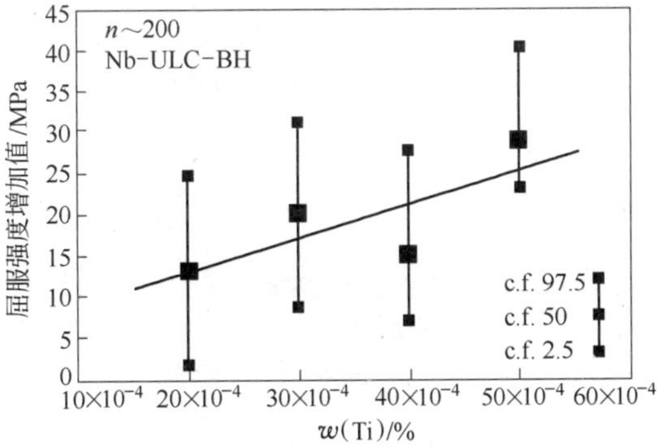

图 5-69 工业化加 Nb 的 ULC-BH 钢的屈服强度增加值与 Ti 含量之间的关系

图 5-70 表示对加 Ti 和 Nb 的 ULC-BH 钢的烘烤硬化性与通过化学成分计算而得的固溶碳含量之间的关系[49]。可以看到，加 Ti 钢的离散度比加 Nb 钢要大 1.5 倍左右，可能的原因与两种钢的析出过程有关。在 IF 钢和 ULC-BH 钢中，Ti 和 Nb 是被用来固定氮和碳的常用元素。因此，析出过程和顺序对于控制微合金元素的添加显得十分重要。

与 TEM 观察配合，ChemSage 软件可以用于 ULC-BH 钢析出过程来作一般性判断。商业化的 ChemSage 软件是基于热力学计算并考虑多组分系统中的主要相的影响。热力学数据如熵和比热用于计算所有相的最低吉布斯自由能。当输入钢的化学成分参数后,平衡状态下稳定相的质量分数和化学成分就可以作为结果被输出。依据 TEM 观察和 ChemSage 的计算结果,图 5 – 71 显示了 3 种部分稳定 ULC-BH 钢的可能析出顺序[49]。

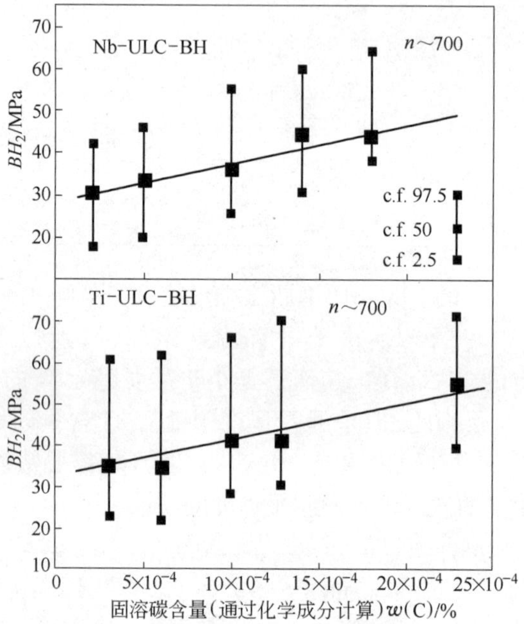

图 5 – 70　工业化加 Ti 和 Nb 的 ULC-BH 钢的烘烤硬化性与通过化学成分计算而得的固溶碳含量之间的关系

Ti-ULC-BH 钢 钢水中存在 TiN 板坯再加热过程中未全部溶解 →	(Nb,Ti)-ULC-BH 钢 钢水中存在 TiN 板坯再加热过程中未全部溶解 →	Nb-ULC-BH 钢 板坯再加热过程所有析出物都溶解
进一步析出的核心 热带钢和钢卷 TiN、MnS、$Ti_4C_2S_2$	进一步析出的核心 热带钢和钢卷 TiN、AlN、MnS、$Ti_4C_2S_2$ (Ti,Nb)(C,N)	热带钢和钢卷 AlN、MnS、NbC

图 5 – 71　加 Ti、Nb + Ti 复合和加 Nb 的 ULC-BH 钢的析出顺序

5.4.7　BH 钢板抗凹陷性能实验评价

为达到当前 CAFE(Corporate Average Fuel Economy)设定的目标,汽车制造商必须减轻汽车的重量。为此,汽车制造商正考虑在更多汽车面板上使用厚度减薄的钢板。但令人遗憾的是,随着钢板厚度的减薄,面板的抗凹陷能力下降。

为此,对提高抗凹陷性能进行了大量的研究,并开发出数学模型来模拟凹陷行为。

在考虑用不同材料制造的汽车外板凹陷行为的差别时,必须考虑很多影响因素。例如,流变应力和最终厚度对决定整体抗凹陷性能所产生的重要作用。可以观察到,钢板上由加工硬化导致强度上升时,成形后面板的不同部位经历了不同的塑性应变。因为材料屈服强度的变化与变形过程中塑性应变量有关,不同部位的最终屈服强度存在差别。在烘烤硬化钢中,屈服强度的上升还通过应变时效进行补充。这些钢在喷漆烘烤周期中,其屈服强度得到提高(或称突变),非烘烤硬化钢则没有这种效应。应变时效的量取决于烘烤前施加的预应变值。

刚度也是设计汽车外板时重点考虑的影响因素。刚度不足易导致一系列问题,例如外板在其自重下发生下垂,油箱凹陷效应,以及在驾驶过程中面板发生的震颤等。因此,大部分汽车面板必须达到一个最小刚度值。已有的研究表明,按以下公式计算,凹陷能量(J)与刚度成反比[53],即:

$$J = K_1 \frac{R_e^2 t^4}{S} \tag{5-1}$$

式中,K_1 是常数,R_e 是成形后的屈服强度,t 是面板厚度,S 是刚度。随着刚度的增加,凹陷产生时所需的能量相应下降,而面板的抗凹陷能力则随之降低。此外,面板的厚度和曲率也是需要考虑的重要参数。

在文献[53]的研究中,试验材料使用软质模具,分别冲压成拉伸的试验外板和实际的汽车外门板各一块。目的在于描述不同钢种的抗凹陷特性,确定强化机理的差别是否与试验结果相关。

5.4.7.1 凹陷性能实验研究[53]

A 实验材料

对汽车面板常用的6种钢进行了研究,三种烘烤硬化钢和三种非烘烤硬化钢。其中,钢种的数字代表冲压前的最小屈服强度。所有钢种的化学成分如表5-28所示。

表 5-28 试验钢板的化学成分

钢种	化学成分(质量分数)/%											
	C	Al	Mn	P	S	Si	Cu	Ni	Cr	Mn	Sn	Nb	Ti
210B BA	0.0086	0.042	0.15	0.046	0.008	0.046	0.014	0.005	0.027	0.003	0.005	—	—
210B CA	0.021	0.063	0.21	0.068	0.006	0.019	0.015	0.007	0.14	0.004	0.005	—	—
220B	0.022	0.023	0.19	0.007	0.007	0.003	0.016	0.018	0.029	0.10	0.010	—	—
AKDQ	0.027	0.027	0.19	0.010	0.008	0.006	0.016	0.008	0.027	0.004	0.005	—	—
含P钢	0.065	0.036	0.59	0.070	0.004	0.014	0.016	0.017	0.032	0.005	0.012	—	—
各向同性钢	0.031	0.038	0.20	0.007	0.006	0.016	0.016	0.037	0.028	0.004	0.007	—	0.022

（1）北美钢种：210B（罩式炉退火，烘烤硬化）；210B（连续退火，烘烤硬化）；AKDQ

（2）德国钢种：ZStE220B（烘烤硬化）；ZStE260P（含磷板）；ZStE220i（各向同性）。

B　拉伸试验分析

通过标准拉伸试验，确定材料冲压前具有代表性的力学性能值，包括 n 值、m 值、r 值和屈服强度。随后，分别使每种材料的两组拉伸试样沿平行于轧制方向拉伸应变到一定的伸长率值，范围从 0.5% ~1 0%。按标准的烘烤硬化周期进行（175℃烘烤 20 min，空冷到室温）处理，随后将预拉伸试样继续拉伸直至断裂。

C　烘烤硬化钢中屈服点下降对应变路径的依赖性

为检验应变路径对烘烤硬化的影响效果，对成形后的面板采取两种独立的试验程序。第一种，从成形件中部取拉伸试样，用类似于单轴预应变的试验程序进行试验（对每个预应变量的应变，烘烤其中之一，而后，使两个试样均拉伸应变直至断裂）。整个应变包括双轴应变和随后的单轴应变。另一种程序，是将成形件重新安放到锁定块和冲压装置中进行双轴拉伸直至断裂，再记录负荷一位移数据。这样，试样在烘烤硬化过程前后都经历了双轴应变。由此可以得出烘烤硬化对应变路径的依赖性。

D　准静态凹陷试验

采用固定负荷和渐进式负荷凹陷试验程序，评定不同材料的抗凹陷性能。凹陷试验中采用的钢球压头直径为 25.4 mm，垂直于测试表面，速度为 13 mm/min。对凹陷深度进行测量，其精度为 0.0127 mm，试验方法采用 Auto/Steel Partnership 程序。图 5 -72 为凹陷试验图，图中的拉伸试验面板被牢牢固定在冲头的下方位置。

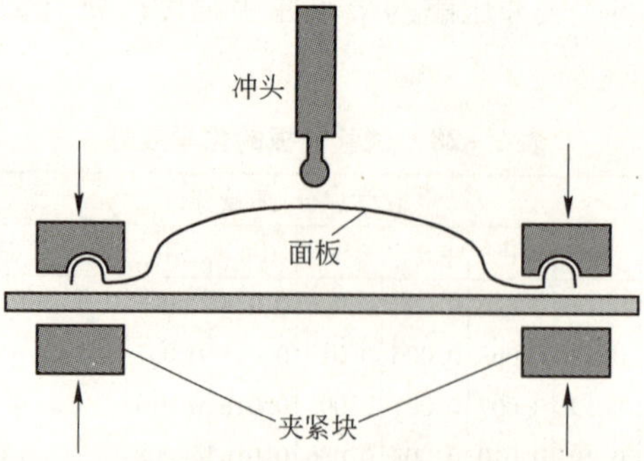

图 5 -72　凹陷试验图（图中拉伸试验面板装载到位）

(1) 固定负荷凹陷试验。固定负荷试验程序如下:1) 在试验位置预加载2.5N,记录初始位置;2) 加载178N,卸载为0(恒速);3) 再加载2.5N,记录最终位置。最终测量位置与最初测量位置之间的偏差即为凹陷深度。固定负荷凹陷试验的负荷-位移曲线见图5-73。

(2) 渐进式负荷凹陷试验。渐进式负荷凹陷试验程序采用逐步加载方式,直至其产生固定的凹陷深度。渐进式负荷凹陷试验程序如下:1) 在测试位置预加载2.5N,记录初始位置;2) 测试位置加初始负载67N(15lbs);3) 再加载2.5N,记录相应位置;4) 在测试位置,以13.3N负荷增量继续加载,直至产生0.25 mm凹陷深度。凹陷深度的测量方式是每增加一次负荷,测量一次。每次预加载/再加载负荷均为2.5N。这里规定肉眼可见的凹陷深度为0.1 mm。产生可见凹陷深度的对应负荷可从负荷-凹陷深度曲线图中得到(图5-74)。

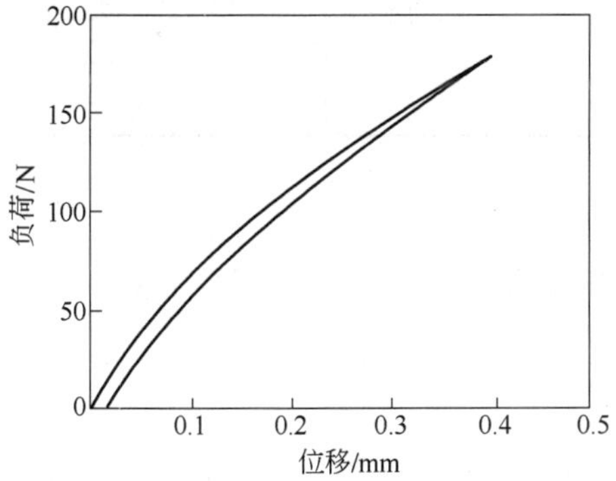

图5-73 固定负荷凹陷试验的典型负荷-位移曲线

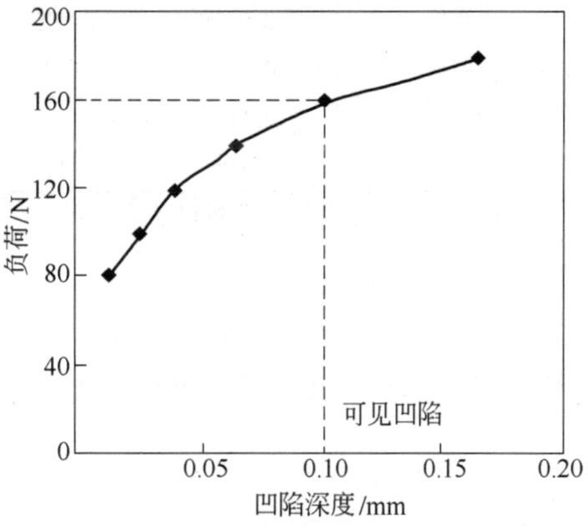

图5-74 渐进负荷凹陷试验典型负荷-凹陷深度曲线

(3) 双轴预应变试样的凹陷试验。为研究双轴预应变路径以及材料对凹陷的效应,每种材料试样的制作均采用平衡双轴拉伸,应变值为0.5%×0.5%,1%×1%,2%×2%,3%×3%,4%×4%,5%×5%,随后继续进行凹陷试验。在固定负荷和渐进式负荷凹陷试验中,分别采用时效和非时效试样。

(4) 门板凹陷试验。每种材料均冲压成双层前门外板,取样后在175℃温度下烘烤20 min。在每种材料的各5件外板上标记测试点,测量测试点位置的厚度。门板一侧采用固定负荷凹陷试验法,另一侧采用渐进式负荷凹陷测试法。测试过程中,压头垂直于测试点的门板表面。

5.4.7.2 抗凹陷性能试验结果[53]

A 性能测量

表5-29为研究用6种材料的初始拉伸性能比较。表中 n 值区域取自应变

量 10% 至均匀拉伸结束范围。其中,220B 烘烤硬化钢的 n 值极低,仅为 0.15,比 210B CA 的 n 值约低 25%,但两者的初始屈服强度却十分接近。加工硬化率低则导致部件成形后屈服强度下降,对抗凹陷性能产生不良作用。表中 m 值(应变速率敏感性指数)是在应变量大于 1% 到均匀拉伸结束这段应变区域内计算出来的。试样应变速率分别为 $5\times10^{-5}\ s^{-1}$,$5\times10^{-4}\ s^{-1}$,$5\times10^{-3}\ s^{-1}$,$5\times10^{-2}\ s^{-1}$,各向同性钢的 m 值与普通软钢相近,例如 AKDQ。在相对较高的强度下(最小为 220 MPa),这一性能对高应变速率的成形有利。

表 5-29　6 种材料长度方向的拉伸性能比较

钢　种①	厚度/mm	R_e/MPa	n 值	r 值	m 值
210B BA	0.762	227	0.19	1.7	0.018
210B CA	0.820	241	0.20	1.6	0.016
210B	0.808	255	0.15	1.4	0.018
AKDQ	0.782	193	0.21	1.7	0.022
含 P 钢	0.800	303	0.17	1.3	0.014
各向同性钢	0.808	234	0.19	1.0	0.022

① 烘烤硬化钢的值是在非烘烤条件下给出的。

B　拉伸试验结果

图 5-75 为不同钢种、不同预应变状态、非烘烤状态下的屈服强度值。每种材料的屈服强度都随预应变量的增加而增加。

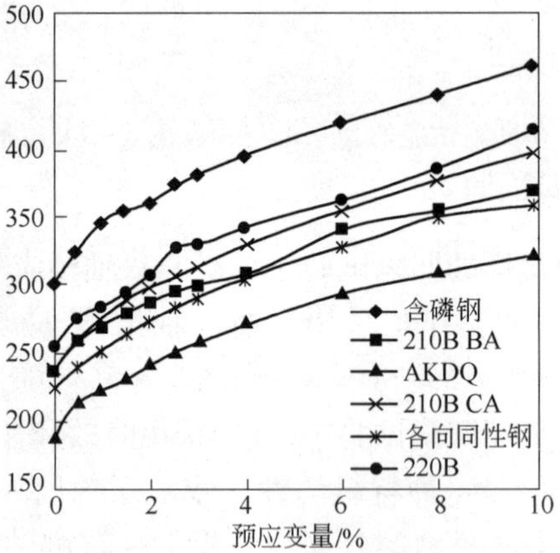

图 5-75　非烘烤状态下所有钢种的屈服强度

图 5-76 和图 5-77 示出烘烤硬化钢的应变时效。图 5-76 为预应变烘烤硬化钢烘烤后屈服强度(实线)和预应变烘烤硬化钢烘烤前屈服强度的比较(虚线)。图 5-77 中,实线表示预应变后由加工硬化导致的屈服强度明显上升,虚线表示应变时效的结果。

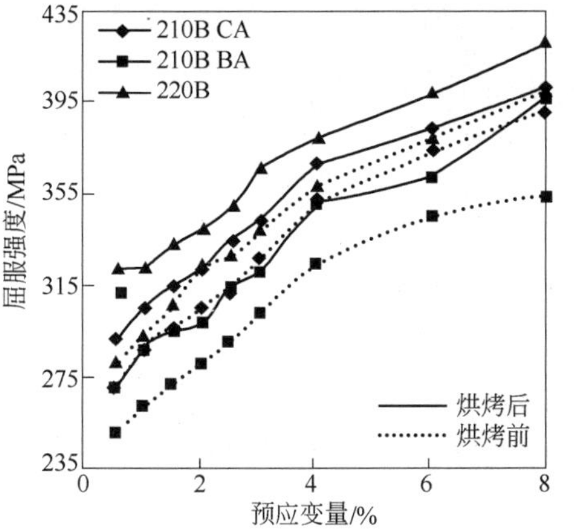

图 5－76　时效和非时效情况下的 BH 钢预应变后的屈服强度

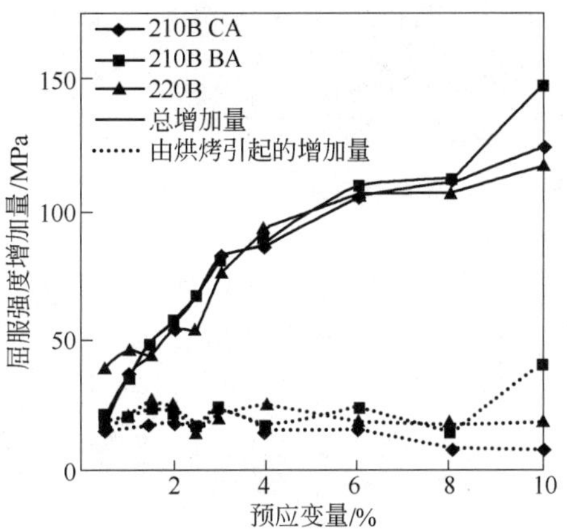

图 5－77　烘烤后整体屈服强度的上升

C　拉伸试验门板的凹陷试验

对双轴拉伸应变试验门板进行凹陷试验,用于模拟实际车身门板的应变状态和凹陷行为,但不考虑几何形状参数的变化。其结果如图 5－78 所示,所有材料的数据均在时效状态下。尽管图中只给出渐进式负荷试验程序中获得的数据,但在固定负荷凹陷试验中获得的数据与此趋势相同。图 5－78 给出试验门板产生的肉眼可见的凹陷(0.10 mm 残余变形)所需负荷,横轴为考虑厚度的屈服强度。其中,屈服强度、凹陷负荷以及厚度之间的关系十分重要,虽然材料抗

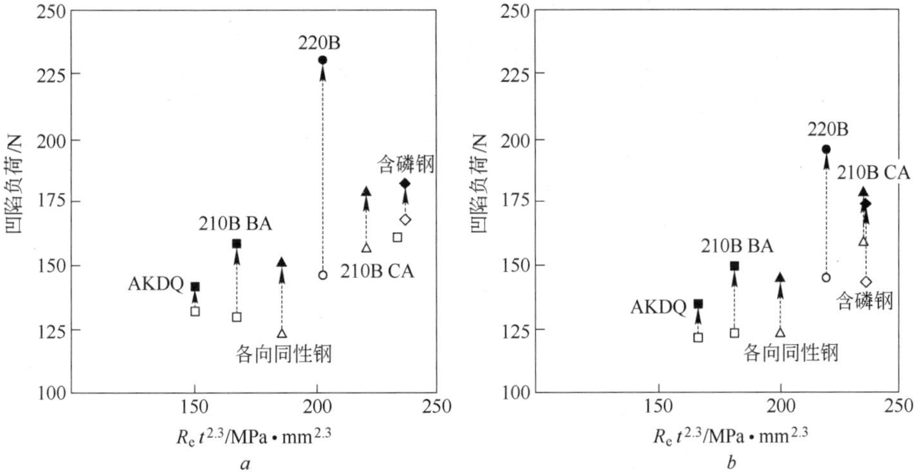

图 5－78　双轴预应变材料的凹陷试验数据

预应变量为:*a*—4% ×4%;*b*—2% ×2% 情况下所产生的肉眼可见凹陷(0.1 mm 残余变形)所需负荷

(空心符号表示材料在非烘烤状态。双轴预应变烘烤后的单轴屈服强度未见明显上升,参见图 5－81)

凹陷能力的最初增加是预应变加工硬化的结果，但随后由于厚度减薄而导致抗凹陷能力下降。

理想的门板材料具有低的初始屈服强度以及成形后的高抗凹陷能力。如图5－78所示，在渐进式负荷测试中，具有良好抗凹陷能力的可成形材料的位置分布在左上角，对应于低屈服强度和大凹陷负荷。图5－78*a*中代表试验的双轴应变量为2%，图5－78*b*中代表试验的双轴应变量为4%。考虑到图5－78*a*中各向同性钢和220B钢的屈服强度值与厚度乘积相近，但220B钢的肉眼可见凹陷所需的负荷更大。另外，210B CA钢与含P钢凹陷所需的负荷大致相等，但210B CA钢的屈服强度与厚度乘积更低。也就是说，210B CA钢在相同抗凹陷能力中具有更好的成形性能。

尽管按厚度规整后的屈服强度很高，双轴预应变为4%试样的凹陷负荷通常要小些。这也反映出抗凹陷性对边界条件、几何尺寸以及刚度、强度等参数的敏感性。

(1) 时效对抗凹陷性的影响。为确定钢的烘烤能否提高抗凹陷性，对预应变非时效拉伸试验门板进行了测试，并与时效处理的试样进行了比较。图5－79为各个预应变量试样在双轴应变条件下凹陷负荷的差别。对于220B钢，时效后产生凹陷所需的负荷远大于非时效状态。210B BA钢和210B CA钢在时效后，其凹陷负荷也有很大的上升。非烘烤硬化钢烘烤后的凹陷负荷也有上升。就BH钢而言，应变时效易使屈服点重新出现，屈服强度上升，可以认为，这改善了抗凹陷性。而对非BH钢来说，则无屈服点重新出现现象，但在应变时效后，仍表现出抗凹陷性的改善。目前仍无法解释这一现象。

(2) 材料与冶金学差异的作用。图5－78和图5－79中的数据证明，即使屈服强度、按厚度规整、试验几何条件等均相同，但不同钢种凹陷性能仍各不相同。其结论是材料/冶金学的差异对凹陷性能的影响超过对宏观屈服强度的影

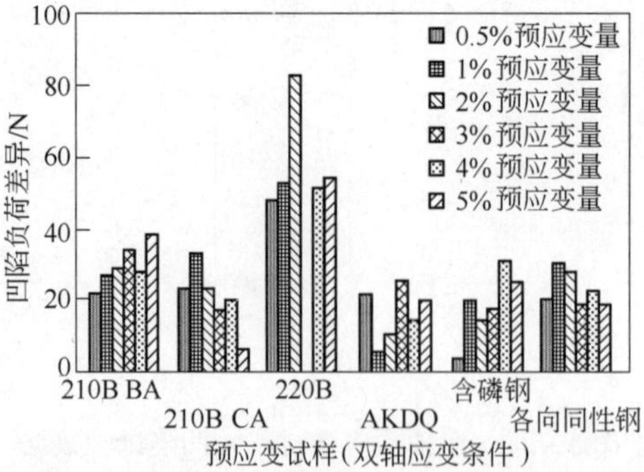

图5－79　烘烤硬化钢和非烘烤硬化钢的肉眼可见凹陷（深度0.10 mm）所需的负荷

响。目前尚无法解释这种影响,可能与几何形状或刚度影响归为一类。当前的模型(例如 Yotori 公式)不足以充分预测抗凹陷性,除屈服强度和厚度外,其它参数必须考虑在内(即使几何结构和刚度差异被忽略不计)。

D 门板凹陷的试验结果

抗凹陷性能影响的参数随位置而变化,因而,每一个门板均需测量多个位置。

试验中采用渐进式负荷,直至在门板上获得 0.25 mm 残余位移,同时记录产生肉眼可见凹陷(深度 0.10 mm)的对应负荷。图 5 - 80 为成形件肉眼可见凹陷所需负荷与按厚度规整的屈服强度之间的关系。成形件的屈服强度是在每一门板 7 个试验位置上取得拉伸试样(沿轧制方向)的数据。这些点与拉伸试验试样的凹陷数据相似。所有数据是 5 个不同门板获得数据的平均值。图 5 - 80*a* 是位置 3 的数据,图 5 - 80*b* 是位置 6 的数据,位置的选取根据刚度值而定,位置 3 的刚度相对高些,位置 6 则相对低些。

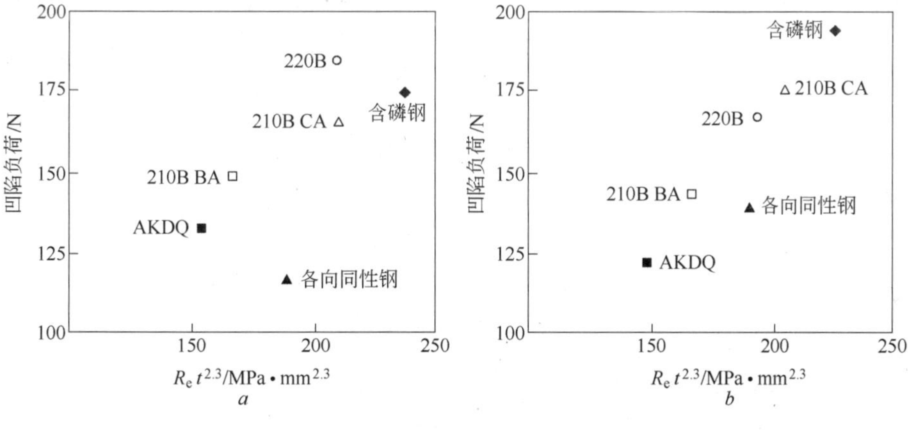

图 5 - 80 汽车门板渐进式负荷凹陷试验的数据

a—位置 3;*b*—位置 6

已知具有良好抗凹陷性的材料位于该图左上区域(具有低屈服强度和高凹陷负荷),当相对较高的屈服强度可接受时,210B CA、220B 和含 P 钢表现出优越的抗凹陷性。当需要的屈服强度较低时,210B BA 的性能是最好的。显然,除了屈服强度和厚度外,其它参数也对抗凹陷性发生影响。例如,各向同性钢、210 CA、220B 规整后的屈服强度基本相近,但它们的抗凹陷性相差很大。这与模拟拉伸试验门板的数据相似,采用固定负荷凹陷试验程序中获得的相同趋势。

E 烘烤硬化钢屈服点的下降与应变路径的依赖性

为评定应变路径对烘烤硬化的影响,采用两种应变路径:(1)双轴预应变,单轴应变到断裂;(2)双轴预应变并最终应变到断裂。试验结果提供了一种应力 -

应变与负荷 - 位移之间关系的研究方法。对于双轴/单轴的情况(图 5 - 81),在相同预应变量后,烘烤后和烘烤前的流变应力没有差别。烘烤硬化钢 210B BA 和 210B CA 屈服点均没有下降(应变时效)。图 5 - 81*a* 为 210B CA 等效预应变量对应的屈服强度值。

与其他烘烤硬化钢不同,220B 在双轴/单轴情况下出现应变时效。在图 5 - 81*b* 中,时效状态下的屈服强度明显高于非时效状态。220B 在烘烤后,其抗凹陷性的上升最大(图 5 - 79)。这似乎说明,如果烘烤产生足够的屈服强度上升,烘烤硬化效应在双轴/单轴应变路径情况下则十分明显。

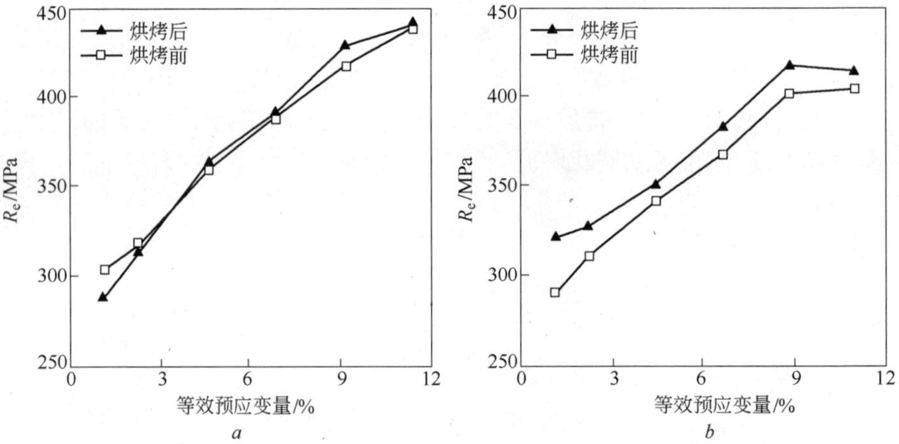

图 5 - 81　烘烤和非烘烤试样的双轴预应变后屈服强度

a—210B CA;*b*—210B

对于双轴/双轴变形的情况,BH 钢的屈服点下降十分明显。图 5 - 82*a* 为 210B CA 钢试样变形获得相应位移所需的负荷。图中,试样在 2% 双轴预应变后进行烘烤,并将其数据与未烘烤试样的数据进行比较。图 5 - 82*b* 为产生屈服点下降区域的图形放大。烘烤硬化出现明显的屈服强度峰值,上升量大于 10%。210B CA 钢也获得类似的结果。图 5 - 82*c* 曲线是用于比较的加磷钢数据,烘烤试样与非烘烤试样的负荷 - 位移数据相同。因此,对应变路径具有依赖性的现象只出现在特定的烘烤硬化材料中。这使非烘烤硬化材料在烘烤后提高抗凹陷性的问题变得更加复杂。目前尚不清楚应变路径依赖效应是否对车身门板的抗凹陷性能产生影响。在实际测试点的成形过程中,应变路径往往是非平衡的双轴应变(一个凹陷过程包括门板中厚度、径向、周向的应变)。而且,试验中压头钢球会导致双轴应变。因此,这种对双轴预应变试样进行双轴变形的结果可用于模拟成形件的凹陷行为,因为两者的应变路径相似。

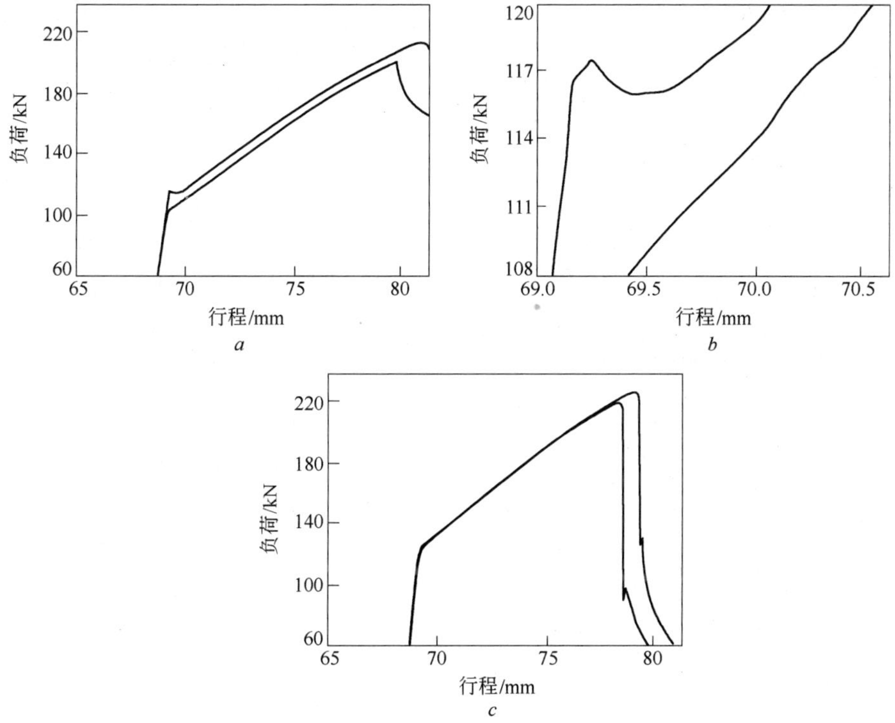

图 5-82 210B CA 钢双轴预应变、烘烤、双轴应变断裂负载位移曲线

a—屈服点回归；*b*—屈服平台局部放大；*c*—加磷钢的相应曲线

F 门板刚度

汽车门板测试点的刚度通过固定负荷凹陷试验，测量负荷-位移曲线的初始效率(图 5-73)。每一测试点的刚度是不同的，因为厚度、曲率和门板上的位置不同(在组装完成的车门上，局部加强筋位置同样具有很大的作用)，这些数据的归纳见图 5-83。与凹陷试验数据相同，每个数据点代表 5 个不同试样的数据平均值。位置 4 的平均刚度最高，如图 5-84 所示，3 种钢在此位置的刚度最小，其它钢则没有这种相关性。由此得出这样的结论：除了屈服强度、厚度，式 5-1 中表述的刚度(几何结构)也是十分重要的。

G 数据分析中可能的误差源

凹陷试验中可以看到它存在明显的数据离散现象。可能有多种原因对这种偏差有影响，包括几何结构因素和材料性能(冶金学)。在门板的凹陷试验中，每个凹陷测试点具有不同的外形或几何结构。几何结构不但对刚度有影响，也影响凹陷能量(式 5-1)。

外形和几何结构的差异同样影响施加在门板的应变量及应变状态。已证实，这会产生不同的效应，包括 BH 钢中发生的应变时效量，以及对烘烤硬化应变路径依赖性的影响。

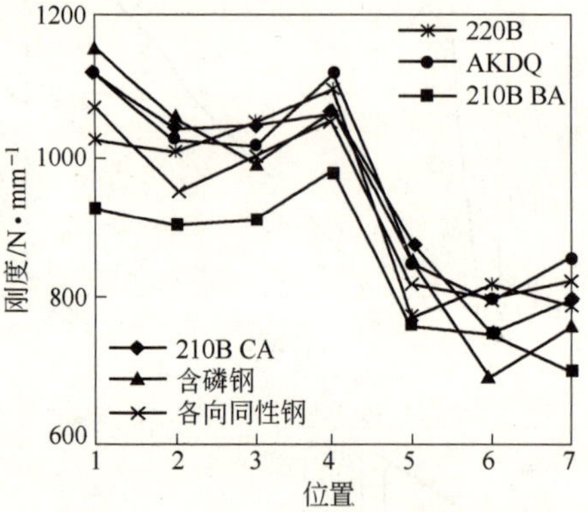

图 5-83 汽车门板各测量位置的刚度

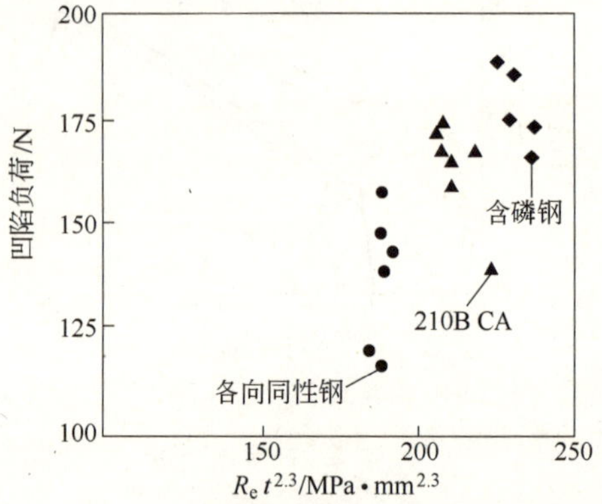

图 5-84 汽车门板 7 个位置的渐进式凹陷试验数据

对应变路径依赖的烘烤硬化效应可能是另一种错误源。对双轴预应变门板的试样测试清楚地表明,应变时效对烘烤硬化钢的抗凹陷性能有影响,而且,双轴/双轴应变路径明显影响烘烤硬化现出屈服强度的上升或屈服点的下降。因此,用于分析凹陷测试数据的屈服强度可能不是凹陷时真正具有代表性的有效屈服强度。

5.5 冷轧双相钢(DP 钢)

5.5.1 冷轧 DP 钢的成分、组织性能特征

以相变强化为基础,由铁素体与马氏体组成的双相钢(DP 钢),具有低屈强比、高初始加工硬化速率、良好的强度和延性配合等特点,已发展成为一种汽车用先进高强度冲压用钢(AHSS)[54,55]。超轻钢车体项目研究表明,双相钢在未来汽车车身上的用量达到 80%[55~57],具有良好的应用前景。到目前已研究开发的冷轧双相钢的强度从 450 MPa 到 1470 MPa[58]。现代高品质冷轧双相钢主要通过连续退火生产线生产,随着汽车用钢板对表面质量要求的提高,热镀锌线生产冷轧双相钢也比较广泛。由于冷轧双相钢生产工艺的复杂性,因此合理的成分系列、精确的轧制与连续退火工艺是得到性能优良双相钢的重要保证。

5.5.1.1 冷轧双相钢的成分系列

冷轧双相钢的成分通常分为不添加微合金元素的 C-Si-Mn 或 C-Mn-Cr 系,以及在 C-Mn 成分基础上添加 Nb 或 Cr、Mo、B 的微合金化成分系。

由于现代冷轧双相钢一般都通过连续退火生产线与连续热镀锌线生产，这些设备都具有很强的冷却能力，因而基于成本因素考虑，冷轧双相钢的合金成分比较简单，往往都采用C-Si-Mn合金系，根据强度级别不同而调整合金元素的含量。在保证双相钢生产可行性与最终力学性能的基础上，低成本是双相钢成分设计的重要导向。对于抗拉强度在800 MPa级以下的冷轧双相钢，经过优化后的冷轧双相钢成分主要采用C-Si-Mn或C-Mn-Cr系，不添加微合金元素。抗拉强度500 MPa、600 MPa与800 MPa级冷轧双相钢（以下简称DP500、DP600与DP800）的强度级别主要依靠C元素来实现，根据强度要求不同，三个级别双相钢的C含量在0.07%~0.14%之间。Mn元素则主要提供双相钢在退火过程中的淬透性。研究表明，Mn含量应大于1.5%。Si元素的添加则主要提高C在铁素体中的化学势，从而增加C元素向奥氏体中扩散的驱动力，因而对提高奥氏体的淬透性以及改善铁素体的纯净度有重要作用，裸板供货的冷轧双相钢，其Si含量一般在0.3%~0.6%之间。对于热镀锌双相钢，由于涂镀性能对钢板表面质量的要求较高，因而不将Si作为添加元素，可以改用Cr代替，Cr含量一般低于0.5%[57]。

不同厂家由于其连续退火设备的差异，在设计高强双相钢的成分时采用不同的合金含量。当冷却能力不足或生产厚规格以及抗拉强度等于或大于800 MPa级的冷轧超高强双相钢时，为了提高双相钢的淬透性，通常在钢中适当添加微量Cr、Mo、B等合金元素以及添加Nb等微合金化元素。表5-30给出了奇瑞汽车公司使用的部分DP500~DP600 MPa级冷轧双相钢的化学成分[60]，表5-31给出了我国GB/T 20564.2—2006中规定的各级别冷轧双相钢的成分范围[61]。随着Nb微合金化技术的进步，冷轧双相钢中也可以添加Nb进行弥散强化，这样不仅有利于铁素体的细化以及马氏体的弥散分布，而且有利于通过析出强化而降低双相钢中马氏体的含量，从而降低因铁素体和马氏体之间强度的巨大差异而导致局部的应力集中，因而有利于提高冷轧双相钢的扩孔性能[59]。

表5-30 奇瑞汽车公司使用的部分冷轧双相钢的化学成分（质量分数） （%）

牌号	C	Si	Mn	P	S
宝钢DP500	0.074	0.32	1.74	0.015	0.006
宝钢DP590	0.078	0.03	1.76	0.010	0.004
日本某厂DP500	0.06	0.32	1.42	0.012	0.004
日本某厂DP600	0.04	0.51	1.40	0.012	0.005

表 5 - 31　不同牌号冷轧双相钢的合金范围(质量分数)　(%)

牌　号	C	Si	Mn	P	S
CR260/450DP	≤0.12	≤0.40	≤1.20	≤0.035	≤0.030
CR300/500DP	≤0.14	≤0.60	≤1.60	≤0.035	≤0.035
CR340/590DP	≤0.16	≤0.80	≤2.20	≤0.035	≤0.035
CR420/780DP	≤0.18	≤1.20	≤2.50	≤0.035	≤0.035
CR550/980DP	≤0.20	≤1.60	≤2.80	≤0.035	≤0.035

在冷轧双相钢成分设计中,通常在考虑到表面缺陷及可焊接性能时,不使用最有效的固溶强化元素 Si 和 P。对于控制铁素体的强度,应用微合金化元素如 Nb 可以达到沉淀强化和晶粒细化是非常有效的。表 5 - 32 列出了瑞典 SSAB 钢铁公司的冷轧和热镀锌含铌合金双相钢的典型合金成分[62]。其 C 含量在 0.13% ~015% ,Mn 含量在 1.5% ~1.8% ,添加 Nb0.02% 。双相钢采用铌作为合金元素起到了控制晶粒尺寸并获得小晶粒的作用,其效果见图 5 - 85[62]。

表 5 - 32　瑞典 SSAB 的冷轧和热镀锌含铌合金双相钢的典型合金成分(质量分数)　(%)

钢　种	类　型	C	Mn	Nb	备　注
Docal 800 DP	CR-DP	0.13	1.50	0.02	CR-DP 冷轧双相钢
Docal 1000 DP	CR-DP	0.15	1.50	0.02	
Dogal 800 DP	HDG-DP	0.15	1.80	0.02	HDG-DP 热镀锌双相钢
Dogal 800 DPX	HDG-DP	0.15	1.80	0.02	

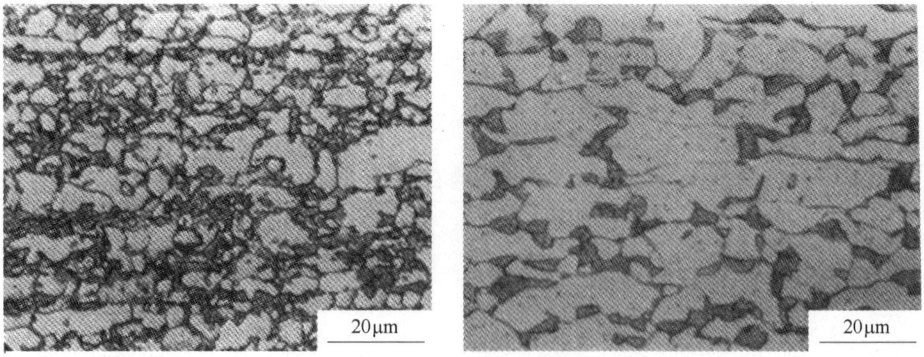

a　　*b*

图 5 - 85　双相钢的显微组织

a—加 Nb;*b*—未加 Nb

A. Pichle 等在研究加 Nb 双相钢时,对 Nb 的作用可以总结如下[63]:Nb 可以使显微组织得到显著细化。关于贝氏体和马氏体的形成,在高速冷却时,奥氏体里增加的碳含量降低了贝氏体形成动力,同时降低了马氏体的起始温度。

用 DP 800 材料可以得到十分相似的结果。由于 C、Mn、Cr 和 Mo 合金添加物的增加,添加 Nb 产生的晶粒细化对于铁素体形成动力方面的影响更加显著。未添加 Nb 的 DP 800 合金在低到 40 K/s 的冷却速率时可以得到几乎完全是马氏体的显微组织(见图 5 - 87)。而添加了 Nb 的相同合金在此条件下却能形成足量的铁素体。

5.5.1.2 冷轧双相钢的组织特征

双相钢是一种由软基体(铁素体)和硬质相(主要是马氏体)组成的"复合材料"(见图 5 - 86)[63]。由这种双相显微组织产生优良的力学性能,如低的屈服强度、高的加工硬化、高的抗拉强度和良好的均匀伸长率。产生这种变化的过程如下:在塑性变形期间,马氏体几乎没有塑性变形,在铁素体周围出现额外变形以确保几何兼容性。这样就使加工硬化的范围增加,这再一次说明了产生高抗拉强度和极好均匀伸长率的原因。DP 钢高的加工硬化的类似解释是以 Ashby 提出的几何上必要的位错原理为根据的。为了确保马氏体周围的兼容性,关键是产生附加的必要位错,从而产生附加的加工硬化作用。DP 钢的低屈服强度是由软铁素体的强度来决定的。然而,根据奥氏体向马氏体转变期间铁素体产生的某些附加加工硬化,考虑更多的还是部分马氏体的影响。

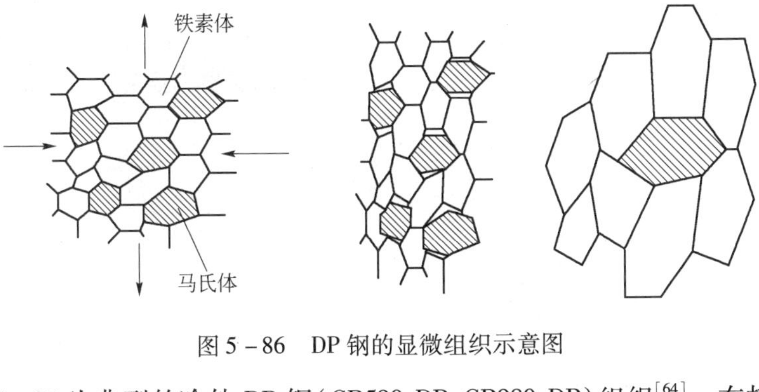

图 5 - 86 DP 钢的显微组织示意图

图 5 - 87 为典型的冷轧 DP 钢(CR590 DP,CR980 DP)组织[64]。在扫描电镜中观察冷轧双相钢的显微组织可以看出(见图 5 - 88),马氏体岛具有明显的浮凸效应,并且具有亮白色的边圈。实验测定[65]以及相变热力学动力学分析表明[66],冷轧双相钢的连续退火过程中,两相区奥氏体化过程仅仅数十秒,而 Mn 的扩散速率远远低于 C 的扩散速率,因而奥氏体岛周围形成一圈 Mn 的富集带,在快速冷却过程中,富 Mn 区域具有更高的淬透性,因而形成的马氏体组织与岛内马氏体组织具有不同的色差效应。如果连续退火后期的快冷速度不足,一部分奥氏体会失稳

分解为渗碳体,因而最终组织为铁素体、马氏体与少量渗碳体颗粒共存[67]。

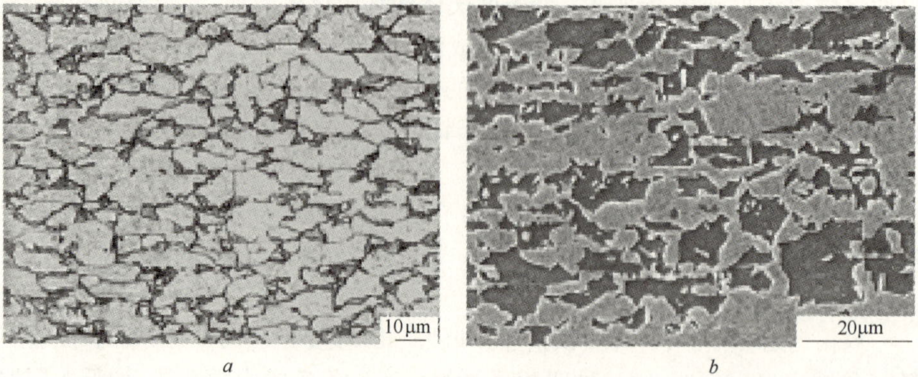

图 5 - 87　典型的冷轧 DP 钢组织

a—CR590 DP;*b*—CR980 DP

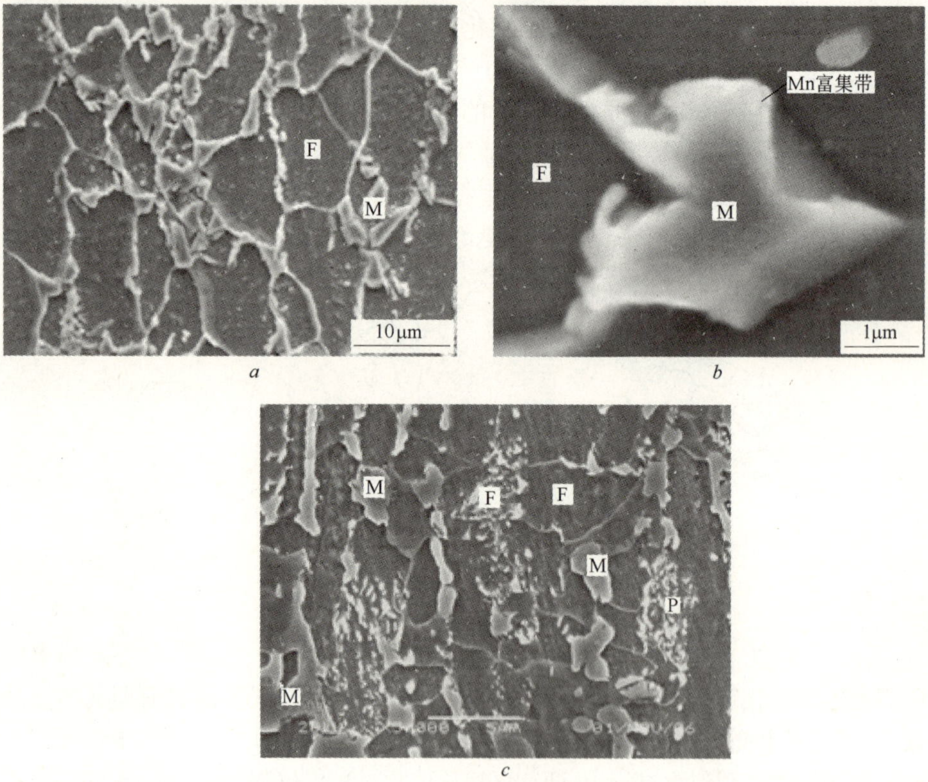

图 5 - 88　扫描电镜中观察到的冷轧双相钢显微组织

a—铁素体 + 马氏体岛;*b*—马氏体岛的富 Mn 边圈;*c*—铁素体 + 马氏体 + 渗碳体

双相钢中马氏体岛的内部结构比较复杂,必须在透射电子显微镜下才能分辨。由于马氏体岛中碳含量的不同,其精细结构可能具有孪晶与板条两种特征(见图5-89)。在铁素体基体中,也普遍存在由于马氏体相变体积膨胀诱发的高密度位错,而这些位错被认为是无钉扎的自由位错,也是造成双相钢具有低屈服强度的主要原因。

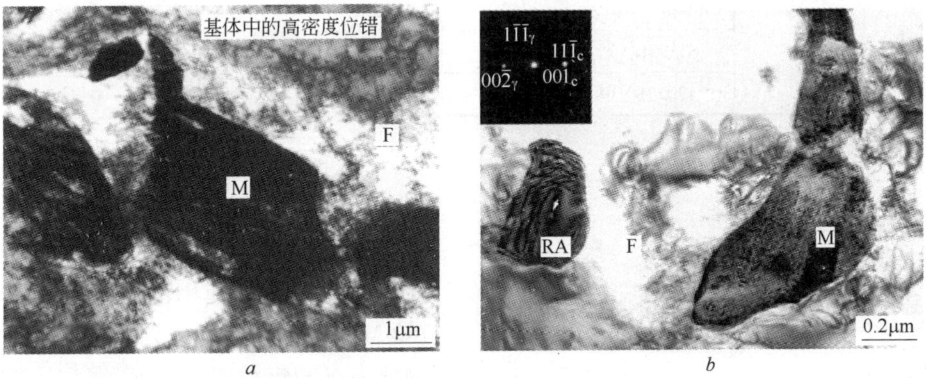

图5-89 冷轧双相钢组织的精细结构

a—双相钢的精细结构[68];*b*—双相钢中的残余奥氏体[69]

5.5.1.3 冷轧双相钢的力学性能

到目前为止,工业大量生产的双相钢强度级别有450 MPa、500 MPa、590 MPa与780 MPa级,而采用具有水淬功能的连续退火生产线可以得到980 MPa ~ 1470 MPa级冷轧双相钢。表5-33给出了几个厂家不同强度级别的冷轧双相钢典型力学性能。可以看出,双相钢在较高强度下仍然具有较高的延伸率,且具有较低屈服强度和屈强比。

表5-33 不同强度级别冷轧双相钢的典型力学性能

生产厂家	强度级别	R_e/MPa	R_m/MPa	A_{50}/%	R_e/R_m
Mittal[64]	CR590DP	370	625	26	0.59
	GI600DP	360	650	26	0.55
	CR780DP	470	820	18	0.57
	CR980DP	675	1030	13	0.66
宝钢[60]	B300/500DP	332	533	33	0.62
	B340/590DP	405	627	26	0.65
JFE[70]	CR780DP	430	810	22	0.53
	CR980DP	610	1010	18	0.60
	CR1180DP	950	1210	14	0.79

续表 5 - 33

生产厂家	强度级别	R_e/MPa	R_m/MPa	A_{50}/%	R_e/R_m
JFE[70]	CR1370DP	1130	1450	7	0.78
	CR1470DP	1200	1510	7	0.79
鞍 钢	GI490DP	345	515	32	0.67
	CR340/590DP	360	600	29	0.60
	GI590DP	365	615	25	0.59
	CR420/780DP	466	834	18	0.56

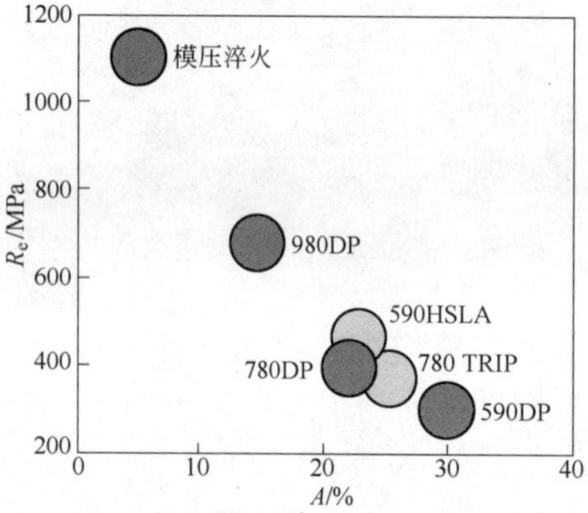

图 5 - 90 高强度钢的性能

包括冷轧双相钢在内的主要高强度钢的伸长率和屈服强度之间的关系如图 5 - 90 所示。这一部分主要集中在正逐渐使用的抗拉强度为 780 MPa 和 980 MPa 级别的钢。这些钢分为双相钢(DP),TRIP 钢和沉淀强化钢。在 NISSAN 公司,DP 钢的应用和发展主要由于其高强度,良好成形性、焊接性、耐腐蚀性和易生产等特点。NISSAN 公司认为双相钢由铁素体和马氏体两相组成,所以它具有好的强韧性配比[71]。

NISSAN 公司采用的双相钢是和钢材供应商共同研发的低碳含量和低碳当量双相钢,这保证了良好的焊接性能。双相钢的力学性能和碳含量列于表 5 - 34。

表 5 - 34 NISSAN 公司采用的双相钢的力学性能和碳含量

双相钢钢种	w(C)/%	R_e/MPa	R_m/MPa	R_e/R_m	A/%	n 值	$\bar{r}$ 值
980 MPa-DP	0.07	700	1020	0.69	14	0.11	0.98
780 MPa-DP	0.07	490	840	0.58	19	0.22	0.87

表 5 - 35 给出了较佳工艺条件下,实验室试制双相钢的平均力学性能[72]。从表中可以看出,各强度级别双相钢具有较低的屈服强度,屈强比在 0.5 左右。随着双相钢强度级别的增加,其伸长率减小、n 值与 r 值减小。经 2% 预应变,170℃ 烘烤 20 min 处理后,各级别双相钢都表现出良好的烘烤硬化性能。

表 5－35 优化工艺参数下实验室试制双相钢的平均力学性能

钢 种	R_e/MPa	R_m/MPa	A_{50}/%	R_e/R_m	n 值	r 值	BH/MPa
DP500	264	552	27	0.48	0.25	1.08	52
DP600	325	654	23	0.50	0.24	0.90	65
热镀锌 DP600	359	635	19.8	0.57	0.20	0.95	71
DP800	388	832	16.0	0.47	0.19	0.85	62

图 5－91 显示了冷轧双相钢的典型应力应变曲线[72]。从图中可以看出,各级别双相钢都表现为连续屈服,初始加工硬化比较显著,具有较长的均匀延伸区间。铁素体马氏体双相钢所具有的高的初始加工硬化值使得双相钢发生塑性变形后,变形抗力很快上升到一个较高的水平,并维持在一个较宽的均匀应变区间,从而延迟了塑性缩颈的发生。双相钢的这种特点与两相结构、位错组态等有密切联系[73]。

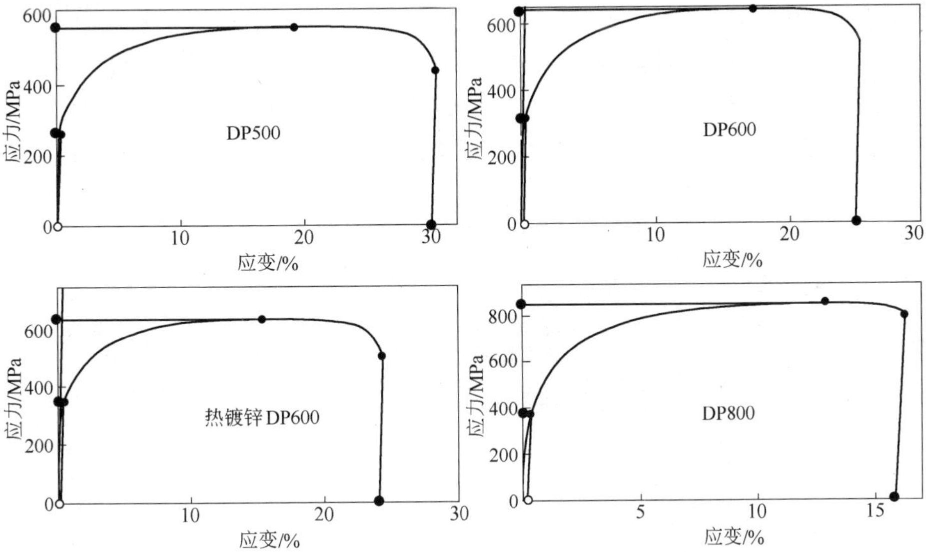

图 5－91 冷轧双相钢的典型应力应变曲线

5.5.2 连续退火工艺对冷轧 DP 钢组织性能的影响

冷轧 DP 钢生产的最重要阶段是临界区退火期间奥氏体的形成和冷却时奥氏体向铁素体和马氏体的转变。双相钢和完全马氏体钢及微合金钢不同,钢的强度取决于所采用的热处理制度。双相钢和完全马氏体钢需要从 γ/α 或 γ 相区进行淬火。图 5－92 是双相钢连续退火的时间和温度周期[74]。

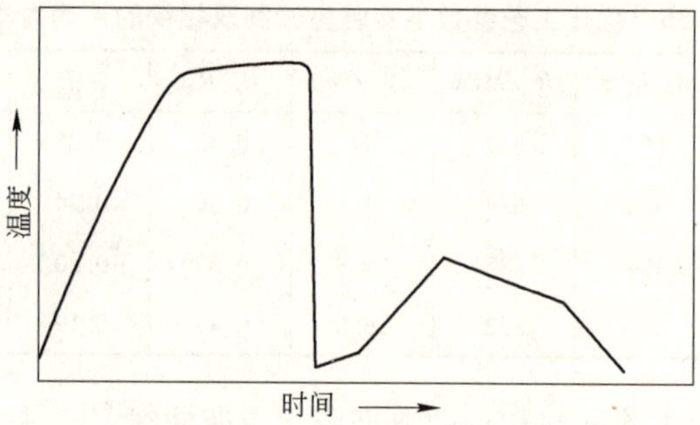

图 5-92 双相钢连续退火的时间和温度周期

为了完成再结晶，渗碳体溶解和奥氏体形成，在临界区—铁素体/奥氏体两相区对材料进行退火（图 5-93）[63]。冷却期间关键是控制铁素体的形成和残余奥氏体的相变。贝氏体或平滑珠光体的形成必须加入适当合金或采用高的冷却速率来抑制或限制其少量形成。因此，DP 钢只能在连续退火线（CA）或热镀锌（HDG）生产线上生产。在有良好装备的 CA 生产线上通过缓慢冷却来获得临界区退火后铁素体的形成和部分奥氏体的调整。在现代化连退生产线上高冷却速率阻止了珠光体和贝氏体的形成。在低过时效温度条件下，可将经相变的贝氏体或回火马氏体的数量调整到较低的水平。

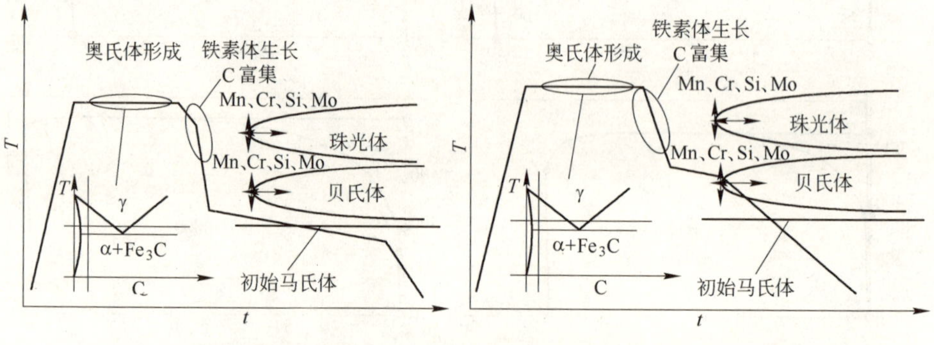

图 5-93 退火热处理期间 DP 钢典型相变过程示意图

连续退火工艺是控制双相钢最终力学性能的关键环节。该过程主要包括五个方面：冷变形组织的回复再结晶；两相区奥氏体化；取向附生铁素体的析出；马氏体相变；等温过时效（见图 5-94）[72]。

经过连续退火热模拟实验研究得出主要规律如下[72]：

（1）加热速度对双相钢的最终性能影响不大。但是低速加热有利于铁素体再结晶晶粒充分发育，最终组织的铁素体晶粒尺寸更均匀，形状更规则。在一般工业走带速度制约的加热速度下，完全能够满足铁素体充分再结晶的条件[75]。

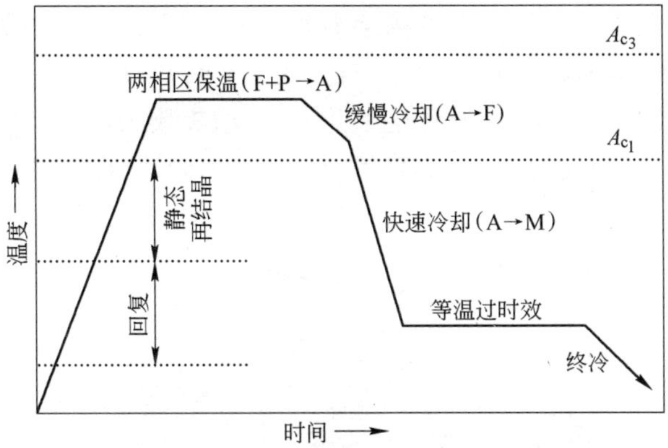

图 5-94 双相钢的连续退火工艺示意图

(2) 两相区奥氏体化温度直接影响到奥氏体形成的数量,在后续工艺条件一定的情况下,两相区加热温度升高,奥氏体形成量增加,但奥氏体中的合金元素含量减少,奥氏体的淬透性反而降低。

(3) 缓慢冷却过程使得部分奥氏体重新转变为铁素体,该新生铁素体依附于原铁素体,沿一定取向析出,因而也称为取向附生铁素体。缓慢冷却过程主要有三个作用:一是调节快冷前奥氏体的量,使得高温部分奥氏体化后的多余奥氏体转变为铁素体;二是对剩余奥氏体进行二次增碳,由于取向附生铁素体的析出,大量 C、Mn 元素进一步向剩余奥氏体中转移,从而提高未转变奥氏体的淬透性;三是净化铁素体基体,取向附生铁素体较原铁素体具有更低的固溶合金量。

(4) 两相区奥氏体化与缓慢冷却是控制快冷前铁素体与奥氏体组织比例的关键,因而最终影响到双相钢铁素体马氏体两相的比例。

(5) 高温加热配合充分的缓慢冷却对改善双相钢的综合力学性能具有良好作用。

(6) 快冷速度对双相钢的影响主要表现在奥氏体向马氏体的转变量。在保证了奥氏体向马氏体充分转变的情况下,加大快冷速度对双相钢性能影响不大。

(7) 过时效主要对淬硬马氏体进行回火而改善双相钢的综合性能,但是过时效温度与过时效时间设定不当,会直接恶化到双相钢的力学性能。

影响冷轧双相钢力学性能的主要因素为铁素体与马氏体的含量与状态,而连续退火工艺的改善也体现在对双相钢组成相的优化。马氏体含量是影响双相钢力学性能的最重要的因素之一。在其它工艺参数一定的情况下,两相区奥氏体化温度直接决定着双相钢中的马氏体含量。图 5-95 显示了不同加热温度对双相钢力学性能的影响,结果表明,过低的加热温度会导致马氏体量不足,因而双相钢的抗拉强度与加工硬化值较低,而屈服强度较高,这种情况还会导致双相钢的屈服延伸不能消除。但是加热温度过高,会导致马氏体量显著增加而成为主导相，因而屈服强度和抗拉强度都会显著升高。双相钢力学性能的稳定性在很大程度上依赖于马氏体量。因而严格控制工艺参数以稳定最终组织的马氏体含量具有重要意义。很多基于对连续退火工艺参数的研究[76,77,78]，如加热温度、保温时间、冷却速度等，其实质就是研究如何控制适合的马氏体量。

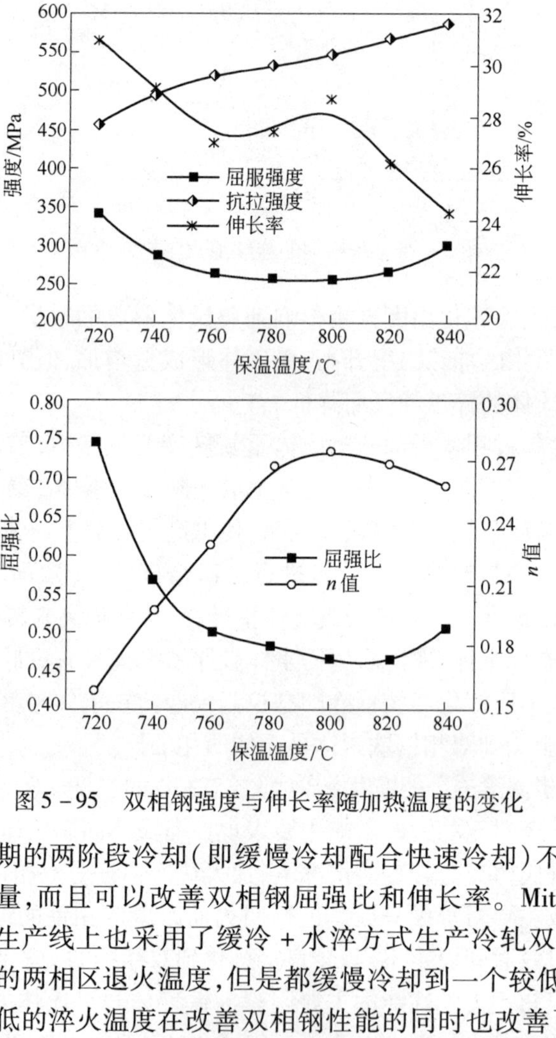

图 5－95　双相钢强度与伸长率随加热温度的变化

连续退火后期的两阶段冷却（即缓慢冷却配合快速冷却）不仅可以得到比较稳定的马氏体量，而且可以改善双相钢屈强比和伸长率。Mittal 钢铁公司在其水淬连续退火生产线上也采用了缓冷＋水淬方式生产冷轧双相钢[76]。他们虽然采用了不同的两相区退火温度，但是都缓慢冷却到一个较低的温度才进行淬火。他们发现低的淬火温度在改善双相钢性能的同时也改善了钢带的板形。图 5－96 给出了不同两相区温度处理后，缓慢冷却到不同淬火温度时的马氏体含量[76]。可以看出，虽然采用了不同两相区退火温度，但是经过缓慢冷却到一个较低的温度淬火，马氏体体积分数将趋于稳定。实际上，高温加热后的双相钢在缓慢冷却过程中，部分奥氏体可以沿原铁素体的取向析出，这种取向附生铁素体不仅具有更低的固溶 C、Mn 含量，而且由于其析出而使得合金元素进一步向剩余奥氏体中排挤而增加了淬火前奥氏体的淬透性。

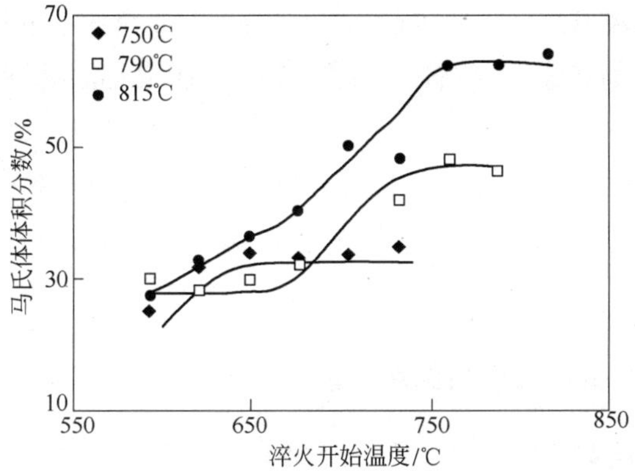

图 5 - 96 不同两相区温度处理后马氏体量随淬火温度的变化

马氏体含量一定的情况下,双相钢的力学性能还受到马氏体存在状态的影响。为了降低淬硬马氏体的硬度而改善双相钢的成形性,无论是喷气冷却还是水淬冷却连续退火设备都配有过时效回火作业段。图 5 - 97 显示了回火温度对淬火冷轧双相钢力学性能影响[79]。研究结果表明,回火可以改善双相钢的伸长率,但是高于 300℃的回火会使得马氏体分解而恶化双相钢的力学性能。

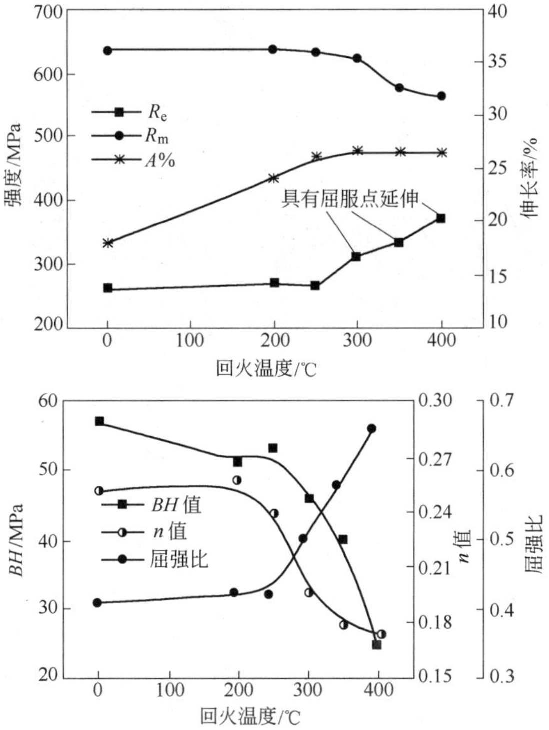

图 5 - 97 回火温度对淬火冷轧双相钢力学性能的影响

当然影响双相钢力学性能的其他因素还有很多，如马氏体的分布状态[80,81]，铁素体内的析出[82]与碳化物[83]等。R. O. Rocha 等通过试验详细研究了冷轧双相钢连续退火初期的显微组织演化。研究表明，双相钢的屈服强度随临界退火温度的升高而增加，抗拉强度则随临界退火温度的上升而下降。究其原因：退火温度升高时，增加了已形成的奥氏体体积分数，从而引起粒状贝氏体数量的增加[84]。

5.5.3　热镀锌 DP 钢的工艺与组织性能

5.5.3.1　热镀锌 DP 钢的工艺与组织

为提高汽车用高强钢板的耐腐蚀性能，一些冷轧 DP 钢和 TRIP 钢是通过热镀锌线（HDG）进行退火处理生产的。在日本，冷轧 DP 钢大多生产成合金化镀锌钢板（GA 板），其热镀锌工艺如图 5－98 所示[1]。需注意的是，为了保证合金化镀锌 DP 钢板的强度镀层特性的稳定性以及焊接性能，在热镀锌钢板的合金成分设计上需要重点考虑[85]。

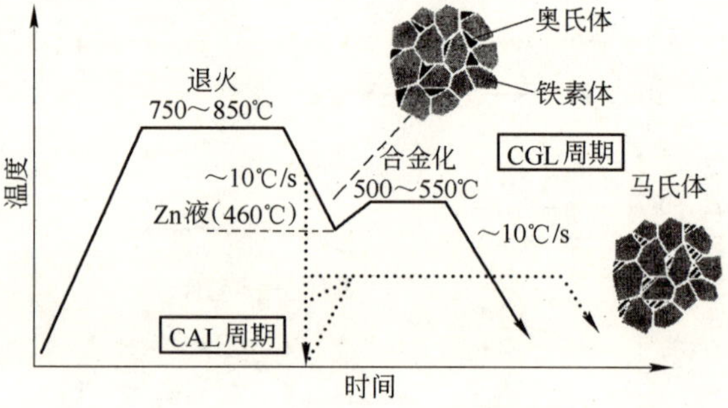

图 5－98　生产复相钢的合金化热镀锌工艺

热镀锌退火工艺与连续退火有所不同，两相区奥氏体化后立即快冷，其目的是避开珠光体转变区间，冷至 460℃ 左右，进入锌锅约 12 s 以完成热浸镀锌，出锌锅后终冷以完成奥氏体向马氏体的转变（见图 5－99）[72]。

在 HDG 生产线上，由于镀锌锅和贝氏体形成临界温度的均衡区短，所以其冷却被中断。因此，热镀锌 DP 钢需要略微高的合金含量[63]。

图 5－100 表示不同冷却速度控制示意图，其中，冷速 1 约为 15～17℃/s；冷速 2 约为 10～12℃/s，因冷速 2 较慢，从两相区冷却过程中已经过 F＋P 区[72]。

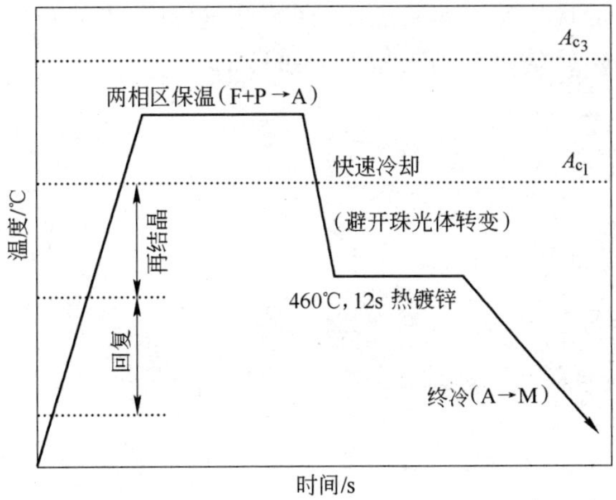

图 5-99 双相钢的热镀锌退火工艺

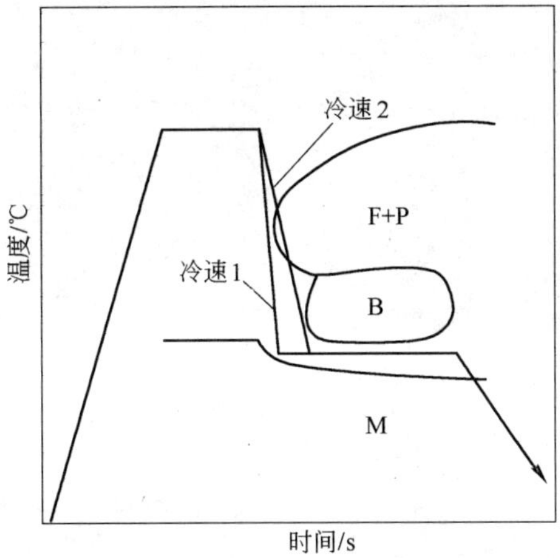

图 5-100 不同冷速冷却控制示意图

冷速 1:约 15~17℃/s;冷速 2:约 10~12℃/s

图 5-101、图 5-102 分别显示了当加热到两相区并保温后,采取不同的冷速冷却到入锌锅温度试制热镀锌双相钢的显微组织和 TEM 观察结果,从图中可以看出岛状马氏体分布于铁素体基体上[72]。经硝酸酒精浸蚀后在光学显微镜中观察,马氏体呈灰黑色,铁素体呈灰白色。在扫描电境下,马氏体岛的浮突感比较强,岛的边部呈现亮白色边圈,这是由于两相区奥氏体化过程中,铁素体中的 Mn 元素向奥氏体转移而在奥氏体边界富集。为了保证双相区部分奥氏体化后奥氏体的淬透性,双相钢成分中添加了大于 1.5% 的 Mn,因此成分偏析引起的带状组织将对退火过程中双相钢的组织演变有一定影响,连续退火时奥氏体优先在带状组织晶界带处形成,并快速向珠光体长大。从图中可以看出,双相钢

中的马氏体呈条带状分布。实验证明，在拉伸过程中，裂纹可能通过延性较低的马氏体相而连续扩展从而影响双相钢的伸长率[86]。

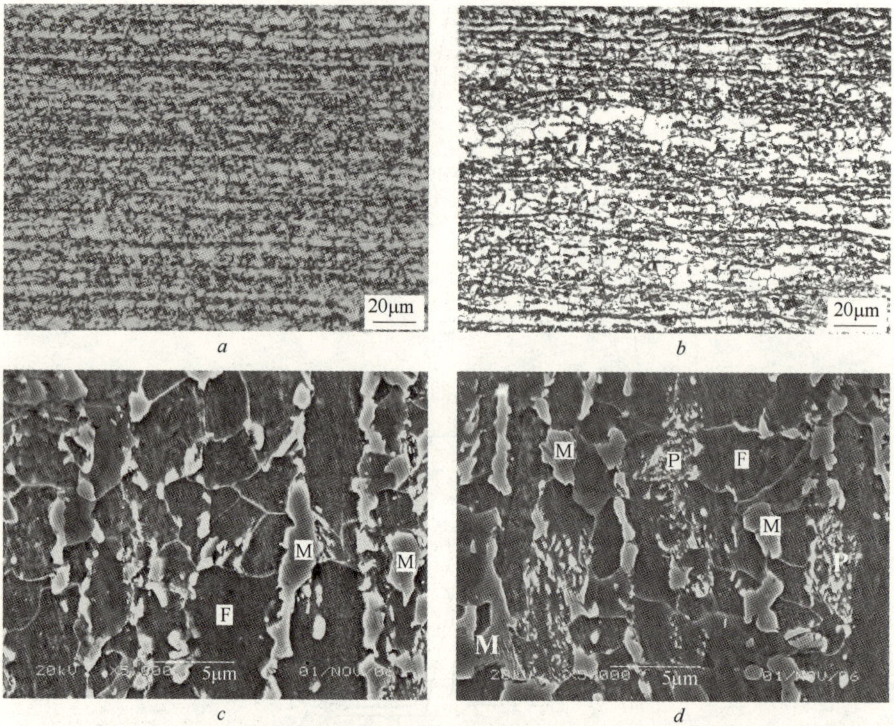

图 5－101　采用不同冷速冷却的热镀锌 DP 钢试样的显微组织

a，*c*—冷速 1 试样；*b*，*d*—冷速 2 试样

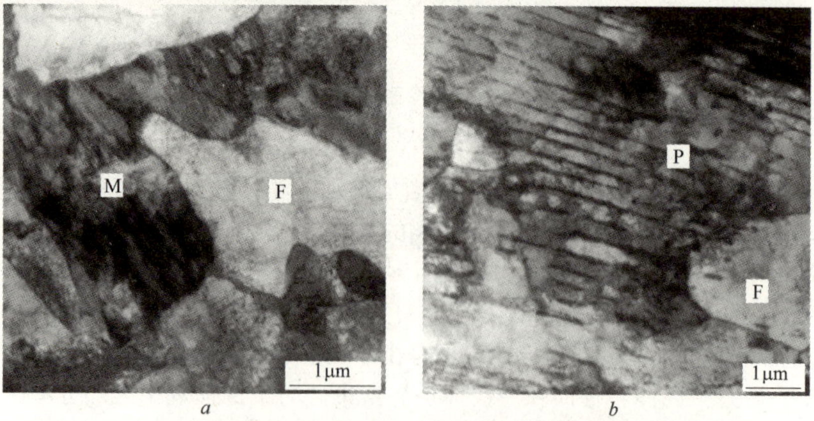

图 5－102　不同冷速条件下 DP 钢的显微组织精细结构观察

a—冷速 1 约为 15～17℃/s；*b*—冷速 2 约为 10～12℃/s

对比分析图 5 - 101 中的 c、d 和图 5 - 102 中的 a、b 微观组织可以看出,采用较低冷速试制双相钢中还含有少量颗粒状碳化物(或破碎珠光体),采用 Image tool 软件对组织定量表明,较快的冷速(冷速 1)试制钢马氏体量为 21.3%,较低的冷速(冷速 2)试制试样马氏体量为 16.1%,珠光体含量为 3% ~ 5%。这主要是由于冷却能力不足,快冷过程不能完全避开珠光体转变区间。采用较快冷却速度(冷速 1)试制的试样由于具有精确的冷却速率控制,因此组织中没有珠光体的存在。

由于双相钢是在柔软纯净的铁素体基体上弥散分布着岛状马氏体作为强化相,所以在双相区热处理时,铁素体中的大量碳(氮)化物溶解或部分溶解且向奥氏体中转移,在快冷过程中这些碳(氮)化物来不及析出或者以极细小的颗粒重新析出,当质点的尺寸很小时,位错线将刚性通过粒子而不发生弯曲,这样就大大减弱了原来的强化效应。同时,由于马氏体相变时体积膨胀,在与之相邻的铁素体内诱发大量可动位错,在较低应力下位错源就被激活,因此双相钢表现出低屈服与连续屈服的特征。当屈服在铁素体中首先发生后,可动位错将很快运动到 F/M 相界面而塞积,变形抗力将迅速上升以使塑性变形向马氏体中扩展,因此双相钢具有较高的初始加工硬化能力[87]。

由试验结果可知,如果热镀锌线的冷却能力不足(如图 5 - 100 中的冷速 2),则在该设备上生产高强双相钢是有困难的。其中,加热与冷却能力相互制约,提高走带速度可以有效地提高冷却能力,但这将导致加热速度增加,保温时间降低,从而造成再结晶与奥氏体化过程不充分,冷却过程经过了珠光体转变区的“鼻尖”[72]。珠光体的存在,使得铁素体内可动位错数量减少,塑性变形时需要相对高的应力来激活位错源,因此工业生产双相钢的屈服应力相对增加。又因为珠光体是弱质相,它的存在相对减少了马氏体含量,从而引起工业试制双相钢的平均抗拉强度降低,屈强比的升高且 n 值降低。

为了研究大量珠光体存在对双相钢性能的影响,在 Gleeble3800 热模拟机上采用 8℃/s 的冷却速率进行热处理(其他参数不变),图 5 - 103 是所得双相钢的显微组织和力学性能。经统计珠光体含量约为 7% ~ 9%,此时双相钢的抗拉强度显著的降低,屈服强度升高,并且出现了屈服平台,严重影响双相钢的特性[19,72]。

5.5.3.2 热镀锌 DP 钢的力学性能

表 5 - 36 为神户制钢开发的 780 MPa 级和 980 MPa 级合金化镀锌(GA)DP 钢的力学性能[88]。其设计思路为:(1) 通过加入 C、Mn 以抑制贝氏体相变而扩大强度和延性的平衡,但加入过多时则将引起点焊性的明显劣化,故应控制在确保强度延性范围的下限;(2) 加 Si 对改善延性有效,但尽量少加;(3) 加 P 应在保证焊接性的范围内少加;(4) 加 Cr、Mo 和加 C、Mn 同样有利抑制贝氏体相变

和母材组织 DP 化，但单加时若加入量大，则 Cr 易使镀层性能劣化，Mo 则降低延性，故应在不劣化性能的前提下复合加入[88]。

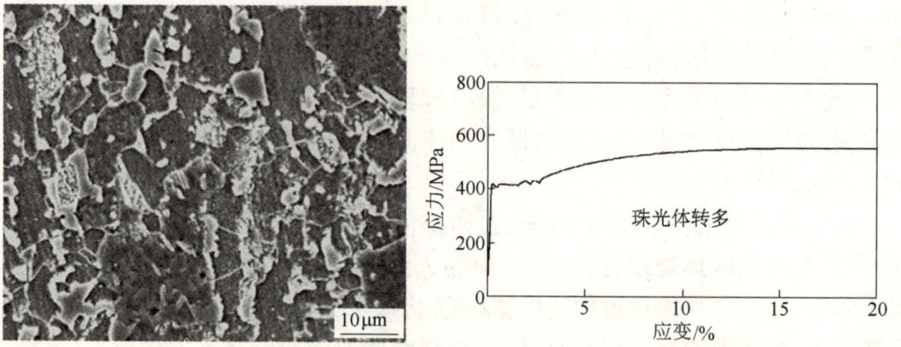

图 5－103　含有较多珠光体的双相钢试样显微组织和力学性能

表 5－36　神户制钢开发的 780 MPa 级和 980 MPa 级合金化镀锌（GA）DP 钢的力学性能

热镀锌 DP 钢级别	R_e/MPa	最小 R_m/MPa	最小 A/%	λ/%
GA 780 Y	456	837	21	33
GA 980Y	724	1022	15	27

表 5－37 为 Mittal 钢铁公司生产的热镀锌（GI）和合金化镀锌（GA）DP 钢的力学性能[64]。表 5－38 为 SSAB 瑞典钢公司开发的铌微合金化高强热镀锌 DP 钢的典型力学性能[62]。

表 5－37　Mittal 钢铁公司生产的热镀锌（GI）和合金化镀锌（GA）DP 钢的力学性能

热镀锌 DP 钢级别	R_e/MPa	最小 R_m/MPa	最小 A/%
GI 600 DP	340～410	600	23
GI 780 DP	420～550	780	14
GA 590 DP	300～410	590	23
GA 780 DP	440～560	780	12
GA 980 DP	600～720	980	10

表 5－38　SSAB 瑞典钢公司开发的铌微合金化高强热镀锌 DP 钢的典型力学性能

热镀锌 DP 钢级别	最小 R_e/MPa	最小 R_m/MPa	最小伸长率 A_{80}（$t<3.0$ mm）/%
Dogal 800 DP　HDG-DP	500	800	10
Dogal 800 DPX　HDG-DP	620	800	10

近来也开始研究了 Nb 对双相钢应变时效特征的影响[89]。0.05% Nb(质量分数)的加入量对合金化镀锌和热镀锌钢板烘烤硬化性能的影响如图 5 - 104 所示。这种影响被认为与加入 Nb 引起的晶粒细化有关[89],而且更细的材料展示了烘烤硬化性能有所增加[90,91]。

近期关于传统低碳 BH 和 Nb 处理 IF 钢的研究表明,在高的应变速率条件下,烘烤硬化增量(同时保持加工硬化)会减小,而且应变速率在 $10^2\ s^{-1}$ 以上时,实质上不能得到烘烤硬化值。因此,还需要进一步研究 DP 钢和 TRIP 钢在更高应变速率条件下的烘烤硬化性能。

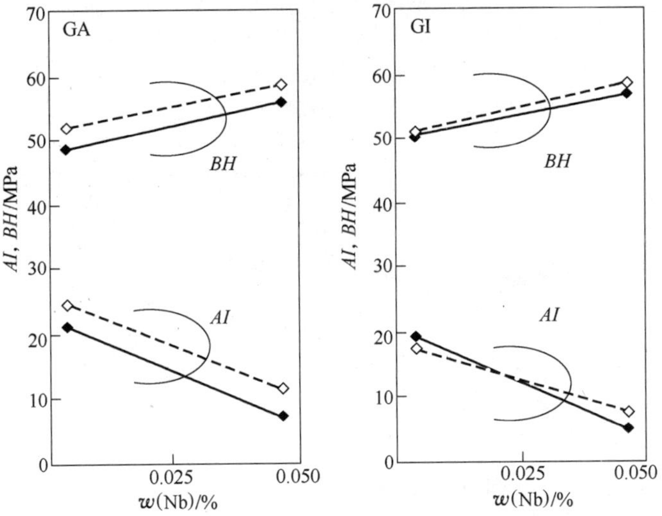

图 5 - 104 0.05% Nb 对合金化镀锌(GA)和热镀锌(GI)590 MPa 双相钢板烘烤硬化值和常温时效指数的影响

(实心符号表示 850℃的均热温度;空心符号表示 900℃的均热温度)

5.5.4 冷轧 DP 钢的应用性能

5.5.4.1 冷轧 DP 钢板在汽车上的应用

图 5 - 105 表示日本某钢铁企业从 1996 ~ 2003 年生产及销售的汽车用高强钢板的变化情况(其中纵坐标为以 1995 年高强钢板销售量为 100)。可见,各强度级别的高强钢板均在增长,其中 590 MPa 级的高强钢板销售量增长最快,2003 年的产量是 1996 年的 35 倍。从 2000 年以后,780 ~ 1180 MPa 级的高强钢板(主要是 DP 钢和 TRIP 钢)均在增长[93]。

图 5 - 106 表明由于 DP 钢和 TRIP 钢具有较低的屈强比和良好的加工硬化能力,同其他高强钢相比,在相同屈服强度下,DP 钢和 TRIP 钢的抗冲击吸收能量值明显高于其他高强钢[93]。

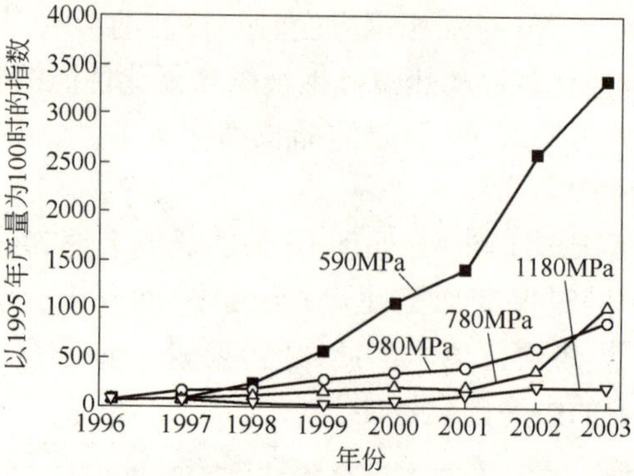

图 5－105　日本某钢铁企业从 1996～2003 年生产及销售的汽车用高强钢板的变化情况
（其中纵坐标为以 1995 年高强钢板销售量为 100）

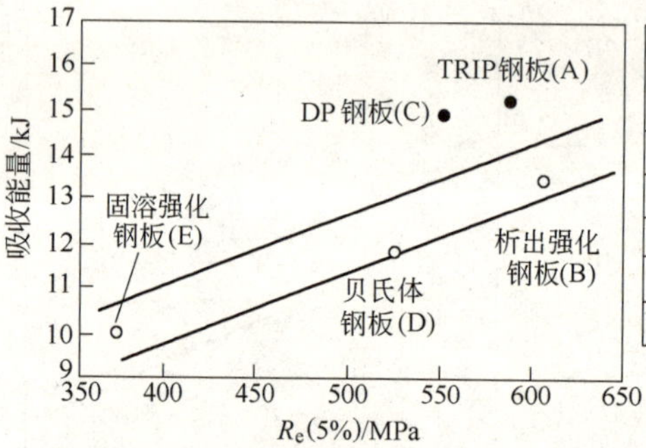

	R_e /MPa	R_m /MPa	A/%
A	426	721	31
B	476	635	25
C	443	599	28
D	467	556	25
E	310	394	36

方筒尺寸
70mm×70mm×320mm
板厚 2.0mm

图 5－106　高强度冷轧钢板方筒件轴向压缩吸收能量评价结果

在平面应力下，存在薄膜应力状态，在平面应变情况下存在弯曲应力状态。如果是平面应力，应力与厚度的倒数成线性比例。如果是平面应变，应力与厚度平方的倒数成比例。表 5－39 列出了这两种情况对不同钢种减重程度的效果，括号内的值是 2% 应变条件下接着进行烘烤硬化所得的屈服强度。在大多数情况下，可能的减重效果介于两种极端情况之间。平面应变并不是保守的下限，因为在细长形设计零件中会发生局部瓢曲，如果发生局部瓢曲，实际减重效果就会低于表 5－39 所列的情况[62]。

表 5－39　平面应力和平面应变对不同钢种减重效果

钢　种	假设平面应力可能的减重效果/%	假设平面应变可能的减重效果/%
软钢(200 MPa)	—	—
600DP(500 MPa)	60	37
800DP(650 MPa)	69	45
1000DP(850 MPa)	76	51
1400(1350 MPa)	85	62

5.5.4.2 冷轧 DP 钢板的 BH 性

由于冷轧 DP 钢的铁素体中的固溶 C 含量高，在喷漆烘烤过程中屈服强度增加(*BH* 值)。图 5-107 表示冷轧 DP980 钢的 *BH* 值与预应变间的关系[94]。可见，冷轧 DP980 钢在预应变为 1% ~8% 范围内的 *BH* 值基本保持在 100 MPa 附近。

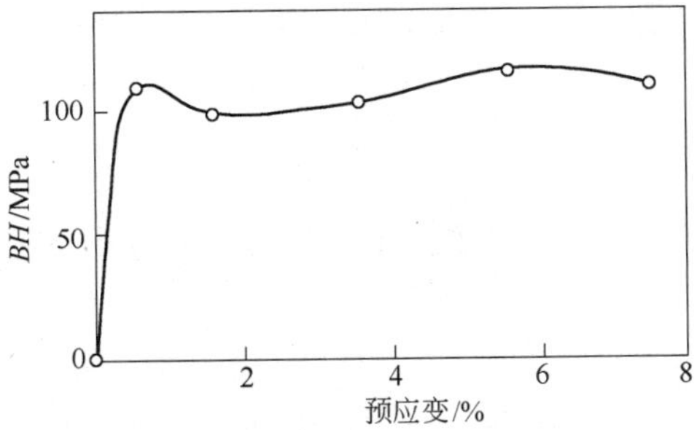

图 5-107 冷轧 DP980 钢的 *BH* 值与预应变之间的关系

从图 5-108 可以看到，对于 Docol 1000 DP 钢，在较小的应变水平下，加工硬化和烘烤硬化程度已经很显著，这对于描述成形阶段的结果是很重要的[62]。加工硬化在很大程度上取决于形变量和钢种，应变为 2% 时，典型的加工硬化效应可以高达 200 MPa，对于典型的喷漆工艺来说，相应的烘烤硬化效应可以另外增加 50 MPa[62]。

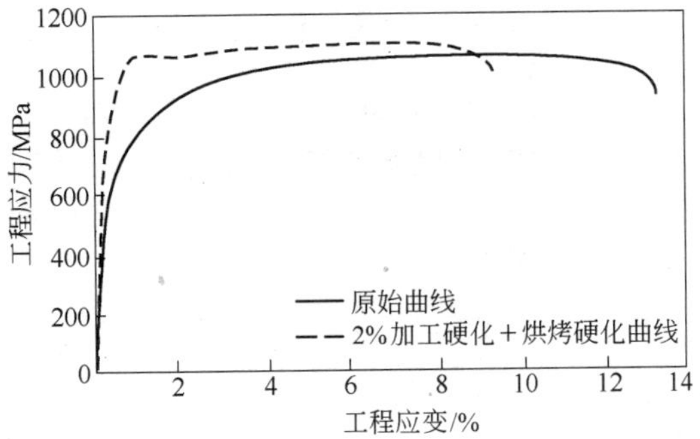

图 5-108 Docol 1000 DP 钢的工程应力与工程应变曲线

5.5.4.3 冷轧 DP 钢板的扩孔性能

图 5-109 为冷轧 DP980 钢中的马氏体/铁素体硬度比对扩孔率的影响[1]。

但 DP 钢的双相组织在采用如图 5-110 所示的 TOX 机械结合连接时，则易产生成形表面裂纹，这种裂纹主要是在 DP 钢的铁素体/马氏体界面产生的微裂纹所引起的，而 980 MPa 级的冷轧单相马氏体钢则具有约 100% 的扩孔率，在 TOX 机械结合连接时表现良好的连接性能[1]。

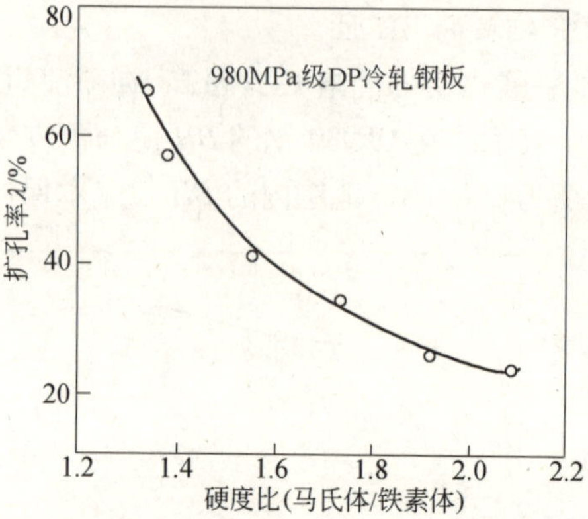

图 5-109　冷轧 DP980 钢中的马氏体/铁素体硬度比对扩孔率的影响

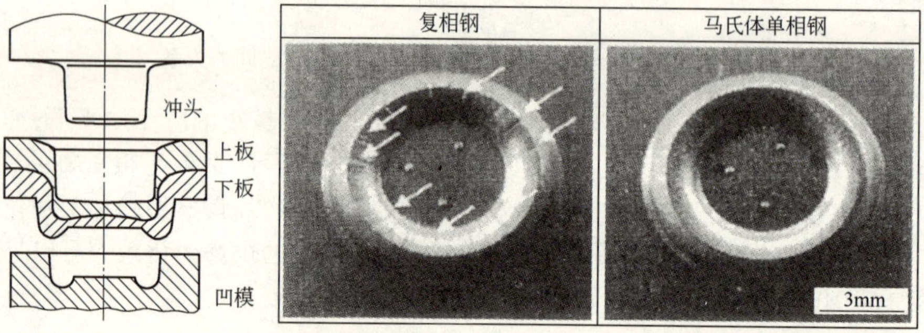

图 5-110　冷轧 980 MPa 级 DP 钢的单相马氏体钢采用 TOX 机械连接时的机械结合性

图 5-111 表示冷轧 980 MPa 级 DP 钢按用途不同（高 λ 型 DP 钢和高延性 DP 钢）时的扩孔率与伸长率（$A-\lambda$）的匹配关系[95]。

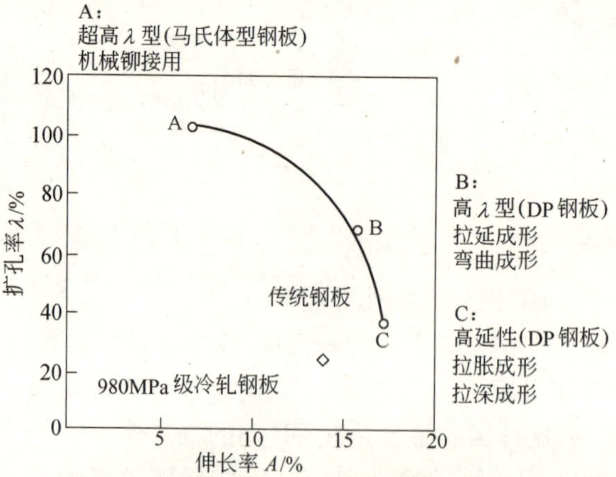

图 5-111　冷轧 980 MPa 级 DP 钢按用途不同时的扩孔率与伸长率（$A-\lambda$）的匹配关系

图 5－112 为不同类型的 980 MPa 级冷轧 DP 钢机械连接成形的实例[96]。

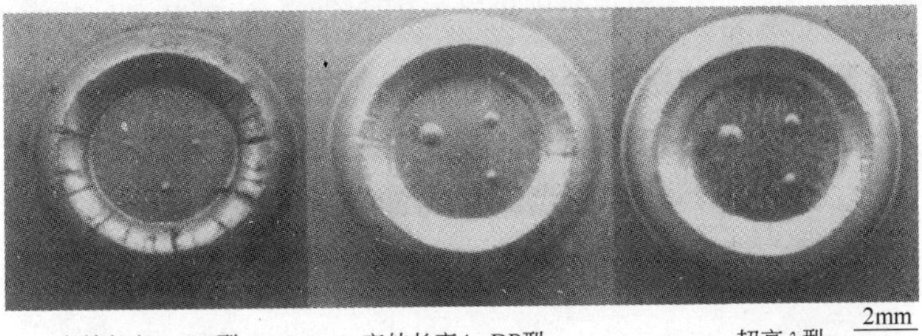

图 5－112 不同类型的 980 MPa 级冷轧 DP 钢机械连接成形的实例

5.5.4.4 冷轧 DP 钢板的弯曲性能

在含 Nb 冷轧双相钢中,Nb 发挥的最重要作用是细小热轧晶粒以及最终细小微观组织的产生。而这又带来两大好处。首先,认为细小微观组织产生较低的性能波动,这一点非常重要,因为性能波动是对双相钢正在关心的问题。其次,该类钢中由于 Mn 含量总是很高,易产生带状组织,而细小晶粒尺寸能降低这种趋势。带状组织降低有利于改善弯曲性能,弯曲性能是某些零件加工的重要性能,典型的双相钢是 DP 980 HB(最低 980 MPa 抗拉强度,高弯曲性能)。表 5－40 为DP 980 钢的典型力学性能和弯曲性能[97]。

表 5－40 DP 980 钢的典型力学性能和弯曲性能

名 称	屈服强度 /MPa	抗拉强度 /MPa	均匀伸长率 /%	总伸长率 /%	屈服点伸长率/%	90°弯曲 (r/t)
性能值	650	1030	8	13	0	1.5
目标值	580～730	>980		>8		<2.5

表 5－41 列出了具体材料和钢板厚度在弯曲成形时所获得的无裂纹最小内弯半径(对所有的弯曲方向都有效)。与具有相同屈服强度的双相钢相比,微合金钢一般具有更小的半径[62]。

表 5－41 SSAB 的铌合金 DP 钢典型的弯曲性能

钢 种	进行 90℃弯曲时推荐的最小弯曲半径($t\leqslant3$ mm)
Docol 800 DP	$1.0\times t$
Docol 1000 DP	$3.0\times t$
Docol 1200 M	$4.0\times t$
Docol 1400 M	$4.0\times t$
Dogal 800 DP	$1.0\times t$
Dogal 800 DPX	$0.7\times t$

5.5.4.5　冷轧 DP 钢板的成形极限曲线(FLC)和冲压性能

对成形性能进行完全客观的描述是很困难的,目前还没有一种单一通用的方法来描述成形性。有一个普遍的误解认为伸长率可以表征材料的成形性,一些情况下这是对的,但并非所有情况下都适用。有的研究者通过弯曲性能和成形极限曲线(FLC)来表明成形性能。图 5 - 113 是对冷轧系列产品进行 3 种不同的成形试验所得的结果[62]。

图 5 - 113　对不同钢种进行深冲试验(后排)、拉延成形试验(中间)和扩孔试验(前排)

成形极限曲线可以说明一定条件下的材料在断裂之前可以承受的最大形变量。SSAB 瑞典钢铁公司是根据 Nakazima 方法确定成形极限图的,材料强度和厚度的影响在成形极限曲线上都可以看到。成形极限曲线左侧对应的成形条件是拉延程度越往左越高。同样,曲线的右半部分对应胀形的增加。图 5 - 114 是一些 SSAB 铌合金钢的成形极限曲线举例。厚度为 2 mm 的 Domex 700MC 钢和 Docol DP 钢或多或少有相同的平面应变性能[62]。

5.5.4.6　冷轧 DP 钢板的焊接性能

SSAB 瑞典钢铁公司生产的所有高强钢都可以用常规焊接方法进行焊接,因为这些钢的合金成分较低,采用的焊接方法包括点焊、缝焊、MIG/MAG 焊和激光焊。由于碳当量很低,微合金钢甚至更易于焊接。点焊时,较宽的电流范围与塑性破断特性有关,即使是双相钢和马氏体钢也如此。有些情况下,失效形式可以是部分断裂,但是主要的失效方式是完全断裂。

对高强钢进行 MAG 焊接时,焊接抗拉强度可以高达 800 MPa。当钢的强度超过 800 MPa 时,在热影响区会发生软化。但是钢的抗拉强度增加仍然有助于提高焊接强度,见图 5 - 115[62]。激光焊接可以顺利应用于微合金钢、双相钢和马氏体钢,微合金钢和双相钢的激光焊接件具有良好的成形性。焊接区的杯突值等于或大于基体材料杯突值的 70% 就可以认为成形性能良好。图 5 - 116 是对 1.2 mm 厚的 Docol 1000 DP 钢进行激光焊接的示例[62]。

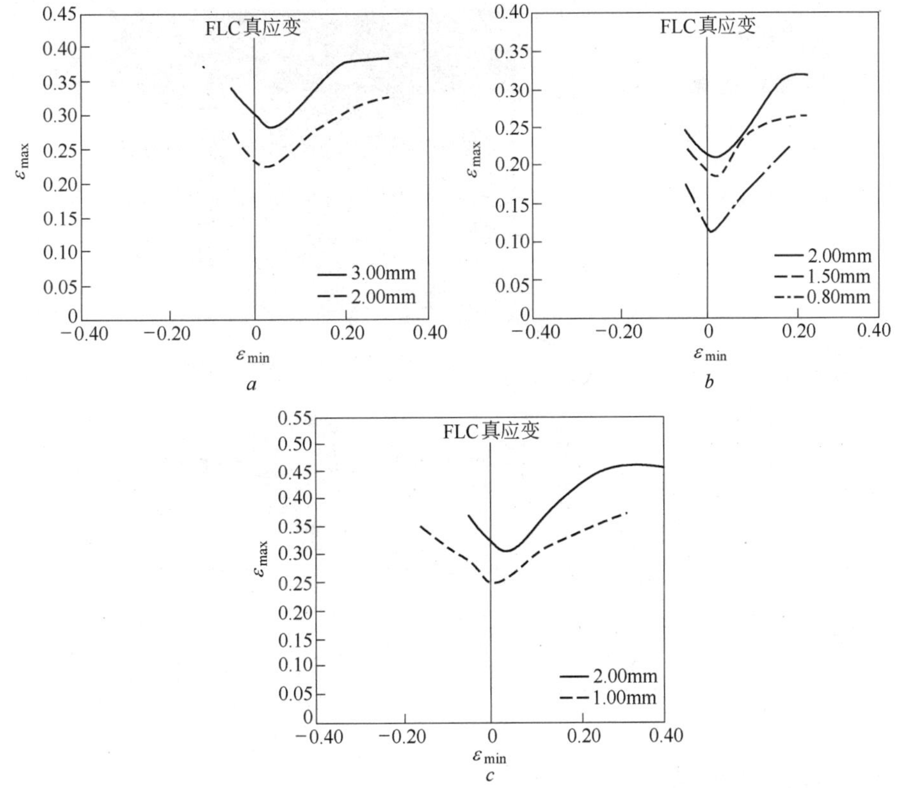

图 5－114 铌微合金化冷轧高强钢典型的成形极限曲线

a—Domex 700 MC；*b*—Docol 1000 DP；*c*—Dogal 420 YP

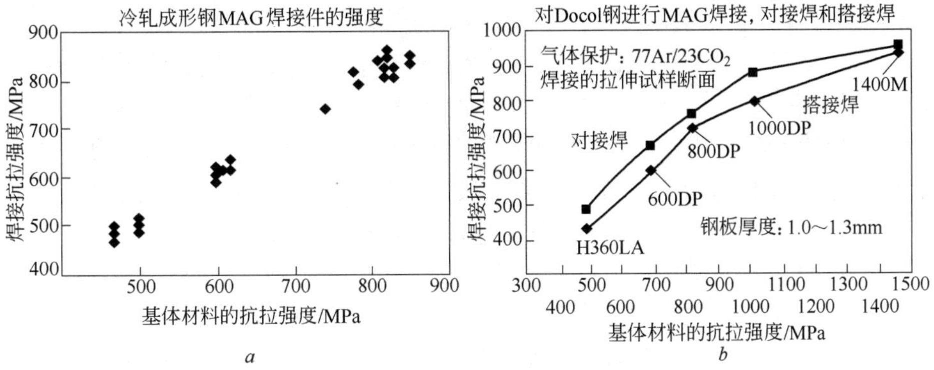

图 5－115 MAG 的焊接抗拉强度与基体材料抗拉强度的关系

a—Domex 微合金冷成形钢，对接焊，采用匹配的焊条；

b—Docol 微合金双相钢和马氏体钢，对接焊和搭接焊

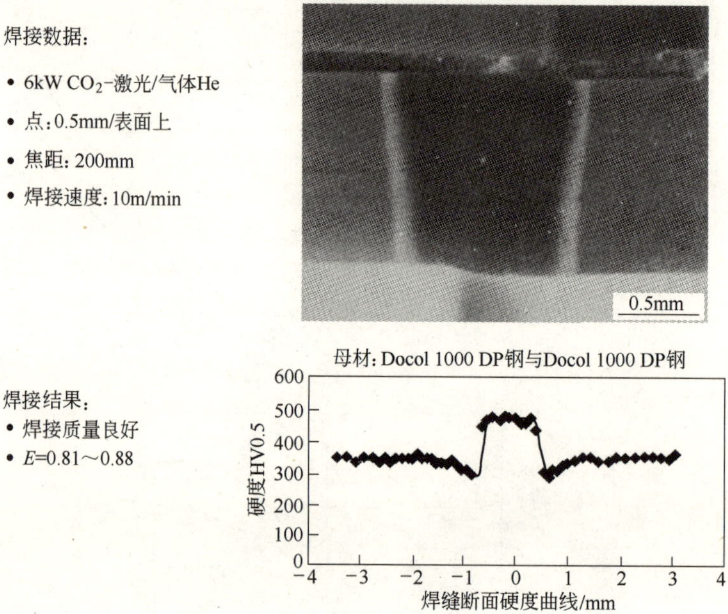

图 5－116　对 1.2 mm 厚的 Docol 1000 DP 钢进行典型的激光焊接后得到的成形性结果与硬度曲线

5.6　冷轧 TRIP 钢

5.6.1　冷轧 TRIP 钢的成分、组织性能特征

5.6.1.1　冷轧 TRIP 钢的成分与组织

为了实现汽车的大幅度减重及提高其耐冲击性能，需要在汽车的中心梁、座位支架等部位使用拉伸强度达到 780～1470 MPa 的可成形高强或超高强度钢。残余奥氏体的相变诱导塑性（TRIP）对于改善钢的成形性十分有用。通过在低碳钢中添加 Si 以及退火后的等温淬火热处理开发了包含亚稳态残余奥氏体的高强度钢“TRIP 钢”[98]。这种具有多边形铁素体的 TRIP 钢由于在很大应变范围内产生的形变诱导相变作用而获得了高达 30%～40% 的总伸长率，然而其抗凹陷性却和双相钢一样低[99,100]，且拉伸强度不超过 980 MPa，这是由于采用临界退火工艺使钢产生了较软的多边形铁素体组织的原因。同时，由于在相应热浸镀锌和合金化退火处理温度（分别为 460℃和 520℃）的等温淬火温度下添加的 Si 形成不可溶的氧化物层，并且会产生少量的残余奥氏体，这种钢很难进行镀锌和锌镀层退火处理。

低合金 TRIP 钢是朝着高强度和优良可成形性方向发展的。TRIP 钢的特性在于铁素体基体上还包含贝氏体和残余奥氏体，图 5－117 为 TRIP 钢显微组织示意图[63]。TRIP 钢在塑性变形时亚稳奥氏体转变为马氏体，因而在极高强度时具有优良的伸长率和可成形性。对于高合金钢薄板来说，稳定化处理奥氏体的合金元素如 Ni 等太昂贵。在低合金 TRIP 钢中，残余奥氏体主要由 C 和少量 Mn 进行稳定。TRIP 钢的优良力学性能的成因类似于 DP 钢：奥氏体向马氏体转变的同时，在周围的微观组织里，已转变区域体积增大，剪切形变增强。为了达到相容性，周围铁素体里产生位错，导致加工硬化率提高，因而得到高的 n 值。对残余奥氏体的稳定性进行控制，可以调节加工硬化率 n 值，利用最优化的处理工艺可以保持甚至增加 n 值。这些高 n 值可以获得优良的延伸值和良好的可成形性[63]。

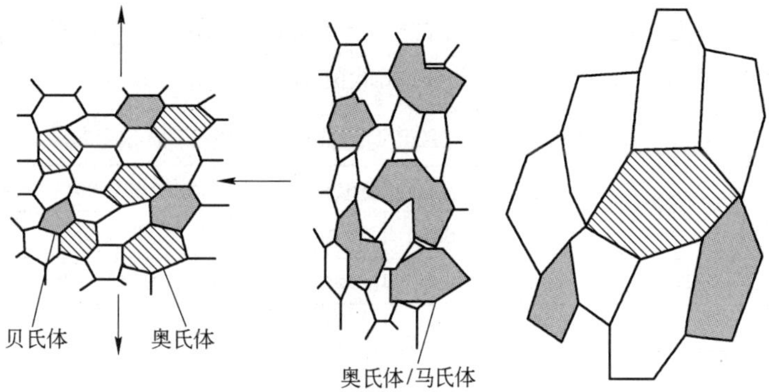

图 5－117 TRIP 钢显微组织示意图

TRIP 钢的力学性能由铁素体、贝氏体和奥氏体的体积分数和强度决定，特别是残余奥氏体抑制应变诱导马氏体转变的稳定性。因此，对设计的合金进行适当的热处理可以控制 TRIP 钢的性能。对于 C-Si-Mn-Al 系合金设计，最重要的元素为 C、Mn 和 Si、Al 和 P，或者 Si、Al 和 P 的组合。这些添加元素可以控制相变，进而控制力学性能，因而对于 C-Si-Mn-Al 系合金 TRIP 钢，微合金添加元素的作用没有对于低碳钢和传统高强度钢那么重要。然而，对显微组织和不同相的尺寸的全面控制可以看做是优化最终力学性能的另一关键因素，采取的一种方法就是添加例如 Nb 的微合金化元素[63]。

微合金化元素，如 Nb 能够通过晶粒细化和沉淀强化铁素体基体。每添加 0.01% 的 Nb，屈服强度和抗拉强度就会提高大约 15 MPa，特别是对于 Al 基的 TRIP 钢。根据参考文献，对 TRIP 钢添加 Nb 要考虑卷取温度，因为其决定 Nb 的沉淀析出状态。当卷取温度低时（500℃），固溶 Nb 应该是部分存在的，或者是形成非常精细几乎检测不到的碳氮化物。当卷取温度高时（700℃），就会形成粗大的 Nb 沉淀析出物，从而 Nb 对力学性能的影响就较小。采用 600～650℃

之间的卷取温度，可以形成细小的析出物，这对显微组织的再细化非常有效，从而可以达到最高的抗拉强度。

此外，对于 Nb 微合金化 TRIP 钢，Nb 除了促进晶粒细化外，还可以延迟贝氏体形成。贝氏体形成被延迟的原因是在冷却时强化铁素体的形成，这是显微组织晶粒细化后的结果。铁素体的形成导致残余奥氏体的碳富集，延迟了奥氏体转变为贝氏体。除了增强铁素体形成之外，细小弥散的碳氮化物使贝氏体形核受到抑制，从而延迟了贝氏体形成动力。正是钢中存在的少量固溶 Nb 降低了贝氏体的形成动力[63]。

Black 总结了高合金 TRIP 钢和低合金 TRIP 钢的典型合金成分如表 5－42 所示[101]。C 元素是 TRIP 钢中重要的元素，所有相变和最终组织都受到 C 元素的影响。为了保证 TRIP 钢的加工成形性能和焊接性能，从表 5－42 来看，对于高合金 TRIP 钢采用低碳（约 0.04% C）高合金的成分设计，对于低合金 TRIP 钢采用较高的碳含量（0.15% ~0.3% C）和低的合金含量。

表 5－42　高合金 TRIP 钢和低合金 TRIP 钢的典型合金成分（质量分数）　　（%）

高合金 TRIP 钢							
等　级	C	Mn	Si	Mo	Cr	Ni	Ti
1.4301	0.04	1.2	0.65	0.35	19.2	9.35	
1.4507	0.04	1.3	0.45	2.2	17.5	11.35	0.46
低合金 TRIP 钢							
等　级	C	Mn	Si	Al	P	Nb	V
Mn-Si	0.2	1.5	1.5				
Mn-Al	0.2	1.5	0.1	1.8			
Mn-P	0.15	2.0			0.03		
Mn-Si-Al	0.3	1.5	0.3	1.2			
Mn-Si-P	0.15	1.5	0.6		0.01		
Mn-Si-Nb	0.2	1.5	1.5			0.04	
Mn-Si-V	0.15	1.5	0.6				0.06

Mn 元素是奥氏体稳定元素，使奥氏体相变稳定降低。Si 元素是铁素体形成元素，促进退火冷却过程中铁素体的形成，在等温处理过程中，碳化物的形成被 Si 所抑制。但高的 Si 含量将使钢板的热轧性能降低，并且高含量 Si 会形成稳定的氧化物，在热镀锌生产线中隔断锌液和钢板表面的反应，降低钢板的润湿性能，使钢板表面质量下降，工件涂镀性变差[102]。为此，有的研究提出降低 Si 含量或采用 Al 替代 Si 在连续热镀锌线生产 CMnAl-TRIP 钢[103]。

Traint 等研究了 Al 和 Si 基的 TRIP 钢在连续退火线上或热镀锌线上退火时

添加 Nb 对相变的影响[104]。Nb 对渗碳体的溶解和奥氏体的形成没有产生重要的影响，但是添加了 Nb 的材料，再结晶动力被延迟。为了研究铁素体形成动力，在 800℃对试样进行临界退火，以 10 K/s 的速率冷却到 800～620℃之间的淬火温度，然后在水里进行淬火。图 5－118 和图 5－119 显示的是添加了 Nb 后使冷却时铁素体形成动力增加。测量得到的力学性能显示含 Nb 钢的强度持续平稳地降低（图 5－120）[104]。对于没有添加 Nb 的材料（合金 A），在退火温度降到 700℃以前，强度只是小幅降低。而进一步降低退火温度会导致强度显著地降低。因为钢的强度是与铁素体和马氏体的体积分数有关，这些结果反映了在冷却时铁素体的体积分数在增加。在膨胀测试实验中，仔细地比较冷却时不同级别的变化，发现添加了 Nb 的钢，其铁素体形成动力增大。

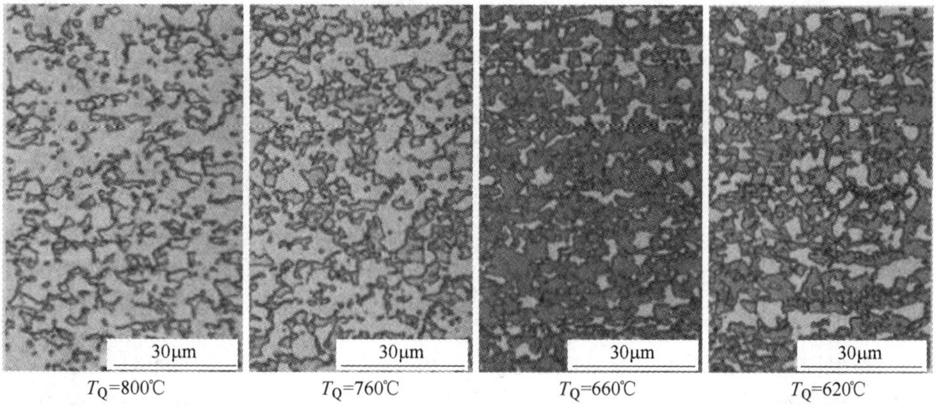

图 5－118 淬火温度对含 Si TRIP 钢显微组织的影响

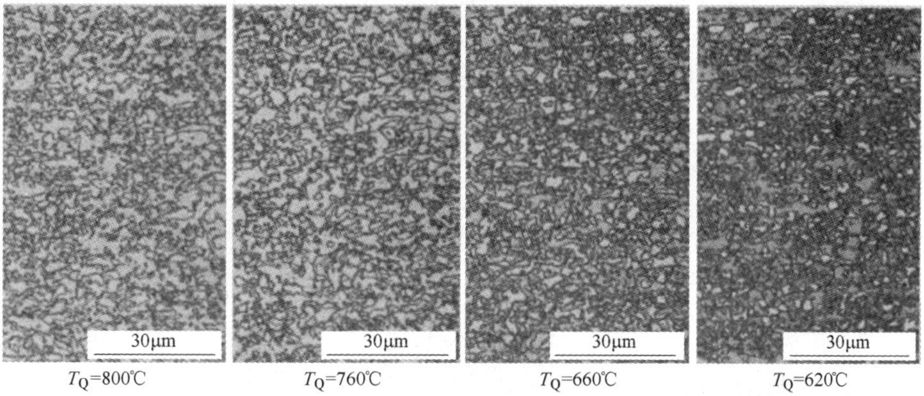

图 5－119 淬火温度对含 Si 和 Nb 合金 TRIP 钢的显微组织的影响

（合金 B，T_{IC}＝800℃，dT/dt＝10 K/s，用 LePer 腐蚀剂进行腐蚀）

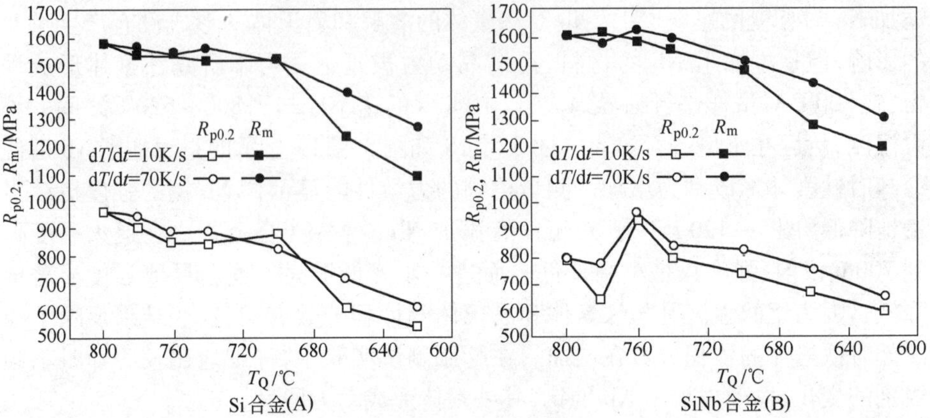

图5-120　合金A和合金B的屈服强度和抗拉强度与淬火温度的关系

Traint等进行膨胀测试实验，研究了在贝氏体范围内保持等温时，奥氏体的转变。对于这两种合金，奥氏体的转变几乎是一样的。此奥氏体的转变的特征在于，当温度处于350～450℃时，转变是一步完成的。在此温度范围内，当增加温度时奥氏体转变减少，转变动力增加。当温度为475℃时，奥氏体的转变首次分为两步。与Si合金钢进行比较，Si-Nb合金钢的奥氏体总量转变减少，转变动力学被延迟。合金钢在贝氏体范围内的转变行为基本相似，当增加温度时转变动力增加，奥氏体转变减少。

等温时，Nb微合金钢中形成的贝氏体体积分数的减少，与冷却时铁素体形成的增加一致，进而与形成贝氏体的有效奥氏体量减少一致。此外Nb微合金钢中铁素体形成的增加，也导致奥氏体中碳含量增加，进而导致贝氏体形成动力学明显减少。依据残余奥氏体量和退火钢中的碳含量，并不能看出添加Nb产生任何影响[104]。

K. Sugimoto等研究冷轧TRIP钢板在成形性方面的弱点时，提出可以通过以下改变残余奥氏体形态和稳定性及钢的基体组织的方法或技术得以克服(见表5-43)[105]。

表5-43　TRIP钢经某些加工处理后的组织变化

加工工艺		组织变化			
		基体	残余奥氏体		
		形态	形态	体积分数	稳定性
热处理条件	原始组织和退火条件	改变	改变	改变	改变
	等温淬火	微小改变	微小改变	改变	改变

续表 5－43

加工工艺		组织变化			
		基　体	残余奥氏体		
		形　态	形　态	体积分数	稳定性
成形条件	变形温度	不　变	不　变	不　变	改　变
	变形应变速率	不　变	不　变	不　变	改　变
添加合金元素		微小改变①	微小改变	改　变	改　变

① 含 Nb，Ti，Mo，V 等钢中除渗碳体析出物外的碳化物。

（1）改变基体机构。改善成形性（尤其是抗凹陷性）和提高强度。

（2）温变形和应变速率控制。提高可成形性。

（3）添加合金元素。提高适宜的退火温度（利于镀锌和锌镀层退火处理），改善成形性。

图 5－121 显示的是 Nb 对工业生产的 TRIP 钢显微组织的影响。对于这种 Al＋Si 基 HDG TRIP 钢，Nb 明显地减小了铁素体和奥氏体的晶粒尺寸。通过调节合金设计和工艺参数，可以获得非常相似的强度级别。观察拉伸测试中的均匀伸长率和总伸长率，没有发现明显的差别。然而，第一次冲压试验表明，TRIP 钢的显微组织得到改善[63]。

未添加Nb的TRIP700　　添加Nb的TRIP700

图 5－121　添加 Nb 对工业生产的 TRIP 700 材料的影响

D. Bhattacharya 总结 Nb 加入到 TRIP 钢中主要正面作用为[97]：

（1）Nb 提高奥氏体稳定性，有利于最终组织中残余奥氏体的存在。

（2）Nb 细化热轧组织，从而细化最终组织，提高强度并改善其他性能。

（3）Nb 产生析出强化，提高产品强度。

（4）Nb 强化贝氏体反应，特别是在镀锌处理温度下，图 5－122 非常清晰地说明这点。由于贝氏体以更快的速率形成，结果有可能富集并固定残余奥氏体中的碳。结果,甚至在连续镀锌扩散退火处理的保温阶段的后期,最终组织中将部分碳保持在残余奥氏体中。

(5) Nb 提高烘烤硬化性。

(6) Nb 对这类钢的镀锌扩散退火处理没有负面作用。

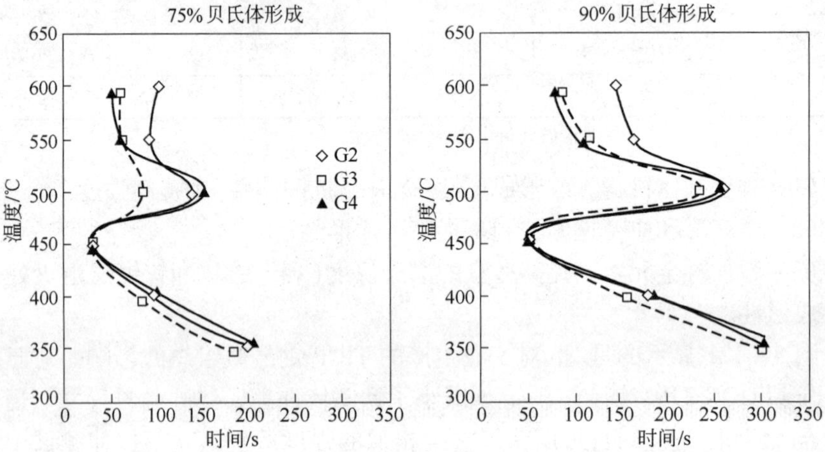

图 5 – 122　Nb 对 TRIP 钢贝氏体相变的影响

然而,含 Nb TRIP 钢的一点问题,也必须讨论。在特定条件下,含 Nb TRIP 钢的热轧根据设备能力可能也面临挑战。第一点是 Nb 提高了 TRIP 钢的变形抗力,原因是 TRIP 钢本来就具有高的变形抗力,Nb 的加入进一步提高变形抗力。结果,能够生产的最大宽度和/或厚度就可能受到限制。第二点是随着轧制过程的进行,热轧温度的降低,轧制力不正常的变化。这点 Skolly 与 Poliak 已做过研究。典型曲线如图 5 – 123 所示。

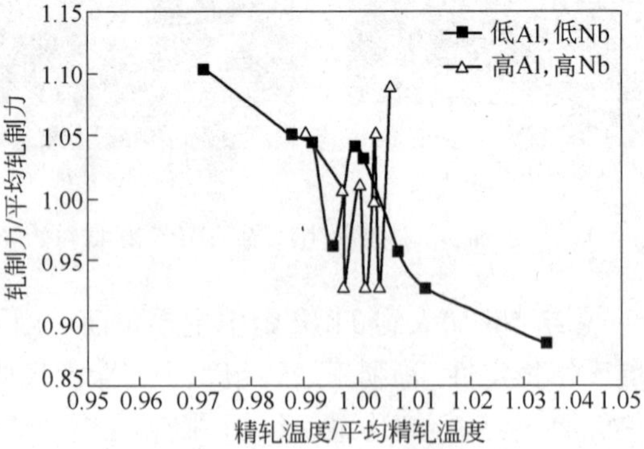

图 5 – 123　含 Nb 高 Al TRIP 钢轧制力的变化

由于轧制力的不稳定,传统的控制模型不再适用,废品事故增加。因此,必须对这类钢进行仔细的模型控制和热轧,以使加工过程顺利进行。

5.6.1.2 冷轧 TRIP 钢的力学性能

图 5－124 表示添加了 Nb 和未添加 Nb 的 Al 基和 Si 基 TRIP 钢的力学性能[104]。通常，加 Si 的 TRIP 钢的强度级别更高，对于加 Al 的 TRIP 钢，等温时间的影响非常大，显示出更快的贝氏体转变。Nb 微合金化钢中增加的铁素体形成动力和导致的奥氏体中的较高碳含量，使加 Al 的 TRIP 钢获得显著的高屈服强度和低抗拉强度，甚至没有过时效，冷却后残余奥氏体的稳定性很高。

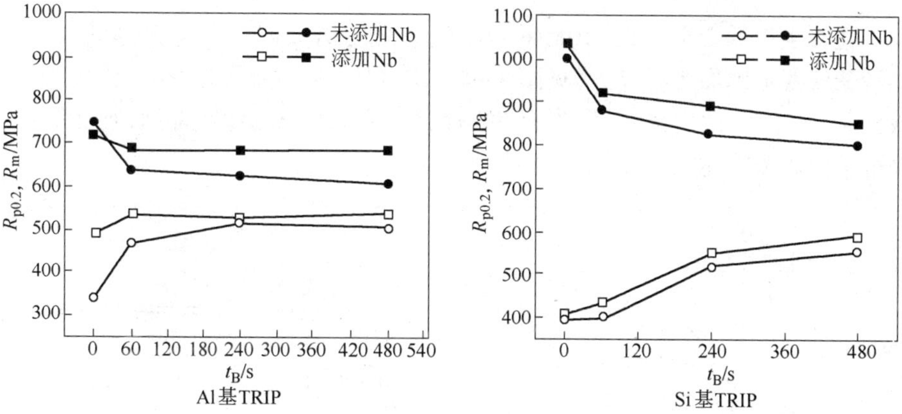

图 5－124 添加 Si 和 Al 的 TRIP 钢在 400℃进行过实效处理及添加 Nb 对性能产生的影响

添加 0.045% Nb，钢的抗拉强度大约可以提高 50 MPa。与微合金化钢比较，添加 Nb 对 TRIP 钢强度的影响非常小，因为强度主要是由铁素体的硬度和贝氏体及残余奥氏体的数量和形态控制。添加 Nb 后改变了个别相的影响，同时 Nb 微合金化钢中贝氏体体积百分数减少，而且由于晶粒细化和沉淀强化，铁素体的硬度增加。

代表性的含 Nb 590 MPa 级 TRIP 钢的典型成分和性能如表 5－44 所示[97]。文献[106]列出了在 ULSAB-AVC 中采用的典型冷轧 TRIP 钢和 DP 钢性能比较（见表 5－45）。

表 5－44 含 Nb590 MPa 级 TRIP 钢的典型成分和性能

典型成分（质量分数）/%					
钢 种	C	Mn	Si	Al	Nb
590 TRIP	0.12～0.17	1.2～1.7	0.2～0.6	0.7～1.3	0.02～0.04

典型性能			
钢 种	抗拉强度/MPa	屈服强度/MPa	总伸长率/%
590 TRIP	610	410	35

表 5 - 45　在 ULSAB-AVC 中采用的典型冷轧 TRIP 钢和 DP 钢性能比较

钢　种	R_e/MPa	R_m/MPa	A/%	n 值	r 值	K 值/MPa
TRIP450/800	450	800	26 ~ 32	0.24	0.9	1690
DP400/700	400	700	19 ~ 25	0.14	1.0	1028

5.6.2　连续退火工艺对冷轧 TRIP 钢组织性能的影响

通常生产低合金冷轧 TRIP 钢是冷轧后采用退火或临界退火，然后在贝氏体转变温度范围内等温淬火（见图 5 - 125a）[105]。通过临界退火，奥氏体相中的碳富集到 A_{c_3} 线，此后，如果先共析渗碳体被合金元素 Si、Al 等抑制，则在等温淬火过程中碳浓度达到 T_0 或 T'_0。

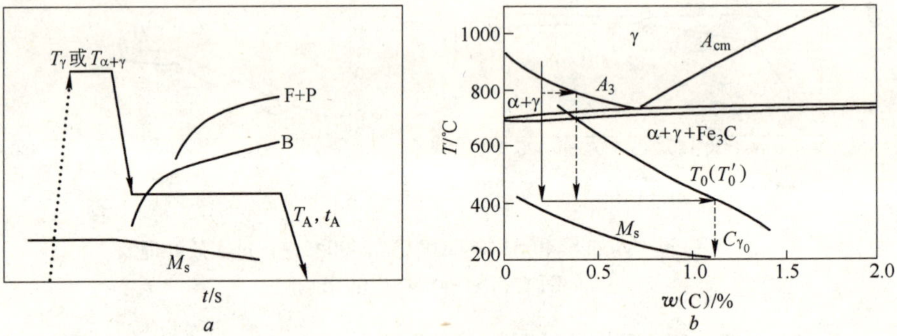

图 5 - 125　TRIP 钢退火 - 等温淬火过程（a）和 1.5Si - 1.5% Mn 的伪二元 Fe-C 相图（b）

（图 a 中的 T_γ 和 $T_{\alpha+\gamma}$ 分别代表在 γ 和 $\alpha+\gamma$ 相区的退火温度；T_A 和 t_A 分别是等温淬火温度和时间）

在临界温度（铁素体 - 奥氏体两相区范围内），冷轧板的加热和均热过程中最重要的是再结晶、渗碳体的溶解及奥氏体的形成。通过均热时间特别是退火温度来调节奥氏体的数量和奥氏体中的碳含量。与双相钢不同的是，退火温度不是特别重要，但仍要注意，因为过低的温度或不足的均热时间可能产生非再结晶组织和未溶解的渗碳体。对产品性能具有决定性的是在冷却时现有铁素体的增加和奥氏体中碳的相应富集。低速冷却时，在 700 ~ 600℃ 温度范围内有利于奥氏体的富集及稳定。冷却时必须防止珠光体的形成及碳的损失[63]。

最后一步是在贝氏体转变时（过时效）奥氏体中碳的富集。适量的合金元素如 S、Al 和（或）P 阻止了 C 沉积形成 Fe_xC。根据参考文献，在残余奥氏体中碳的含量大约为 1.4% ~1.8%。在较高的过时效温度时，可以观测到相变动力的增强和形成的贝氏体量的减少。在低的过时效温度时，相变动力降低，使得在过时效期内，在连续退火线或者热镀锌线上，相变没有完成。在此步骤时，如果退火温度过高，可能发生渗碳体沉积。冷却速率对已转变的贝氏体量的强烈影响，归因于冷却时奥氏体中碳的富集。低的冷却速率导致已形成的贝氏体量显著减少。在最终冷却时，不稳定的奥氏体可能转变为马氏体。

对含量为 0.15% ~0.40% C、1% ~2% Mn、1% ~2% Si 的合金 TRIP 钢已有大量的研究，研究生产参数特别是冷轧后材料的退火处理对力学性能产生的影响。此外，也做了很大的努力来表征显微组织和不同种类的残余奥氏体。但是，几乎所有的研究都是集中在硅含量大于或等于 1.5% 的材料上，而对于 P、Al 或者 P、Al 与 Si 在一起产生的影响，很少有研究。

TRIP 钢(HT700TD)的显微组织如图 5-126 所示[63]。基体相为铁素体，白色相为残余奥氏体，与残余奥氏体相连的相为贝氏体。HT700T 和 HT700TD 的典型力学性能如图 5-127 所示[63]。由于连铸热镀锌线(HDG 线)上的有效过时

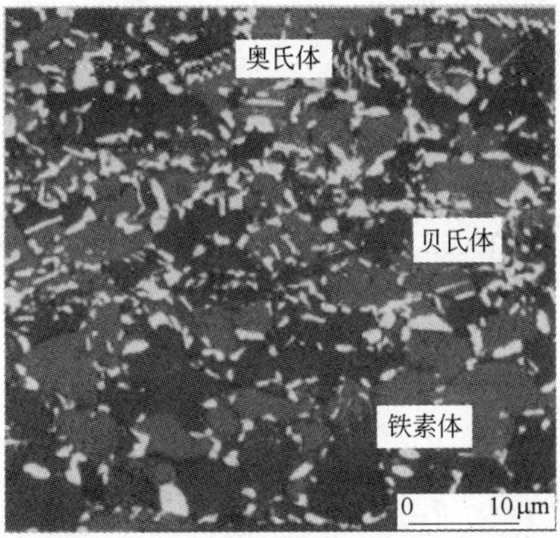

图 5-126 TRIP 钢(HT700TD)的显微组织

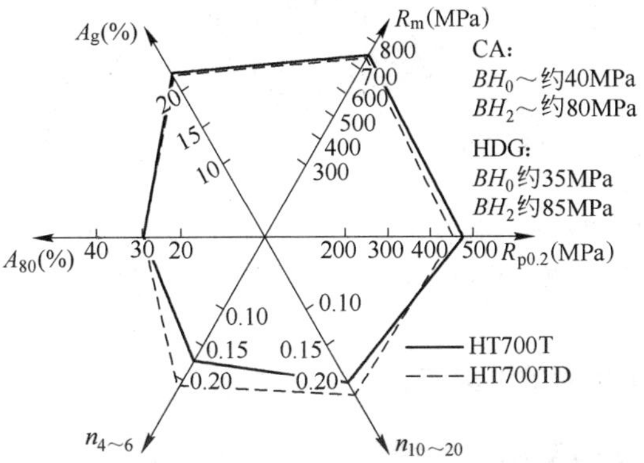

图 5-127 连续退火 TRIP 钢(HT700T)和热镀锌 TRIP 钢(HT700TD)的力学性能

效区域较短，残余奥氏体没有得到很好的稳定，从而导致屈服强度较低，在低应变时 n 值不是很高，n 值被降低。TRIP 钢的优良力学性能如图 5－128 所示。与抗拉强度相似的 DP 钢进行对比，TRIP 钢屈服强度更高，更重要的是伸长率和 n 值更优良。不同强度级别的 TRIP 钢的对比如图 5－129 所示。尽管渐增的强度级别导致伸长率和 n 值降低，但是别于最小抗拉强度为 800 MPa 的材料，大约为 20% 的均衡伸长率还是非常优秀的[63]。

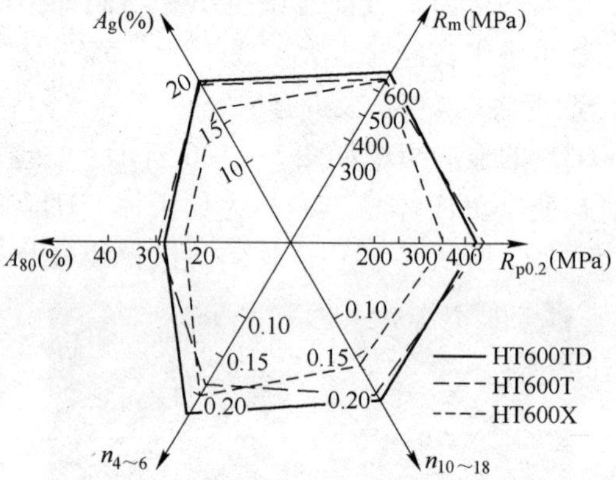

图 5－128　DP 钢 HT600X 与 TRIP 钢 HT600 T、HT600TD 的力学性能比较

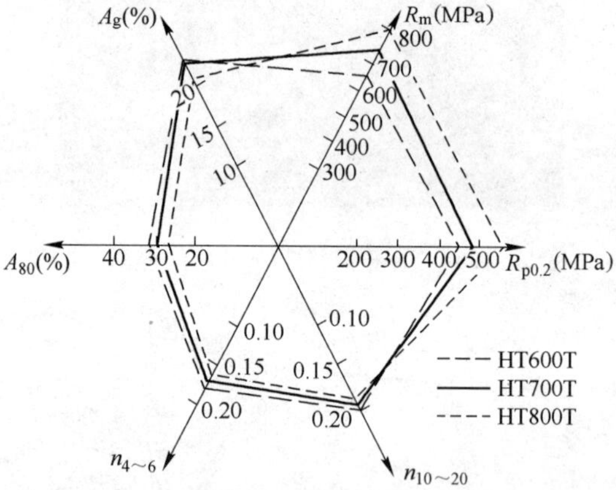

图 5－129　最小抗拉强度为 600 MPa（HT600T）、700 MPa（HT700T）及 800 MPa（HT800T）的 TRIP 钢的力学性能

5.6.3　热镀锌 TRIP 钢的退火工艺与组织性能

TRIP 钢在同双相钢同样的热镀锌线上生产合金化镀锌板 GA 板时（见图 5－98），有两点需要注意，一是使热镀锌性能劣化以及抑制合金化过程的 Si

的添加，二是在某种程度的高温合金化处理过程中未相变的奥氏体发生珠光体相变，残余奥氏体几乎没有。種植隆浩等[107]通过对钢的化学成分调整、热镀锌线环境气体控制以及锌液中的微量元素控制等解决了此课题，制造出具有同过去以 δ_1 相为主的 GA 钢板相同质量的 TRIP 钢 GA 钢板并用于汽车部件制造。所生产的 GA-TRIP 钢板具有高延性，590 MPa 级 GA-TRIP 钢的伸长率达到 32%，780 MPa 级 GA-TRIP 钢的伸长率达到 25%。

图 5－130 为 TRIP 钢的微观组织和分散的残余奥氏体的 EBSP(Electron Back Scattering Pattern)分析结果。可见，组织很均匀，残余奥氏体呈微细状分散在组织中[108]。

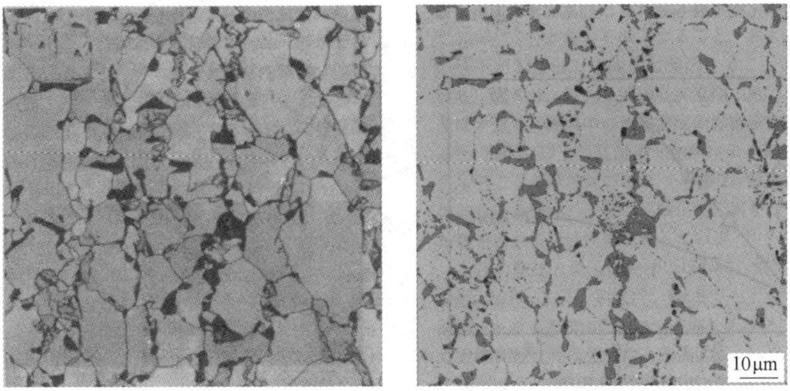

图 5－130 TRIP 钢的微观组织和分散的残余奥氏体的 EBSP 分析结果

5.6.4 冷轧 TRIP 钢的应用性能

5.6.4.1 TRIP 钢的抗疲劳性能

车身下部构件和底盘都要求具有高的疲劳强度。与传统的 HSLA 钢相比，DP 钢和低合金 TRIP 钢具有更高的疲劳强度，如图 5－131 所示。在 Mizui 等对 DP 钢和 Yokoi 等对低合金 TRIP 的研究中，对产生这种高疲劳强度的机制进行了充分的研究，通常易于在软的铁素体基体中发现疲劳裂纹。Si 固溶强化 DP 钢的铁素体基体，使得早期的疲劳裂纹扩展迟缓。这种倾向得到了循环应力下产生的稳定胞状组织强烈抑制循环软化这一事实的支持(图 5－132)。也有报道指出，马氏体组织可以阻碍疲劳裂纹扩展，从而也改善疲劳强度。在低合金 TRIP 钢中，应变诱导马氏体相变会产生压应力以延迟裂纹产生和扩展，添加 Si 以及马氏体相变都能改善疲劳性能[109]。

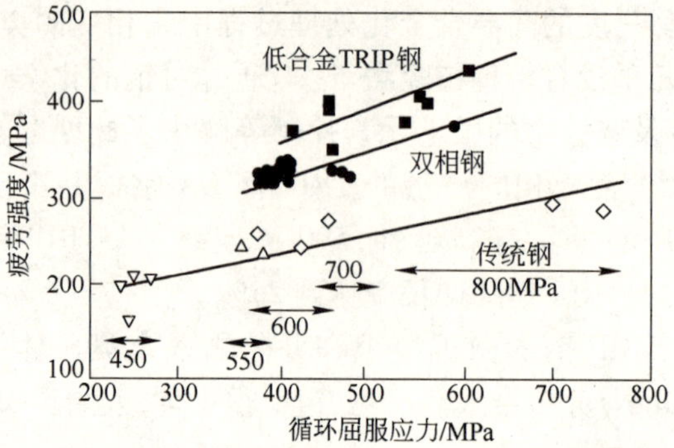

图 5－131　不同高强钢的循环屈服应力与疲劳强度的关系

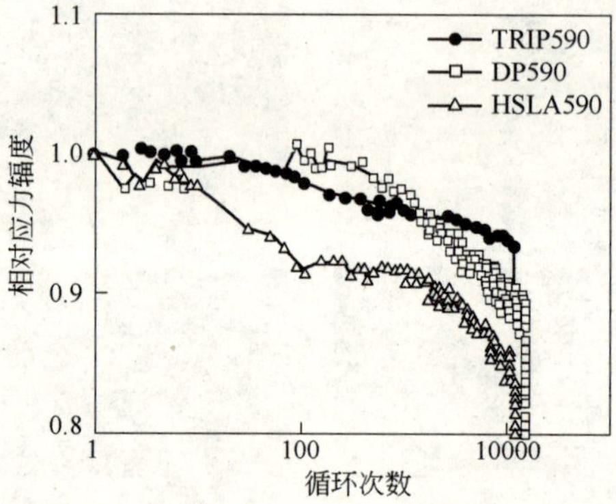

图 5－132　三种 590 MPa 级高强钢（低碳 TRIP 钢、DP 钢、沉淀强化钢）的循环应力响应曲线对比

5.6.4.2　TRIP 钢的抗冲撞性能

当汽车前部受到冲击时，结构件的塑性变形可以吸收冲击能，减少冲击对乘车人的损害。薄壁管结构件（如前大梁）在冲击中发生纵向弯曲变形而吸收冲击能。发生轴向冲击时，薄壁管结构件的最大应变速率估计为 1000/s，与常规的力学试验结果相比较，这个应变速率是后者的百万倍。由于钢种之间的应变速率敏感性不同，要评估汽车的抗冲撞性能，重要的是要确定汽车结构件用钢的应变速率敏感性。大部分冲击能的吸收是在结构件用钢达到 10% 变形量的过程中完成的（图 5－133）。因此这个相对较小的应变量所对应的流变应力决定了钢种对冲击能的吸收性能。在板材冲压成形过程中需要较低的强度，而碰撞过程中又需要较高的强度，因此就需要材料有较高的应变速率敏感性。目前已经可以确定与其他材料（例如铝合金）相比，在流变应力条件下，钢表现出更高的应变速率敏感性[109]。

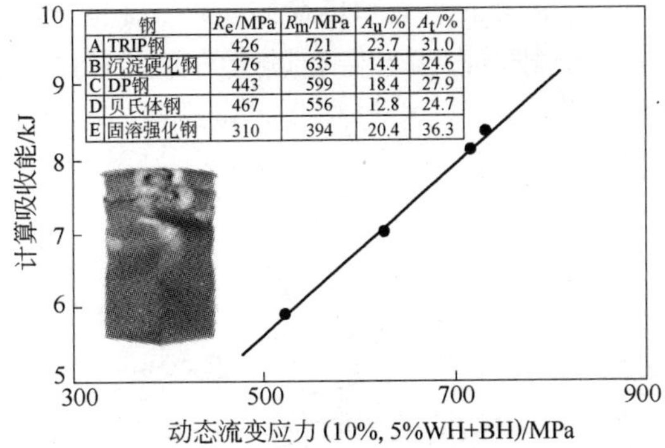

图 5-133 10% 应变条件下计算吸收能与动态流变应力的关系

（A_u 为均匀伸长率；A_t 为总伸长率）

如图 5-134 所示，具有铁素体和马氏体混合组织的双相钢，以及具有铁素体、贝氏体及残余奥氏体的低合金 TRIP 钢都表现出比传统的高强钢更好的能量吸收性能。由于良好的冲压成形性能对于用做结构件的钢种来说也是至关重要的，因此这些多相钢要比传统的高强钢更为优越。尽管我们已经知道流变应力条件下的应变速率敏感性会随着强度的提高而下降，但较软的铁素体相的存在对于流变应力条件下保持较高的应变速率敏感性十分有效。众所周知，TRIP 效应也能通过在高应变速率变形条件下残余奥氏体转变为马氏体来提高钢的应变速率敏感性（图 5-135）。残余奥氏体越稳定，流变应力下应变速率敏感性越高。另一个可能提高应变速率敏感性的方法是烘烤硬化[109]。

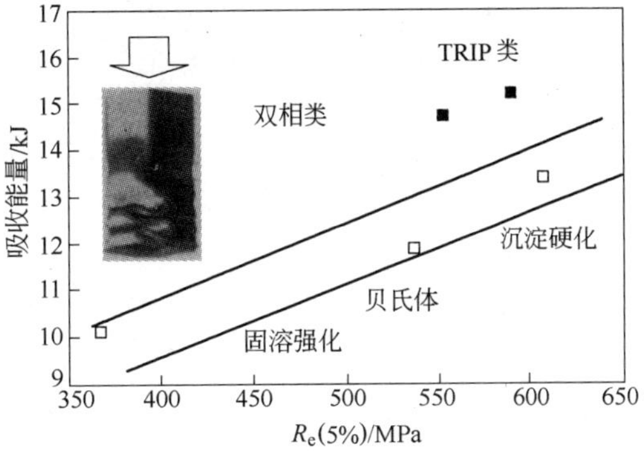

图 5-134 发生轴向冲击时 70 mm × 70 mm 方管件的计算吸收能与准静态张力试验 5% 应变条件下流变应力的关系

5.6.4.3 TRIP 钢的烘烤硬化性能

实验结果表明，提高静态和动态流变应力起最主要作用的是烘烤硬化（*BH*）而不是加工硬化（*WH*）。烘烤硬化性能越高，预形变和烘烤后流变应力的增加值越大。值得注意的是,由加工硬化和烘烤硬化所引起的静态和动态流变应力的增加值几乎相同。这意味着以预形变和烘烤的方式来提高钢板的强度时,并不会导致应变速率敏感性的降低,这与其他明显导致应变速率敏感性降低的强化方法是截然不同的。

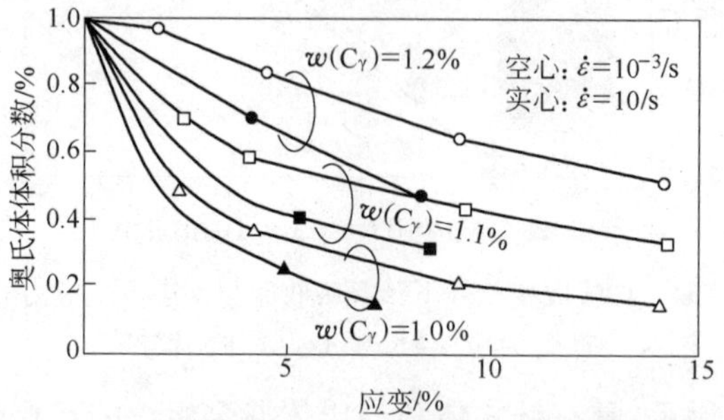

图 5－135　TRIP 高强度钢单向拉伸实验中应变速率对马氏体转变的影响
残余奥氏体的含碳量因热处理方式不同而变化

双相钢和低合金 TRIP 钢与其他高强钢相比,预变形和烘烤所引起的多相钢的静态和动态流变应力的增加十分明显,从而表现出更佳的烘烤硬化性能(图 5－136)。

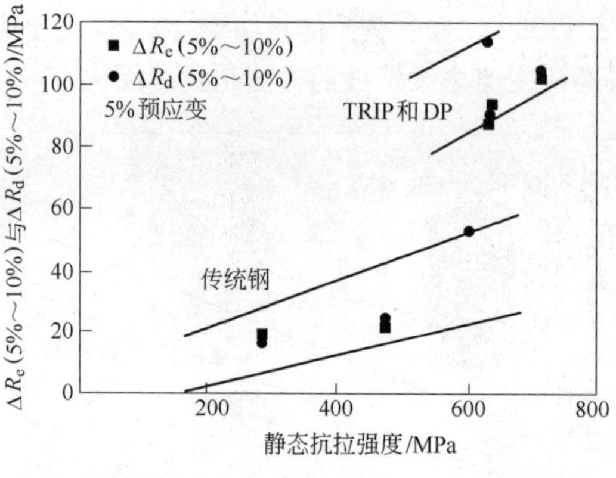

图 5－136　5% 预变形加烘烤处理后动态流变应力和静态流变应力的增量

5.6.4.4　TRIP 钢的焊接性能

由于焊接性能是汽车用钢的最重要的性能之一,因此含碳量较高的钢种并不适用。因此,即使是冷轧退火高强钢都必须采用微合金化工艺来获得要求的高强度。尽管人们对于微合金化元素对力学性能的影响及冷轧退火钢的微观结构演变的机理都不是很清楚。有人对比研究了在 Fe-0. 1C-2. 0Mn 钢中分别添加铌和钛时对再结晶行为的影响。如人们预期的那样,添加铌阻碍再结晶的作用要强于钛。很容易得知，这种对再结晶的阻碍作用源于晶粒细化，同时晶粒细化也可以提高钢的强度。至于超高强钢，在再结晶完成之前会出现反向的转变为奥氏体的现象，可以观察到未转变的未再结晶铁素体。在加热和保温的过程中可以观察到上述反向转变的现象，如图 5 - 137 所示[109]。因此，很有必要定量铁素体的再结晶量和相变量，因为这些未再结晶铁素体可能决定了钢板临界区退火的最终力学性能。

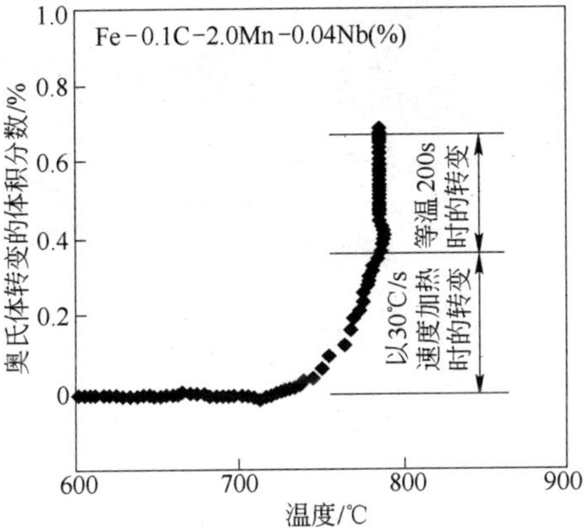

图 5 - 137 Fe-0.1C-2.0Mn-0.04Nb 钢加热到 780℃恒温保温 200 s 时的反向转变行为

5.6.4.5 TRIP 钢的成形性能

通过连续退火也可以生产高级别的冷轧 TRIP 钢。图 5 - 138 表示590 MPa 级冷轧 TRIP 钢(A)具有比相同强度级别的析出强化钢(P)和双相钢(D)高得多的液压胀形高度值，也比 450 MPa 级的固溶强化钢(S)要好[110]。

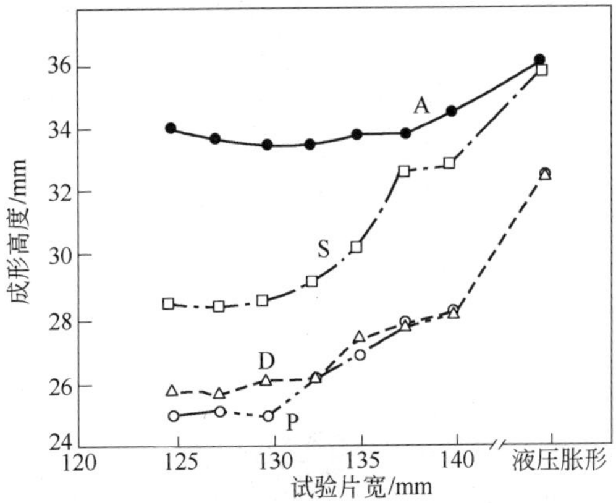

图 5 - 138 冷轧 TRIP 钢与其他冷轧高强钢板的液压胀形性能比较

A—冷轧 TRIP 钢(590 MPa)；P—析出强化钢(590 MPa)；

D—双相钢(590 MPa)；S—固溶强化钢(450 MPa)

对于钢板的成形性能而言,板材的均匀伸长率很重要,板材的均匀伸长率值越高,成形性能越好,成形件的厚度均匀性也越好。图5-139为不同Nb含量的DP钢和TRIP钢中的残余奥氏体含量与均匀伸长率的关系[111]。

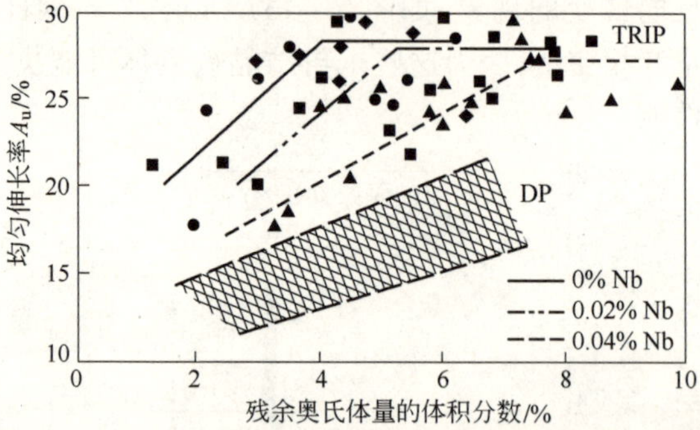

图5-139 在不同Nb含量的DP钢和TRIP钢中的残余奥氏体量的体积分数与均匀伸长率的关系

5.7 TWIP钢

5.7.1 TWIP钢的技术原理、成分和性能特征

TWIP(Twinning Induced Plasticity)钢,又称FeMn钢、高锰钢或现代轻质钢。其成分特点是锰和铝含量高,性能特点是具有高强度和极高延展性(总伸长率大于60%),同时还具有高的能量吸收能力、没有低温脆性转变温度,是一种集高强度、高塑性和高应变硬化性能于一体的理想的汽车用安全、减重、节能的结构材料。

图5-140示出了FeMn-TWIP钢、FeMnAl-TWIP钢、其他轻质钢(FeAl,FeAlCr

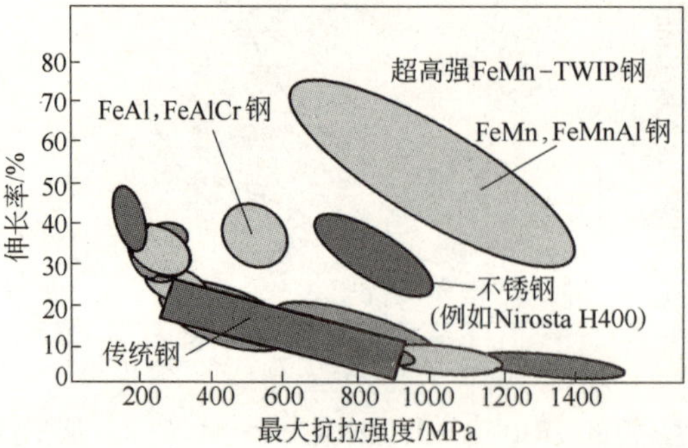

图5-140 FeMn-TWIP钢及传统钢的力学性能

钢)及传统钢的力学性能特点[112]。

FeMn 钢或高 Mn 钢的原型是 R. Hadfield 先生于 1880 年最早提出的,称为 X120Mn12 钢或 Hadfield 钢。经过一百多年来的发展,形成的成分种类很多,主要有:Fe-Mn-C 钢、Fe-Mn-C-Al 钢及 Fe-Mn-C-Al-Si 钢。表 5 - 46 为 FeMn-TWIP 钢、TRIP 钢及 FeAl 钢的发展过程及其主要力学性能[112]。

表 5 - 46 FeMn-TWIP 钢、TRIP 钢和 FeAl 钢的发展过程及其主要力学性能

钢　种	屈服强度 $R_{P0.2}$/MPa	最大抗拉强度/MPa	伸长率/%
X120Mn12 Hadfield 钢	380	1000	45
HT700T 残余奥氏钢 (传统的 TRIP 钢)	450	700	25
Fe-15Mn-3Al-3Si-0. 02C (现代 TRIP 钢)	350	1050	35
Fe-25Mn-3Al-3Si-0. 03C TWIP 钢(第一代)	260	650	80
Fe-23Mn0. 6C TWIP 钢(第二代)	450	1000	60
Fe-26Mn-11Al-1. 1C FeMnAl 钢	700	850	65
Fe-6Al-0. 05Ti-0. 05Nb-0. 002B FeAl 钢	330	550	35

如果钢中的锰含量增加很多,比如达到了 25%,那么该钢种的延伸性会更高,总伸长率最高可达 80%(见表 5 - 46),钢的塑性机制也发生了变化,出现孪晶诱导塑性现象,即 TWIP 效应。在这种情况下,钢中的锰含量大约为 25%,铝和硅含量为 3%,这种钢称为第一代 TWIP 钢。第一代 TWIP 钢的主要不足是在焊接(RSW、激光、MAG) 和防腐性能上。FeMn 钢的进一步开发(第二代 TWIP 钢)中略掉了合金元素铝和硅。第二代 TWIP 钢(例如 Fe-23Mn-0. 6C)的特点是强度非常高(R_m = 1000 MPa),延展性非常好(A = 60%),屈服强度 R_e 为 450 MPa,显著表现出加工硬化(见图 5 - 141)。但第二代 TWIP 钢内出现了以前奥氏体钢和高强度钢里观察到的两大问题,即延迟断裂(见图 5 - 142)和一定程度的切口敏感性(见图 5 - 143)[112]。

由于锰含量高,TWIP 钢的面心立方单位晶格显著膨胀,因此促进了氧的溶解和吸收。测量结果显示的氢含量大约为 0. 002%,小于 0. 0003% 的为正常值,轧钢和电镀过程中氢被吸收。镀锌之前,热处理退火能降低钢中的氢含量。这种情况下不能再继续电镀,否则会破坏镀层。应用中主要是延迟断裂问题,这时要求表面电镀锌[112]。

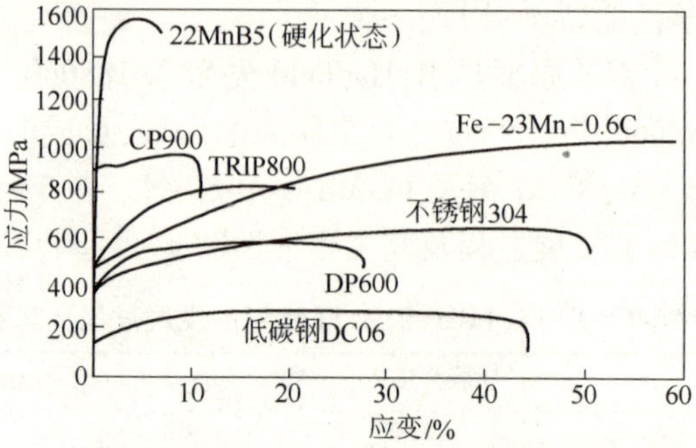

图 5 - 141　FeMn 钢与传统汽车钢的比较

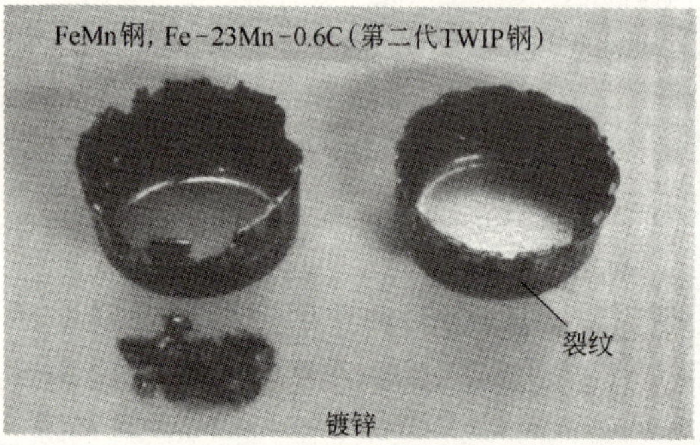

图 5 - 142　FeMn 钢内出现的延迟断裂(第二代 TWIP 钢)

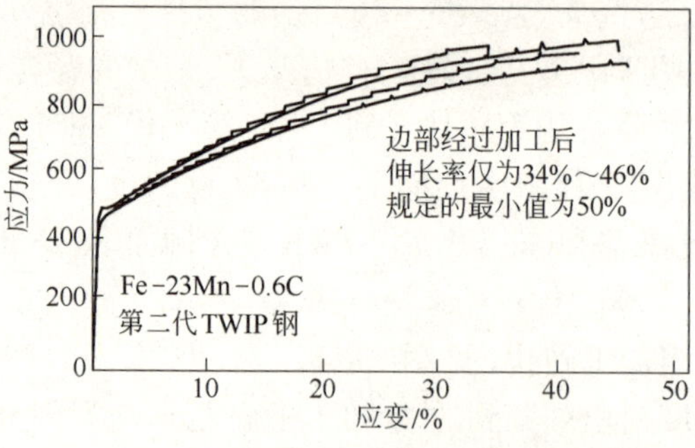

图 5 - 143　FeMn-TWIP 钢边部质量对伸长率的影响

一般来说,钢的切口敏感性随强度的提高而增强,这个问题在第二代 TWIP 钢中普遍存在(见图 5 - 143)[112]。这些 FeMn 钢的裂纹处看不到任何收缩。尤其是高强度钢和超高强度钢,在抗拉测试中,通常根据试样边部的情况确定材料的真实性能,测得的裂纹处的伸长率为 60%,由此可分析出实际生产中切边对部件边部质量的影响情况。图 5 - 143 示出了边部经过机械加工的同类钢的拉伸情况。裂纹处的伸长率为 35% ~45%，厂家规定的最低值为 50%。对不同的边部质量进行抗拉测试（例如冲压成形、激光切割等），以确定部件设计的合理值。

目前，钢厂和研究机构正研制新的（第三代）TWIP 钢。据说，第三代 TWIP 钢中的氢含量大大降低，钢中剩余的氢通过所谓的“捕获器”（由碳化物组成）来限定。目前，人们围绕着第三代 TWIP 钢的成分来考虑，尽管碳含量可能会稍高一些，但仍会达到较高的强度[112]。有的研究得到 TWIP 钢（Fe-15Mn-3Si-3Al 和 Fe-20Mn-3Si-3Al）在室温下具有 30% ~60% 总伸长率和 830 ~ 1075 MPa 抗拉强度，对 TWIP 钢（Fe-25Mn-3Si-3Al 和 Fe-30Mn-3Si-3Al）在室温下具有 70% ~82% 总伸长率和 637 ~650 MPa 抗拉强度[113]。

表 5 – 47 为 FeMn-TWIP 1000 钢与传统微合金钢、DP 钢及 TRIP 钢典型力学性能的对比。FeMn-TWIP 1000 钢有着卓越的抗拉强度，延展性优异，特别是其拥有其他钢种无法比拟的均匀伸长率。除强度外，还具有高应变硬化能力。图 5 – 144 为真应变 – 应力的本构方程曲线。图 5 – 145 为加工硬化指数 n 对应于真应变的演变曲线[114]。

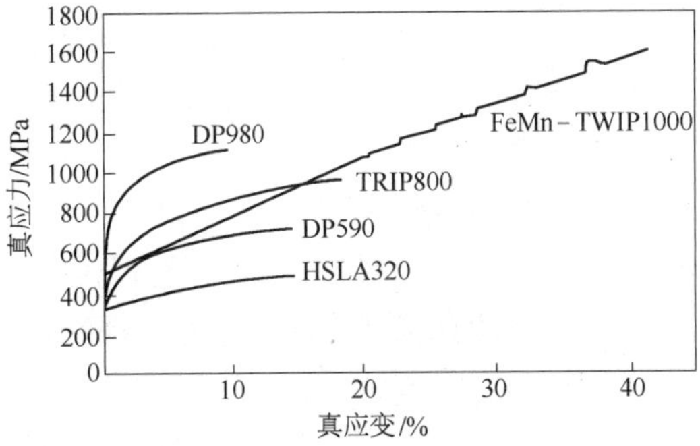

图 5 – 144　真应变 – 真应力曲线（直至缩颈）

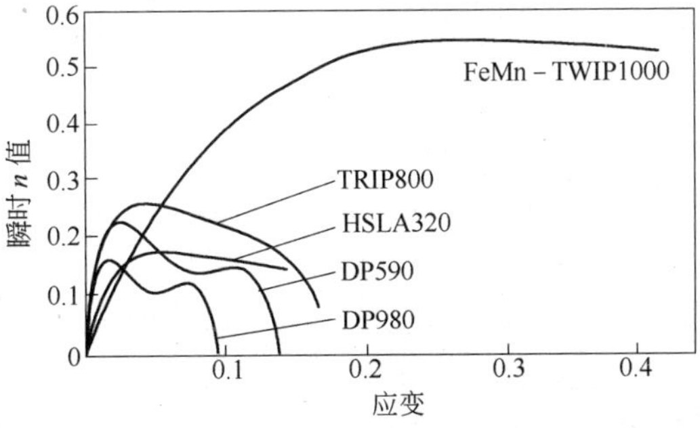

图 5 – 145　n 值演变曲线

表 5-47　FeMn-TWIP 1000 钢(横向)的典型抗拉性能

钢　种	R_e/MPa	YPE/%	R_m/MPa	$A_{均}$/%	$A_{总}$/%	$n(4\% \sim >A_g)$
HSLA 320	342	1.5	428	16	24	0.169
DP 590	342		629	16	26	0.152
TRIP 800	478	0.1	825	21	27	0.216
DP 980	644		1009	10	15	0.112
FeMn-TWIP 1000	496		1102	52	52	0.415

DP 钢和 TRIP 钢的 n 值在应变初始阶段较大，由于残余奥氏体在应变诱导下发生转变，TRIP 钢在加载过程中一直保持较高的 n 值。FeMn-TWIP 1000 钢应变达到 0.25 时，其 n 值不再增大，之后一直保持 0.55 高硬化率，其他钢种则开始产生缩颈。n 值高且均匀的特点使 FeMn-TWIP 钢可以承受局部应变峰值并具有良好的应变分布(抗缩颈)[114]。

5.7.2　TWIP 钢的组织和变形机理

FeMn-TWIP 钢优异的力学性能主要归功于以下两大基本特征[114]：

(1) 在所有温度条件下均为纯奥氏体组织；

(2) 孪晶是主要变形机理。

与 TRIP 钢或复相钢一样，FeMn-TWIP 钢的显微组织可能还包含一些残余奥氏体组织。奥氏体组织将强度和延展性集于一身，但需要添加合金元素或者采用复杂的热力学加工方法才能在室温下部分或完全稳定。

通过控制 Mn(1.7% ~24%)和 C(0.5% ~0.7%)含量，Arcelor 开发了一种纯奥氏体碳钢。由于 C 在奥氏体中的溶解度比在铁素体中高得多，因此，添加 C 合金成分不仅可以稳定奥氏体组织，也能利用固溶强化增强基体。

FeMn-TWIP 钢的另一重要特点是塑性变形模式。FeMn-TWIP 钢塑性变形的基本机理是位错滑移。此外，方向合适的晶面形成孪晶也会引起塑性变形，见图 5-146[114]。与晶界一样，孪晶界也会阻碍位错滑移。发生应变时，孪晶界密度增大。由于显微组织细化，瞬时硬化率 n 则能保持较高水平(>0.45)，以使缩颈推迟到应变更大时才产生，这就是孪晶诱导塑性的机理。

TWIP 的效果易受化学组成、显微组织及温度的影响。需要确定钢种的合理化学含量范围及热机械过程，以充分发挥 TWIP 效应优势，一旦超出这一范围，TWIP 效果将受到影响，这将引起塑性变形(TRIP 效应)，部分或完全由于位错滑移或马氏体转变而形成。两种塑性变形效果均次于孪晶。孪晶是一种连续强化效应。在这两种变形机理中，位错滑移会影响硬化率水平，使钢材强度受到影响。当所有残余奥氏体转变为马氏体，即 TRIP 效应消失时，钢材的延伸率无法达到孪晶水平[114]。

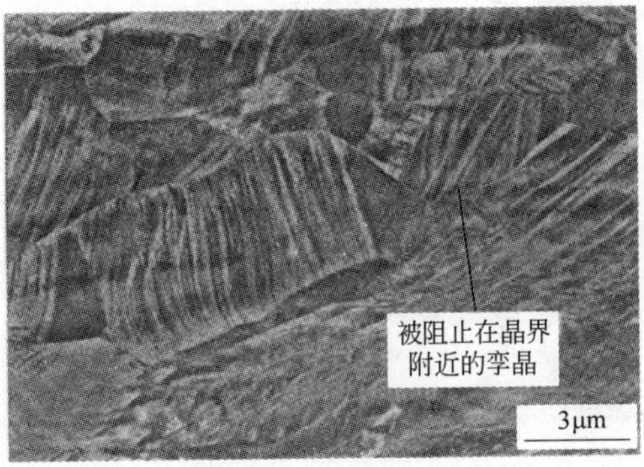

图 5－146　应变后在 FeMn-TWIP 钢上观察到的孪晶

关于 TWIP 钢在变形过程中的微观变形机制，S. Allain、Chen 等通过分析不同应变程度下 TWIP 钢的微观组织观测，建立了应变诱导孪晶（SIT）过程模型，以及孪晶－位错滑移关系模型，由此描述孪晶长度、数量、间距与应力之间的定量关系[115,116]。

最近，梁高飞等利用装配拉伸台的共焦激光扫描显微镜（CS-LM），选择不同的应变速率对一种典型的 TWIP 钢实施室温变形，进行了原位观察 SIT 过程。所观测的 TWIP 钢化学成分为：0.007% C，32.26% Mn，3.03% Al，3.0% Si，Fe 余量。根据其观测所得结果如下[117]：

（1）在变形速度为 0.1 mm/min，应变 4.1% 左右时，TWIP 钢部分奥氏体晶粒表面“浮凸”，出现明显的孪晶痕迹，孪晶萌发于晶界处；随着拉伸不断进行，孪晶尺寸沿整个晶粒逐渐增大，发展至晶界时停止，数量逐渐增多，孪晶层片随应变提高而细化，应变 16% 时，50% 以上晶粒出现诱导孪晶；孪晶萌发于晶界，沿晶粒扩展至晶界（或孪晶界）终止。

（2）变形速度为 1.0 mm/min、10.0 mm/min 时，孪晶出现时应变分别为 3.3%（图 5－147a）、4.2%（图 5－148a）左右，与变形速度 0.1 mm/min 时基本相同，表明 SIT 开始的应变量对应变速率不敏感，即孪晶诱导的“应变阈值”是 TWIP 钢的本征特性。图 5－147 和图 5－148 清晰表征了孪晶随应变量增加而交互穿越的动态过程。

（3）变形速度 10 mm/min 时裂纹萌生的观察结果表明（见图 5－149），因拉伸扩展所致，晶粒尺寸明显加大，裂纹大都在晶界处萌生，同时部分孪晶也发生断裂，即裂纹可以沿晶界和孪晶界同时扩展。

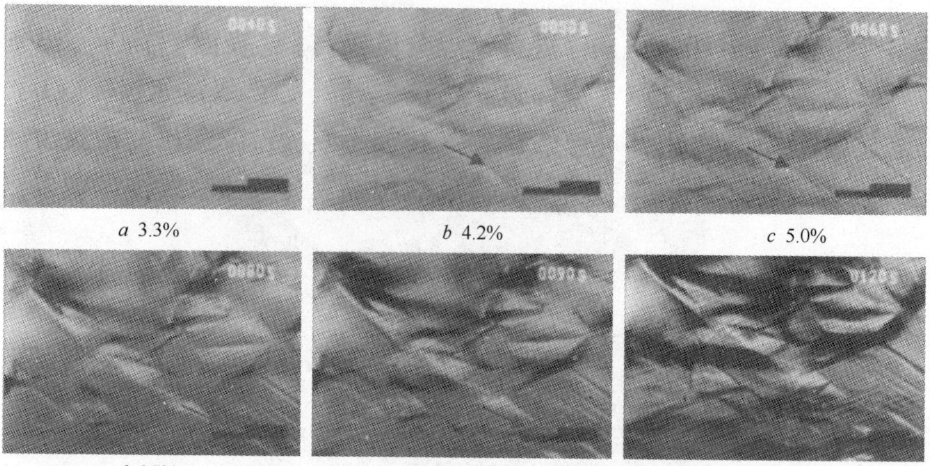

a 3.3%　b 4.2%　c 5.0%　d 6.7%　e 7.5%　f 10%

图 5 - 147　变形速度为 1.0 mm/min 时 TWIP 钢孪晶发展的原位观察

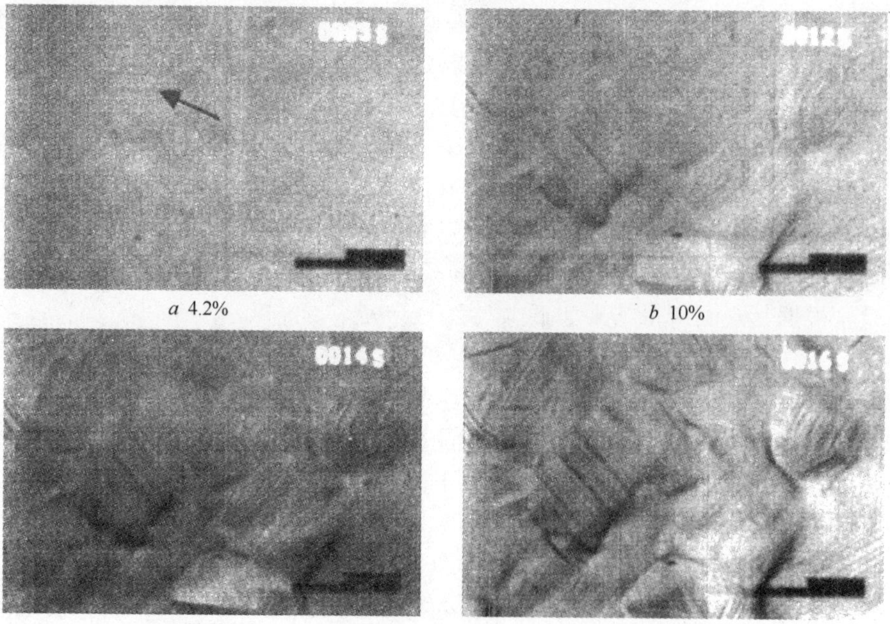

a 4.2%　b 10%　c 11.7%　d 13.3%

图 5 - 148　变形速度为 10.0 mm/min 时 TWIP 钢孪晶发展的原位观察

(4) 孪晶可以交互穿越，在低变形速度下，先形成初生孪晶，而后出现次生孪晶与前者交错，在高变形速度下两个体系的孪晶同时形成。

由于 TWIP 钢的特殊组织和变形行为，因而也表现出特殊的宏观应变硬化行为。熊容刚等对 FeMn-TWIP 钢的拉伸应变硬化行为进行了实验研究，其所采用的5种TWIP钢试验钢的化学成分、通过X射线衍射法测定的原始组织含量(体积分数)以及拉伸试验得到的最大真应力和最大真应变见表5-48[118]。从表5-48中可以看出,随着Mn含量的增加,奥氏体所占的体积分数越来越大,3、4和5号钢全为奥氏体组织。

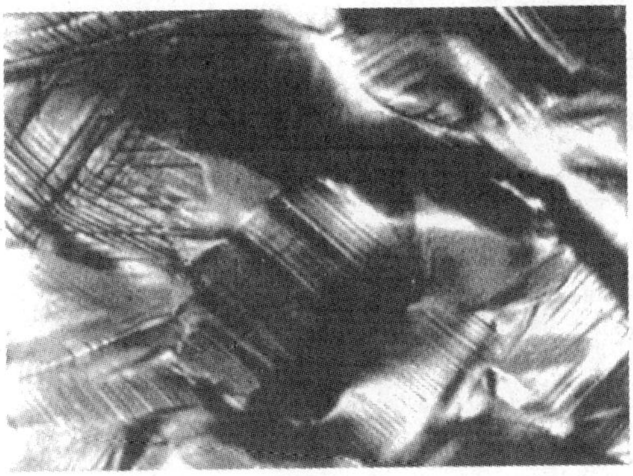

图5-149 变形速度为10.0 mm/min时TWIP钢孪晶界裂纹扩展

表5-48 TWIP钢试验用钢的化学成分、组织含量、最大真应力和最大真应变

试验钢	化学成分(质量分数)/%				组织含量/%		最大真应力和最大真应变	
	C	Mn	Al	Si	奥氏体	铁素体+马氏体	最大真应力/MPa	最大真应变
1	0.0067	14.30	2.29	2.60	52.8	47.2	1296	0.20
2	0.0067	18.84	2.31	2.65	88.0	12.0	1308	0.53
3	0.0053	25.41	2.28	2.55	98.4	无	1248	0.63
4	0.0076	28.06	2.25	2.55	98.5	无	1127	0.60
5	0.0240	32.32	3.79	2.30	96.2	无	1053	0.56

从图5-150和表5-48可见,随着Mn含量的增加,5种钢的最大真应力和

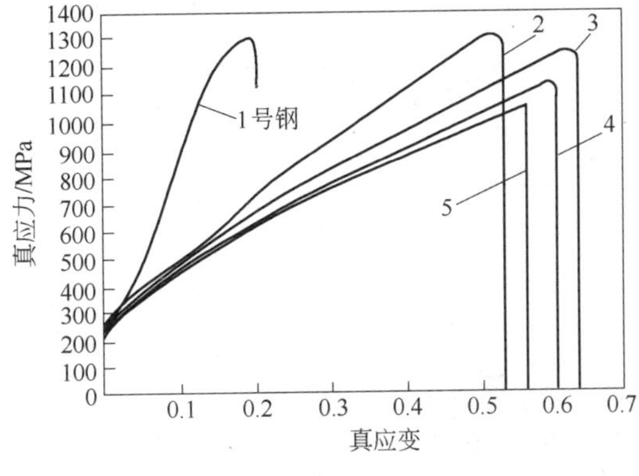

图5-150 5组TWIP试验钢的真应力-真应变曲线比较[118]

最大真应变呈先升后降的趋势。同时,随着应变量的增大,1 号钢的强度急剧增加,而2、3、4、5 号钢的强度增加较为平缓,表现出很好的均匀变形能力。

5.7.3　TWIP 钢的应用性能

D Cornette 等较系统地研究了 FeMn-TWIP 1000 钢的成形性能、抗撞击性能、点焊性能、疲劳性能以及 FeMn-TWIP 安全钢的产品设计方案。

5.7.3.1　成形性能[114]

在半球形胀形试验中,就 FeMn-TWIP 1000 钢的性能与其他钢种(HSLA 320、DP 590、TRIP 800 和 DP 980)作了对比,并测定了失效高度。图 5－151 说明 FeMn-TWIP 1000 钢较其他抗拉强度较低钢种有着更优良的拉伸成形性能。FeMn-TWIP 1000 钢的极限拱顶高为 DP 980 钢的两倍。其良好的拉深成形性能与极高的抗拉强度源于其优异的应变硬化性能。由于其良好的冲压成形应变分布,这种优异的应变硬化性能可以避免局部变形过度。这些特点使 FeMn-TWIP 1000 钢适于成形要求很高的冲压件。

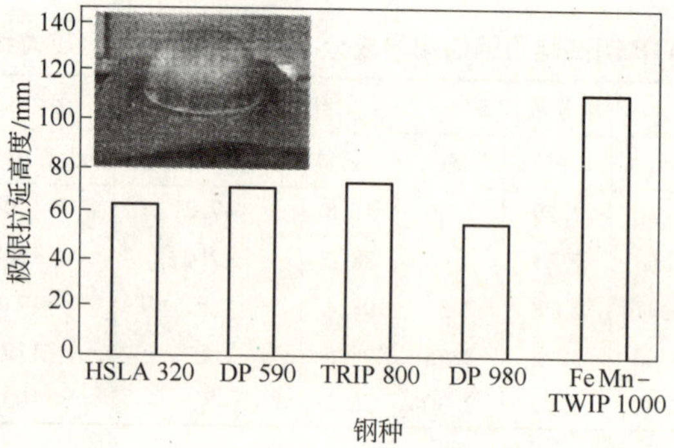

图 5－151　坯料尺寸相同的各钢种在直径 200 mm 半球形拉深试验中两种坯料尺寸拉延高度的对比

十字工具试验也证实了这一结论。试验中,凸缘材料拉深时可以轻松流入侧板,且侧板材料能承受沿高度方向的塑性变形。该试验包含几种变形模式,如单向拉伸、平面应变及半球形胀形。同时,对两种坯料尺寸的拉延高度进行了对比。图 5－152 为较差一组的试验结果,即坯料较大的情况。如图 5－152 所示,FeMn-TWIP 1000 钢坯料尺寸范围(对等于压边力)较大,且拥有较高的极限拉深比。其抗拉强度与 DP 980 及 TRIP 800 钢相近,但拉伸性能却比其他所有钢种好得多。坯料尺寸较小时,FeMn-TWIP 1000 钢的极限拉延高度与 HSLA 320 或 DP 590 大致相等;坯料尺寸较大时,前者的极限拉延高度大于后者。

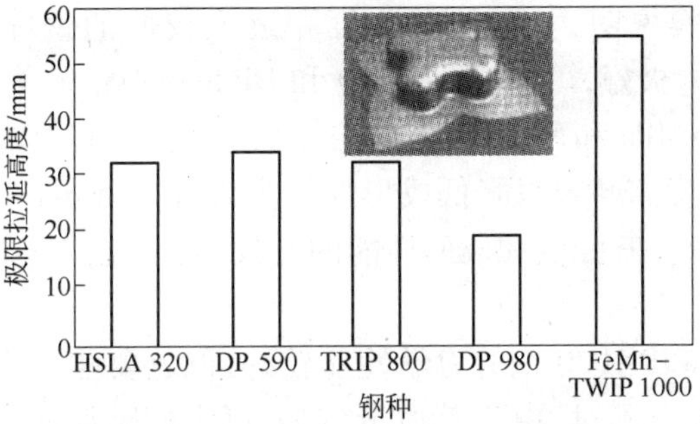

图 5－152 各钢种在十字工具试验中的极限拉延高度

表 5－49 为各钢种轧制方向弯曲性能的试验结果。FeMn-TWIP 1000 钢的抗拉强度与 DP 980 及 TRIP 800 钢相近，弯曲性能显现其优势。FeMn-TWIP 1000 钢的弯曲性能与 HSLA 320 及 DP 590 钢相当，这使 FeMn-TWIP 1000 钢适用于冲压要求高的部件或弯曲成形工艺。

表 5－49 各钢种轧制方向弯曲性能的试验结果

钢　种			
	0T	0.5T	1T
HSLA 320	良好		
DP 590	良好		
TRIP 800	裂纹	良好	
DP 980	失效	裂纹	良好
FeMn-TWIP 1000	良好		

图 5－153 为各材料的最大扩孔率。对穿透孔进行冲孔直径为 10 mm 的扩孔试验。与 HSLA 320 和 DP 590 钢相比，FeMn-TWIP 1000 钢的扩孔性能较差，因为其强度很高。与 DP 和 TRIP 钢一样，FeMn-TWIP 1000 钢满足结构件的扩孔高度低于传统钢材。而且，与 DP 钢和 TRIP 钢一样，FeMn-TWIP 1000 钢也对边缘拉伸非常敏感。

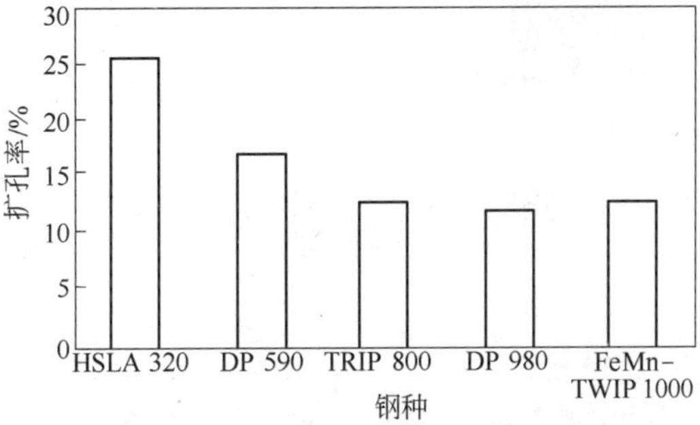

图 5－153 各钢种最大扩孔率

以上成形试验说明，与其抗拉强度相近或较低的钢种相比，FeMn-TWIP 1000 钢的成形能力极好，可与 HSLA 320 和 DP 590 钢相媲美，屈服强度和抗拉强度分别高出 150 MPa 和 500 MPa。均匀伸长率至少是其他钢种的 2 倍。在此，值得注意的是，强度高并未以降低成形性能为代价，FeMn-TWIP 1000 钢可以满足很高的成形要求。其强度和成形性能的有效结合，能使其适用于各种结构及车体安全部件。

尽管 FeMn-TWIP 1000 钢的力学性能较好，但也要注意由此引起的冲压力及工具磨损的增大。不过，由于其质量较轻，可大幅降低冲压力。至于工具磨损，则可通过热处理或涂层（如 TiN）的方法加以缓解。

此外，还需考虑强度高引起回弹倾向增大的现象，可采用一些常见的成形方法（如减小模具圆角半径和模具间隙、提高 U 型钢压边力、过弯曲、圆角半径校形、反拉伸等）有效抑制回弹。正因为 TWIP 钢有着良好的成形性能，可在非功能区设置用 FeMn-TWIP 1000 钢制成的加强筋，以提高其开口件刚性。

5.7.3.2 抗撞击性能[114]

在点焊帽形结构件上进行的轴向压力试验及开口截向结构件上的 3 点弯曲试验说明，FeMn-TWIP 1000 钢有着很好的抗撞击性能，见图 5－154 和图 5－155。图5－156 示出两种撞击试验用试样尺寸。轴向压力试验和 3 点弯曲试验的输入速度分别为 58 km/h 和 29 km/h。

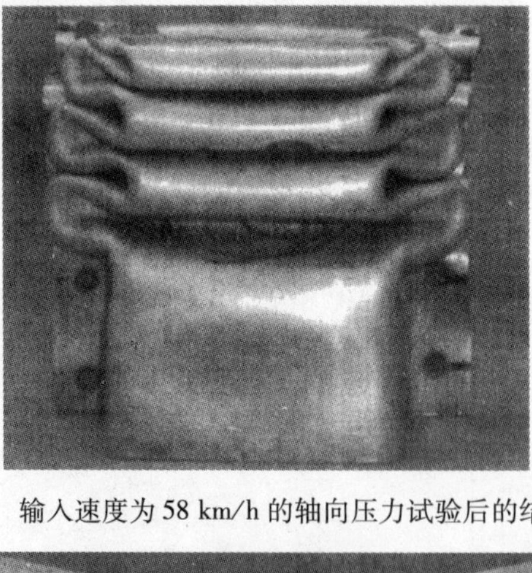

图 5－154 输入速度为 58 km/h 的轴向压力试验后的结构件形状

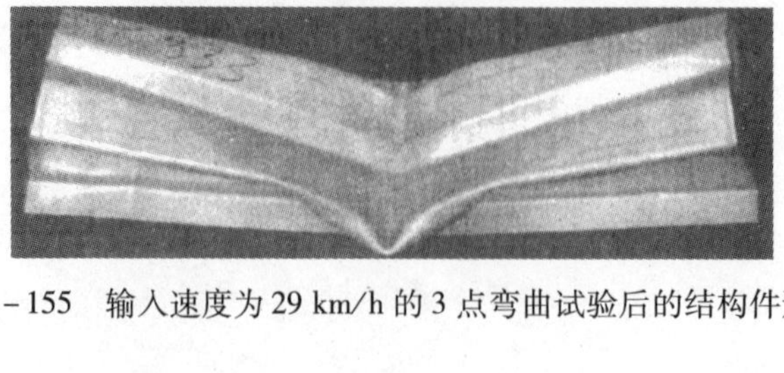

图 5－155 输入速度为 29 km/h 的 3 点弯曲试验后的结构件形状

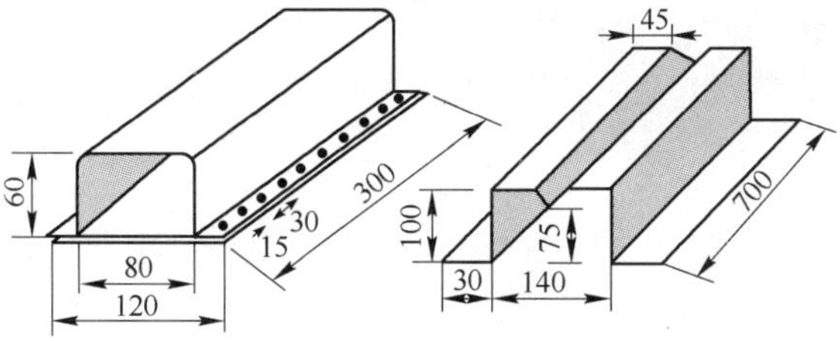

图 5 - 156 轴向压力试验(左)和 3 点弯曲试验(右)用结构件尺寸

图 5 - 157 示出 FeMn-TWIP 1000 与其他钢种(厚度均为 1.5 mm)在压溃距离为 150 mm 的压溃试验中的平均能量吸收量和两种预应变撞击的结果。吸收能量以压溃距离为 150 mm 的平均压溃力表示。为充分挖掘 FeMn-TWIP 钢的减重潜力,在撞击模拟试验中需将加工硬化程度高引起的部件屈服强度提高这一因素考虑在内。图中对 FeMn-TWIP 钢的减重潜力进行量化。预应变 1 对应的单向拉伸初始预应变值为 8%;预应变 2 对应的双轴拉伸压力初始预应变值为 17%。用于易熔件(压缩破坏)时,FeMn-TWIP 1000 钢减重潜力很大,与 DDQ 钢相比,在无预应变条件下减重 27%,在预应变 1 条件下减重 31%,在预应变 2 条件下减重 38%。

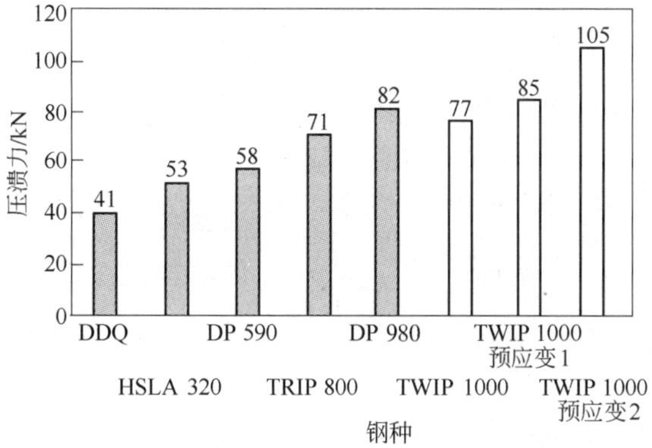

图 5 - 157 压溃距离为 150 mm 的轴向压力试验的平均载荷

图 5 - 158 为 FeMn-TWIP 1000 及其他钢种(厚度均为 1.5 mm)在 3 点弯曲试验中压溃的最大载荷对比。此试验用于验证 FeMn-TWIP 1000 钢在吸收件上的应用。FeMn-TWIP 1000 钢用于加强件(弯曲破坏)时可大幅减重,与 DDQ 钢相比,在无预应变条件下减重 23%,在预应变 1 条件下减重 30%,在预应变条件下减重 38%。如果将新钢种的优异性能与适当的产品设计方案相结合,则能更好地提高其安全性,进一步减轻车重。

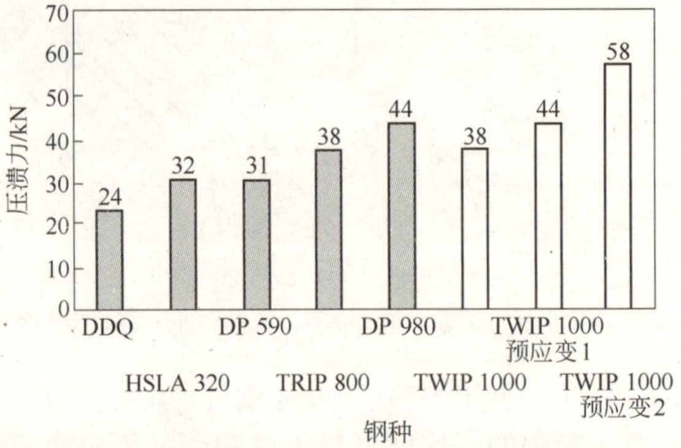

图 5－158　3 点弯曲试验（SAE 180 过滤器）的最大载荷对比

5.7.3.3　点焊性能

研究了厚度为 1.5 mm 的双面电镀锌 FeMn-TWIP 1000 钢的均质接缝，以测试其点焊性能。图 5－159 示出 FeMn-TWIP 1000 的 3 种焊接形态及其余钢种的焊接电流调整范围。在切边拉伸试验中，提高电极压力可显著增加焊接凸角，而在横向拉伸试验中，凸角则保持不变[114]。直流（DC）电焊时，FeMn-TWIP 1000 钢的焊接电流调整范围进一步扩大。构形 1 与其他钢种的焊接电流调整范围不重合。对于非均质焊缝来说，需将这一因素考虑在内。

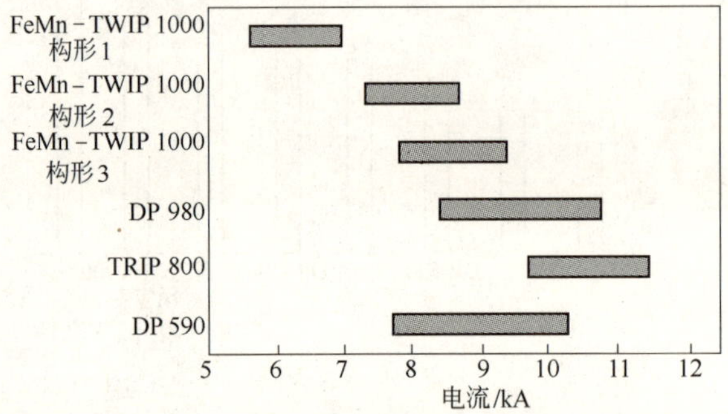

图 5－159　FeMn-TWIP 1000 及其余钢种的焊接电流调整范围（CTT）

如图 5－160 所示，FeMn-TWIP 1000 钢的点焊缝横向拉伸试验也取得了满意的结果。

5.7.3.4　疲劳性能

文献[114]对 FeMn-TWIP 1000 钢的疲劳性能进行了详细研究。图 5－161 为参照德国钢铁协会 VDEh 标准进行的应变控制试验结果。试样应力强度因子 $K_T=1$，疲劳载荷应力比为－1。载荷下降 40% 或循环次数超过 100 万转时，停止疲劳试验。

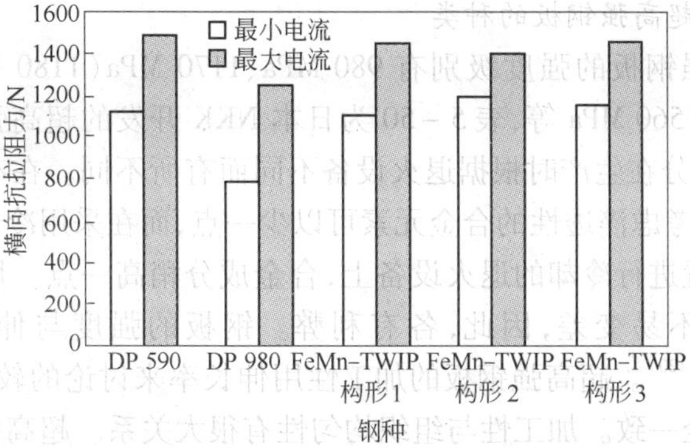

图 5 – 160　点焊缝的横向拉伸试验

FeMn-TWIP 1000 钢的疲劳性能与 TRIP 800 钢相当,甚至优于后者。因为疲劳强度与静态抗拉强度几乎呈线性关系,与变形机理无关。

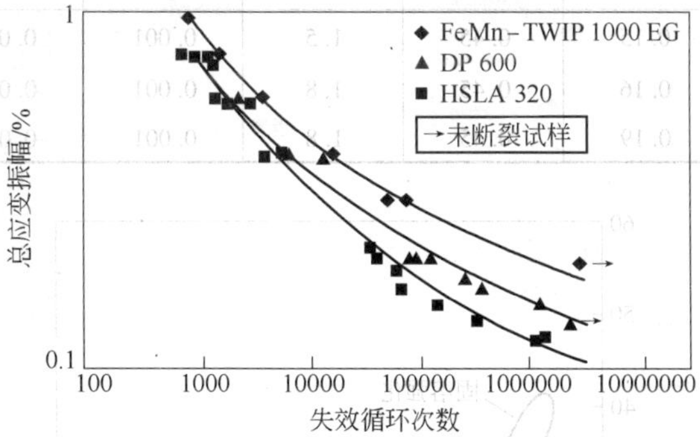

图 5 – 161　FeMn-TWIP 1000 EG 与 HSLA 320 和 DP 600 钢疲劳阻力的对比

5.8　冷轧超高强钢板

5.8.1　加 Si、Mn 冷轧超高强钢板

从考虑地球环境问题的汽车轻型化或从确保乘车人员安全性的观点,在缓冲器件、门内护卫筋板等汽车安全部件上采用拉伸强度 980 MPa 以上的超强度冷轧钢板的情况在逐年增加,尤其是需要量在增加的管线型轻型门内护卫筋板用材更加引人注目[119]。

超高强度钢板的应用上,要求达到一般高强钢板相同的加工性,点焊性和抗疲劳特性等。而在过去的高强钢板中没有考虑的延迟破坏特性也必须给以充分考虑[120]。

5.8.1.1　超高强钢板的种类

目前超高强钢板的强度级别有 980 MPa、1170 MPa(1180 MPa)、1370 MPa(1470 MPa)和 1560 MPa 等,表 5－50 为日本 NKK 开发的超高强钢板的化学成分[119]。化学成分在生产时根据退火设备不同而有所不同。在有水冷装置的连续退火设备上,考虑淬透性的合金元素可以少一点,而在采用冷却速度稍慢一点的气水冷却装置进行冷却的退火设备上,合金成分稍高一点。用气水冷却的优点是钢板形状不易变差,因此,各有利弊。钢板的强度与伸长率的关系如图 5－162 所示[120]。超高强钢板的加工性用伸长率来讨论的较多,但伸长率与加工性并不完全一致。加工性与组织均匀性有很大关系。超高强钢板的 *r* 值比一般软钢板要低很多,约在 1.0 左右,但加工性好的材料通过多步成形,极限拉延比(*LDR*)可达 2.0,有可能进行充分的加工。

表 5－50　980～1560 MPa 超高强钢板的化学成分(质量分数)　　(%)

强度级别/MPa	C	Si	Mn	S	Nb	Ceq
980、1170	0.15	0.45	1.5	0.001	0.015	0.42
1370	0.16	0.45	1.8	0.001	0.015	0.48
1560	0.19	0.45	1.8	0.001	0.015	0.51

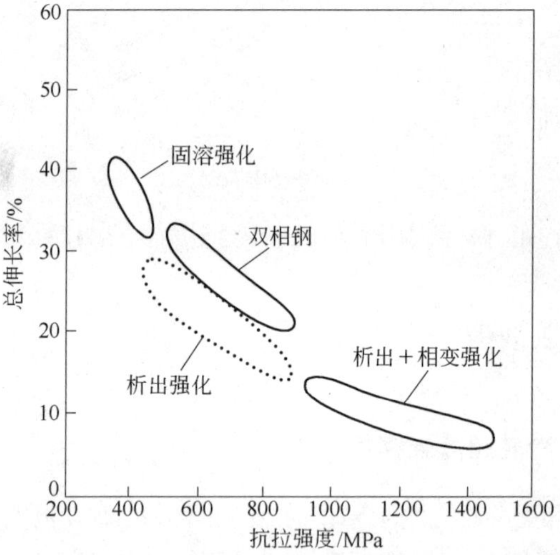

图 5－162　钢板的抗拉强度与总伸长率的关系

5.8.1.2　超高强钢板的弯曲特性

超高强钢板在加工方式上主要用以弯曲加工为主的部件,成形件断面多为帽子形状。图 5－163*a* 表示强度 1000 MPa 级的超高强钢板的成形高度与总伸长率的关系,图 5－163*b* 表示弯曲特性[120]。由图 5－162 可见,超高强钢板的成形性能,弯曲特性与总伸长率有良好的对应性。因此,可以说超高强钢板的成形性主要是可用弯曲特性评价的局部塑性。而组织均匀性对弯曲特性有直接影响。山崎一正等[120]通过改变热轧冷却速度、后热处理及退火条件等工艺参数,研究了均匀组织、层状不均匀组织及岛状组织对弯曲特性的影响。结果表明,组织越均匀,最小弯曲半径越小。表5-51为日本NKK开发的超高强钢板的力学性能(成分见表5-50)[119]。

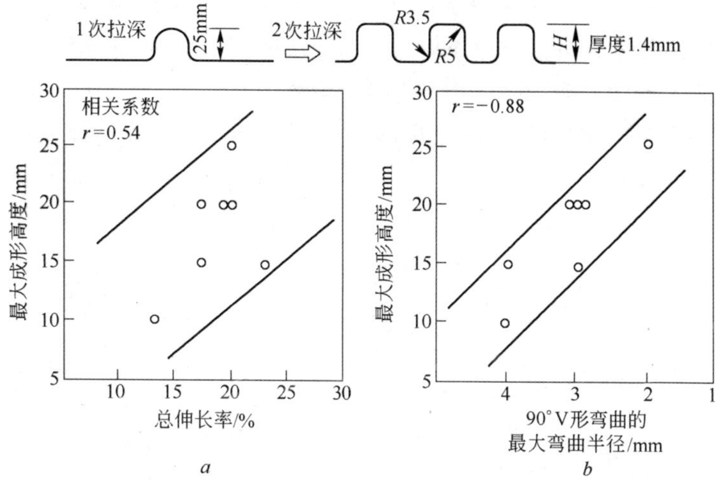

图5-163 超高强钢板(1000 MPa)总伸长率和弯曲特性与U形成形高度的关系
(总伸长率实验数据为50 mm,V形弯曲为变化冲头顶角半径,
V形弯曲成90°时不发生破裂的最小半径)
a—成形高度与总伸长率;b—成形高度与弯曲特性

表5-51 超高强钢板的力学性能

强度级别/MPa	力学性能			
	R_e/MPa	R_m/MPa	A/%	最小弯曲半径/mm
980	745	1039	14.8	2
1170	1009	1235	9.6	4
1370	1225	1411	8.0	5
1560	1284	1627	7.5	6

5.8.1.3 超高强度钢板的延迟破坏特性

超高强度冷轧钢板的强度超过1000 MPa以上时,很容易发生所谓"放置破裂"。延迟破坏是成形后完整的成形件经过一段时间之后发生的破裂现象。这对奥氏体系不锈钢是众所周知的,而在冷轧铁素体为主的碳钢中却是从来没有见过的现象。

研究结果表明，超高强度钢板的延迟破坏特性与成形前钢板中的残余奥氏体量（γ_R）有关。残余奥氏体量多，延迟破坏发生的程度也大[120]。对残余奥氏体量多的材料，在圆筒深冲加工中产生压缩变形的法兰发生开裂，这是由于加工诱导相变产生体积膨胀而形成内部应力导致开裂。即使在残余奥氏体量较少、加工成形时达不到开裂的程度，在邻近相的边界也会形成许多缺陷。在这种情况下，氢原子容易聚集形成分子而诱发延迟破坏。

另外，材料的成分和回火温度对延迟破坏也有重要影响。对碳当量为0.39～0.65的钢在100～400℃回火，将拉伸强度调整到1370 MPa的样品，经四点弯曲在氢离子法中的破裂时间如图5－164所示[119]。可见成形前钢板的耐延迟破坏特性即使强度级别基本相同，而碳当量高且在高温下回火的材料性能差。

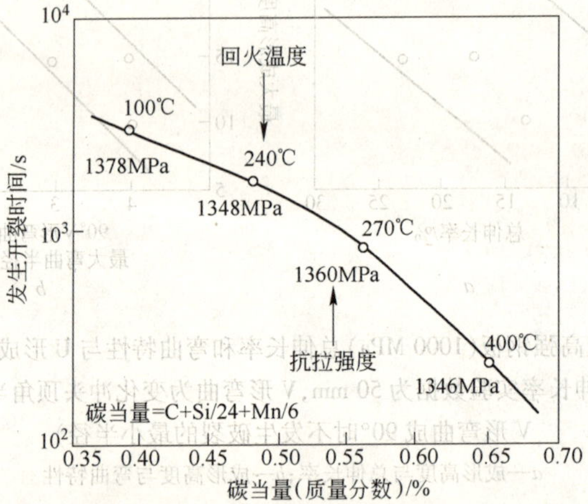

图5－164　碳当量和回火温度对超高强钢板延迟破坏时间的影响

图5－165表示退火温度对延迟破坏特性的影响，图5－166为冷却速度对延迟破坏特性的影响[120]。由图5－165可见，随退火温度的提高（由760～900℃），钢中残余奥氏体量下降，延迟破坏的裂纹长度减小，而拉伸强度略有下降。由图5－166看出，随冷却速度增加，钢中残余奥氏体量下降，拉伸强度上升，而延迟破坏程度下降。

5.8.1.4　980 MPa级冷轧超高强钢的显微组织对拉伸翻边成形性能的影响[121]

超高强钢在汽车上也应用于较复杂部件的冲压，如座位架或B立柱等。为了完成汽车零配件生产中的冲压成形工序，要求超高强钢具有更好的成形性。钢板成形性分为四种基本模式：深冲能力、胀形能力、拉伸翻边能力和弯曲能力。其中，拉伸翻边性能是影响零配件实际成形时钢板断裂抗力的一个关键性能。

Nishimoto 等发现，在 600 MPa 级 DP 钢中，扩孔率随回火温度增加而增加。这表明铁素体和马氏体两相的硬度差影响了扩孔时微孔的形成及裂纹的扩张。Shirasawa 等在 1000 MPa 级的钢板中也发现了回火温度对扩孔率的类似影响。为此，长谷川等研究了具有铁素体和马氏体的双相组织或马氏体单相组织的三种 980 MPa 级超高强钢在冲孔及拉伸翻边过程中的微观变形行为，讨论了影响拉伸翻边性能的主要冶金因素[121]。

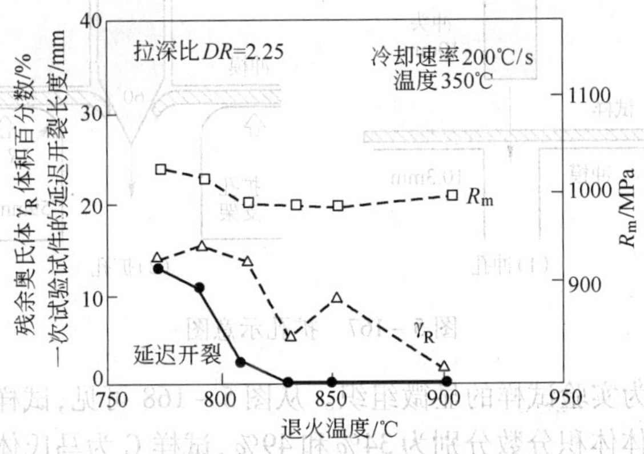

图 5-165 退火温度对延迟破坏特性的影响

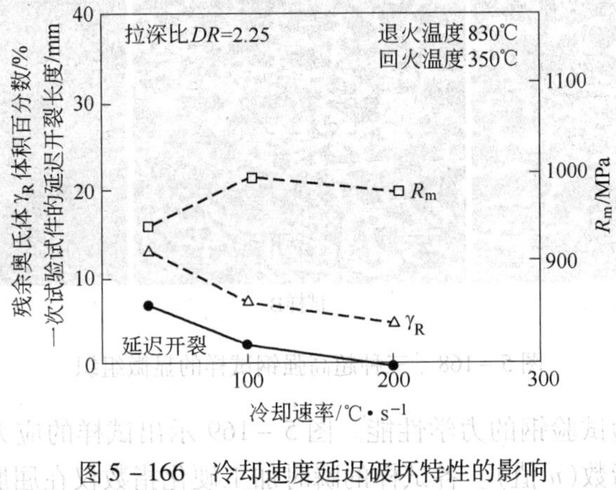

图 5-166 冷却速度延迟破坏特性的影响

长谷川等研究采用由配备了水淬工艺的连续退火线生产的超高强钢。钢的抗拉强度为 980 MPa 级，厚度 1.2 mm，化学成分如表 5-52 所示。采用 ISO/TC164 SC2 标准的扩孔实验来评价其拉伸翻边性能。图 5-167 为扩孔示意图。实验采用 ϕ10 mm 中心孔的 100 mm 方形试样。ϕ10 mm 中心孔被顶角 60°的锥形冲头从剪切表面扩孔直到扩孔边缘出现第一条沿板厚方向的裂纹。冲孔用冲头直径为 10 mm，冲模直径 10.3 mm，冲头与冲模的间隙为试样厚度的 12.5%。

表 5-52 980 MPa 级超高强钢试样的化学成分(质量分数) (%)

试 样	C	Si	Mn	P	S
A	0.118	1.40	1.9	0.02	0.001
B	0.126	1.29	1.9	0.02	0.002
C	0.052	0.02	1.9	0.01	0.002

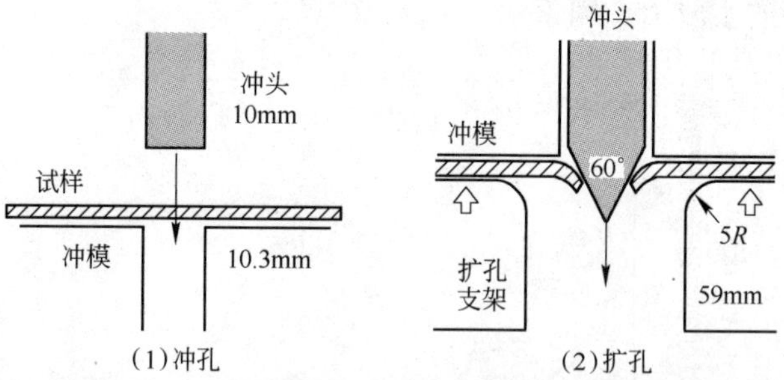

图 5-167 扩孔示意图

图 5-168 为实验试样的显微组织。从图 5-168 可见,试样 A 和试样 B 为双相钢,其马氏体体积分数分别为 34% 和 49%,试样 C 为马氏体单相钢。

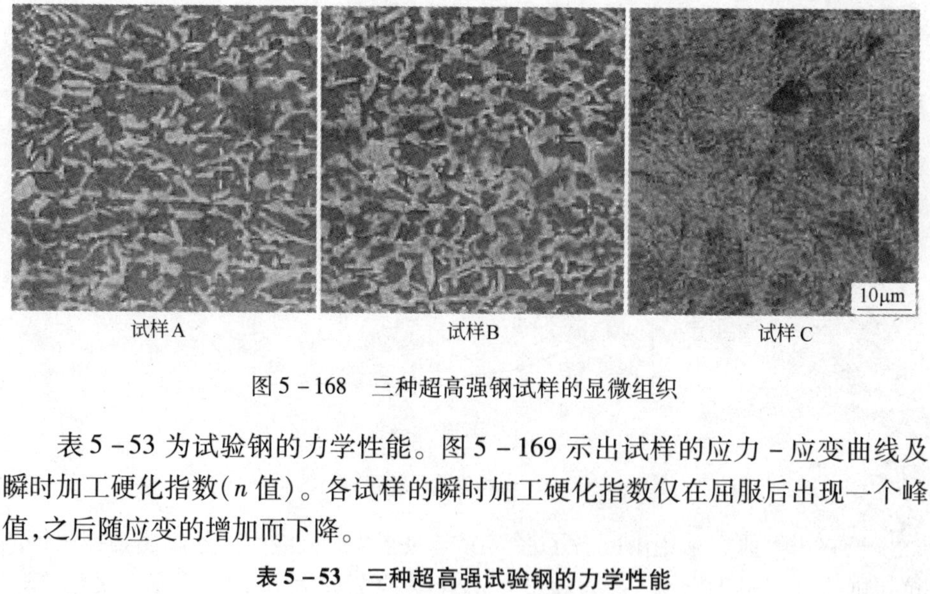

图 5-168 三种超高强钢试样的显微组织

表 5-53 为试验钢的力学性能。图 5-169 示出试样的应力-应变曲线及瞬时加工硬化指数(n 值)。各试样的瞬时加工硬化指数仅在屈服后出现一个峰值,之后随应变的增加而下降。

表 5-53 三种超高强试验钢的力学性能

试 样	R_e/MPa	R_m/MPa	A/%
A	638	1017	19
B	783	1028	15
C	995	1068	5

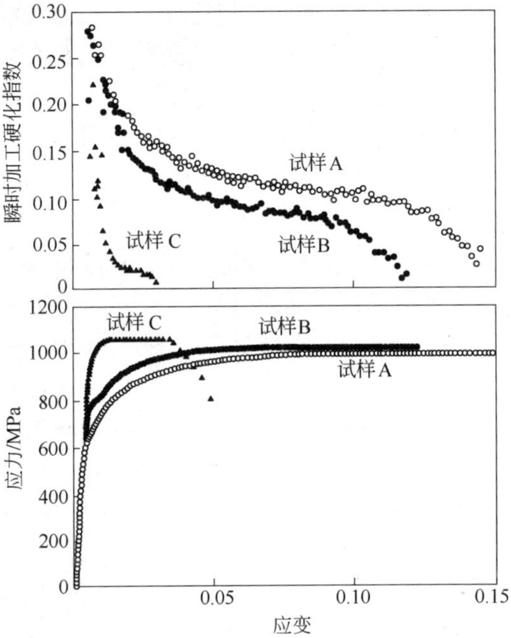

图 5－169 三种超高强钢的应力应变曲线及瞬时加工硬化指数

在三种试验钢中，试样 A 在整个应变区间有着最高 n 值，也有着最高总伸长率及最低屈服点，从力学性能来看，试样 A 最有利于冲压。试样 C 的应力应变曲线具有高屈服点、低 n 值及低总伸长率，这与试样 A 和试样 B 大不相同。

图 5－170 示出各试样扩孔率，按试样 A、B 和 C 的顺序依次增加。就每种钢的试样而言，试样机加工孔的扩孔率大于试样冲孔扩孔率。试样 C 在冲孔及机加工孔后的扩孔率分别为 97% 和 140%，与软钢的扩孔率几乎相同，这被认为是试样 C 的机械铆紧性能高于双相超高强钢的缘故。

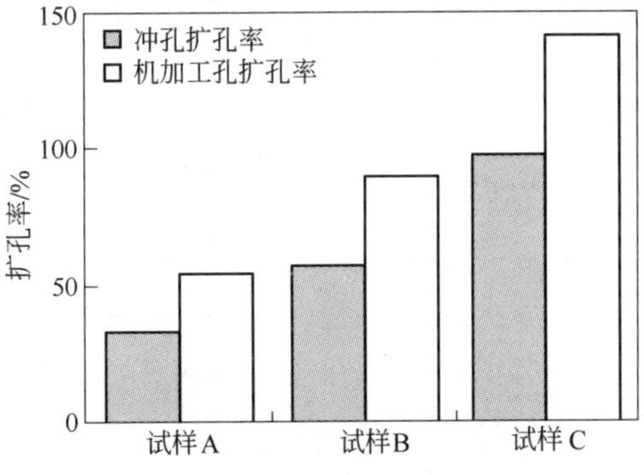

图 5－170 三种超高强钢的扩孔率

扩孔实验之前,孔的边缘会因冲孔而严重变形。因此,冲孔附近的微观变形会影响材料的扩孔率。实验时,首先观察冲孔边的显微组织。从试样 A、B 和 C 孔边截面图观察结果看出,试样剪切面长度按试样 A、B 和 C 的顺序依次增大,并且各试样变形区的微观塑性变形程度也按试样 A、B 和 C 的顺序依次增大。在试样 A 和试样 B 中,发现铁素体与马氏体界面处有微孔存在,在试样 C 中也发现有微孔。

分析认为,在拉伸翻边的实际成形过程中,落料会损伤钢板边部。这种损伤严重影响着拉伸翻边过程中钢板边部的塑性。研究软钢的下料剪切条件对拉伸翻边性能影响的结果表明:剪切变形引起的应变硬化是造成拉伸翻边性能下降的主要因素,而双相高强钢冲孔时形成的微孔则促进了扩孔时的裂纹传播。

图 5 – 171 为试样 A 和试样 B 冲剪到厚度 30% 时的显微组织。在试样 A 中,观察到铁素体和马氏体的交界面有一些微孔,而在相同变形程度下,却未观察到试样 B 有明显的微孔。这说明,微孔更易在试样 A 中产生。由此可见,一个小的冲程能使试样 A 孔边部的微孔因相连而断裂,从而引起剪切面比例差异以及冲孔边较小的塑性变形。在扩孔引起少量变形条件下,冲孔表面出现了深裂纹。在试样 C 中,冲孔表面裂纹几乎不变深,而一些裂纹甚至在扩孔率为 30% 时就已延伸到整个厚度方向。这表明:冲孔表面的深裂纹抗力对改善拉伸翻边性能非常重要。

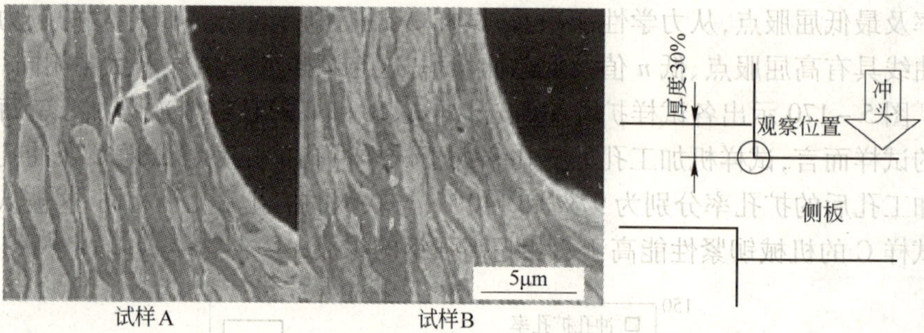

图 5 – 171　试样 A 和试样 B 冲剪到厚度 30% 时的显微组织

此外,考虑到影响深裂纹抗力的因素,扩孔率与孔径有关。其原因是:孔径小时,变形区的应力梯度大,孔边下方低应力区能延迟颈缩的发生。在研究中的塑性流变说明,在冲孔状态下,试样 C 中的应变梯度大于试样 A 和试样 B。冲孔边表面的应变可能促使表面细裂纹的产生,这些裂纹分散了外加应力,延迟了裂纹向深度方向的扩展。因此,可以认为,冲孔产生的应变梯度是马氏体单相钢出现最高扩孔率的因素之一。从试样的显微组织影响裂纹的传播可见,双相钢试样 A 和试样 B 显示了不同的裂纹传播路径。在试样 A 中,在小的扩孔变形条件下,大部分微裂纹沿着相的界面传播,而在试样 B 中,在大的扩孔变形条件下,钢板微裂纹经常穿过铁素体或马氏体传播。由此可见,双相钢中微裂纹传播路径的不同与宏观裂纹的传播相关。微裂纹传播行为可能影响拉伸翻边性能。可以认为,微裂纹传播路径依赖于相界面与基体强度的平衡。假定相界面强度为常数,铁素体和马氏体强度在拉伸翻边成形中起着主导作用。有文献认为,铁素体与马氏体之间的硬度差决定冲孔或扩孔时产生的微孔密度。因此,需要对双相钢中相的硬度差与拉伸翻边性能之间的关系进行研究。

图 5－172 示出回火温度与抗拉强度和扩孔率的关系。抗拉强度随回火温度的上升而下降。由于各种试样钢的生产条件不同,其回火温度与抗拉强度之间的关系也各不相同。通常,扩孔率随回火温度的上升而升高。在 573 K 和 623 K 温度条件下,回火的试样 B 扩孔率低于未经回火的试样,这可能是细谷(Hosoya)提到过的低温回火脆性的原因。

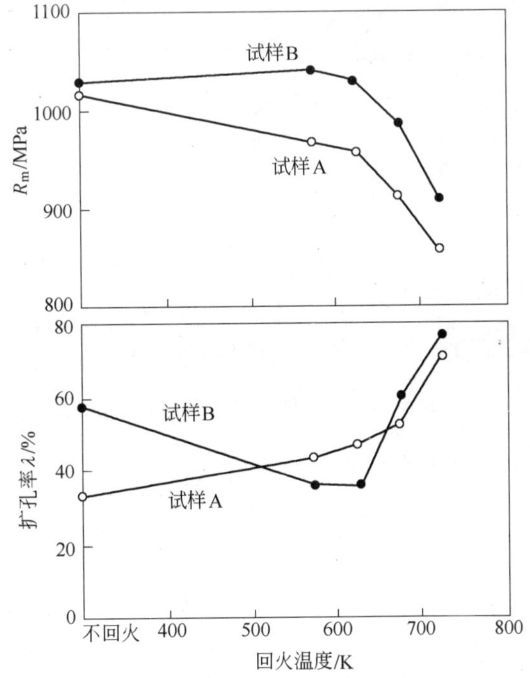

图 5－172 回火温度与抗拉强度和扩孔率的关系

表 5－54 为采用 Thermo-calc 计算的各相化学成分和钢中铁素体和马氏体硬度。随着回火温度的升高,试样 A 和试样 B 的马氏体计算硬度及铁素体与马氏体之间的硬度差有所下降。

表 5－54　采用 Thermo-calc 计算的各相化学成分及铁素体和马氏体的硬度

试样	相	体积分数/%	化学成分(质量分数)/%			各相硬度				
			C	Si	Mn	不回火	573K 回火	623K 回火	673K 回火	723K 回火
钢 A	全部	—	0.118	1.40	1.89	319	303	300	286	267
	铁素体	66	0.0079	1.48	1.28	161	161	161	161	161
	马氏体	34	0.332	1.24	3.08	628	580	570	528	474
钢 B	全部	—	0.126	1.29	1.93	323	327	323	308	283
	铁素体	51	0.0070	1.4	1.21	157	157	157	157	157
	马氏体	49	0.28	1.18	2.68	496	504	497	466	415

图 5－173 示出硬度差与扩孔率之间的关系。除了在 573 K 和 623 K 回火的试样 B(可能受低温回火脆性的影响)外，扩孔率与硬度差有着很好的相关性。

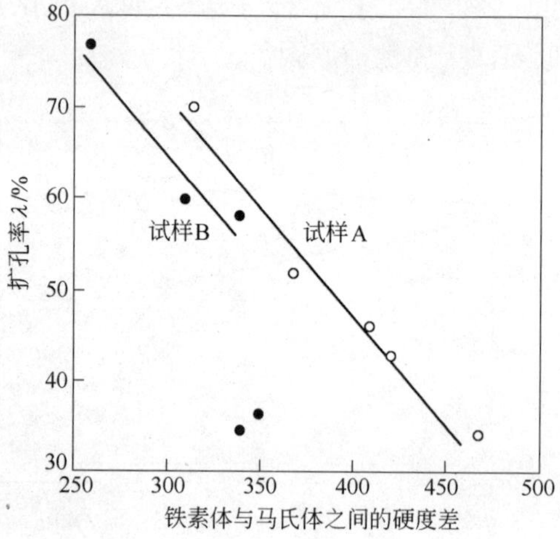

图 5－173　铁素体和马氏体的硬度差与扩孔率之间的关系

由此可见，两相硬度差是决定双相钢拉伸翻边性能的重要因素。值得注意的是，硬度差相同时，试样 A 的扩孔率高于试样 B。这表明：各相硬度差不是决定拉伸翻边性能的唯一因素。试样 A 和试样 B 的化学成分基本相同，只是相的体积分数不同。扩孔时，各相体积分数可能影响每相的变形行为。因此，可以认为，双相钢中的铁素体和马氏体的硬度差以及各相体积分数影响钢板的拉伸翻边性能。

5.8.1.5　高延性 980 MPa 级冷轧钢板的性能[122]

Tamura 等针对 980 MPa 级冷轧超高强钢板的制造工艺、力学性能和 BH 性、成形性及焊接等应用性能进行了较全面的研究。

A　钢的成分、工艺及力学性能

980 MPa 级钢的成分设计见表 5－55。

表 5－55 980 MPa 级钢的成分设计(质量分数) (%)

材 料	C	Si	Mn	P	S	Als	合金元素
980 MPa 级	0.16	1.32	1.97	0.014	0.001	0.0047	添加

钢经热轧、冷轧后采用图 5－174 所示的水淬－连续退火工艺(Continuous Annealing Line:CAL)进行热处理。其中,退火加热温度 T_a 在 α+γ 两相区,为将热轧后冷却生成的渗碳体在短时间内溶解的最低温度;水淬开始温度 T_Q 为将 C 充分浓缩到奥氏体后,经快冷产生马氏体相变,冷速应保证不产生贝氏体相变;回火温度 T_0 为使铁素体充分软化,而马氏体不软化的温度。

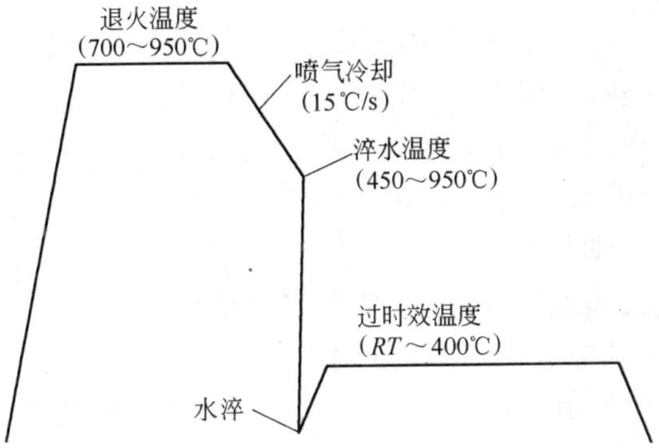

图 5－174 水淬－连续退火工艺示意图

在采用水淬类型的连续退火工艺时,通过温度条件可以自由地控制对双相钢的特征有很大影响的硬质第二相的体积分数和硬度(见图 5－175)。可见,当回火温度超过 200℃以上时,钢中第二相的硬度随温度增加而下降,当温度达到 500℃之后,第二相的硬度同铁素体基本相同。

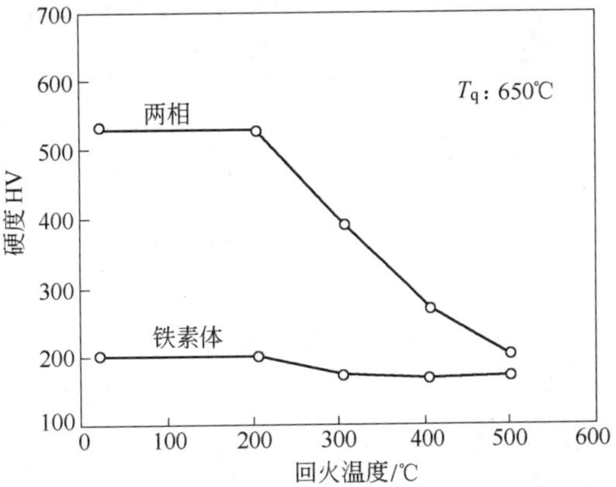

图 5－175 不同回火温度处理后的铁素体和第二相的硬度变化

表 5－56 为 980 MPa 级冷轧钢板的力学性能。

表 5－56　980 MPa 级冷轧钢板的力学性能

力学性能	R_e/MPa	R_m/MPa	A/%	屈强比	λ 值/%	板厚/mm
高延伸型	610	1010	17	0.60	20	1.4
均衡型	690	1030	15	0.67	30	1.4
弯曲型	770	1010	13	0.76	40	1.4

B　应用性能

(1) *BH* 值。通常，冲压成形时屈服点越低，成形件的形状稳定性越好，另一方面，为了提高超高强度钢板用于车体结构部件的抗冲撞安全性，在相同的抗拉强度下，屈服点越高，吸收能量越大。因此，成形加工后通过涂装烤漆处理(热处理条件：170℃ ×20 min)使屈服点上升，*BH* 值对成形件的屈服强度提高有利。

图 5－176 为两种类型的超高强钢的 *BH* 值随预应变量的变化。对于两种类型的超高强钢板，当预应变为 0.5% 时，*BH* 值的最大值均超过 100 MPa，预应变超过 3% 时，高延伸型超高强钢板的 *BH* 值降低到 60 MPa，弯曲型超高强钢板的 *BH* 值保持在 100 MPa 基本不变。汽车外板用 BH 钢板的 *BH* 值通常在 40 MPa 左右，相比之下，980 MPa 级超高强钢板的 *BH* 值要高很多。

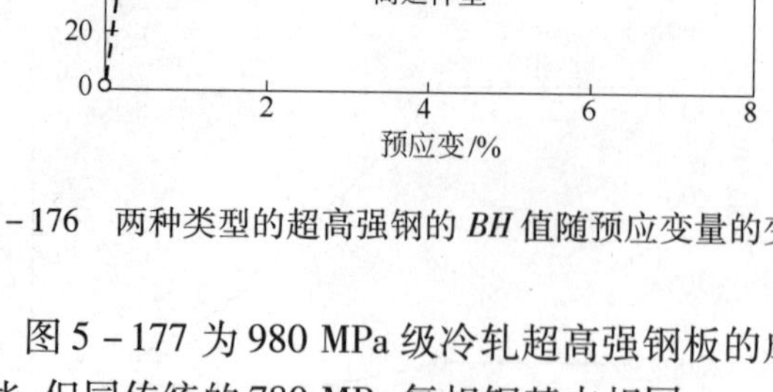

图 5－176　两种类型的超高强钢的 *BH* 值随预应变量的变化

(2) 加工性。图 5－177 为 980 MPa 级冷轧超高强钢板的成形极限曲线，同软钢相比要低一些，但同传统的 780 MPa 复相钢基本相同。

从焊接性能试验结果看，980 MPa 级冷轧超高强钢板与 780 MPa 复相钢的焊接条件基本相同。

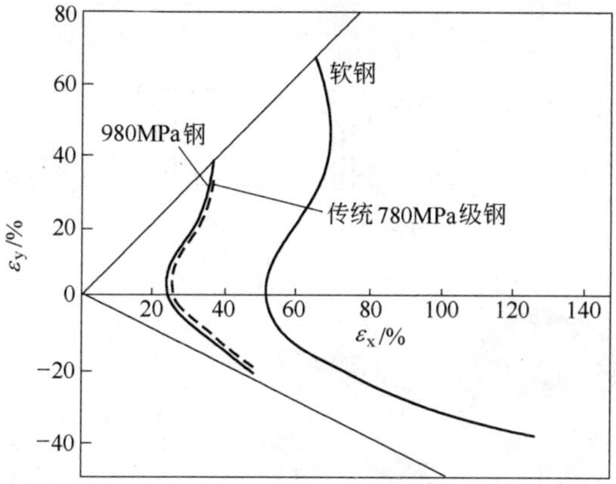

图 5－177 980 MPa 级冷轧超高强钢板的成形极限曲线

5.8.2 水淬(WQ)超高强冷轧钢板

JFE 钢铁公司开发了一种适于制作汽车结构部件的 1180 MPa 级具有优良成形性能的超高强度(UHSS)冷轧钢板，这种钢与传统的同一强度级别的钢相比具有更高的伸长率，其成形性能、延展性能和凸缘延伸性能和传统 980 MPa 级钢相当。到目前为止，这种超高强度钢主要用于汽车车身的结构部件如保险杠加强件等。

超高强钢成形性能的关键技术是采用带有水淬装置的连续退火线(WQ-CAL)实现微观组织的精确控制，JFE 公司在连续退火机组上，独立开发出世界最高冷却能力(1000℃/s)的 WQ-CAL 冷却技术。图 5－178 为 WQ-CAL 线的工艺示意图。采用 WQ-CAL 制造的钢板具有如下特点[123]：

(1) 可满足较宽强度和成形性范围的抗拉强度 780～1470 MPa 级高成形性超高强度钢板；

(2) 采用低碳当量成分设计，获得优良的点焊性和延迟破坏性能；

(3) 通过 WQ 处理的均匀冷却和前馈管理的良好材质稳定性。

通过 WQ-CAL 线处理可以得到钢的组织为单相马氏体组织或 DP 组织。对于 DP 组织，可以通过水淬温度和回火温度优化在较宽的范围内控制硬质第二相的体积分数和硬度。通过这种自由实现热履历的设备功能可以达到理想的组织控制，确立制造较宽范围强度和用途的高强钢生产技术。采用该技术开发生产出具有高成形性的抗拉强度 780～1470 MPa 级超高强钢板的主要性能见表 5－57[123]。

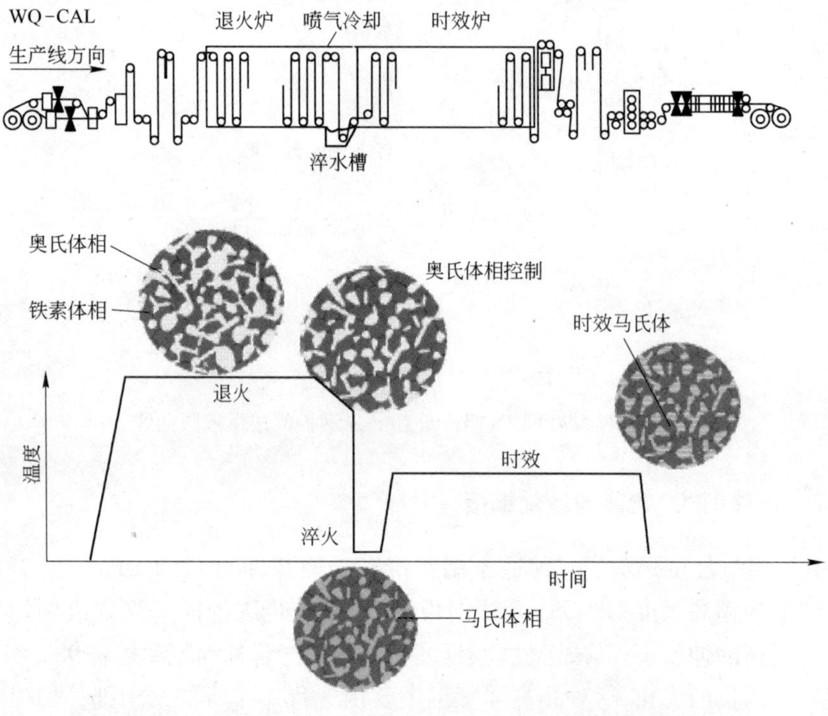

a

b

图 5 – 178　WQ-CAL 线的工艺示意图(*a*)及连续退火生产线照片(*b*)

表 5-57 780~1470 MPa 级超高强钢板的主要性能

强度级别/MPa	JFE 钢标准	类型	厚度/mm	力学性能				C_{eq}(质量分数)/%
				R_e/MPa	R_m/MPa	A/%	λ/%	
780	JFE-CA780Y2	低 *YR*	1.4	430	810	22	30	0.15
	JFE-CA780SF	高 λ	1.2	600	830	19	80	0.12
980	JFE-CA980Y2	低 *YR*	1.2	610	1010	18	30	0.18
	JFE-CA980SF	高 λ	1.2	740	1020	15	60	0.18
	JFE-CA980SF2	超高 λ	1.2	900	1020	7	100	0.09
1180	JFE-CA1180Y2	低 *YR*	1.2	950	1210	14	30	0.23
	JFE-CA1180SF	高 λ	1.6	1030	1230	7	60	0.17
1370	JFE-CA1370	—	1.6	1130	1450	7	60	0.23
1470	JFE-CA1470	—	1.6	1200	1510	7	60	0.23

注：碳含量 $C_{eq}=1.5C+P+3S$；*YR*：屈强比。

另外，一个很大的优势是通过灵活应用 WQ-CAL，有可能达到将 C 和添加的合金元素降到最低限的低 C 当量成分设计，从而确保所担心的超高强钢板焊接部位的完整性能。图 5-179 表示 C、P、S 元素含量对钢板点焊部位十字拉伸性能的影响[124]。钢中 C、P 以及 S 含量的增加有助于焊接部位十字拉伸试验时点焊熔核区内破断，造成焊接强度下降。JFE 为了保证抗拉强度在 780 MPa 以上超高强度钢板的焊接性能，采取将碳当量严格控制在图 5-179 所示的界限(直线)范围以内($C_{eq}\leqslant 0.23$)的材料设计。另外，对于 TS1180 MPa 以上的超高强度钢板在腐蚀环境下的延迟断裂问题，也通过低碳当量的成分设计和控制回火马氏体组织来克服。

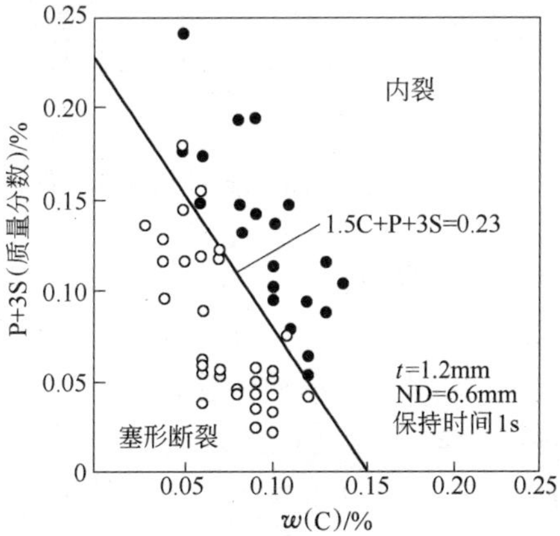

图 5-179 C、P、S 含量对钢板点焊部位十字拉伸性能的影响

对于高强度钢板冲压成形时的回弹问题，通过 WQ-CAL 有优势的快而均匀的冷却控制，以及板卷长度和宽度方向的强度波动控制加以改善。对各钢卷间的强度波动，通过高精度控制钢成分的冶炼技术和从热轧到连续退火的一贯制造工艺过程中的强度波动影响因子控制，即使生产抗拉强度 780 ~ 1470 MPa 级的超高强度钢板，也能够将强度波动控制到同抗拉强度 590 MPa 级冷轧钢板相同的水平。

图 5 – 180 表示 980 MPa 级超高强钢板的伸长率与扩孔率间的关系[124]。可见 JFE 开发的三种类型超高强冷轧钢板在伸长率、扩孔率的综合性能方面比传统的超高强钢板有较大幅度的改善。通常对于 DP 组织类型高强钢板，伸长率提高后扩孔率有下降的倾向，两种特性需要权衡。高 λ 型抗拉强度为 980 MPa 级钢板以 DP 组织为基础，通过降低铁素体和马氏体间的强度差，优化马氏体的体积分数，可以在保持良好的伸长率的同时维持同抗拉强度 590 MPa 级冷轧钢板相同的高扩孔性能。这就是通过减小两相组织间的硬度差，抑制冲裁断面附近产生初始微孔洞以及扩孔加工时的微孔洞的产生与连接，并通过铁素体保持适当的延性。

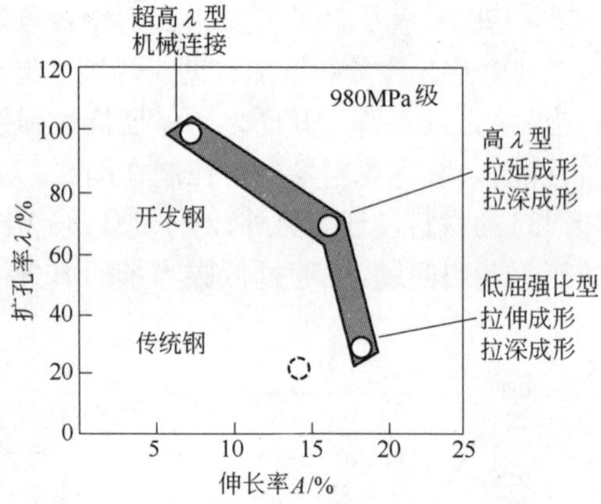

图 5 – 180　980 MPa 级超高强钢板的伸长率与扩孔率间的关系

为应对汽车车体结构部件轻量化的需求，JFE 开发了 TS1180 MPa 级冷轧超高强钢板。表 5 – 58 示出 JFE 新开发的抗拉强度 1180 MPa 级超高强度冷轧钢板的伸长率比过去的抗拉强度 1180 MPa 级超高强冷轧钢板提高了 1.5 倍以上，在延伸 – 扩孔性综合性能上同通常的抗拉强度 980 MPa 级超高强钢相同。另外，由于冲压成形时的加工应变产生的高的加工硬化以及涂漆烘烤引起的大幅度强度上升还有可能替代热冲压成形部件（见图 5 – 181）[124]。

表 5-58 JFE 新开发的抗拉强度 1180 MPa 级超高强度冷轧钢板的力学性能同过去的比较

名 称	JFE 钢牌号	厚度/mm	力学性能		
			R_e/MPa	R_m/MPa	A/%
新开发钢	JFE-CA1180Y2	1.2	950	1210	14
传统钢	JFE-CA1180SF	1.6	1030	1230	7

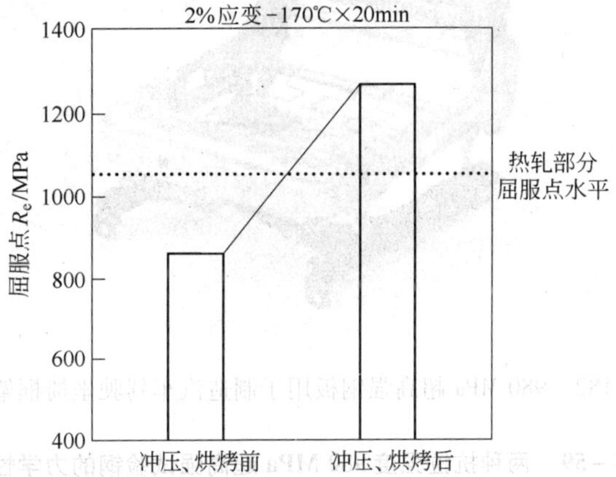

图 5-181 新开发的抗拉强度 1180 MPa 级超高强钢屈服强度的变化

通常,抗拉强度 1180 MPa 级超高强冷轧钢板多采用辊弯成形等弯曲成形方式加工,主要用于防撞杆等加强部件,在用于车厢周围的车体结构部件时,由于需要较强烈的冲压加工成形,因此在冲压成形性能的提高方面还存在需解决的课题。JFE 通过灵活应用独自开发的 WQ-CAL 技术控制钢的组织,开发了具有良好延伸性和扩孔性的超高强钢板,实现了良好的冲压成形性能。另外,通过采用 WQ 冷却方式,使低碳当量设计成为可能,使钢板具有良好的抗延迟破坏性能和焊接性能。

图 5-182 为抗拉强度 980 MPa 超高强钢板用于制造汽车驾驶坐椅框架的实例[124]。在坐椅靠背骨架采用超高 λ 型抗拉强度 980 MPa 级钢板成形,将一块钢板弯曲加工后通过机械连接构成箱型结构,而在坐垫框架部位,采用高 λ 型抗拉强度 980 MPa 级钢板成形。

长谷川等的超高强钢研究,也采用了配备水淬工艺的连续退火线生产。钢的抗拉强度为 980 MPa 级,厚度 1.2 mm,表 5-59 为两种抗拉强度 980 MPa 超高强试验钢的力学性能[125]。可见,该超高强钢板的伸长率很高,达到 15% ~19%。

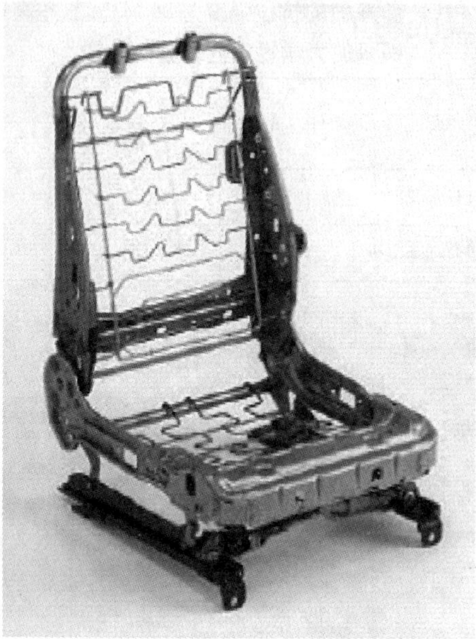

图 5-182 980 MPa 超高强钢板用于制造汽车驾驶坐椅框架实例

表 5-59 两种抗拉强度 980 MPa 超高强试验钢的力学性能

试 样	R_e/MPa	R_m/MPa	A/%
A	638	1017	19
B	783	1028	15

5.9 Q&P 钢

5.9.1 Q&P 钢简介

在现代汽车用钢的研发进程中,强度与塑性一直是新钢种开发的一对矛盾。目前已开发应用的高强钢、超高强钢(如:双相钢、TRIP 钢、马氏体钢)虽然具有较高的强度,但是其塑性随强度的增加而显著降低。而孪晶诱导塑性钢(TWIP 钢),虽然具有良好的强度与塑性配合,但是由于其成分中含有极高的 Mn 合金元素和成本问题而难以进行工业生产。

近年来,Speer J. G. 等人基于对碳在马氏体与残留奥氏体混合组织中再分配规律的重新认识,提出了淬火分配工艺,即 Q&P(Quenching and Partitioning)工艺[126~130]。通过控制室温下的富碳残留奥氏体与马氏体的体积分数得到了一种具有 TRIP 效应、高强度与高塑性配合的马氏体钢[131,132]。

Q&P 钢属于第三代先进高强钢 AHSS(如图 5－183 所示),其显微组织由马氏体与 10% ~20% 的残余奥氏体组成。力学性能范围为:抗拉强度 800 ~1500 MPa,伸长率 15% ~40% 。由于 Q&P 钢的基体为马氏体,在变形初期,残余奥氏体在应力作用下发生马氏体相变,因此 Q&P 钢在强度大幅度提高的同时又具有较好相变诱导塑性。采用 Q&P 钢作为汽车的车身结构用钢,可以大大减轻车体重量,增强车体抵抗撞击能力,减小车身钢板的变形程度,提高汽车运行的安全性,特别适合新一代汽车使用。

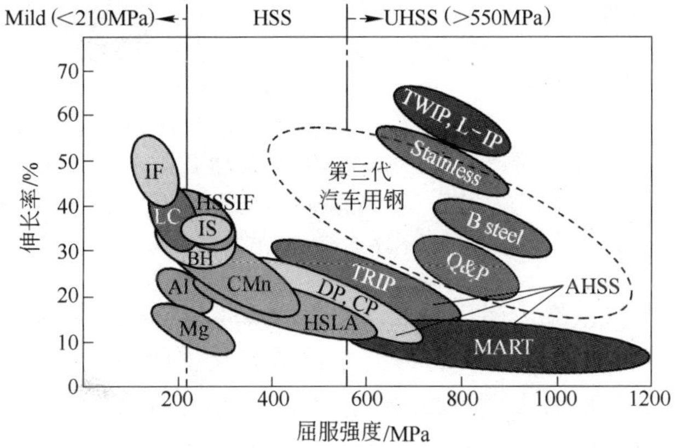

图 5－183　第三代先进汽车用钢的发展方向

5.9.2　Q&P 钢的生产工艺

Q&P 钢的热处理工艺如图 5－184 所示,分为四步:(1)将钢加热到完全奥氏体化的某温度,该温度称为奥氏体化温度(Austenite Temperature);(2)快速冷却到 M_s 和 M_f 之间的某一温度,得到一定比例的马氏体和未转变奥氏体,将该温度称为淬火温度(Quenching Temperature);(3)回升到 M_s 以上的某温度并保温,使碳从马氏体向奥氏体中扩散,从而提高残余奥氏体的稳定性,使之在室温下稳定存在,将该温度称为分配温度(Partitioning Temperature),该温度下的保温时间称为分配时间(Partitioning time);(4)冷却到室温,在这一个过程中,如果残余奥氏体的稳定性不够,部分奥氏体将转变为马氏体,那么室温下得到的残余奥氏体量将减少[133]。

Q&P 钢本质上是一种马氏体钢,但是它区别于传统的回火马氏体钢,在与回火马氏体钢同等强度下,Q&P 钢的塑性却有很大的提高。这是由于 Q&P 钢的组织中存在残余奥氏体,这部分奥氏体在变形过程中转变为马氏体,产生所谓的 TRIP 效应,大幅度提高了钢的塑性。

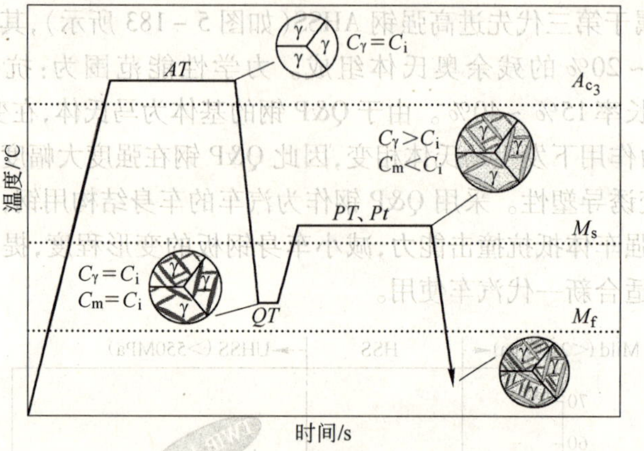

图 5 - 184　Q&P 钢的热处理工艺

AT—奥氏体化温度；*QT*—淬火温度；*PT*—分配温度；*Pt*—分配时间；C_i—钢的名义碳浓度；C_γ—奥氏体碳浓度；C_m—马氏体碳浓度

使 Q&P 钢中残余奥氏体量最大化的关键是碳尽可能多地富集到奥氏体中，Q&P 工艺中碳扩散到奥氏体中的必要条件是碳化物的析出被抑制及温度要满足碳扩散所需的驱动力，温度过高，碳化物易于析出，而温度过低，碳的扩散速度又很慢。解决办法有两条：一是优化工艺，找出最佳温度；二是提高钢中合金元素对碳化物析出的抑制能力。因此可以一方面在现有钢种基础上优化 Q&P 钢生产工艺，另一方面深入研究钢中合金元素对碳化物析出的影响规律，找出最合理的成分设计。

Q&P 工艺可以用在含有抑制碳化物析出元素 Si、Al、P 及室温组织中有奥氏体的高强 TRIP 中，代替低碳钢的等温贝氏体热处理工艺。

5.9.3　Q&P 钢的冶金成分、组织性能特征

不同的研究人员对 Q&P 钢成分的设计有着不同的理念。表 5 - 60 列举了几种 Q&P 钢的合金成分。无论何种设计，其目的都是为提高马氏体转变后碳向未转变奥氏体中的扩散程度，从而提高残余奥氏体的室温稳定性。

表 5 - 60　几种 Q&P 钢的合金成分（质量分数）　　（%）

文献来源	C	Si	Mn	Al	Cr	成分特点
S. S. Nayaka[134]	0.35	0.74	1.35			高 C、低 Si
D. V. Edmonds[131]	0.19	1.63	1.59			低 C、高 Si
	0.19	0.02	1.46	1.96		低 C、低 Si、高 Al
J. G. Speer[135]	0.54	1.50	0.843		0.152	高 C、Si、低 Mn、加 Cr

图 5 - 185 比较了 Q&P 钢与 DP 钢、TRIP 钢及马氏体钢的力学性能。可以看出，Q&P 钢具有马氏体钢的强度，但是其塑性明显好于马氏体钢，可以达到 DP 钢、TRIP 钢的塑性指标[135]。

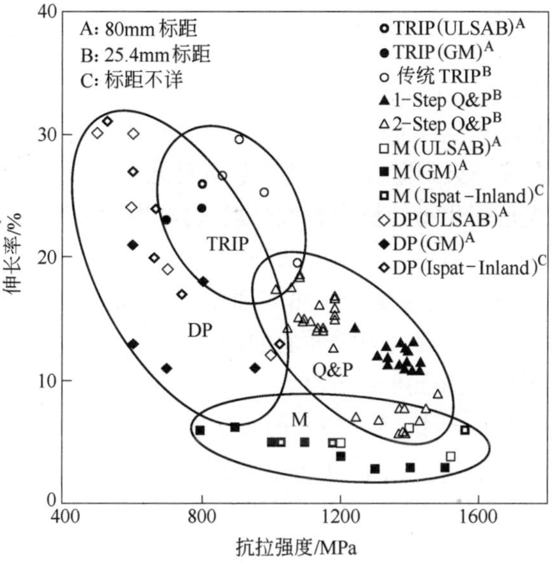

图 5 - 185　Q&P 钢与其他高强钢的性能对比

图 5 - 186 显示了 Q&P 钢的显微组织，在光学显微镜下观察，Q&P 钢的基体

a　　*b*

图 5 - 186　Q&P 钢的显微组织特征

a—显微组织；*b*—板条马氏体

为板条马氏体,而残余奥氏体为亮白色,呈岛状分布。在扫描电镜中观察,Q&P 钢的马氏体板条清晰可见。通过透射电镜可以观察马氏体板条的精细结构,板条之间有薄膜状的残余奥氏体[136]。

5.9.4　Q&P 与 Q&T 工艺的区别

Q&T(Quenching and Tempering)即传统的淬火 + 回火工艺[137],与 Q&P 工艺相比,两者区别为:淬火温度 QT 不同,Q&P 工艺是淬火到 M_s 和 M_f 之间的某一温度,而 Q&T 是直接淬火到室温;分配温度和回火温度也有差别。马氏体回火中典型的转变方式是碳化物的析出和残余奥氏体的分解,而 Q&P 是碳从马氏体扩散到奥氏体中及奥氏体稳定到室温状态。

Q&P 与 Q&T 两种工艺都是一种热处理方法,都是为了制造具有高强度、高塑性、高韧性,即具有良好综合力学性能的钢铁材料。两者的组织都是以马氏体为基体的。马氏体是其高强度的来源。

Q&P 与 Q&T 之间不同的是,Q&T 钢要尽量减少室温组织中的残余奥氏体,而 Q&P 钢则要尽量增加室温组织中的残余奥氏体。目的不同使得组织中碳原子的分布也不同,Q&T 钢中碳主要以碳化物形式分布在马氏体基体中,而 Q&P 钢中碳主要存在于残余奥氏体中。Q&P 钢中碳是使残余奥氏体得以在室温下稳定存在的主要元素,因此 Q&P 工艺要通过不同的手段使碳从马氏体中扩散到残余奥氏体中。

由于 Q&P 钢中残余奥氏体的存在,使 Q&P 钢具有 TRIP 效应,大大地提高了钢的塑性,因此 Q&P 钢比 Q&T 钢塑性更好,可以适应汽车板对冲压性能的要求,是一种很有前景的汽车用高强钢。

另外,Q&P 钢与 Q&T 钢的热力学稳定性不同,Q&P 钢达到的是一种亚稳平衡,其最终得到的组织状态也是亚稳的,其中残余奥氏体的稳定性还需要很多的研究。而 Q&T 钢组织中的碳化物和马氏体是更稳定的平衡状态组织。

参 考 文 献

[1] 占部俊明,细谷佳弘. 自動車用高强度冷延钢板の现状と展望[J]. 塑性と加工,2005,46(534):560 ~ 564.

[2] 林央. 塑性と加工[J]. 1994,35:1087 ~ 1092.

[3] Pickering F B, Gladman T. Iron and Steel Inst. Spec. Rep., 1963, 81:10.

[4] 高桥学. 自動車用高强度钢板の开发[J]. 新日铁技报,2003,第 378 号,2 ~ 6.

[5] 林央. 自動車用高强度钢板の规格と种类[J]. 塑性と加工,2005,46(534):612 ~ 617.

[6] 山崎雄司. 轻量化を支える高强度钢板[J]. 塑性と加工,2003,44(506):240 ~ 244.

[7] 王作成. 冶金因素对超低碳高强度 IF 钢板组织及性能影响的研究[D]. 北京:北京科技大学,1994.

[8] Ohashi N,et al. SAE Paper No. 810027,1981.
[9] Matsuda K,et al. Production of Deep Drawing Quality High Strength Cold Rolled Steel Sheets[J]. Tetsu-to-Hagane,1979,65:S838.
[10] Tokunaga Y,et al. Production of Super Deep Drawing Quality High Strength Cold Rolled Steel Sheets[J]. Tetsu-to-Hagane,1980,66:S1127.
[11] 瀬户一洋,坂田敬,加藤俊之. 塑性と加工[J]. 1994,35:1042~1047.
[12] Sakata K, et al. Cold work brittleness of extra-low-carbon hot-rolled steel sheet[J]. Tetsu-to-Hagane, 1987,73:S549.
[13] 山田正人ほか. 制铁研究[J]. 1986(322):90~98.
[14] 中山元宏ほか. 鉄と鋼[J]. 1980,66:S1015.
[15] 大泽弘一ほか. 鉄と鋼[J]. 1984,70:S552.
[16] 岛田昌治ほか. 鉄と鋼[J]. 1975,61:2639~2649.
[17] Mackowiak J,et al. Review 237 in Internal Metals Reviews,1979,1:1~19.
[18] 谷川克己ほか. NKK 技报[C]. 1994(145):17~24.
[19] 岸田宏司. 新日铁技报[C]. 1994(354):28~31.
[20] Toshiaki Urabe,Yoshihiko Ono,Takeshi Fujita,et al. 最新汽车用含 Nb 冷轧钢板. 汽车用铌微合金化钢板[M]. 北京:冶金工业出版社,2006:305~318.
[21] Matsuoka Saiji, Hasegawa Kohei, Tanaka Yasushi. Newly-Developed Ultra-High Tensile Strength Steels with Excellent Formability and Weldability[N]. Jfe Technical Report,2007,(10):13~18.
[22] Shushi Ikeda,Koichi Makii,Yosuke Shindo,et al. The Effect of Precipitates on the Plastic Deformation Behavior in High Tensile Strength IF Sheet Steels[J]. "R&D" Kobe Steel Engineering Reports,2002,52(3):39~42.
[23] 占部俊明,细谷佳弘. 汽车用高强度冷轧钢板的现状及展望[J]. 世界钢铁,2007,7(4):58~62.
[24] 桥本修. 日本第 141、142 回西山纪念讲座[R]. 日本钢铁学会,1992:665.
[25] Mizui N. International Symposium Modern LC and ULC Sheet Steels for Cold Forming: Processing and Properties. Ed. by Wolfgang Bleck . Germany:Aachen,1998:169~183.
[26] 谷川克己ほか. NKK 技报[J]. 1994(145):25~32.
[27] ShuniChi Hashimoto. 铌在汽车板中的应用. 汽车用铌微合金化钢板[M]. 北京:冶金工业出版社,2006:414~424.
[28] 阿部英夫,佐藤进. 川崎制铁技报[J]. 1989,21(3):62.
[29] Pradhan R. Personal communication[J]. Mittal Steel,2005.
[30] Taylor K A,Speer J G. Development of Vanadium-Alloyed Bake-Hardenable Sheet Steels for Hot-Dip Coated Applications[C]. Proceedings of 39th Mechanical Working and Steel Processing Conference, ISS, 1998:49~61.
[31] Taylor K A, Speer J G. Development of Vanadium-Alloyed, Bake-Hardenable Sheet Steels for Hot-Dip Coated Applications[C]. 39th Mechanical Working and Steel Processing Conference, ISS, 1998, XXXV: 49~61.
[32] 康永林, 刘光明, 赵虎, 等. 钛和钒复合添加的超低碳烘烤硬化钢板及其制造方法. 中国, 200610169850. X[P].
[33] 赵虎,康永林,刘光明,熊爱明. 超低碳烘烤硬化钢板的织构[J]. 钢铁研究学报,Vol. 19,No. 11, 2007,19(11):47~50.

[34]　赵虎.超低碳烘烤硬化钢板的工艺、组织及性能研究[D].北京:北京科技大学,2007.

[35]　Okarmoto A,Takahashi M,Hino T,Naki S. Tetsu to Hagane,1982,68:1369.

[36]　Taniguchi H,Goto K,Okamoto R,et al. Tetsu to Hagane,2002,88:808.

[37]　Luo Shinian,Kang Yonglin,Shang Jianhui. Influence of Coiling Temperature on Properties of Low-Carbon Bake-Hardening sheet for Automobiles. HSLA Steels'2000,2000:610 ~ 613.

[38]　班必俊.超低碳烘烤硬化钢各向异性的冶金因素探讨[J].宝钢技术,2006(2):70 ~ 72.

[39]　康永林.现代汽车板的质量控制与成形性[M].北京:冶金工业出版社,1999.

[40]　Setoh S,Irie T,Hashimoto O. Tetsu to Hagane,1982,68:1362.

[41]　尹显东.冷轧深冲高强钢板的退火工艺与组织性能研究[D].北京:北京科技大学,2007.

[42]　赵虎,康永林,江海涛,等.终轧温度对超低碳 BH 钢板组织和性能的影响[J].汽车工艺与材料,2006,(11):6 ~ 8.

[43]　江海涛,康永林,王全礼,熊爱明. 高强度汽车板的烘烤硬化特性 [J].钢铁研究,2006,(2):54 ~ 57.

[44]　江海涛,康永林,于浩.烘烤硬化汽车钢板的开发与研究进展 [J].汽车工艺与材料,2005,(3):1 ~ 4.

[45]　赵虎,康永林,等.冷轧压下率对超低碳 BH 钢板组织和性能的影响[C]//中国金属学会轧钢学会.2006 年全国塑性加工理论与新技术研讨会论文集.2006:240 ~ 244.

[46]　关小军.成分和工艺对超低碳高强度烘烤硬化钢板组织和性能影响的研究[D].北京:北京科技大学,1994.

[47]　Walker E F,Hudd R C,Proc. of Modern LC and ULC Sheet Steels for Cold Forming[M]. Germang:Aachen,1998:211 ~ 224.

[48]　Matlock D K,et al. Proc. of Modern LC and ULC Sheet Steels for Cold Forming[M]. Germang:Aachen,1998:265 ~ 276.

[49]　Christine Escher,Volker Brandenburg,llse Heckelmann.热镀锌超低碳钢的烘烤硬化效应与时效,汽车用铌微合金化钢板[M].陈志鹏,译.袁明生,校.北京:冶金工业出版社,2006:289 ~ 296.

[50]　Senuma T. Physical Metallurgy of Modern High Strength Steel Sheets[J]. ISIJ International,2001,41(6):520 ~ 532.

[51]　Bleck W,Bode R,Giesel D,Schlaphoff W. Höhere Bauteilstreckgrenzen bei gut umformbarem kaltgewalztem Feiblech[Bake-hardening],Thyssen Technische Berichte,Heft 2/89,S. 147 ~ 155.

[52]　Kinoshita M,Nishimoto A. Camp-ISIJ,1990,3:1780.

[53]　MeCormick M A,等.钢的强化机理对汽车面板抗凹陷性能的影响[J].孙忠明,译.世界钢铁,2003,3(2):31 ~ 43.

[54]　康永林,孙建林.高强度薄钢板研究的新进展及其在汽车上的应用[J]. 钢铁,2002,37 (5):65 ~ 70.

[55]　王利,杨雄飞,陆匠心. 汽车轻量化用高强度钢钢板的发展[J]. 钢铁,2006,41 (9):1 ~ 8.

[56]　Shi M F. 双相钢和低合金高强度钢成形性能的对比[J]. 世界钢铁,2002,4:18 ~ 22.

[57]　康永林,邝霜,于浩,等. 汽车用双相钢的开发与研究进展[J]. 汽车工艺与材料,2005,(5):1 ~ 5.

[58]　山崎一正.自动车用高强度钢板の现状と今后の展望[J].塑性と加工,2005,46(534):565 ~ 569.

[59]　Hardy Mohrbacher. 铌微合金化汽车板[M]//汽车用铌微合金化钢板.北京:冶金工业出版社,2006:1.

[60]　谭善锟,潘兴旺,李明,等. 奇瑞轿车用钢板[J]. 汽车工艺与材料,2004(6):59.

[61] 中国国家标准. GB/T 20564.2-2006.

[62] Kennet Olsson, Magnus Gladh, Jan Erik Hedin, et al. 用于汽车车身减重和改善碰撞性能的微合金高强钢[M]. 汽车用铌微合金化钢板. 北京:冶金工业出版社,2006:175 ~ 183.

[63] Pichle A, Hebesberger T, Traint S, et al. 通过添加微合金元素控制显微组织来改善先进高强度薄板性能[M]. 汽车用铌微合金化钢板. 北京:冶金工业出版社,2006:191 ~ 211.

[64] Debanshu Bhattacharya. Development in Advanced High Strength Steels. Proceedings of the joint international conference of HSLA steels 2005 and ISUGS 2005 [C]. Sanya, Hainan, China, 2005, 8 ~ 10: 70 ~ 77.

[65] Shoujin Sun, Martin Pugh. Manganese partitioning in dual-phase steel during annealing. Materials Science and Engineering A, 2000, 276: 167.

[66] Kuang Shuang, Kang Yonglin, Yu Hao, et al. Simulation of intercritical austenization of a C-Mn cold rolled dual phase steel[J]. Material Science Forums, 2008, 575 ~ 578(4): 1062.

[67] Kuang Shuang, Kang Yonglin, Yu Hao, et al. Research on Austenization of C-Mn Cold-Rolled Dual Phase Steels During Intercritical Annealing[J]. Material Science Forums, 2008, 575: 1062 ~ 1069.

[68] 邝霜,康永林,于浩,等. 500 MPa 级冷轧双相钢的组织与性能研究[J]. 金属热处理,2005,32(5):51.

[69] Rocha R O, Melo T M F, Pereloma E V, Santos D B. Microstructural evolution at the initial stages of continuous annealing of cold rolled dual-phase steel[J]. Materials Science and Engineering A, 2005(391): 296.

[70] 王瑞珍,罗海文,董瀚. 汽车用高强度钢板的最近研究进展[J]. 中国冶金,2006,16(9):1.

[71] Kiyoshi Takagi, Tomoyuki Yoshida, Akihiro Sato. 汽车车身材料的应用发展[M]//汽车用铌微合金化钢板. 王向东,译. 北京:冶金工业出版社,2006:63 ~ 67.

[72] 邝霜,康永林,刘仁东,等. 热镀锌线生产 600 MPa 冷轧双相钢的组织性能分析[C]//2007 年钢铁年会论文集. 成都:265.

[73] 邝霜,康永林,于浩,等. C-Si-Mn 冷轧双相钢的应变硬化特性[J]. 材料工程,2008.

[74] Kennet Olsson, Magnus Gladh, Jan Erik Hedin, et al. 用于汽车车身减重和改善碰撞性能的微合金高强钢[M]. 汽车用铌微合金化钢板. 北京:冶金工业出版社,2006:175 ~ 183.

[75] 邝霜,康永林,于浩,等. 冷轧双相钢连续退火组织的转变[J]. 钢铁,2007,42 (11):69 ~ 73.

[76] Rocha R O, Melo T M F, Pereloma E V, Santos D B. Microstructural evolution at the initial stages of continuous annealing of cold rolled dual-phase steel[J]. Materials Science and Engineering A, 2005(391): 296.

[77] 朱晓东,王利. 连续退火工艺参数对 Si-Mn 系冷轧双相钢的力学性能的影响[C]// 2003 年中国钢铁年会论文集. 2003:684.

[78] 朱晓东. 连续退火快冷工艺对冷轧超高强钢力学性能的影响[J]. 材料热处理学报,2006,27(1):49.

[79] 邝霜,康永林,于浩,等. 回火对 C-Si-Mn 系双相钢组织性能的影响[J]. 钢铁,2008,43(3):77.

[80] 邝霜,康永林,于浩,等. 600 MPa 级冷轧双相钢的试制与研究[J]. 材料工程,2006,增刊:329 ~ 333.

[81] Mehmet Erdogan, Suleyman Tekeli. The effect of martensite particle size on tensile fracture of surface-carburised AISI 8620 steel with dual phase core microstructure[J]. Materials and Design, 2002, 23: 597.

[82] Soto R, Saikaly W, Bano X, et al. Statistical and theoretical analysis of precipitates in dual-phase steels mi-

croalloyed with titanium and their effect on mechanical properties[J]. Acta Metallurgica,1999,47(12):3475.

[83] El-Sesy I A,El-Baradie Z M. Influence carbon and/or iron carbide on the structure and properties of dualphase steels[J]. Materials Letters,2002,57:580.

[84] Rocha R O,Melo T M F,Perelloma F V,等.冷轧双相钢连续退火初期的显微组织演化.世界钢铁-汽车用高强度钢板工艺技术小专刊,2006,6(3):20～26.

[85] 大澤一典,铃木善继,田中俊吾.川崎制铁技报[J].2002,34:59～65.

[86] 刘仁东,尹显东,时晓光,黄大鹏. 热轧带状组织对热镀锌双相钢(DP600)组织性能的影响[J].汽车工艺与材料,2005,(11):27～28.

[87] Shi M F. 双相钢和低合金高强度钢成形性能的对比[J]. 世界钢铁,2002(4):18～22.

[88] 郭廷杰.神户制钢高强度合金化热镀锌钢板简介[N].世界金属导报,2008-2-5(7).

[89] Hashimoto S. Beneficial Effect of Nb Addition on 590 MPa Zn-Coated DP Sheet Steels. Developments in Sheet Products for Automotive Applications - Proceedings of Materials Science & Technology 2005,2005:107～114.

[90] Storozheva L. Ultralow Carbon Steels for the Automotive Industry with the Effect of Hardening Due to Drying of Finished Parts[J]. Metal Science and Heat Treatment,2001,43:336～344.

[91] Matlock D K,Allen B J,Speer J G. Aging Behavior and Properties of Ulta-Low Carbon Bake-Hardening Steels. Proceedings of the International Symposium on Modern LC and ULC Sheet Steels for Cold Forming,1998:265～276.

[92] Speer J G,Hashimoto S,Matlock D K. 微合金化烘烤硬化钢[M].汽车用铌微合金化钢板.北京:冶金工业出版社,2006:297～304.

[93] 栗山幸九.自动動車技术[J].2001,55(4):51～57.

[94] 佐久间康治,木村德俊,伊丹淳,ほか.新日铁技报[J].1994,(354):17～21.

[95] Hasegawa K,Kawamura K,Urabe T,Hosoya Y. ISIJ Int. ,2003,44(3):603～609.

[96] Hasegawa K,Urabe T,Yoshitake A, Hosoya Y. ATT2001,2001-01-3359.

[97] Debanshu Bhattacharya. 铌在先进汽车用薄钢板中的作用[M].汽车用铌微合金化钢板.北京:冶金工业出版社,2006:212～218.

[98] Sugimoto K,Kobayashi M,Hashimoto S. Ductility and Strain-Induced Transformation in a High-Strength Transformation-Induced Plasticity-Aided Dual-Phase Steel [J]. Metall. Trans. A, 1992, 23A: 3085～3091.

[99] Hiwatashi S,Takahashi M,Katayama T, Usuda M. Effect of Deformation-Induced Transformation on Deep Drawability,Forming Mechanism of TRIP Type High-Strength Steel Sheet[J]. Jpn. Soc. Technol. Plast. ,1994. 35:109～1114.

[100] Sugimoto K, Kobayashi M. Structure and Warm Press-Formability of TRIP Dual-Phase Sheet Steels. Proc. Inter. Sympo. on Hot Workability of Steels and Light Alloys-Composites,CIM,Montreal,1996,503～514.

[101] Black W. Using the TRIP effect-the dawn of a promising group of cold formable steels [A]. De Cooman B. C. ,Int. Conf. on TRIP-Aided High Strength Ferrous Alloys[C]. Aachen,Germany:WMG,2002:13～23.

[102] Mahieu J,Claessens S,De Cooman B C. Galvanizability of high strength steel for automotive applications [J]. Metallurgical and Materials Transations A,2001,32A,2905～2907.

[103] 景财年. CMnAl-TRIP 钢组织性能的研究[D]. 山东大学,2007.

[104] Traint S, Pichler A, Spiradek-Hahn K, et al. The influence of Nb on the phase transformation and mechanical properties in Aland Si-alloyed TRIP-steel, Proceedings of Symposium Austenite Formation and Decomposition, Chicago, Illinois, 2003, 9 ~ 12: 577 ~ 594.

[105] Koh-ichi Sugimoto, Shunichi Hashimoto, Yoichi Mukai. 高成形性高强/超高强度 TRIP 钢板[M]. 铌微合金化汽车用钢. 北京:冶金工业出版社,2006,219 ~ 233.

[106] ULSUB Advanced Vehicle Concepts, Technical Transfer Dispatch #6[M], ISIJ, Brussels, 2001, 16.

[107] 種植隆浩,金子胜吉. Honda R & D Technical Review, 2004, 16(2): 183 ~ 190.

[108] 松元孝,斎藤実. 高强度表面处理钢板の制造技术とその特征[J]. 塑性と加工,2005,46(534): 574 ~ 579.

[109] Manabu Takahashi, Toshio Ogawa, Naoki Maruyama. 汽车用高强钢及其微合金化作用[M]. 汽车用铌微合金化钢板. 北京:冶金工业出版社,2006: 184 ~ 190.

[110] 山崎公三,小山一夫. 塑性と加工[J]. 1994, 35: 1036 ~ 1041.

[111] Black Wolfgang, Phiu-on Kriangyut. Grain refinement and mechanical properties in advanced high strength sheet steels. Proceedings of the joint international conference of HSLA steels 2005 and ISUGS 2005, Sanya, Hainan, China, 2005, 8 ~ 10: 50 ~ 57.

[112] Jurgen Kiese. New lightweight Steels for automotive applications-polential and risk, International Symposium on Niobium Microalloyed Sheet Steel for Automomotive Applications. TMS, 2006, 89 ~ 97.

[113] 米振莉,唐荻,严玲,等. 高强度高塑性 TWIP 钢开发研究[J]. 钢铁,2005,40(1): 59 ~ 61.

[114] Cornette D, Cugy P, Hildenbrand A, 等. 汽车安全部件用超高强 Fe-Mn TWIP 钢[J]. 世界钢铁-汽车用高强度钢板工艺技术小专刊,2006,6(3): 39 ~ 49.

[115] Allain S, Chatean J P, Bouraziz O. A physical model of the twinning-induced plasticity in a high manganese austenitic steel[J]. Mater. Sci. Eng. A, 2004, 387 ~ 389: 143 ~ 147.

[116] Chen L, Han S Kim, Kim S K, et al. Critical review of the mechanical properties of high Mn TWIP steel for automotive applications[C]//Korea-China joint symposium on advanced steel technology, Pohang, Korea, 2007: 19 ~ 22.

[117] 梁高飞,王成全,刘俊亮,等. TWIP 钢应变诱导孪晶原位观察[J]. 宝钢技术,2007,135(6), 26 ~ 30.

[118] 熊容刚,符仁钰,黎倩,等. TWIP 钢的拉伸应变硬化行为[J]. 钢铁,2007,42(11): 62 ~ 64.

[119] 细谷佳弘ほか. NKK 技报[J]. 1994(145): 33 ~ 37.

[120] 山崎一正ほか. 新日铁技报[J]. 1994(354): 32 ~ 38.

[121] 長谷川古兵,河村健司,浦辺俊昭,ほか. 980 MPa 级冷轧超高强钢显微组织对拉伸翻边成形性能的影响[J]. 梁轩 译. 世界钢铁,2007,7(1): 39 ~ 43.

[122] Takaaki Tamura, Youichi Mukai. Application of Ultra High-strength Steel Sheets for Automotive Body Parts. "R&D" Kobe Steel Engineering Reports, 2002, 52(3): 6 ~ 9.

[123] Matsuoka S, Hasegawa K, Tanaka Y. Newly-developed Ultra-High Tensile Strength Steels with Excellent Formability and Weldability. JFE GIHO, 2007. 6(16): 13 ~ 18.

[124] 長滝康伸,津山青史,细古佳弘,ほか. 日本金属学会报[J]. 1993,32(4): 238 ~ 240.

[125] 長谷川古兵,河村健司,浦辺俊昭,ほか. ISIJ International, 2004, 44(3): 603 ~ 609.

[126] Gerdemann F L H, Speer J G, Matlock D K. Microstructure and hardness of steel grade 9260 heat treated by the Quenching and Partitioning (Q&P) process. Materials Science and Technology. New Orleans, LA,

USA: Association for Iron and Steel Technology, 2004: 439 ~ 449.

[127] Speer J G, Streicher A M, Matlock D K, et al. Quenching and partitioning: a fundamentally new process to create high strength TRIP sheet microstructures. Symposium on the Thermodynamics, Kinetics, Characterization and Modeling of Austenite Formation and Decomposition, 2003: 505 ~ 522.

[128] Speer J G, Rizzo F C, Matlock D K, et al. The "quenching and partitioning" process: Background and recent progress. Materials Research, 2005, 8(4): 417 ~ 423.

[129] Speer J, Matlock D K, Cooman B C De, et al. Carbon partitioning into austenite after martensite transformation, Acta Materialia 2003, 51: 2611 ~ 2622.

[130] Clarke A J, Speer J G, Miller M K, et al. Carbon partitioning to austenite from martensite or bainite during the quench and partition (Q&P) process: A critical assessment. Acta Materialia, 2008, 56: 16 ~ 22.

[131] Edmonds D V, He K, Miller M K, et al. Microstructural features of "quenching and partitioning": a new martensitic steel heat treatment. Materials Science Forum, 2007, 539 ~ 543: 4819 ~ 4825.

[132] Rizzo F, Martins A R, Matlock D, et al. Quenching and partitioning of Ni-added high strength steels. Materials Science Forum, 2007, 539 ~ 543: 4476 ~ 4481.

[133] Edmonds D V, Hea K, Rizzo F C, Cooman B C De, et al. Quenching and partitioning martensite-A novel steel heat treatment. Materials Science and Engineering A 2006, 438 ~ 440: 25 ~ 34.

[134] Nayaka S S, Anumolua R, Misraa R D K., et al. Microstructure-hardness relationship in quenched and partitioned medium-carbon and high-carbon steels containing silicon. Materials Science and Engineering A, 2008, 498: 442 ~ 456.

[135] Speer J G, Edmonds D V, Rizzo F C, et al. Partitioning of carbon from supersaturated plates of ferrite, with application to steel processing and fundamentals of the bainite transformation. Current Opinion in Solid State and Materials Science, 2004, 8(3 ~ 4): 219 ~ 237.

[136] Zhao C, Tang D, Jiang H T. Process simulation and microstructure analysis of low carbon Si-Mn quenched and partitioned steel. Journal of Iron and Steel Research International. 2008, 15(4): 82 ~ 85.

[137] Senuma T. Physical metallurgy of modern high strength steel sheets. ISIJ International, 2001, 41(6): 520 ~ 532.

6 汽车用表面处理钢板

6.1 表面处理钢板在汽车上的应用及质量品种要求

6.1.1 表面处理钢板在汽车上的应用

现在,汽车车体腐蚀与防锈已成为一个大的社会问题。在北美、北欧等寒冷地区,因冬天在道路上撒盐或融雪剂化解路冰造成车体加速腐蚀。在受海风影响的岛国及受大气污染的工业城市,汽车车体防腐已成为一项重要课题。对于这类腐蚀问题的对策,一直受到汽车制造、材料制造、喷涂、表面精整等与汽车工业相关领域的许多人员的极大重视。在供应钢板的钢铁厂,为解决腐蚀问题在不断地进行新的表面处理钢板的研究和开发。现在,在汽车上已大批量采用不同种类的表面处理钢板,部分中高档车型应用镀层钢板的比例已超过90%以上,有的甚至百分之百采用表面处理钢板。随超轻车体用钢研究的深入,对钢板耐腐蚀性提出了更高的要求,进而促进了表面处理钢板研究的发展,特别是热镀锌钢板的研究与应用[1~3]。但是这些钢板因耐腐蚀性弱,在汽车厂加工时的加工性能差,在钢厂中生产率低等原因用于汽车制造是很不够的。因此,在汽车生产方面具有良好的耐蚀性、加工性、冲压成形性和焊接性能以及在生产制造时经济、高效的新型镀层钢板得到开发及实际应用[4,5]。

20 世纪 80 年代初期,美国、日本提出了车体表面耐锈蚀 5 年,耐穿孔锈蚀汽车 5 ~10 年耐蚀目标。最近,以欧洲为中心,已开始生产 12 年防锈设计的车辆。其中很多是趋向使用增加 Zn 镀层重量的热镀锌 GI 板[6]。由于汽车车体耐蚀规定已变得更加严格,汽车车身用表面处理钢板的用量一直在增长。近年发达国家汽车表面处理钢板的用量急剧上升,已达到约占薄板用量的三分之二以上[7]。

如图 6 -1 所示,从欧洲十二国(EU-12) 1984 年以来用于汽车制造的镀层钢板和裸钢板用量的变化情况[8]来看,20 世纪 80 年代以后表面处理钢板的用量呈明显的增长趋势。

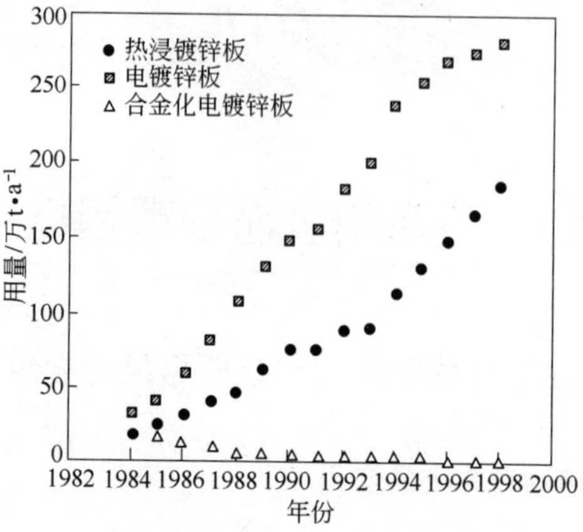

图6-1 欧洲十二国(EU-12)1982~2000年用于汽车制造的镀层钢板和裸钢板用量的变化情况

而我国从2000年以来镀锌钢板的生产量和表观消费量均呈明显的增长趋势,这同我国近年汽车及家电生产的高速增长是完全吻合的(图6-2)[9]。

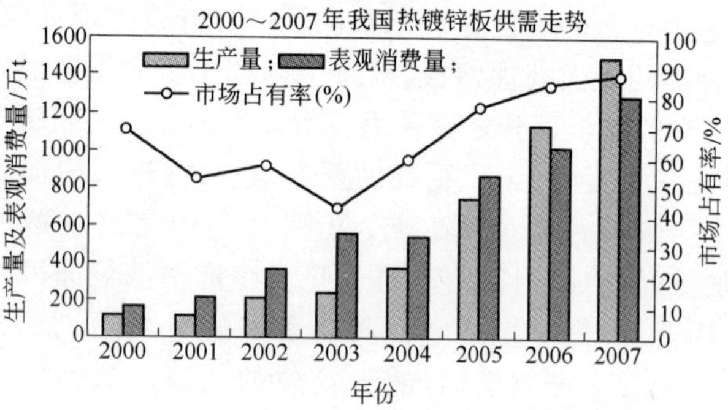

图6-2 2000~2007年我国镀锌板生产量及消费量

根据日本一些汽车公司的调查统计及预测结果显示,1983年、1993年和2000年[10],汽车车身用表面处理钢板的使用比例分别为32.9%、71.2%和71.4%,而目前有的车型表面处理钢板的使用比率最高的已达到100%。

表6-1列出了国外几个主要汽车厂家轿车用镀层钢板的情况。

表6-1 国外几个主要汽车厂家轿车用镀层钢板

国别	厂家	外板	内板及底部零件	镀层板/车身板/%
日本	日产	两面有机复合镀层板每面 三层有机膜1 μm 铬酸盐处理层75 g/m² Zn-Ni合金层20 g/m²	同外板	45

续表 6-1

国 别	厂 家	外 板	内板及底部零件	镀层板/车身板/%
日本	丰田	两面电镀双层 Zn-Fe20/20	合金化镀锌 GA45/45	45
	三菱	单面合金化热镀锌 GA0/45	两面合金化镀锌 GA45/45	30
	马自达	两面电镀 Zn-Ni30/30	同外板	45
德国	奥迪	两面电镀锌 Zn53x/53	两面热镀锌 70/70	
美国	通用	两面热电镀 Zn70/70	两面热镀锌 65/65	

而近年来，国际汽车制造业竞争更加激烈，各厂家为了占据市场，根据本国、本厂自身特点，选择最佳的镀锌钢板，如表 6-2 所列。汽车外板主要使用 GA（热镀锌铁合金板）、EG（电镀锌板）以及 GI（热镀纯锌板）钢板，汽车内板主要使用 GA 和 GI 钢板，也有少数厂家使用 EG 钢板。世界各国、各地区汽车制造厂对汽车内外板的用材也是不同的。对于汽车外板，在日本主要使用 GA 板；美国主要使用 EG 板和 GA 板，而在法国、意大利、瑞典及比利时等国主要使用 GI 板。对于汽车内板，在日本主要使用 GA 板；在欧洲主要使用 GI 和 EG 板；在美国主要使用 GA 板，个别厂家也使用 EG 和 Zn-Ni 镀层板。汽车用板的品种是多样化的，各地区、各国汽车制造厂所用钢板也是不同的，而使用的钢板品种仍然是以 GA 板、GI 板以及 EG 板为主，而且 GA 板有上升的趋势[11]。

表 6-2 世界主要国家和地区汽车板用材情况

国家及地区	汽 车 外 板	汽 车 内 板
日 本	主要 GA 板	主要 GA 板
欧 洲	GA 板为主（法国、意大利、瑞典等国）	GI 板、EG 板
美 国	EG 板和 GA 板	GA 板为主（个别厂家使用 EG 板、镀 Zn-Ni 板）

表 6-3、表 6-4 和表 6-5 分别为日本、美国汽车制造厂使用的钢板，以及日本和欧洲汽车用板的防锈比率[11]。

表 6-3 日本汽车制造厂使用的钢板

汽车制造厂	零 部 件		
	外 板	内 板	燃料箱
丰 田	GA→GA	GA	Teme→Al
日 产	WU→GA（Zn-Ni + 有机）	WU→GA	Teme→Al
本 田	GA	GA	Teme→Sn-Zn
三 菱	GA-EG→GA	GA	Sn-Zn Teme（GA + 有机）
马自达	WU，Zn-Ni→MZ（EG + 特殊皮膜）	WU，Zn-Ni→MZ	Teme→EG

表 6-4　美国汽车制造厂所使用的钢板

汽车制造厂	外　板	内　板
通　用	* EG60/60(卡车用 GI60/60)	* GI 70/70, GA45/45
福　特	→GI 60/60, GA55/55	EG60/60, GA50/50
克莱斯勒	* GA45/45, EG30/45 或 EG45/45	GA45/45

* 为主要产品;数字为镀层量的最小值。

表 6-5　日本、欧洲汽车用板的防锈比率

国家及地区	汽车制造厂	防锈比率/%
日　本	丰　田	90
	日　产	85
	本　田	90
	三　菱	75
	马自达	75~80
欧　洲	保时捷	100
	奥　迪	100
	沃尔沃	83
	宝　马	80(未来 100)
	欧　宝	75
	PSA	75(未来 90)
	陆　虎	75
	菲亚特	70
	奔　驰	65
	雷　诺	57(未来 100)
	福　特	40
	大　众	42(上升)
	SEAT	32

目前我国国内引进的奥迪、富康、桑塔纳、捷达、标致、夏利、别克、切诺基等以及国产轿车红旗等也分别要求采用不同规格数量的镀层板[12],引进主要轿车生产线用镀层板品种列于表 6-6。例如:一汽奥迪 A6、上海大众 B5、上海通用 Buick 等轿车已大量应用镀锌板,大众系列轿车用钢板采用德国标准,品种涉及热镀锌、电镀锌和高强度钢板等,最宽达 1800 mm,最厚达 4 mm;富康轿车采用法国标准,以热镀锌板为主;夏利轿车采用日本标准,以合金化镀锌为主;切诺基吉普车用钢采用美国标准,热镀锌板和合金化镀锌板并用[13]。

表 6 – 6 我国引进主要轿车生产线用镀层板品种

单面热镀锌/$g \cdot m^{-2}$	双面热镀锌/$g \cdot m^{-2}$	单面电镀锌/$g \cdot m^{-2}$	双面电镀锌/$g \cdot m^{-2}$	镀铝板总量/$g \cdot m^{-2}$
45、50、70、100、150、200	45/45、60/60、90/90 或双面总量 90、100、140、150、200、225、275、350、450	20、40、70 ~ 90、90 ~100	20/20、50/50、70/70、90/90 或双面总量 140 ~ 160	40、60、80、100、120、160、200

6.1.2 汽车用表面处理钢板的生产技术概况

根据汽车用表面处理钢板的用途及防锈要求，汽车用表面处理钢板主要有电镀锌钢板、热镀锌钢板、合金化镀锌钢板、电镀 Zn-Ni 合金钢板、Zn-Fe 复合化电镀钢板、热镀铝钢板以及有机复合涂镀层钢板等。

图 6 – 3 为日本 JFE 千叶厂 2 号连续镀锌线(CGL)的流程图。在热浸镀锌后，立即进行合金化处理，以获得含 Fe10% 左右的 Zn-Fe 镀层[14]。有关先进热镀锌和电镀锌生产技术大致可分为："镀锌技术"、"基板生产技术"和"新产品生产技术"三个方面，如表 6 – 7 所示[15]，这些技术的综合应用，有可能生产用户所需产品并满足汽车用镀层钢板的高质量严格要求。

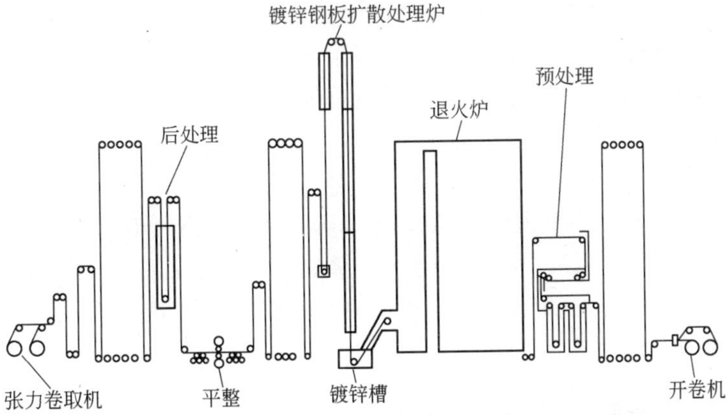

图 6 – 3 日本 JFE 千叶厂 2 号连续镀锌线(CGL)的流程图

表 6 – 7 镀锌技术的发展状况

名　　称	CGL	EGL
控制技术和工艺技术 高效率·高生产率	高效退火技术 ·立式炉 ·高温退火 高速镀锌技术 ·高速气刀技术·镀层均匀化 高效合金化技术 ·高效加热·高效冷却 整体化 ·在线除鳞·在线化学处理 ·在线有机复合镀层	高效电镀技术 ·高电流密度电解槽 ·不溶性阳极 ·板带与阳极距离的缩短 ·镀层均匀化 整体化 ·在线化学处理 ·在线有机复合镀层 ·在线电镀槽

续表 6－7

名　称	CGL	EGL
质量提高	轧辊表面改造技术 ·退火炉中炉内辊的表面喷漆 ·锌锅中沉没辊的表面喷涂 高精度感应器/控制技术 ·退火带材温度·镀层质量大小 ·Zn-Fe 合金相感应器/控制技术	电镀槽设备的改造技术 ·不溶性阳极材料 ·导电辊材料 ·无铬钝化 高效控制技术 ·电解液和镀层控制技术
基板稳定生产技术	IF 钢生产技术 高要求产品整体生产技术 高强度钢生产技术	
产品技术	镀层 ·单面镀层·较厚镀层 GA ·Al-Zn合金 后处理 ·自润滑钢板	镀层 ·Zn-Ni 合金·ZN-Fe 合金 后处理 ·有机复合镀层板 ·抗边卷钢板·自润滑钢板

我国首钢顺义冷轧厂 2007 年新建两条连续热镀锌机组，1 号热镀锌机组以生产高级轿车外板和内板为主，入口年处理能力 47 万 t，机组长度约 358 m；2 号热镀锌机组以生产高级家电板为主，入口年处理能力 37 万 t，机组长度约为 325 m。1 号机组可生产的钢种有 CQ、DQ、DDQ、EDDQ、SEDDQ 和直到800 MPa级的HSS，可以生产 GI 和 GA 镀层产品；2 号机组可生产的钢种有 CQ、DQ、DDQ、EDDQ 和直到600 MPa 级的 HSS，只生产 GI 镀层产品，并预留生产其他镀层产品的可能。图 6－4 和图 6－5 分别为国内某钢铁企业 1 号热镀锌机组的工艺流程图和平面布置图[16]。

6.1.3　汽车用表面处理钢板的品种及质量性能要求

表面处理钢板根据其制造工艺可分为镀层钢板、涂层钢板和涂镀层复合处理钢板；根据性能用途可分为普通冲压级、深冲级、超深冲级系列镀层钢板或软钢镀层系列和高强镀层系列钢板。表 6－8 为汽车用镀层系列钢板的主要品种及镀层性能特点。还有的根据涂镀材料对表面处理钢板加以区分。涂镀材料主要有 Zn、Al、Sn、Ni、Fe、Cr、Pb 等金属及合金和有机树脂，由这些材料在金属基板上构成单层或多层涂镀层。表 6－9 为根据涂镀层材料及制造方法不同的表面处理钢板。

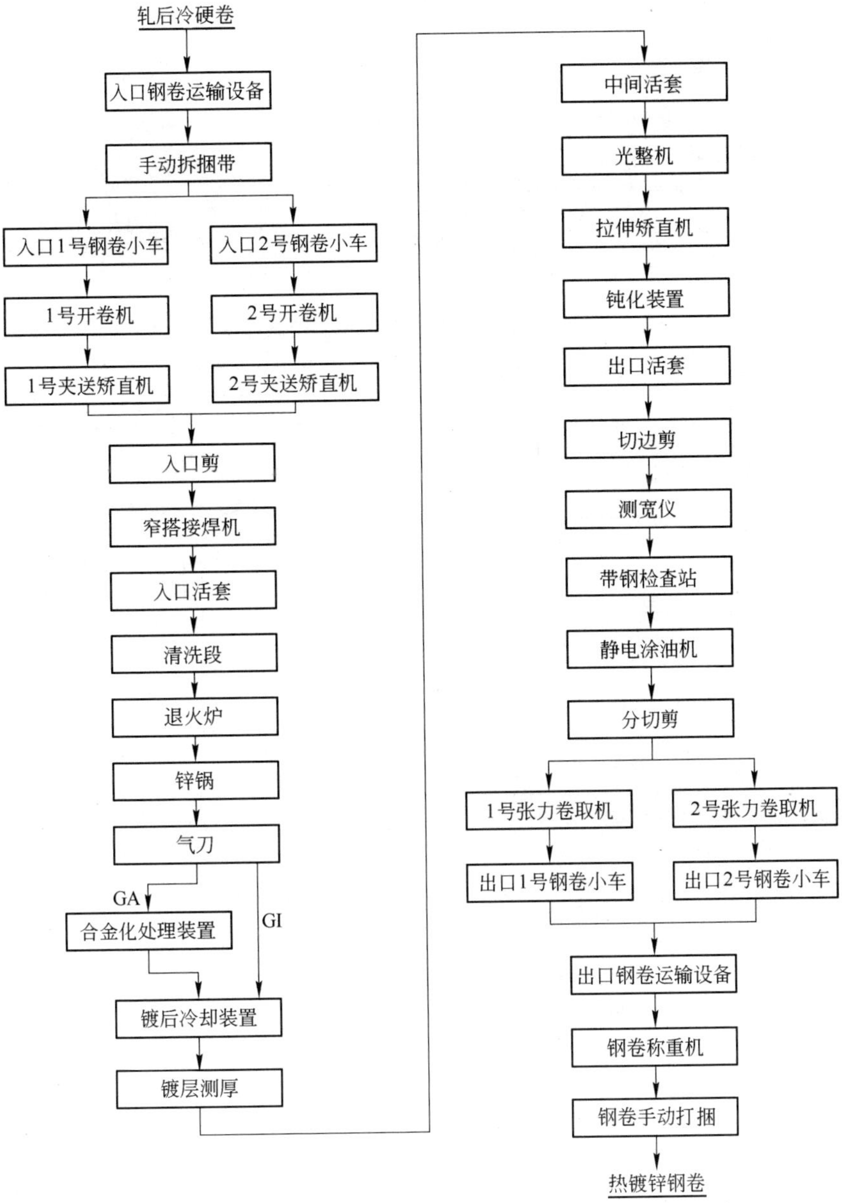

图6-4 1号热镀锌机组工艺流程图

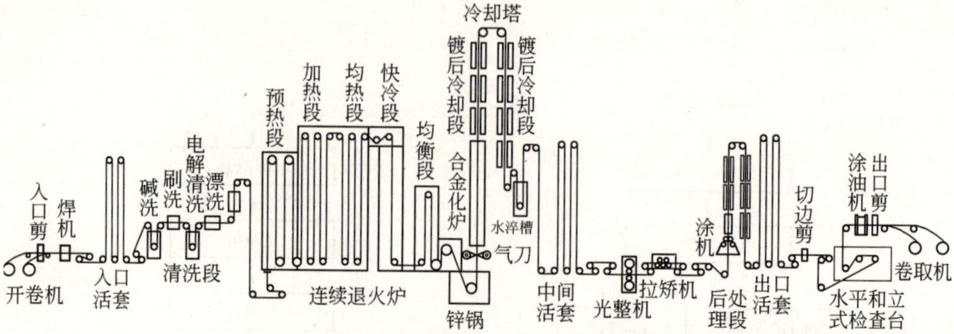

图6-5 1号连续热镀锌线平面布置图

表6-8 汽车用镀层系列钢板的主要品种及镀层性能特点

产品名称		镀层厚度(单面)/g·m^{-2}	产品特点	备注
热镀	1. 热镀锌钢板	60~300	耐蚀性好	包括普通锌花、小锌花、无锌花
	2. 合金化热镀锌钢板	30~90	焊接性、涂漆性优于热镀锌钢板	热镀锌钢板经合金化扩散退火而成
	3. 合金化+Fe-P(或Fe-Zn)双层镀层钢板	合金化镀层:30~90Fe-P(Fe-Zn):3~6	焊接性、涂漆性优于合金化热镀锌钢板	在合金化热镀锌钢板上电镀一层Fe-P或Fe-Zn,w(Fe)>80%
	4. 热镀铝钢板 Galvalume钢板	20~75 60~200	耐高温性,耐候性好	用作汽车消声器、排气管等
电镀	1. 电镀锌钢板	20~100	耐蚀性、焊接性好	
	2. 电镀Zn-Ni合金钢板	20~40	耐蚀性、焊接性优于电镀锌钢板	
	3. 电镀Zn-Fe合金钢板	20~40	涂漆性好	逐步被合金化热镀锌钢板所代替
	4. 电镀Zn-Ni+有机涂层钢板	Zn-Ni合金:10~40有机涂层:1 μm	优异的耐蚀性,特别抗穿孔腐蚀	为了环保要求,用无铬钝化技术取代铬酸盐钝化处理

表6-9 不同涂镀层材料及制造方法的表面处理钢板

种类	涂镀材料	制造法	名称
镀锌板	Zn	热镀	热镀锌钢板
		电镀	电镀锌钢板
	Zn-Al	热镀	热镀锌铝合金钢板
	Zn-Fe	热镀	合金化热镀锌钢板
		电镀	合金电镀锌钢板
		电镀锌+退火	合金化电镀锌板
	Zn-Ni	电镀	合金电镀钢板
	Zn-其他		

续表 6-9

种类	涂镀材料	制造法	名称
镀铝钢板	Al	热镀	镀铝钢板
镀铅钢板	Pb-Sn	热镀、电镀	镀铅钢板
镀锡钢板	Sn	电镀	镀锡板
镀铬钢板	Cr, CrO_x	电镀	TFS(镀铬板)
涂层钢板	有机树脂	涂层+烘烤	彩涂板
	树脂+(导电剂)	涂层+烘烤	可焊接涂层板

汽车上用的表面处理钢板要冲压成各种零件，通过焊接组装成车体，经过喷漆和烘烤处理后形成漂亮的表面。因此汽车工业对表面处理钢板的要求是非常高的，表面处理钢板的质量要求主要表现在如下方面：

(1) 成形性。高的冲压成形性能，高的 r 值，n 值和伸长率，适中的屈服强度，能冲压出复杂的零件而不破裂。

(2) 耐蚀性。镀层与基板有牢固的附着力，能在冲压零件时与基板一起变形而不脱落，要有高的耐腐蚀性能。

(3) 焊接性。冲压件之间易焊接连接。

(4) 表面特性。表面无锌花、合适的粗糙度、光洁平整无瑕点，镀层表面有良好的磷化性能，以保证涂漆后表面光亮美观。

汽车用涂镀层钢板的种类和构造可用图 6-6 来表示[17,18]。从各种涂镀层钢板耐穿孔腐蚀性能及涂镀层板开发方向来看(图 6-7)，合金化镀锌、厚镀层热镀锌以及有机复合涂镀层是很有前途的。

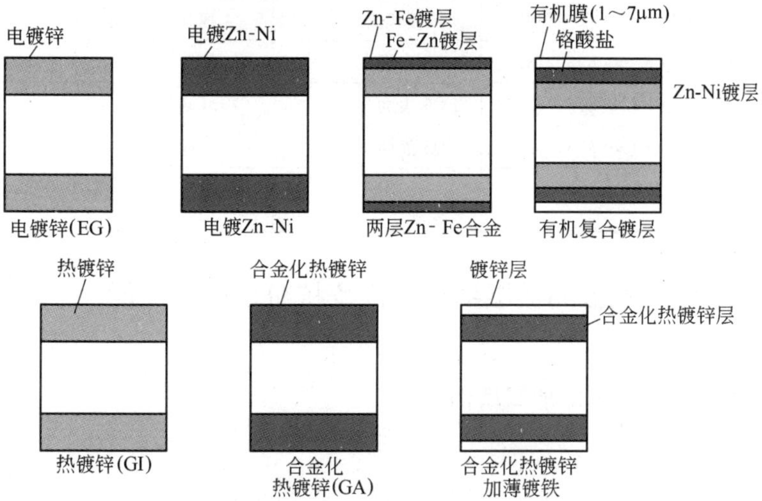

图 6-6 汽车用涂镀层钢板的种类和构造示意图

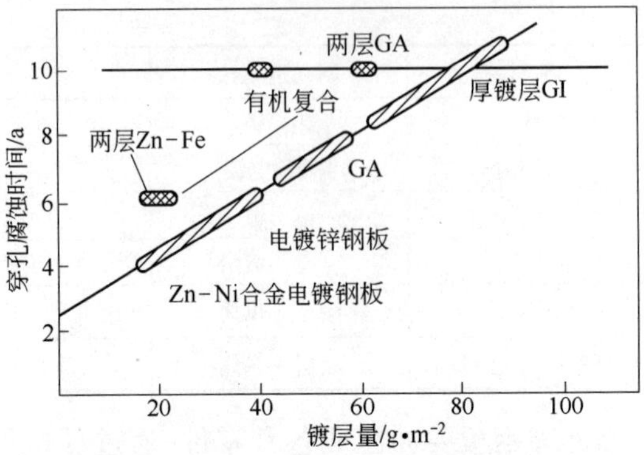

图 6-7　各种涂镀层钢板耐穿孔腐蚀性能及涂镀层板开发方向

表6-10为近年在我国汽车上常用的镀层钢板的规格、表面状态及性能要求。

表6-10　我国汽车上常用的镀层钢板的规格、表面状态及性能要求

钢　种	规格/mm×mm	表面状态	性能要求	主要用户
SECE	(0.6~2)×(1400~1825)	电镀锌 53/53 g/m²,70/70 g/m²	超深冲	一汽奥迪、红旗，上海大众桑塔纳
SECD	(0.8~1)×(1400~1600)	电镀锌 53/53 g/m²,70/70 g/m²		
St04z	(0.8~2)×(1400~1560)	热镀锌	无锌花、深冲	一汽奥迪
St05z	(0.7~2)×(1500~1550)	热镀锌	无锌花、超深冲	
St06z	(0.75~2)×(1400~1560)	热镀锌	无锌花、超深冲	
St07z	(0.8~1.2)×(1400~1950)	热镀锌	无锌花、超深冲	
St1405	(0.7~0.8)×(875~1820)	05 表面	冷轧深冲	
St1505	(0.7~0.8)×(875~1820)	05 表面	冷轧超深冲	
St1605	(0.7~0.8)×(875~1820)	05 表面	冷轧超深冲	
BH 系列			烘烤硬化高强度冷轧板	天津夏利

6.2　表面处理钢板的镀层结构特性及抗粉化剥落性能

6.2.1　表面处理钢板的镀层结构特性

6.2.1.1　电镀锌钢板

纯Zn电镀锌板是汽车车身覆盖件应用最多的钢板，这是由于电镀锌对基体钢板的性能和表面影响小。同时电镀锌还可用于单面镀，镀锌量易控制，镀层较薄，一般为 2.5 ~ 15 μm(20 ~ 105 g/m^2，密度为 7.14 g/m^3)。纯 Zn 电镀锌板的表面镀层为片层状晶体结构，图 6－8*a* 为纯电镀锌钢板的镀层表面形貌。可见镀层为片层状晶体结构，其晶体学织构可以通过改变电镀工艺参数进行改变。所有与晶体学织构有关的性能如腐蚀速率、摩擦系数、弯曲成形时的镀层破裂以及冲压成形时的镀层剥落等都可以通过改变电镀工艺参数进行优化。小角度晶体椎织构是最适合的织构组分。

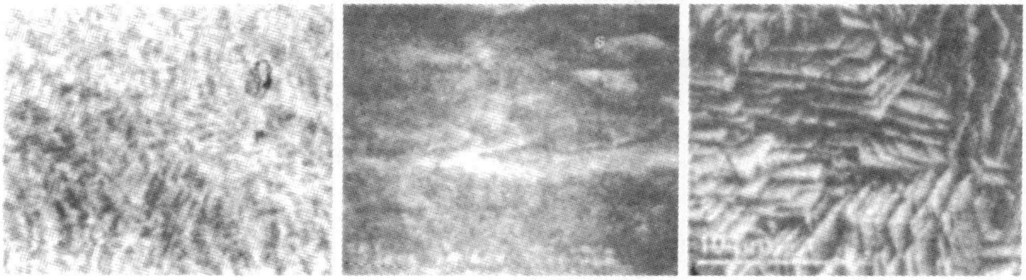

a　　*b*　　*c*

图 6－8　电镀锌钢板的镀层表面形貌

a—纯 Zn(ZE)；*b*—Zn-Ni(ZNE)；*c*—Zn-Fe(ZFE)

电镀 Zn-Ni 板在镀层中含 10% ~14% Ni，与纯电镀锌板比较，在盐雾腐蚀实验和加速腐蚀实验中，电镀 Zn-Ni 板的腐蚀速率低 2 ~4 倍，因此可采用薄镀层(4 ~ 7.5 μm，约 30 ~50 g/m^2)而不降低耐腐蚀性。含 10% ~14% Ni 的 Zn-Ni 镀层是由单一的合金相 γ 相(Ni_5Zn_{21})构成。其镀层表面没有纯电镀锌那种显著的晶体学微观形貌特征，但可看到小的岩层状的形貌特征(见图 6－8*b*)。Zn-Ni 合金镀层的耐穿孔腐蚀性比 Zn-Fe 合金差，基板的加速腐蚀是由于富 Ni 区的形成。因此，薄的 Zn-Ni 镀层常和薄的铬酸盐以及 1 ~2 μm 环氧树脂聚合物层结合使用。这些可焊接的复合镀层板在日本得到开发和利用并且也适合于北美和欧洲。

具有良好性能的电镀 Zn-Fe 镀层板具有低的腐蚀速率、高的抗粉化性能、良好的焊接性能、优越的涂漆附着性和无镍结构。电镀 Zn-Fe 镀层板间有热镀 Zn-Fe 合金化镀锌板的优良特性和电镀锌板的性能、所期望的良好的成形性和表面形貌。电镀 Zn-Fe 镀层板的镀层(典型的为 5 ~7 μm，约 35 ~50 g/m^2)由单纯的锌中含 15% Fe 过饱和固溶体相组成。其微观结构通常为相当数量的细小的合金电镀时常见的片状晶。在镀层表面的低铁含量处有显著的结晶学微观形貌(图 6－8*c*)，在富铁含量区有大的结节形特征。尽管有这些优点，电镀 Zn-Fe 合金镀层板仅在日本和美国生产。其原因主要是由于镀层的铁含量对电镀条件变化非常敏感并且用不溶解阳极进行硫酸盐电解时难以控制 Fe^{3+}。

在电镀锌板的钝化处理工艺中，过去主要采用 6 价铬(Cr^{6+})盐进行钝化处理，但近年来世界范围日益高度关注环保问题，欧洲、日本等许多工业发达国家的电镀锌厂逐步废除了对环境污染的铬酸盐钝化处理工艺，实现了无铬化生产，我国的部分电镀锌厂也采用了无铬钝化处理工艺。

图 6－9 给出了典型电镀锌钢板的镀层结构示意图。

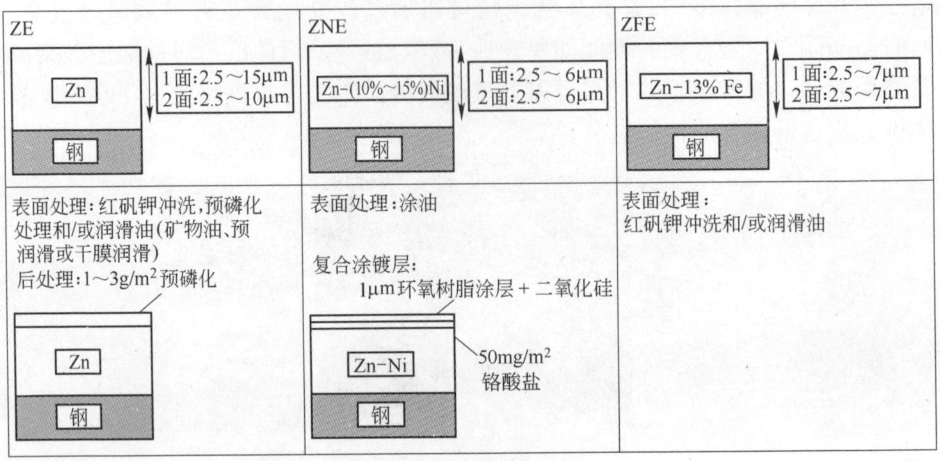

图 6－9　典型电镀锌钢板的镀层结构示意图

6.2.1.2　热镀锌钢板

通过热浸镀锌工艺生产的纯 Zn 热镀锌钢板是使用最广泛的镀层钢板。通常的无铅低光亮度纯 Zn 热浸镀锌钢板镀层厚度范围为 6～20 μm(40～140 g/m^2,密度 7.15 g/cm^3),广泛应用于非暴露件制造,但一些汽车企业取热浸镀锌板的成本低和重要的表面质量改进的优点,成功地将热浸镀锌板用于汽车外覆盖件上。热浸镀锌板的镀层结构特征是镀锌层通过薄的 Fe_2Al_5 金属间化合物层与基板紧密结合(见图 6－10)。热浸镀锌板的表面光滑,除锌晶粒晶界和平整辊压痕外无明显特征。

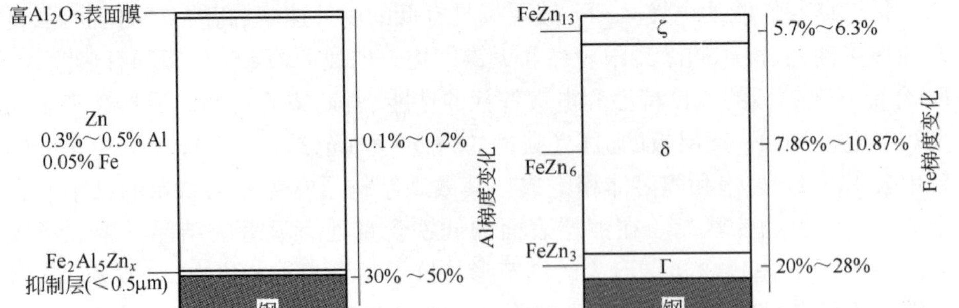

图 6－10　热浸镀锌与合金化镀锌层结构比较

a—热浸镀锌;*b*—合金化镀锌

合金化镀锌板是钢板通过在低含铝量(<0.15% Al)的锌锅中热浸镀后直接在490～540℃下短时间的退火过程中Zn和Fe的相互扩散而形成Zn-Fe合金镀层板(见图6－11)。

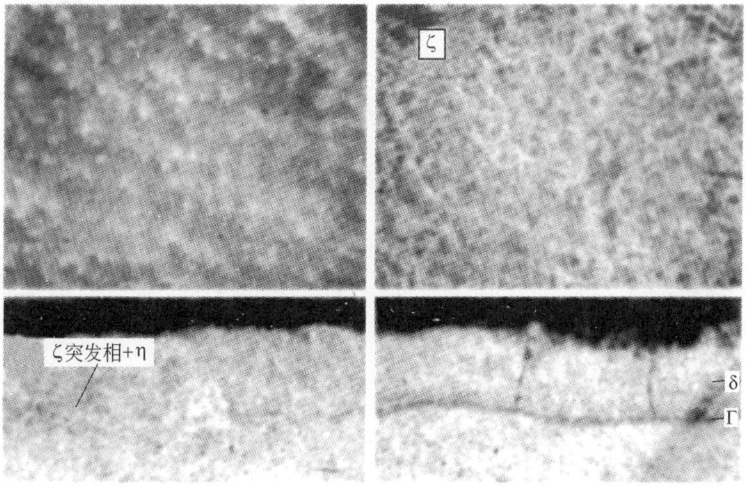

合金化热镀锌工艺　　　　最终产品

图6－11　合金化镀锌板中通过合金化产生的典型的突发状组织特征
(合金化微观组织主要由δ相组成(右图),其余的是表面ζ相和薄的Γ相界面层)

合金化镀锌板大部分用于汽车的非暴露件,但用于汽车覆盖件的用量也在增加。其典型的镀层厚度范围为6～11 μm(40～80 g/m^2)。该产品表面呈暗灰色,工业合金化镀锌板的镀层结构特征是由Fe-Zn合金化合物组成的层状结构。在钢基板与δ相之间是一层薄的Γ相界面层。其余的ζ相小晶体形成多孔状镀层表面(见图6－10、图6－11)。

其他热浸镀锌板还有Galfan(镀层成分为Zn-5% Al-(0.01～0.02)% La,镀层厚为7～19.5 μm、80～215 g/m^2,密度为6.6 g/cm^3)和Galvalume(镀层成分为:Zn-55% Al-1.5% Si)。热浸镀锌板的镀层结构如图6－12所示。

6.2.1.3　有机涂层钢板

有机涂层钢板是在连续涂镀线上用聚合物有机脂材料涂在冷轧钢板、热镀锌板或电镀锌板表面而生产的一类表面处理钢板。有机涂层可以是单面也可以是双面。这种涂镀层钢板表面具有第二功能层,有机膜采用电喷涂系统涂制,包括以下聚合物:

(1) 聚酯(15～25 μm):高光亮度、韧性好,家电适用型防锈涂层;

(2) 硅酮改进型聚酯(5～25 μm);

(3) 聚丙烯(5～25 μm);

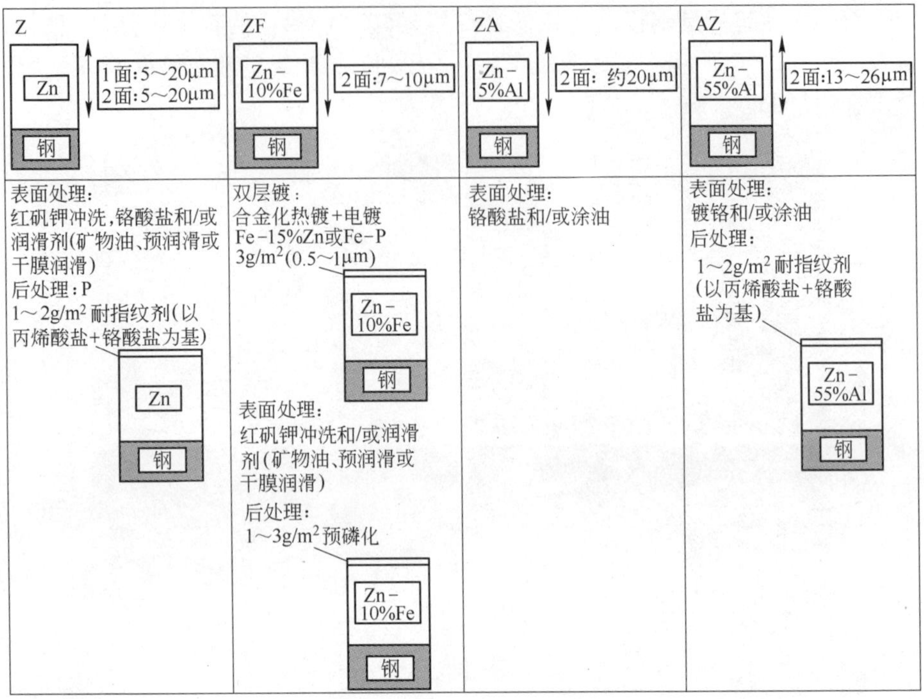

图 6－12 热浸镀锌板的镀层结构示意图

(4) 环氧树脂(3～15 μm);

(5) 聚乙二烯氟化物,PVF(20～25 μm):颜色稳定,应用于受轻微侵蚀颜色耐久性高的建筑物外部;

(6) 聚氯乙烯,PVC(有机溶胶:30～60 μm;塑料溶胶:80～400 μm):用于长期耐久性的建筑物外部。

此外,一些表面处理钢板的后处理产品近年也得到开发和应用。图 6－13 为有机涂层钢板和后处理钢板的涂镀层结构示意图。

6.2.2 表面处理钢板的抗粉化、剥落性能

表面处理钢板尤其是镀锌板在冲压成形中的抗粉化剥落性会影响其冲压成形性。镀层剥落有两种类型,第一种是以粉末形式脱落,即"粉化"(Powdering),第二种是以鳞片型脱落为"剥落"(Flaking)。粉化可定义为由于镀层内部失效而形成颗粒状物,此时颗粒尺寸一般小于镀层厚度。剥落可定义为镀层与基板界面之间附着失效而形成的片状颗粒,此时颗粒的尺寸一般与镀层的厚度相近或大于镀层的厚度。两种失效形式的示意图如图 6－14 所示[19]。

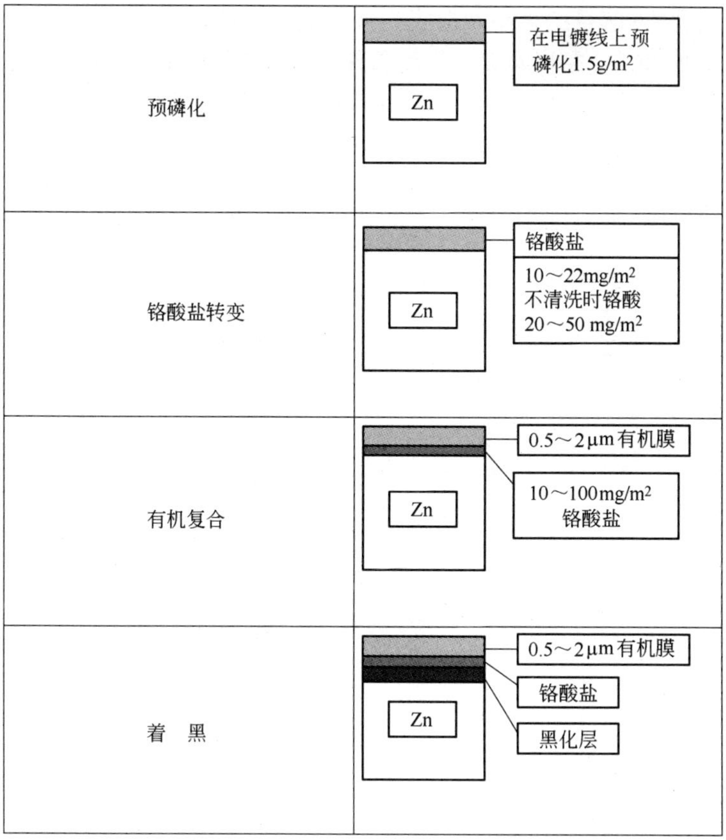

图 6－13　不同类型的镀锌钢板后处理产品涂镀层结构示意图

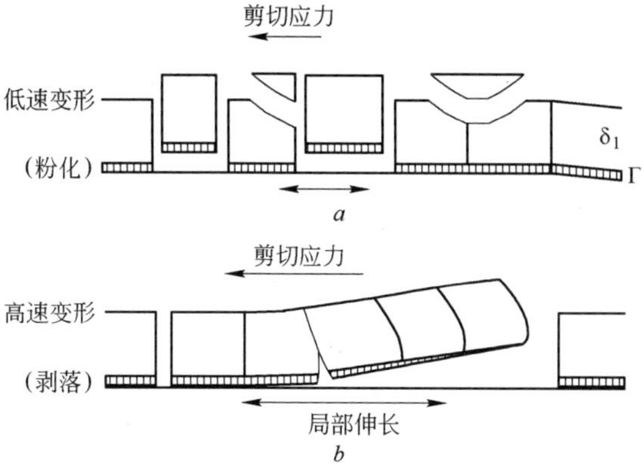

图 6－14　镀层粉化与剥落示意图

镀层粉化、剥落量的大小及形式与镀层成分、结构、性能、厚度及成形条件等因素有关。如 IF 钢，在相同镀层厚度条件下，Ti + Nb-IF 钢的抗粉化性能要优于 Ti-IF 钢（见图 6 – 15）[20]。图 6 – 16 为不同的合金化热镀锌板和电镀锌板的粉化量比较的实验结果[10]。

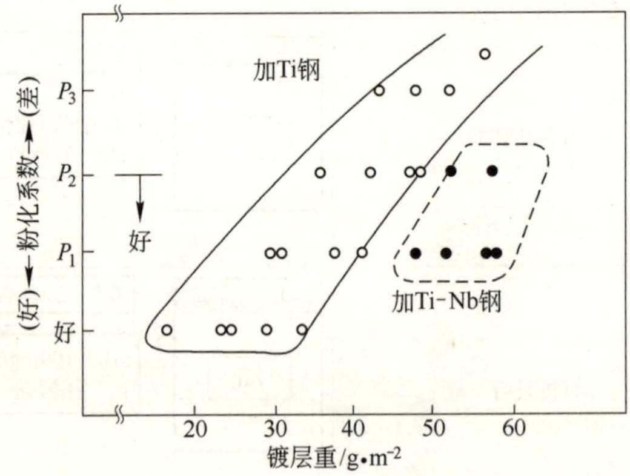

图 6 – 15　Ti-IF 钢与 Ti + Nb-IF 钢的抗粉化性能

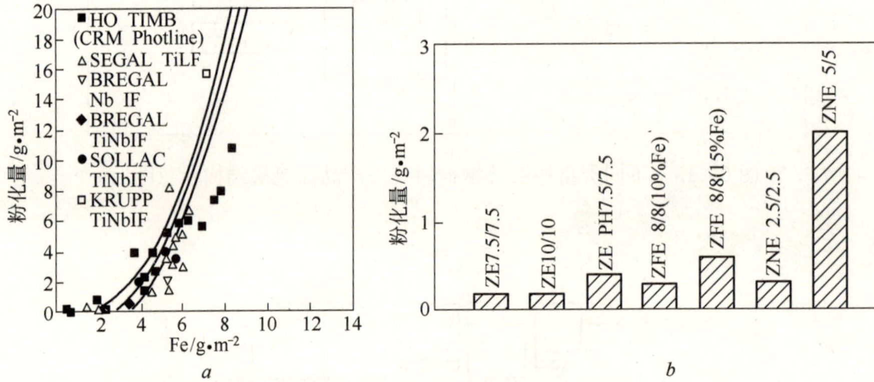

图 6 – 16　不同的合金化热镀锌板和电镀锌板的粉化量比较的实验结果
a—合金化热镀锌板；*b*—电镀锌板

久恒智彦等采用压延筋拉伸实验测定了不同镀锌板的剥落量（见图 6 – 17）[21]。实验表明，合金化镀锌板的锌剥落量与影响锌层构造的合金化温度密切相关（见图 6 – 18）[22]。

图 6 – 19 示出了实验室制备的不同含 Fe 量的合金化镀锌钢板的抗粉化性能[14]。随着含 Fe 量和镀层重量的增加，镀层剥落量增大。由于“粉化”发生在镀层与基体的界面上，可以认为这种剥落是由于该界面中 Γ 相的脆性引起的。Γ

相厚度可以通过断面金相分析测出，它对镀层剥落量的影响如图 6 - 20 所示。降低 Γ 相含量主要是通过控制镀层中的 Fe 含量来实现的。当然，Γ 相的形成还与熔融 Zn 中的 Al 含量有关。图 6 - 21 显示了不同 Al 含量对抗粉化能力的影响。在镀层含 Fe 量相同的条件下，镀层剥落量随着锌液熔池中 Al 含量的提高而降低。

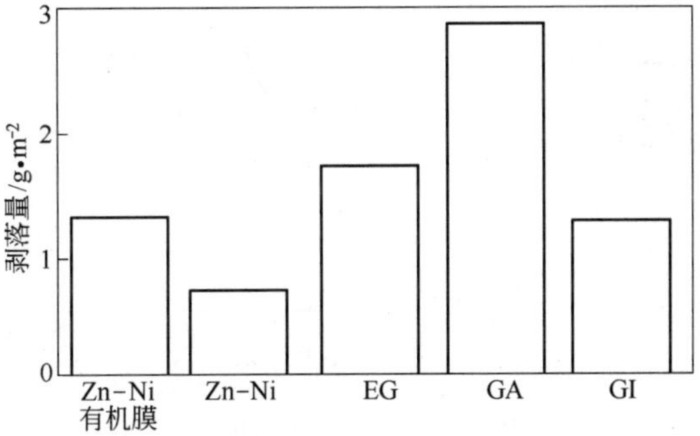

图 6 - 17 采用压延筋拉伸实验测定的不同镀锌板的剥落量评价结果

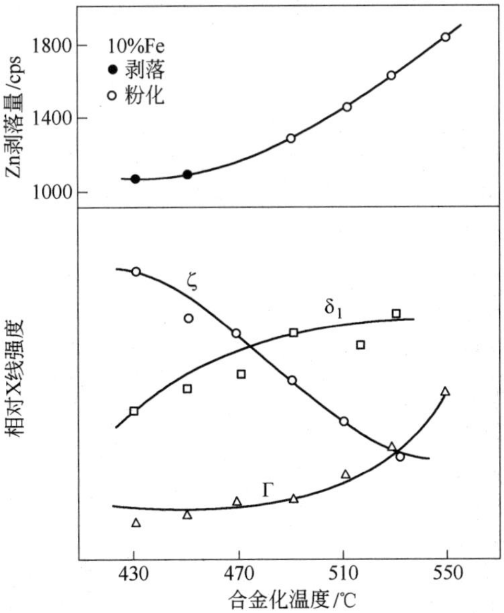

图 6 - 18 合金化镀锌板的锌剥落量与影响锌层构造的合金化温度的关系

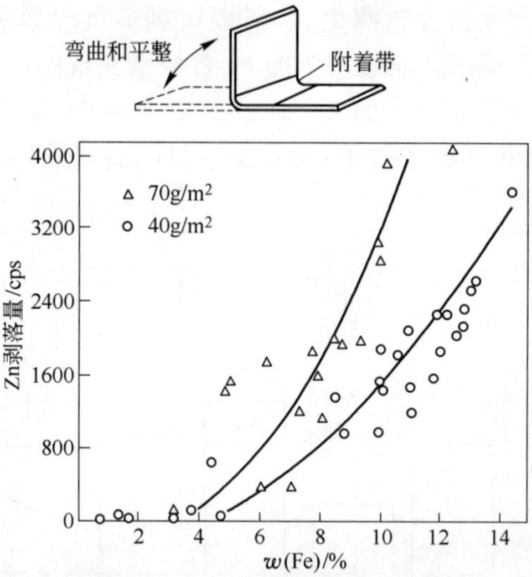

图 6－19　合金化镀锌钢板的 Fe 含量和镀层重量对抗粉化性能的影响

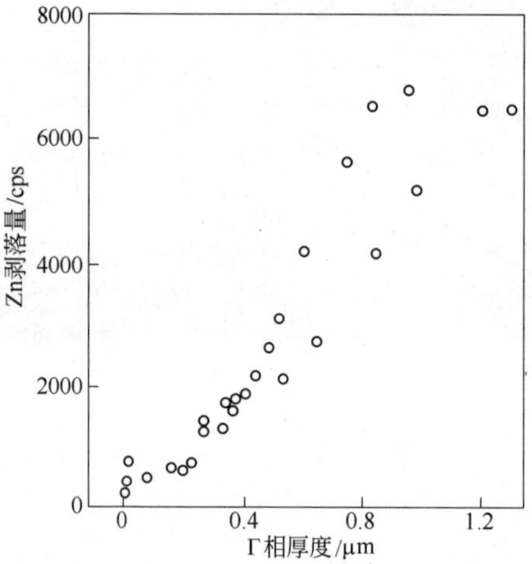

图 6－20　Γ 相的厚度对镀层剥落量的影响

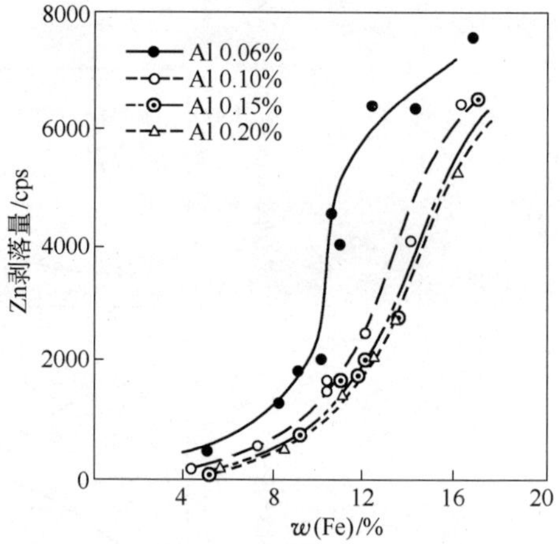

图 6－21　熔融 Zn 中的 Al 含量与镀层中的 Fe 含量对镀层剥落量的影响

镀层剥落是镀锌钢板在高压下塑性变形时产生的。剥落现象常与摩擦系数有关,原因是高的摩擦系数会使变形过程中金属流动不充分。用拉拔模拟实验机研究镀锌钢板的防剥落性能的结果表明,拉拔力随镀层含 Fe 量下降而增大,在需要较大拉拔力的试样上观察到了严重的剥落现象。当 ζ 相含量增加时,拉拔力随之增大,当 ζ 相含量超过 50% 时,可以观察到严重的剥落现象。处于镀层外部的ζ相,被认为与拉拔模发生粘连,从而导致了高摩擦系数与剥落现象。ζ相含量可以通过合金化处理工艺制度来控制[14]。

通过冲压成形实验表明,纯电镀锌板(EG)和热镀锌板(GI)的冲压成形表面损伤形式不同,纯电镀锌板的成形表面损伤多为粉化和剥落,而热镀锌板多为沿晶界开裂和剥落(见图6-22、图6-23)[23]。

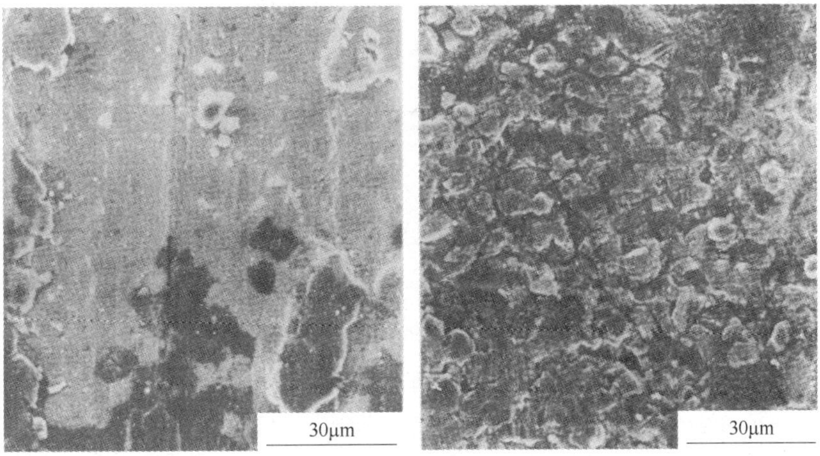

a　　　　b

图6-22　电镀锌板(EG)的表面损伤状态观察结果

a—摩擦表面; b—非摩擦表面

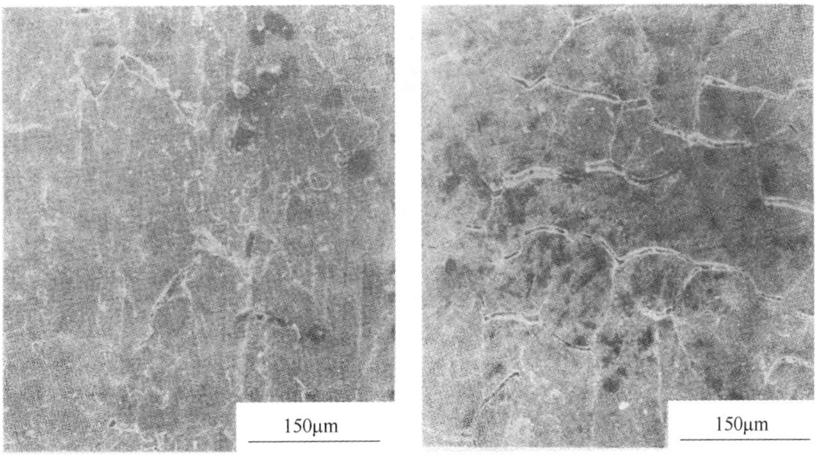

a　　　　b

图6-23　热镀锌板(GI)的表面损伤状态观察结果

a—摩擦表面;b—非摩擦表面

工业上常用的评价镀层板抗粉化和剥落的实验有：折叠试验、球冲试验、弯曲试验等，近几年又提出了一些其他试验方法，如图6-24所示[20]。

条　件	压边圈试验	拉伸试验	V型弯曲试验	拉拔试验
压边梗半径	R5mm			
压边梗高度	5mm			
冲头半径			R2mm	
阴模半径	R2mm		R2mm	
速　度	300mm/min	10mm/min	100mm/min	300mm/min
试件尺寸	40mm×150mm	40mm×150mm	40mm×150mm	40mm×150mm
成形示意图				

图6-24　工业上常用的评价镀层板抗粉化、剥落的实验方法

（1）拉伸试验（Tensile Test）。利用单向拉伸试验在给定的变形程度下，观察镀层表面开裂和脱落情况，测量脱落颗粒的化学成分及镀层重量损失。

（2）V型弯曲试验（V Bending Test）。在给定的弯曲角度下，经弯曲变形后测量镀层重量损失、颗粒化学成分及表面形貌。

（3）压边圈试验（Drawbead Test）。带材在拉力作用下，通过给定压边力的压边圈，测定由于变形及摩擦造成的镀层重量损失、开裂及脱落情况。

（4）拉拔试验（Drawing Test）。带材在拉力作用下通过给定压边力的一对模具，测量镀层重量损失以及材料的转移情况。

在成形试验后，镀层的粘附性可以用其剥落量来确定，主要有以下几种方法：

（1）质量法。测量变形前后单位面积上镀层金属损失。

（2）X射线荧光分析法。测量在透明胶带上镀层金属剥落量的计数。

（3）直观法。对照预先指定的图谱，判断透明胶带上镀层粉化级别。

（4）分光光度计分析。通过测量透明胶带上镀层金属的光密度值判断剥落量。

（5）图像分析仪测量。测量粘有镀层颗粒的透明胶带灰度来判断剥落量的级别。

（6）原子吸收光谱分析。将粘有颗粒的胶带溶于盐酸中，用原子吸收分析测量其Fe、Zn原子含量。

6.3 表面处理钢板的耐腐蚀性能

汽车覆盖件通常钢板厚度在 0.8 ~ 1.2 mm，在大气暴露环境条件下，将很快腐蚀生锈并穿孔。而经过表面处理的钢板随表面处理材料和工艺不同，其耐腐蚀性能差别明显。就镀锌板而言，镀锌层厚度是一个重要指标。日本 JFE 公司在对汽车腐蚀情况调查的结果中发现，处于低湿度环境下的汽车搭接件的腐蚀深度，随镀锌层厚度的增加而减少。当钢板镀锌层厚度超过 45 g/m^2 时，腐蚀程度很小。图 6-25 表示在低湿度环境下行驶 5 年后的汽车搭接件的腐蚀深度与镀锌层厚度的关系。可见，无镀锌层的裸钢板，5 年后的腐蚀深度最大可达 1.2 mm并发生穿孔，而镀锌层厚度 70 g/m^2 的镀锌板腐蚀深度不到 0.2 mm。

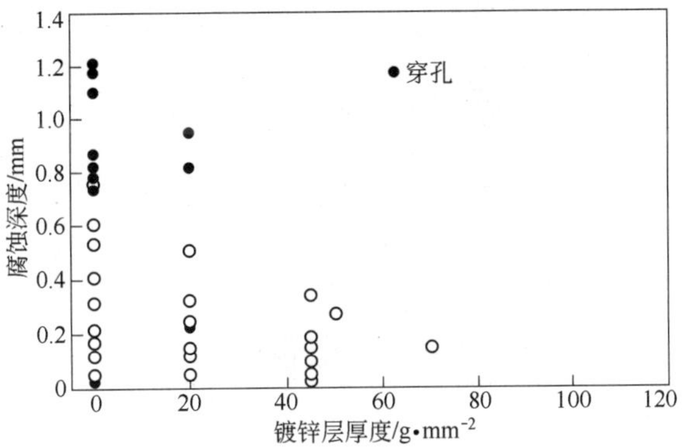

图 6-25 在低湿度环境下行驶 5 年后的汽车搭接件的腐蚀深度与镀锌层厚度的关系

表面处理钢板的耐腐蚀性能与镀层成分、镀层结构、性能、厚度、生产工艺过程参数以及成形条件密切相关。表面处理钢板的耐腐蚀性能实验通常采用实验室快速腐蚀实验和大气暴露试验。

图 6-26 为合金化镀锌板的划伤区腐蚀过程及产物[10]。对不同的镀层板在成形前（图 6-27）和成形后（图 6-28）分别采用周期腐蚀试验（CCT），观察红锈和白锈生成百分比的结果可见[24]，在塑性成形前（图 6-27），电镀锌板（图中的 UZ）的红锈生成率最高，喷涂锌板（图中的 ZRP）要好一些，而表面涂有有机树脂膜的 Zn-Ni 镀层板（图中的产物-A，表面有机树脂膜厚 1 μm，Zn-11% ~ 13% Ni，20 ~ 30 g/m^2），当 CCT 实验周期达到 200 时仍无红锈。在塑性成形后（图 6-28），喷涂锌板（图中的 ZRP）和电镀锌板（图中的 UZ）表面生成的白锈和红锈量相近，但表面涂有有机树脂膜的 Zn-Ni 镀层板（图中的产物-A）表面不仅无红锈生成，白锈生成量也仅达到 25% 左右。

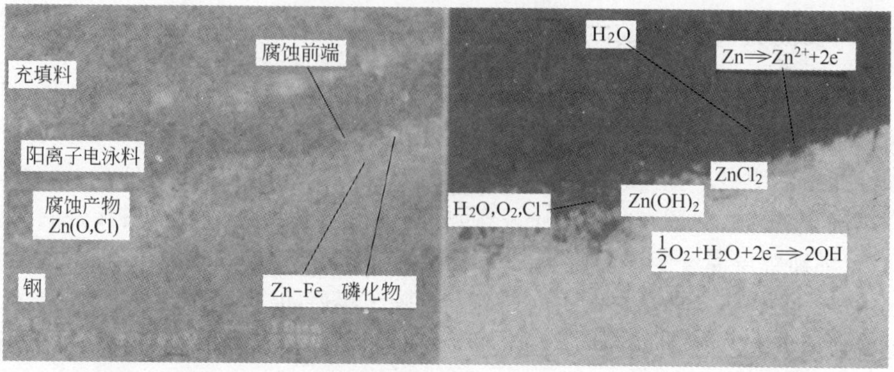

图 6－26　合金化镀锌板划伤区的腐蚀过程及产物

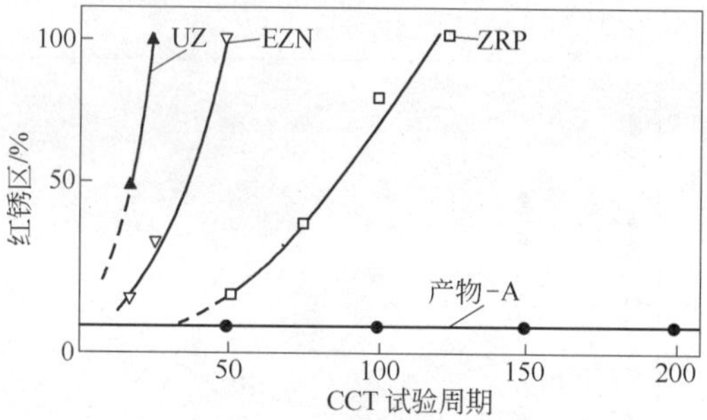

图 6－27　CCT 试验后各种镀层板的耐蚀性试验测定结果
（CCT：SST 5 h—干燥 2. 5 h—HCT2. 5 h）
ZRP：喷涂锌板 15 μm；EZN：Zn-11% Ni 镀层板，30 g/m²；UZ：电镀锌板，70 g/m²
产物-A：表面有机树脂膜厚 1 μm，Zn-11% ～13% Ni，20 ～30 g/m²

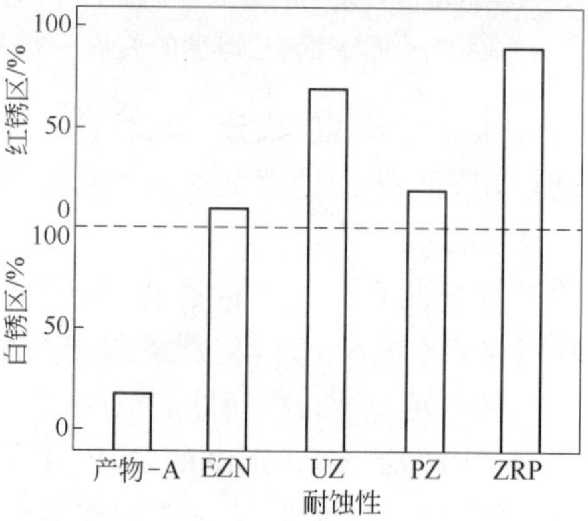

图 6－28　冲杯成形后经 CCT 试验的各种涂镀层板的耐蚀性试验测定结果
成形条件：坯料直径 ϕ100 mm；冲头直径 ϕ50 mm；冲模直径 ϕ52 mm；冲压高度 30 mm
ZRP：喷涂锌板 15 μm；EZN：Zn-11% Ni 镀层板，20 g/m²；
UZ：电镀锌板，70 g/m²；PZ：热浸镀锌板 120 g/m²；
产物-A：表面有机树脂膜厚 1 μm，Zn-11% ～13% Ni，20 ～30 g/m²

V. Leroy 研究了电镀和蒸汽镀不同成分的镀层板在盐雾实验条件下的耐蚀性,其试验结果见图 6-29,各镀层板的镀层成分见表 6-11[25]。

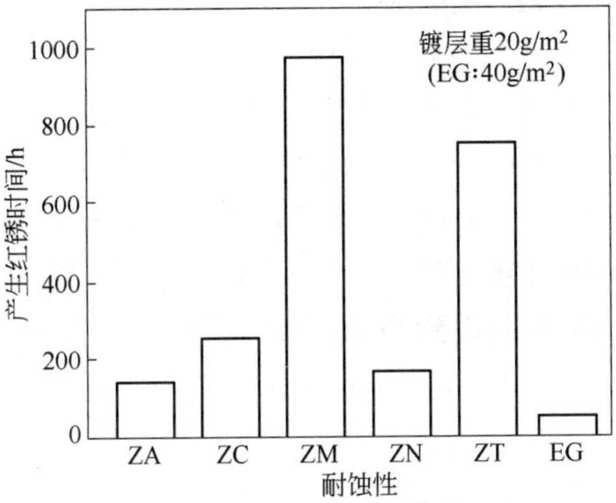

图 6-29 盐雾实验条件下各镀层板的耐蚀性试验结果

表 6-11 各镀层板的镀层成分及镀层重量

镀层板代号	材料	镀层成分	镀层重量/g·m^{-2}
ZA ZC ZM ZN ZT	蒸汽镀钢板	Zn-10.7% Al Zn-10.0% Cr Zn-10.0% Mg Zn-9.7% Ni Zn-9.8% Ti	20
EG	电镀锌钢板	100% Zn	40
EN	电镀钢板	Zn-12% Ni	20

根据 N. Morito 的研究[14],合金化镀锌钢板与其他镀锌钢板相比,具有更好的耐蚀性,原因如下:

(1) 有足够厚的镀层;

(2) 与纯 Zn 相比,经合金化的镀锌层的电位更趋于正向,这使得腐蚀速度较低,涂漆后,起泡的倾向较小。

通过户外挂片实验和实验室的加速腐蚀实验,研究了合金化镀锌钢板的耐蚀性。试样经磷化、涂覆 20 μm 厚的涂层后,放入盐雾箱内,随着铁含量的增加,起泡的宽度下降。这种规律的极限情况是冷轧钢板起泡趋势比镀锌钢板小。然而,随着铁含量的增加,镀层的抗粉化能力下降,所以,综合考虑各种性能,铁的最佳含量为 10% 左右。

户外挂片实验在日本的冲绳进行。比较涂有三道漆的合金化镀锌钢板与其他镀锌钢板的疤结宽度,合金化镀锌钢板在两年后才出现可以测量的疤结,显示了优越的耐大气腐蚀性能,40 g/m^2 的合金化镀锌钢板的耐蚀能力与 90 g/m^2 的热浸镀锌钢板相当。

用盐雾实验研究了有无涂层的镀锌层厚度损失。结果表明,镀层厚度对耐蚀性的影响很大。电镀 Zn-Ni 钢板在无涂层时的耐蚀性相对较好,而合金化镀锌钢板则更适合在有涂层的条件下使用。

由于合金化镀锌钢板具有很好的耐大气腐蚀及耐海洋性气雾腐蚀性能,因而适合做汽车车体的内外面板。

另外,近年国内外开发的在镀层板表面涂覆有机树脂薄膜层的有机复合涂镀层钢板间有成形润滑和防腐两种功能。通过改进涂镀层表面成分及结构,使板材的成形性和耐蚀性同时得到明显提高。图 6 – 30 为两种有机复合涂镀层钢板(自润滑板 1、自润滑板 2)与表面涂铬酸盐膜的电镀锌板(电镀锌板-Chro)耐蚀性比较[26]。

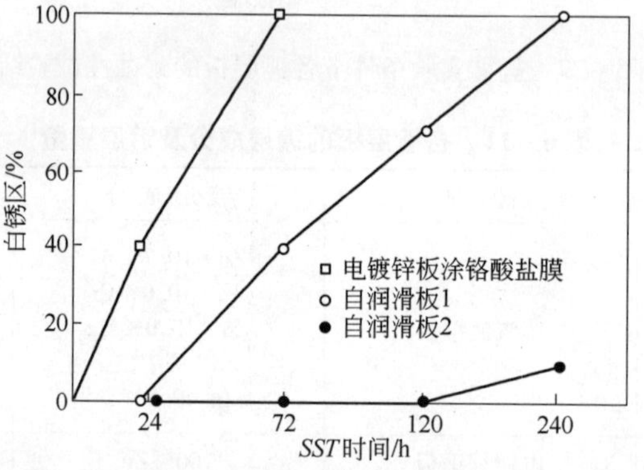

图 6 – 30　有机复合涂镀层钢板(自润滑板 1、自润滑板 2)与表面涂铬酸盐膜的电镀锌板(电镀锌板 – Chro)在冲杯成形后进行盐雾实验条件下的耐蚀性比较

6.4　超深冲 IF 钢镀锌板与先进高强镀锌板

6.4.1　超深冲及高强 IF 钢热镀锌板

6.4.1.1　超深冲热镀锌 IF 钢成分及工艺对屈服强度的影响

热镀锌 IF 钢产品凭借优良的超深冲性能和耐蚀性,在汽车尤其是中高档乘用车生产上得到广泛应用[27,28]。热镀锌 IF 钢的成形性能已达到 EDDQ 或 SEDDQ 的超深冲水平。在常用的成形性能指标中,除 r 值和 n 值外,屈服强度也是其重要的性能之一。当屈服强度过高时冲压容易开裂,当屈服强度过低时冲压容易起皱,如何通过工艺优化来满足不同用户对屈服强度性能的需求。影响 IF 钢屈服强度的因素主要有化学成分、热轧卷取温度、冷轧退火工艺以及平整量

等。文献[29]通过试验研究认为影响屈服强度的主要因素为平整量,其次为磷、碳。图 6-31 为试验确定的 IF 钢热镀锌板中磷、碳及平整量对屈服强度的影响规律[29]。其结合现场生产情况,对 IF 钢热镀锌板进行改进后的平整量及碳、磷含量与典型 SEDDQ 对应工艺参数对比见表 6-12,相应的成形性能值见表 6-13。可见,其成形性能达到了很高的水平。

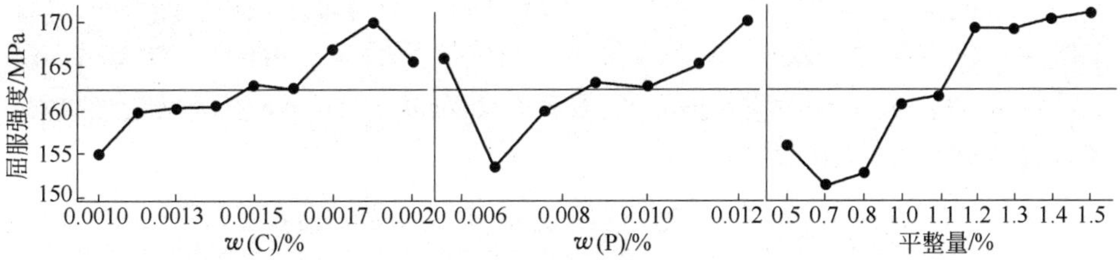

图 6-31 IF 钢热镀锌板中磷、碳及平整量对屈服强度的影响规律

表 6-12 根据用户需求不同选择的 IF 钢热镀锌板的平整量和碳、磷含量

名 称	平整量/%	w(C)/%	w(P)/%
典型 SEDDQ	1.1	15×10^{-4}	90×10^{-4}
用户需求 1	0.5	10×10^{-4}	90×10^{-4}
用户需求 2	1.4	13×10^{-4}	170×10^{-4}

表 6-13 IF 钢热镀锌板不同的平整量和碳、磷含量(对应表 6-8)的板材性能

性 能	屈服强度/MPa	抗拉强度/MPa	伸长率(80 mm)/%	r_{90}	n_{90}
用户需求 1	110~160	≥260	≥42	≥2.0	≥0.22
需求 1 性能平均值	137.6	280.4	47.7	2.77	0.24
用户需求 2	160~200	280~340	≥41	≥2.20	≥0.20
需求 2 性能平均值	180.9	309.6	43.9	2.46	0.22

6.4.1.2 Nb 固溶 Ti-IF 深冲合金化热镀锌高强钢板

众所周知,超低碳无间隙原子钢(IF 钢)中的 C 和 N 几乎都被添加的 Ti 和/或 Nb 固定了,不但具有优良的成形性能,而且还无时效性,因此适合做汽车钢板。特别由于它的无时效性,IF 钢可以毫无困难地在无过时效段的连续热镀锌线(CGL)上处理。所以,无论作为热轧、冷轧钢板还是热镀锌或合金化热镀锌钢板,IF 钢都得到大规模工业化生产和应用。而且,深冲镀锌高强 IF 钢更具有集良好成形性、耐候性和高强度于一体的多重优良性能,例如,超低碳镀锌 BH 钢、含 P 镀锌高强 IF 钢等。但有报道称,Nb、Ti 复合添加的超低碳 BH 钢具有良好的烘烤硬化(BH)性能、合金化热镀锌钢板低粉化性、低的二次冷加工脆性以及优良的 r 值,但由于在 Nb、Ti 复合添加的超低碳 BH 钢中存在残留的固溶碳,所

以在工业化大规模生产时有困难。

对此，有的研究者进行了抗拉强度大于390 MPa的Nb固溶深冲合金化热镀锌Ti-IF高强钢的开发。其试验用钢的化学成分如表6－14所示，该成分与440 MPa级别的适合合金化热镀锌的Nb固溶Ti-IF高强钢的成分相同[30]。将热轧板冷轧至0.8 mm之后，在850℃退火60 s。试样在650～850℃的给定温度预加热40 s，然后将试样浸入Zn-Al（质量分数0.14%）的合金溶液中，保持2 s，试样温度在430～580℃。Zn-Al合金液在相同的气氛中加热至460℃。获得单面镀层厚度为60 g/m^2 的热镀锌钢板。根据表面（50 mm×150 mm区域）露点的数量评价锌液对钢板的润湿性。

表6－14　Nb固溶Ti-IF钢的化学成分（质量分数）　　（%）

C	Si	Mn	P	Ti	Nb	N
0.003	0.01	1.5	0.10	0.07	0.05	0.002

图6－32显示了加热温度和 H_2 含量对Nb固溶Ti-IF高强钢露点的影响，并与传统Ti-IF软钢作比较[30]。由图可知，在每一种条件下，锌液对传统Ti-IF钢的润湿性都很好。但在Nb固溶Ti-IF高强钢的试样表面发现许多露点。由此可知，与传统Ti-IF钢相比，锌液对Mn、P含量高的Ti-IF高强钢的润湿性不好。可见，在Nb固溶Ti-IF高强钢上露点的数目依赖于加热温度和还原气体中 H_2 的含量，即提高加热温度和 H_2 含量，露点显著减少，但当加热温度低于750℃时，无论 H_2 含量是多少，试样上都存在无数的露点。而且当加热温度高于800℃，还原气体中含40%～50% H_2（体积分数）时，露点消失。

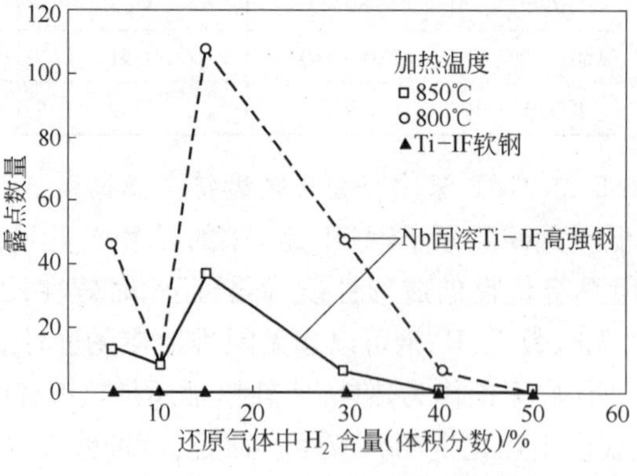

图6－32　与Ti-IF软钢比较加热温度和 H_2 含量对Nb固溶Ti-IF高强钢露点的影响

（Ti-IF软钢，加热至650～850℃）

图 6－33 显示了热浸镀之前钢板温度对露点的影响，并与传统 Ti-IF 钢对比[30]。如图所示，对于 Ti-IF 软钢，每一种条件下，锌液对钢板的润湿性都很好，但对于 Nb 固溶 Ti-IF 高强钢，锌液对钢板的润湿性很差。不过，随着热浸镀之前的钢板温度提高，露点明显减少。当 Nb 固溶 Ti-IF 高强钢板在 50% H_2-N_2（体积分数）的还原气氛中加热至 850℃，热浸镀前钢板温度提高到 490℃ 以上时，露点可以消除。

表 6－15 显示了所研发的固溶 Nb 的深冲合金化热镀锌 Ti-IF 高强钢产品的典型力学性能，抗粉化性能和深冲诱发脆性抗力[30]。通过上述化学成分和工艺条件控制，每一种产品都具有优良的性能，适合加工汽车零件。所开发的 390～440 MPa级别的含 0.05% 固溶 Nb 的深冲合金化热镀锌 Ti-IF 高强钢，通过低温卷取改善了 *r* 值。这些钢不仅用于汽车内板，也应用于前纵梁、中心横梁以及其他减轻汽车车身重量的零件。

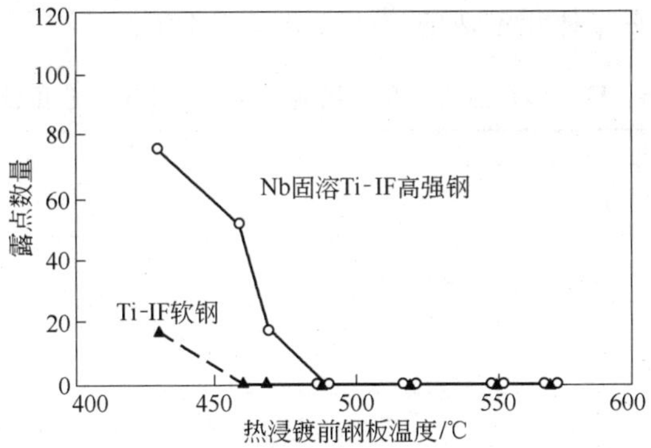

图 6－33　热浸镀之前钢板温度对露点的影响（加热温度：850℃）

表 6－15　390～440 MPa 级 Nb 固溶 Ti-IF 深冲合金化热镀锌高强钢的典型力学性能

强度级别 /MPa	力学性能				抗粉化性能 /g · m^{-2}	深冲诱发脆性/℃
	R_e/MPa	R_m/MPa	A_t/%	*r* 值		
390	260	410	35.9	1.6	小于 0.1	－80
440	310	470	32.5	1.5		－60

表 6－16 为日本开发生产的 390～440 MPa 级高强超深冲 IF 钢合金化镀锌钢板的性能。可见，390～440 MPa 级高强超深冲 IF 钢合金化镀锌钢板（GA）显示良好的成形性能，多用于汽车的内板件及结构件。虽然这类板材用于外板还很难，但通过采取减少 Si、Mn、P 含量，细晶强化和微细 Nb 析出物的沉淀强化，改进的 440 MPa 级超深冲 IF 钢 GA 板已经达到实用化水平[1]。

表 6－16　日本开发生产的 390～440 MPa 级高强 IF 钢合金化镀锌板性能

强度级别/MPa	成分特点（IF 钢）	R_e/MPa	R_m/MPa	A/%	r 值	镀锌量/$g \cdot m^{-2}$
390	Mn-P 系	260	400	35.9	1.6	60
	细晶钢	227	400	38.0	1.7	45
440	Mn-P 系	310	460	31.5	1.5	60
	Si-Mn-P 系	279	444	34.9	1.6	60
	细晶钢	285	442	35.0	1.7	45

6.4.2　先进高强热镀锌钢板

在超轻型钢制车体 ULSAB—AVC 用钢设计开发中，各种高强热镀锌钢板（GI、GA 板）均占有一定比例，尤其是双相钢（DP）镀锌板所占的比例最大。表 6－17为超轻型汽车车体用钢热镀锌的研究及应用情况[3,31]。

表 6－17　超轻型汽车车体用钢热镀锌的研究及应用情况

钢　种	强度等级/MPa		比例/%	合计/%	热镀锌		用　　途
	R_e	R_m			GI	GA	
烘烤硬化钢（BH）	210 260 280	340 370 370	4 3 3	10	欧洲、日本、美国	欧洲、日本、美国	汽车内板和外板
高强度 IF 钢（HSIF）	260 300 280 300	410 420 600 500	1 3 7 8	4	欧洲、日本、美国 欧洲 欧洲	欧洲、日本、美国 欧洲 欧洲	汽车内板和外板
双相钢（DP）	350 400 500 700	600 700 800 1000	3 4 21 28	71	欧洲、日本、美国 欧洲、日本	欧洲、日本、美国 欧洲、日本	轮毂、保险杠、悬挂系统和加强件、汽车内板
相变诱导塑性钢（TRIP）	450	800	4	4	欧洲、日本	欧洲、日本	保险杠、底盘、结构件、加强件、车门、罩壳
其他			11	11			

目前世界上比较大的钢铁企业都能生产以 BH、HSLA、IF-HSS 钢板为基板的热镀锌钢板。先进高强热镀锌钢板和 AHSS，一些企业仍处于研发中，不是所有的热镀锌生产线都能生产。据报道，北美、欧洲和日本都有 590～600 MPa 作内板的 DP 热镀锌钢板在生产。北美正在试生产汽车外板用 600 MPa 热镀锌钢

板。而日本 800 ~ 1000 MPa 的 DP 热镀锌钢板和 600 ~ 800 MPa 的 TRIP 热镀锌钢板已试制成功并逐步应用。马氏体热镀锌钢板，在连续退火生产线进行退火处理后，再在热镀锌生产线进行热镀锌生产[32,33]。图 6 – 34 汇总了 2004 年世界上 AHSS 镀锌钢板的可供货情况[34]。

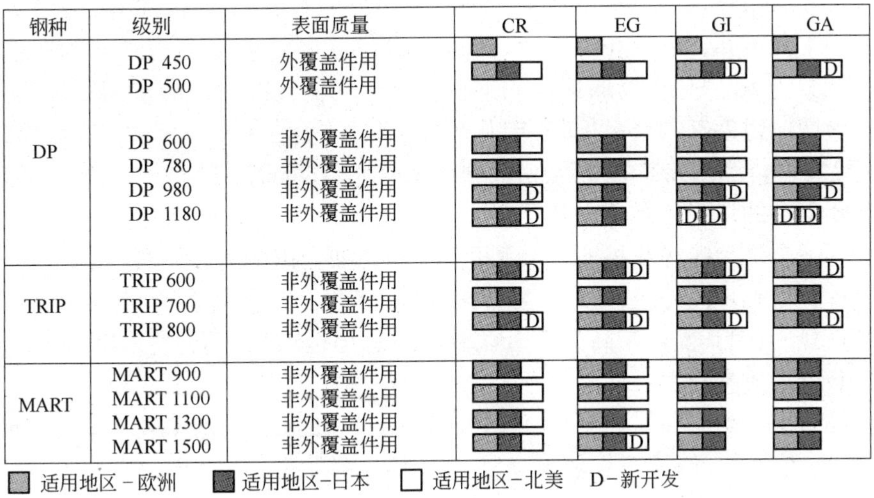

图 6 – 34 AHSS 热镀锌钢板的可供货情况

6.4.2.1 冷轧热镀锌双相钢

冷轧双相钢是采用适当的热处理工艺，形成马氏体第二相粒子分散于 80% 的铁素体中，具有低屈强比、高强度、易成形、高加工硬化指数等特点。但是，在通常的化学成分条件下，这种高强度钢板最终要获得含有马氏体双相钢是很困难的。低碳冷轧钢板为得到双相组织，在退火工序中采取急冷，获得了以铁素体为基体的马氏体组织双相钢。然而，合金化热镀锌工序是在 460 ~ 470℃ 下镀锌浸润后，继续在 500 ~ 550℃ 左右进行合金化热镀锌，如冷却速度过低则得不到含有马氏体组织的双相钢组织。图 6 – 35 为冷轧热镀锌双相钢的生产工艺示意图[1]。

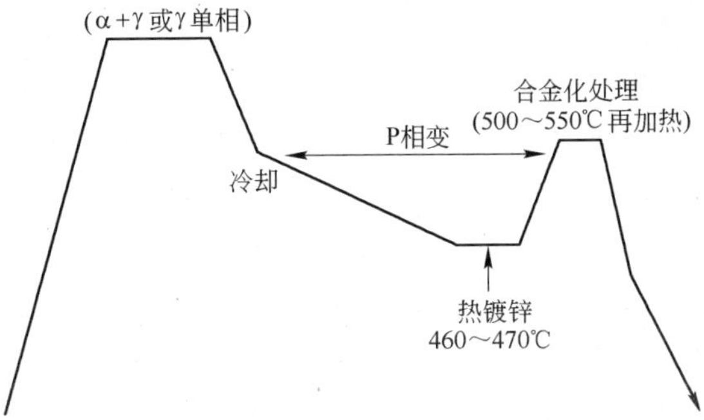

图 6 – 35 冷轧热镀锌双相钢生产工艺示意图

研究表明，添加合金元素既能提高双相钢强度，又可保证在具有良好镀锌质量的基础上，促使其 CCT 曲线右移，避过珠光体区。式 6－1、式 6－2 表示冷却速率（CR）与合金元素的关系[31]。

$$\lg(CR) = 3.95 - 1.73w(\mathrm{Mn_{eq}}) \tag{6-1}$$

$$\mathrm{Mn_{eq}} = w(\mathrm{Mn}) + 0.26w(\mathrm{Si}) + 3.5w(\mathrm{P}) + 1.3w(\mathrm{Cr}) + 2.67w(\mathrm{Mo}) \tag{6-2}$$

由上式可知，双相钢的 CR 值与 Mn、Si、P、Mo 等元素有关，其中最为有效的添加元素为 Mn。如果要保证双相钢在合金化后仍具有相同的双相组织，那么 $\mathrm{Mn_{eq}}$ 须增加到 2.3～2.5。但是，在退火过程中 Mn 会在钢带表面氧化和沉积，过量的 Mn 将会恶化镀锌的浸润性，故须添加其他元素。Si 可作为添加元素，但其氧化物形成的位置趋向于在晶界，损坏浸润性的程度比 Mn 大，且 Si 较易氧化，因此不适合作为镀锌双相钢添加元素。P 的添加会影响锌液活性，抑制铁原子由晶界扩散到表面锌层，延迟了合金化反应，降低了合金化速率，不仅影响了镀锌板产量，且因其要求较高的合金化温度而恶化抗粉化性能，所以 P 一般也要保持较低的质量分数[3]。

国外主要是添加 Mo 进行 DP 钢（590 MPa 级）的合金化镀锌生产。随 Mo 的增加，R_m 值增加，伸长率 A 值下降，R_e/R_m 值先降后升，故对于 $w(\mathrm{C}) = 0.08\%$、$w(\mathrm{Mo}) = 0.2\%$ 的双相钢而言，$w(\mathrm{Mo}) = 0.15\%$ 较合适。在 500℃ 下合金化热镀锌就可获得以铁素体为基体的马氏体组织双相钢，$R_m \geqslant 600$ MPa，$R_e/R_m \geqslant 50\%$，$A = 30\%$，并具有良好的点焊性能。另外，添加 Mo 可扩大铁素体区域，从而使珠光体转变区域缩小。如在相同条件下对比添加 Mo 与不含 Mo 的双相钢 CCT 转变曲线，则添加 Mo 的 CCT 曲线明显右移。因此，新开发的添加 Mo 钢即使在 500℃ 下合金化热镀锌，也能得到以铁素体为基体的马氏体组织双相钢。

图 6－36 和图 6－37 分别为实验室模拟退火和实际工业生产的冷轧热镀锌双相钢组织形貌[35]。从图 6－36 中可以看到实验室组织是马氏体岛均匀分布在铁素体基体上，马氏体岛有浮突感；而在图 6－37 中我们发现工业生产的组织除了有马氏体和铁素体以外，还出现了少量的珠光体和碳化物颗粒。如图6－38 的 TEM 照片所示，从中可以更清楚地看到珠光体的片层形貌[35]。

6.4.2.2　冷轧热镀锌 TRIP 钢

在冷轧热镀锌 TRIP 钢的生产中，冷轧钢板也被加热到两相区并保温一段时间，以使钢变成铁素体和奥氏体两相组织，然后冷却到贝氏体转变温度（420℃左右），钢在此温度条件下发生贝氏体转变，使剩余奥氏体中的 C 含量进一步增加。C 含量的增加能使奥氏体更加稳定，在此后的快速冷却时不发生相变，使奥氏体保持到室温状态。

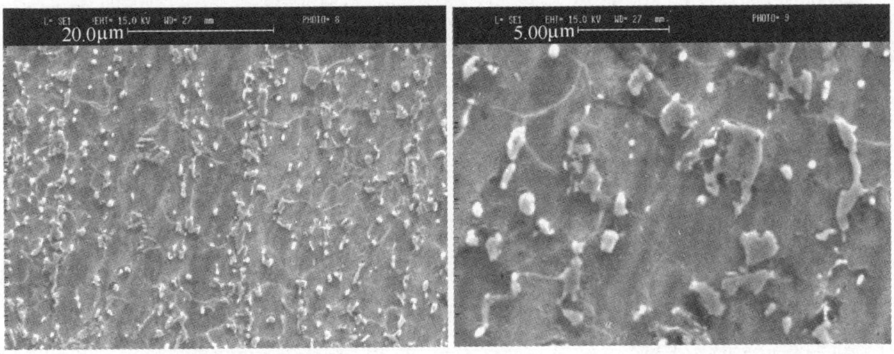

图 6-36 SEM 下实验室模拟冷轧热镀锌连续退火后的组织形貌

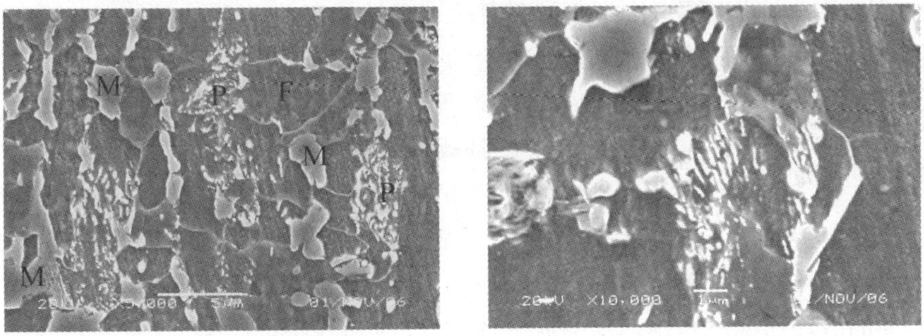

图 6-37 SEM 下实际工业生产冷轧热镀锌连续退火后的组织形貌

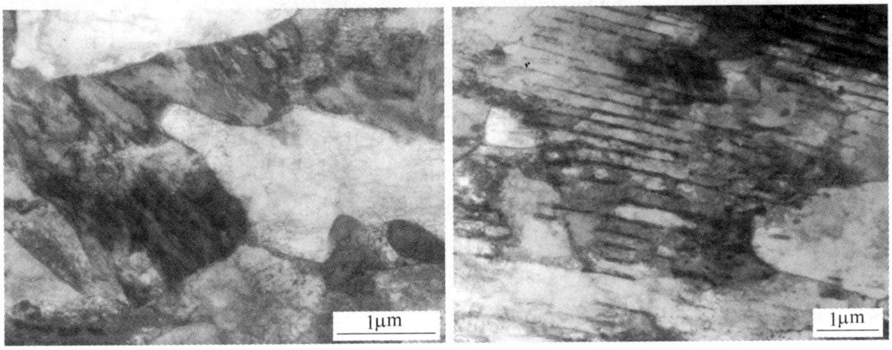

图 6-38 TEM 下工业生产冷轧热镀锌连续退火组织的马氏体和珠光体形貌

冷轧 TRIP 钢最好在贝氏体转变温度下进行保温，保温一定时间后，使 C 向奥氏体富集，而热镀锌钢板的镀锌必须在 450～465℃之间进行。热镀锌经历的时间与冷轧 TRIP 钢的贝氏体转变温度保温时间有很大的差别。这就需要调整工艺，以保证其达到 TRIP 钢的性能。

按照原板成分划分，TRIP 钢可分为 C-Mn-Si 和 C-Mn-Al 钢，前者因其表面较易生成稳定的 Mn_2SiO_4 氧化膜，而导致钢带表面的锌液浸润性变差，使镀锌层存在大量的缺陷和露铁点。特别是在低露点（-30℃）气氛中，此现象尤其严重，甚至无锌层生成。与此相反，后者在不同露点条件下，均能表现出良好的热镀锌性能。C-Mn-Al 钢退火后表面虽存在 MnO 和 MnO_2，但对锌液浸润性无明显影响。因此，在 C-Mn-Si 钢表面活性不足情况下，为保证锌液具有足够浸润基体的能力，国外研究者改进了镀锌工艺：首先在低氢气氛中进行表面氧化物长大和碳自还原反应，而后在氮氢气氛中终冷，再进行预热处理。该工艺可产生硅氧化物的剥离，在退火后形成纯铁的暴露面，获得较满意的热镀锌性能，并可明显改善不同 TRIP 钢的镀层性能。总之，C-Mn-Al 钢的力学性能与 C-Mn-Si 钢类似，如采用适当的连续退火工艺则二者的镀锌性能亦类似[3]。

由于生产 TRIP 钢需加入必要数量的合金元素，还要通过特殊的热处理，而后者往往不能与现工业连续热镀锌生产工艺相适应，特别是临界退火后需要一个等温段，以完成贝氏体转变。同时，还需限制等温贝氏体温度，此温度高于锌锅温度（通常在 460℃）。因此，对于 TRIP 钢热浸镀锌及合金化，轧制及热处理工艺与热浸镀锌工艺的参数之间存在矛盾。热轧 C-Mn-Si 钢镀锌的研究表明，在临界退火温度为 800℃，锌液温度维持在 455 ~ 470℃条件下，热处理采用 6 ~ 9℃/s 的冷却速率可获得理想的铁素体、贝氏体和残余奥氏体，以及良好的力学性能。如冷却速率较低（3 ~ 4℃/s），则在临界退火后生成较少量的高碳富集的残余奥氏体且稳定性较高，在拉应变过程中相变诱导塑性较难发生，因此并不能达到理想的力学性能。另外，相对于热轧 TRIP 钢镀锌来说，冷轧 TRIP 钢热镀锌的最佳退火温度略高，为 830℃，锌液均为 460℃的 Zn-0.2% Al。因此，从镀锌工艺角度而言，热轧与冷轧 TRIP 钢工艺参数相类似[3]。

在日本开发的 590 MPa 级冷轧合金化热镀锌 TRIP 钢的总伸长率为 32%，而 780 MPa 级冷轧合金化热镀锌 TRIP 钢的总伸长率也达到 25% 的良好水平[1]。

6.5 表面处理钢板的成形技术

通常表面处理钢板的涂镀层较基板软，在各种冲压成形过程中，由于承受正压力、摩擦力以及较大塑性变形的作用，镀层通常会发生开裂、剥落和粉化、划伤和黏锌，以及摩擦系数明显增加导致成形开裂等问题，并且这些问题会随成形温度、速度、润滑条件和变形条件的变化而变化。因此，表面处理钢板的成形过程控制会与裸钢板不同，需要针对其特点研究镀层板的表面处理技术和成形过程的控制技术。

6.5.1 采用滑动试验分析镀锌钢板的摩擦特性

山崎等人采用滑动试验方法试验分析了纯电镀锌(EG)、热镀锌(GI)和合金化镀锌(GA)钢板在不同表面压力和模具长度条件下的摩擦系数变化规律，其具体试验方法和结果如下[36]。

6.5.1.1 滑动摩擦试验方法及材料

采用图6－39所示的滑动摩擦试验装置，摩擦系数μ与所施加的正压力N及试样抽动力F的关系为：

$$\mu = F/N \tag{6-3}$$

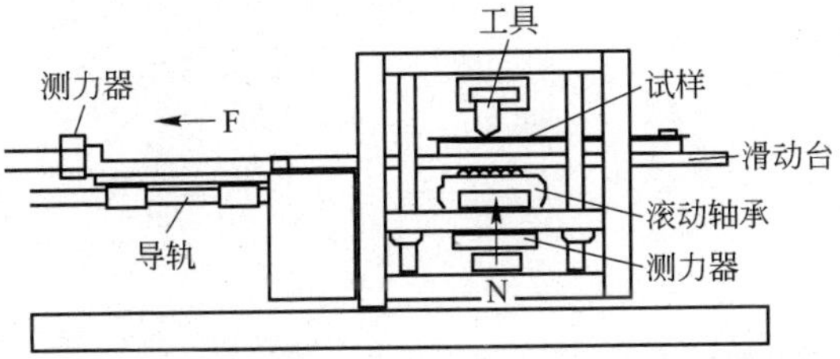

图6－39 镀层钢板滑动摩擦试验装置

与试样相对滑动的工具接触面尺寸及表面粗糙度如表6－18所示。试验用镀锌钢板及裸钢板的性能见表6－19。

表6－18 工具接触面尺寸及表面粗糙度

序 号	工具尺寸	$R_a/\mu m$	
		L	C
1	L3 mm × C10 mm	0.047	0.058
2	L10 mm × C10 mm	0.030	0.055
3	L25 mm × C10 mm	0.037	0.047
4	L50 mm × C10 mm	0.033	0.048

表6－19 试验用镀锌钢板及裸钢板的性能

名 称	板材种类	R_e/MPa	R_m/MPa	A/%	r值	$R_a/\mu m$	
						L	C
GA	合金化镀锌钢板	169	310	47.9	1.72	0.757	0.737
GI	热浸镀锌钢板	167	294	51.6	1.85	0.741	0.737
EG	电镀锌钢板	159	300	51.2	2.22	0.761	0.855
CR	冷轧钢板	167	298	51.0	2.06	1.058	0.958

6.5.1.2　镀层钢板滑动摩擦试验结果

图6－40～图6－43分别为裸钢板(CR)、合金化镀锌板(GA)、热镀锌板(GI)和电镀锌板(EG)的摩擦系数随接触正压力变化的试验测试结果。

可见,对于裸钢板(CR)、合金化镀锌板(GA)和热镀锌板(GI)的摩擦系数变化规律基本相同,即在接触正压力约70 MPa之前,摩擦系数随接触正压力的增加基本不变,只是裸钢板(CR)的摩擦系数约为0.17(见图6－40)、合金化镀锌板(GA)的摩擦系数约为0.225(见图6－41)、热镀锌板(GI)的摩擦系数约为0.17(见图6－42),而当接触正压力大于70 MPa之后,摩擦系数随正压力的增加而明显下降。但对于电镀锌板(EG)的摩擦系数随接触正压力变化却与前三者不同(见图6－43),基本上是摩擦系数随接触正压力的增加呈增长趋势。

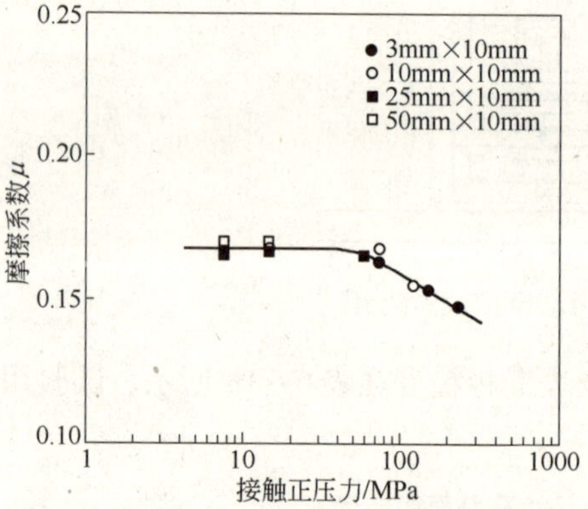

图6－40　接触正压力和工具尺寸对裸钢板(CR)摩擦系数的影响

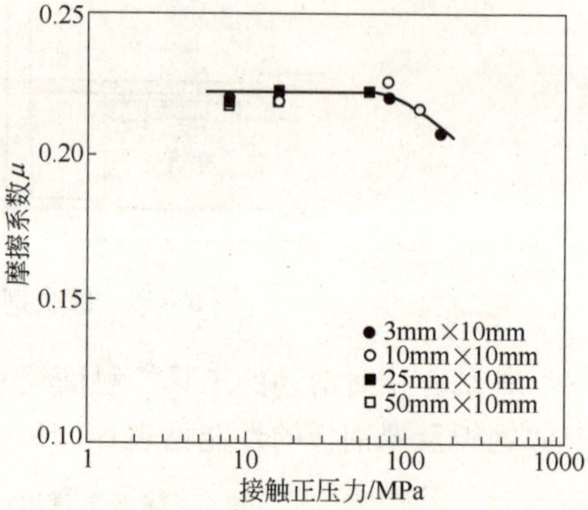

图6－41　接触正压力和工具尺寸对合金化镀锌板(GA)摩擦系数的影响

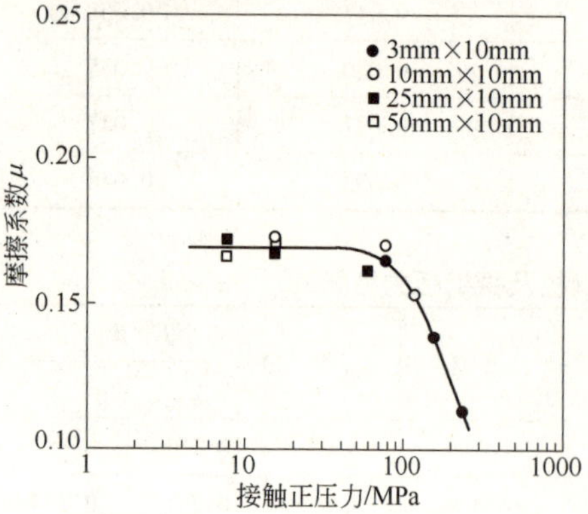

图6－42　接触正压力和工具尺寸对热镀锌板(GI)摩擦系数的影响

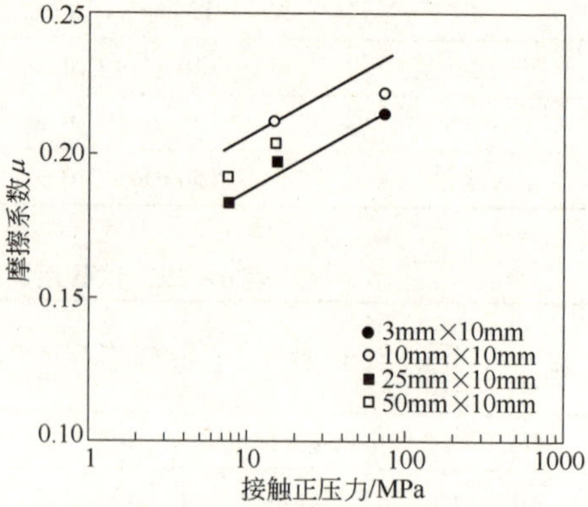

图6－43　接触正压力和工具尺寸对电镀锌板(EG)摩擦系数的影响

图 6－44～图 6－46 分别为合金化镀锌板(GA)、热镀锌板(GI)和电镀锌板(EG)在滑动摩擦试验测试中,滑动之前(接触正压力为零)、接触正压力 15 MPa 和 150 MPa 滑动试验试样表面形貌。从中可以看到不同滑动接触正压力条件下镀层钢板表面损伤的状态。

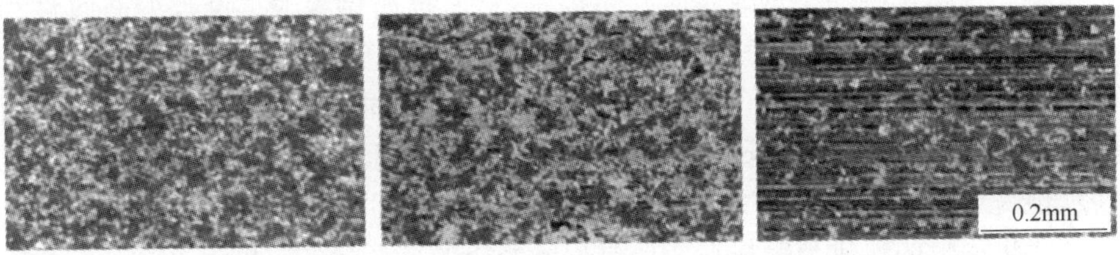

a *b* *c*

图 6－44 接触正压力对合金化镀锌钢板(GA)表面状态的影响

a—滑动前; *b*—接触正压力 15 MPa; *c*—接触正压力 150 MPa

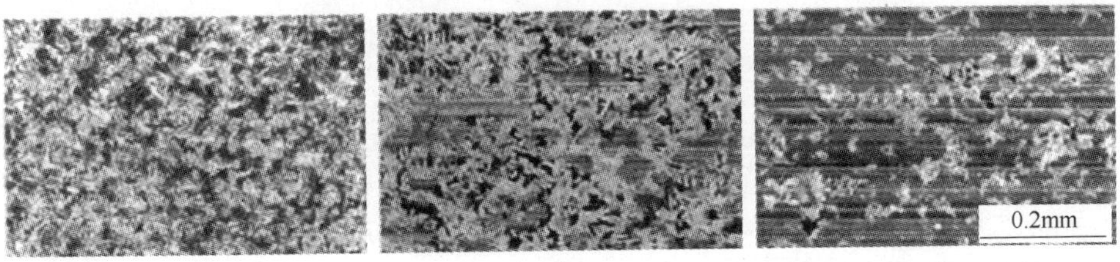

a *b* *c*

图 6－45 接触正压力对热镀锌钢板(GI)表面状态的影响

a—滑动前; *b*—接触正压力 15 MPa; *c*—接触正压力 150 MPa

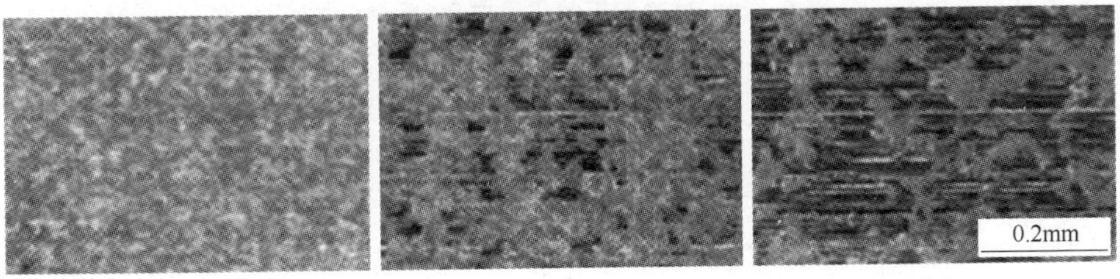

a *b* *c*

图 6－46 接触正压力对电镀锌钢板(EG)表面状态的影响

a—滑动前; *b*—接触正压力 15 MPa; *c*—接触正压力 150 MPa

6.5.2 成形速度和应变路径对合金化镀锌钢板性能的影响

对镀锌钢板在冲压工序之前,先在镀锌钢板表面增加磷化层,以提高钢板的成形性能,这种处理方式称为预磷化。通过预磷化,使表面摩擦系数降低,达到提高钢板成形性的目的。预磷化镀锌钢板摩擦系数的降低数值通过拉延珠试验、极限拱顶高试验、平底模具拉深和冲杯试验确定。一般而言,上述试验都在远低于实际冲压的速度下进行。采用新的高速双动成形压机,可获得成形速度达 300 mm/s 范围的表面摩擦系数。

除了预磷化可降低钢板表面的摩擦系数外,提高钢板表面摩擦的一致性和可重复性也可使合金化镀锌钢板的成形特性得到改善。为评估表面摩擦波动,用预磷化合金镀锌钢板进行大量的重复冲杯试验。通过确定标准差来评估表面摩擦特性的均匀性,同时采用单独测量值,计算平均摩擦系数。

预磷化的另一结果是冲杯后的合金化镀层粉化量的增加。Rangarajan 等发现合金化钢板的粉化与钢板在变形过程所经历的变形状态有极大关系。大的压缩应变比导致较高的粉化能力。冲杯试验是获取高压缩应变的一个有效方法。然而,冲杯试件侧壁除拉深变形外,还承受弯曲和反弯曲变形。

Michal 等研究了成形速度和应变路经对合金化镀锌钢板性能的影响[37]。其所用的两种材料 A 和 B 的成分见表 6 - 20。两种材料均为 Nb-Ti 复合 IF 钢板。材料 A 和 B 厚度分别为 0.69 mm 和 0.76 mm,力学性能的平均值如表6 - 21所示。两种钢板的名义镀层厚度均为 45 g/m^2,镀层 Fe 含量分别为 10.9% 和 11.3%。材料 A 为未经预磷化处理的钢板,由未处理的材料 A 制成的试样被称为裸板。从材料 A 切取 300 mm × 150 mm 试样,用 Bonderite5893 试剂进行两次辊涂预磷化处理。第一次获得 0.4 ~0.7 g/m^2 磷化膜质量,第二次获得 1.6 ~2.3 g/m^2 磷化膜质量,以涂料挂棒进行预磷化处理。材料 B 是以商用 PPG 处理液进行预磷化处理的钢板,磷化膜质量为 0.71 ~0.75 g/m^2。

表 6 - 20　试验钢板的化学成分(质量分数)　　(%)

钢　板	C	Mn	Si	P	S	Al	Ti	Nb
A	0.003	0.10	0.007	0.008	0.008	0.026	0.039	0.009
B	0.002	0.15	0.010	0.007	0.006	0.048	0.042	0.012

表 6 - 21　合金化镀锌板的力学性能

钢　板	方　向	$R_{p0.2}$/MPa	R_m/MPa	A/%	n 值
A	轧向	144	304	46.8	0.241
	垂直轧向	145	303	46.6	0.236
B	轧向	155	312	42.8	0.225
	垂直轧向	165	310	42.9	0.217

图 6 - 47 示出冲头速度为 300 mm/s 时钢板 A 最大载荷和压边力的函数关系。其中每个点代表 5 次重复试验的平均值,所有最佳拟合线均很好地通过 20

至25个数据点。如图6-47所示,预磷化显著降低了摩擦程度,使冲压载荷下降。

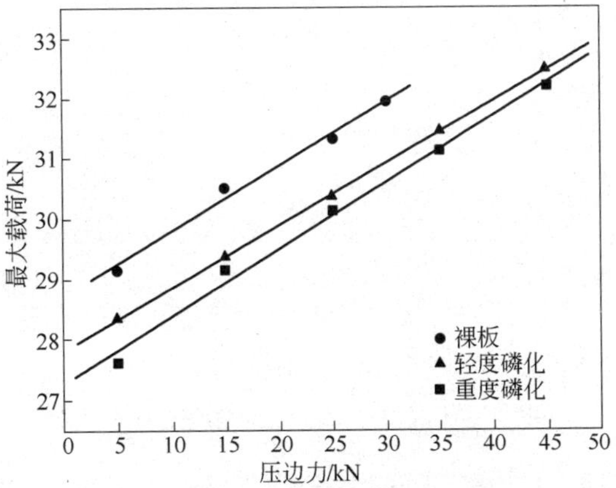

图6-47 冲头速度为300 mm/s时
钢板A最大载荷与压边力的关系

在各种试验条件下计算的表面摩擦系数如图6-48所示。在所有冲模速度下,与未磷化合金镀层板相比,预磷化试样均显示出较低的表面摩擦系数。若不考虑表面状态影响,冲头速度从4 mm/s增加到300 mm/s时,表面摩擦系数下降2倍。

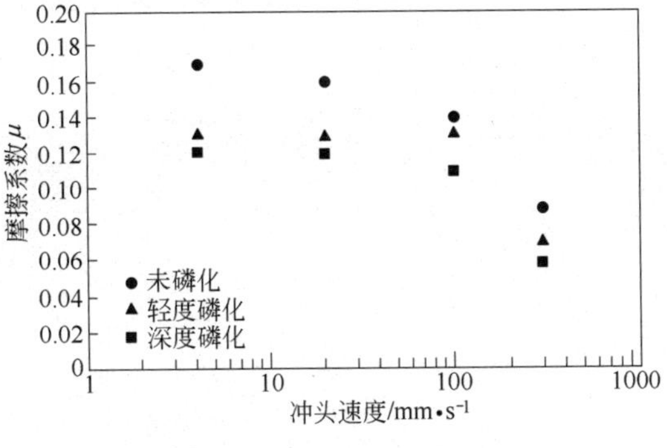

图6-48 未磷化、轻度磷化和深度磷化的
材料A摩擦系数与冲头速度的关系

图6-49为局部压缩应变和法兰部位半径的关系曲线。当冲头位移从12 mm变化为30 mm时,法兰宽度由12 mm变化到1 mm。从图6-49可见,指定冲头位移最小应变位于法兰的外边,而最大应变则位于法兰被拉入凹模圆角的内侧。部分冲杯试件可产生连续的压缩应变,冲头位移10 mm对应的压缩应变为-0.05;当冲头位移30 mm时,最内侧压缩应变为-0.46。

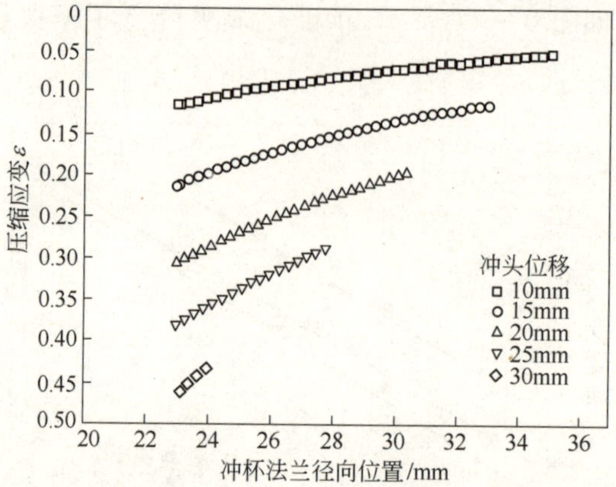

图 6－49　冲杯试件法兰部位压缩应变与半径的关系

对 6 个由材料 B 制成的部分冲杯试样进行清洗、称重以及胶带粘拉法兰上表面后，再次称重。以损失质量除以法兰部位质量，确定粉化程度。图 6－50 为粉化量和获取部分冲杯试样的冲头位移关系曲线。当冲头位移从 10 mm 增至 20 mm时，粉化量约增加 7 倍。相应的在图 6－49 中的冲头位移从 10 mm 增至 20 mm时，压缩应变约增加 3 倍。

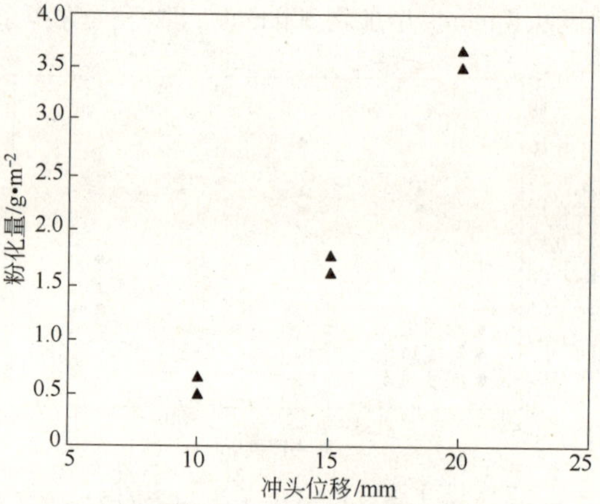

图 6－50　材料 B 部分冲杯试件法兰上部
粉化量与冲头位移的关系

文献[37]得到的主要结论为：随着合金化镀锌层表面预磷化膜质量从 0 g/m^2 到 0.55 g/m^2，再到 1.95 g/m^2，全冲杯试验的表面摩擦降低 25%。当冲头速度从 4 mm/s 增至 300 mm/s 时，不管是未磷化钢板，还是预磷化钢板，摩擦系数均下降 2 倍；改变冲头行程，可在部分冲杯试件的法兰部位获得大范围的拉深变形状态。合金镀层附着损失与施加于镀层上的拉深变形大小有着强烈的函数关系。根据断裂机制模型,在拉深过程中,拉伸应力引发的裂纹压缩,促使镀层/基板界面裂纹扩展,导致镀层最终粉化。

6.6 轿车组装后的表面处理技术

钢厂不仅要不断加强对诸如成形技术、焊接技术、涂装技术等各种汽车板使用技术的研究,同时还采用先期介入的方式,以降低用户成本为目标,及时把握用户的最新需求,参与用户的新产品和新技术开发,不遗余力地满足用户的要求,进而赢得用户的信赖。只有这样,钢厂所开发生产的汽车用新钢材才能在现代汽车制造中得到普及与应用。

6.6.1 涂装技术

90%以上的汽车外表面是涂装面,由汽车厂对白车身实施涂装工艺而得,目的是赋予汽车优良的耐蚀性、耐候性和高装饰性外观,以延长使用寿命、提高商品价值。首先,涂装后的汽车板应具备高度的功能性,即良好的耐蚀性、耐候性、抗机械冲击性等,其性能的优劣取决于被涂装材料自身的防腐性能和涂装特性以及覆盖于其上的有机、无机复合涂装层的综合性能。其次,涂装后的汽车板还应具有很好的装饰性,而装饰性的好坏主要用涂层表面的橘皮值以及反映反射影像的鲜映性 *DOI* 值等来描述。轿车涂装基本流程见图 6-51[38]。

图 6-51 轿车涂装基本流程示意图

6.6.2 磷化技术

磷化是前处理的核心工艺。它是通过钢板或镀锌层表面与酸性磷酸盐溶液反应生成一层非金属的、半导电的多孔磷酸盐无机转化膜。该转化膜的主要功能是提高基板与漆膜的结合力,并改善涂层的膜下防腐和耐水性。由锌、锰、镍三元改性磷化体系通过浸喷结合工艺处理得到的低锌伪转化型磷化膜作为电泳底漆的底层已在汽车行业广泛应用了40余年,并在全球范围内成为标准化的前处理模式。典型轿车涂装前处理工艺流程见图6－52[38]。

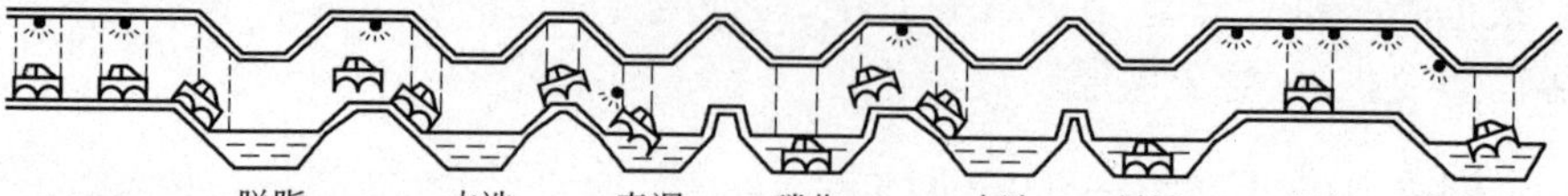

图6－52 典型轿车涂装前处理工艺流程图

6.6.3 电泳涂装技术

电泳涂装是一种特殊的漆膜形成方法。其基本原理类似于金属的电镀，只不过镀在磷化膜表面的是有机高分子物质，电泳后得到的湿膜再通过加热进行交联固化。电泳涂装法在汽车涂装中获得应用也已有30多年历史，它是汽车工业中普及最广、技术更新最快的金属件涂漆方法。

20世纪70年代开发的阴极电泳涂料具有泳透率高、涂层耐腐蚀性好的优点，加之无铅、无锡环保型阴极电泳漆的开发成功，形成了阴极电泳涂装替代阳极电泳涂装之势，至今在技术上已形成了5代阴极电泳产品。目前所有的高级轿车均采用阴极电泳进行第一层有机涂层的涂装[38]。

参考文献

[1] 松元孝，斋藤实．高强度表面处理钢板の制造技术とその特征[J]．塑性と加工，2005，46(534)：574～579.

[2] 康永林．现代汽车板的质量控制与成形性[C]．北京：冶金工业出版社，1999.

[3] 郝晓东，程东妹，张启富．超轻汽车车体用钢热镀锌的研究及应用现状[J]．中国冶金，2006，16(12)：5～8.

[4] A. Shibuya. Recent Advances in Coated Steels Used for Automobile[M]. Edited by K. Yamakawa and H. Fujikawa, Amsterdam, The Netherlands. 1996, 1～10.

[5] 康永林，王先进．轧钢[J]．，1997，(74)：59～62.

[6] 廖建国．表面处理钢板最近10年的发展[J]，世界金属导报，2007，45(1841)，12～13.

[7] 臼田松男．塑性と加工[J]．33(1992)：344.

[8] B. D. Cooman. Prof. dr. ir. Jozef Dilewijns Liber Amicorum[J], Universiteit Gent, Belgium, 1997, 287～310.

[9] 宋加．我国镀锌板市场及生产概况．世界金属导报，第46卷，总第1905期，2008：10～11.

[10] 佐野实．日本"汽车材料研讨会"论文集[C]．中国汽车工程学会汽车材料分会译．1994.

[11] 朱久发．日美欧汽车板发展趋势[J]．世界金属导报，2007，45(1862)：11版.

[12] 谢为玉．宝钢三期工程1550汽车板产品[C]．中国汽车工程学会材料分会第十一届年会论文集．长春，1998.

[13] 朱久发．我国汽车板国产化与品种质量要求[J]．世界金属导报，2007，45(1849)：10.

[14] N. Morito. SEAISI Quarterly[J]. 1995,(10):66 ~ 75.
[15] 茹铮,韩继雄. 上海冶金情报[J]. 1997,(303):17 ~ 27.
[16] 钢铁企业冷轧连退机组培训教材. 2007.
[17] 康永林,王先进. 钢铁研究学报[J]. 1998,10(增刊):142 ~ 148.
[18] 加藤俊之. 表面处理钢板のプレス成形性[J]. 塑性と加工,1997,38:35 ~ 39.
[19] 韩继雄,茹铮,张伯勋. 钢铁研究学报[J]. 1998,10(增刊):156 ~ 159.
[20] M. Yamada, Y. Tokonaga and M. Yamamoto[J]. Tetsu to Hagane,1987,73:1049.
[21] 久恒智彦,古林忠. 自动车技术[J]. 1988:581.
[22] Kato C, et al.. Proc. of Physical Metallurgy of Zinc Coated Steel. ed. b A. R. Marder, TMS, 1994:241.
[23] Kang Yonglin, et al.. Proc. of 17th IDDRG. Shenyang, China, 1992:103 ~ 109.
[24] Tsutomu Watanabe, et al.. Proc. of GALVATECH'89. Tokyo, Japan, 1989:80 ~ 87.
[25] Leroy V. Proc. of Galvatech' 95. Chicago, USA, 1995:279 ~ 288.
[26] Miyoshi T, et al.. Proc. of Galvatech'95. Chicago, USA, 1995:437 ~ 442.
[27] 康永林. 国外汽车用钢板开发新进展[J]. 宝钢技术,1999, No. 1:60 ~ 63.
[28] 康永林,王先进. 国内外汽车用镀层钢板及高强钢板的生产应用现状[J]. 钢铁研究学报,1998, Vol. 10:142 ~ 148.
[29] 田宇,董雪,郭树宝. 热镀锌汽车板 IF 钢屈服强度性能改进. 宝钢技术[J]. 总 132 期,2007,(3):13 ~ 15.
[30] Takashi Matsumoto, Minoru Saito. 用于汽车车身减重的 Nb 固溶深冲热镀锌合金化 Ti - IF 高强钢的研究进展[M]. 汽车用铌微合金化钢板. 北京:冶金工业出版社,2006:319 ~ 326
[31] Everett C Oren, Frank E Goodwi. Hot ~ Dip Galvanizing of advanced high ~ strength steel grades[A]. Galvatech 04 Conference Proceedings[C]. Chicago USA, 2004:737 ~ 746.
[32] Oren E C, Goodwin F E. Hot dip galvanizing of advanced high strength steel grades. Proceedings of Galvatech' 04, 2004, 737.
[33] 袁明生. 先进高强度热镀锌钢面临的挑战及其研究[J]. 世界钢铁,2006,6(3):7 ~ 15.
[34] Krupitzer R P, Urban D M, Witmer D A. Designing and manufacturing vehicles with advanced high strength steels. Proceedings of Galvatech'04, 31.
[35] 周志伟,康永林,于浩,等. 冷轧热镀锌双相钢中珠光体对性能的影响[C]. 2007 年全国塑性加工理论与新技术学术研讨会论文集. 2007:249 ~ 252.
[36] 山崎 雄司,小豆 岛明,时田 裕一. 自动车用表面处理钢板の滑动特性に及ぼす面压と工具长さの影响[J]. 塑性と加工,2005, Vol. 46, No. 537:957 ~ 961.
[37] Michal G M. Galvatech,2001. 蒋浩民译. 成形速度和应变路径对合金化镀层钢板性能的影响[J]. 世界钢铁,(2003), Vol. 3:39 ~ 43.
[38] 朱久发. 高强度汽车板应用技术[N]. 世界金属导报,2007,45(1846),12 ~ 13 版.

7 薄板坯连铸连轧生产汽车板

7.1 薄板坯连铸连轧生产冷冲压用钢

许多生产实践表明，与传统连铸连轧工艺所生产的低碳钢热轧板相比，采用薄板坯连铸连轧（Thin Slab Casting and Rolling-TSCR）生产的低碳热轧板的力学性能普遍偏高，尤其是屈服强度较高（如 Q195 或 08Al 的屈服强度一般高于 300 MPa或更高）。而另一方面，国内的大部分薄板坯连铸连轧企业都建有冷轧及相应的退火线，当生产低碳冷轧冲压板原料的热轧基板时，通常要求屈服强度低于 300 MPa、屈强比也低一些（在 0.8 左右或更低一些），这也为采用薄板坯连铸连轧生产冷轧料提出了新的课题，即如何控制冷轧料的力学性能并使其满足冷轧工艺及成形性能的要求。

7.1.1 薄板坯连铸连轧的工艺特征分析

7.1.1.1 轧制工艺特点及板坯热历史比较

薄板坯连铸连轧线的铸坯厚度一般在 50 ~ 90 mm（当采用动态软压下时，结晶器出口可为 60 ~ 90 mm 左右，软压下到 50 ~ 70 mm 左右），精轧机组由 5 ~ 7 机架组成。由薄板坯连铸连轧工艺流程的特殊技术组成和工艺特点，决定其在连铸和轧制等主要工艺环节与传统工艺的区别，下面简要地将二者在轧制工艺特点等方面进行比较[1,2]。

薄板坯连铸直接热轧的冶金工艺过程与传统工艺差异显著，图 7 – 1 为薄板坯连铸连轧 CSP 的工艺流程和典型产品的温度曲线变化过程[3]。从薄板坯铸坯到最后轧制成板材，钢温基本上是从高温到低温的近似单调的温度变化过程（均热炉主要是对铸坯表面和内部温度进行均热）。薄板坯连铸连轧工艺过程中，从钢水冶炼到板卷成品约为 1.5 h，而传统连铸连轧工艺所需时间要长得多。

薄板坯连铸连轧工艺过程与传统连铸连轧工艺的最大不同在于热历史不同，图 7 – 2 为二者之间热历史的比较[1]。图 7 – 2 清楚地表明，在薄板坯连铸连轧工艺中，从钢水浇铸到板卷成品，板坯经历了由高温到低温、由 $\gamma \rightarrow \alpha$ 转变的单向变化过程，而传统连铸连轧工艺中板坯的热历史为 $\gamma_{(1)} \rightarrow \alpha$，$\alpha \rightarrow \gamma_{(2)}$，$\gamma_{(2)} \rightarrow \alpha$ 过程，由于薄板坯和传统连铸连轧的热历史及变形条件与过程不同，决定其再结晶、相变以及第二相粒子析出过程、状态和条件的不同,从而对板材成品的组织性能具有不同的影响[1,4]。

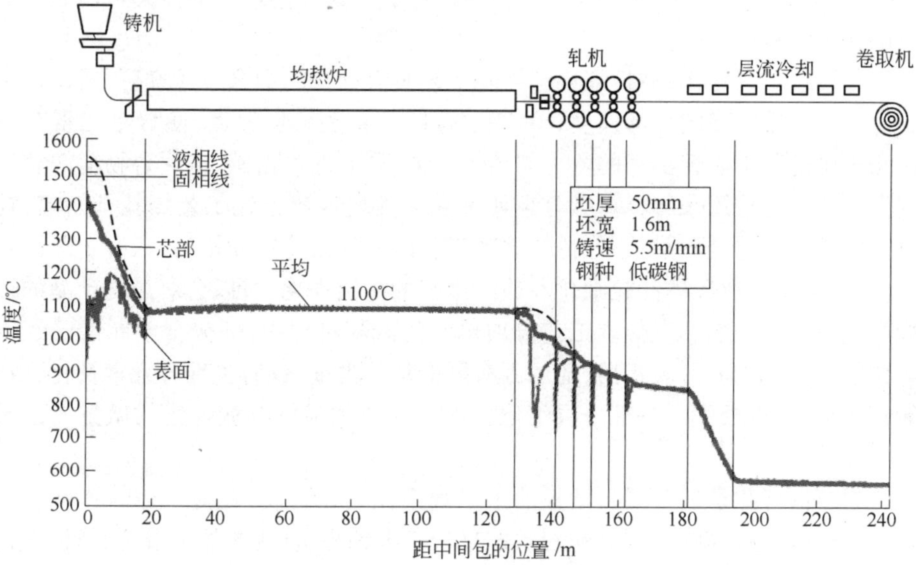

图 7-1 薄板坯连铸连轧 CSP 的工艺流程和典型产品的温度曲线变化

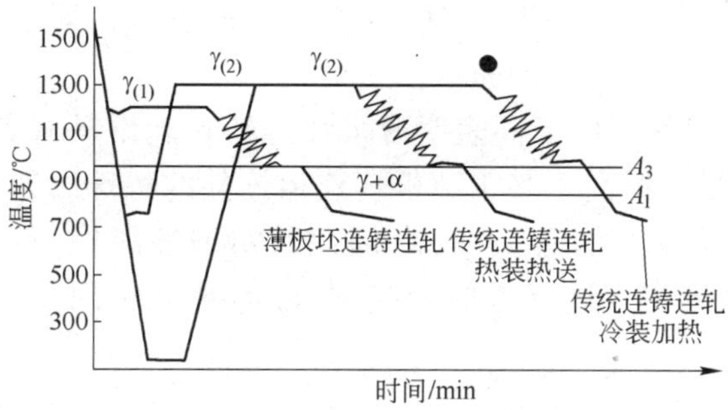

图 7-2 薄板坯连铸连轧工艺与传统连铸连轧工艺热历史的比较

目前,在薄板坯连铸连轧线连轧关键技术中,均热采用直通式辊底隧道炉,冷却采用层流快速冷却技术,而且薄板坯连铸连轧线轧机的布置与传统生产线不同,精轧机组与均热炉紧密衔接,大压下和高刚度轧制等等,是现代薄板坯连铸连轧的工艺特点之一。直通式辊底隧道炉可以保证坯料头尾无温降差,因而不需要采用类似于带钢边部加热、提速等的修正措施来均匀板坯温度;层流快速冷却可保证薄板在长度及宽度方向上温度均一,抑制微合金元素的固溶状态,实现薄板中这些元素微细弥散析出,有利于相变细化和组织强化[5,6]。

7.1.1.2　第二相粒子的析出行为比较

在连铸连轧生产时，为了细化粗大的奥氏体晶粒，就不得不进行多次晶粒细化过程；为了细化晶粒，必须发生完全再结晶。奥氏体的再结晶行为可以通过加入微合金元素得以改善。

与传统工艺相比，薄板坯连铸连轧工艺具有独特的微合金元素行为，这是由于铸坯凝固后较高的冷却速度（约 2℃/s）以及直装铸坯温度，使合金元素在溶解和析出过程中表现出来的行为与传统工艺不同，即可由碳、氮化合物溶解和沉淀强化的不同作用来解释。微合金元素在薄板坯连铸连轧工艺热轧开始前，在奥氏体中几乎完全溶解，不像传统生产工艺的板坯因冷却而析出，具有全部微合金优势，可用于奥氏体晶粒细化和最终组织的析出强化，所以会对最终产品的性能产生重要的影响。在传统工艺再加热前的冷却过程中，部分合金元素已经以碳化物和氮化物的形式析出，随后因有限的加热温度，仅有少部分元素及化合物能够溶解，所以损失了一部分可细化奥氏体晶粒和最终沉淀强化的微量元素及第二相粒子。

对于同样化学成分低碳钢板的组织观察比较还发现，在传统连铸连轧工艺生产的低碳钢板的铁素体晶粒形状多呈近于等轴晶，且晶界较圆滑，而薄板坯连铸连轧生产的低碳钢板铁素体晶粒也多呈不规则的尖角形。这样，若晶粒尺寸相同，不规则的尖角形铁素体的晶界面积要大些，对强度也有贡献。采用正电子淹没测定的两种工艺生产的低碳钢板中的位错密度来看，采用薄板坯连铸连轧工艺的钢板位错密度要高约 27%[7]。

以上这些组织状态的不同表明薄板坯连铸连轧钢具有其特殊的强化机制，从而使钢的强度提高。基于薄板坯连铸连轧的特殊工艺特征，形成了最终组织与析出物及力学性能的特点，因此其组织性能控制也要从冶金成分及工艺过程的全流程中进行考虑和控制，才有可能达到预期的组织性能控制目标。

7.1.2　冲压用冷轧板对冷轧料性能的要求及控制方法

7.1.2.1　冷轧冲压板用热轧板的性能要求

根据冷轧冲压用低碳钢板材的成形性能和冷轧工艺的需要，作为冷轧料—热轧板在成分、组织和性能方面必须达到一定的质量性能要求，才能作为冷轧料供货。表 7－1 是根据传统热连轧工艺生产的热轧板 08Al 和 03Al 作为冷轧料的屈服强度、屈强比和伸长率的参考值，这些数据是根据部分生产数据和实验室数据整理得到的。

表 7-1 08Al 和 03Al 热轧后作为冷轧基板的屈服强度、屈强比和伸长率的参考值

钢 种	屈服强度/MPa	屈强比	伸长率/%
08Al(~DQ 级)	250 ~ 290	0.70 ~ 0.80	36 ~ 43
03Al(~DDQ 级)	240 ~ 280	0.68 ~ 0.78	37 ~ 45

表 7-2 为根据国内部分钢铁厂家生产的及日本钢铁厂家为国内汽车厂供货的冷轧冲压板 08Al 和 03Al 的实际成分[7]。

降低 C、Si、Mn 和 N 含量有利于降低屈服强度、提高伸长率、改善成形性能，降低 P、S、O 含量对于减少钢中夹杂物、改善冷轧板表面质量、提高力学性能和成形性能的均匀性和稳定性十分重要。国际先进水平的冷轧深冲汽车板均按纯净钢的要求进行生产。

表 7-2 国内生产的 03Al、08Al 和日本板材的实际成分(质量分数) (%)

钢种	C	Si	Mn	S	P	N	Als
03Al	0.01 ~ 0.03	0.02	0.15 ~ 0.16	0.004 ~ 0.008	0.010 ~ 0.015	0.002 ~ 0.005	0.04 ~ 0.05
08Al	0.040	0.02	0.20	0.014	0.012	0.004	0.06
SPCD	0.045	0.02	0.22	0.013	0.014	—	0.05
SPCE	0.040	0.014	0.10	0.009	0.012	—	0.041

冷轧冲压钢板对 Al 含量的控制要求比较严格，既要求酸溶铝含量不能低于一定水平，又要防止加铝量过高而造成大量 Al_2O_3 夹杂。因此，在薄板坯连铸连轧条件下，首先冷轧基板的冶金成分必须进行控制，表 7-3 提出不同冷轧冲压板的冶金成分控制范围参考值[7]。

表 7-3 不同冷轧冲压板的冶金成分控制范围参考值

钢 种	成分(质量分数)/%							
	C	Si	Mn	S	P	N	TO	Als
DQ 级(SPHD)	≤0.05	≤0.03	≤0.20	≤0.008	≤0.01	≤0.005	≤0.004	0.03 ~ 0.05
DDQ 级(SPHE)	≤0.03	≤0.02	≤0.20	≤0.008	≤0.01	≤0.004	≤0.003	0.03 ~ 0.05

7.1.2.2 薄板坯连铸连轧生产冷轧料力学性能控制方法

为了满足冷轧板退火后的冲压成形性能，冷轧料在热轧过程的开轧、终轧和冷却、卷取工艺控制十分重要，其中主要控制钢的晶粒组织和析出物，尤其是 AlN 的控制。需要注意的是，在传统流程中，通常采用三高一低的工艺控制原则，即，高温加热、高温初轧、高温终轧和低温卷取，其目的是在铸坯加热过程中尽量使 AlN 溶解于钢的奥氏体基体中，在随后的轧制和冷却过程中尽可能抑制

AlN 析出，而在冷轧后的罩式炉退火过程中再使 AlN 析出，这对冷轧板的有利织构发展并提高 r 值很重要。

对薄板坯连铸连轧冷轧用低碳钢的软化控制方法，主要可以考虑从以下几方面着手进行控制：

(1) 冶金成分设计和控制(C、Si、Mn、P、N、Al)；

(2) 加热、轧制、冷却、卷取工艺控制；

(3) 钢中加入微量 B；

(4) 铁素体区轧制；

(5) 可通过 RH 处理生产低屈服强度的微碳钢(ELC)、超低碳(ULC)和无间隙原子钢 IF 钢冷轧深冲和超深冲钢板，并发挥其深冲性能好，各向异性小的优势以生产高强度高性能冷轧深冲板。

从国内多家薄板坯连铸连轧生产线的生产实际来看，通过一定的冶金成分设计、控制和热轧工艺调整优化，可以在一定范围内降低冷轧基板的屈服强度，达到基本满足冷轧工艺及冲压成形性能的要求。

为了使冷轧料软化，近几年各薄板坯连铸连轧企业主要采用的软化控制方法是改进热轧工艺及成分控制或钢中添加微量 B 元素。许多实践证明，两种方法在降低冷轧料屈服强度上都取得了一些效果，但也有进一步的研究表明，钢中添加微量 B 元素对冷轧退火后板材的冲压性能存在不利的影响[8]。

A 低碳钢中加 B 对钢的组织性能影响

(1) 低碳钢中加 B 对晶粒粗化的作用效果。在前面冶金成分控制的基础上，若在 SPHC 钢中加入微量 B 元素，可使钢的屈服强度进一步降低，湖南涟钢在 CSP 线试验结果表明，钢板的屈服强度多数在 270 ~ 290 MPa，总平均值在 288 MPa，抗拉强度平均为 357 MPa，而且钢板伸长率也很好，达到了 44.7%[7]。在广州珠钢电炉 CSP 线上生产 SS330 低碳钢时，添加 0.005% ~ 0.006% 的 B 元素，可使钢的屈服强度降低到 240 ~ 250 MPa[9]。

有的试验结果表明，微量 B 的加入使得晶粒尺寸增大约 3.2 μm，B 含量变化对板卷晶粒尺寸的影响见图 7 - 3[10]。

(2) 加 B 对低碳钢中 AlN、BN 析出量的影响。在薄板坯连铸连轧低碳钢生产过程中析出的纳米尺寸 AlN 对奥氏体晶粒长大起到抑制作用，即对奥氏体晶粒细化起作用，并在 $\gamma \to \alpha$ 相变过程中对形变后 α 的细化也起促进作用。那么，钢中添加微量 B 元素后 AlN 的析出发生怎样的变化呢?

AlN 在奥氏体中的溶解度可以采用下式计算[11]：

$$\lg[\mathrm{Al}][\mathrm{N}] = -\frac{6180}{T} + 0.725 \qquad (7-1)$$

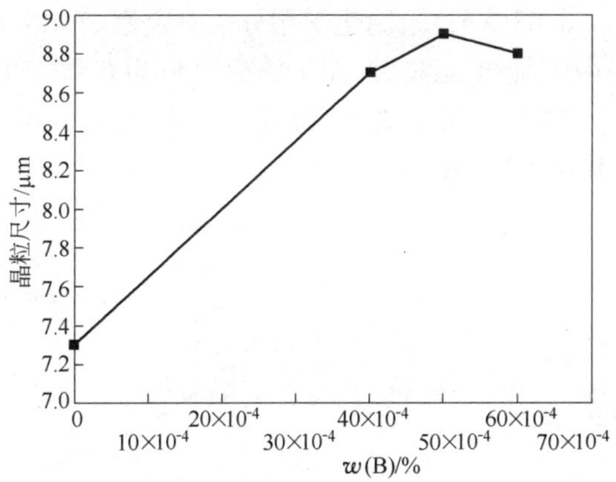

图 7－3　B 含量变化对热轧板晶粒尺寸的影响

根据式 7－1 计算 AlN 在 1100℃、1000℃和 900℃的溶解度曲线如图 7－4 所示[9]。低碳钢中的 N 含量约 0.007%，Al 含量约 0.02%～0.03%，则 AlN 的热力学析出温度大约在 1000℃，即 AlN 在连铸凝固后析出，一些在均热后保留下来的 AlN 将对晶粒细化起作用[12]。

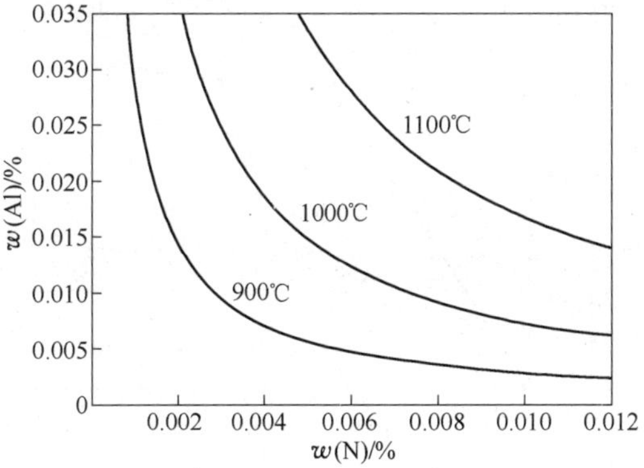

图 7－4　AlN 在 1100℃、1000℃和 900℃的溶解度曲线

当钢中添加 B 时，BN 和 AlN 将竞争析出，BN 的溶解度由下式计算：

$$\lg[B][N] = -\frac{13970}{T} + 5.24 \tag{7-2}$$

根据式 7－2 计算的 BN 溶解度曲线如图 7－5 所示[9]。可见，BN 的析出温度在 1100℃以上，从析出动力学考虑，奥氏体中的 B 原子比 Al 更容易扩散而先与 N 结合形成 BN，钢中的 AlN 形成量将减少，从而也将减弱 AlN 对晶粒细化的作用。

康永林等在对 CSP 线生产不加 B 和加 B 的低碳 Al 镇静钢板（主要成分：

0.04% C,0.004% N,0.03% Al）采用化学相分析测定钢中 AlN 和 BN 析出物的试验结果表明，当钢中不加 B 元素时，AlN 的析出量为 0.0021%，当添加 B 元素 0.003%、0.005%、0.007%，卷取温度为 660℃ 时，钢中 BN 含量从零增加到 0.0039%，而 AlN 基本为零（见图 7－6）。

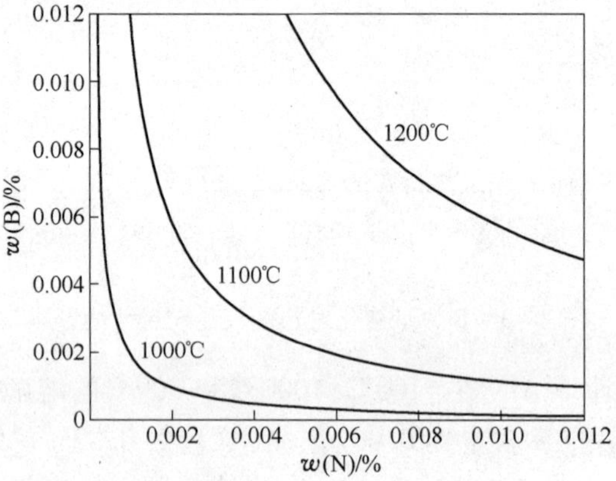

图 7－5　BN 在奥氏体中的溶解度曲线

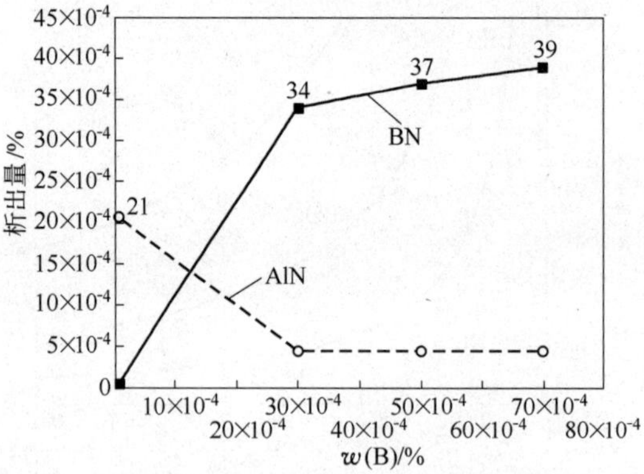

图 7－6　低碳钢中含 B 量对 AlN 与 BN 析出量的影响
（卷取温度 660℃）

B　采用微碳或超低碳成分控制生产 DQ 和 DDQ 级冷轧板

当转炉冶炼后面配有真空精炼 RH 时，就可以生产微碳、超低碳和 IF 钢。舒宏富等在马钢 CSP 线通过 BOF-RH-LF-CSP 进行了微碳（$w(C) \leqslant 0.02\%$）冷轧冲压用钢的生产性试验，其冶金成分控制目标见表 7－4[13]。

冷轧板 SPCD 的产品力学性能和成形性能统计结果见表 7－5。从表中可见，在微碳成分条件下，根据热轧和冷轧及退火工艺控制，可到冷轧板带的成形性能在 DQ 和 DDQ 之间。文献[13]也指出，采用 RH-LF 双联精炼工艺还存在在 LF 处理过程中的增碳现象,平均增碳为0.011%,这对冶炼微碳含量的钢种仍不能满足要求,需要进一步探索努力实现RH单联工艺生产微碳和超低碳冲压用钢。

表7-4 SPHD钢的目标成分(质量分数) (%)

C	Si	Mn	S	P	Als
≤0.02	≤0.02	≤0.20	≤0.010	≤0.015	0.020~0.040

表7-5 微碳钢冷轧板SPCD的产品力学性能和成形性能统计结果

冷轧带钢规格 /mm×mm	值域	力学性能				成形性能	
		R_e/MPa	R_m/MPa	R_e/R_m	A_{80}/%	n_{90}值	r_{90}值
1250×0.8	范围	160~190	280~300	0.57~0.65	34~53	0.21~0.23	1.18~1.98
	平均	173	289	0.59	45	0.22	1.79
1250×0.9	范围	154~185	274~296	0.56~0.64	31~50	0.21~0.23	1.26~2.09
	平均	185	285	0.61	40	0.22	1.72
1250×1.0	范围	166~193	274~303	0.59~0.65	46~51	0.21~0.23	1.21~1.87
	平均	174	285	0.62	49	0.22	1.54

刘明辉等在本钢FTSR线利用RH处理,采用超低碳(w(C)=0.003%)成分控制进行了薄板坯连铸连轧工艺生产DDQ级深冲级冷轧板的生产性试验,其主要冶金成分见表7-6。热轧板和冷轧板的力学性能分别见表7-7和表7-8[14]。可见,热轧板具有极低的屈服强度(210~215 MPa)和屈强比(0.69~0.70),冷轧板具有优良的成形性能(r≥2.10,n=0.25),达到或超过DDQ级的水平。

表7-6 FTSR工艺生产DDQ级(DC06)深冲板的冶金成分(质量分数) (%)

钢种	C	Si	Mn	P	S	Als	Ti	N	O
DC06	0.003	0.005	0.16	0.006	0.01	0.02	0.035	0.0026	0.0034

表7-7 FTSR工艺生产DDQ级(DC06)热轧板的力学性能

钢种	热轧样品号	屈服强度/MPa	抗拉强度/MPa	屈强比	A_{10}/%	位置
DC06	1号	215	305	0.70	37	操作侧
	2号	210	305	0.69	32	中间

表7-8 FTSR工艺生产DDQ级(DC06)冷轧板的力学性能

钢种	冷轧样品号	板厚/mm	屈服强度/MPa	抗拉强度/MPa	A_{80}/%	n值	r值
DC06	537218	0.8	143	300	40.0	0.25	2.20
	537216	0.8	141	300	42.5	0.25	2.10

涟钢 CSP 线通过铁水—脱硫—BOF—RH—CSP—酸轧、全氢罩式退火工艺路线进行了超低碳（C≤0.005%）冷轧深冲用钢的生产性试验，2007 年 1～8 月，共生产 DDQ 级冷轧板 SPCE、DC04 钢 1214 t，表 7－9 为部分统计炉次 RH 出站超低碳钢水成分，热轧板和冷轧退火板的力学性能分别见表 7－10、表7－11[15]。

表 7－9　部分统计炉次 RH 出站超低碳钢水成分（质量分数）　　（%）

炉　号	C	Si	Mn	P	S	Als
1	0.005	0.01	0.22	0.012	0.007	0.054
2	0.002	0.01	0.22	0.013	0.007	0.0482
3	0.003	0.01	0.21	0.014	0.008	0.0518
4	0.003	0.01	0.21	0.017	0.008	0.044
5	0.002	0.01	0.25	0.018	0.008	0.0618
6	0.004	0.012	0.24	0.015	0.007	0.0336
7	0.006	0.01	0.22	0.015	0.009	0.0114
8	0.002	0.01	0.24	0.019	0.008	0.035
9	0.003	0.01	0.22	0.015	0.009	0.05
最小值	0.002	0.010	0.210	0.012	0.007	0.011
平均值	0.003	0.01	0.23	0.015	0.008	0.04
最大值	0.006	0.012	0.25	0.019	0.009	0.0618

表 7－10　超低碳 SPHE 钢热轧板力学性能

项　目	屈服强度/MPa	抗拉强度/MPa	伸长率/%
最小值	245	335	40
平均值	275	358	45.5

表 7－11　工业批量生产 DDQ 级超低碳冷轧钢板的力学性能和成形性能平均值

生产批次	R_e/MPa	R_m/MPa	R_e/R_m	A/%	r 值	n 值
第一批	184	302	0.61	40.1	2.0	0.22
第二批	194	314	0.62	40.9	2.1	0.25

由表 7－10、表 7－11 可见，涟钢 CSP 线生产的超低碳（经 RH 处理）热轧板的平均屈服强度为 275 MPa，以此为原料生产的冷轧板的关键指标 r 值已经达到或超过 DDQ 级冷轧板的要求（$r \geqslant 2.0$，$n \geqslant 0.22$）。

C　热轧及冷却工艺对低碳钢软化的作用

前面提到薄板坯连铸连轧低碳钢的降低强度（软化）控制方法，除了在钢中添加 B 外，还可以通过热轧工艺控制的方法。其基本原理仍然是通过轧制及冷却工艺过程控制,使铁素体晶粒和析出物粗化。本书作者曾结合邯钢 CSP 生产线开展了相关研究,取得主要结果如下。

(1) 终轧温度对 SPHC 钢性能的影响。终轧温度试验的成品板卷的力学性能的测试结果如图 7－7 所示。可以看出,抗拉强度随着终轧温度的变化略微有所降低,屈服强度的降低幅度要快得多,从而屈强比明显降低。终轧温度从 855℃升高到了 909℃,屈强比从 0.84 降到了 0.78。

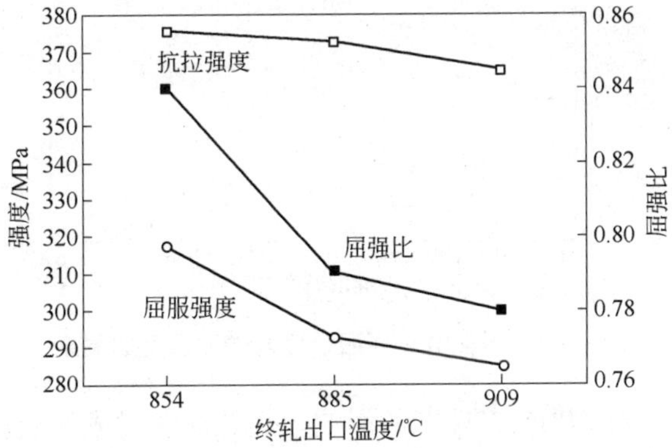

图 7－7　终轧温度对板材力学性能影响

(2) 终轧压下量对 SPHC 钢性能的影响。终轧压下量对成品板材力学性能影响如图 7－8 所示。可以看出,随着终轧压下量增加,板材抗拉强度变化不明显,但屈服强度是一个先下降后升高的过程,因而终轧压下量过大,在达到了 20% 的情况下,由于屈服强度的升高,导致了屈强比的提高,因此终轧压下量不宜过大。

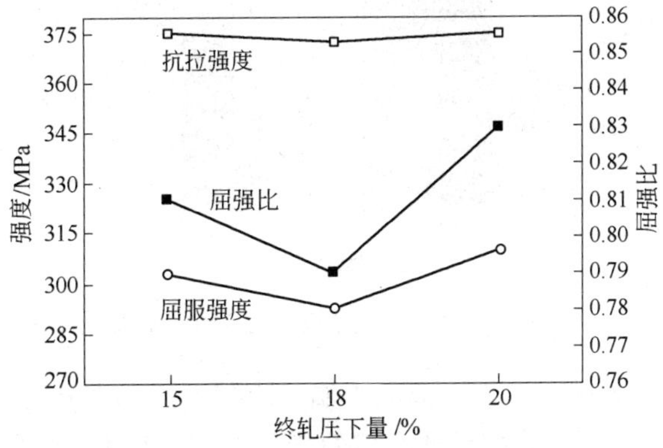

图 7－8　终轧压下量对板材力学性能影响

(3)卷取温度对 SPHC 钢性能的影响。卷取温度对产品性能影响的结果,如图 7 - 9 所示。在试验条件下,随着卷取温度的升高,板材的屈服强度有下降的趋势。

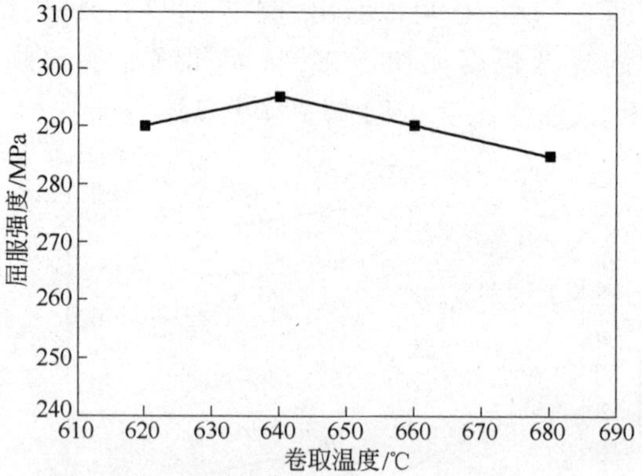

图 7 - 9　不含 B 钢屈服强度与卷取温度的关系

(4) 热轧润滑对 SPHC 钢性能的影响。热轧润滑对成品板材力学性能影响如图7 - 10所示,可以看出,采用热轧润滑使得成品板材的屈服强度和抗拉强度都有所降低,屈服强度降低的比率比抗拉强度要高,从而屈强比也有所降低。采用热轧润滑使变形区接触摩擦明显降低,剪切应力对表层晶粒细化作用减少,钢板变形更加均匀,沿板厚方向的组织也均匀,有利于屈服强度降低。

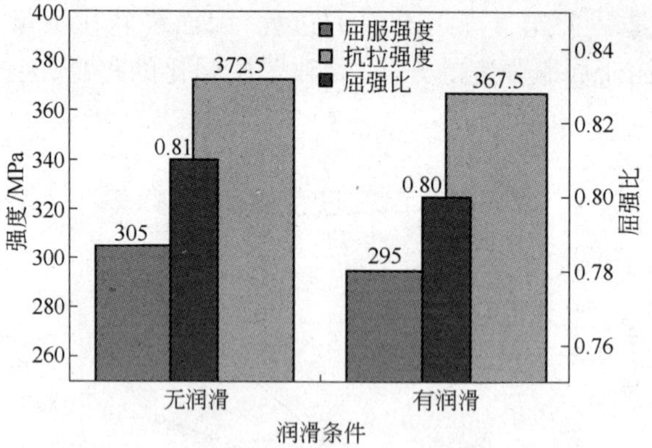

图 7 - 10　润滑对成品板材力学性能的影响

(5) 冷却方式对 SPHC 钢性能的影响。冷却方式对产品力学性能的影响如图7 - 11所示,可以看出,采用后段冷却的产品屈服强度和抗拉强度都比采用前段冷却的低,屈强比也相对较低。冷却方式的改变主要改变了在整个冷却过程中不同阶段的冷却速率,由于钢在高温奥氏体到铁素体转变的温度范围内,不同温度段的冷却速度的变化，对组织转变具有不同的影响。后段冷却使轧件刚出末架轧机后的残余应力和位错在较高温度下得以一定程度的释放。

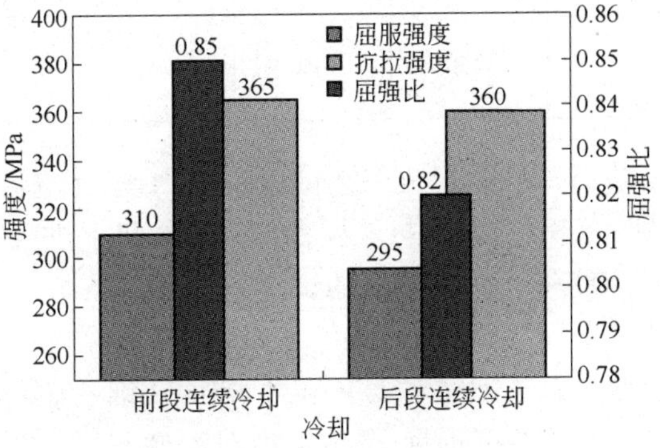

图 7-11 冷却方式对成品板材力学性能的影响

D 不同软化工艺控制方式对 08Al 冷轧板成形性能的影响

实践证明微合金元素 B 的加入可以降低 CSP 工艺下冷轧冲压用钢坯料的屈服强度，但对随后冷轧再结晶退火后 B 对成形性能、力学性能及织构的影响研究较少，而最终冷轧退火后板材的力学性能和成形性能是非常重要的课题。以 CSP 工艺在不同热轧卷取温度下生产的含 B（0.004% ~0.006%）和无 B 的冷轧坯料为研究对象，通过不同的冷轧总压下量进行冷轧后再结晶退火后测得两种钢的基本成形性能指标（r 值、n 值）和力学性能，对比分析无 B 钢和含 B 钢随着卷取温度、冷轧总压下量的不同对冷轧退火板的成形性能和力学性能及织构的影响规律，讨论微合金元素 B 对 08A1 钢冲压性能、力学性能及织构的影响[8]。

a CSP 热轧 08Al 板的成分和工艺

利用 CSP 生产线七架精轧机组所生产的含 B（0.004% ~0.006%）和无 B 的 08Al 热轧板，轧后厚度均为 2.7 mm。钢的化学成分如表 7-12 所示，热轧工艺参数如表 7-13 所示。其中无 B 钢轧后卷取温度分别为 610℃、620℃、650℃、680℃，含 B 钢为 620℃、650℃、680℃、720℃卷取。

表 7-12 08Al 钢的化学成分（质量分数） （%）

钢 种	C	Si	Mn	P	S	B	Als
无 B 钢	0.029	0.019	0.130	0.010	0.003	—	0.025
含 B 钢	0.043	0.017	0.180	0.014	0.005	0.004 ~0.006	0.025

表 7 – 13　CSP 生产 08Al 钢的热轧工艺参数

坯厚 /mm	带厚 /mm	拉速 /m · min^{-1}	均热温度 /℃	精轧入口温度/℃	精轧出口温度/℃	卷取温度/℃	
50	2.7	4.5	1150	1050	900	无 B 钢	610、620、650、680
						含 B 钢	620、650、680、720

对 CSP 热轧板进行冷轧及退火工艺试验时，对 CSP 工艺在各个卷取温度下所生产的两种 08Al(无 B 和含 B)热轧板在四辊冷轧机上进行冷轧，所采用的冷轧总压下量为 65% ~85%。对冷轧后的试样进行再结晶退火，含 B 和无 B 钢试样采用相同的再结晶退火制度。

b　卷取温度、冷轧总压下量对无 B 和含 B 08Al 钢 *r* 值影响

图 7 – 12 给出了冷轧总变形量、卷取温度对无 B 和含 B 08Al 退火板 *r* 值的影响，从图中可以看出，对于无 B 钢，当冷轧总变形量 65% ~75% 之间时，其 *r* 值单调增加，而在 75% ~85% 之间 *r* 值单调下降，另外随着卷取温度的下降其 *r* 值呈上升趋势，当卷取温度为 620℃时，*r* 值最高。对于含 B 钢，当冷轧总变形量 65% ~70% 之间时，*r* 值单调增加，而在 70% ~85% 之间 *r* 值单调下降，随着卷取温度的下降其 *r* 值也呈上升趋势，当卷取温度为 620℃时，*r* 值最高。但对比图 7 – 12*a*、*b* 可见，在相同的热轧工艺及卷取温度条件下，含 B 钢的 *r* 值比无 B 钢的 *r* 值要低。

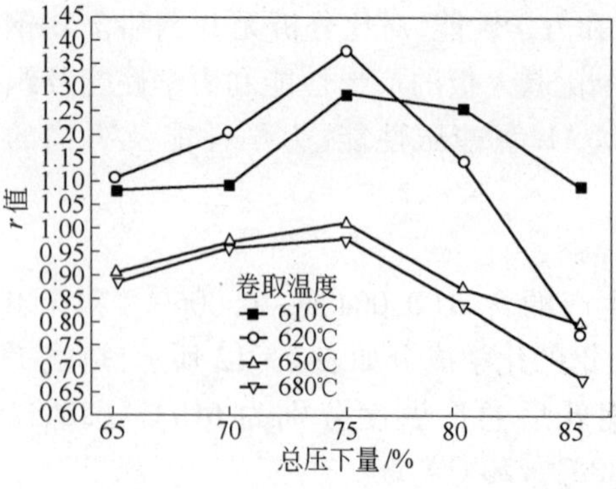

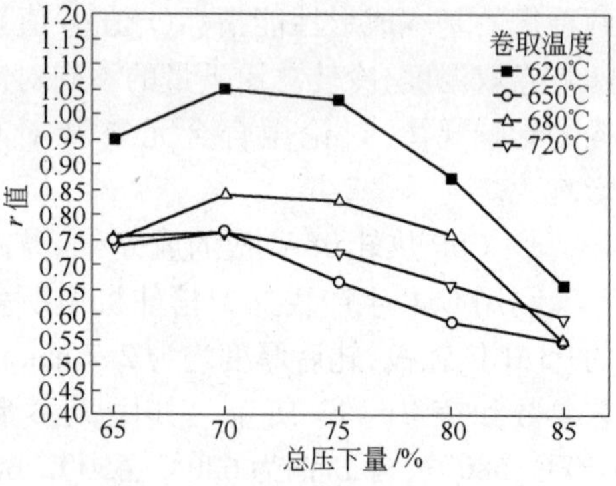

图 7 – 12　冷轧总变形量、卷取温度对无 B 和含 B08Al 退火板 *r* 值的影响

a—无 B 钢；*b*—含 B 钢；

由此可知卷取温度、冷轧总压下量对 08Al 冲压用钢的 *r* 值影响显著，成为影响 08A1 冲压性能的关键因素。这一结果也间接说明了在热轧过程中，通过高温终轧、低温卷取让 AlN 保持固溶，尽量使其在热轧过程中不析出，而在随后

的再结晶退火时析出是为了更有利于{111}织构的发展,从而获得良好的成形性能。由于在 CSP 工艺条件下,AlN 第二相析出粒子直径细小[16],在冷轧退火再结晶过程中抑制不利织构并促进有利织构的发展,细小的 AlN 质点对再结晶形核有阻碍作用,使驱动较小晶粒的形核受到抑制,驱动力大的{111}晶粒虽也受阻碍但在形核竞争中占优势,因此 AlN 加强了成核的选择性,从而有利于得到更强的{111}织构。

与相同退火工艺制度下无 B 08A1 钢相比,含 B 钢的 r 值普遍低,这是由于 B 的加入使钢中的 AlN 析出物显著减少,在随后的再结晶过程中粗大的 BN 粒子对{111}促进作用不大的缘故,有的研究提出铝镇静钢中多余的 B 会造成深冲性能 r 值的下降,即会恶化铝镇静钢的成形性,这可能是因 0.004% ~0.006% 的 B 含量富裕而造成的结果[17]。

c 卷取温度、冷轧总压下量对无 B 和含 B 08Al 钢屈服强度的影响

图 7 – 13 给出了冷轧总变形量、卷取温度对无 B 钢和含 B 钢屈服强度的影响。对于无 B 钢,在各个卷取温度下,冷轧总压下量在 65% ~75% 区间内,随着冷轧总压下量的增加,其屈服强度明显下降,而当总压下量超过 75% 时,其屈服强度又呈上升趋势。当总压下量为 75% 时,屈服强度达到最小值。对于含 B 钢,其屈服强度的变化规律基本与无 B 钢相同,但通过对比分析,发现在相同的再结晶退火制度下,含 B 钢退火后屈服强度明显比无 B 钢要高,从而引起含 B 钢退火后其屈强比比无 B 钢要高。微合金元素 B 在钢中的溶解度小,常以间隙固溶体的形式存在于钢中起到固溶强化的作用,在含 B 的 08A1 钢中,一部分微合金元素 B 以 BN 的形式析出,另一部分 B 元素在再结晶退火后在晶界附近反向偏聚阻止其再结晶晶粒长大,引起含 B 钢退火后比无 B 钢的屈服强度高。

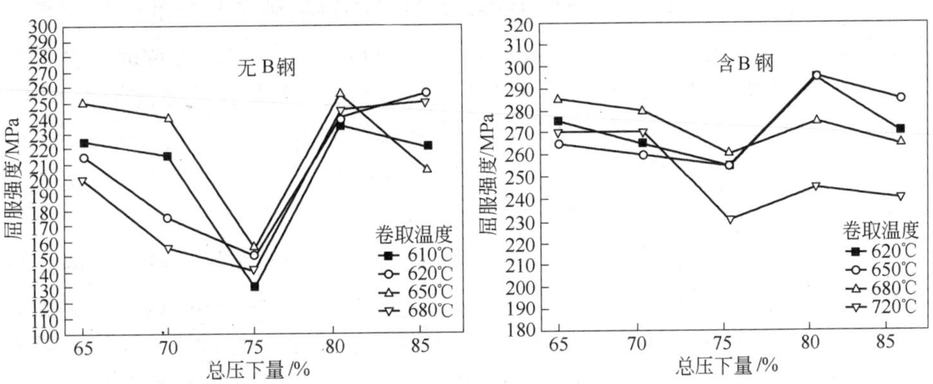

图 7 – 13 冷轧总变形量、卷取温度对无 B 钢和含 B 钢屈服强度的影响

d　无 B 钢和含 B 钢的织构分析

图 7 – 14 给出了卷取温度为 620℃、冷轧压下量为 75% 时无 B 钢和含 B 钢的退火试样在 $\varphi_2 = 45°$ODF 截面图。从图中可以看出：两种钢中都存在较强的 γ 纤维织构但稍偏离理想的 γ 纤维（$\varphi = 54.7°$），另外，两种钢中还具有 α 纤维织构、旋转立方织构{001}〈110〉和 Goss 织构{011}〈100〉。但与无 B 钢相比，含 B 钢的 Goss 织构有所加强，密度值从 1.0 增加到 2.0，旋转立方织构{001}〈110〉也有所加强，其密度值从 2.0 升高到 4.0。在相同的热轧工艺、冷轧总压下量和退火工艺制度条件下，微合金元素 B 的加入使得退火板的 Goss 织构、旋转立方织构都有所增强，在一定程度上使含 B 钢中的 γ 纤维织构组分有所降低，这是含 B 钢与无 B 钢相比其 r 值降低的原因，另外 EBSD 结果也证实了含 B 钢中 γ 纤维组分要小于无 B 钢。

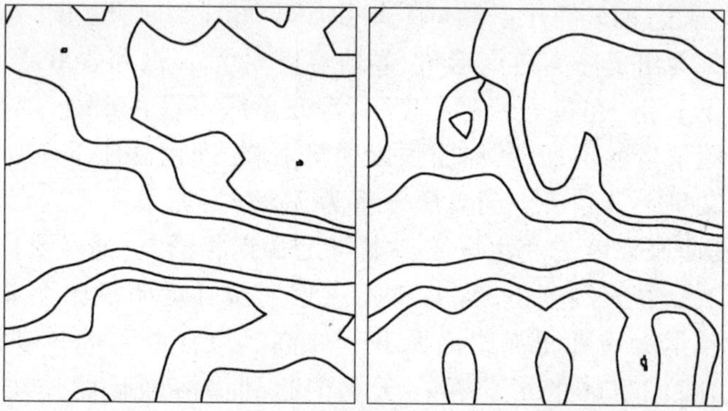

图 7 – 14　08Al 无 B 钢和含 B 钢的 ODF 图
a—无 B 钢；*b*—含 B 钢

采用 EBSD 对两种退火试样中的各主要织构类型做了相应的织构定量分析，见图 7 – 15。从图得知：以{111}〈110〉和{111}〈112〉织构为特征的 γ 纤维组分无 B 钢明显要高于含 B 钢，α 纤维（{112}〈110〉）无 B 钢明显高于含 B 钢，另外在无 B 钢中，其 Goss 织构{011}〈100〉和旋转立方织构{001}〈110〉所占分数很少，而含 B 钢中相对较高。{110}〈110〉织构和{332}〈113〉织构组分无 B 钢相对于含 B 钢要高。

众所周知，08Al 作为冲压用钢，主要是通过控制 AlN 在热轧过程中的固溶和随后冷轧再结晶退火过程中的析出来获得强烈的 γ 纤维织构，这是由于细小 AlN 析出粒子可以增大再结晶形核的阻力，但对不同取向的晶粒，其阻力不同，AlN 析出粒子对{100}织构组分的晶粒阻力最大，而对{111}织构组分的晶粒阻力最小，最终使驱动力大的{111}取向晶粒在形核中占优势，从而得到强烈的 γ 纤维织构的发展，这方面已有大量研究。在含 B（0.004% ~0.006%）钢中，由于

B 优先与 N 结合形成粗大的 BN，因此 AlN 粒子的析出数量大大减小，而在冷轧再结晶退火时，粗大的 BN 析出粒子对 γ 纤维织构促进作用不大，从而导致含 B 钢的 γ 纤维组分要小于无 B 钢的 γ 纤维组分。

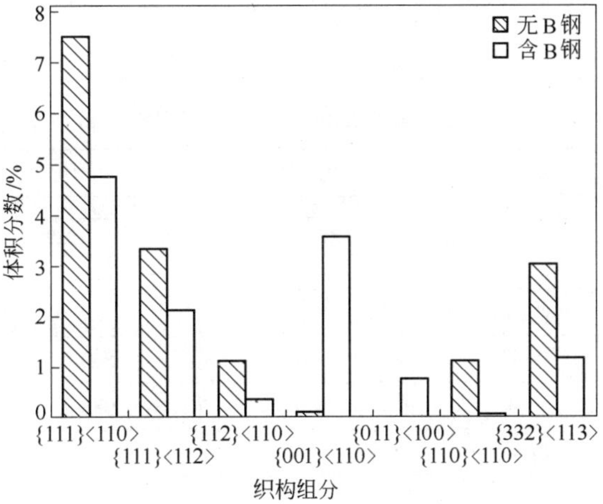

图 7-15　含 B 和不含 B 08Al 钢冷轧退火板中的各主要织构类型组分的定量分析

E　铁素体轧制

唐钢在其 FTSR 薄板坯连铸连轧线上对低碳钢进行了铁素体轧制试验[18,19]，钢的化学成分见表 7-14，成品板厚度 3.0 mm。同时进行了铁素体轧制和奥氏体轧制的对比试验，其热轧工艺控制参数见表 7-15。表 7-16 为铁素体轧制和奥氏体轧制的板材力学性能。由表 7-16 可见，对于同样冶金成分的低碳钢，采用铁素体轧制的屈服强度要比奥氏体轧制的低 40 MPa 以上[18]。

表 7-14　低碳钢钢的化学成分（质量分数）　（%）

C	Si	Mn	S	P	Als	Ca
0.04	0.05	0.25	0.006	0.010	0.021	0.0025

表 7-15　铁素体轧制和奥氏体轧制对比试验热轧工艺控制参数

轧制方式	卷号	加热温度/℃	*RDT*/℃	中间冷却	*FET*/℃	*FDT*/℃	层流冷却	*CT*/℃	轧制方式设定
铁素体轧制	A	1100	950	头部过切头剪，给 45% ~55%	820	810	off	720	常规轧制
	B	1100	945	头部过切头剪，给 55%	820	805	off	715	常规轧制

续表 7 – 15

轧制方式	卷号	加热温度/℃	*RDT*/℃	中间冷却	*FET*/℃	*FDT*/℃	层流冷却	*CT*/℃	轧制方式设定
奥氏体轧制	C	1100	995	无	965	890	前段冷却	685	常规轧制
	D	1100	980	无	960	885	前段冷却	680	常规轧制

表 7 – 16 铁素体轧制和奥氏体轧制的低碳钢板材力学性能

轧制方式	取样方式	R_e/MPa	R_m/MPa	A_{50}/%
铁素体轧制	横	261	356	29
	纵	224	321	30
	斜(45°)	238	329	39
奥氏体轧制	横	310	390	32.5
	纵	290	385	32.5
	斜(45°)	300	380	34.5

铁素体轧制工艺的粗轧温度 1005℃，终轧温度 780℃，卷取温度 720℃。钢板的光学显微组织如图 7 – 16 所示[19]。由图 7 – 16 可见，采用铁素体轧制工艺生产的低碳钢板室温组织基本为铁素体，铁素体晶粒呈不规则的多边形状，晶粒尺寸较为粗大且不均匀，平均晶粒尺寸约 29 μm。

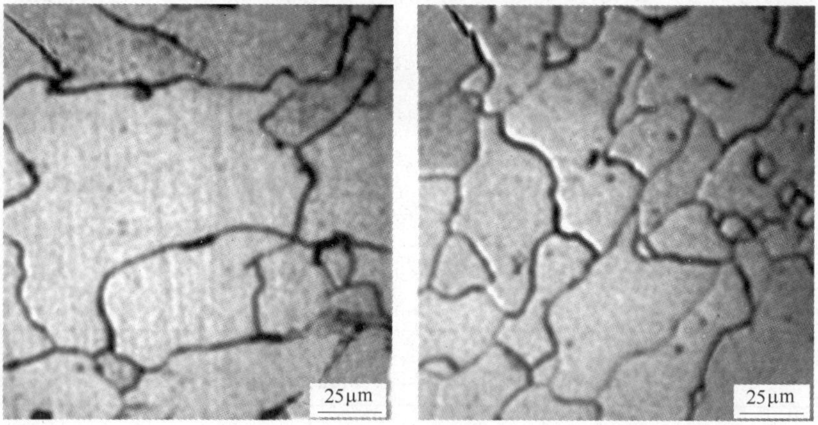

a *b*

图 7 – 16 FTSR 线铁素体轧制低碳钢板光学显微组织

a—表层；*b*—中心

利用扫描电镜观察铁素体钢板的微观组织形貌如图7 – 17所示[19]。由图 7 – 17a可以看到在铁素体晶粒边界存在少量的白亮条状组织，图 7 – 17*b* 可以清晰地观察到此条状组织为片层状珠光体,其片层间距极为细小,约几十纳米,由于片层状珠光体含量很少,且片层间距极为细小均匀,因此不会损坏钢板的韧性。

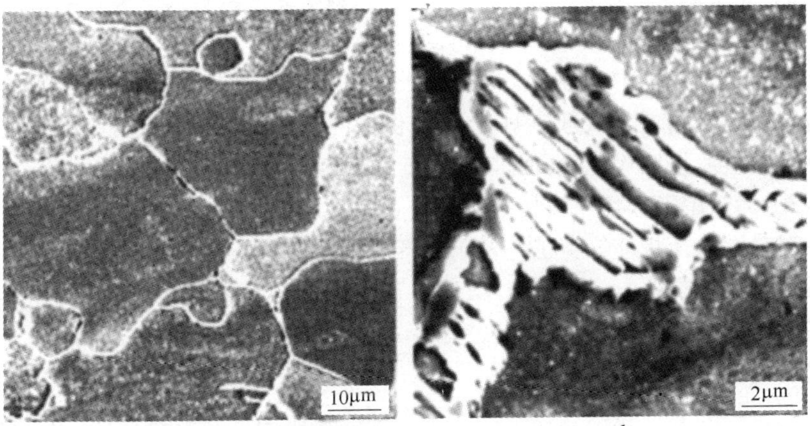

a *b*

图 7-17 FTSR 线铁素体轧制低碳钢板的 SEM 形貌

7.2 薄板坯连铸连轧生产 IF 钢

7.2.1 薄板坯连铸连轧生产 IF 钢关键技术简析

目前全世界已有薄板坯连铸连轧生产线 50 多条,中国已建成投产的薄板坯(包括中等厚度板坯)连铸连轧生产线 13 条,产能超过 3200 万 t。最近还有几家钢铁企业在建或筹建新的薄板坯连铸连轧生产线。国外薄板坯连铸连轧生产线大多采用电炉冶炼 + LF 精炼(有的线配备 RH)。国内薄板坯连铸连轧生产线除珠钢 CSP 采用电炉外,其他企业均采用转炉 + LF 精炼,有的线已配备 RH 精炼,并且大多数企业都陆续建成冷轧和退火、镀锌线。近年来,国内外不少已配备 RH 精炼的薄板坯连铸连轧企业在大批量生产 CQ、DQ 级冲压板的基础上,在生产汽车用高品质超深冲 IF 钢工艺方面作了许多生产性探索试验,在薄板坯连铸连轧生产 IF 钢的可行性、难点和关键技术方面取得了一些很有价值的经验和认识。

薄板坯连铸连轧生产高质量超深冲 IF 钢的主要难点在于表面质量的控制。关键技术在于:

(1) 超低 C、N 钢冶炼、真空精炼与钢成分精确控制技术。钢板性能的稳定性首先取决于钢成分控制的精确性。IF 钢是用微合金元素 Ti 或 Nb 将钢中间隙原子 C 和 N 完全固定的无间隙原子钢。超低 C、N 的稳定精确控制关系到微合金元素 Ti 或 Nb 的合理添加量及其合金化效果，对最终 IF 钢板的性能影响起到关键的作用。

(2) 非金属夹杂物的控制与去除技术。钢中夹杂物对汽车板质量尤其是表面质量有极大的危害。汽车板最常见的表面缺陷有微细裂纹、表面夹杂、表面鼓包等，其形成均与钢中大颗粒夹杂物有关。汽车板中非金属夹杂物的控制包括：炼钢、精炼钢水的低含氧量控制；严格的保护浇注，防止连铸过程钢水二次氧化；连铸中间包坝、堰结构优化，促进夹杂物聚合上浮等。

(3) 无缺陷薄板坯连铸技术。为防止薄板坯铸坯表面裂纹、表面夹杂和卷渣等铸坯缺陷，薄板坯连铸工艺控制包括：高效保护浇铸技术，防止超低碳钢增碳增氮；采用结晶器电磁制动技术，防止保护渣大颗粒夹杂卷入铸坯坯壳；结晶器内钢水流动与液面稳定控制；合适的保护渣研究开发；结晶器振动频率与振幅优化控制（控制铸坯振痕）等。

(4) 铸坯均热、除鳞过程中的氧化皮形成控制与去除技术。通过对薄板坯加热及均热工艺条件的优化和控制，保证铸坯温度的均匀性、控制均热过程的表面氧化皮生成及铸坯表面状态，结合高效除鳞装置，尽可能除净氧化铁皮是保证板带良好表面质量的关键之一。其中主要内容包括：超低碳钢薄板坯合理加热工艺制度；薄板坯在隧道式加热炉加热、均热过程中的温度场模拟分析；隧道式加热炉加热条件、炉内气氛等工艺条件对超低碳钢薄板坯加热过程氧化皮生成状态的影响，薄板坯上下表面氧化皮的物理特性差异及其控制；超低碳钢薄板坯除鳞效果分析及改进措施研究。

(5) 高效热轧润滑技术。高效热轧润滑不仅对提高热轧板带表面质量和组织均匀性效果明显，而且对板带的冲压成形性能具有良好效果。需要针对 IF 钢的成分和性能特点进行热轧润滑剂的选择以及从软件和硬件控制方面保证 IF 钢在热连轧过程中的高效润滑效果。

7.2.2 薄板坯连铸连轧生产 IF 钢的工艺试验

Hiroshi Takechi 从冶金学观点分析认为，薄板坯连铸连轧热轧过程缺乏相变且总变形量小，不利于改善钢板韧性和深冲性等。当钢的基体为无间隙原子钢时，则可以克服其对深冲性能的不利影响[20]。

Takechi 等进行了针对薄板坯连铸连轧工艺生产 IF 钢的试验，浇注了 5 种薄板坯钢样，厚度均为 50 mm，并进行连铸连轧，热轧板厚 5 mm，其化学成分列于表 7 - 17[21]。经 80% 压下率冷轧，分别进行连续退火和罩式退火，退火条件分别为 880℃ ×1 min + 350℃ ×5 min 及 720℃ ×4 h。

表 7-17 IF 钢的化学成分(质量分数) (%)

序号	C	Si	Mn	P	S	Al	Nb	Ti	B	N	(Nb+Ti)/(C+N)质量比	(Nb)/(C)质量比
A	0.0021	0.012	0.10	0.01	0.007	0.032	0.007	0.024	0.0001	0.0030	1.48	0.43
B	0.0019	0.006	0.10	0.01	0.007	0.029	0.006	0.027	0.0017	0.0035	1.54	0.41
C	0.0018	0.014	0.09	0.01	0.007	0.029	0.014	0.001	0.0018	0.0028	0.49	1.00
D	0.0023	0.016	0.10	0.01	0.007	0.029	0.059	0.001	0.0018	0.0029	1.64	3.31
E	0.0016	0.017	0.11	0.011	0.009	0.034	0.020	0.001	0.0001	0.0036	0.60	1.61

表 7-18 为经 0.8% 压下率平整后的成品板力学性能测试结果。当添加 Nb 后，热轧板显微组织细化，其力学性能达到或接近与生产传统 Al 镇静钢一样的 DDQ 级水平[21]。

表 7-18 薄板坯连铸连轧试验 IF 钢的力学性能

连续退火						
序号	R_e/MPa	R_m/MPa	A/%	n 值	平均 r 值	成分
A	128.7	256.3	49.9	0.22	1.65	Ti(24)
B	122.3	253.0	51.8	0.27	1.49	Ti(27)+B
C	136.7	258.7	51.1	0.27	1.63	Nb(14)+B
D	143.0	292.7	44.5	0.25	1.64	Nb(59)+B
E	146.6	266.9	50.9	0.27	1.53	Nb(20)
罩式退火						
序号	R_e/MPa	R_m/MPa	A/%	n 值	平均 r 值	成分
A	161.0	319.3	37.7	0.22	1.26	Ti(24)
B	217.3	332.0	33.5	0.18	1.34	Ti(27)+B
C	168.3	303.7	44.3	0.24	1.13	Nb(14)+B
D	203.0	328.7	41.7	0.22	1.52	Nb(59)+B
E	162.7	304.0	48.1	0.23	1.64	Nb(20)

添加了 Nb 的钢板 E 在再结晶过程中{222}取向晶粒优先长大，如图 7-18 所示，这是借助于抑制{110}再结晶晶粒优先形核以及吞噬{100}回复晶粒来实现的[21]。

图 7-19 表示钢板 A 和 E 在二次加工中塑性脆性转变温度的差别。连续退火钢板塑韧性比罩式退火钢板好，因为前者退火时间短，晶界不够纯净[21]。

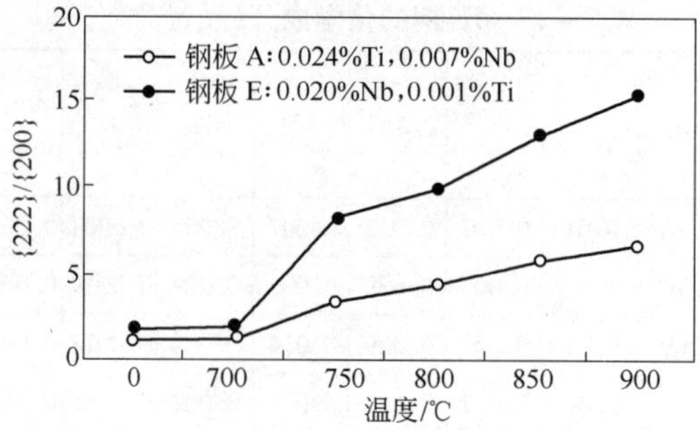

图 7－18 钢板 A 和 E 退火过程中的织构变化

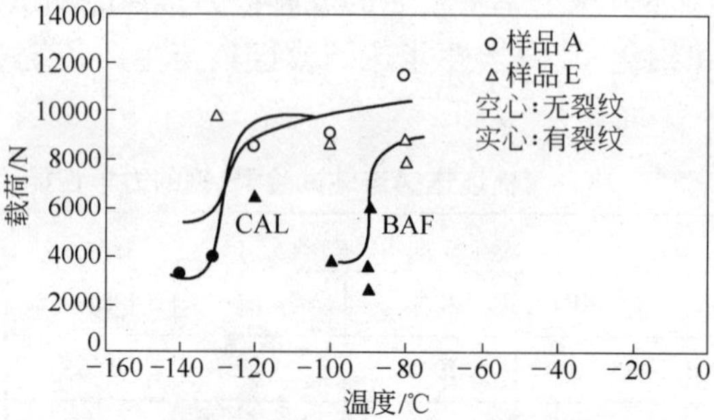

图 7－19 载荷与断裂裂纹的关系曲线
（CAL、BAF 分别表示连续退火和罩式退火）

朱涛等在马钢 CSP 线通过铁水预处理—转炉冶炼—吹氩—RH 真空处理—LF 精炼—CSP 连铸连轧—酸洗—冷轧—热镀锌工艺路线进行了 IF 钢的生产性试验。表7－19为 IF 试验钢的化学成分。试验 IF 钢采用 Ti 微合金化处理，Ti 含量控制范围为 $w(Ti) = 6 \sim 10 \times (C + N)$，实际钢中 Ti 含量为 0.045% ～ 0.074%。其主要工艺控制参数为：铸坯尺寸 70 mm ×（1200 ～1275）mm，连铸拉速 3.8 ～4.2 m/min，隧道均热炉温度上限为 1150℃，终轧温度在 A_{r_3} +20 ～40℃，冷轧压下率大于 74%，热镀锌线上连续退火过程中 RTF 段最高板温按 830℃控制，热镀锌后光整按 0.5% 控制，采用无拉矫模式。表 7－20 和表 7－21 分别为 CSP 生产 IF 钢的热轧卷性能和冷轧热镀锌后的板材性能[22]。

表 7－19 IF 试验钢的化学成分（质量分数） （%）

试验钢序号	C	Si	Mn	P	S	Als	Ca	N	Ti
1 号	0.0042	0.067	0.12	0.012	0.0010	0.040	0.0028	0.0025	0.045
2 号	0.0043	0.049	0.10	0.011	0.0013	0.051	0.0051	0.0045	0.060

续表 7-19

试验钢序号	C	Si	Mn	P	S	Als	Ca	N	Ti
3 号	0.0045	0.041	0.11	0.011	0.0010	0.054	0.0020	0.0034	0.074
4 号	0.0038	0.048	0.099	0.013	0.0041	0.066	0.0029	0.0029	0.073
5 号	0.0036	0.029	0.12	0.016	0.0027	0.035	0.0030	0.0025	0.049

表 7-20 CSP 生产 IF 钢的热轧卷性能

试验钢序号	规格/mm×mm	R_e/MPa	R_m/MPa	伸长率 A/%
1 号	3.5×1244	275	355	35.0
2 号	(3.5~4.0)×1244	275	355	40.0
3 号	(2.7~3.5)×1244	275	350	39.0
4 号	3.0×1244	285	360	39.0
5 号	2.7×1244	265	340	43.0

表 7-21 CSP 生产 IF 钢的冷轧热镀锌后的板材性能

试验钢序号	R_e/MPa	R_m/MPa	屈强比	A_{80}/%	n_{90}	$\bar{n}$	r_{90}	$\bar{r}$
1 号	186	333	0.56	36.5	0.21	0.22	1.63	1.48
2 号	179	324	0.55	38.5	0.22	0.22	1.86	1.57
3 号	177	324	0.55	37.5	0.22	0.22	1.82	1.57
4 号	174	337	0.52	42.0	0.22	0.23	2.12	1.72
5 号	170	335	0.51	39.7	0.23	0.23	2.17	1.78

7.3 薄板坯连铸连轧生产汽车结构钢板

7.3.1 薄板坯连铸连轧生产低碳高强汽车结构钢板

热轧汽车结构钢板主要用于各类汽车车架、防撞梁、发动机托架、以及卡车的纵、横梁等结构件，该产品要求有较高的强度和良好的成形及加工性能。近年来的生产实践证明，根据薄板坯连铸连轧流程产品组织和性能的特点，为有效降低制造成本，提高产品的竞争力，在一定强度范围内，可以考虑不采用微合金元素，在 C-Mn 钢成分基础上，通过合理调整化学成分、优化热连轧工艺及冷却工艺，获得均匀细小晶粒组织和优良性能的抗拉强度 510 MPa 和 550 MPa 级低碳高强度汽车结构钢板[23~27]。

7.3.1.1　低碳高强汽车结构钢的冶金成分与拉伸力学性能

根据薄板坯连铸连轧工艺特性，在珠钢电炉 CSP 工艺开发的 C-Mn 钢的高强热轧汽车板 ZJ510L 和 ZJ550L 的化学成分如表 7－22 所示。CSP 生产的低碳高强汽车板 ZJ510L 和 ZJ550L 的力学性能统计结果如表 7－23 和表 7－24 所示[23,26]。

表 7－22　CSP 热轧低碳高强汽车板 ZJ510L 和 ZJ550L 的化学成分（质量分数）　（%）

钢级别	C	Si	Mn	P	S	Alt
ZJ510L	0.17～0.19	0.20～0.30	0.60～1.20	0.009～0.016	0.002～0.003	0.024～0.032
ZJ550L	0.17～0.19	0.30～0.40	1.20～1.30	0.010～0.015	0.002～0.003	0.030～0.035

表 7－23　CSP 生产的低碳高强汽车板 ZJ510L 力学性能

编　号	厚度/mm	R_e/MPa	R_m/MPa	A/%	R_e/R_m	冷弯 $d=a$
1	5.0	440	595	28	0.74	合　格
2	5.0	430	585	34	0.74	合　格
3	6.0	435	575	30	0.76	合　格
4	6.0	450	600	29	0.75	合　格
5	6.5	450	595	27	0.76	合　格
6	6.5	455	605	28	0.75	合　格
7	8.0	435	590	29	0.74	合　格
8	8.0	410	570	37	0.72	合　格
9	10.0	435	555	29	0.78	合　格
10	10.0	440	565	26	0.78	合　格
平均值	—	438	583.5	29.7	0.75	—

表 7－24　CSP 生产的低碳高强汽车板 ZJ550L 力学性能

编　号	厚度/mm	R_e/MPa	R_m/MPa	A/%	R_e/R_m	冷弯 $d=a$
1	4.0	495	605	30	0.82	合　格
2	4.0	500	610	29	0.82	合　格
3	5.0	475	605	36	0.79	合　格
4	5.0	505	640	23	0.79	合　格
5	6.0	515	645	27	0.80	合　格
6	6.0	525	665	23	0.79	合　格
7	6.5	490	640	24	0.77	合　格

续表 7－24

编　号	厚度/mm	R_e/MPa	R_m/MPa	A/%	R_e/R_m	冷弯 $d=a$
8	6.5	465	590	35	0.79	合　格
9	8.0	465	605	38	0.77	合　格
10	8.0	475	610	27	0.77	合　格
平均值	—	491	621.5	29.2	0.79	—

从表 7－23 和表 7－24 的低碳高强度汽车板力学统计结果可以看出，CSP 工艺生产的 ZJ510L 钢的屈服强度在 410～455 MPa 之间，抗拉强度在 555～605 MPa之间，钢板的屈强比约在 0.72～0.78 之间，且伸长率较高，平均伸长率达到了 29.7%。对于 ZJ550L，成品板的屈服强度在 465～525 MPa 之间，而抗拉强度最高达到了 665 MPa，屈强比在 0.77～0.82 之间，钢板的伸长率在 23%～38%之间。

取 ZJ510L 和 ZJ550L 与类似国标牌号钢种 Q235 和 Q345（见表 7－25 和表 7－26）进行对比可以发现，珠钢 CSP 生产的低碳高强度汽车板在成分相近，合金含量低，成分设计中没有添加微合金元素的情况下，板带的屈服强度和抗拉强度都比较高，其抗拉强度比类似国标牌号钢种均高出 100 MPa 以上。这样就为用户用低牌号钢种代替国标高牌号的钢种，以及用普碳板代替部分低合金板提供了广阔的前景。

表 7－25　CSP 生产的 ZJ510L 与类似国标钢种 Q235 成分和性能比较

钢　种	平均 R_m/MPa	w(C)/%	w(Si)/%	w(Mn)/%	w(P)/%	w(S)/%
ZJ510L	580	<0.20	<0.30	<0.60	<0.02	<0.010
Q235	410	0.14～0.22	≤0.30	0.30～0.65	≤0.045	≤0.050

表 7－26　CSP 生产的 ZJ550L 与类似国标钢种 Q345 成分和性能比较

钢　种	平均 R_m/MPa	w(C)/%	w(Si)/%	w(Mn)/%	w(P)/%	w(S)/%
ZJ550L	620	≤0.20	<0.40	<1.30	<0.025	<0.010
Q345	490	≤0.20	≤0.55	1.0～1.60	≤0.045	≤0.045

而在唐钢的 FTSR 薄板坯连铸连轧生产线上开发生产的低 C-Mn 钢 T510L 同样可以达到很好的力学性能。表 7－27、表 7－28 分别为在唐钢 FTSR 线开发生产的低 C-Mn 钢 T510L 的化学成分和力学性能[28]。

表 7 – 27　FTSR 线生产低 C-Mn 钢 T510L 的化学成分（质量分数）　（%）

C	Mn	Si	S	P
约 0.20	约 1.16	约 0.30	≤0.007	≤0.02

表 7 – 28　FTSR 线生产低 C-Mn 钢 T510L 钢板的力学性能

厚度/mm	屈服强度/ MPa	抗拉强度/MPa	屈强比	伸长率/%
4.0	495	610	0.81	26
5.0	510	640	0.80	27
6.0	425	555	0.77	34

由表 7 – 28 中数据可知，唐钢 FTSR 线生产的 C-Mn 钢 T510L 钢板的屈服强度为 425 ~ 510 MPa（平均 480 MPa），抗拉强度 555 ~ 640 MPa（平均 600 MPa），且钢板的伸长率在 26% ~ 34%（平均 29%），平均屈强比为 0.79。与珠钢 CSP 线生产的 ZJ510L 汽车板相比，唐钢 T510L 汽车板强度较高，而韧性相当。根据文献资料，唐钢低 C-Mn 钢 T510L 钢板的性能达到或优于国内其他一些厂家生产的微合金化 510L 汽车板的力学性能，主要原因在于该钢板的微观组织较为细小均匀，且具有部分针状铁素体和少量粒状贝氏体特征，而此种组织的形成又与其特有的设备和工艺条件密切相关[28]。

7.3.1.2　CSP 生产低碳高强度汽车板 ZJ510L 和 ZJ550L 的低温韧性[26,29]

为了评价低碳高强度汽车板 ZJ510L 和 ZJ550L 的低温韧性，进行了室温至零下 100℃的系列温度冲击试验（20℃、0℃、– 20℃、– 40℃、– 60℃、– 80℃、– 100℃），测定其冲击吸收功，如表 7 – 29 所示。

表 7 – 29　CSP 生产的汽车板 ZJ510L、ZJ550L 在不同温度下的夏比冲击功 A_{KV}　(J)

钢　种	厚度/mm	室温(20℃)	0℃	– 20℃	– 40℃	– 60℃	– 80℃	– 100℃
ZJ510L	6.0	52	48	44	43	33.5	25.5	6
ZJ550L	5.0	52	51	50	49	42.5	28.5	27
ZJ550L	6.5	63.5	57.5	56	53	33	17	7.5
ZJ550L	8.0	60	57	55	45	35	23.5	9.5

由表 7 – 29 可以看出，5.0 mm 厚汽车板的冲击功 A_{KV} 值在 – 100℃时仍然较高，达到了 27J，表明其低温韧性较好。另外三种厚度规格的汽车板在室温至 – 100℃的温度范围内，冲击韧性相差不大。如以断口纤维分数为 50% 的对应温度作为韧脆转变温度（记为 *FATT*），5.0 mm 和 6.0 mm 厚钢板的韧脆转变温度均在 – 80℃以下，而 6.5 mm 和 8.0 mm 厚钢板的韧脆转变温度均在 – 60℃以下（见表 7 – 30），表明用 ZJ510L 和 ZJ550L 制造的汽车零件可以在寒冷的地区

安全运行。钢中带状组织是降低冲击韧性的重要原因，另外，钢中 C、Si、S、P、N 等元素偏析，也使钢板冲击韧性降低。5.0 mm 厚汽车板由于其铁素体平均晶粒尺寸细小，带状组织较轻，因而其冲击韧性较好。

表 7-30 CSP 生产的低碳高强汽车板 ZJ510L 和 ZJ550L 韧脆转变温度

钢 种	厚度规格/mm	韧脆转变温度/℃
ZJ510L	6.0	-81
ZJ550L	5.0	-90
ZJ550L	6.5	-77
ZJ550L	8.0	-60

7.3.1.3 CSP 生产低碳高强度汽车板疲劳性能[26]

疲劳是金属材料在交变或重复应力作用下，经过多次循环而破坏的现象，这是汽车零件和构件的主要失效形式。根据国标金属轴向疲劳试验方法 GB 3075—82 对珠钢 CSP 生产的 ZJ550L 钢进行金属轴向疲劳试验。试验在 Amsler HFP 5000 高频疲劳试验机上进行，选择厚度规格为 5.0 mm 的试制钢板制备成漏斗试样进行试验，试验的循环基数为 1.0×10^6，采用升降法施加拉—拉型应力，频率为 140 Hz 左右，应力比率为 0.1，沿着轧制方向取样，共试验 12 个试样，试验结果如图 7-20 所示。并与 16MnL 和 T52L 钢进行对比（见表 7-31）。试验结果表明：5.0 mm 厚 ZJ550L 钢的疲劳极限为 460 MPa，高于 16MnL 和 T52L 钢，ZJ550L 的疲劳比率为 0.76，优于 T52L 钢，说明低碳高强度汽车板 ZJ550L 的疲劳性能较好。

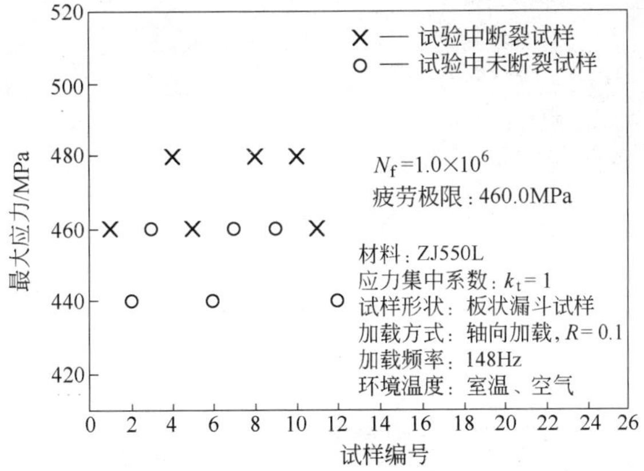

图 7-20 低碳高强度汽车板 ZJ550L 轴向疲劳试验升降图

表 7-31　CSP 生产的 ZJ550L 钢和 16MnL、T52L 钢疲劳性能对比

钢　种	厚度规格/mm	疲劳极限 R_f/MPa	抗拉强度 R_m/MPa	疲劳比率 R_f/R_m
ZJ550L	5.0	460	605	0.76
16MnL	6.5	426	633	0.67
T52L	6.0	400	512	0.78

7.3.1.4　CSP 生产低碳高强度汽车板的冷弯性能

冷弯试验是检测钢板在一定条件下的塑性变形或冲压性能优劣的一种工艺试验。为了衡量 CSP 生产的低碳细晶高强度汽车板的冷弯成形性，对于不同厚度规格钢板分别取横向和纵向拉伸试样进行冷弯试验。试验结果如表 7-32 和图 7-21 所示[26]。从试验结果来看，所有试样的宽冷弯性能良好。图 7-22 为采用低碳高强 ZJ510L 冲压成形的重型卡车二横梁[25]。

表 7-32　CSP 生产低碳高强汽车板 ZJ510L 和 ZJ550L 的冷弯性能

钢　种	厚度规格/mm	冷弯 $d=a$	备　注
ZJ510L	5.0	合格	横向/纵向
	8.0	合格	横向/纵向
	10.0	合格	横向/纵向
ZJ550L	6.5	合格	横向/纵向
	8.0	合格	横向/纵向

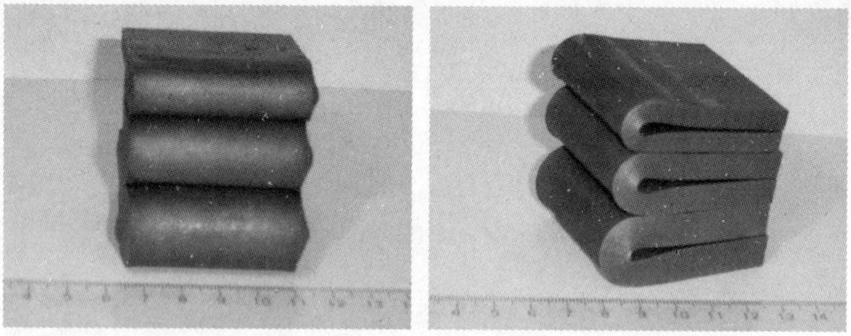

图 7-21　CSP 生产的低碳高强汽车板 ZJ510L 冷弯检验试样

也有的试验结果表明，如果 CSP 生产低碳高强钢的成分或组织控制不合理（如氮含量过高，或带状组织严重等）也会产生冷弯成形性差，即产生冷弯裂纹现象。为保证冷弯成形性能，可以在钢中添加微量的 Ti（约 0.02% 左右）[30,31]。

图 7-22　采用低碳高强 ZJ510L 冲压成形的重型卡车二横梁

7.3.1.5　CSP 生产低碳高强度汽车板的组织

CSP 工艺生产的不同规格的低碳高强度汽车板的强度较高且塑性良好，钢板的综合性能优良而且较为均匀，这与其显微组织特征及强化机制密切相关[32~35]。图 7-23 为三种不同厚度规格低碳高强度汽车板 ZJ510L 板面的显微

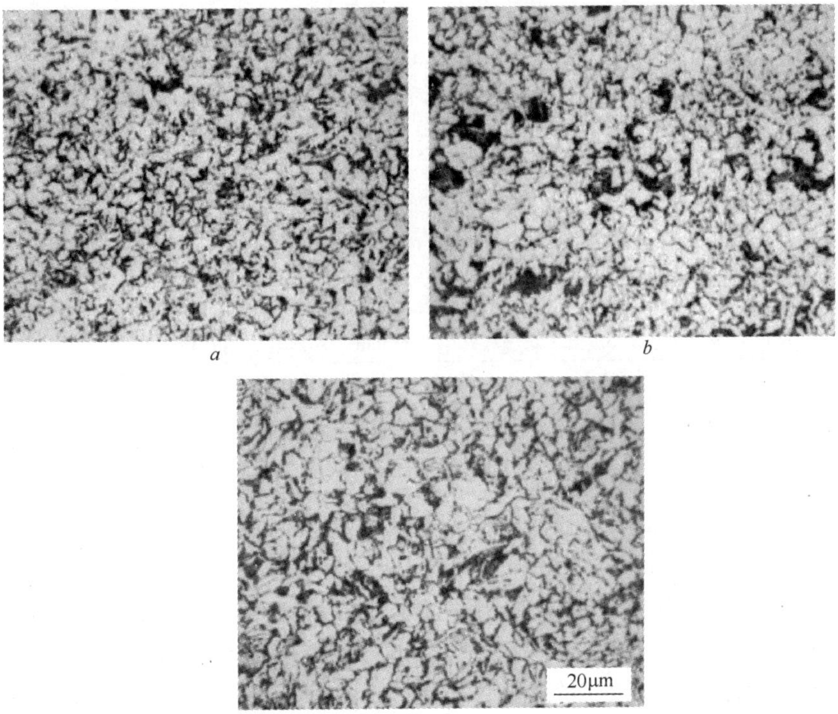

图 7-23　低碳高强汽车板 ZJ510L 板面显微组织

a—6.0 mm；*b*—8.0 mm；*c*—10.0 mm

组织照片。可以看出，钢板的组织为大量铁素体加部分珠光体组成，铁素体外貌呈不规则的多边形，平均铁素体晶粒大小较为均匀，随产品厚度规格减小其晶粒尺寸逐渐减小，晶粒细化。6.0 mm 厚汽车板板面平均铁素体晶粒尺寸最为细小，用平均截线长法测得其平均铁素体晶粒尺寸为5.5 μm 左右。10.0 mm 厚试制钢板的平均铁素体晶粒尺寸较大为6.2 μm。

图7－24为低碳高强汽车板ZJ550L试样不同部位的扫描电镜组织。从图中可以看出，ZJ550L钢板的显微组织比ZJ510L钢板更为细小，板面为多边形铁素体，横向和纵向剖面为较为细小的尖角形铁素体为主和部分弥散分布的珠光体。利用平均截线长法测得试样平均铁素体晶粒尺寸约为4.2～6.1 μm，表层与中心的平均晶粒尺寸相差很小。可以看出，ZJ550L钢板强度较高的主要原因是其铁素体晶粒明显细化，部分铁素体晶粒小于3 μm。主要是由于轧制过程中，终轧温度和卷取温度较低，低温区奥氏体的残余应变增加，变形的存储能升高，同时在奥氏体晶内形成大量的位错和变形带，增加了铁素体的形核位置，提高了铁素体的形核率，因此大大细化了铁素体晶粒。由于CSP生产的低碳高强汽车板的晶粒明显细化，而且比较均匀，根据霍尔—佩奇关系，其屈服强度必然较高。

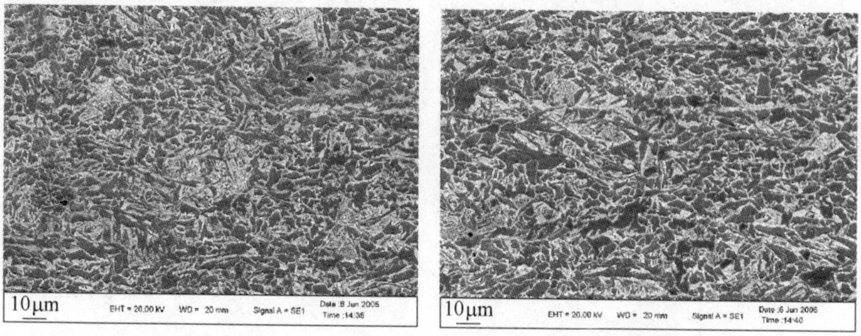

a　　*b*

图7－24　低碳高强汽车板ZJ550L不同部位扫描电镜组织

a—横向；*b*—纵向

将CSP生产的低碳高强汽车板ZJ510L和ZJ550L在扫描电子显微镜下观察其珠光体形貌，如图7－25所示。可以看出，ZJ510L钢板的珠光体组织的大小不十分均匀，较大晶粒呈岛状，而小部分呈枝链状分布，其珠光体片层间距约为0.3 μm 左右。而对于ZJ550L钢板来说，其铁素体晶粒细化的同时，珠光体团变得更加细小，分布也更为均匀，而且其珠光体片层间距也相应减小，约为0.1～0.3 μm 左右。当珠光体转变的温度越低，过冷度越大，其形核率越高，但长大速度则随之下降，所形成的珠光体的片层间距越细。另外，珠光体产物主要在晶界形核，当过冷度越大时，所得到的珠光体团的尺寸也随之减小。钢中片状珠光体的机械性能，主要取决于其组织形态—珠光体团的大小和层间距，尤其是珠光体的层间距。珠光体片层间距越小，对产品综合力学性能有益，其强度和韧性都将同时提高。部分珠光体片层破碎，已经看不清其片层结构，呈细小的碳化物粒子在晶界和晶内分布。

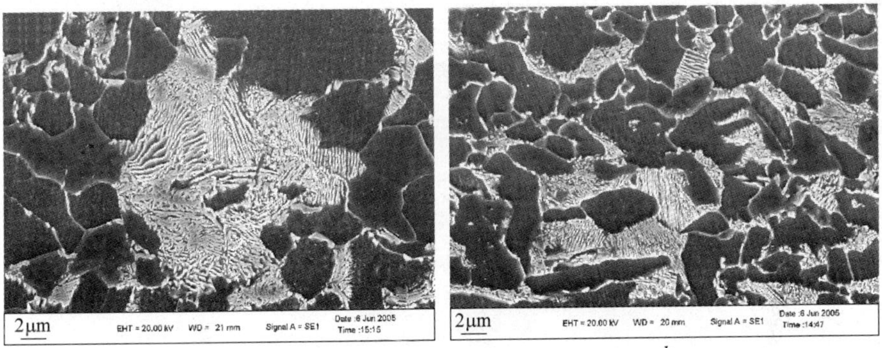

图 7-25 ZJ510L 和 ZJ550L 钢板的珠光体形貌
a—ZJ510L；*b*—ZJ550L

7.3.2 薄板坯连铸连轧生产微合金化汽车结构钢板

在邯钢 CSP 线上生产汽车大梁板 H510L 时，采用低碳（*w*(C) = 0.05% ~ 0.07%），*w*(Si) = 0.30% ~ 0.40%，*w*(Mn) = 1.10% ~ 1.30%，并添加 *w*(Nb) = 0.03% ~ 0.05% 的微合金化方案进行生产性试验。热轧成品板的力学性能见表 7-33。与珠钢 CSP 生产的低碳高强汽车板 ZJ510L 比较（见表 7-23），采用 Nb 微合金化的 H510L 的屈服强度比低 C-Mn 钢的 ZJ510L 高约30 ~ 50 MPa，但抗拉强度平均低 20 MPa 左右，屈强比偏高，伸长率基本相同[36]。

表 7-33 邯钢 CSP 线上生产汽车大梁板 H510L 的力学性能

成品板厚度/mm	屈服强度/MPa	抗拉强度/MPa	伸长率/%	冷弯 180°/*B*≥35 mm
4.8	485 ~ 500	550 ~ 595	26 ~ 29	完 好
7.8	468 ~ 500	540 ~ 585	27 ~ 29	完 好
8.0	455 ~ 495	540 ~ 590	26 ~ 29	完 好

毛新平等在珠钢 CSP 线上采用 V-N 微合金化试制了汽车用细晶高强钢板，表 7-34 和表7-35分别为微合金化钢的主要冶金成分和力学性能。由表7-35可见，V-N 微合金化钢的屈服强度为 590 ~ 625 MPa，伸长率为 26% ~ 27%，但屈强比较高，均在 0.90 以上。据进一步分析，该钢板具有超细晶组织，晶粒尺寸在 3.4 ~ 4.0 μm 之间（见表 7-36 和图 7-26），表明在该微合金化钢中，细晶强化

发挥重要的强化作用[37]。

表 7-34　V-N 微合金化汽车用细晶高强钢板的主要冶金成分（质量分数）　(%)

C	Si	Mn	P	S	V	Als	N
0.05	0.20	1.50	0.01	0.005	0.12	0.03	0.020

表 7-35　V-N 微合金化汽车用细晶高强钢板的力学性能

板材厚度/mm	R_e/MPa	R_m/MPa	R_e/R_m	伸长率/%	冷弯/$d=2a$, 180°
1.8	605	670	0.90	27	完　好
2.5	625	695	0.90	27	完　好
3.2	590	660	0.90	27	完　好
6.3	605	665	0.91	26	完　好

表 7-36　V-N 微合金化汽车用细晶高强钢板的铁素体晶粒尺寸

板材厚度/mm	1.8	2.5	3.2	6.3
铁素体晶粒尺寸/μm	3.4	4.0	3.8	3.8

图 7-26　CSP 生产 V-N 微合金化钢的铁素体晶粒组织

另外，通过复合微合金化，在 CSP 线上还可以开发生产复合微合金化高强汽车结构钢板。表 7-37 和表 7-38 分别为在珠钢 CSP 线上开发生产的 Nb + Ti 复合微合金化 QStE340TM ~ QStE460TM 系列汽车用高强结构钢板的冶金成分和力学性能。从表 7-38 力学性能看，CSP 线生产的 Nb + Ti 复合微合金化 QStE340TM ~ QStE460TM 系列汽车用高强结构钢板在具有高的强度同时，具有良好的塑性，伸长率为 28% ~ 40%，其微观组织为较细的铁素体 + 珠光体混合组织，晶粒度多为 10 ~ 11 级[38]。

表 7-37 CSP 线生产的 Nb + Ti 复合微合金化系列汽车用高强结构钢板的冶金成分(质量分数) (%)

钢 级	C	Si	Mn	P	S	Cu	Ni	Cr	Nb	Ti	Alt
QStE340TM	≤0.07	≤0.3	≤0.90	≤0.03	≤0.025	≤0.16	≤0.15	≤0.15	≤0.020	≤0.020	≤0.015
QStE380TM	≤0.07	≤0.3	≤1.00	≤0.03	≤0.025	≤0.16	≤0.15	≤0.15	≤0.030	≤0.025	≤0.015
QStE420TM	≤0.07	≤0.3	≤1.20	≤0.03	≤0.025	≤0.16	≤0.15	≤0.15	≤0.035	≤0.030	≤0.015
QStE460TM	≤0.07	≤0.3	≤1.40	≤0.03	≤0.025	≤0.16	≤0.15	≤0.15	≤0.045	≤0.035	≤0.015

表 7-38 CSP 线生产的 Nb + Ti 复合微合金化系列汽车用高强结构钢板的力学性能(质量分数) (%)

钢 级	厚度/mm	横 截 面					纵 截 面				
		R_e/MPa	R_m/MPa	R_e/R_m	A/%	冷弯 $/d=0.5a$	R_e/MPa	R_m/MPa	R_e/R_m	A/%	冷弯 $/d=0.5a$
QStE340TM	1.8	400	470	0.851	38	完好	385	460	0.837	37	完好
	2.0	390	460	0.849	39	完好	390	465	0.838	38	完好
	3.0	380	450	0.844	40	完好	370	455	0.813	40	完好
	6.3	400	480	0.833	38	完好	390	475	0.821	39	完好
QStE380TM	1.5	420	490	0.857	33	完好	405	480	0.843	33	完好
	1.8	415	465	0.892	32	完好	410	475	0.863	34	完好
	3.0	410	475	0.863	35	完好	410	475	0.863	35	完好
	4.5	425	480	0.885	34	完好	405	470	0.861	36	完好
QStE420TM	3.5	430	525	0.819	35	完好	430	535	0.803	33	完好
	8.0	435	535	0.813	31	完好	435	540	0.805	31	完好
	8.0	430	530	0.811	30	完好	430	525	0.819	32	完好
	8.0	435	530	0.821	30	完好	435	540	0.805	31	完好
QStE460TM	1.7	525	590	0.889	28	完好	495	575	0.861	29	完好
	2.3	520	585	0.889	29	完好	515	585	0.880	30	完好
	3.5	515	575	0.895	31	完好	510	570	0.894	29	完好
	6.0	495	565	0.876	29	完好	490	560	0.875	32	完好

7.4 薄板坯连铸连轧生产 DP 钢

从 1989 年第一条 CSP 生产线投产以来，随着市场的不断渗透，产品范围在向着减小带钢最终厚度以及生产多相钢方面扩展。图 7-27 表示 CSP 线从 1989~2005 年产品品种的发展过程和趋势[39]。

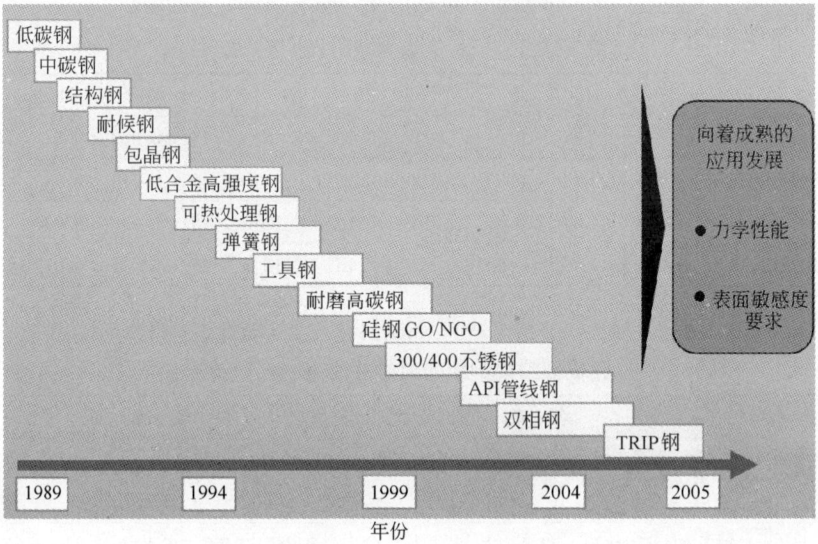

图7－27　CSP线1989～2005年产品品种的发展过程和趋势

近年来,欧美一些CSP厂家共同在生产多相钢方面进行了深入的研发工作,DP600-DP800和TRIP700-TRIP1000的生产工艺已经具备。利用化学成分对TTT曲线的影响结合CSP工厂自身的特点及优势,在开发多相钢方面更具有大的潜能。图7－28表示合金元素对钢的TTT行为的影响[39]。

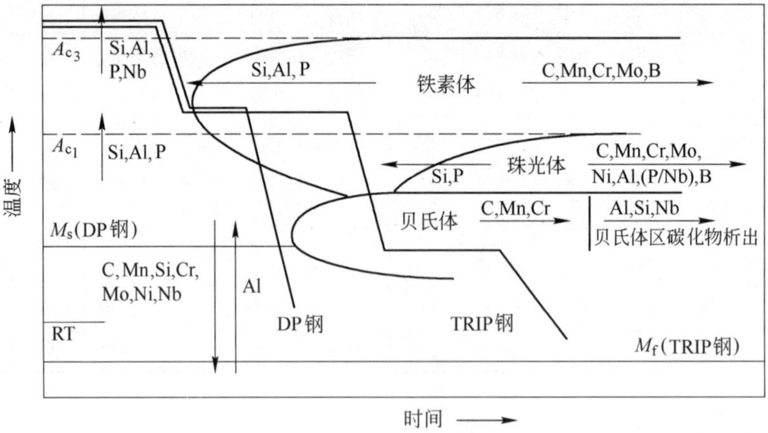

图7－28　合金元素对钢的TTT行为的影响

表7－39为采用CSP试制的DP600-DP800的力学性能。可见,DP钢具有良好的塑性和非常低的屈强比,成形性能良好[39]。

表 7-39 采用 CSP 试制的 DP600-DP800 的力学性能

钢　级	板带厚度范围/mm	$R_{p0.2}$/MPa	R_m/MPa	A/%	$R_{p0.2}/R_m$	卷　号
DP600	2.0～3.0	334	610	27	0.55	14
DP700	2.5～4.0	380	706	23	0.54	17
DP780	1.6～2.0	448	781	17	0.57	6
DP800	2.5～5.5	470	863	14	0.54	5

在国内，包钢采用 CSP 线也开发试制出 540 MPa 级 C-Mn 成分的热轧双相钢[40,41]。其冶金成分为 0.08% C、1.20% Mn、0.15% Si、0.003% S、0.016% P，薄板坯铸坯厚度为 67 mm，经隧道炉均热，出炉温度 1150℃，终轧温度约 840℃ 层流冷却段冷速约 25℃/s，卷取温度低于 300℃，试制成品板厚度 5 mm 和 6 mm，力学性能和 V 形冲击值分别见表 7-40 和表 7-41。可见，DP540 钢的抗拉强度大于 540 MPa，伸长率为 29%～31%，屈强比为 0.66～0.67，在 -60℃ 的冲击值在 80J 以上。

表 7-40 CSP 线试制的 540 MPa 级热轧双相钢的力学性能

试样号	厚度/mm	宽度/mm	$R_{p0.2}$/MPa	R_m/MPa	A_{50}/%	$R_{p0.2}/R_m$	n 值
1	6.0	1500	365	545	31	0.67	0.21
2	5.0	1500	375	570	29	0.66	0.21

表 7-41 CSP 线试制的 540 MPa 级热轧双相钢的 V 形冲击值

板厚/mm	V 形冲击值(轧向)/J														
	+20℃			0℃			-20℃			-40℃			-60℃		
6.0	111	108	113	104	107	107	102	103	105	101	104	94	92	96	80

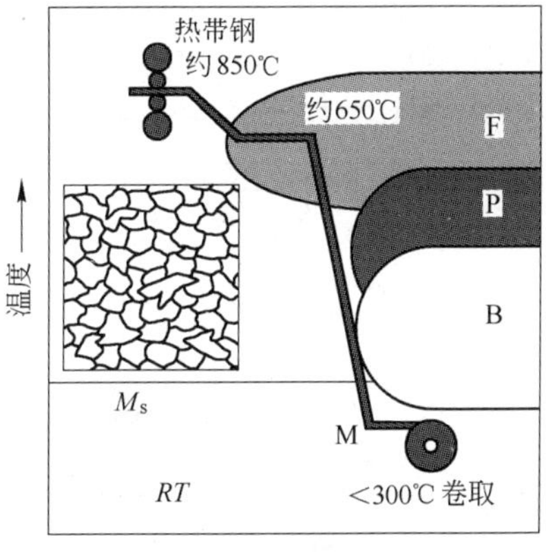

图 7-29 热轧双相钢的冶金工艺原理

根据热轧双相钢的冶金控制原理，其关键工艺在轧后冷却控制(图 7-29)。终轧后，先经一段层流冷却进入铁素体 F 区，以较低冷速形成一定量的铁素体，然后快冷到 M_s 点以下(避开珠光体 P 和贝氏体 B 转变区)使剩余奥氏体转变成马氏体。通常的薄板坯连铸连轧层流冷却线较短，且在后段没有快冷能力是很难生产双相钢的，因此需要对现有层流冷却线加以改造，在层冷线后段(温度精调区附近)添加快冷装置(长度约 6 m 左右)，以满足双相钢工艺控制要求。

国外的一些 CSP 厂家在深入的理论研究和大量的工艺模型模拟的研究基础上对 CSP 生产双相钢进行了如下优化：

(1) 最重要的措施是改进钢的化学成分，使相变行为达到在相对短的缓冷时间生成足够的铁素体相的效果；

(2) 优化轧制工艺规程，如降低终轧温度，尽可能降低轧制速度，这样，在冷却段运行的时间会更长；

(3) 优化冷却段结构(快冷)，获得所需的温度和足够的缓冷时间；

(4) 使带钢在卷取前的温度降至马氏体形成温度以下。

通过优化后，2003 年初在位于西班牙毕尔巴鄂的 ACB 公司 CSP 工厂进行了工业实验，采用含 Mn、Cr、Si 的低碳钢成分，生产出的 DP 600 MPa 级双相钢具有良好的性能。

7.5　薄板坯连铸连轧生产 TRIP 钢

薄板坯连铸连轧生产 TRIP 钢的工艺原理同 DP 钢相近(图 7－28)，但其卷取温度在贝氏体 B 区，以形成铁素体＋贝氏体＋残余奥氏体组织。在欧洲，采用 CSP 线已试制出 TRIP700 和 TRIP1000(见表 7－42)。可见，所试制的超高强 TRIP 钢具有良好的塑性[39]。

表 7－42　采用 CSP 试制的 TRIP700、TRIP1000 的力学性能

钢　级	板带厚度范围/mm	$R_{p0.2}$/MPa	R_m/MPa	A/%	$R_{p0.2}/R_m$	卷　号
TRIP700	4.0～5.0	530	763	25	0.69	5
TRIP1000	4.0	549	1023	18	0.54	2

张迎辉等在实验室条件下，模拟薄板坯连铸连轧工艺过程进行了 TRIP600 和 TRIP800 的试验研究[42～47]。表 7－43 为 TRIP600 试验钢的化学成分。

TRIP600 采用 C-Si-Mn 成分含微量 Ti 的成分设计方案。模拟薄板坯连铸连轧流程所采用的工艺条件为：铸坯厚度 65 mm；均热工艺：1050℃ ×30 min；热轧开轧温度：1020～1050℃；热轧终轧温度：820～850℃；热轧后空冷阶段：2～5℃/s 冷速冷至 700℃；空冷后水冷阶段：20～40℃/s 冷速冷至 400～500℃；卷取温度：400～500℃。

表 7－43　TRIP600 MPa 试验钢的化学成分(质量分数)　　(%)

钢　号	C	Si	Mn	P	S	Ti	Al
C61	0.20	1.08	1.27	0.015	0.007	0.005	<0.01
C62	0.20	1.09	1.26	0.014	0.010	0.005	<0.01

续表 7 - 43

钢 号	C	Si	Mn	P	S	Ti	Al
C63	0.20	1.03	1.21	0.015	0.011	0.010	<0.01
C64	0.20	1.07	1.25	0.015	0.010	0.010	<0.01

表 7 - 44 为 TRIP600 试验钢的力学性能。可见，在模拟薄板坯连铸连轧工艺条件下，采用 C-Si-Mn 成分设计方案 TRIP600 试验钢的抗拉强度可以达到 600 MPa 以上，屈强比在 0.70 左右，总伸长率在 27% 以上，均匀伸长率超过 20%，具有良好的成形性能。

表 7 - 44　TRIP600 试验钢的力学性能

钢 号	R_m/MPa	R_e/MPa	R_e/R_m	$A_{总}$/%	$A_{均}$/%	$A_{均}/A_{总}$/%
C61	630	460	0.73	29.1	22.1	75.8
C62	600	420	0.69	27.3	20.8	76.2
C63	610	410	0.67	29.1	21.4	73.6
C64	610	435	0.71	28.1	20.9	74.2
3 号	605	440	0.73	28.4	21.0	74.0

图 7 - 30 和图 7 - 31 分别为试验 TRIP600 钢的显微组织照片和 SEM 照片。可见，其组织为典型的 F + B + Ar 组织，其中贝氏体为板条状贝氏体和粒状贝氏体的混合组织。

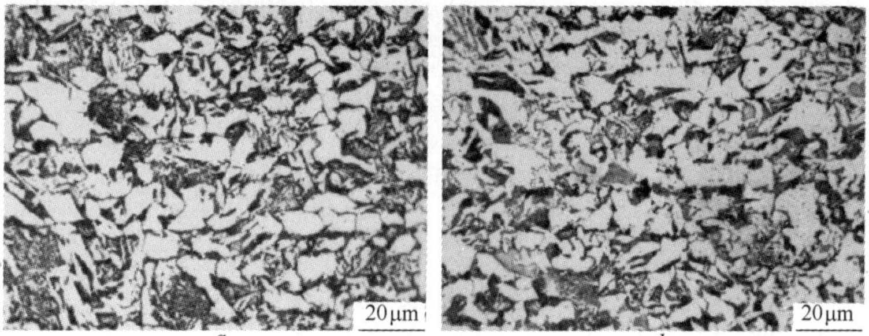

a　　*b*

图 7 - 30　试验 TRIP600 钢的组织（C62 号样）

a—横向；*b*—纵向

图 7 - 32 为试验 TRIP600 钢不同试样中各相组织的百分含量。其中铁素体 F 含量为 58% ~67%；贝氏体 B 含量为 26% ~36%；残余奥氏体含量为 5.0% ~ 6.6%。

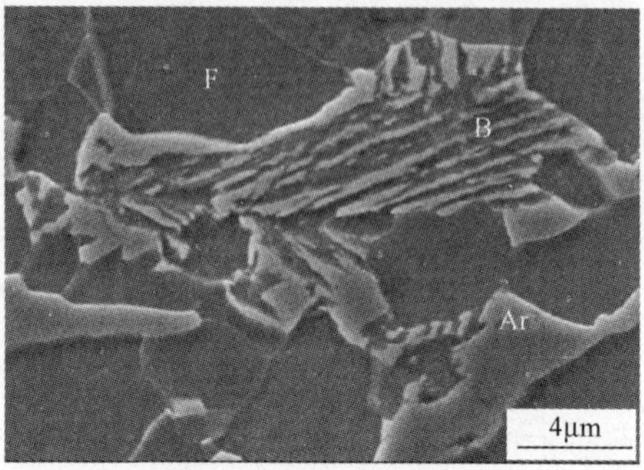

图7－31　试验TRIP600钢各相组织的SEM照片(C62号样)

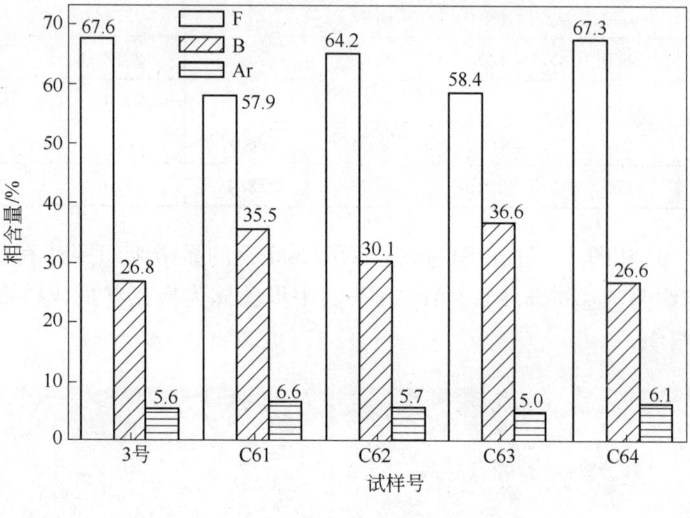

图7－32　试验TRIP600钢各相组织的含量

参考文献

[1]　康永林,傅杰,柳得橹,于浩.薄板坯连铸连轧钢的组织性能控制[M].北京:冶金工业出版社,2006.

[2]　康永林,柳得橹,傅杰,等.薄板坯连铸连轧CSP生产低碳钢板的组织特征[J].钢铁,2006,Vol.36,No.6:40～43.

[3]　Klinkenberg C.薄板坯连铸连轧生产汽车用微合金化钢[M].汽车用铌微合金化钢板.北京:冶金工业出版社,2006:339～344.

[4]　Dieter Rosenthal et al..Second Generation of CSP Plant and Future Development Trends,Proc. of International Symposium on Thin Slab Casting and Rolling, Guangzhou, China,2002:43.

[5]　Luis a LeDuc Lezama,Miguelv del Mercado,Rafael G dela Pena. Hot rolling of thin gage strip steel at Hyl-

sa. Iron and Steel Engineer,1997, 74(4): 27 ~31.

[6] 郭亮. 薄板坯连铸连轧(CSP)工艺特性及钢种开发[J]. 冶金译丛,1999,No.3: 32 ~35.

[7] 康永林,温德智,吴光亮. 薄板坯连铸连轧生产冷轧基板工艺与组织性能分析[C]. 薄板坯连铸连轧技术交流与开发协会第三次技术交流会论文集,唐钢,2005:166 ~172.

[8] 康永林,景钦广,吴光亮,温德智,周春泉. 卷取温度、冷轧总变形量对含 B 08Al 钢力学性能的影响*[J]. 钢铁,2007,Vol.42,No.4:72 ~76.

[9] Mao Xinping, Huo Xiangdong, Zhang Ruosheng, et. al.. Study of B microalloy steel for base material of cold rolling in CSP line, Proceedings of 2006 International Symposium on Thin Slab Casting and Rolling, Iron & Steel, Supplement(1),2006,Vol.41:195 ~199.

[10] 温德智,吴光亮,周明伟,等. 微量 B 影响 CSP 生产冷轧基板的组织演变和特征[C]. 薄板坯连铸连轧技术交流与开发协会第四次技术交流会论文集,马鞍山,2006:328 ~332.

[11] Kazuo Yamanaka, Yasuya Ohmori. Effect of boron on transformation of low-carbon steels. Transactions ISIJ,1977,17:92 ~101.

[12] Liu Qingyou, Liang Xiaokai, Wang Xuelian, et. al. . Discussion of microstructure refinement of low C Al-killed steel in TSCR line, Iron and Steel,2005,40(8):65 ~69.

[13] 舒宏富,宋超,张晓峰. BOF-RH-LF-CSP 生产冷轧 DQ 级钢工艺实践[C]. 2005 年薄板坯连铸连轧品种与工艺技术研讨会论文集,扬州,2005:166 ~169.

[14] Liu Minghui, Kang Haijun, Chen Lihong. Industrial Pilot of Production DDQ Cold Rolling Strip in FTSR in BX Steel, 2006 International Symposium on Thin Slab Casting and Rolling(TSCR2006), Iron & Steel Supplement(1),2006:234 ~237.

[15] 涟钢 - 北京科技大学. "CSP 工艺生产冷轧冲压用钢开发"项目技术研究报告. 2007 年 8 月.

[16] Kang Yonglin, Yu Hao, Fu Jie, et al.. Morphology and precipitation kinetics of AlN in hot strip of low carbon steel produced by compact strip production. Materials Science and Engineering A351, 2003: 265 ~271.

[17] Yoshimasa Funakawa, Toru Inazumi, Yoshihiro Hosoya. Effect of Al content on r-value of boron-bearing Al-killed steel sheet[J]. Tetsu to Hagane, 2002, 88(9):69 ~72.

[18] 史东日,孔庆福,齐长发等. 唐钢 FTSR 生产线采用铁素体区和奥氏体区轧制方式生产 SPHD 低碳钢板性能的研究[C]. 薄板坯连铸连轧技术交流与开发协会第四次技术交流会论文集,马鞍山,2006:211 ~220.

[19] 王欣,康永林,于浩,陈礼斌,孔庆福. FTSR 线铁素体轧制低碳钢板的组织性能分析[J]. 钢铁,2006,Vol.41,No.6:56 ~58.

[20] Hiroshi Takechi. IF 钢生产技术最新进展[M]. 汽车用铌微合金化钢板. 北京:冶金工业出版社,2006:281 ~288

[21] Hiroshi Takechi. IF Steels 2003. ISIJ. , 2003:63.

[22] 朱涛,杨兴亮,沈昶,等. CSP 线超低碳无间隙原子(ULC-IF)钢的研发[C]. 薄板坯连铸连轧技术交流与开发协会第四次技术交流会论文集. 马鞍山,2006:18 ~23.

[23] 康永林,赵征志,谷海容. 低碳高强度汽车板 ZJ510L 力学性能及强化机理[J]. 汽车工艺与材料,2004,No.186:54 ~56.

[24] Kang Yonglin, Zhao Zhengzhi, Yu Hao, et al.. Microstructure Characteristic and Strengthening Mechanism of Ti-Microalloyed Automobile Beam Steel Produced by Compact Strip Production, Processing of Thermec'2006, International Conference on Processing and Manufacturing of Advanced Materials, Van-

couver, Canada, 2006: 386 ~ 389.

[25] Zhao Zhengzhi, Kang Yonglin, Mao Xinping, et al.. Study on Recrystallization Behavior of High Strength Automobile Steel Sheets Produced by CSP, Material Science Forum, 2005, Vol. 475 ~ 479: 153 ~ 156.

[26] 赵征志. CSP热轧低碳高强度汽车板的强韧化机理及控制[D]. 北京: 北京科技大学, 2006.

[27] Zhao Zhengzhi, Kang Yonglin, Yu Hao. Grain refinement and strengthening mechanism of automobile beam steel produced by CSP technology, Iron & steel, Supplement, 2005, Vol. 40: 451 ~ 455.

[28] 王欣, 康永林, 于浩, 等. FTSR工艺生产低C-Mn钢510L汽车大梁板的组织性能分析[J]. 汽车工艺与材料, 2006, 206: 6 ~ 8

[29] 毛新平, 林振源, 许传婺, 等, 珠钢汽车大梁板系列产品开发与应用研究[J]. 汽车工艺与材料, 总第186期, 2004: 47 ~ 50.

[30] 赵征志, 康永林, 于浩, 等. 电炉CSP流程微Ti低碳高强汽车用钢板的开发研究[J]. 钢铁, 2005, 40(10): 72 ~ 75.

[31] 饶添荣, 朱涛, 史怀言, 等, 马钢CSP线510汽车大梁板的开发[C]. 薄板坯连铸连轧技术交流与开发协会第四次技术交流会论文集. 马鞍山, 2006: 85 ~ 88.

[32] Yu Hao, Kang Yonglin, Zhao Zhengzhi, Mao Xinping. Study of Microstructure and Cementite in Automobile Beam Steels Produced by Compact Strip Production with Flexible Technologies. Materials Science and Engineering A, 2005, 408: 47 ~ 52.

[33] 赵征志, 康永林, 陈贵江, 等. CSP生产400/500MPa低碳高强度汽车板的组织与性能研究[C]//中国金属学会. 中国钢铁年会论文集. 2003, 4: 560 ~ 563.

[34] Kang Yonglin, Zhao Zhengzhi, Yu Hao. Microstructure Characteristic and Strengthening Mechanism of Ti-Microalloyed Automobile Beam Steel Produced by Compact Strip Production, journal Materials Science Forum, 2007, Vols. 539 ~ 543: 4125 ~ 4130.

[35] Zhao Zhengzhi, Kang Yonglin, Yu Hao, Fu Jie. The Evolution and Characteristic of Microstructure during Compact Strip Production in an Automobile Beam Steel. 2006 International Symposium on Thin Slab Casting and Rolling, Iron & Steel Supplement(1), 2006: 253 ~ 256.

[36] 李建文, 张玉柱, 李会欣, 等, 邯钢CSP高强度汽车大梁板的开发与研制[C]. 2005年薄板坯连铸连轧品种与工艺技术研讨会论文集, 扬州, 2005: 118 ~ 120.

[37] Mao Xinping, Huo Xiangdong, Liu Qingyou, Kang Yonglin, et al.. Research and Application of Microalloying Technology Based on Thin Slab Casting and Direct Rolling Process, 2006 International Symposium on Thin Slab Casting and Rolling, Iron & Steel Supplement(1), 2006: 109 ~ 118.

[38] Mao Xinping, Gao Jixiang, Xu Zhiru, et al.. Development of Nb-Ti Micro-alloying Automobile Plate QStE340-460TM, 2006 International Symposium on Thin Slab Casting and Rolling, Iron & Steel Supplement(1), 2006: 275 ~ 280.

[39] Stephan Kramer, Wolfgang Hennig. Ingo Schuster. Processing of Multi-Phase, Silicon and HSLA Grades on CSP®, 2006 International Symposium on Thin Slab Casting and Rolling, Iron & Steel Supplement (1), 2006: 135 ~ 142.

[40] Li Degang, Dong Ruifeng, Yan Bo, et al.. Research on 540 MPa Grade Hot Rolled Dual-Phase Strip Steel in Bao Tou CSP Plant, 2006 International Symposium on Thin Slab Casting and Rolling, Iron & Steel Supplement(1), 2006: 130 ~ 134.

[41] 刘彦春, 董瑞峰, 屈文胜, 等. CSP线生产C-Mn系热轧双相钢的工业试验[J]. 轧钢, 2006, 23(4): 1 ~ 4.

[42] 张迎晖.薄板坯连铸连轧 TRIP 钢的组织与力学性能研究[D].北京:北京科技大学,2006.

[43] 张迎晖,康永林,于浩,等.薄板坯连铸连轧工艺制备 TRIP 钢的力学性能与组织研究[J].北京科技大学学报, 2005,27(6):688~691.

[44] 张迎晖,康永林,于浩,等.TRIP 钢变形奥氏体连续冷却过程的相变及组织研究[J].金属热处理,2005,30(12):79~81.

[45] 张迎晖,康永林,于浩,等.C-Si-Mn 系 TRIP 钢连续冷却过程相变研究[J],机械工程材料,2005,29(12):4~6,32.

[46] 张迎晖,康永林,于浩,等. 薄板坯连铸连轧 C-Si-Mn 系 TRIP 钢组织与力学性能研究[J].特殊钢,2005,26(6):32~34.

[47] 张迎晖,康永林,于浩,等.TSCR 工艺制备 TRIP 钢的组织与力学性能[C].2005 中国钢铁年会论文集(3):750~753.

8 特殊性能汽车板

8.1 树脂复合减振钢板

8.1.1 减振钢板的结构、基本特性及类型

8.1.1.1 减振钢板的基本结构与减振机理

减振钢板是由钢板/树脂/钢板组成的复合钢板，表层钢板厚度通常为 0.3 ~1.6 mm，中间高分子树脂采用呈黏弹性的软树脂，厚度为 0.03 ~0.15 mm，但对其厚度没有严格限制[1]（图 8－1）。

减振钢板最重要的特性是可降低因机械运动而产生的振动和噪声。它的减振机理在于中间树脂层的剪切变形，变形是由于薄钢板的振动和弯曲变形产生的（图 8－2）[2]。一般认为由于中间层树脂作反复剪切变形，吸收了振动能量。为了获得大的阻尼能力，必须采用机械损耗因子大的黏弹性树脂。

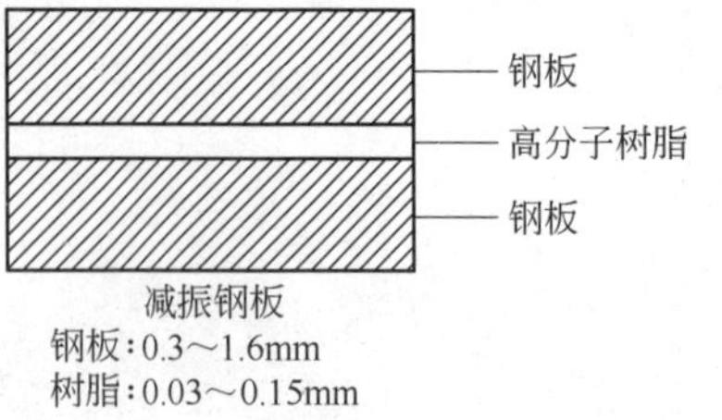

图 8－1 减振钢板的构成

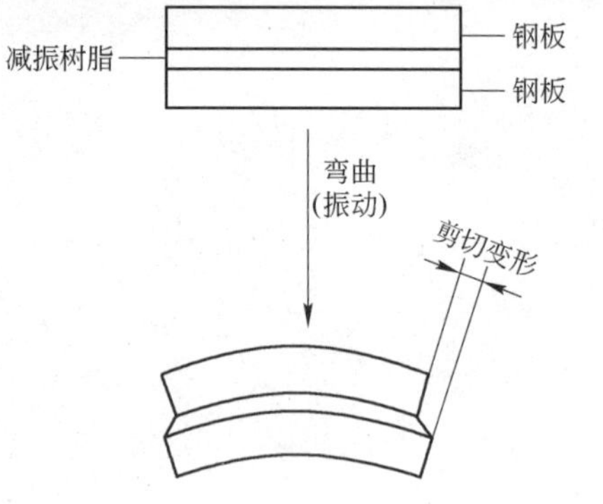

图 8－2 减振钢板的减振原理

树脂的黏弹性性能示于图 8－3[2]。减振钢板的阻尼能力取决于图 8－3所示的 tanδ。减振性能大的 tanδ 区域，正是弹性模量降低的地方。这些性能决定了减振钢板的性能。图 8－4 为普通钢板和减振钢板振动阻尼性能比较。

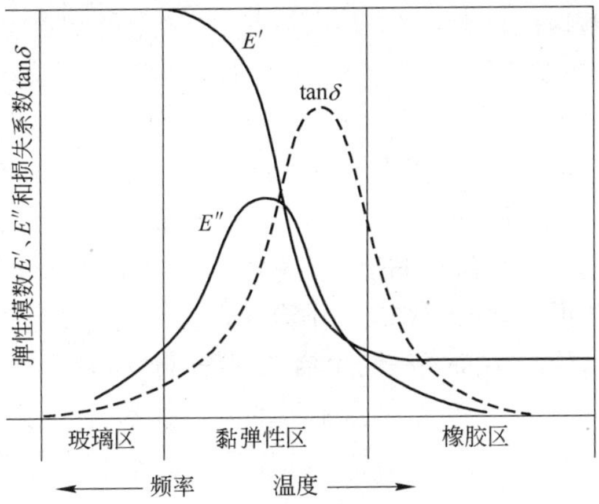

图 8-3 树脂的黏弹性性能示意图

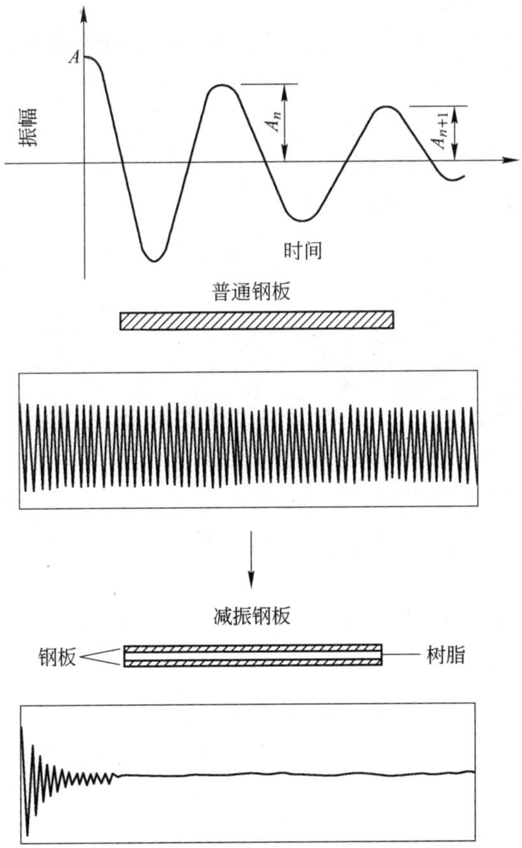

图 8-4 普通钢板和减振钢板振动阻尼性能比较

8.1.1.2　减振钢板的发展概况

减振钢板的最初发明始于20世纪70年代。当时美国公布了铝板和树脂制造夹层板的成果,并由美国捷塔斯公司及瑞典安其亨公司等厂家首先投入实用化生产。日本从20世纪70年代中期着手进行加工小批量的各种防噪声罩。之后,又陆续在桥梁、船舶等的构件上应用了这种产品。1979年,日本实施了汽车加速行驶噪声管理法,于是汽车制造业开始大量需求这种减振钢板。

减振钢板从20世纪80年代初期开始进入实用化研究。以1984年的第二次噪声限制为契机,为与不断提高的生活空间静肃性等社会需求相适应,减振钢板获得了飞速发展。日本近年在减振钢板的制造技术、变形力学、成形性能及应用方面的进展令人瞩目。目前,日本在减振钢板的研究和生产方面已规范化。各公司在减振钢板的各项指标方面定出了相应的标准和统一的检验、测试手段。如NKK公司(现JFE公司)生产的CALMA减振钢板,按常温型、高温型、导电型分别订出了相应的性能标准。

我国在减振钢板的研制开发及应用方面近年已得到迅速发展,宝钢自己开发设计的减振钢板生产线已投产并达到规模生产,成功地将生产的减振钢板应用于一汽、上海柴油机厂、小天鹅洗衣机厂等汽车、家电企业的488发动机罩盖、498发动机降噪板、135柴油机门板和洗衣机箱体等。

在减振板的测试手段和数据的研究处理上也实现了规范化,使减振钢板在性能要求上做到统一一致,如剥离强度和剪切强度试验中对试验尺寸和对试验方法的要求。

8.1.1.3　减振钢板的种类

A　热塑性树脂复合减振钢板[3]

早期开发的热塑性减振钢板均采用热塑性树脂,如醋酸乙烯系、聚异丁烯系、丙烯基变性聚乙烯系以及聚氨酯橡胶系等热塑性高分子材料。这种中间树脂层不仅决定了减振钢板的减振性能,也决定着加工性能。为了获得性能优良的减振钢板,一是必须选用黏弹性良好的树脂,二是要选用材质和规格等合适的钢板。

目前开发的热塑性树脂复合减振钢板,大多在加工性和耐热性方面有了很大改进。日本JFE公司开发的一种加工成形性能优良的减振钢板,是由超深冲用超低碳薄板与大约为0.1 mm厚的聚乙烯醇缩丁醛系减振树脂膜复合。这种减振钢板的拉伸剪切强度高于11.8 MPa,加工性能接近于普通钢板,深冲性能和弯曲性能都很好。

B　热固性树脂复合减振钢板[4]

热塑性树脂减振钢板具有良好的减振性能并已获得广泛应用,但其黏结强度和耐热性等实用性能却不够高。复合减振钢板的减振性能受其使用温度影响很大,从损耗因子 η 来看,在常温下使用时热塑性树脂明显优于热固性树脂,然而随着温度的升高,特别是超过100℃以后,热固性树脂的性能显著优于热塑性树脂。减振钢板的黏结强度与其成形性密切相关,而成形性又取决于钢板的材质、加工成形条件和所用树脂的物理性质。

用于汽车、电器等方面的减振钢板,必须采取烤漆等表面涂装。热塑性树脂减振钢板,在烤漆涂装时由于加热会引起树脂软化,并且由于残余应力也会导致复合层的剥离,如果采用热固性树脂层,即可避免这些问题。不同树脂层的耐热性的研究结果表明,采用热固性树脂层能够满足减振性能、加工性和耐热性等多方面的要求。

热固性树脂减振钢板的制造工艺要求选用合适的热固性树脂和固化剂,例如川崎钢铁公司(现 JFE 公司)采用饱和聚酯并添加适量的异氰酸盐系固化剂配成芯材与表层钢板热压复合,可获得常温减振性能最高和高黏结强度的减振钢板。

C 可焊接的导电型树脂复合减振钢板[5]

减振钢板用于汽车和电器等方面时,必须能够进行点焊。在开发的导电型减振钢板中,以添加导电性颗粒的方法最为适用。

西本等人的研究[6]指出,采用掺加镍粉的高分子膜作减振的中间夹层可赋予复合减振钢板以良好的导电性,可在与一般钢板同样的焊接条件下点焊。这种导电性高分子夹层复合减振钢板,具有与非导电性减振钢板同等的减振性能和黏结强度。

使用铁粉赋予减振钢板以导电性时,铁粉的粒径和添加量等参数对减振钢板的焊接性有很大影响。田中等人的研究结果[7]指出,为了使树脂复合减振钢板获得与一般钢板同样的点焊性,要求所用铁粉的粒径稍大于树脂夹层的厚度,以便在点焊时直接接触电极的部位及其周围都能充分确保与表层钢板形成短路。

神户钢铁公司开发的导电性树脂夹层型复合减振金属板[8],其表层可根据用途选用钢板、铝板、铜板等任何金属板材,而中间夹层则选用环氧树脂、不饱和聚酯、聚氨酯等液态树脂,也可选用醋酸乙烯、乙烯－醋酸乙烯共聚物树脂以及丙烯酸酯等热可塑性树脂,并在树脂中添加如铁、不锈钢、黄铜、锌、镍、铝等金属粉末、纤维、鳞片等导电性添加物。

D 高耐热性减振钢板

日本住友金属工业公司成功研制了可在20～130℃温度范围使用的减振钢板[9],其特点是与玻璃转变点温度 T_g 不同的几层树脂复合,各层树脂分别在其 T_g 附近温度下发挥减振效果,而作为减振钢板的整体则可在20～130℃很宽的温度范围发挥其减振效果,振动损耗因子为0.2～0.7。树脂层厚50～70 μm,表层钢板厚 0.4 ~ 3.2 mm，可用冷轧钢板、镀层钢板或涂层钢板。这种减振钢板由于使用温度范围宽，用途将会猛增，尤其适用于汽车和洗衣机等家用电器，也适用于环境温度变化较大的闸门和门板等。

8.1.2　减振钢板的生产

8.1.2.1　生产制造减振钢板的基本条件

生产减振钢板首先要考虑的基本条件有：钢板和树脂的特性、黏结特性、焊接特性及由此而产生的附加特性。

A　对表层钢板的要求

减振钢板的中心树脂占整体厚度的比例较小，而且延伸特性与表层钢板大体一致。但是在剪切变形时特别是弯曲变形时树脂容易产生错位滑动，端部更容易产生错动。另外，三点弯曲的弯曲刚性也比同样厚度的普通钢板低。因此一般上下层钢板有一厚差，或上下层采用不同材质的钢板。

B　对芯材树脂的要求

树脂的黏结特性与温度变化有密切关系，因此应根据使用环境选用常温、中温、高温用树脂。树脂的种类很多，如树胶系、聚烯系、丙烯系、聚乙烯等。即使在同一系列中，也要根据用户要求，如加工性能、焊接性能、耐热、耐蚀性能及其他性能进行综合调整。

C　焊接性能

一般的减振钢板不具有焊接性能。解决的方法是在树脂层中添加导电充填物，赋予其导电性能。一般以镍、铁、不锈钢等金属粉末进行粉化雾化，使金属粉在树脂层中分布均匀，并控制 $T/\delta = 1 \sim 1.2$（T 为树脂厚度，δ 为金属粉粒直径）[5]。

8.1.2.2　复合方法

生产减振钢板一般有 3 种方法：

（1）将树脂涂抹在钢板之间热压合。这种方法的最大优点是生产线简单，可以生产较薄的减振钢板，有利于钢板冲压成形。但生产效率低，且厚度不均，生产中容易在边部挤出，互相粘连。

（2）用溶剂将树脂溶液稀释涂抹在布上，制成树脂薄膜，干燥后夹在两层钢板之间热压。涂布时采用辊式涂料机，一种是直接使用涂布，一种是流动涂布，两种涂布方法的树脂黏度不同，前者使用溶液的黏度为 5000 ~ 6000 mPa · s，后者使用溶液的黏度为 500 ~ 600 mPa · s。这种方法的优点是无论采用热塑性树脂、热固性树脂或采用其他种类树脂都可以适用，树脂薄膜的厚度容易控制。缺点是附在钢板上的涂布需进行必要的热处理使其中的溶剂挥发，而且生产线长且成本高，还要解决有害气体的收集处理问题。

(3) 含偶联剂液态低分子树脂的涂布在钢板热压同时起偶连反应的这种方法,采用低分子树脂已有实例,对具有特殊性能的树脂没有使用限制。

一般的复合方式,以前两种方法较为常用。

8.1.2.3 生产方式

减振钢板的生产方式有成卷连续式和单片式。使用的有树脂薄膜(成卷)和树脂涂布。其基本工艺流程为:

钢板表面清洗→脱脂→预热→复合→加压→加热固化→冷却→涂油→包装。

8.1.3 减振钢板的特有性能及成形性

减振钢板必须具有:足够的降低噪声和振动的能力;足够的弯曲强度;与普通薄钢板相同的冲压成形性、可焊性和可烘烤(涂层)性。减振钢板要在保持最高可能减振的同时,使黏结强度、冲压成形和耐磨性最佳,并且还必须确保点焊性[2]。

8.1.3.1 减振性能

减振性能是评价减振钢板性能的一项重要指标。目前评价减振钢板减振性能的方法主要有使用动态机械分析仪测定减振钢板的 $\tan\delta$ 值以评价减振性能和使用落球加振试验法测定冲压成形品的减振性能。

为提高减振钢板减振性能,黏弹性树脂体应具有的物性是:(1) 机械损耗因子大,以利于提高动态黏性;(2) 弹性模量大。

另外,在进行冲压加工时,要经过深冲、胀形、延伸等复合变形,才能获得所需的形状,这时为防止材料剥离、起皱、断裂,所用树脂层材料还必须具备与钢板的黏结力强和杨氏模量与伸长率大的性能。

然而,在普通的高分子黏弹性材料中,这些条件存在着相互矛盾的关系,即杨氏模量大的材料,其机械损耗因子小;而机械损耗因子大的材料,杨氏模量又小。单一聚合物很难同时得到高 $\tan\delta$ 和高动态模量。但是由高 $\tan\delta$ 树脂和高动态模量树脂混合而成的聚合混合物同时具有这两种特性。用它作为减振树脂制成的减振钢板同时具有良好的减振性能和较高的抗拉剪切强度。

减振性能通常与黏结强度成反比关系,而黏结强度与成形性是成正比关系。在实际场合下,加工时的冲击作用使黏结强度有所降低,而加工时产生的形变也会使减振系数发生变化。此外,因制品形状的不同也会使其结构强度减弱,加工装配部件的刚性及装配方式等因素,也会使性能受到一些影响。而且这些因素所造成的减振系数的变化程度,还会因树脂的种类不同而有微妙的变化[8]。

8.1.3.2　成形性能

A　拉伸变形性能

当在板厚方向所加的应力均匀时，树脂复合减振钢板的应力特性基本符合式 8-1 所示的复合材料的叠加法则[1]：

$$R = R_e V_s + R_{ec}(1 - V_s) \tag{8-1}$$

式中，R_e 为表层钢板的应力；R_{ec} 为中间层树脂的应力；V_s 为表层钢板的体积率（等于钢板所占的板厚比）。因此，中间树脂层的厚度对拉伸特性的影响是需要考虑的重要方面。

图 8-5 是当表层钢板厚度一定（0.4 mm），树脂厚度不同的减振钢板拉伸特性值的变化情况[10]。图 8-5*a* 中的实线表示根据式 8-1 计算所得的数值。由该图可见，减振钢板的应力特性（这里指屈服应力）和计算值一致。并且树脂厚度对 *r* 值、*n* 值和伸长率基本无影响，屈服应力随着树脂厚度增加而下降。即使是高温减振钢板，*r* 值、*n* 值及伸长率也不低于基板[11]。

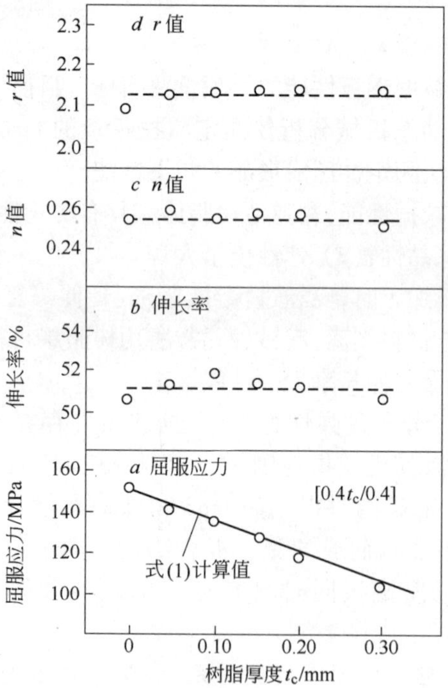

图 8-5　树脂厚度对减振钢板拉伸特性的影响

B　剪切性能

决定减振钢板冲压成形性的要素之一是中间树脂层和表层钢板的界面黏结强度，或是树脂自身的变形特性。可以用通常的 JISK6850 所规定的黏结剂抗拉剪切强度测试法(图 8－6)来检测减振钢板的抗拉剪切强度,表层钢板与树脂剥离时的最大强度就是评价冲压成形性的标准[12]。

为了说明剪切黏结强度与成形性的关系,江崎等人[13]进行了不同形式的试验,试验有深冲或杯突试验,凸缘和物体皱纹阻力的小锥杯试验,凸缘伸出的端部弯曲能力试验以及挠性刚度的三点弯曲试验。一般认为减振薄钢板的成形性与薄钢板性能,成形条件和树脂性质有关。假设其他性质不变,将注意力集中在黏结强度上,将它作为树脂的关键性质,试验结果示于图 8－7。需要的最低黏结强度随成形的类型而变。可以说,成形能力随黏结强度的上升而增加。图中成形性的上限意味着减振薄钢板具有与普通钢板相同的成形性。对于深冲性来说,需要 5 MPa 的剪切黏结强度;为抑制凸缘产生起皱需 10 MPa 以上的黏结强度;为防止凸缘错动需 14 MPa 以上的黏结强度;防止成形件起皱则需要超过 18 MPa[13]。

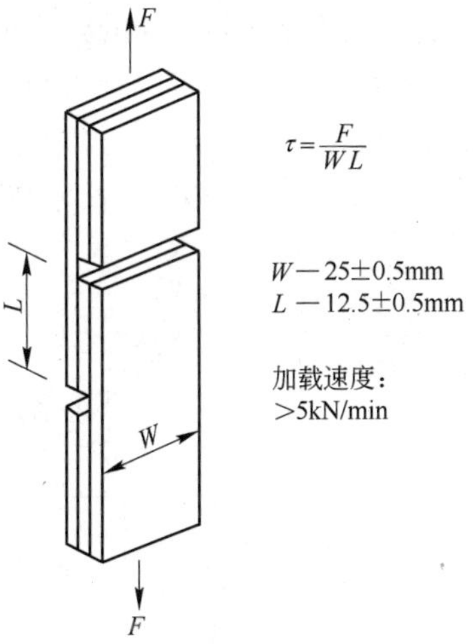

图 8－6 剪切黏结强度传统测试方法

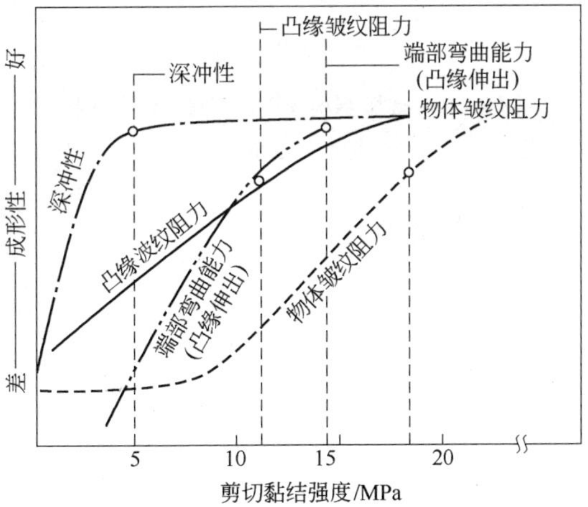

图 8－7 各种成形性与剪切黏结强度的关系

C 弯曲变形性能

减振钢板与普通钢板变形行为的最大不同在于:向板厚方向施加不均匀的应力,使之发生弯曲变形,由于中间树脂层的变形抗力通常比表层钢板低一个数量级以上,因此进行弯曲加工时,树脂发生剪切变形。图 8－8 表示弯曲变形时表层钢板产生的错动变形。当树脂厚度一定(0.1 mm)时,表层钢板厚度和弯曲半径对最大错动量的影响见图 8-9[10]。最大错动量随着表层钢板厚度的增加而增加,也随着弯曲半径的减小而增大。表层钢板之间产生相对错动的原因是由于在弯曲变形时,表层钢板与中间层树脂之间存在材料力学性能上的显著差异,而使变形不能协调进行,中间层变形大,表层变形小,同时也产生相互约束力(图 8-10)[14]。图 8-11 为 90°V 形弯曲时有无润滑条件时错动量的分布情况[15]。

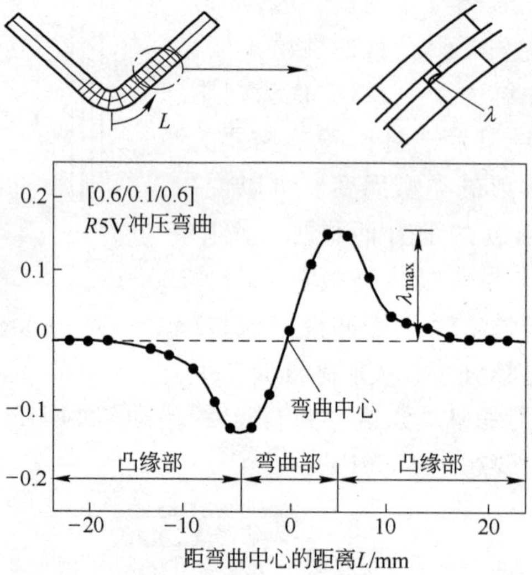

图 8-8　减振钢板 V 形弯曲时表层钢板产生错动量的分布

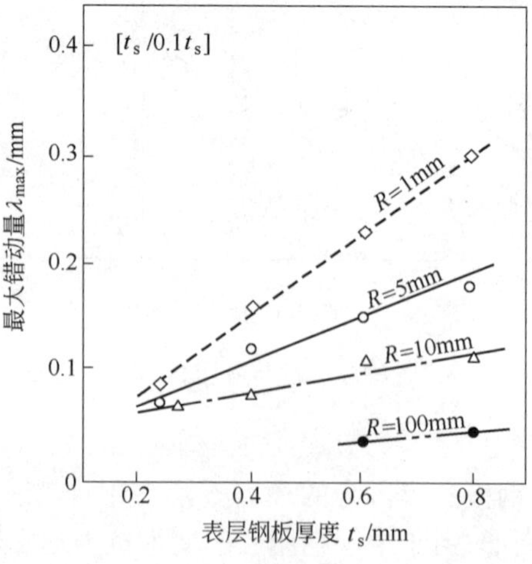

图 8-9　表层钢板和弯曲半径对最大错动量的影响

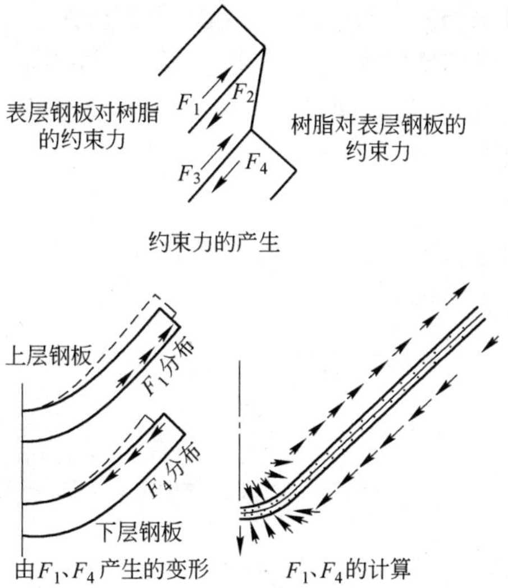

图 8－10 表层钢板与中间树脂层产生的约束力

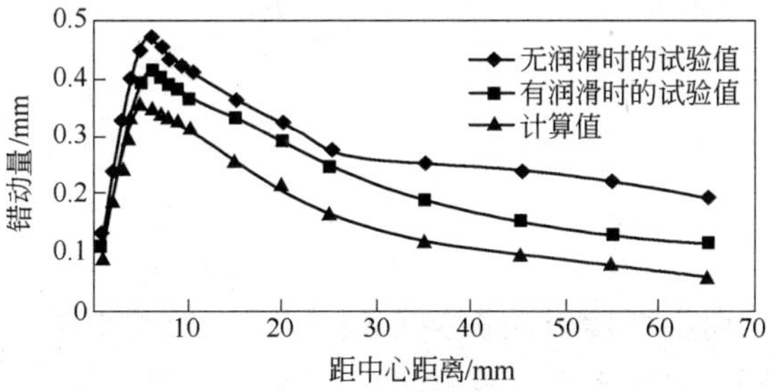

图 8－11 90° V 形弯曲时有无润滑条件时错动量的分布情况

减振钢板作 V 形弯曲加工时,会产生如图 8－12 所显示的本来应该是很直的端部呈现出“鸥翼”状的折曲现象。这种端部折曲的原因在于弯曲加工时产生了树脂的剪切变形以及这种剪切变形在端部内部消除。这就意味着树脂的剪切变形使内外表层钢板在长度方向存在线长差,这种线长差由于在内部被消除,导致了端部向相反方向弯曲。

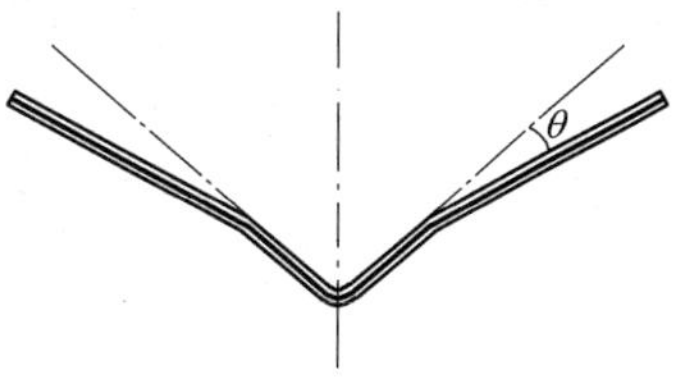

图 8－12 减振钢板 V 形弯曲时的凸缘折曲现象

有研究认为采用异材质、差厚贴合的减振钢板,增大工具支点间距离,分离凹模法,背压弯曲法等可以消除上述缺陷[16]。

也有的研究将有限元素法应用于减振钢板,用递增的弹塑性有限元素法模拟了减振钢板的折曲缺陷发生的过程并提出了改善成形性的对策[17]。通过讨论复合钢板的几何形状与不对称性对弯曲变形行为的影响，认为非对称复合钢板中树脂的横向剪切变形要比对称的小，并且非对称复合钢板在弯曲回弹后具有较高的弯曲刚性和较小的偏移量。

D　模拟成形性

减振钢板的成形极限图（FLD）并同单层钢板进行对比（图 8－13）[18]，减振钢板成形性略低于单层钢板。

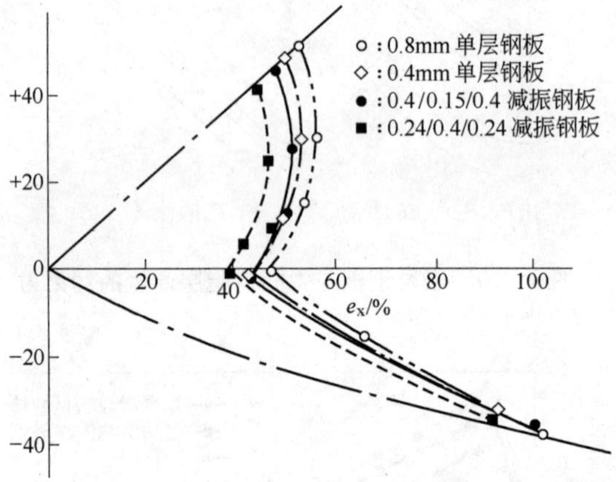

图 8－13　减振钢板的成形极限图

图 8－14 表示树脂厚度对减振钢板极限拉深比的影响，由图可见，树脂越厚，极限拉深比越低，并且表层钢板愈薄，下降的幅度越大[10]。

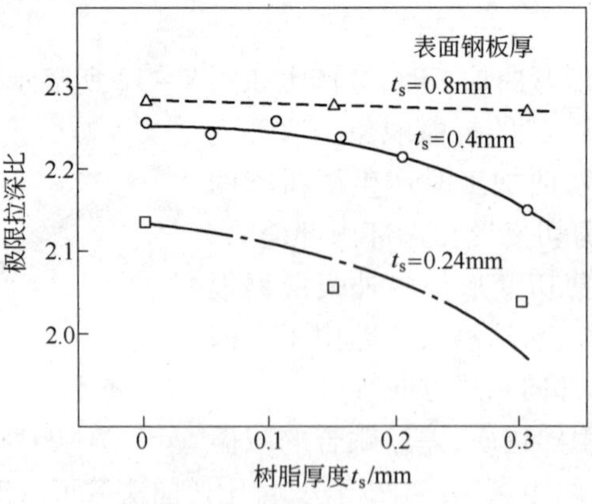

图 8－14　树脂厚度对减振钢板极限拉深比的影响

图 8-15 表示树脂厚度对减振钢板耐起皱性的影响[10]。由图可见,当表层钢板厚度相同时,减振钢板的极限拉深比随着树脂厚度的增加而下降。在法兰起皱的情况下,树脂层愈薄,耐起皱性愈好。而在侧壁起皱时则相反,树脂愈厚耐起皱性愈好。

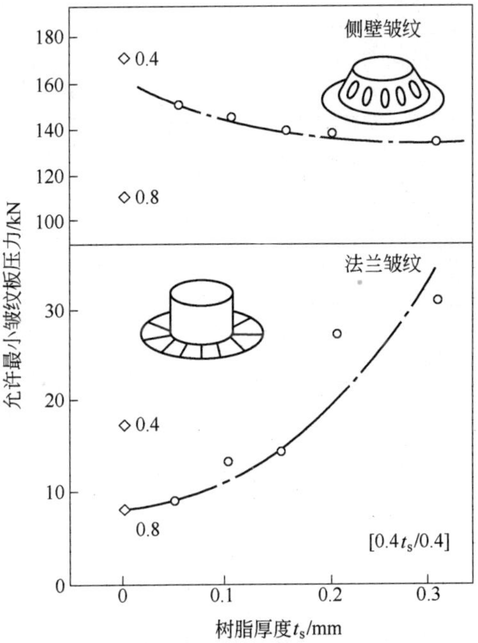

图 8-15 树脂厚度对减振钢板耐起皱性的影响

减振钢板的拉胀成形性(极限胀形高度)与扩孔成形性(扩孔值)与树脂厚度无关,主要取决于表层钢板的性能。这意味着减振钢板的拉胀性能比相同厚度的普通钢板要低(见图 8-16)[19]。

在研究成形性的同时,许多研究人员进行了大量的力学分析工作。其中大多针对减振钢板的弯曲过程,缺陷形成等进行有限元模拟[20]。吉田[21]则分析了拉伸、弯曲、深冲等方面的弹塑性变形力学。桥本等人[22]将有限元模拟应用于减振钢板材料设计,指出:(1) 提高树脂的塑性系数或屈服强度可以消除弯曲过程中出现的几何变形,但可能会引起外层钢板厚度减薄甚至破裂;(2) 提高内外表层钢板厚度比可抑制几何变形,尤其外层钢板较薄时,此法更为有效;(3) 内外层钢板使用不同屈服强度的钢板对几何形状的影响比用宽模具开口和不同厚度的内外层钢板对几何形状的影响要小。

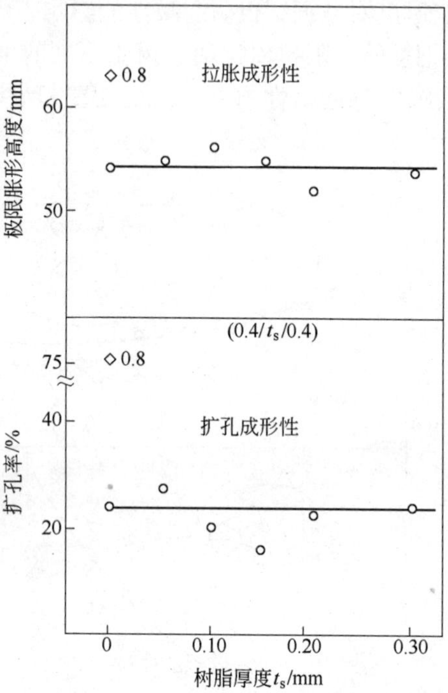

图 8-16　树脂厚度对减振钢板拉胀和扩孔成形性的影响

8.1.3.3　焊接性能

由于减振钢板中的树脂是绝缘体，不能直接进行点焊焊接。过去采用辅助电极，通过减振钢板的表、里钢板形成旁通回路，导电进行焊接。由于减振钢板应用领域不断扩展，其焊接性的问题越来越尖锐地表现出来，于是各钢铁公司及研究者纷纷进行开发能够与普通钢板一样进行点焊的导电型减振钢板。

一般来说，减振钢板的导电性是通过向树脂中添加金属微粒（铁、不锈钢、镍等）而获得的。例如开发的导电型减振钢板添加石墨颗粒、镍颗粒和铁颗粒等。

为了避免对黏结强度、减振性能造成不良影响，需要在对应树脂厚度内选择适当的微粒粒度。山崎提出金属颗粒直径（δ）必须满足下面的等式[5]：

$$T/\delta = 1.0 \sim 1.2 \tag{8-2}$$

式中，T 为树脂厚度，添加量应为 5% ~40%（质量分数）。

涤崎等人指出中间树脂层薄些对焊接较好，因为中间树脂层对电弧焊和激光焊有不利影响。要得到良好的弧焊效果，必须及时将焊接处树脂受热分解产生的气体散逸到大气中去。

8.1.3.4　耐热性能

使用热固性树脂的减振钢板在浸入碳氢化合物或乙醇溶液之后，黏结强度和减振性能并不改变;但是对于丁酮或丙酮,黏结强度略微下降,表明在这种极性溶液中,聚合树脂逐步分解。在耐热性方面,温度升高到200℃黏结强度略微升高,减振性能轻微改变。这可能是由于在较高温度饱和聚酯和未反应的异氰酸盐进一步反应。饱和聚酯和固化剂的合适选择可生产出具有优良减振性能和持久耐热性能的减振钢板。

涤崎等人研究了不同表面处理钢板(冷轧钢板、酪酸盐处理钢板、电镀锌钢板)作为表层钢板的界面黏结强度耐久性研究。结果显示酪酸盐处理钢板效果最佳,而电镀锌钢板最差[23]。

8.1.4　减振钢板的应用

减振钢板的用途十分广泛,表8－1为减振钢板应用实例。其具体典型应用例如下所述。

表8－1　减振钢板的应用

分　类	应用实例
大型结构件	铁路桥防声工程(下面隔声板)、钢铁厂卸料机的内衬、料斗、溜槽部位的内衬等
建　筑	高层建筑物的钢制楼梯、垃圾管道、钢门、钢制百叶窗、钢制家具、换气用钢制品、体育馆地板的加筋、屋顶、防雨窗、窗帘滑道等
交通工具	汽车发动机零件(气缸罩盖、发动机降噪板、油底壳)、发动机周围部件、门板、旋塞式吸管周围的部件、自卸车的车厢、溜槽部位、船舶、飞机、二轮车的钢结构件
工　厂	带式输送机的钢板结构件、运输用的集装箱、料斗、溜槽、制动器的内衬、电机罩、空压机壳体
家电、音响、机器及其他	洗衣机、音响机壳、办公机械、点钞机罩、激光装置的防振台、扬声器框架、精密测定机械
防音罩	各种机器的防音罩、大型消音器的钢板结构

8.1.4.1　减振钢板在汽车制造业中的应用

减振钢板重在解决汽车高速行驶时产生的雷鸣效应,其减振性能优良,并且具有良好的加工和焊接性能,在烘烤处理后仍可保持其减振性能,故适于汽车部件生产。

减振钢板在汽车工业中首先用于制造发动机油盘。油盘不仅要求板材具有良好的成形性,而且要在80～100℃的使用环境下具有良好的减振性以及耐疲劳性等。图8－17为用KJ-Ⅱ深冲减振复合钢板冲压成形的轿车气缸罩盖[24]。为了降低来自发动机的噪声,汽车行走时产生的轰鸣、风啸以及下雨时的雨声等传至车厢内的噪声,已有采用减振钢板作为车厢面板生产的高级轿车。通过采用减振钢板,车厢内静音化达到 1.4 dB。

图 8-17　用 KJ-Ⅱ深冲减振复合钢板冲压成形的轿车气缸罩盖

8.1.4.2　减振钢板在建筑业中的应用

日本在东海道新干线的架桥和桥梁下面遮音板上,大量使用了减振钢板。与各种施工条件相比,使用减振钢板后列车通过时的噪声大大降低。

在日本建材行业,用减振钢板制造屋顶、地板、楼梯、门等的试验正在扩展,并已取得成效。在减振钢板应用于楼梯、地板、屋顶等方面的实例中,各种情况下,噪声降低 2~15 dB[25]。日本钢管公司的彩色减振钢板已用于学校屋顶建筑,使噪声降低 14 dB 以上,特别是在中高温地区的降噪效果更好。由夹有 0.1 mm 树脂层的 0.4 mm 镀锌钢板复合的减振钢板用作体育馆地板,使噪声降低 10 dB 以上。楼梯如果采用减振钢板制造,能有效地消除噪声,比木制楼梯要优越得多[26]。

8.1.4.3　减振钢板在电器方面的应用

许多电器都装有电动机和压缩机等动力装置。不少机器都存在噪声问题。在电器之中噪声问题最突出的就有洗衣机之类洗涤机器。采用减振钢板来制造这类机器的零部件和壳体,可以减少噪声。目前日本洗衣机生产厂已成为减振钢板的消费大户。

扬声器是减振钢板另一个最有效的应用。用减振钢板制作扬声器构架,大大改善了音响效果。另外,还有用减振钢板制造音响箱体和框架,以提高音质效果;制造录像机壳以提高屏幕质量;制造电机盖以降低噪声。减振钢板在电器方面的应用还将不断扩大。

8.2　拼焊板

8.2.1　拼焊板的发展及其在汽车上的应用

8.2.1.1　拼焊板的发展

拼焊板是近年发展很快的技术,主要用于汽车工业[27]。汽车应用拼焊板原来是为解决板材宽度不足的问题，如用于汽车的地板、通常看不到的外覆盖件，如面包车的顶板。近年其应用有了新发展，大量用于差强度和差厚度冲压零件的整体成形，即将原来由几块不同厚度和不同强度板材分别冲压成局部件，然后焊接成整体件的工序改成先将不同强度或不同厚度的板材经冲裁、焊接成整体毛坯，然后进行整体冲压成形。这对于减轻汽车重量、减少加工工序、降低成本、提高生产效率、减少材料消耗都有十分重要的作用。图 8－18 为采用拼焊板对汽车生产中一些主要环节的影响[28]，由图可见，对一辆汽车采用拼焊板以后零件重量减少 24%，单个零件数下降 19%，焊点数下降 49%，生产时间缩短 21%，但是投资上升了 38%。尽管投资上升，由于综合效益好，其用量不断增加。而近几年，拼焊板在汽车上的应用量又有大幅度的上升，据了解，到 2007 年我国已有七家激光拼焊板生产线。

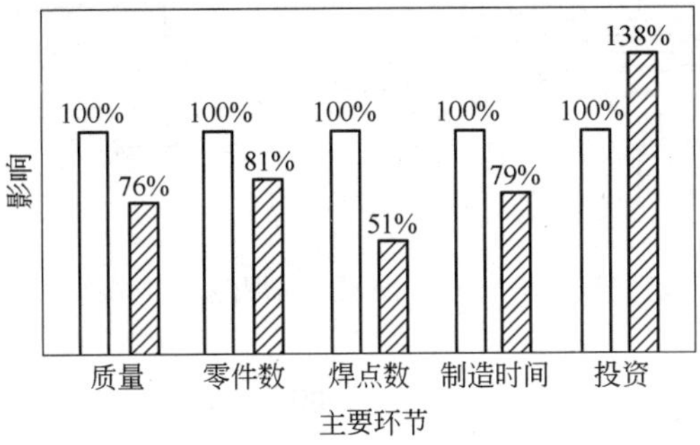

图 8－18 采用拼焊板对汽车生产中一些主要环节的影响

8.2.1.2 拼焊板在汽车上的典型应用及成形上课题

拼焊板是将板厚、硬度不同的钢板焊接在一起，通过改变部件各部位钢板特性，在强度、重量上与单一板相比，达到最优化。在拼焊板中，应用最多的是激光拼焊板(Laser tailored blanks)。在日本、德国等国已将拼焊板应用于汽车门内板、侧外板等部件上，我国近年已在部分轿车车型的冲压件上采用了激光拼焊板。

在国际钢铁协会提出的超轻型钢制车体(ULSAB)上，45% 的钢板采用激光拼焊板，达到超轻型化。图 8－19 表示 ULSAB 采用激光拼焊板的代表性部件[29]。采用结构分析可以确定拼焊板的最佳板厚和强度分配值，但在制造技术上通过进行冲压成形分析以及成形时的应变分布测定，可以优化激光拼焊板的焊接线，使冲压成形件表面圆滑。图 8－20 表示拼焊板在汽车中不同部位的使用情况[30]。图 8－21 是采用激光拼焊板成形的车体门框[30]。

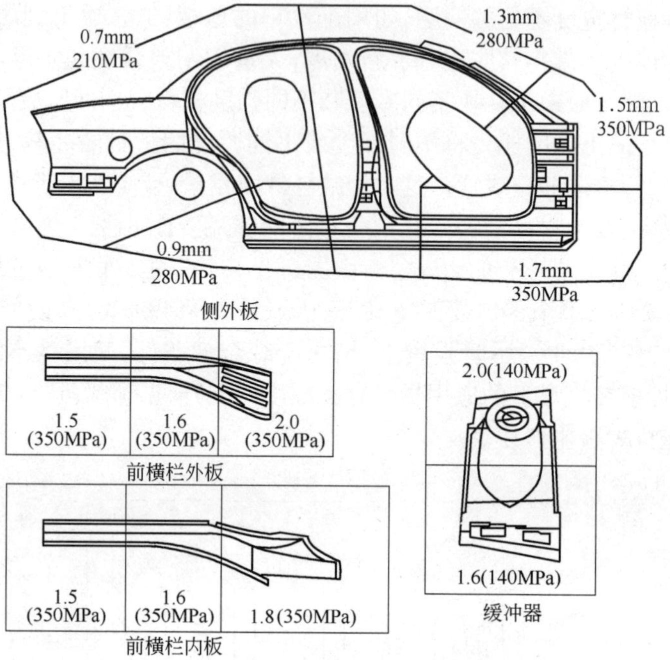

图 8 – 19　超轻型钢制车体(ULSAB)采用激光拼焊板的代表性部件

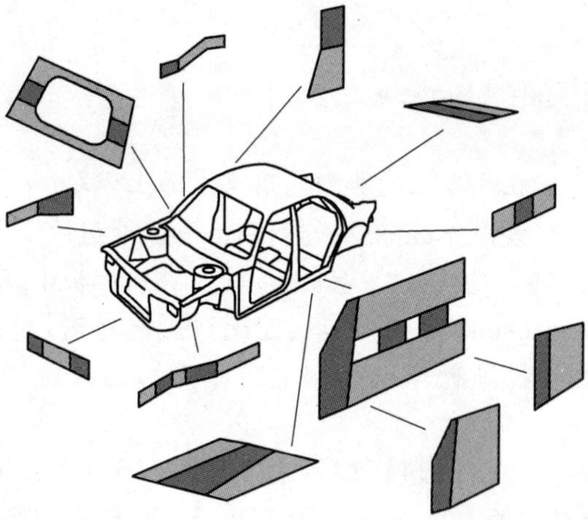

图 8 – 20　拼焊板在汽车中不同部位的使用情况

图 8 –22 为拼焊板在汽车车体部件的典型应用实例和成形上的课题[31]。下面具体分析一下这些实例和成形上的课题：

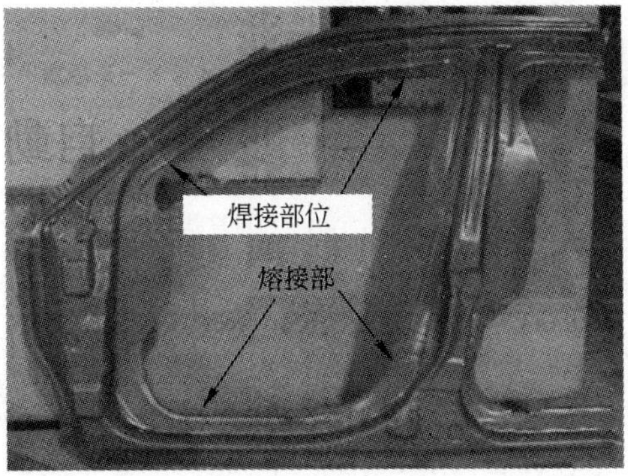

图 8－21 采用激光拼焊板成形的车体门框

部品名称	拼焊板和车身体	成形上的课题
前侧板件	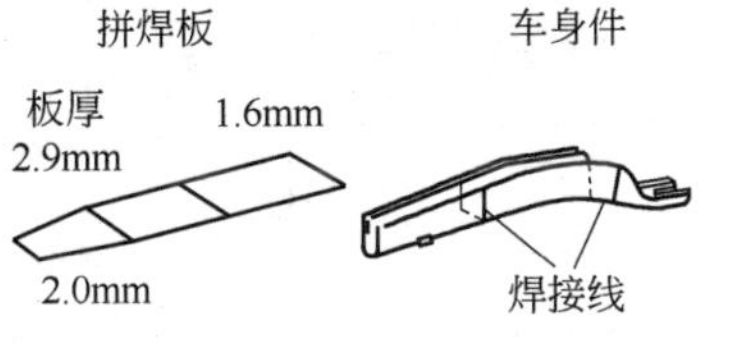	焊缝塑性不够
门内板	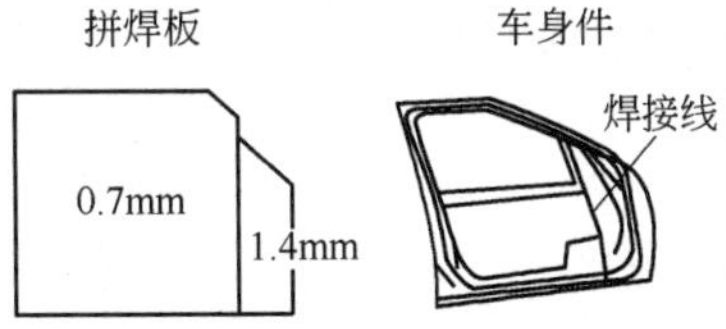	应变集中向薄板区
侧外板	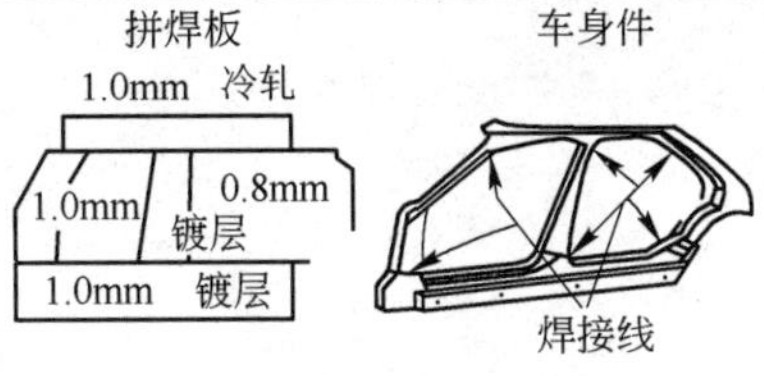	翻边成形开裂

图 8－22 拼焊板在汽车车体部件的典型应用实例和成形上的课题

（1）对前侧板构件局部减薄板厚，提高该部分的变形性，即能量吸收性能。由此抑制冲撞变形传播到驾驶舱，保证乘员的安全。由于此部件采用高强度钢板，焊缝硬化显著，焊缝开裂成为成形上的课题。

（2）门内板是为防止门缝安装精度下降，保证合叶部分的刚性，希望减轻重量的部件。通过拼焊板仅加厚合叶部分，达到既提高刚度又减轻重量两个目的。由于合叶部分与其他部分的板厚差大，冲压成形时，薄板侧产生应变集中，过早达到破裂极限成为课题。

（3）侧外板采用拼焊板是为避免开口面积大，材料成材率大幅度下降的整体化件的例子。另外,还可以提高车体下部的防锈性能。需研究的课题是此部件焊缝端处于翻边成形部位,使翻边成形性下降。

8.2.2　拼焊板的焊接方法及焊缝特性

8.2.2.1　焊接方法

过去探讨的拼焊板的焊接方法有弧焊(TIG 等离子),火花对焊、电子束焊、激光焊以及电阻辊焊等,现在主要采用激光焊和电阻辊焊。

激光焊是将激光聚集成小的激光束(仅约 1 mm),以极高的能量密度照射到钢板上,进行熔融焊接的工艺,其熔融区小,可以高速焊接板材。图 8 – 23 为激光焊接工艺示意图[31]。由于激光束非常小,对材料成形特性的影响不大,但是要求连接板间的缝隙应小于 0. 08 mm,只有这样才能在焊接中可以不用任何的填充材料,所以毛坯板的剪裁必须采用高精度的剪切工具,达到高精度剪裁才能达到高精度焊接。采用激光焊接,即使不同厚度板材对焊至少可以单面无厚差,并且坯料变形非常小。图 8 – 24 为典型的激光焊缝断面微观组织,可见熔融区宽度及热影响区宽度都非常小[31]。

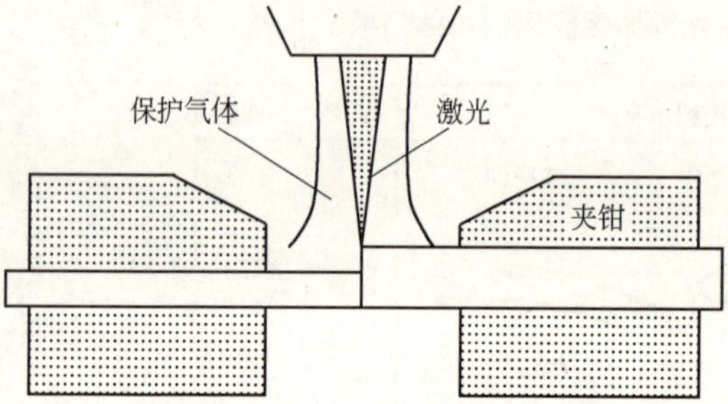

图 8 – 23　激光焊接工艺示意图

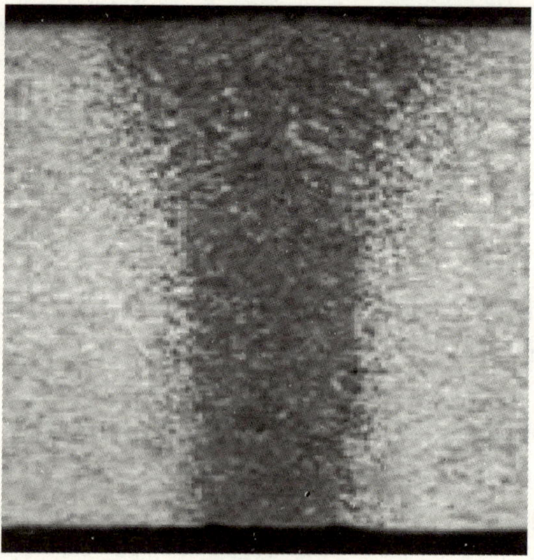

图 8 – 24　典型的激光焊缝断面微观组织

激光焊时采用板材固定，激光发射器移动和近年发展的激光器固定，板料在生产线上移动的设备。这两种设备都已用于实际生产。

电阻辊压焊是将焊接的板材搭接在一起，端部重叠 1 ~ 2 倍板厚，连接电源两极的两个辊轮在连接缝上滚压，由于材料的电阻产生高温将板材焊接在一起。

图 8 – 25 为电阻辊焊示意图[31]。根据焊接条件虽然也形成熔融区，但可以称为近固相压焊工艺。在实际生产中焊缝会扩大 5% ~ 25%，如果焊接镀锌板，由于焊接区的高温，通常会损伤锌层约 6 mm 宽。图 8 – 26 为典型的电阻辊焊焊缝断面微观组织[31]。与激光焊接不同，电阻焊即使在相同板厚情况下，焊接处也产生厚度差。

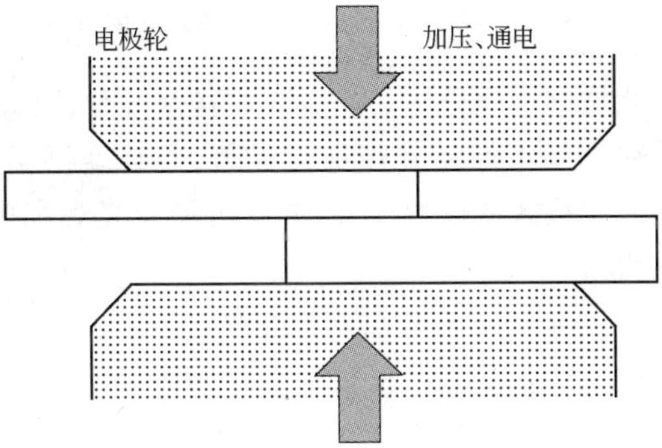

图 8 – 25 电阻辊焊示意图

图 8 – 26 典型的电阻辊焊焊缝断面微观组织

另外，与激光焊相比，电阻焊的焊接应变大，成形后可能形成残余应变，因此，难以应用于有外观要求的部件[32]。

8.2.2.2 焊接区硬化及疲劳特性

激光焊是微区加热焊接，与普通的焊接区相比，冷却速度极快，据推测，在通常激光焊接条件下，将 1 mm 厚的钢板对焊时，决定焊接区特性的 800 ~ 500℃ 区间的冷却时间不大于 0.5 s。由于激光焊的冷却速度非常快，所以通常焊接区比母材硬。在一定焊接条件下的激光焊接区硬度分布如图 8 – 27 所示[33]，各种钢板在狭窄区域内的硬度均比母材高。

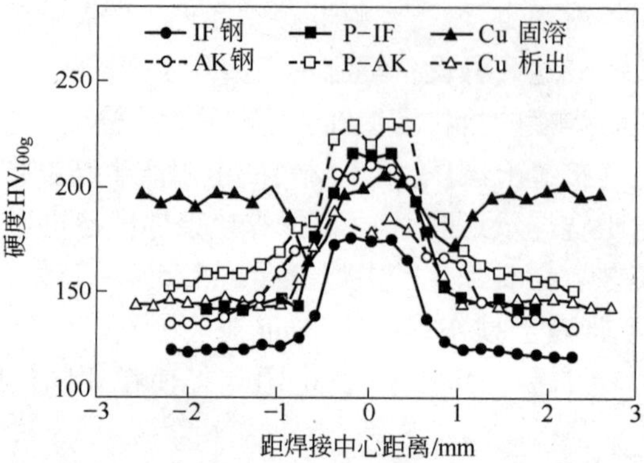

图 8-27　各种钢板的激光焊接区硬度分布

焊接区硬化特性与钢板成分密切相关。焊接区硬化比母材约高 2~2.5 倍。电阻辊焊的焊接区硬化虽不像激光焊那样显著，但硬度仍明显高于母材（见图 8-28）。图 8-29 为焊接区的硬度变化[27]。可见激光焊和电子束焊的影响范围最窄，而感应焊最宽。

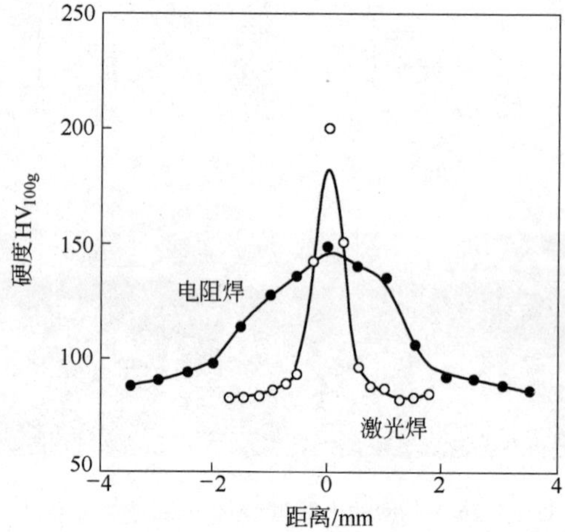

图 8-28　碳当量和激光焊接区的硬度关系

图 8-30 为激光焊、电阻辊焊和电子束焊的焊接区疲劳特性比较结果[27]。可见激光焊和电子束焊缝的疲劳强度最高，电阻焊则稍差。激光焊接区具有与母材相同的疲劳特性，而电阻焊的抗疲劳特性略低于母材。

图 8-31 是激光焊、电阻辊焊经济性的比较[27]。可见激光焊投资高于电阻焊，激光焊的设备投资约为电阻焊投资的 1.5 倍；在焊接时间上，激光焊较短，激光焊的循环时间为 15 s，电阻焊为 30 s，激光焊的焊接成本也稍低于电阻焊。所以，近年发展的钢板拼焊线基本上是激光拼焊线。

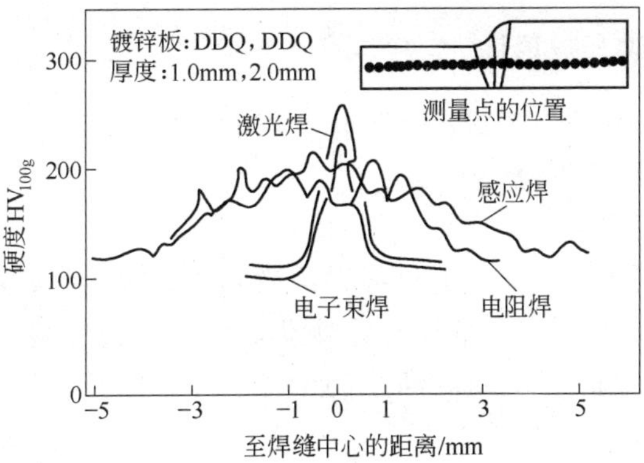

图 8－29 焊接区的硬度变化

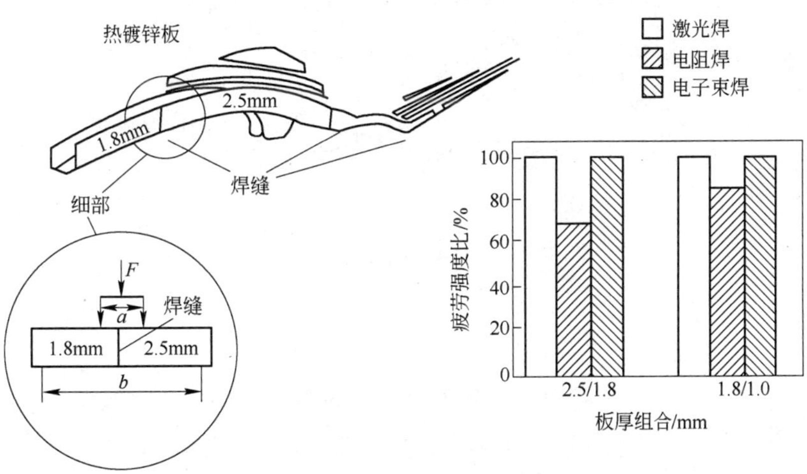

图 8－30 激光焊、电阻焊和电子束焊的焊接区疲劳特性比较

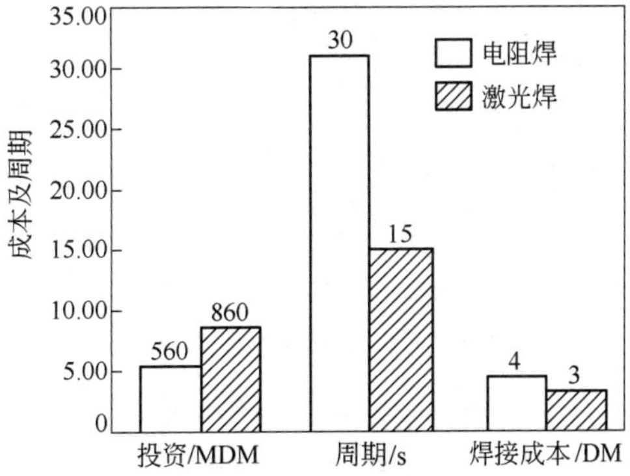

图 8－31 激光焊和电阻焊经济性比较

8.2.3　拼焊板的冲压成形性

拼焊板的冲压成形性受焊接区硬化的影响，同时在很大程度上也受焊接板的板厚差及材料特性差的影响。

8.2.3.1　焊接区硬化对成形性的影响

图 8－32 为对不同碳当量的钢板采用激光焊时，沿焊缝方向拉伸实验得到的伸长率结果比较[33]。碳当量高的材料伸长率小，所以焊接金属的塑性受焊接材料塑性的影响。而在图 8－33 所示的维氏硬度与伸长率的关系中，在相同硬度下，焊接材料的伸长率比母材高[33]。这是因为焊缝周围的母材抑制焊接区的颈缩，从而提高了焊接材料的延性。

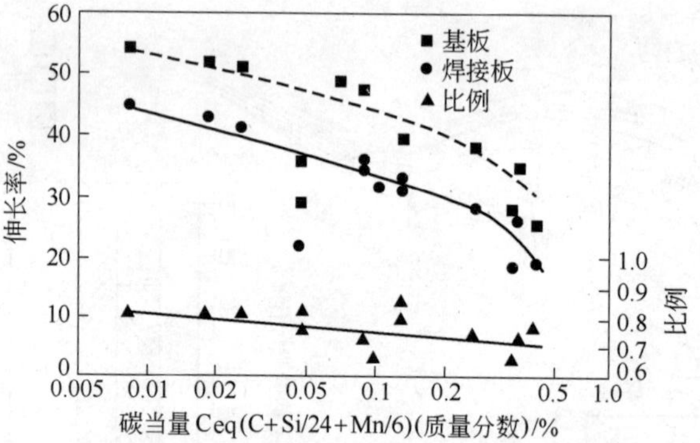

图 8－32　沿焊缝方向拉伸实验的伸长率

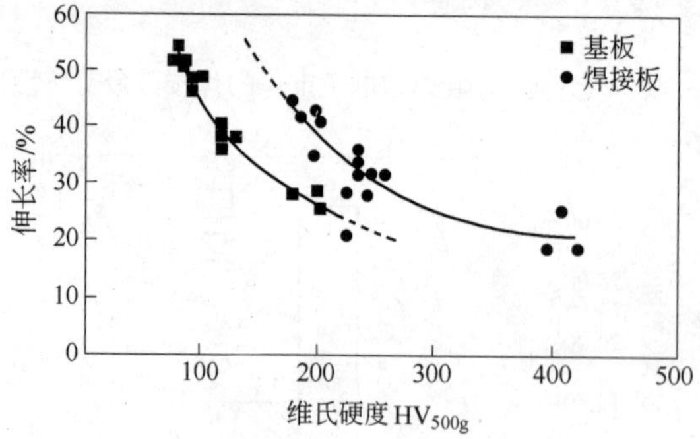

图 8－33　维氏硬度与总伸长率的关系

从与焊缝呈直角方向拉伸实验结果来看，此时的破裂极限受母材部位和焊接部位变形抗力差的影响。关于拉胀成形性，根据液压胀形实验及 LDH（Limiting Dome Height）实验结果，破裂高度随碳当量增加而减小，对于拉深成形性，根据扩孔实验结果，焊接材的破裂高度随碳当量增加而减小。当应变分布光滑时，焊接材的破裂高度与母材之差小，而应变分布不均匀显著时，焊接产生的性能劣化也明显。

8.2.3.2 焊接区宽度对成形性的影响

因焊接硬度高，低塑性，因此除硬度外，焊接区宽度对成形性也有很大影响，图 8－34 为与焊缝呈直角拉伸时，伸长率与焊缝宽度关系的实验结果[34]。伸长率随焊缝宽度增加而下降其原因是当焊缝宽度增加时，材料宽向收缩变形约束增大。

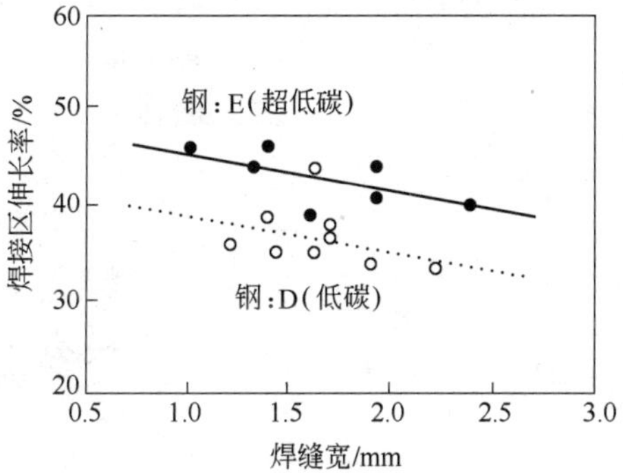

图 8－34 伸长率与焊缝宽度关系(与焊缝呈直角拉伸)

8.2.3.3 激光拼焊钢板与电阻辊拼焊钢板成形性比较

由于激光拼焊钢板和电阻辊拼焊的焊接区硬度和焊缝宽度不同，二者在成形上产生差异。图 8－35 为拉伸实验时，激光拼焊钢板与电阻辊拼焊钢板的拉伸强度及伸长率的比较[32]。与焊缝平行方向拉伸时，两种焊接方法的伸长率均下降且基本相同。而与焊缝成直角方向拉伸时，伸长率也下降，但电阻辊拼焊钢

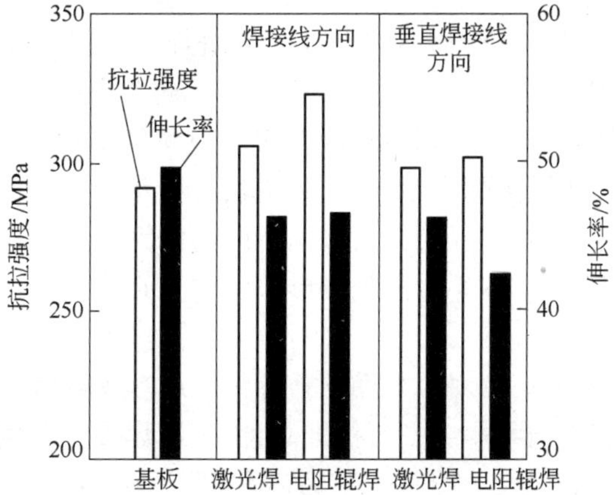

图 8－35 激光拼焊钢板与电阻辊拼焊钢板的拉伸性能比较

板下降的幅度大。其原因是电阻辊拼焊钢板焊接区厚，硬化宽度大，成直角方向变形困难，并约束周围母材的变形。

关于拉胀成形性，液压胀形实验的结果表明，焊接材料的胀形高度比母材约低 15%，激光拼焊钢板与电阻辊拼焊钢板的结果基本相同[32]。

8.2.3.4　厚度相同和不同时的拼焊板成形性

根据球模拉胀的实验结果（见图 8－36），最大主应力方向与焊缝平行时，即使同种材料焊接板材的破裂高度也比母材低约 30%。当对焊接板材的拉伸强度比（或厚度比）增加到 1.8 时，破裂高度降低的差别约在 3% 左右[35]。当最大主应力方向与焊接呈直角时，同种材料破裂高度降低约 10%，随拉伸强度比（或板厚比）的增加，破裂高度急剧下降，当强度比达到 1.5 以上时，保持一定值。

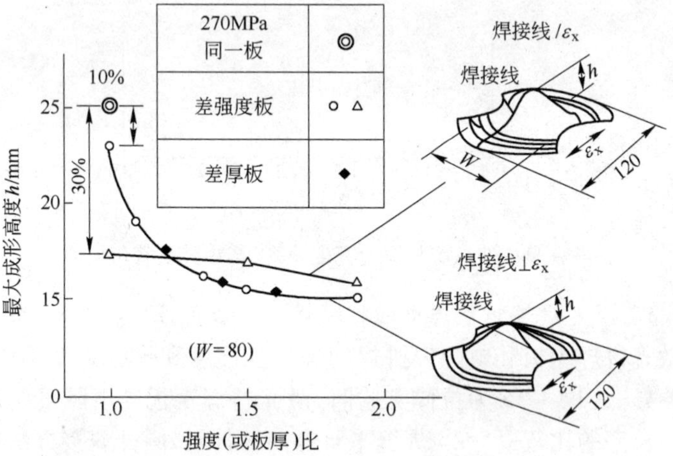

图 8－36　球模拉胀实验结果（最大主应力方向为焊缝方向）

图 8－37 为不同种材料和不同种板厚的拼焊钢板极限压延比 *LDR* 的实测结果[36]。当 270 MPa × 270 MPa 时，*LDR* 值与母材的基本相同。在 270 MPa × 440 MPa 和 270 MPa × 590 MPa 情况下，*LDR* 值基本为两种母材 *LDR* 的平均值。

图 8－38 为侧外板实际成形部件的形状、材质及板厚的例子[36]。根据该部件各部位防锈性能及强度性能要求，采用不同防锈钢板和两种板厚，设定焊接线为水平方向。图中位置 1 ~ 8 为拉胀成形部位，A ~ E 为拉深成形部位，Ⅰ ~ Ⅱ 为深冲成形部位。

8.2.3.5　最大主应变方向与焊缝平行拉伸成形实验结果

当最大主应变方向与焊缝平行拉伸时，由于在焊接区发生破裂，所以焊接区的塑性对破裂的影响很大。图 8－39 为（焊接区硬度）＋（母材硬度）与拼焊材总伸长率的关系[37]。

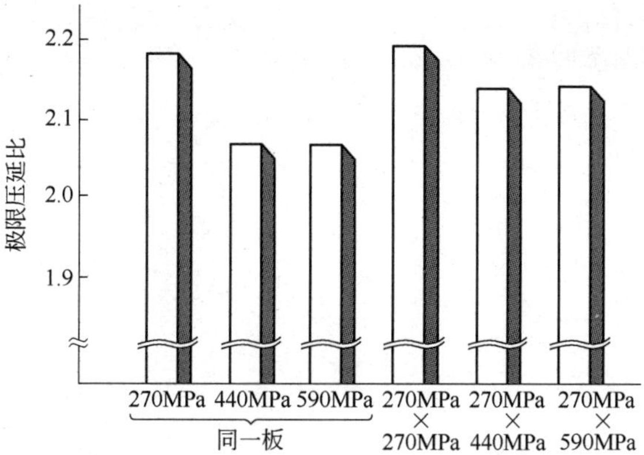

图 8－37 极限压延比 *LDR* 的实测结果

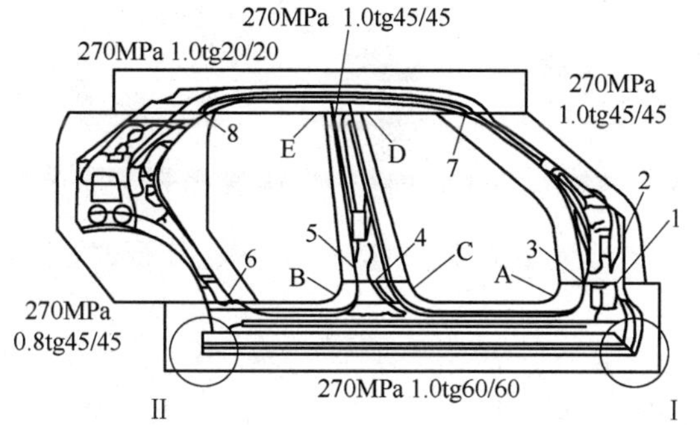

图 8－38 侧外板实际成形部件的形状、材质及板厚

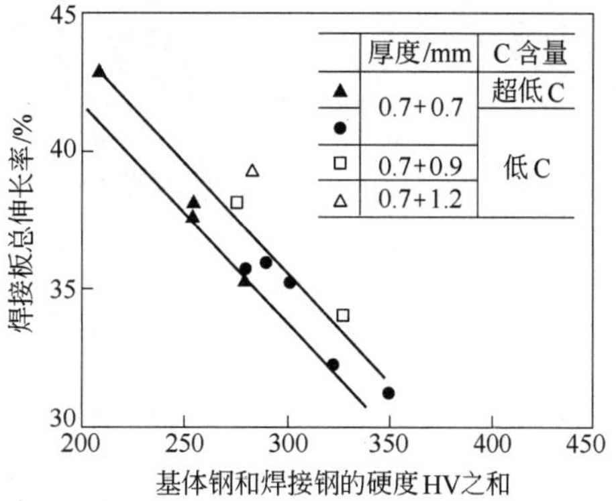

图 8－39 拉伸实验时(焊接区硬度)＋(母材硬度)与拼焊材总伸长率的关系

拼焊材的总伸长率与(焊接区硬度)＋(母材硬度)的相关性比仅与焊接区硬度的相关性强。即拼焊材的塑性受焊接区塑性的影响大,但也受母材塑性的影响。而差厚板与等厚板有区别,其原因是出现板厚效果,焊接区占试样的体积不同。

如果找出母材的碳当量与焊接区硬度间的关系,就可以通过母材的强度和化学成分来预测拼焊材的成形性。图 8－40 为采用点焊提出的碳当量表达式（见式 8－3），整理等厚板焊接区硬度的结果[37]。

$$碳当量 = C + Si/90 + (Mn + Cr)/100 \tag{8-3}$$

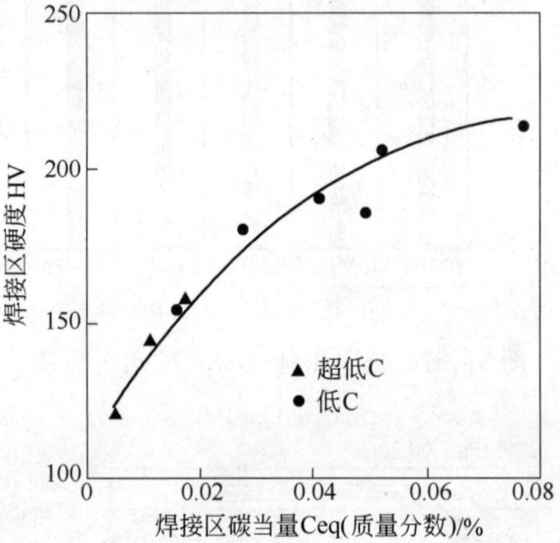

图 8－40　碳当量与焊接区维氏硬度（0.49N）的关系

根据实验结果，当最大主应变方向与焊缝平行变形时，采用碳当量小的板材是有效的。

8.2.3.6　最大主应变方向与焊缝垂直拉伸成形实验结果[37]

根据力平衡原理，在断裂强度小的板材一侧产生应变集中并导致破裂。这时高强度板产生与低强度板的最大载荷相对应的应变（见图 8－41）。

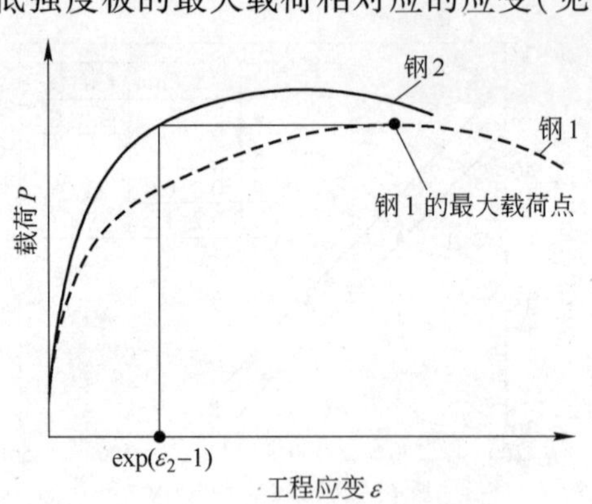

图 8－41　ε_2 说明示意图

如将低强度板和高强度板的应力－应变关系用幂指数 n 硬化式来近似表示：

$$R_{m1} = K_1 \varepsilon_1^{\ n_1} \tag{8-4}$$

$$R_{m2} = K_2 \varepsilon_2^{\ n_2} \tag{8-5}$$

通过式(8－6)可求出低强度板达到最大载荷时的高强度板的应变。

$$\varepsilon_2^{\,n_2}/\exp(\varepsilon_2)=R_{m1}/R_{m2}\cdot t_1/t_2\ n_2^{\,n_2}/\exp(n_2) \qquad (8-6)$$

将低强度板的总伸长率和由式(8－6)求出的高强度板的伸长率取平均值并记为参数 A_c,即:

$$A_c=\{A_1+(\exp(\varepsilon_2)-1)100\}/2 \qquad (8-7)$$

式中 R_{m1}, R_{m2}——各板材的拉伸强度;

t_1, t_2——各板材的厚度;

A_1——低强度板的总伸长率。

图 8－42 表示参数 A_c 和总伸长率的关系。可见二者有很强的相关性,但低碳板和超低碳板的焊接板存在差异。

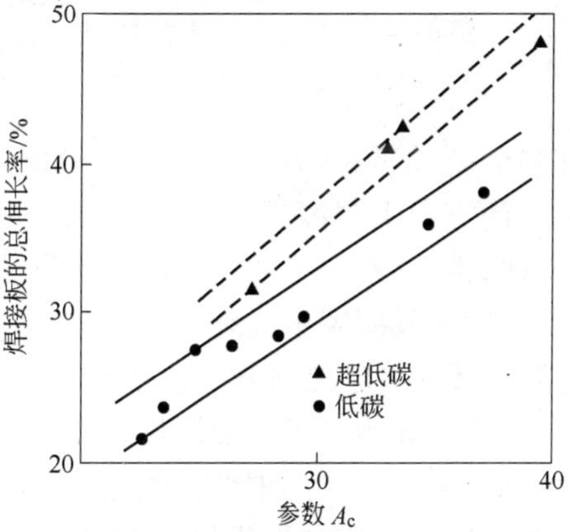

图 8－42 拉伸实验时参数 A_c 和总伸长率的关系

图 8－43 和图 8－44 分别表示 A_c 值与胀形高度 *LDR* 及扩孔率的关系。

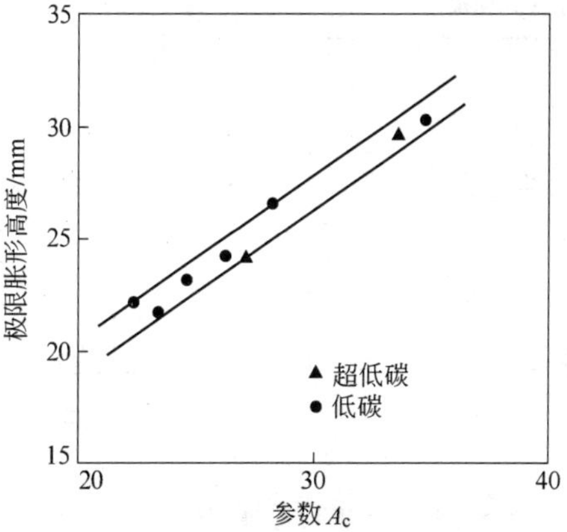

图 8－43 平面应变拉胀时 A_c 值与极限胀形高度 *LDR* 的关系

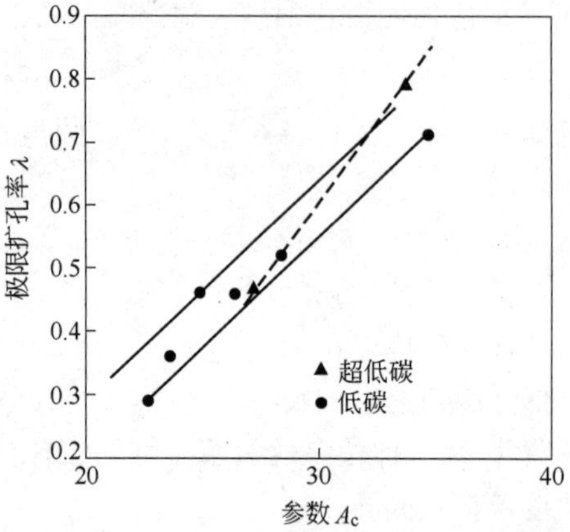

图 8－44　扩孔实验时 A_c 值与极限扩孔率的关系

拼焊板虽然有许多优点，但是因为焊缝在使用中也带来一定的问题。首先是焊缝使材料在特定的方向上强度提高，塑性下降。不论激光焊还是电阻焊，伸长率均下降。其次，由于焊缝的存在和由于拼焊板厚度或强度的不同，冲压模具必须重新设计，除模具间隙不同外，还需为有焊缝的部位和冲压中焊缝经过的部位留出空隙。图 8－45 是拼焊板在压边圈时的情况。第三是成形过程的优化十分重要，图 8－46 为某工件使用拼焊板以后，可加工区的范围减少，经过优化后又扩大的一个例子。图中的虚线是未优化的情况，实线是优化后的情况，优化包括：工具的参数和位置优化、毛坯形状的优化、润滑剂量的优化等[38]。

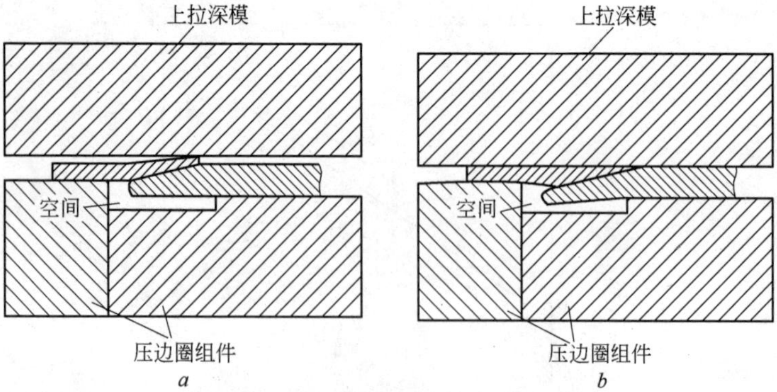

图 8－45　拼焊板焊缝在模具中的情况
a—模具的位置；*b*—拼焊板焊缝在压紧时的情况

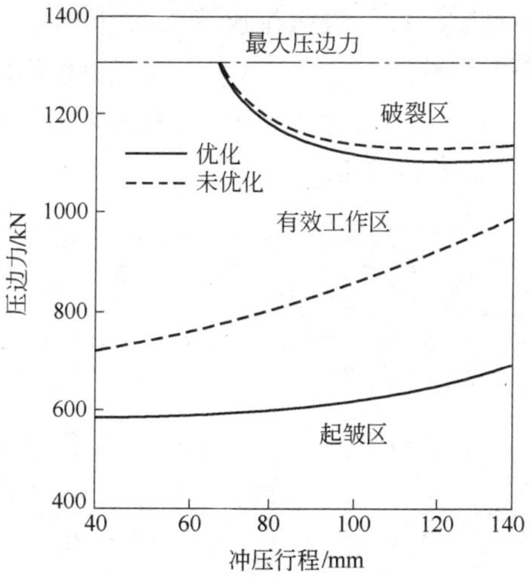

图 8-46 某工件冲压时的工作图

8.3 汽车用铝合金板

8.3.1 铝合金板的应用及成形性能

近年来,为了应对环境的压力,在汽车轻量化用材方面,钢铁、铝合金、镁合金、塑料以及复合材料一直在不断地竞争,竞争的重点在于轻量化效果、安全性、材料与加工成本以及可回收循环利用性等方面。钢铁的发展方向显然是高强度钢,在轻合金上,铝合金进展要快一些,全铝制汽车样车早已出现,而镁合金在汽车上的应用较多的是压铸件,宝马、戴姆勒-克莱斯勒、福特及日产车等都在尝试更多地采用镁合金[39],塑料在汽车上的用量近年发展也比较快。表 8-2 表示在钢制、铝制和塑料制三种类型汽车上所含相关材料的比例和车体相对重量的差别。

表 8-2 钢制、铝制及塑料制三种类型汽车中所含相关材料的比例和车体相对重量

类　型	钢制汽车	铝制汽车	塑料制汽车
钢	51	10	10
铁	8	4	3
铝	12	60	12
塑　料	10	10	53
其　他	19	16	22
总　数	100	100	100
重　量	1000	800	600

铝合金密度约比钢轻 2/3，与软钢相比可减重 50%。在汽车上应用的铝合金板主要有非热处理型 5000 系合金（Al-Mg 系）和热处理型 2000 系合金（Al-Cu 系）、6000 系合金（Al-Mg-Si 系）三种。表 8 – 3 表示美国铝协公布的主要汽车车体用铝合金的牌号和化学成分[40]。

表 8 – 3　美国铝协公布的主要汽车车体用铝合金的牌号和化学成分（质量分数）（%）

合金	Si	Fe	Cu	Mn	Mg	Cr	Zn	Ti	Al
2202	0. 35 ~ 0. 8	0. 30	1. 5 ~ 2. 5	0. 20	0. 5 ~ 1. 0	0. 20	0. 20	0. 20	Rem.
2036	0. 50	0. 50	2. 2 ~ 3. 0	0. 1 ~ 0. 4	0. 3 ~ 0. 6	0. 10	0. 25	0. 15	Rem.
2037	0. 50	0. 50	1. 4 ~ 2. 2	0. 1 ~ 0. 4	0. 3 ~ 0. 8	0. 10	0. 25	0. 15	Rem.
2038	0. 50 ~ 1. 3	0. 60	0. 8 ~ 1. 8	0. 1 ~ 0. 4	0. 4 ~ 1. 0	0. 20	0. 50	0. 15	Rem.
5022	0. 25	0. 40	0. 2 ~ 0. 5	0. 20	3. 5 ~ 4. 9	0. 10	0. 25	0. 10	Rem.
5023	0. 25	0. 40	0. 2 ~ 0. 5	0. 20	5. 0 ~ 6. 2	0. 10	0. 25	0. 10	Rem.
5182	0. 20	0. 35	0. 15	0. 2 ~ 0. 5	4. 0 ~ 5. 0	0. 10	0. 25	0. 10	Rem.
6009	0. 6 ~ 1. 0	0. 50	0. 15 ~ 0. 6	0. 2 ~ 0. 8	0. 4 ~ 0. 8	0. 10	0. 25	0. 10	Rem.
6010	0. 8 ~ 1. 2	0. 50	0. 15 ~ 0. 6	0. 2 ~ 0. 8	0. 6 ~ 1. 0	0. 10	0. 25	0. 10	Rem.
6111	0. 6 ~ 1. 1	0. 40	0. 50 ~ 0. 9	0. 1 ~ 0. 45	0. 5 ~ 1. 0	0. 10	0. 15	0. 10	Rem.
6016	1. 0 ~ 1. 5	0. 50	0. 20	0. 20	0. 25 ~ 0. 6	0. 10	0. 20	0. 10	Rem.
6022	0. 8 ~ 1. 5	0. 05 ~ 0. 2	0. 01 ~ 0. 11	0. 02 ~ 0. 1	0. 45 ~ 0. 7	0. 10	0. 25	0. 15	Rem.

以 1973 年第一次能源危机为契机，在欧美为实现汽车轻量化以减少燃料消耗，最早在汽车车体上使用的铝合金是 2036 和 5182。美国在车体外覆盖件上采用高强度的 2036 铝合金，内板部件上采用成形性良好的 5182 铝合金。但由于 2000 系合金的成形性和耐蚀性较差，欧美开始重点开发 6000 系合金。首先是 6009 及 6010 烘烤硬化型（BH 型）合金，后来通过改进性能发展到现在的 6111，6016，6022 等综合性能良好的汽车用铝合金，并达到实用化。

日本汽车行业开发应用铝合金在性能上更重视成形性，进而开发了高成形性 5000 系合金，1985 年起在汽车上开始应用 Al-Mg-Zn-Cu 系合金，后来又开发了无室温时效性的 Al-Mg-Cu 系合金 5022 和 5023，许多车种均开始采用。后来又进一步开发采用具有烘烤硬化性能的 6000 系合金。

图 8 – 47 为 6000 系合金随季节不同产生的时效硬化情况[41]。这种铝合金具有 BH 性，在冲压成形时较软，涂漆烘烤后强度又有提高，是一种很好的可选用材料。而 5000 系合金具有成形时不存在常见的表面 SS 痕迹，外观形貌稳定的优点。表 8 – 4 表示 5000 系合金和 6000 系合金的性能特征比较[41]。

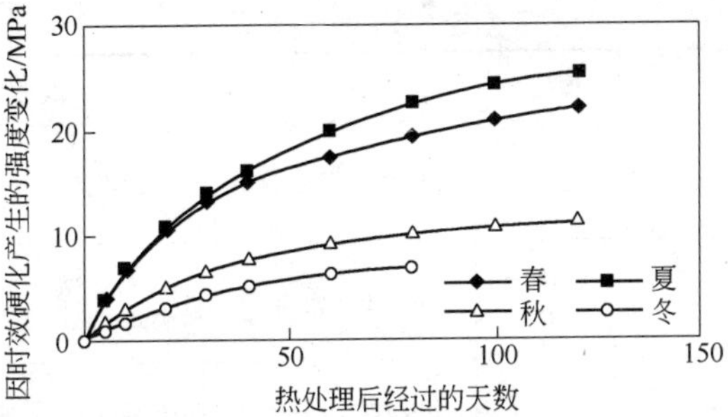

图 8-47 6000 系合金随季节不同产生的时效硬化情况

表 8-4 5000 系合金和 6000 系合金的性能特征比较

性　能	5000 系合金	6000 系合金
冲压成形性	◎	○
SS 痕迹	○	◎
强　度	○	◎
皱边弯曲性	◎	○
时效性	无	有

注:◎—好;○—一般。

8.3.2 铝合金板冲压成形中的问题

汽车车体用铝合金在应用上的重点是成形性,铝合金同钢板相比,在深冲性、拉胀性、翻边性能和弯曲性能等方面均不如钢板。5000 系合金通过增加 Mg 含量使抗拉强度和伸长率增加而使成形性能有所提高,但因其热轧性能变差,考虑制造成本只能用到 5023。而 6000 系合金通过添加 Cu 而使成形性提高,但耐蚀性下降,因此,采用与否需根据汽车厂的考虑而定。

表 8-5 表示汽车车体用铝合金板同钢板相比的特性值及其成形上的问题。可见,铝合金板在冲压成形过程中需要考虑和处理这些问题[40]。

表 8-5 汽车车体用铝合金板同钢板相比的特性值及其成形上的问题

序号	特性值比较			成形上的问题点	
1	总伸长率/%	25 ~ 30	SPCD 的 60% ~ 70%	不能深冲	SPCD 的 60% ~ 70%
2	r 值	0.6 ~ 0.8	SPCD 的 1/2	易产生起皱和面应变	需采取覆盖件起皱措施

续表 8－5

序号	特性值比较			成形上的问题点	
3	扩孔率/%	40～50	SPCD 的 50%～60%	拉延极限	SPCD 的 50%～60%
4	弯曲贴模	0.5～1.0^R（内 R）以上	同 SPCD 相当	不能做微小内角弯曲	受平面起皱限制
5	弹性模量/GPa	70	SPCD 的 1/3	回弹量大	SPCD 的 2～3 倍
6	硬度 HV	70	SPCD 的 60%	材料易损伤、易卡模	

图 8－48 为采用 FEM 模拟分析在同样部件成形条件下，采用 5000 系铝合金板、6000 系铝合金板和软钢板成形状态的比较[41]。可见，同软钢板相比，5000 系铝合金板和 6000 系铝合金板更容易发生开裂和起皱等成形缺陷。

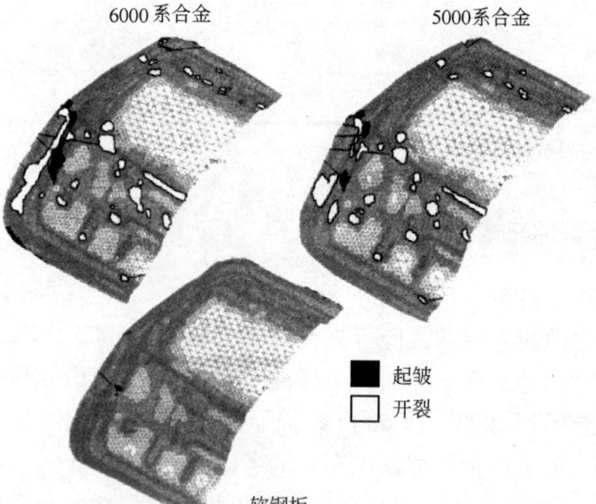

图 8－48　在同样部件成形条件下采用不同板材（铝合金和钢板）成形状态比较

参 考 文 献

[1]　康永林，初元璋，吴洪军. 锻压技术[J]. 1993，Vol. 18，No. 2：38～43.
[2]　沈钟. 国外钢铁[J]. 1993，Vol. 18：45～51.

[3] 松本义裕.川崎制铁技报[J].1988,Vol.20,No.1:27~33.

[4] 室贺修,西本昭彦.NKK 技报[J].1989,No.127:7~13.

[5] 江崎瑞男,远藤宏等.鉄と鋼[J].1989,Vol.75:1651~1658.

[6] 西本昭彦,渡边裕吉等.日本钢管技报[J].1988,No.121:9~16.

[7] 田中福辉,佐藤始夫等.鉄と鋼[J].1989,Vol.75:1644~1650.

[8] 程婀,英哲等.金属学报[J].1995,Vol.31,No.11:B499~B504.

[9] 松本千惠人等.材料とプロセス[J].1989,Vol.2,No.6:1328.

[10] 由田征史.塑性と加工[J].1991,Vol.32,No.360:41~47.

[11] 佐川武俊等.塑性と加工[J].1991,Vol.32,No.367:975.

[12] 由田征史.塑性と加工[J].1985,Vol.26,No.291:394~399.

[13] 江崎瑞男,本田忠史.鉄と鋼[J].1986,Vol.72:S1621.

[14] 白潼之博等.第41回日本塑性加工联合讲演会论文集[C].1991.

[15] 曹江涛.树脂复合减振板成形性能及方法的研究[D].北京:北京科技大学,1998.

[16] 吉田总仁.塑性と加工[J].1998,Vol.39,No.454:1102~1106.

[17] 康永林,王琳,王波,吴洪军.减振钢板基本成形性研究[J].塑性工程学报,2001,8(1):47~50.

[18] 柚鸟善之.プレス技术[J].1989,Vol.27,No.13:41~49.

[19] 宏濑洋三.プレス技术[J].1989,Vol.27,No.13:33~40.

[20] 康永林,罗石念,王波,吴洪军.树脂复合减振板弯曲成形性的树脂模拟分析[J].汽车技术,2000,(7):21~23

[21] 吉田总仁.塑性と加工[J].1991,Vol.32,No.360:20~26.

[22] 桥本浩二等.鉄と鋼[J].1989,Vol.75:1673.

[23] 涤崎正利,松本义裕.鉄と鋼[J].1987,Vol.73:137.

[24] 程婀,英哲,朱跃兰.约束型深冲减振复合钢板开发及应用[C].中国汽车工程学会十一届汽车材料分会论文,1998:1~4.

[25] 藤原冶生等.神户制钢技报[J].1991,Vol.41,No.2:51.

[26] 耿文范.国外金属材料.1990:14~19.

[27] 唐荻,王先进,康永林.钢铁研究学报[J].1998,Vol.10(增刊):50~61.

[28] Weissner R. Blech Rohre Profile. 1993,Vol.40:917.

[29] 栗山幸久.塑性と加工[J].1998,Vol.39,No.453:1009~1013.

[30] 中原孝善.自动车车体への高强度钢板适用例と成形技术[J].塑性と加工,2005,Vol.46,No.534:585~589.

[31] 夏见文章,小原昌弘. 塑性と加工[J].1997,Vol.38,No.432:45~51.

[32] 夏见文章.プレス技术[J].1996,Vol.34,No.8:18.

[33] 宫崎康信,通渡俊二, 小原昌弘,白田松男.レ-ザ热加工研究会志[J].1995,Vol.2,No.1:85.

[34] 木谷靖,安田功一,片冈义弘,比良隆明. レ-ザ热加工研究会志[J].1995,Vol.2, No.1:113.

[35] 川并高雄.塑性と加工[J].1991,Vol.32,No.360:3~11.

[36] 池本公一,杉浦宏明,东和男ほか. 塑性と加工[J].1991,Vol.32,No.370: 1383.

[37] 由田征史,山崎雄司,华泽真事ほか.NKK 技报[J].1994,No.145:40~46.

[38] Knabe E. Ziehen von Blechformteilen aus Zusammengeschweissten Platinen Unterschiedlicher Blechdicke und Guete. DGM Information sgesell-schaftmbh, 1994:357.

[39] 板仓 浩二.自动车の轻量化とマゲネシウム合金の适用[J]:塑性と加工,2007,Vol.48,No.556:

401 ~406.

[40] 竹岛 义雄.轻量化材料アルミニゥム合金の动向[J].塑性と加工,2003,Vol.44,No.506:245 ~249.

[41] 福水 良太,小池 正俊.轻量化材料としての高强度钢板とアルミニゥム合金板の适用[J].塑性と加工,2005,Vol.46,No.534:590 ~594.

9 汽车板的表面质量控制

9.1 现代汽车板对表面质量的要求

在现代汽车尤其是中、高档和豪华型轿车质量要求中，表面光亮、美观、良好的涂漆性能是非常重要的。高档和豪华型轿车要求钢板表面光洁无疵，外板全部要求O5级和平整性高于5I的冷轧板。例如，德国蒂森钢铁公司从酸洗到冷轧成品O5级钢板的收得率达到78%以上，在生产过程中根据用户需要，蒂森钢铁公司制定出具体的质量计划，其中表面质量占有重要地位。为了生产有利于冲压成形和汽车外观的钢板表面质量，对轧辊表面进行电火花处理、激光处理或精密喷丸处理，采用频率分析测定钢板表面质量。在质量计划中为了控制表面质量，对表面缺陷的形成、种类、位置等进行在线检测、评审和控制[1]。

国际上很多国家均对钢板表面质量进行了严格的划分，如法国的Z级相当于O5级，X级相当于O3级；日本标准分为无光处理表面D和光亮处理表面B；我国标准将深冲冷轧薄钢板和钢带的表面质量分为特别高级的、高级的以及较高级的精整表面三大类，比深冲压冷轧薄钢板和钢带的表面要低一个档次。在德国工业标准DIN1623中，将St12、St13、St14钢板表面分为"O3"和"O5"两个级别。"O5"级别要求钢板表面无任何缺陷，并具有不影响优质涂漆、电镀的外观。要求在整个生产过程中，钢带接触成百对轧辊、辊道、切边剪、横切等，而不允许有任何划伤、压印、以及油污水印斑迹[2]，其表面种类和表面结构特征要求见表9-1[3]。

表9-1 薄钢板表面种类和表面结构特征

产品表面种类	标 志	表面结构特征
普通冷轧表面	O3	允许有细孔、小沟纹、小凹坑、轻度刮痕和轻微的变色
较好表面	O5	较好的一面必须没有缺陷，而且具有不影响油脂涂漆或电镀表面的均匀外观
光　滑	g	表面必须是均匀光滑。平均粗糙度 $R_a \leqslant 0.6\ \mu m$
无光泽	M	表面必须是均匀光滑。平均粗糙度 $R_a = 0.6 \sim 1.8\ \mu m$
粗　糙	r	表面呈现较大的粗糙度。平均粗糙度 $R_a \geqslant 1.5\ \mu m$

实际上，板带表面缺陷的产生及控制贯穿于从冶炼的洁净钢生产、无缺陷连铸坯控制到热轧、冷轧、退火、平整及包装的全部生产加工过程。另一方面，钢板

的表面质量不仅影响成形件的表面外观,而且对零件的冲压成形效果、零件外形、汽车最后加工时间以及费用等也密切相关。例如,在加热及热轧工序,主要有铸坯加热及轧制过程中的氧化铁皮生成与去除、折叠、压印、划伤控制等,其中主要的缺陷是表面氧化铁皮细孔和毛刺。在冷轧、退火工序,罩式退火钢板的黏结、锈蚀和振动纹是影响表面质量的主要缺陷。在电镀锌工序主要解决导电辊黏锌和斑迹缺陷,在热镀锌工序主要解决锌渣和合金化镀层粉化等缺陷。严重的氧化铁皮细孔在冷轧酸洗中无法去除,冷轧后在表面留下无法去除的细孔,造成冷轧板降级使用[4]。

9.2 汽车面板用薄钢板性能要求及设计

9.2.1 汽车面板的性能要求与基本设计[5]

汽车面板部件可分类为以外侧面板和挡泥板为代表的由深冲成形为主的部件和以盖、罩、顶板及后货箱盖为代表的以拉胀成形为主的覆盖件。由于前者成形面积大且形状复杂,故原料板不仅须具备深冲成形性,还需具备拉胀成形的复合成形性。由于后者是被成形为塑性变形量较小的平坦形状,除要求面板的尺寸精度之外,还要求具有抗挠曲性(凸胀刚性)和抗凹陷性。用于面板部件的薄板厚度,内板为0.6~1.2 mm,外板为0.6~0.8 mm。在确保成形部件的凸胀刚性和抗凹陷性前提下,进一步薄壁化的困难不少。

外层面板用薄板材质的设计方针如下:能适用于覆盖件等形状冻结性严格部位的钢板强度 $R_e \leqslant 235$ MPa、$R_m \leqslant 440$ MPa。以深冲深度不大于40 mm的浅深冲挡泥板为例,在深冲性指标 r_m 与拉胀成形性指标 n 值处于对立关系条件下,当两特性保持平衡时,即可稳定冲压成形。

如外侧面板类大件面板,因变形样式、变形路径、变形量等不同的部位混在一起,故利用钢板的高强度化实现薄壁化变得更加困难。为了实现该部件的高强度化(薄壁化),材质目标的设定虽然困难,但在满足上述强度范围要求方面,为了使光滑的材料能从冲压模表面流入,所采用的对策是提高钢板的 r 值并改善钢板表面的润滑特性。

9.2.2 发展烘烤硬化钢板(BH钢板)

由于超低碳BH钢板兼有高成形性和应变时效硬化(BH)性对提高覆盖件的抗凹陷性是十分有效的,因此作为汽车面板成形件的用材得到很快的发展。对于汽车面板用BH钢板,虽然并未规定 BH 值的上限,但为了使钢板兼具轧制后的常温延迟时效性,一般将 BH 值的目标值控制在30~50 MPa范围,为此对钢的成分和退火条件进行了严格控制。

在确保覆盖件抗凹陷性方面,一般要求钢板涂漆烘烤处理后的屈服强度 R_e ≥290 MPa。为此,在塑性变形量小的覆盖件面板上,除提高低应变区域的加工硬化量外,如何在板面上产生均匀的塑性变形是成形的特点。用于面板部件的高强度钢板,除加工硬化特性外,还具有高 BH 性,可期待其成为能代替 340 MPa 级 BH 钢板的下一代 BH 钢板。

9.2.3 期待用于复杂形状大型面板的高强度薄板

在用于外覆盖件等大型面板中,根据成形难度多采用以 IF 钢作为原板的 270 MPa 级高 r 值钢板。以 IF 钢为基础而追求钢板的高强度化时,存在以下问题:(1)由于添加了固溶强化元素而提高了屈服强度;(2)由于 P、Mn、Si 等置换型固溶强化元素的多量加入而降低了合金化镀锌板(GA)的适应性;(3)较之固溶强化了的母相,因晶界强度相对较低,使收缩凸缘成形部位(二次加工脆化)造成的晶界裂纹更加明显增加了。

近年来,日本钢铁企业作为有望解决上述问题的面板用高强度薄板,开发了无析出带(precipitation free zone 简称 PFZ)钢板,并达到实用化。试验研究表明:在将此钢板 C 含量提高到 0.006%,而由 NbC 析出强化和细晶强化的双重作用下,有可能减少不利于合金化镀锌 GA 性的固溶强化元素的加入。该钢板在金属组织方面的特点是在晶界附近能形成析出物比较稀疏分布的无析出带区域(PFZ)。虽然钢板的屈服强度和 n 值随 PFZ 的体积率而变化,但在 PFZ 为 4% ~9% 范围的抗拉强度基本是一定的,这是由于在变形初期,PFZ 从晶界附近促进了微小屈服;另一方面,F(铁素体)晶粒内因 NbC 的析出而强化,形成 440 MPa级强度的细晶粒组织,同时获得了较低的屈服强度和高的 n 值。另外,在热轧基板组织细晶化的条件下,由于冷轧再结晶退火时 γ - 纤维(<111 >// ND 再结晶织构)的发达变得显著了,特别值得指出的是获得了晶粒直径与 r 值的平衡。

进一步的试验研究表明,为了抑制 IF 钢的二次加工脆性,使钢细晶化并加入微量 B(硼)能改善钢的延性/脆性转变温度(DBTT),从而使 IF 钢获得优良的抗二次加工脆性。

9.2.4 期待能用于覆盖件的高强度薄板

在汽车用面板方面,日本一直重视着眼于组织控制的高 r 值型钢板的开发。研究表明:钢板成形时,从其在平面应力状态的屈服曲线可知,在提高了钢板平均 r 值条件下,造成覆盖件面板变形状态的平面应变 - 等双向拉胀变形区域屈服强度的上升。其结果是在能以较小的塑性变形量获得较好形状冻结性的覆盖件面板上,能抑制均匀塑性变形的传播,增加面应变的发生倾向,从而促进表面

的美观性。特别是由于钢板的高强度化不可避免造成屈服强度的上升,故在平面应变－等双向拉胀变形区域的屈服应力会进一步增高。在欧洲汽车生产厂家达到实用化的各向同性钢的平均 r 值约为 1.0 且有 $|\Delta r| \leqslant 0.15$ 的面内各向同性相同的效果,由于是加 Ti 的低 C 钢,在 $R_m = 340 \sim 440$ MPa 级钢板的单向拉伸屈服强度为 300 ~ 340 MPa。

因此,能期待具有 $|\Delta r| < 0.01$ 的面内各向同性,而且与 340 MPa 级 BH 钢板同等屈服强度和有 440 MPa 级钢板抗拉强度的高 n 值型各向同性面板用薄钢板的实用化。

以上述特性作为目标而开发的 440 MPa 级合金化镀锌钢板,由于既保持了与 340 MPa 级 BH 钢板大致同等水平的屈服强度,又具有高的加工硬化特性(WH)和烘烤硬化特性(BH 性),故能期待涂漆烘烤后的抗拉强度达到 350 MPa,不损害抗凹陷性的覆盖件面板进一步薄壁化。该钢板的平均 r 值大致为 1.0,且由于 $|\Delta r| < 0.1$ 的各向同性,故在表面美观性和把手部周围的面精度都能达到与 340 MPa 级 BH 钢板相同的性能,并在抗凹陷性方面大幅度超过 340 MPa级 HB 钢板。

9.2.5　面板用薄板防锈设计

汽车面板部件的防锈性能,是以对于外观腐蚀、端面腐蚀和穿孔腐蚀的寿命来评价的。特别是在薄的面板用钢板上,边缘加工部等钢板接合部的穿孔腐蚀寿命影响车体的防锈设计。近年从实车的腐蚀结果可知,即使在镀锌钢板上,若镀层失去了防锈效果,就会与无镀层处理钢板一样产生腐蚀行为。为了改善涂镀层黏附不良而易产生的穿孔腐蚀,须采用防锈辅助材料和适当增加镀锌层厚度。

另一方面,从面板成形的观点,由于镀层使钢板的力学特性(特别是延性和深冲性)下降,金属锌和冲模的粘合而提高了金属流动阻力,卷边成形时可能使镀层剥落,剥落镀层粉可能在外表面上造成缺陷等问题会明显化。为了解这些问题,在兼顾冲压成形性和镀层抗剥落性的前提下,对镀层相中 Fe 的百分含量进行了控制,为改善难成形部件的成形特性而进行了润滑膜处理,形成润滑性良好的自润滑钢板。

9.2.6　面板部件的进一步高强度化技术

根据国际钢铁协会(IISI)的 ULSAB(超高强度钢汽车车身)及 ULSAC(超高强度钢汽车挡板)计划,要求对汽车面板部件进一步实施高强度化。在前者中,为了实现外板的轻量化目标,将 0.6 mm 厚度 590 MPa 级 DP(双相)钢板进行液压成形,促进了覆盖板的美观性。特别是在采用无骨架结构的情况下,可以既确保部件刚性，又可以实现46%的轻量化（而在骨架结构下只能实现27%的轻量化）。

为了确认薄钢板液压成形面板的性能，当用盖模将590 MPa级DP钢板进行液压成形时，也能获得与用原来方法成形 R_e < 240 MPa级钢板相当的表面精度。并且，为追求表面美观的抗凹陷性，通过提高板材屈服强度和利用液压成形使面板表面均匀塑性变形，在所有的评价位置都表现出了优良的抗凹陷性[5]。

9.3 钢中夹杂物与铸坯表面质量控制

9.3.1 由夹杂物引起的表面缺陷特点分析

在冶炼、连铸工序，生产高洁净度钢水和无缺陷铸坯是生产高表面质量汽车面板的首要和最关键的工序。板坯上常见的表面缺陷有皮下气泡、铸坯裂纹、表面夹渣、表面大颗粒氧化物夹杂和簇状细小 Al_2O_3 块状夹杂。这些缺陷都可能在后续轧制和冲压过程中表现为钢板的表面缺陷。夹杂物引起的钢板表面缺陷存在两种宏观特征，一种是黑色长带、灰色条痕缺陷；另一种是板材表面剥皮现象。

关于条痕缺陷，有研究的结果认为[6,7]：(1)其中含有大量非金属夹杂，有的也能发现氧化铁，认为是分布在铸坯近表面的气泡在轧制前加热过程中被暴露发生氧化的结果；(2)由于板坯上下部加热速度不同导致产生表面裂纹；(3)在连铸结晶器使用时间过长后，导致铸坯表面受热不均产生的裂纹可形成此类缺陷，皮下夹杂、气泡、轧辊擦伤也可导致产生条痕缺陷，缺陷内易含复合非金属夹杂和 Al_2O_3 夹杂。

分析热轧板中的黑色长带发现，黑带处比较疏松，能谱分析结果表明黑带处所含元素主要为O、Na、Mg、Al、Si、Ca、Fe，正常部位所含元素主要为Fe、O，其中O含量较少[8]。

对于板材表面剥皮缺陷，对热轧板表面分析发现部分区域有较多粒状物和灰黑色斑状物。其中白色粒状物所含元素主要有O、Al、Si、K、Ca、Fe，其中O、Si较高；表面斑状物所含主要元素有O、Si、Ca、Fe，而且O、Ca含量较高。可见其热轧板的表面剥皮与表面有颗粒状夹杂物有关，夹杂物主要为O-Al-Si-Ca的复合夹杂。而冷轧板剥皮缺陷部位所含元素为O、Al、Fe，剥皮内外表面含有一定量的铝铁氧化物。钢板剥皮产生的原因是由于在钢板的部分表层富集了含铝夹杂，导致钢板表层部分不连续，在冷轧过程中产生剥皮现象[8]。

可见，钢中夹杂物对汽车板质量，特别是对表面质量有极大的危害。为减少表面氧化物夹杂，通过纯净钢冶炼技术（即降低钢中的总氧含量）可以大大减少钢中的夹杂物[4]。

9.3.2　夹杂类表面缺陷的控制

在超低碳冷轧钢板的表面缺陷中，有一类是由于超低碳钢板坯在连铸振痕下面容易形成沟形缺陷，而这些沟形缺陷阻碍结晶器中氩气气泡和保护渣宏观夹杂物的上浮和分离，因此最终使钢板表面产生缺陷。钢板产生缺陷的另一个原因，是 Mn/S 比非常低的钢在轧制过程中可能产生表面热裂纹。据此，国外采取以下措施来消除表面缺陷，取得了良好的效果[9]：

（1）增加钢的锰含量。以前的锰含量为 0.12% ~0.22%，增加到现在的 0.15% ~0.22%，Mn/S 比从 28 增加到 35。

（2）超低碳钢板坯不进行热装，使之形成足够的氧化铁皮，从而有利于表面缺陷的消除。同时，要避免超低碳钢板坯被过度加热。

（3）与保护渣供应商重新研究了适合于这种特殊钢种的保护渣性能。

为了严格控制超低碳钢的表面质量，有的企业建立了炼钢 - 热轧 - 冷轧之间的冷轧钢板表面夹杂物信息反馈系统，其主要方法如下[10]：

（1）将炼钢厂的熔炼炉号、生产日期板坯号、操作工艺等参数、热轧带钢厂的热轧卷号及其热轧操作参数，以及冷轧厂的冷轧卷号、表面质量检测情况等内容分别记录下来，将以上三个生产厂的数据连接起来，建立每块连铸板坯及其对应的冷轧超低碳钢钢卷之间的一一对应关系，并能以此统计出炼钢工艺参数对冷轧超低碳钢板表面夹杂物的影响关系。

（2）分析和确定浇注顺序、倒炉[C]、OB、中间包 Als 损失、顶吹和复吹转炉、冷轧压缩比、进入 RH 的氧含量、碳含量等工艺参数和表面夹杂物的关系。

（3）确定板材表面缺陷形成的构成和机理。通过分析确定板材表面夹杂物缺陷的主要构成为：1）块状 Al_2O_3；2）CaO、SiO_2、Al_2O_3、MgO、Na_2O 系复合氧化物，不同缺陷处的含量变化较大。其主要产生的机理有两点：一是来自连铸过程浸入式水口内壁的黏附物，随连铸的进行，黏附物愈来愈大，最后被冲入结晶器内钢液中，上浮时被凝固坯壳捕捉；二是结晶器保护渣卷入和中间包喷涂料进入结晶器被凝固壳卷入。

（4）控制表面夹杂物的主要措施。1）加强保护浇注；2）RH 采用新的升温脱碳工艺；3）改变水口吹氩方式，稳定吹氩流量、稳定液面，避免产生大颗粒夹杂物和保护渣卷入；4）中间包采用缓流器；5）通过增大转炉后期供氧强度，提高转炉出钢碳含量，以及加强工艺操作管理和处理头尾坯（头坯中的夹杂物含量最高，头罐头坯的夹杂物比例为 20.73%，是正常坯的 5 倍）等措施。

9.4 热轧过程中的表面缺陷及控制

9.4.1 热轧氧化皮的产生特征及控制

钢材的热轧过程通常是在800～1200℃的高温中进行的，所以在加热及热轧过程中必然会产生表面氧化铁皮。带钢在加热及热轧过程中产生的氧化铁皮可分为三种形态：在加热炉内形成初生（一次）氧化铁皮，在初轧过程到精轧前形成的二次氧化铁皮，以及精轧及其后冷却过程中形成的三次氧化铁皮。初生氧化铁皮由设置在粗轧机前的除鳞箱经高压水除鳞去除，二次氧化铁皮由布置在粗轧机组内的高压除鳞水和精轧机组前的除鳞箱去除，三次氧化铁皮通过精轧区带钢表面温度控制、机架间冷却水控制、工作辊辊面状态及热轧润滑控制等来控制其厚度以及与带钢基体的结合状态，最后通过冷轧前的酸洗工序去除。

从氧化铁皮的形貌上，可以将氧化铁皮分为：粗大氧化铁皮、铁皮压入、铁皮细孔、擦划伤氧化铁皮等。

铁在570℃以上的高温产生的氧化铁皮从外层开始，形成α-Fe_2O_3、Fe_3O_4和FeO三层结构。FeO层的厚度比其他两层厚，其比例为1000℃时FeO∶Fe_3O_4∶α-Fe_2O_3=95∶4∶1。在960℃时，在3.5 s内低碳钢氧化时的铁皮表面和断面能观察到结晶和结晶产生的凹凸，这种结晶是FeO，其晶粒直径约8 μm，厚度方向只有一个晶粒。温度越高，氧化时间越长，产生的晶粒越大。在FeO结晶的表面部分很薄，会变成Fe_3O_4，在短时间内氧化产生的氧化铁皮会变成层状构造，FeO的比率和长时间氧化产生的厚氧化铁皮一样，约占95%。FeO在700℃以上时发生明显的塑性变形；其屈服应力在700℃时为150 MPa，在900～1000℃时为20～30 MPa。在表面有氧化铁皮的钢板在高温下拉伸变形时，钢和附着物保持粘着状态进行延伸，在氧化皮晶界上产生裂纹。在热轧后，根据轧制温度、压下率、氧化铁皮厚度的变化，热轧板表面主要为三种状况：(1)变成均匀而光滑的表面；(2)氧化铁皮沿板带宽度方向分断，产生裂纹；(3)氧化铁皮变成粉状，表面呈现红色[11]。

有的研究将热轧氧化铁皮产生的原因分为：除鳞系、板道系、温度系、轧辊系和黏铁。除鳞系氧化铁皮形貌为粗大压入，主要因除鳞不净在轧制过程中压入表面的结果，一般为一次或二次氧化铁皮；板道系氧化铁皮形貌为沿轧制方向条状。通常出现在带钢下表面，整张钢板有一条或几条在同一位置的缺陷点。这种氧化铁皮不属于常规所定的一次、二次、三次氧化铁皮。其产生原因主要有：精轧区入口前轧线存在死辊或被动辊，辊道速度与带钢速度不匹配，存在较大相对运动，以及除磷箱内辊道剥落、机架间活套辊面粗糙、死辊或转动不灵活等；温度系氧化铁皮是最复杂的一种，可能的原因有：带钢经过精轧前机架发生剧烈氧化、精轧入口温度过高、机架间水使用不当、导致氧化铁皮产生，终轧温度过高或带钢下表面温度高于上表面，不利于氧化铁皮控制等等；轧辊系的影响主要是轧辊冷却水过滤网阻塞、前机架负荷分配过大单位轧制力过大导致辊面剥落、夏季环境温度过高水温及水压不能满足轧辊冷却要求而导致辊温过高、以及轧制油使用效果差，对轧辊辊面氧化膜的建立及保持造成影响等等。因此，在热轧过程中针对这些氧化铁皮产生的原因，采取相应的控制措施可以取得明显效果[12]。

9.4.2　热轧终轧及卷取温度对氧化铁皮生成和酸洗的影响

文献［13］研究了低碳钢（w（C）< 0.06%）钢卷的终轧温度为 910℃ 和 870℃、卷取温度（*CT*）从 520℃ 到 720℃ 的钢卷表面氧化铁皮结构。对于温度对酸洗性能的影响做了定量研究，其主要结果如下所述。

9.4.2.1　*CT* 为 520℃ 时的氧化铁皮结构和酸洗行为

A　氧化铁皮结构

图 9－1 示出钢卷 A 和钢卷 B 的氧化铁皮量。在带钢中心部位附近，钢卷 B（*FT* 为 905 ℃）的氧化铁皮量高于钢卷 A（*FT* 为 865℃）10% ~ 15%。钢卷 B 边部的氧化铁皮量则显著减少。产生这一现象有可能是带钢在输送台上横向不均匀冷却造成的。换句话说，如果带钢边部发生了过度冷却，边部区域氧化铁皮的生长就能被抑制。

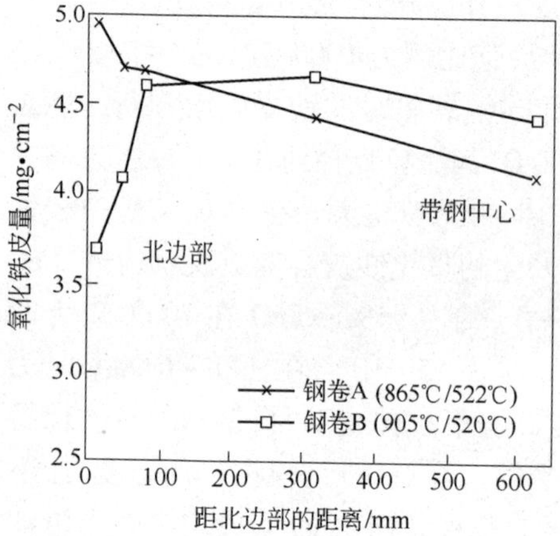

图 9－1　钢卷 A 和钢卷 B（*CT* 为 520℃）不同部位的氧化铁皮量

尽管氧化铁皮厚度存在差异，但钢卷 A 和 B 的氧化铁皮结构在带钢宽度方向上是相似的。氧化铁皮主要由内层 Fe_3O_4 + Fe 的混合物和外层 Fe_3O_4 组成。即使经过侵蚀，两层边界也不明显。对试样的氧化铁皮断面仔细观察后发现，氧化铁皮表面有一层非常薄（ <0.5 μm）的 Fe_2O_3 层。XRD 分析也证实这些试样存在 Fe_2O_3 层。在带钢中心部位，试样表面未发现表面 Fe_2O_3 层。

B　酸洗行为

取自钢卷 A 和钢卷 B 试样的酸洗时间取决于试样表面氧化铁皮厚度。钢卷 A（865℃/522℃）边部的酸洗时间比中心部位长 2 ~ 4 s。钢卷 B（905℃/520℃）的边缘部分比中心部位更易酸洗。在酸洗早期阶段（ <10 s），试样的表面出现红色。红色层状物呈粉末状，能很容易地用流水冲洗掉。XRD 分析表明，此层为 Fe_2O_3。在所有带钢中心部位的试样上未观察到红色表层，说明带钢

中心表面无 Fe_2O_3 层。

9.4.2.2 *CT* 为 609℃时的氧化铁皮结构和酸洗行为

A 氧化铁皮结构

钢卷 C（*FT*910℃/*CT*609℃）不同部位氧化铁皮量见图 9－2。可见，带钢边部氧化铁皮量最低，从边部到距离边部约 70 mm 内，氧化铁皮量迅速增加，随着位置继续向中心靠近，氧化铁皮量略有下降。

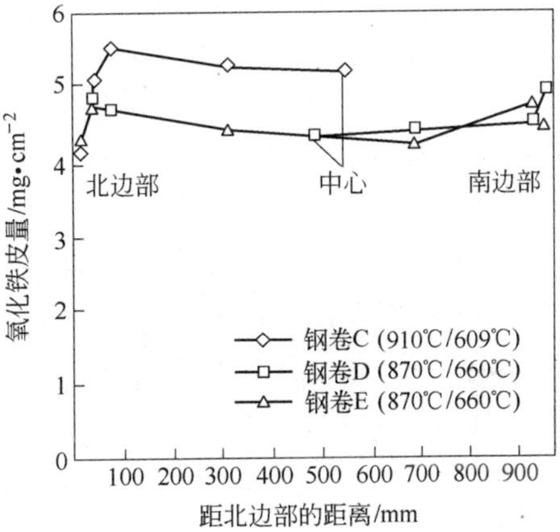

图 9－2 钢卷 C、D 和 E 不同部位氧化铁皮量（*CT* 为 609℃或 660℃）

与卷取温度为 520℃的试样相比，钢卷 C 试样在宽度方向上的氧化铁皮结构有几个不同之处：最明显的特征是在试样的氧化铁皮内层中，没有或极少有金属铁颗粒；与卷取温度为 520℃的钢卷试样相比，钢卷 C 试样的 Fe_2O_3 稍厚，在试样中可见连续的 Fe_2O_3 层。在卷取温度为 520℃的试样中，在显微镜下几乎观察不到 Fe_2O_3 层；卷取温度为 609℃的试样表面氧化铁皮厚度（6～8μm）较卷取温度为 520℃的试样（4～6.5 μm）厚；从试样 C 可以看出，带钢中心的整个表面氧化铁皮都是 Fe_3O_4 和铁颗粒组成的混合物，表面氧化铁皮中存在金属铁颗粒（见图 9－3）。

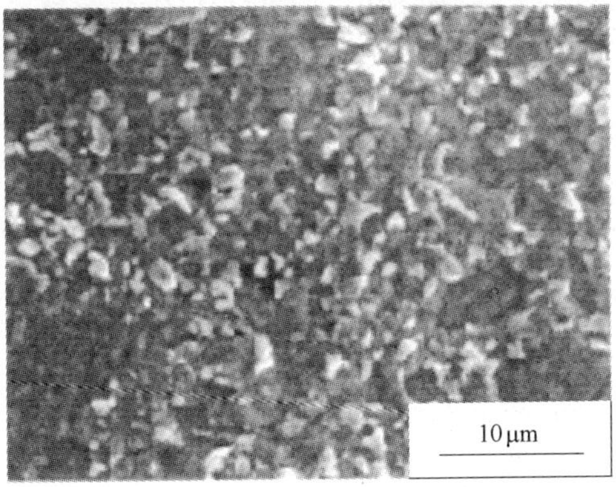

图 9－3 钢卷 C 表面大量的金属铁颗粒

从对铁颗粒形成机理的研究可以得出以下结论，因为卷取温度较高和钢卷内部有限的（或完全耗尽）供氧，钢卷冷却期间发生的氧化以消耗高价氧化物（Fe_2O_3 和 Fe_3O_4）为代价。这将导致 FeO 层进一步生长。当高价氧化物被完全消耗时，整个表面氧化铁皮由单一的 FeO 相构成。在 570℃以下的 FeO 相发生共析反应，形成 Fe_3O_4 与金属铁的混合物。在氧化铁皮表面观察到的铁颗粒就是 FeO 分解的部分产物。

B 酸洗行为

钢卷 C 的酸洗行为与钢卷 B 相似，取自带钢边部的试样酸洗时间最短。取自带钢中心附近试样的酸洗时间相对长一些。

9.4.2.3 *CT* 为 660℃时的氧化铁皮结构和酸洗行为

A 氧化铁皮结构

图 9－2 中示出终轧温度为 870℃与卷取温度为 660℃两个钢卷 D、E（D－*FT*870℃，*CT*660℃；E－*FT*870℃，*CT*660℃）的氧化铁皮量。在离边部较远的位置，两种带钢氧化铁皮量相近。在钢卷 D 中，带钢边部氧化铁皮量高于中心区。在钢卷 E 中，边部氧化铁皮的量较低。

上述结果表明，即使在相近的生产条件下，带钢边部的氧化铁皮量也会明显不同。钢卷在输送台沿宽度方向不一致。不均匀的冷却则是造成这种现象的主要原因。而且，远离边缘的试样，氧化铁皮量要比钢卷 C（*FT* 910℃，*CT* 609℃）约少 15%。这表明终轧温度对带钢形成的氧化铁皮量有明显的影响。这一观察与早先对卷取温度为 520℃钢卷的观察一致。对于远离带钢边部的区域，终轧温度为 905℃的试样氧化铁皮比终轧温度为 865℃的试样多。

尽管观察到氧化铁皮厚度存在差异，但钢卷 C、D 和 E 以及同一带钢两边的氧化铁皮结构相似，但也有不同：在带钢边部，钢卷 D 和 E 的 Fe_2O_3 层明显增厚。这表明，卷取温度升高时，带钢边部 Fe_2O_3 层生长明显。

B 酸洗行为

对于钢卷 D 和 E 不同位置试样的酸洗时间中，值得注意的是：(1) 两个钢卷边部氧化铁皮酸洗时间更长；(2) 钢卷 D 边部比钢卷 E 边部酸洗时间长；(3) 北边缘比南边缘更难酸洗。观察表明，除了氧化铁皮厚度外，氧化铁皮结构也是影响酸洗效率的一个重要因素。换句话说，氧化铁皮量越大，边部 Fe_2O_3 层则越厚，清除氧化铁皮的酸洗时间也越长。这就解释了为什么终轧温度为 870℃、卷取温度为 660℃时，一些钢卷在酸洗后沿边部易出现氧化铁皮带。

9.4.2.4 *CT* 为 720℃时的氧化铁皮结构和酸洗行为

A 氧化铁皮结构

研究发现，终轧温度为 910℃，卷取温度为 720℃钢卷（钢卷 F～I）的氧化铁皮量的分布相似，如图 9－4 所示。其中不同点如下：

(1) 靠近边部的氧化铁皮量（试样 N1、N2、S1 和 S2）远多于带钢中心部位（试样 N4、S4 和 C），这表明边部氧化铁皮明显长大；

(2) 相比之下，试样 N4、S4 和 C 的氧化铁皮量相近，接近于钢卷 C（*FT* 为

910℃，*CT* 为 609℃）的氧化铁皮量。这进一步证实了远离带钢边部的氧化铁皮量主要受终轧温度控制。

上述 4 种试样的氧化铁皮结构分布相似。图 9－5 为典型的氧化铁皮结构。不同之处如下：

（1）在带钢边部试样上有厚的 Fe_2O_3 层（3 ~ 5 μm），存在厚的 Fe_2O_3 层的范围约有 10 ~ 18 mm 宽，随试样的不同而不同。在靠近带钢中心试样中也能观察到 Fe_2O_3 层，但厚度却薄得多（1 ~ 1.5 μm）。在带钢中心试样，不存在 Fe_2O_3 层。

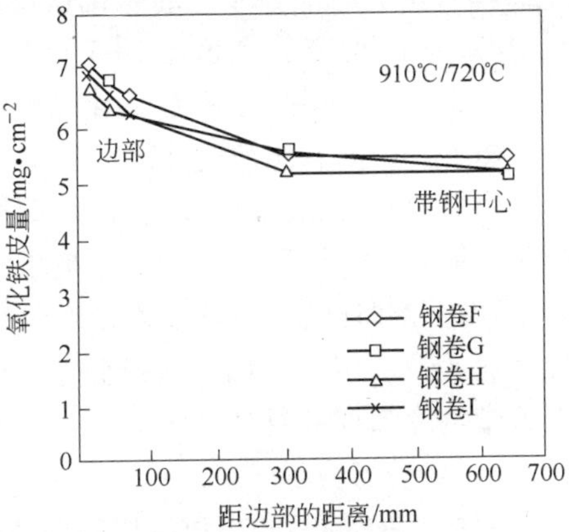

图 9－4　钢卷 F ~ I 不同部位的氧化铁皮量（*CT* 为 720℃）

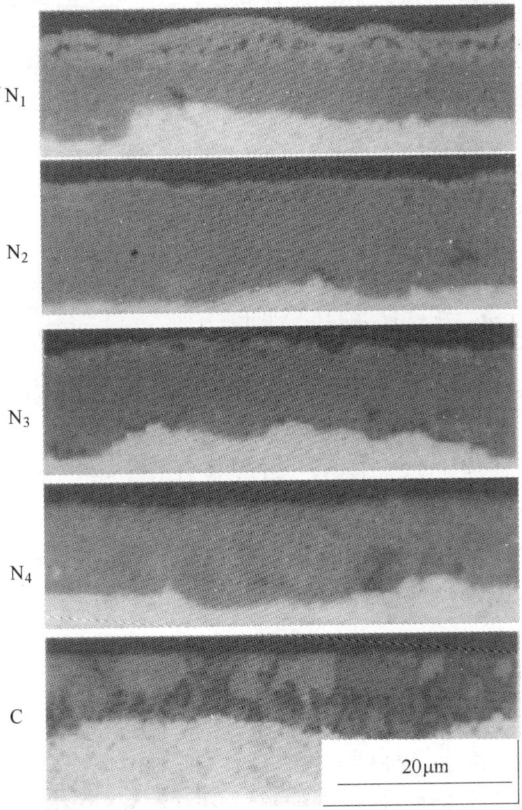

图 9－5　钢卷 G 不同部位的氧化铁皮结构
（*FT* 为 910℃，*CT* 为 720℃）

（2）在带钢中心部位的氧化铁皮结构与中心以外的明显不同，由大量（超过30%，有的地方甚至超过60%）残留 FeO、先共析 Fe_3O_4 和 Fe_3O_4/Fe 共析体构成。先共析 Fe_3O_4 主要在氧化铁皮/基体界面处形成一个明显的连续层，且 FeO 相主要占据氧化铁皮外部。

由此可见，当卷取温度高，供氧受到限制（或完全耗尽）时，在钢卷冷却过程的某一阶段，整个氧化物层完全被单一 FeO 相占据；由于卷取温度高，钢卷在570℃以上的时间长，以致铁连续地向 FeO 层中扩散，形成富铁 FeO 相；富铁 FeO 比富氧 FeO 更稳定。因此，带钢中心部位的 FeO 相由于含铁量高而更为稳定，以致带钢冷却到室温时仍残留大量的 FeO。

B　酸洗行为

钢卷 F ~ I 的不同部位试样的酸洗时间的区别如下：

（1）试样边部的酸洗时间超过 80 s，这比带钢其余部分的酸洗时间多了两倍多。这可能是由厚 Fe_2O_3 层的存在以及整个氧化铁皮较厚所造成的。

（2）带钢中心附近区域（试样 C）的酸洗时间最短，因为存在着大量 FeO。

如果残留的边部氧化铁皮无法避免，那么酸洗线的酸洗速度就要受带钢边部酸洗的限制。这个限制能使酸洗速度下降 50%，这与工厂观察的结果非常一致。

利用已知的知识，对 Western Port 热轧带钢厂某些工艺的终轧温度和卷取温度进行优化处理。结果去除了不希望产生的残留边部氧化铁皮，使原先受到限制的酸洗速度从 110 ~ 120 m/min 提高到 200 m/min。

9.5　热轧带钢表面质量检测及控制

热轧带钢的表面缺陷可分成两大类，第一类是范围很宽的氧化铁皮缺陷，第二类表面缺陷包括所有各种类型的机械压痕缺陷[14]。

热轧时的氧化铁皮主要为 Fe_3O_4，当负荷为 100 g 时，氧化铁皮的显微硬度为 435 ~ 440。由于板坯的表皮气泡和皮下气泡在热轧时产生横向裂纹和气孔，裂纹和暴露出的皮下气泡在热轧时又受到氧化，并在冷轧带钢上产生小折叠。沿裂纹的氧化皮不仅有铁，还有硅、锰、铝和少量的钙以及各种非金属夹杂物。夹杂物的尺寸从 0.1 ~ 10 μm。据研究，当板坯热轧在 1100℃，压下量 60% 时，氧化皮压入金属层深约 25 μm，并由此产生折叠[15]。

在解决氧化铁皮问题上的主要方法有：

（1）根据更好的燃烧过程模型和在线控制，改进加热炉控制；

（2）由更好的冷却和润滑，提高工作辊的工作条件；

（3）安装高冲击力的除鳞系统。

可以在轧机牌坊上安装摄像机，以便密切监视工作辊表面，直到工作辊表面状况开始变坏才换辊。

对机械压痕表面缺陷,通过更好的精轧过程控制而获得改善。这方面的主要突破在于用检测系统早期检测出表面缺陷。现在使用的检测系统可以观测到带钢的上下表面,其分辨率高于1 mm。表9-2总结了表面检测技术的发展及其对缺陷检测率的影响[14]。检测系统可以直接检测任何类型和尺寸的缺陷,并能够消除产生缺陷的原因。而且,这些检测系统还将提高所有相关轧制参数的最佳化程度。

表9-2 表面检测技术的发展及其对缺陷检测率的影响

项目	受测板卷/%	受测表面/%	相对进步	时间范围
用油石作人工检测	10	约0.05	1	20世纪90年代初
用在线检测系统操作员人工检测	100	约7	140	20世纪90年代中
在线检测系统自动检测识别	100	100	2000	20世纪90年代末

由于热轧带钢生产线的温度高、速度快,无法通过人工进行表面质量在线检测。为了能够了解热轧带钢的表面质量状况,一般采用打开带卷尾部抽查的方式,也就是对生产后的热轧带卷进行抽检,在输出辊道上人工检查带钢上下表面质量,如发现表面缺陷则采取相应措施。通过表面检测系统可以全连续在线检测热轧带钢的表面缺陷,检测的结果准确、完整、稳定。目前国外发达国家的热轧带钢生产线一般都配备有这种检测系统,如德国的蒂森公司规定,所有出厂的热轧带卷都必需有表面检测系统提供的检测报告,没有检测报告该带卷不能出厂。韩国的浦项制铁在其整个公司的轧钢生产线上用了40套以上这样的检测系统,从热轧生产线开始,到冷轧的各条生产线,如酸洗、轧制、平整、涂镀及精整等。通过表面检测系统对轧制过程中各条生产线的表面质量情况进行了全连续自动跟踪,不仅保证了产品的出厂质量,而且可以根据前面工序的检测结果指导后面工序的生产,提高了产品的成材率及生产效率,给企业带来巨大的经济效益[16]。

文献[16]介绍了一套在1700 mm热轧带钢生产线上在线应用的表面检测系统,该系统采用线阵CCD摄像机作为热轧带钢的表面图像采集装置,将激光线光源作为照明光源,解决了高温环境下的远距离均匀照明问题。针对热轧带钢表面存在的氧化铁皮、水及光照不均等问题,系统中采用了对于不同缺陷类型建立单独的缺陷检测算法的思想,并建立了纵裂、麻面、夹杂、划伤等多种缺陷的检测算法。系统在带钢横向上的检测精度达0.4 mm,对生产线上常见表面缺陷的检出率达95%,识别率达85%。

9.6　冷轧带钢表面质量检测及控制

在德国和欧盟已研究开发出热轧和冷轧板带表面质量在线检测、识别和控制系统。根据 S. Burkhardt 的研究结果：板带表面缺陷类型的早期检测和识别使工艺过程干预成为可能。这就是对工艺控制和操作进行干预。该项技术的原理是采用众所周知的光学识别系统。该系统包括数据获得、数据处理过程、数据显示和数据档案等部分。

近几年，表面识别技术取得了显著的成就，即：高的缺陷识别率（>95%）和低的伪缺陷检测率；可靠的缺陷分类率（>90%）；采用最新计算机技术克服的识别系统的性能极限以及识别仪器的强有力的性能价格比。

在板带表面质量在线检测识别系统中，数据获得部分的关键是检测，主要问题在于：小缺陷、低反差度缺陷、高的板带速度（约 1500 m/min）、小的观测窗口（辊道两辊缝间隙仅约 25 ~ 75 mm）、光线暗和环境条件差。图 9 – 6 表示德国 Parsytec 表面检测识别系统内部数据流程图[17]。首先是采用摄像系统对运动和卷取过程中的板带表面缺陷进行检测、识别、分类并通过档案系统比较和进行过程控制。

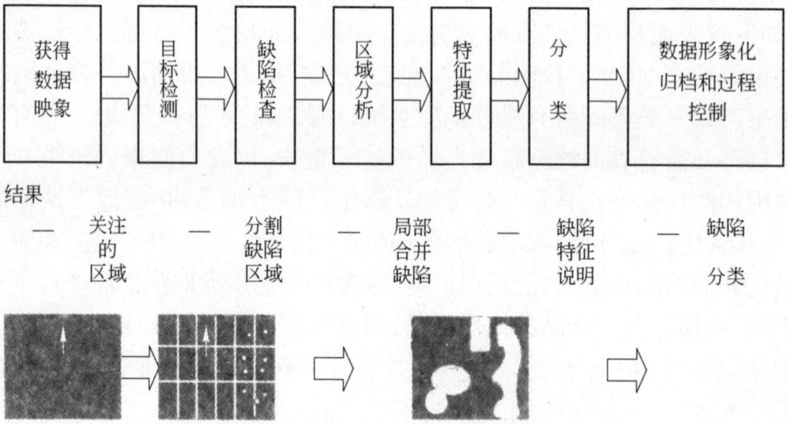

图 9 – 6　Parsytec HTS-2 表面检测识别系统内部数据流程图

基于过程控制的板带表面质量在线检测识别系统的应用与板带生产密切相关，尤其是识别结果的真实性取决于人及识别器对缺陷的考察范围及限定上。根据板带表面缺陷识别系统原理对板带生产过程进行控制。过程控制是将所有个别过程信息收集起来（表面信息、板带速度、温度、烘干方式、酸洗等工艺参数）进行局部控制训练，并纪录所有工作状态和检测缺陷等。例如，根据检测的经酸洗槽后的火绒量，可以调整板带速度进行工艺和产品优化。另外，板带表面缺陷图像可以预示轧辊磨损程度以保证在确定时间内的正常工作状态。另外，根据光学表面识别结果可以使实时工艺模型更加精确。结果表明，该项技术完全可以用于板带热轧及冷轧表面质量检测和控制[17]。

9.7 钢板表面形貌控制及对使用性能的作用

9.7.1 轧辊表面毛化技术及应用

冷轧带钢的表面形貌是由轧辊表面形貌直接传递的，是一个“衰减性拷贝”过程。为了控制和调整冷轧成品带钢的表面形貌，冷轧平整机或光整机工作辊基本上都采用毛化辊，同时为了解决粗糙度偏低或罩式退火炉内带钢粘连问题，精轧机最后一个机架工作辊往往也采用毛化辊[18]。

目前开发应用的冷轧辊毛化技术主要有喷丸毛化(SBT)、电子束毛化(EBT)、激光毛化(LBT 或 LT)、电火花毛化(EDT)和拓扑镀铬毛化(TOPOCROM)5 种，目前最常用的是 SBT 和 EDT，但 SBT 趋于被淘汰，很有前景的是 TOPOCROM，LBT 也有很强的竞争优势。文献[19]对这 5 种冷轧辊毛化技术进行介绍分析如下：

(1) 喷丸毛化技术(SBT)。喷丸毛化是采用压缩空气为动力，以形成高速喷射束将喷料(铜矿砂、石英砂、金刚砂、铁砂、海砂)高速喷射到需处理的轧辊表面，使工件表面的外表面的外表或形状发生变化，获得不同的粗糙度。其主要不足是由于喷丸尺寸、轧辊表面区域硬度、喷丸冲击速度、冲击角的随机性造成喷料打出凹坑被反复冲击，使 SBT 的毛化过程及结果也是随机、不均匀的、难以控制，毛化表面很不均匀。

(2) 电子束毛化(EBT)。轧辊在真空室内旋转并轴向运动，由固定电子枪发出的高能电子束，经电场加速至约 1/3 光速，聚焦、投射在轧辊表面上。高能电子可深入金属中 4 ~ 5 μm，电子的动能转化为热能，形成过热熔池，电子束的压力加上轧辊高速旋转(线速度约 20 ~ 30 m/s)的离心力，迫使熔池中金属从池中逸出。通过调整加速电场电压、电子束功率、脉冲频率及使电子束偏转，就可得到理想的轧辊表面形貌。EBT 工艺实现的粗糙度 R_a 范围可任意选择，形成微坑的直径可达 400 μm，深度 0 ~ 200 μm 。EBT 毛化效率高，3 ms 可形成一个微坑；在真空中处理，凸缘是未氧化的金属物，性能较好；轧制过程中 R_a 下降慢；此外，毛化图形可完全实现二维设定，特别是可对上下辊的图形进行智能化选择。但由于设备复杂，尤其是轧辊要在真空室内(10 Pa)高速旋转，给设备制造和使用带来困难。因此，除国外少数厂家在冷轧辊上试运行外，一直未得到推广。

(3) 激光毛化(LBT 或 LT)。无论是应用 CO_2 激光毛化，还是应用 YAG 激光毛化，其基本原理都是将调制后的高频脉冲激光聚焦到轧辊的工作表面，并在其表面上扫描成高密度(9 ~ 36 dot/mm)斑点。由于聚焦后的光斑的激光功率密度很高,因此使得轧辊表面金属在很短时间内熔化(并有部分汽化)和凝固,快速的熔凝在轧辊表面形成四周为凸肩,中间为凹坑的小坑;每个小坑低于轧辊表面约 11 μm,环绕凹坑边缘的凸起部分高于轧辊表面约 6 μm,最高凸起可达 0.2 mm。由此在轧辊表面形成可预控的粗糙度值(R_a)和密度值(S),其均匀性极好。小坑的形貌亦可预控调整,从而形成各种不同的表面织构。满足不同用户的各种工艺要求。这种毛化具有改善深冲性能、提高涂镀性能和板形的可开发、强化轧辊的表面强度,提高轧辊使用寿命等优点。有待改进的地方是:毛化后的轧辊表面形貌所产生的摩擦学效果不够理想;在轧辊表面的激光毛化还限于均布点的图案,毛化后在轧辊表面及板带表面可以看到清晰的规则条纹。

(4) 电火花加工毛化(EDT)。其工作原理是:电极和被毛化辊的一部分或全部浸没到绝缘油中,直流脉冲作用在电极上。当电极和轧辊之间的间隙足够小时,脉冲电压作用轧辊与电极产生高频电火花,电极不断地消耗,而轧辊每次产生电火花便会在其表面产生一个小坑,轧辊及电极熔化出来金属屑被绝缘油冲走。电流的大小及放电持续时间决定了坑的尺寸和形状,不同材质的电极可产生不同的毛化质量和表面状态。电火花毛化的优点是:1)该方法工艺成熟、毛化效率较高,粗糙度范围较宽(R_a =0.5 ~16 μm),毛化形貌无效性和再现性良好;2)不受轧辊材质、硬度的限制,并可通过调节放电间距及脉冲特性等参数得到不同 R_a和 PC 值;3)毛化表面均匀无规则,可观性好;4)R_a 和 PC 传递率较高,不显著下降,因而得到全面推广应用。其不足是:1)R_a与 PC 之间关系任意调节性较差;2)上线轧制时毛化面易划伤产生辊印,毛化前如果辊面擦拭不干净毛化后容易在辊面产生色差;3)对于高速钢轧辊,EDT 处理会造成轧辊表面脱碳,合金元素烧损并软化。

(5) 拓扑镀铬毛化(TOPOCROM)。拓扑镀铬毛化是生产优质汽车板的最新毛化工艺。它通过电极与轧辊表面形成均匀电场,电解液电解产生六价铬离子在辊面沉积的一种毛化方法。调节电镀工艺参数可控制铬沉积半球的大小和数量,实现毛化和镀铬同时处理,获得封闭结构、半开放结构、开放结构随机分布的毛化形貌。一般情况下,镀铬层为三层复合结构,第一层为基层,第二层为结构层呈现半球形,可承受一定的弹性变形,第三层为耐磨的表面硬铬层,硬度达到 1200 HV,用于保护半球状凸起。粗糙度范围宽(R_a =0.2 ~20 μm)、峰值密度高,毛化形貌的均匀性、保持性、再现性优异,粗糙度精度控制在 ±0.1 μm 以内,不受轧辊材质、硬度影响,R_a/PC 传递率高。镀铬毛化与其他几种毛化技术相比具有以下优点:1)轧辊的寿命周期可提高 3 ~7 倍;2)R_a、PC 值可控制性强,可根据用户需要选择;3)高粗糙度保持能力;4)镀铬毛化辊适应环境能力强,不受轧制过程中产生的金属碎屑及脏物的影响;5)与喷丸及 EDT 毛化相比,可满足轧辊辊身 100% 毛化。需要说明的是,SBT、EDT 工艺是使辊面材料脱落或烧损形成尖锐的内凹毛化形貌,对影响辊面材料的使用性能有影响,其耐磨性能与辊面硬度相关,而 TOPOCROM 工艺是在辊面材料上生长出半球状凸起的毛化形貌,对辊面材料没有影响,其耐磨性能完全取决于镀铬层的硬度。凸起的毛化形貌传递到带钢表面为内凹的形貌,有利于形成隔离的润滑坑,减小冲压时的摩擦力。

9.7.2　钢板表面形貌控制

许多研究工作已经证明,钢板表面形貌不仅对成形件外观、光亮度及涂漆性有影响,而且对冲压成形性能及成形过程有重要影响。事实上,钢板在冲压成形时,由于塑性变形,滑移以及晶体转动同时发生,其表面形貌也在变化、变粗糙(见图 9-7),经分析,这种成形后的表面形貌既与成形路径有关,也与初始表面状态有关[20]。

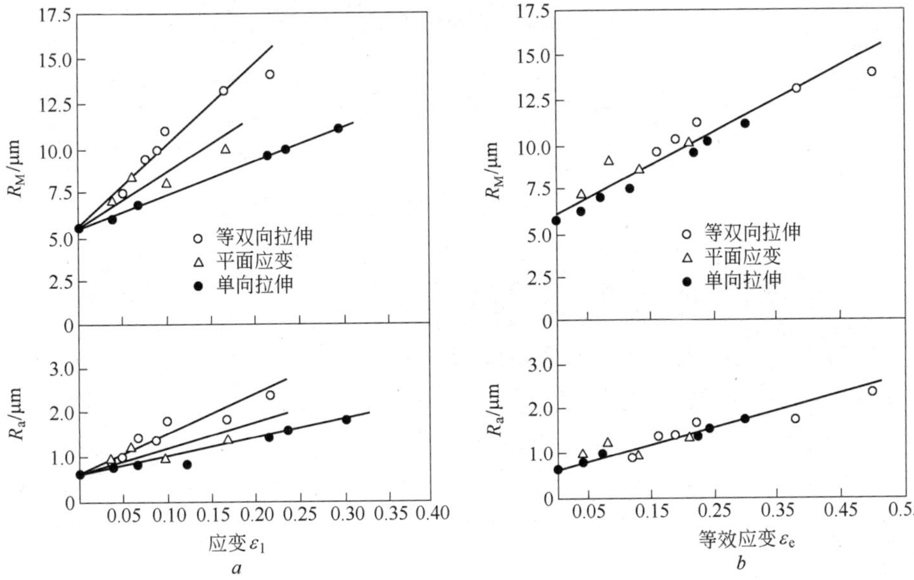

图 9-7　不同成形路径下钢板表面粗糙度与应变的关系

a—表面粗糙度与应变 ε_1 的关系;*b*—表面粗糙度与等效应变 ε_e 的关系

在冲压成形时,毛面钢板比光面钢板有更好的冲压流动性,为保证冲压件的表面质量、合格率、提高模具寿命,在汽车、家用电器等的冲压件上都需采用具有一定粗糙度(表面形貌)的毛面钢板。常用的毛面钢板是用喷丸毛化轧辊轧制生产的。其表面起伏大,不均匀,经冲压成形并涂漆后,漆面光亮度难以满足用户需要。从 20 世纪 80 年代发展起来的轧辊表面激光毛化技术较好地解决了这一问题。

采用激光脉冲毛化轧辊可以形成如图 9－8 所示的 4 种典型的辊、板表面形貌[21]。1 型板表面只有凸包，没有凹坑，冲压时变形区内的润滑油易从凸包之间的缝隙中被挤走，油膜难以始终保存，故其润滑效果较差；2 型板表面虽仍以凸包为主，但每个凸包周围的环形封闭浅凹槽有利于存储并保持油膜，使润滑性能提高；3 型板表面微坑更深一些，有利于储油和收集磨粒，其润滑效果和冲压性能最好，但因其板面粗糙度大，漆面光亮度不如 1、2 型板；4 型板的表面为多脉冲 Nd:YAG 激光作用而成，既有较好的减阻和润滑效果，也有较佳的漆面光亮度。

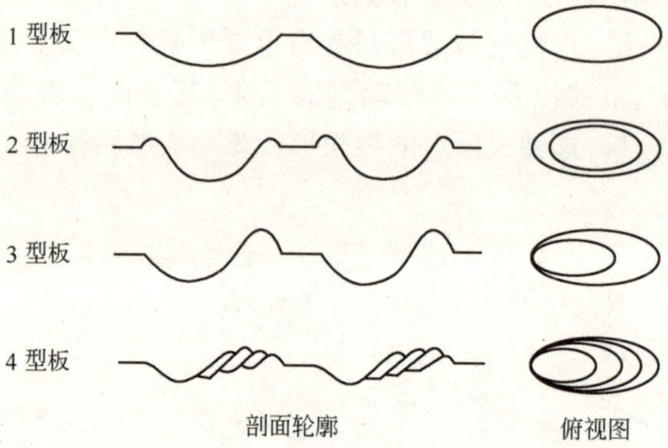

图 9－8　激光毛化钢板表面微坑类型示意图

9.7.3　激光毛面钢板对使用性能的作用

9.7.3.1　激光毛面钢板的摩擦性能

平面拉拔摩擦实验结果表明[21,22]：无论在润滑还是在干摩擦条件下，激光毛面钢板的摩擦系数均低于喷丸板。干摩擦时，喷丸板的摩擦系数随实验板的拉拔速度升高而增加，而摩擦系数则略呈下降趋势；润滑时，两种板的摩擦系数均随实验板拉拔速度的上升而降低，但激光板的摩擦系数下降更为显著，反映出激光板的表面形貌有更好的动态润滑能力。

9.7.3.2　激光毛面钢板的冲压性能

激光板与同材质喷丸板的冲压实验对比结果表明：不论是冲平底杯（拉深成形）实验还是常规杯突（拉、胀复合成形）实验，两种激光板（其表面粗糙度 R_a 分别为 2.36 μm 和 0.72 μm）的成形能力均明显优于同材质喷丸板（R_a 为 1.17 μm）；而低粗糙度激光毛面板又明显优于高粗糙度激光毛面板[21,23]。用上述材料实冲油箱外壳发现在压边力相同的情况下，激光毛面板的减薄率明显低于喷丸板，且以低粗糙度激光毛面板为最低，见图 9－9。这说明激光毛面确实能有效地改善薄板在冲压时的流动能力。图 9－10 示出镀锡板减薄拉深钢罐实验结果[24]。可以看出:(1)表面粗糙度相同情况下,喷丸板所需拉深力最大,放电毛面板其次,激光毛面板最小;(2) 由不同毛化方法导致的所需拉深力之差异,随板面粗糙度的减小而增强。

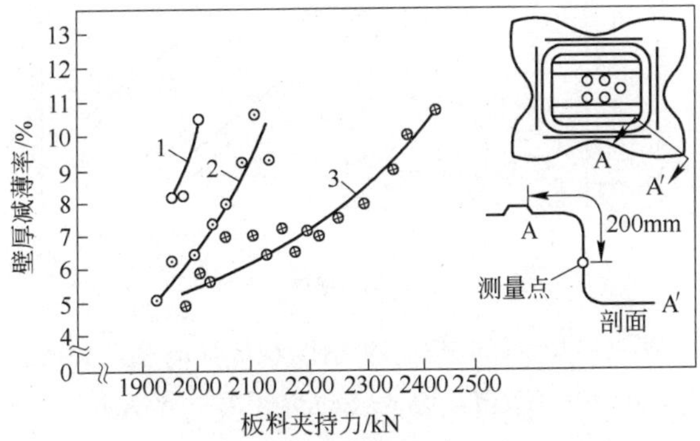

图 9－9 油箱外壳板料夹持力与壁厚减薄率的关系

1—高粗糙度激光毛面板; 2—喷丸板; 3—低粗糙度激光毛面板

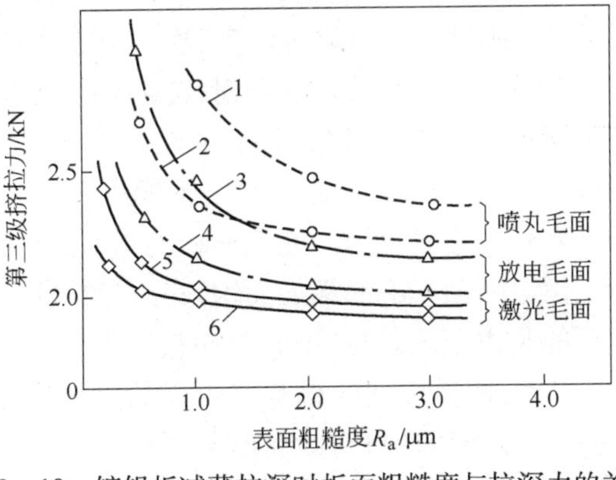

图 9－10 镀锡板减薄拉深时板面粗糙度与拉深力的关系

1,2—喷丸毛面; 3,4—放电毛面; 5,6—激光毛面

1,3,5—镀锡 25*; 2,4,6—镀锡 50*

9.7.3.3 激光毛面钢板的漆面光亮度

将激光毛面板和喷丸板用相同的工艺涂漆后,激光毛面板的漆面轮廓相当平坦,表明漆面有较高的映像清晰度,即 *DOI*;而喷丸板漆面轮廓线起伏不平,表明原板面存在的波度仍未消除,即 *DOI* 值低。由图 9－11 也可看出[25],光面钢板(粗糙度 R_a 接近零)虽有高的映像清晰度,但无工程意义,因为漆膜在光面钢板上的附着牢固度很差;而表面粗糙度 R_a =0.7～1.5 μm 时,激光毛面板既有良好的冲压性能又有较强的漆膜附着力,其 *DOI* 值可以达到光面板水平,明显高于其他各类钢板[21]。

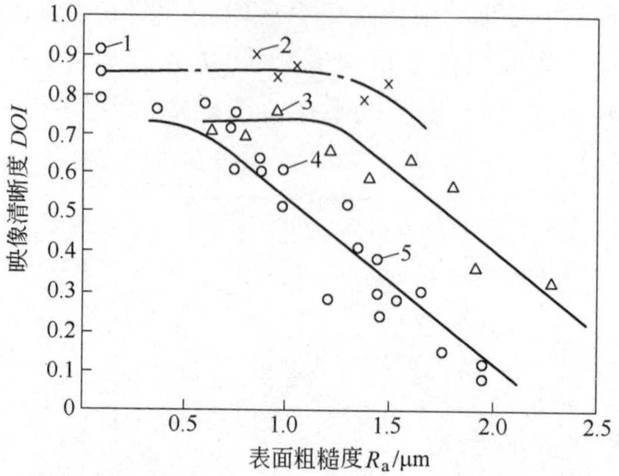

图9-11 不同表面形貌钢板 *DOI* 与 R_a 值的关系

1—光面钢板；2—激光蒸发型；3—激光熔融型；4—喷丸板；5—放电板

9.7.3.4 激光毛面钢板的塑性变形行为

为考察表面形貌和硬化效果对塑性行为的影响，对平整变形量为1.25%的08F激光板和同材质普通板进行了拉伸对比实验[26]。结果表明：激光毛面板塑性变形均匀，分散失稳变形区大，变形区表面滑移线丰富，其总变形量，尤其是最大载荷后的塑性变形量明显高于普通板；其集中性失稳是在分散性失稳得以充分发展后才逐渐发生。普通板的集中失稳则几乎与其分散性失稳同时发生，其分散性失稳后的拉伸塑性变形量仅为激光毛面板的1/5。扫描电镜下动态拉伸观察发现，塑性变形过程中，激光毛面板表面均匀分布的微坑对板面滑移线有很强的阻滞作用。这可能是由于轧制时，激光毛面板表面微坑处材料的实际变形量高于其他区域5%以上，即微坑处的材料有更高的应变硬化程度的缘故。拉伸变形时，这些硬化点不仅可以使自身的变形滞后于整个试样，而且可以迫使变形分散进行，因此推迟集中性失稳发生的时间。

9.8 冷轧板退火过程表面质量控制

9.8.1 冷轧钢板表面的光亮度及清洁度

钢板表面的光亮度及清洁度主要指钢板表面的光洁明亮程度及钢板表面受污染的程度。现在，为保证冷轧钢板表面的光亮度及清洁度，冷轧钢板轧后是在保护气体中进行再结晶退火处理的。其退火目的之一，是要保证冷轧钢板表面的亮度要求，退火后的钢板表面达到高光洁度，才能称为光亮退火。理论上，冷轧带钢经过炉内退火前的预吹洗及退火中的吹洗过程，其表面残存的乳化液及其残留物基本可排除，从而获得良好的表面光洁度。然而，实际生产中存在着污染[27]。

带钢表面质量的优劣,主要表现在板带表面上的污物尤其是碳的沉积量的多少。如果带钢表面的光洁度高,其上面的碳沉积一定少,反之,碳在带钢表面沉积多了,带钢表面不可能光泽。

钢板表面的清洁度凭肉眼观察很难准确。目前,国际上对钢板的表面质量检测,主要采用阳极照射法和草酸动力冲洗法,以测定每平方米钢板上含碳量。经测量,全氢炉生产的钢板表面含碳量在 1 ~2 g/m^2 左右,而 HNX 退火炉生产的钢板表面含碳量为 4 ~7 g/m^2,甚至更高。总的来说,钢板退火后用白手帕擦拭其表面,无明显污迹的钢板,为上乘产品。

9.8.2 碳元素对钢板表面质量的影响

提高带钢的质量,不仅要解决其光亮度问题,更重要的是,其表面要有利于下道工序的处理,如与金属镀层的紧密性、油漆涂刷后的附着力等。如果退火后的钢卷表面出现黑斑、黑带或大面积的灰暗色,这说明带钢表面已被碳污染。这样的钢卷送到平整机平整时,碳会被压入钢板内,影响钢板表面再处理的质量。因为碳对金属表面有明显的腐蚀作用,易使钢材生锈,即使钢板表面进行涂层刷漆,也会使钢材从里向外锈蚀[27]。

对此,国外曾做过如下试验,即从全氢炉、HNX 炉退火后的钢板中各取一块钢板,分别在表面划出“X”形划痕后,同时放入含盐气体的器皿中保存两周,结果,经全氢炉退火的钢板划痕出现 2 ~2.5 mm 宽的锈蚀斑,而经 HNX 退火炉的严重污染的带钢表面约有 10 mm 宽的锈蚀斑。由此可见,碳对金属的腐蚀作用不容忽视。

9.8.3 影响钢板表面光亮度及清洁度的因素

影响钢板表面光亮度及清洁度的因素有:

(1) 乳化液中含油量过高。冷轧机使用的乳化液由水、乳化剂和油组成,乳化液既有冷却又有润滑作用,而油在高温下会裂解成碳。如果这些碳得不到及时去除,即会在带钢表面积存下来,经平整机平整后形成压痕。因此,乳化液中含油量是影响钢板质量的重要因素之一。

(2) 保护罩内壁附着大量炭黑。由于乳化液中含油量很高,经罩式炉退火后会产生碳化现象。于是,碳在保护罩的内壁上聚集,且随着退火炉次的增加,炭黑增加。如果不及时清除,在一定条件下,炭黑又会散落到另外的钢卷上,经平整后,使碳附着在带钢表面上。

(3) HNX 退火炉吹洗量不足,还原性能差。由于 HNX 退火炉中保护气体的吹洗量仅约 20 ~25 m^3(标准)/h,所以,在加热过程中,气化了的油污往往难以吹净,致使钢卷外圈依然呈现黑色带状物,污染了带钢表面。

此外，由于这种保护气体一般含氢量仅为3% ~6%，大部分为氮气，因此碳量多无法还原。因氮气为惰性气体，不能与蒸发的气体化合，故只能吹出，不能防止碳的沉积。

(4) 炉台与对流板未清扫。同样，炉台与对流板的表面上也会沉积一些炭黑、油污、灰尘等，如果装炉前不及时清除干净，炭黑、油污及灰尘也会散落到钢卷上，影响表面质量。

(5) 钢卷上的乳化液吹除不干净。冷连轧机的出口处设有吹扫装置，用来去除带钢表面上残存的乳化液及油污。而生产中，由于喷嘴堵塞、吹扫角度异位等问题未及时处理，也会使乳化液与油渍吹除不干净，使大量的乳化液及油渍残留物被带入炉内，增加了炭黑的聚集；当然如果轧后有带钢清洗工序，可较彻底地解决浮液污染。

9.8.4　防止钢板表面碳沉积的措施

防止钢板表面碳沉积的措施有：

(1) 清除保护罩内的炭黑。不论是全氢炉还是HNX退火炉，保护罩内壁应定期清扫持续5 h，也可去掉保护罩上的碳粒。清除炭黑的方法有：

1) 旋转清除法。将保护罩利用三爪夹具置于翻转台架上，然后翻转90°成卧式状态。在保护罩里，放入碎板边，再启动电机，带动保护罩快速旋转，这样一来，保护罩里的炭黑会在碎板边的“刮削”过程中从内壁上剥落。

2) 炉内旋转清扫法。在特殊炉台的中心安装一个带金属刷的直杆，扣上保护罩并锁紧，然后慢慢转动带金属刷的直杆，也可清扫保护罩内壁炭黑。

3) 加热去除法。炉台上不放置钢卷，将保护罩放置炉台上并锁紧，然后打开保护气体出口阀门，关掉保护气体进口阀，在不通入保护气体的条件下，将炉内加温到100℃，持续5 h，也可去掉保护罩上的碳粒。

4) 人工刷扫法。在没有其他手段时，将罩子处于平卧位，靠人工清扫。采用此法一定要注意安全，戴上防毒面具，以防窒息。

(2) 选择适宜的乳化液。生产中要选择适宜的乳化液，不允许混油事故发生，最好将乳化液中油的含量控制在2%左右，不能高于3% ~5%。

(3) 强化工艺清扫规则。装炉前，炉台、扩散器(或退火底板)、中间对流板上各个部位的炭黑物都要清扫干净，以减少影响带钢表面碳沉积的因素。

参考文献

[1]　那宝魁，吴可秋. 轧钢[J]，1997，No. 75：55 ~ 59.

[2]　李海平. 轧钢[J]，1997，No. 75：10 ~ 18.

[3] 王业科. 冷轧产品的质量及质量控制[C]. 2004 年全国炼钢、轧钢生产技术会议文集. 无锡,2004,596 ~ 599.

[4] 王利,陆匠心. 宝钢高等级汽车板的生产技术及发展[C]. 2004 年全国冶炼、轧钢生产技术会议文集,无锡,2004,57 ~ 63.

[5] 肖英龙. 日本汽车面板用薄板的技术进步[N]. 世界金属导报,2007. 11. 13,45(1858),13 版.

[6] 方淑芳. 冷轧板条痕缺陷的特征及形成原因探讨[J]. 钢铁钒钛,2002,23(2):59 ~ 64.

[7] 胡玉和. 冷轧板表面缺陷分析[J]. 鞍钢技术,1997,(1):55 ~ 58.

[8] 赵楠,穆海玲,胡恒法. 热(冷)轧板表面质量问题分析[C]. 2005 中国钢铁年会论文集(4). 北京:冶金工业出版社,2005,187 ~ 191.

[9] 清晨. 超低碳冷轧薄钢板中表面缺陷的消除[N]. 世界金属导报,2005,9(1726),第 9 版.

[10] 孟劲松. 减少冷轧超低碳钢表面夹杂物的技术开发[C]. 2004 年全国冶炼、轧钢生产技术会议文集. 无锡,2004,600 ~ 603.

[11] 杨澄. 热轧过程氧化铁皮的产生[C]//中国金属学会,2006 年全国轧钢生产技术会议文集. 宜昌,2006,195 ~ 198.

[12] 朱蔚林. 氧化铁皮的分系与控制探讨[C]//中国金属学会,2006 年全国轧钢生产技术会议文集. 宜昌,2006,199 ~ 206.

[13] Chen R Y, Yuen W Y D. 终轧和卷取温度对热轧带钢表面氧化铁皮结构和酸洗性能的影响[J]. 李鹏译. 世界钢铁,2007,7(5):59 ~ 64.

[14] Vergote H. Steel Times International[J]. 1996,No. 1:12 ~ 13.

[15] Л. М. Спиридонова. Металлургия[J]. 1995,No. 3:18 ~ 19.

[16] 徐科,杨朝霖,周鹏,高阳. 热轧带钢表面在线检测系统的开发与应用[C]. 2007 中国钢铁年会论文集. 北京:冶金工业出版社,2007:5 ~ 6.

[17] Steff Burkhardt. Surface Quality Control of Hot and Cold Rolled Steels, Proc. of Modern LC and ULC sheet steels for Cold Forming: Processing and Properties. Aachen, Germmany,1998:179 ~ 184.

[18] 孙大乐,姚利松,范群,张健. 不同毛化工艺冷轧辊的使用性能研究[C]. 2005 中国钢铁年会论文集(4). 北京:冶金工业出版社,2005:341 ~ 345.

[19] 张庆华,江波,时祖锟,方正鹏. 冷轧辊毛化技术分析与发展[C]. 2007 中国钢铁年会论文集. 北京:冶金工业出版社,2007:5 ~ 71.

[20] 康永林,木原谆二,相泽龙彦等. 塑性と加工[J]. 1991,Vol. 32,No. 362:274 ~ 279.

[21] 陈光南,沈还,朱怀清. 轧钢[J]. 1996,No. 72:13 ~ 16.

[22] 杨永学. 冷轧辊激光表面形貌控制与激光镜面汽车板的研究[D]. 北京:北京科技大学,1992.

[23] Shin Ujihara et al.. Application of Laser-textured Steel Sheets for Autobody Panels[J]. Iron and Steel Engineer,1991:52.

[24] 和久井等. 拉拔和挤压法加工罐头盒用的薄钢板. 中国,CN1008720B[P]. 1990 - 07 - 01.

[25] 和开昭 64-57905,日本专利.

[26] 沈还,陈光南,李国琛. 94'秋季中国材料研讨会论文集[C]. 第三卷,第二册,1995:34.

[27] 霍国启. 轧钢[J]. 1997,No. 77:31 ~ 33.

10 板材成形性及其评价方法

10.1 板材的成形性能

10.1.1 板材成形性的基本概念

金属薄板的成形性(Sheet Metal Formability)是指板材适应各种成形加工过程的能力,通常定义为:在给定的加工条件下,板材承受变形而不产生断裂或失稳(失效)的能力。也有的学者认为,从广义上说,成形性还包括成形件的贴模性和形状稳定性。

成形性(这里用 F 表示)不仅仅与材料特性有关,它取决于设计变量 $f(d)$(毛料、零件形状、尺寸和模具)、过程变量 $f(p)$(应力-应变状态、温度、润滑与摩擦、速度)以及材料变量 $f(m)$(成分、结构、晶粒度、第二相粒子尺寸、形状和分布等)[1],即:

$$F = F\{f(d), f(p), f(m)\} \tag{10-1}$$

因此,板材的成形性是一个多因素多学科领域的复杂问题,必须同时考虑材料、成形加工工艺和零件形状的综合影响。

具有最佳成形性能的薄板材料应是:(1)均匀应变分布;(2)承受平面内压缩应力而无起皱;(3)可达到较高应变而无颈缩和断裂;(4)承受平面内剪切应力而无断裂;(5)零件由凹模出来后保持其形状;(6)保持表面光洁、减低表面损伤[2]。

关于板材成形性的理论及实验研究大致可分为[1]:

理论成形性研究:失稳理论,理论成形极限(FLD)和成形过程计算机模拟及优化。

实验成形性研究:

基本成形性——材料的基本力学性能,即 R_e、R_m、r、n、Δr、A 等。

模拟成形性——拉深、拉胀、扩孔、弯曲、杯突、锥杯及复合成形,成形极限图(FLD)。

10.1.2 基本成形性参数的表示方法及意义

10.1.2.1 *应力表示方法*

设变形材料试样的初始面积为 A_0,长度为 l_0,当拉伸时的载荷为 P,断面积为

A,长度 l 时,其工程应力(Nominal stress)R_N 和真应力(True stress)R 分别定义为

$$R_N = P/A_0 \tag{10-2}$$

$$R = P/A \tag{10-3}$$

工程应力 R_N是以初始面积 A_0 为基准的应力表示法,真应力 R 是以变形中的断面积 A 为基准的应力表示法。当变形较小时,可近似为 $A = A_0$,$R_N = R$,即不考虑二者的差别。

10.1.2.2 应变表示方法

应变表示方法有工程应变(Nominal strain)ε_N 和真应变或对数应变(True strain)ε。

工程应变为:

$$d\varepsilon = dl/l_0$$

$$\varepsilon_N = \int_0^l dl/l_0 = (l - l_0)/l_0 \tag{10-4}$$

真应变为:

$$d\varepsilon = dl/l$$

$$\varepsilon = \int_0^l dl/l = \ln(l/l_0) \tag{10-5}$$

工程应变和真应变的特点是:

工程应变不具有可加性,即:

$$\frac{l_1 - l_0}{l_0} + \frac{l_2 - l_1}{l_1} \neq \frac{l_2 - l_0}{l_0} \tag{10-6}$$

真应变具有可加性,即:

$$\ln\frac{l_1}{l_0} + \ln\frac{l_2}{l_1} = \ln\frac{l_2}{l_0} \tag{10-7}$$

从变形大小和应变的对应性来看,如图 10-1 所示[3],真应力-应变在拉伸和压缩区取值范围为 0 ~ ∞。而工程应力-应变在压缩区无论给多大变形,其工程应变 ε_N 都不超过 -1,这样,实际的变形大小与应变不能很好对应。无论是拉伸还是压缩,变形大时应变值也应大,从这一点来看,对数应变(真应变)表示方法是方便的。

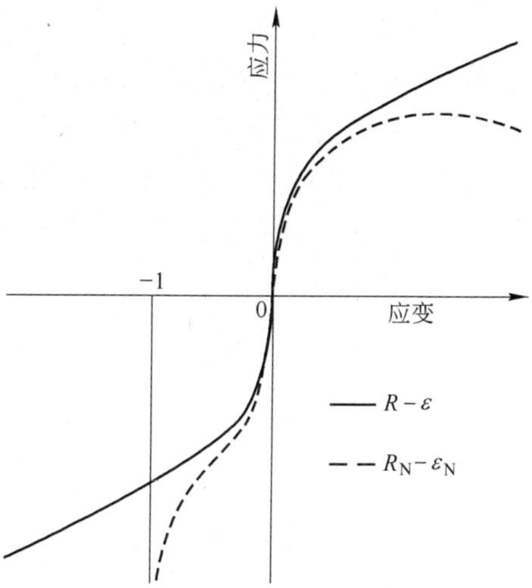

图 10-1 由应力-应变表示方法不同而产生的应力-应变曲线图的差异

由式(10-2) ~ 式(10-5)以及 $A_0 l_0 = Al$ 关系可得到工程应力与真应力、工程应变与真应变的关系为:

$$R = (1 + \varepsilon_N) R_N \tag{10-8}$$

$$\varepsilon = \ln(1 + \varepsilon_N) \tag{10-9}$$

材料体积不可压缩条件为：

$$\varepsilon_1 + \varepsilon_2 + \varepsilon_3 = 0 \tag{10-10}$$

如用工程应变表示时则有：

$$(1 + \varepsilon_{N_1})(1 + \varepsilon_{N_2})(1 + \varepsilon_{N_3}) = 1 \tag{10-11}$$

10.1.2.3　n 值或应变硬化指数

板材成形中的应变分布取决于材料的三种性能：应变硬化指数（也称加工硬化指数）n 值，应变速率敏感性指数 m 值和塑性应变比 r 值（各向异性系数）。

n 值或加工硬化指数由流动应力与应变量的关系决定。对高的 n 值材料，流动应力随应变迅速增加，这就将进一步的应变分布到低应变和低流动应力区域。n 值是拉胀工序时成形性好坏的重要指标[4]。在均匀伸长阶段，n 值定义为：

$$n = \frac{d\ln R}{d\ln \varepsilon} \tag{10-12}$$

这个关系意味着材料的真应力－应变关系可用指数本构方程来表示：

$$R = K\varepsilon^n \tag{10-13}$$

式中，K 为常数，称为强度系数。上式对多数钢来说很接近实际，但对双相钢和某些铝合金则不甚精确[4]。

当式（10－13）是材料性能的精确表达式时，n 等于 $\ln(1 + \varepsilon_{N_u})$，其中 ε_{N_u} 为均匀延伸应变（或拉伸时最大载荷对应的延伸应变）。根据定义，$\ln(1 + \varepsilon_{N_u})$ 即为均匀延伸处的真应变 ε_u。高的 n 值导致屈服强度 R_e 与拉伸强度 R_m 之间的差别增大，即屈强比 R_e/R_m 低。n 值的测定方法详见国标 GB5028—85。

10.1.2.4　m 值或应变速率敏感性指数

m 值定义为[4]：

$$m = \frac{d\ln R}{d\ln \dot{\varepsilon}} \tag{10-14}$$

式中，$\dot{\varepsilon}$ 为应变速率，即 $\dot{\varepsilon} = d\varepsilon/dt$。

$$R = f(\varepsilon)\,\dot{\varepsilon}^m$$

或

$$R = K\varepsilon^n\,\dot{\varepsilon}^m \tag{10-15}$$

m 值为正值时表明流动应力随变形增加而增加。其结果有二：一是高速率时要求高的应力使零件成形；二是变形速率一定时，和相邻区域相比承受较大应变的区域由于流动应力的增加，材料进一步的变形受到约束，这有利于使应变分布得更为均匀。

成形工序中要求更高的应力往往不是主要考虑的因素，关键是分配应变的能力。这在均匀延伸后的阶段显得更为重要，此时出现颈缩和高应变集中。对各种钢和铝合金，当 m 值从 -0.01 增至 0.06 时，均匀延伸后延伸由 2% 增至 40%。

超塑性金属的 m 值达 0.2 ~ 0.7，比钢的 m 值高一至二个数量级。在室温下，某些金属（如铝合金，黄铜）的 m 值为负值，这就是说其均匀延伸后延伸低。

高的 n 值和 m 值导致拉胀成形性能好，但对拉深性能影响不大。拉深成形时，凸缘金属拉入凹模而不应产生侧壁断裂，这时，高的 n 值和 m 值对侧壁强化是有利的，但它们也加强了凸缘，使金属难以拉入凹模，这是不利的[4]。

10.1.2.5 r 值或塑性应变比

r 值与拉深性能有关，通称厚向异性（Normal anisotropy）系数。定义为拉伸试验中均匀延伸阶段宽向真应变与厚向真应变之比，即：

$$r = \frac{\varepsilon_w}{\varepsilon_t} = \frac{\ln(w/w_0)}{\ln(t/t_0)} \tag{10-16}$$

对各向同性材料，当拉伸方向的应变为 ε_1 时，板宽应变 ε_w 和板厚应变 ε_t 相等（$\varepsilon_w = \varepsilon_t = -\varepsilon_1/2$），则 $r = 1$。通常，当板宽方向的变形大于板厚变形时 $r > 1$，反之，板厚变形大于板宽变形时 $r < 1$。采用不可压缩条件（$\varepsilon_1 + \varepsilon_w + \varepsilon_t = 0$），则式（10－16）成为：

$$r = -\varepsilon_w/(\varepsilon_1 + \varepsilon_w) \tag{10-17}$$

由式（10－17）可不必测定厚向应变而由板宽应变和长度应变直接求出 r 值。测 r 值时一般用轴向应变（工程应变）为 15% 或 20% 所对应的值（详见国标 GB5027—85）。

r 值是板料抵抗变薄能力的度量。r 值大表示板料不易在厚向发展变形，即不易变薄或变厚，具有良好的拉深成形性能；r 值愈小，板料厚向变形愈容易，即愈易变薄或增厚；$r = 1$，表示板料不存在厚向异性[5]。r 值往往随板料的方向而变，在圆柱杯件冲压成形时，这种变化导致侧壁高度不同（称制耳），因而通常需要测定平均 r 值，即：

$$\bar{r} = (r_0 + 2r_{45} + r_{90})/4 \tag{10-18}$$

式中，下标 0、45、90 表示单向拉伸试件的取向与板料轧制方向的夹角（见图 10－2）[5]。

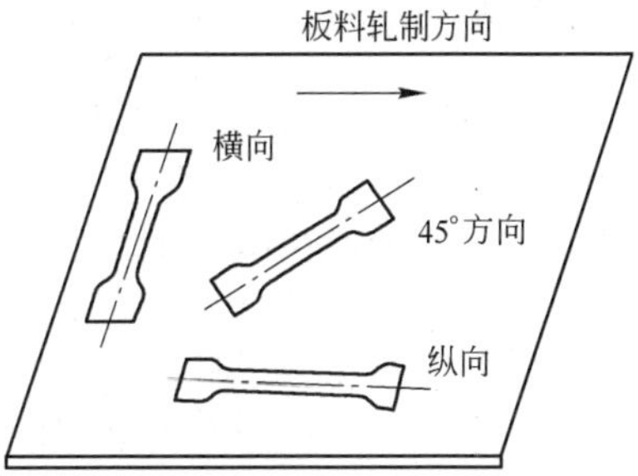

图 10－2 单向拉伸试件的取向与板料轧制方向的夹角

10.1.2.6 Δr 值或平面各向异性系数（Plane anisotropy exponent）

Δr 值表示厚向异性系数 r 值在板面上随方向的变化。Δr 值的大小决定了

杯型拉深件上边凸耳的形成程度,而不影响板料的成形性能[2]。Δr 值定义为:

$$\Delta r = (r_0 - 2r_{45} + r_{90})/2 \tag{10-19}$$

Δr 值愈大,板面内各向异性愈严重,表现在拉深件边沿不齐形成凸耳,且壁厚不均加重,影响成形件质量,如图 10-3 所示[5]。$\Delta r > 0$,拉深件凸耳在 0°和 90°方向;$\Delta r < 0$,拉深件凸耳在 45°方向。

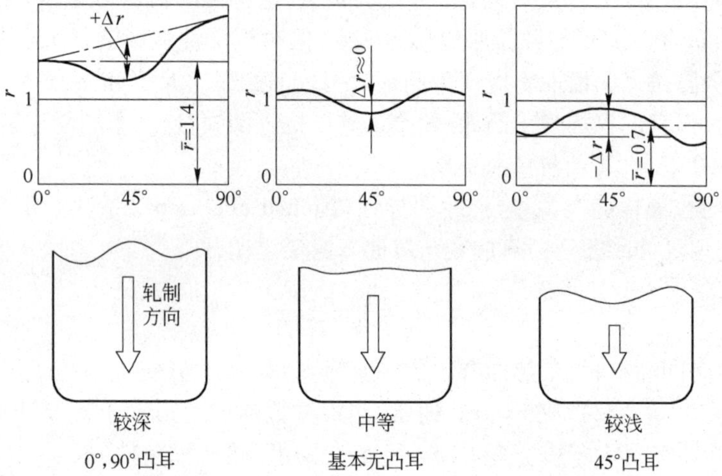

图 10-3 Δr 值对拉深件凸耳形成状态的影响

板料相对于各向异性的方向,对矩形拉深件有重要作用,最好将 r 值大的方向指向矩形四角,因四角是要求 r 值大的真正拉深性质的成形。大多数冷轧钢板的最大 r 值平行或垂直于轧制方向,使矩形拉深件毛料四角摆在这个方向会造成大量废料。而通常 IF 钢板的最大 r 值恰位于与轧制方向成 45°的方向,故适于矩形拉深件。

10.2 评价板材成形性的常用实验分析方法

10.2.1 基本成形性实验

材料的基本成形性实验主要有:单向拉伸实验,液压胀形,平面应变拉伸实验,纯剪实验以及方板对角拉伸实验等。

10.2.1.1 单向拉伸实验

通过单向拉伸实验可取得板材在强度、刚度、塑性等方面的机械性能指标,其中强度指标有屈服应力 R_e,拉伸强度极限 R_m,强度系数 K 值,刚度指标有弹性模量 E,应变强化指数 n,塑性指标有细颈点应变 ε_u,总伸长率 A,断面收缩率 z 以及塑性应变比 r 值等。图 10-4 表示单向拉伸实验过程可得到的各种力学信息[6]。

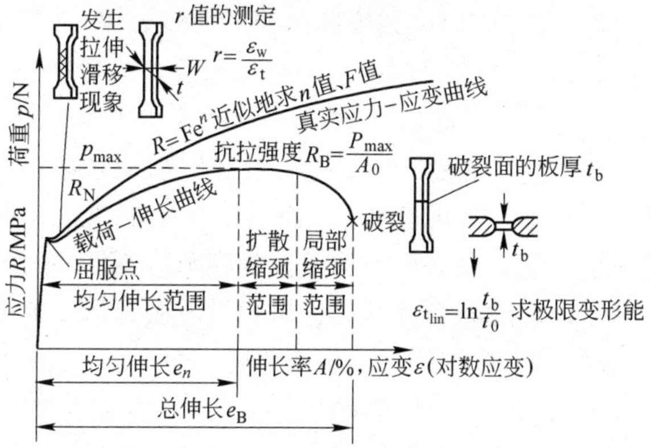

图 10-4 单向拉伸实验过程可得到的各种力学信息

现在,单向拉伸实验已经可以采用计算机自动进行数据采集和处理,以降低测定结果的人为误差,但测定结果受实验条件、试样准备、预变形、变形速度、温度等条件影响出现波动,因此需要正确把握并考虑其影响来评价板材的成形性能[6]。

单向拉伸实验标准详见国标(GB228—87,n 值:GB5028—85,r 值:GB5027—85)。

10.2.1.2 双向拉伸实验

A 液压胀形实验(Hydraulic bulging)

液压胀形实验是评价板材拉胀性能的手段,图 10-5 为液压胀形实验示意图[6]。液压胀形时,变形区各点应力-应变状态不同,从顶点的双向等拉状态变为凹模边沿的近似平面应变状态。因此变形区存在明显的应变梯度。液压胀形的作用有两点:一是测定板料在等双向拉伸下的应力-应变关系;二是评估板料的成形控制[5]。

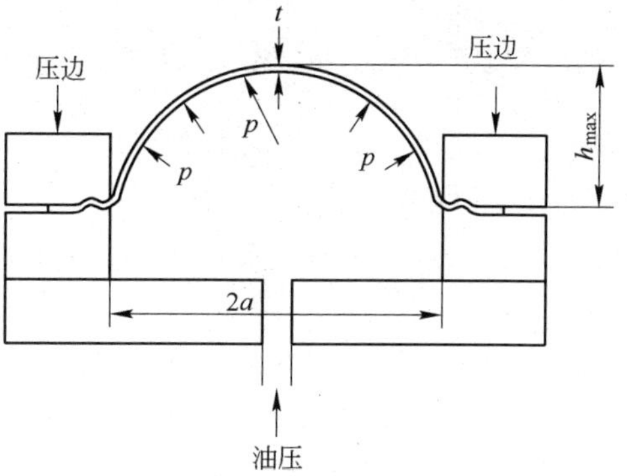

图 10-5 液压胀形实验示意图

在图 10-5 中,顶部板厚为 t,曲率半径 ρ,测定液体压力 p 由下式可求出双向拉伸应力状态的应力-应变关系,即:

$$R = p\rho/2t \tag{10-20}$$

$$\varepsilon = \ln(t_0/t) \tag{10-21}$$

式中 t——变形中的板厚;

t_0——变形前的板厚。

双向拉伸状态的变形抗力 R_2 和单向拉伸变形抗力 R_1 之比 $x = R_2/R_1$ 构成 r 值和 n 值的复合特性，可以用于评价深冲和拉胀复合成形性的指标[6]。

B　Marciniak 双向拉伸实验（平底凸模局部成形实验）

其试验方法如图 10－6 所示[5]，将试件 2 与带孔传动垫板 3 压紧于凹模 4 和压边圈 5 之间，凸模 1 压入，传动垫板孔扩大，垫板与试件底部相对运动，利用垫板与试件之间的摩擦使试件底部得到很大的变形，出现沟槽乃至裂纹，这样可以避免试件在凸模圆角危险断面处开裂。试料沿着圆柱形或椭圆形平底冲头进行拉伸，在试件中心创造了均匀的平面变形条件，其应变比值由冲头的最大和最小直径比决定。大多数实验是用圆柱凸模进行，因而在试件中心区域产生平面内双向拉伸或等双向拉伸。通过此实验可以避免液压胀形的曲面弯曲效应和应变梯度的影响加载历史（应变路径）可以保持线性，试验数据比较稳定。但利用此试验方法只能取得应变的极限值，不能确定材料的应力－应变关系。

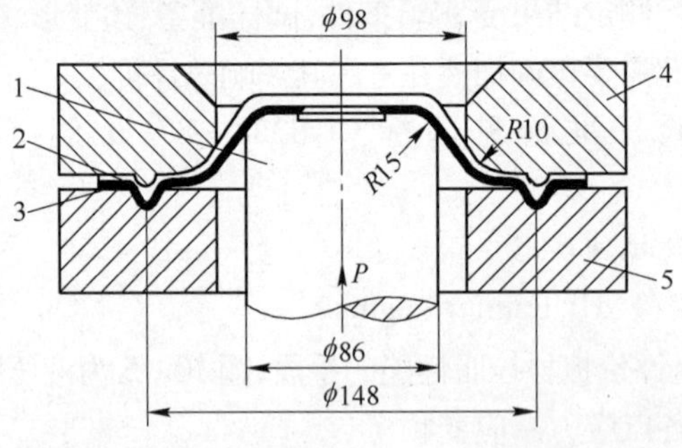

图 10－6　Marciniak 双向拉伸实验（平底凸模局部成形实验）

10.2.1.3　平面应变拉伸实验

在实际的薄板成形中，传力区大多数处于平面应变状态，传力区的抗拉强度对于评估其成形性有重要作用[5]，而且平面应变也是成形极限图（FLD）中的最小极限应变值。

已提出的平面应变拉伸实验主要有：(1) 用宽的试件在窄的夹具缝之间拉伸的宽板试件拉伸方法；(2) 在拉伸试件的中间板厚方向刻一与拉伸方向垂直的槽进行拉伸。

10.2.1.4　纯剪实验

纯剪实验的目的是确定此特殊应力状态下材料的应力－应变关系、测定材料破裂前的有效应变作为评估板料延性的指标以及确定希尔厚向异性板新屈服准则中的材料参数 m 值[5]。

图 10－7 为有带槽试件拉伸的纯剪实验方法示意图[6]。对图中所示试件通过夹具夹持并保持中间板条与两侧板条之间平行拉伸产生相对错动。此时变形

区板料处于纯剪状态。通过此实验可求出纯剪状态下的应力－应变关系，当采用相反方向拉伸时，还可以确定包辛格效应。

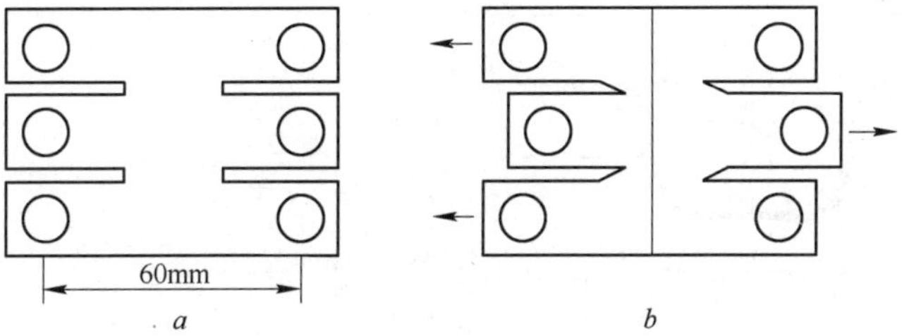

图 10－7 纯剪实验方法示意图

10.2.2 模拟成形性实验

通过基本成形性实验得到的材料特性参数可作为评价板材成形性能的重要依据，但板材在实际成形过程中的变形方式和工序特征的影响很复杂，仅依靠基本成形性参数还难以正确评价材料在某类变形工序中的变形能力。因此有必要选择一些典型成形工序，用小尺寸零件成形来模拟材料在实际成形工序的变形能力。

通常采用的板材模拟成形性实验主要有：圆筒拉深实验、杯突实验、锥杯实验、扩孔实验和弯曲实验。

10.2.2.1 圆筒拉深实验

通过圆筒拉深实验测定极限拉深比 *LDR* 值作为评价板材深冲成形性指标。该实验方法也称为 Swift 深冲实验（渐进试验法），试验方法见图 10－8*a*[6]。$LDR = D_{max}/d_p$，冲头直径 d_p 为 50 mm，D 为试样直径。用不同直径的试样在规定的拉深模中成形为平底杯形件，求得破裂时的毛料外径 D_{max} 计算 *LDR* 值。成形时要严格控制润滑条件、压边力、温度和成形速度。

另外，为简化试验过程，有采用最大载荷法提供两个拉深性能指标（图 10－8*b*）[3,5]。一是用最大拉深力 P_{max} 与筒壁拉断力 P_{ab} 之差值，作为拉深裕度 T，即：

$$T = \frac{P_{ab} - P_{max}}{P_{ab}} \times 100\% \tag{10-22}$$

另一拉深性能指标是极限拉深比 *LDR*(*T*)。因为最大拉深力 P_{max} 与毛料外径 D_0 呈近似线性关系，确定 D_0-P_{max} 的直线关系后，即可确定 P_{ab} 下的 D_{max} 与 *LDR*(*T*) 值。

10.2.2.2 杯突实验（Erichsen 实验）

杯突实验是最早的也是国际上应用最广的评价板材成形性实验方法。其

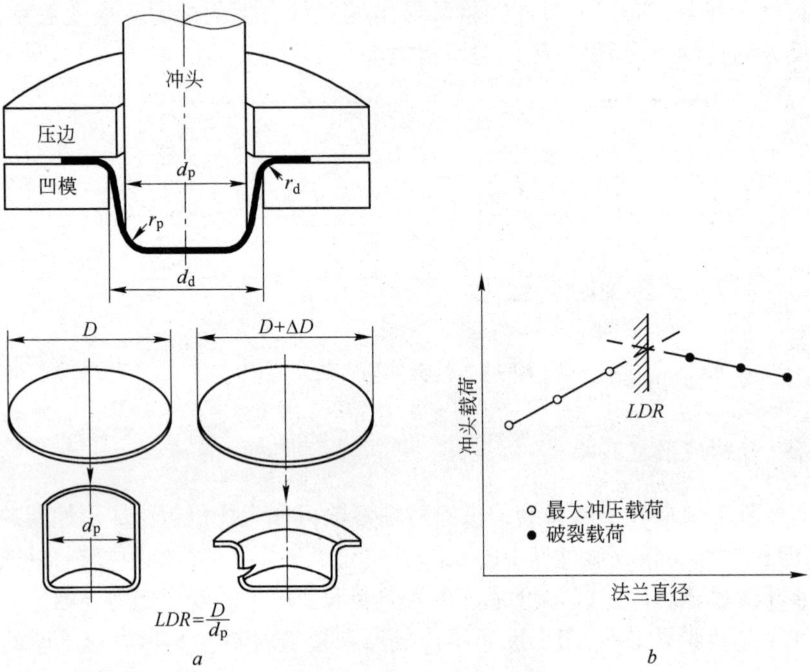

图 10－8　圆筒拉深试验

a—Swift 实验法；*b*—最大载荷法

实验方法见图 10 －9[6]。测定试件产生破裂时的最大成形深度作为杯突值*IE*(mm)。

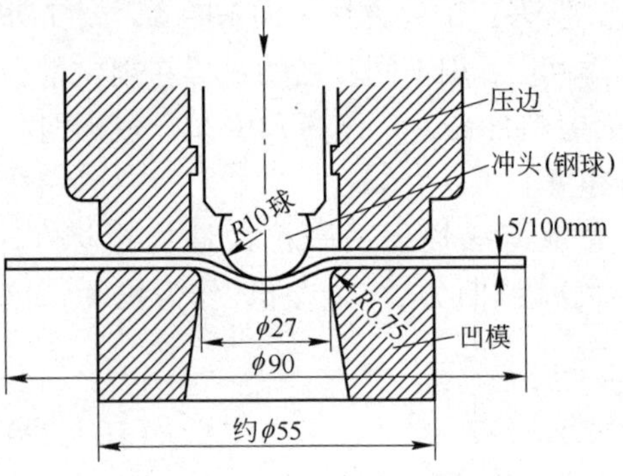

图 10 －9　杯突实验方法

此实验用于评价板材的拉胀性能,但破裂点的确定、工具尺寸、板厚、板材及工具表面粗糙度、压边力、润滑、冲头速度、实验温度以及实验人员、设备等误差对测定值波动都有一定影响[6]。

10. 2. 2. 3　锥杯实验(福井实验)

实验方法见图 10 –10,其评价值为 *CCV* 值(锥杯值)。实验过程为,用规定直径的钢球凸模,将规定外径 D_0 的圆板试样压入一有 60°锥度的凹模内,使之成为球底锥杯件,用锥杯底破裂后杯口的外径 *D* 作为 *CCV* 值。此实验用于评价板料拉深与拉胀综合性能,与 *n* 值、*r* 值的乘积有良好的相关性,也有的用此实验求起皱发生的条件,由此评价材料的抗起皱性[6]。

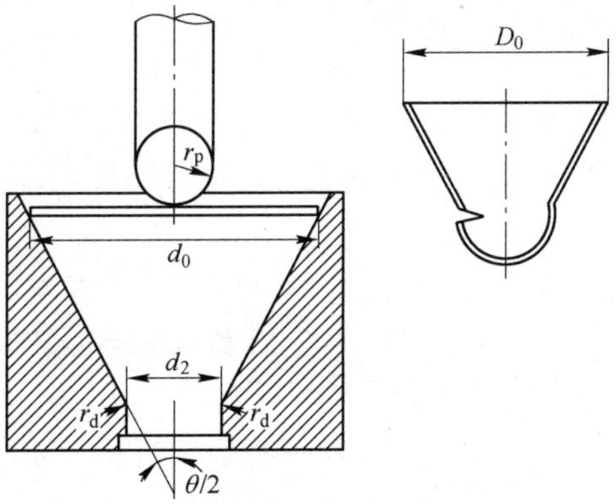

图 10－10 锥杯实验方法

10.2.2.4 钢球模拉胀实验(*LDH* 实验)

采用钢球模深冲成形时，在压边法兰处加压边筋，抑制材料流入，使材料处于纯拉胀变形状态，测定发生破裂时的成形深度 h_{max} 作为实验值(*LDH* 值)，用以评价材料从球模拉胀到平面应变状态的塑性。

在该实验中，改变试件宽度，测定各试件的成形深度，在平面应变状态的成形深度最小，记为 LDH_0，作为材料变形极限的指标[6]。

10.2.2.5 扩孔实验

实验方法见图 10－11。用圆柱平底凸模或圆锥冲头成形，测定孔边开裂时的孔径 d_f 与初始孔径 d_0 的相对差值 λ(或 δ,*KWI*)作为实验值扩孔率 λ，即：

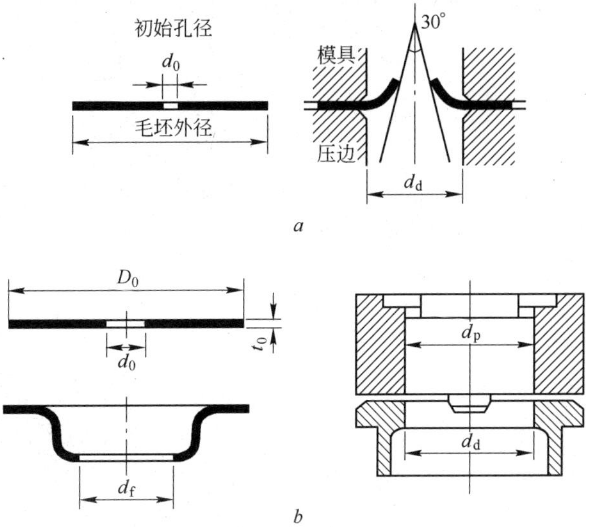

图 10－11 扩孔实验

$$\lambda = \left(\frac{d_f - d_0}{d_0}\right) \times 100\% \tag{10-23}$$

此实验用于评价材料的翻边性能。扩孔率实验结果受初始孔径、板厚、冲头直径和形状、实验温度、速度以及孔的加工条件等的影响，因此成形时须严格控制实验条件。

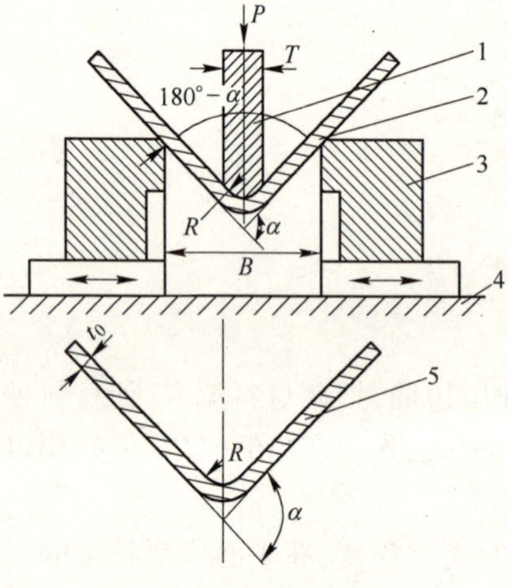

图 10－12　V 型弯曲实验
1—凸模；2—毛料；3—可调凹模块；4—底座；5—试件

10.2.2.6　弯曲实验

板料弯曲试验的性能指标是最小相对弯曲半径 R_{min}/t。用一系列不同圆角 R 的凸模将板件试样弯至 90°或 180°，用 20 倍工具显微镜检查时，弯曲区无裂纹或显著凹陷时的相对弯曲半径，即为最小相对弯曲半径 R_{min}/t（图 10－12）。

薄钢板在弯曲成形时很少发生破裂，采用弯曲实验可以评价板料成形后因回弹产生的形状稳定性。在 V 型弯曲实验中，将试样弯曲成所定角度（如 60°或 90°，试样可加工成宽 50 mm，长 100 mm），卸载后因弹性回复产生的角度变化量 $\Delta\theta = \theta_1 - \theta_2$ 作为回弹量（见图 10－13a），而采用 U 形弯曲时回弹值则为卸载后试样侧壁面与加载模具垂直面所成的夹角 θ（见图 10－13b）[6]。

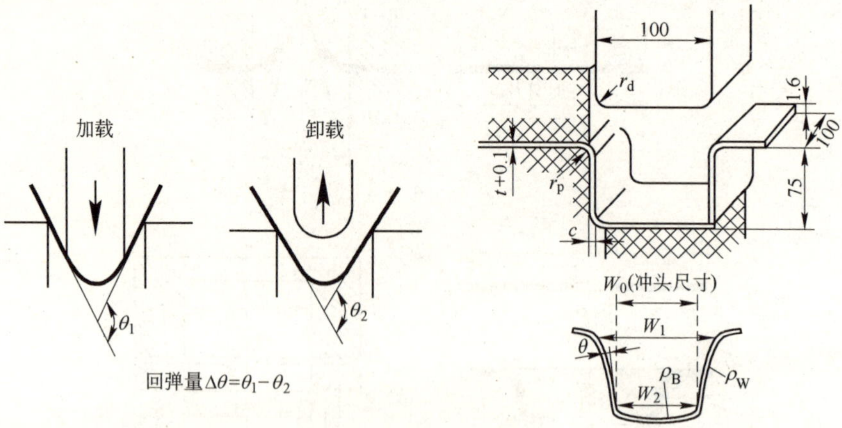

a　　　　b

图 10－13　采用弯曲实验测定板料回弹值
a—V 形弯曲实验测回弹值；b—U 形弯曲实验测回弹值

10.2.2.7 方板对角拉伸实验(YBT试验)

此试验方法是由吉田清太(Yoshida)提出的,用以评价板料在非均匀拉伸下抗皱能力的试验(YBT, Yoshida Buckling Test),得到了广泛的重视。试验时,采用方板试件(100 mm × 100 mm)沿对角方向施加拉力,夹持宽度为40 mm。拉伸过程中,记录载荷、拉伸量与拱曲高度。通常以中部标距75 mm内的拉应变λ_{75}为准。以加载－拱曲曲线临界点的应变$(\lambda_{75})_{cr}$与$\lambda_{75}=1$时的中心跨度$b=25$ mm内的拱曲高度k值作为抗皱性的评价指标[5,7]。

10.2.3 基本成形性与模拟成形性的相关性

成形性是板料的极为重要的属性之一,不能用一、两个或两三个指标概括和确切表征。基本成形性是板料的共性问题,从一般实验中可获得评价板料成形性的材料参数指标n值、r值等。而模拟成形性研究的是板料成形的特殊性(即个性)问题。从典型成形工序的模拟实验中寻求评估板料适合某种工序的性能评估指标,例如LDR、CCV、IE等。

根据大量实验研究结果表明,任一模拟试验的性能指标只与基本成形性的某些材料特性参数密切相关,即其基本成形性与模拟成形性之间存在一定的相关关系。用函数式建立这种关系是多年来各国学者追求的目标。因为十分明显,这种关系确定之后,一种材料只须通过少数一般性能试验求得的基本材料参数,就可确定各种模拟性能参数。一般而言,确定这种函数关系原则上有两种方法,即数理统计法和分析计算法[5]。

例如,有人建议几种模拟成形性的性能指标与材料n值、r值的经验关系式如表10－1所示[4]。

表10－1 几种模拟成形性的性能指标与材料n值、r值的经验关系式

实验参数	关 系 式	相关系数
极限拉深比LDR	$LDR=1.93+0.00216n+0.226r_m$	0.925
杯突试验	杯高/凸模直径$=0.217+0.00474n+0.00392r_m$	0.835
锥杯试验	$CCV=0.525+0.0134n+0.207r_m$	0.757

10.2.4 成形极限图(FLD, Forming Limit Diagram)

成形极限图表示金属板材在各种应变比时所能承受的极限应变。此实验方法是(见图10－14,图10－15[3]):在板料试件表面上预先印制出一定形式的密集网格,对试件进行一定应变路径变形至失稳或将发生破裂,根据判据测量失稳和破裂网格的长轴应变(最大主应变)ε_1和短轴应变(最小主应变)ε_2,标于$\varepsilon_1-\varepsilon_2$坐标图中。$\varepsilon_1$和$\varepsilon_2$的测定、计算方法如图10－14所示[3]。由图10－15可知,

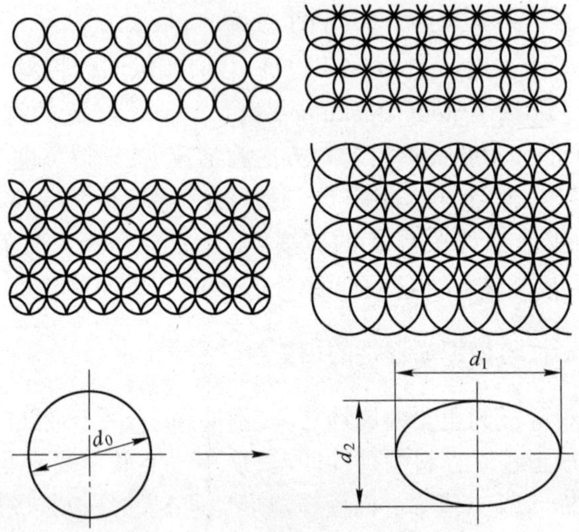

图 10－14　网格类型及应变测量方法

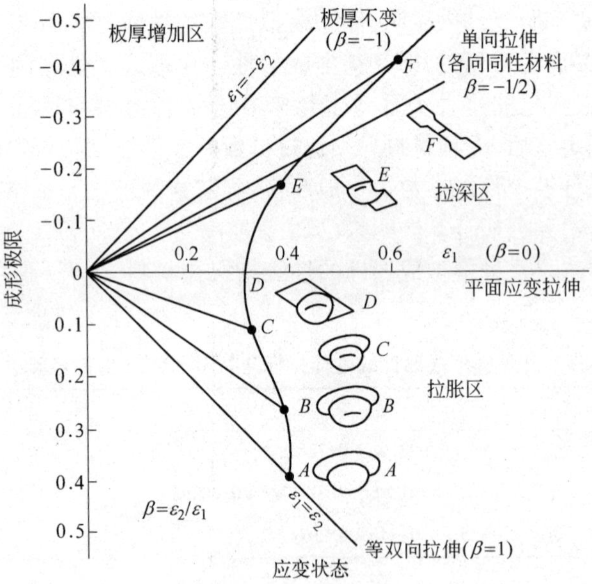

图 10－15　板材冲压成形中的应变状态和成形极限

板面内的应变比 $\beta=\varepsilon_1/\varepsilon_2$ 的大小表明变形所处的区域。

由于试验数据分散,实际上所有试验数据在 FLD 图中形成一定宽度的条带称为临界区,在条带的上边称为破裂区,条带的下边称为安全区。成形极限是判断和评定板材成形性的最为简单和直观的方法,是解决板材冲压成形问题的一个非常有效的工具[5]。

实验成形极限的试验模具有两种方法，一是采用球头钢模，类似于 LDH 试验方法；二是采用平底凸模（见图 10－6）。

20 世纪六七十年代以来，国内外一些研究者在理论成形极限分析及预报方面进行了大量工作，试图根据连续体力学、损伤力学分析理论以及一定的假设条件并应用材料的基本参数对成形极限曲线进行分析和预报，并取得了一些成果，如著名的 Marciniak 凹槽理论等[8~11]。

10.3 影响板材冲压成形性能的因素分析

如本章 10.1 节所述，影响板材冲压成形性能的因素很多，其中包括材料因素、成形模具因素以及成形工艺条件因素等。如充分了解这些因素的作用，合理控制并利用这些因素就能取得较理想的冲压成形效果。

10.3.1 板材成形缺陷分析及与材料特性的关系

众所周知，实际汽车冲压件形状十分复杂，成形中的问题、缺陷各种各样，但最具代表性的成形缺陷可分为破裂、起皱、形状不良和面应变四类，如图 10－16 所示[12]。

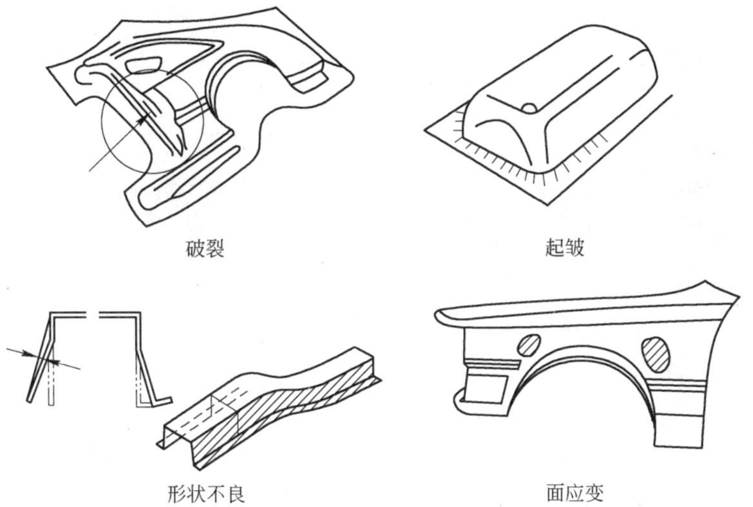

图 10－16 板材成形缺陷实例

对于一些复杂的汽车冲压件，可将变形状态近似地简化成带圆孔的圆板冲压成形。如图 10－17 所示，在成形关系中，a、a'、a''处的破裂是由拉胀成形和拉深成形造成的，而 b、b'、b''处的破裂是因翻边成形产生的[12]。

表 10－2 表示材料特性对冲压件缺陷的影响[6]。

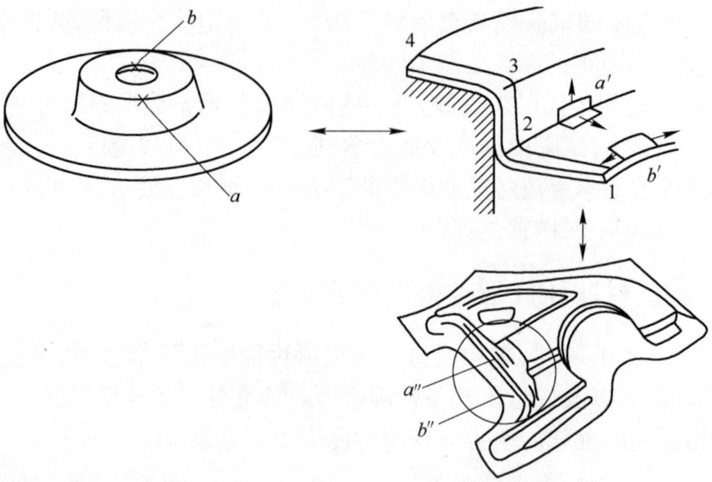

图 10－17　成形件破裂与变形状态的对应性

表 10－2　材料特性对冲压件缺陷的影响

成形缺陷现象		材料特性值							
		屈服强度	抗拉强度	总伸长率	n 值	r 值	弹性模量	极限变形能	厚度
破裂	深冲破裂	—	—	—	○	◎	—	—	○
	拉胀破裂	—	△	◎	○	△	—	—	○
	翻边破裂	—	△	○	△	○	—	◎	○
	弯曲破裂	—	△	○	△	—	—	◎	◎
面形状	起皱(法兰)	◎	△	—	△	○	—	—	○
	起皱(侧壁)	◎	△	—	○	○	△	—	○
	面应变	◎	△	—	○	△	○	—	○
	其他形状不良(边沿线歪斜、缩孔等)	○	△	—	○	—	△	—	○
尺寸精度	角度变化	◎	△	—	○	—	△	—	○
	侧壁翘曲	◎	△	—	○	—	△	—	○
	扭转	◎	△	—	○	—	△	—	○
	棱线翘曲	◎	△	—	○	—	△	—	○
	形状不良	◎	△	—	○	△	△	—	○

注:影响度:◎(大);○(中);△(小)。

10.3.2　板材成形极限破裂的微观本质

从微观上考察板材成形破裂过程表明,微孔洞的形核、生长、聚集起到本质的作用。可以将材料成形过程中形成的内部缺陷分成细观(微米级)和微观(原子～纳米级)两个量级的缺陷。

从细观(微米级)来看,在塑性变形阶段,在夹杂物和析出物周围形成孔洞,这些孔洞随变形的进行长大并在孔洞之间发生开裂，从而导致断裂。图 10 – 18 表示在金属中存在的夹杂物、析出物等第二相粒子处因塑性变形产生孔洞的示意图[12]。显然，孔洞发生的形态与第二相粒子的形状、尺寸及强度特性密切相关。在通常的工业用钢板材料中，存在于原料中或生产制造过程中混入的杂质成分形成夹杂物和析出物，另外，为了提高强度也有意生成一定数量的析出物。这些第二相粒子的数量和形态对材料成形破裂极限应变起到了决定的作用。还有混晶及成分偏析等对材料的塑性破坏也起到了重要作用。

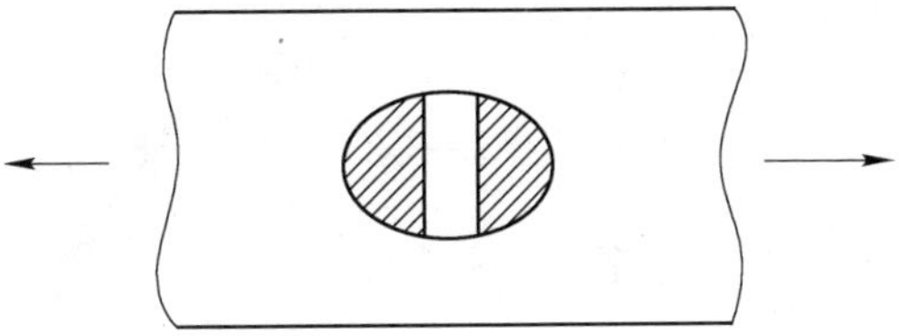

(1) 第二相粒子内部形成孔洞

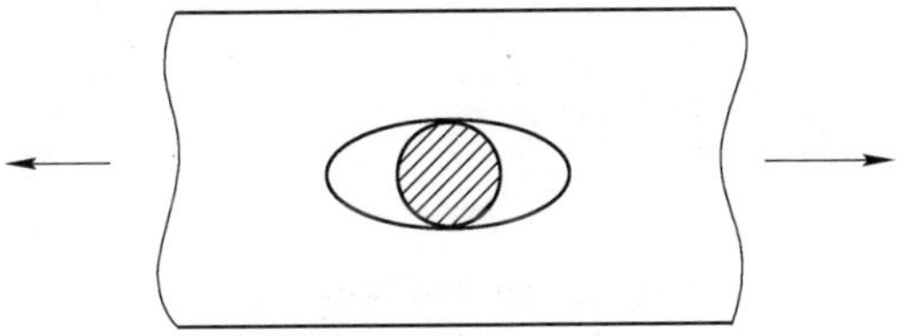

(2) 母相与第二相粒子界面剥离形成孔洞

图 10 – 18 在金属中存在的夹杂物、第二相粒子处因塑性变形产生孔洞的示意图

而进一步从微观（原子 ~ 纳米级）来看，在塑性变形阶段，随变形量的增加，材料内部因晶体滑移、位错运动而形成大量空位、空位团、微孔洞和新位错。并且这些空位团、微孔洞和位错随变形路径不同而不同，例如在相同的等效应变量下，单向拉伸时的空位团、微孔洞的数量比等双向拉伸的少，而平面应变路径的微缺陷数量增长速度最快，这与板材成形极限图是完全对应的[13,14]。

康永林等曾采用正电子湮没方法实验测定了在单向拉伸、平面应变以及等双向拉伸成形路径下，薄钢板（08Al）内的位错密度与等效应变量之间的关系（图 10 – 19）[15]。可见，在三种应变路径中，单向拉伸时的位错密度增长速度最

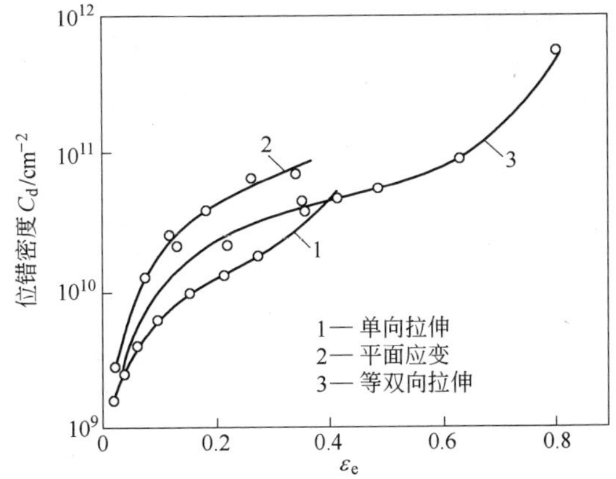

图 10 – 19 三种成形路径下薄钢板内的位错密度与等效应变量之间的关系

慢,平面应变路径的位错密度增长速度最快,而等双向拉伸的居中,这一结果与板材成形极限图中成形路径对成形极限的影响结果是完全对应的。图 10－20 是同一试验材料的实测成形极限图[15]。

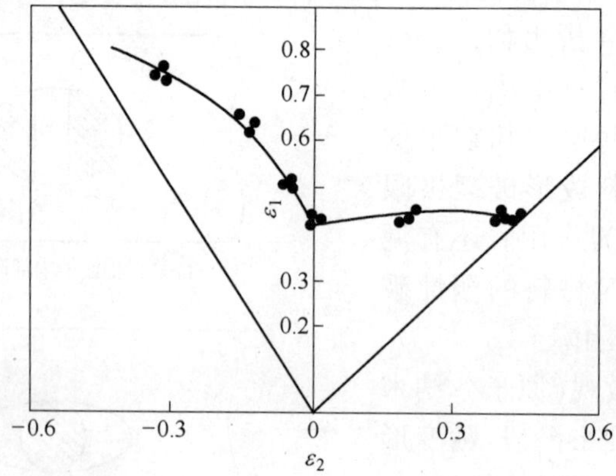

图 10－20　薄钢板材料的实测成形极限图(材料与图 10－19 相同)

10.3.3　材料特性与成形条件的控制

10.3.3.1　材料特性与成形极限

如前所述,板材成形破裂极限和成形件形状不良可以通过小型成形性实验进行再现,这对合理评价板材成形极限起着很大作用。表 10－3 表示由成形性试验得到的具有代表性的成形性指标[6]。这些成形性指标对材料的成形性能评价虽然很有用,但也需要正确把握每一成形性试验的特征和界限,合理评价板材的成形极限。进行试验时,需要严格保证确定的试样尺寸、工具尺寸和形状、变形方式、润滑、试验速度和温度等,以确保试验值的稳定性。

表 10－3　由成形性试验得到的成形性指标

(以破裂为对象的小型成形性试验)

试验种类	变 形 方 式	成形性试验	评价指标
深冲试验	压缩法兰区域:拉伸－压缩变形 冲头底部:双向拉伸变形	Swift 深冲试验 TZP 试验(圆筒拉胀)	*LDR* *T* 值
拉胀试验	几乎所有的拉胀区域	杯突试验 纯胀形试验 LDH 试验	*IE* 值 极限胀形高度 *LDH*
复合成形性试验	深冲－拉胀复合成形	锥杯试验	*CCV*

续表 10－3

试验种类	变形方式	成形性试验	评价指标
翻边性试验	在翻边区从单向到双向拉伸变形，破裂发生在法兰边缘(单向拉伸)和法兰内部(双向拉伸)	扩孔试验	扩孔率 扩孔比
弯曲性试验	在板厚方向存在应变梯度，板面内近似于平面应变状态	弯曲试验	最小弯曲半径

表 10－4 和表 10－5 分别表示为提高板材成形极限所需要的薄钢板材料特性和控制材料特性的方法[12]。

表 10－4 提高板材成形极限所需要的材料特性

成形不良	成形方式	提高成形极限的材料特性
破裂	拉胀	塑性：$A\uparrow$，n 值$\uparrow$
	深冲	r 值$\uparrow$
	翻边	扩孔值$\uparrow$
起皱、形状不良面应变		弹性模量$\uparrow$ 强度 $R_e\downarrow$，$R_m\downarrow$

表 10－5 材料特性的控制方法(薄钢板)

材料特性	冶金学方法	相关的制造工艺			
		炼钢	热轧	冷轧	退火
n 值	1. 调整化学成分	○	—	—	—
	2. 调整结晶组织	○	○	○	◎
r 值	改善组织、织构	◎	◎	◎	◎
扩孔值	1. 控制结晶组织	○	○	○	◎
	2. 减少夹杂	◎	○	—	○
	3. 提高 r 值	◎	◎	◎	◎
强度 R_e、R_m	1. 调整化学成分	◎	—	—	—
	2. 控制结晶组织	○	○	○	◎

注：◎—影响大；○—影响小。

10.3.3.2 成形方式的控制[4]

A 材料性能与起皱

材料性能对瓢曲或起皱形成的影响是一个正在广泛研究的问题。拉深成形中，根据锥杯和圆杯的实验，通常认为高 r_m 和低 Δr，可降低突缘和侧壁的起皱。除上述相关性外，降低流动应力与弹性模量之比 R_F/E 可减少侧边起皱。n 值的影响是不直接的，若压边力保持常数，则 n 值无影响。然而，高 n 值可使采用的压边力增加从而减少起皱。

在拉胀工序中情况似乎不同。业已发现，在小应变下起皱的形成与屈强比有密切关系。而起皱与 n 值呈反比关系，与 r_m 和均匀延伸无关。这可能是由于冲杯实验是在高应变和高压应力情况下进行的。拉胀则是在低应变和低压应力情况下进行的。对这两种情况，当厚度减少时情况都会变得明显恶化。

B　材料性能与剪切断裂

由于平面内剪应力引起的剪断更多地在高强度冷加工材料中产生，特别是当存在像夹杂之类的内部缺陷时，引起剪断的典型应变在单向拉伸和双向拉伸都有。对该种材料在接近 $\varepsilon_2 = \pm\varepsilon_1$ 的高应变区域，在缩颈产生前出现切断。切断曲线的位置和形状取决于材料及其性能以及冷加工预应变的种类和程度。

C　材料性能与回弹

板料成形后的回弹是一个普遍性的问题，尤其是对高强钢板而言，回弹问题更加明显。控制变形后发生的回弹量的材料性能是：(1) 弹性模量 E；(2) 屈服强度 R_e；(3) 应力－应变曲线的斜率或切向模量 $dR/d\varepsilon$。

根据试验结果，回弹量与弹性模量成正比，在超过屈服极限时，高的切向模量也会引起较大的回弹量。结果还表明，铝合金比低碳钢的回弹更严重，高强钢的回弹大，双相钢比同样屈服强度的高强钢回弹大（切向模量大）。

D　温度与成形性能

整体的温度改变使材料性能变化，因而影响成形性能。成形毛坯的局部温度差别也会引起影响成形性的那些性能的局部差异。钢和许多其他合金的韧性在中等环境温度下比室温下差。

根据某些材料的拉伸性能，低温成形具有潜在的优点，但实际问题限制了其应用。加工时由于表面摩擦和变形内热产生了局部温升，通常这是不利的，因为它降低了最大应变区域的流动应力，易于产生局部应变。已经研究了用造成局部温差的方法来改善拉深性能，并在生产中得到了应用。在深拉延时用水冷却凸模，降低与凸模接触处的毛坯温度（这个部位是主要断裂区）并且增加了局部的流动应力。业已发现，加热凹模对降低深冲侧壁上部变形区中的流动应力是有益的。这些措施的组合使奥氏体不锈钢深冲性能增加了 20% 以上。

E　变形速度与成形性能

变形速度不同对板材的成形性能有影响。低速度变形可使材料组织的回复与再结晶过程充分，减弱其加工硬化，有利于材料的成形。高速度变形虽可提高生产率，但使材料的变形抗力增加，并可能出现晶间脆裂。

变形速度还将通过温度因素对板料的塑性变形过程产生影响，这一影响的程度取决于金属变形温度的增加及金属软化的可能程度对不同的材料有着不同的影响。对于大尺寸的形状复杂的零件，因毛坯各部分的变形极不均匀，材料的流动情况复杂，宜用低速成形。实际生产中，在保证零件顺利成形的前提下，应尽量提高其成形速度，以提高生产率[2]。

10.4　不同冲压级别钢板的成形性

不同冲压级别钢板因冶金成分及工艺控制要求和方法不同，因而在成形性能指标上存在一定的差别。我国近十几年在汽车板生产的冶金工艺控制上进行了大量科研开发，并采取了许多国外新先进技术，使钢板的成形性能逐步提高，与国外先进水平生产的产品比较，虽然有的方面还存在一定差距，但有些方面已达到或接近国外同级别板材质量水平。

从表10－6的不同钢板级别性能比较可以看出[16~18]我国08Al系列钢性能基本上优于国外同类钢的一般水平，主要表现在屈强比较低，r 值与国外的相当，杯突值也较高，因此成形中的变形协调性较好，有利于拉胀类成形。

表10－6　我国冲压钢08Al与国外同类钢板主要力学性能比较

序号	牌　号	生产国	R_e/ MPa	R_m/ MPa	A/%	n 值	r 值	IE	R_e/R_m
1	08AlF	中国	228	341	45.0	0.20	1.13	11.6	0.67
2	08AlHF	中国	182	299	51.0	—	1.78	11.4	0.61
3	08AlZF	中国	157	298	47.0	0.23	1.64	11.8	0.53
4	K08AlF	中国	189	317	41.3	0.23	0.88	11.2	0.60
5	K08AlHF	中国	181	318	41.7	0.24	1.40	11.0	0.57
6	K08AlZF	中国	164	310	43.2	0.29	1.10	11.1	0.53
7	SPCC-SD	日本	220	330	43.0	0.21	1.20	10.5	0.67
8	SPCD-SD	日本	200	320	45.0	0.22	1.40	10.7	0.63
9	SPCE-SD	日本	180	310	46.0	0.23	1.70	11.1	0.58
10	St12	德国	184	320	40.0	0.23	1.48	—	0.58
11	St13	德国	172	311	43.8	0.23	1.74	11.5	0.55
12	SPCC	巴西	260	332	46.1	0.24	1.15	11.3	0.78
13	St12	加拿大	255	339	43.4	0.17	1.22	9.9	0.75
14	St12	意大利	320	380	40.1	0.21	1.20	10.1	0.83

表10－7为深冲用微碳钢板（相当于国内的03Al）的主要力学性能比较[16,17,19]。可见，主要成形性指标均接近或优于08Al系列钢板。

表10－7　深冲用微碳钢板（w(C)＝0.023%～0.043%）的主要力学性能比较

序　号	牌　号	生产国	R_e/MPa	R_m/MPa	A/%	$\bar{n}$ 值	$\bar{r}$ 值	IE	R_e/R_m
1	03Al＊	中国	181	305	54.0	0.270	1.82	—	0.59
2	SPCEN	日本	165	315	50.0	0.255	1.71	11.6	0.52
3	St14	德国	170	304	45.4	0.25	1.73	11.5	0.56

＊实验室数据。

表10－8为K08Al、08Al与SPCEN模拟成形性能比较[16]。K08Al、08Al的*CCV*值和*LDR*值与SPCEN基本相同，但扩孔率明显低于SPCEN板。扩孔率在相当大程度上受夹杂物形态和尺寸制约，而夹杂物又取决于成分和冶金生产过程。

表10－8 K08Al、08Al与SPCEN模拟成形性能比较

项目	扩孔			锥杯			压延	
	外径/mm	中心孔径/mm	λ_{10}/%	外径/mm	*CCV*	η 值	D_{max}/mm	*LDR*
K08AlZF	70.00	10.00	127.0	59.99	45.48	0.242	107.50	2.15
08AlZF	70.00	10.00	163.3	60.00	44.93	0.251	109.05	2.18
SPCEN	70.00	10.00	222.0	59.95	44.59	0.257	107.50	2.15

超低碳钢或IF钢是新一代汽车钢板，其成形性能明显优于铝镇静钢。表10－9列出部分国内外生产的IF钢的主要力学性能和基本成形性能[13,17,20,21]。

表10－9 IF钢的主要力学性能和基本成形性能

序号	牌号	生产国	R_e/MPa	R_m/MPa	A_{80}/%	$\bar{n}$ 值	$\bar{r}$ 值	*IE*	R_e/R_m
1	BIF1	中国	161	299	44.0	0.234	1.93	12.7	0.555
2	BIF2	中国	149	302	43.1	0.236	2.12	11.82	0.490
3	BIF3	中国	149	296	45.7	0.241	2.16	12.1	0.500
4	St16	中国	138	286	46.1	0.240	2.40	—	0.482
5	S-EDDQ	日本(新日铁)	121	271	56.8	0.272	2.63	—	0.446
6	KTUX	日本(JFE)	125	280	56.1	0.273	2.17	—	0.450
7	St16	德国	130	310	46.1	0.280	1.88	—	0.419

10.5 汽车冲压件成形分类及应用

10.5.1 板材冲压成形变形状态分类

如将板材冲压成形根据变形状态和破裂形式进行分类，可以分成：(1)深冲成形；(2)拉胀成形；(3)翻边成形；(4)弯曲成形四类基本成形要素，图10－21表示成形分类及变形特征[6]。可以说，实际的复杂形状汽车冲压件也都是由这四类基本成形要素组成的。评价成形极限的各种成形性试验都模拟各种变形特征，使试件产生接近实际加工条件的变形，进而判断可成形与否。

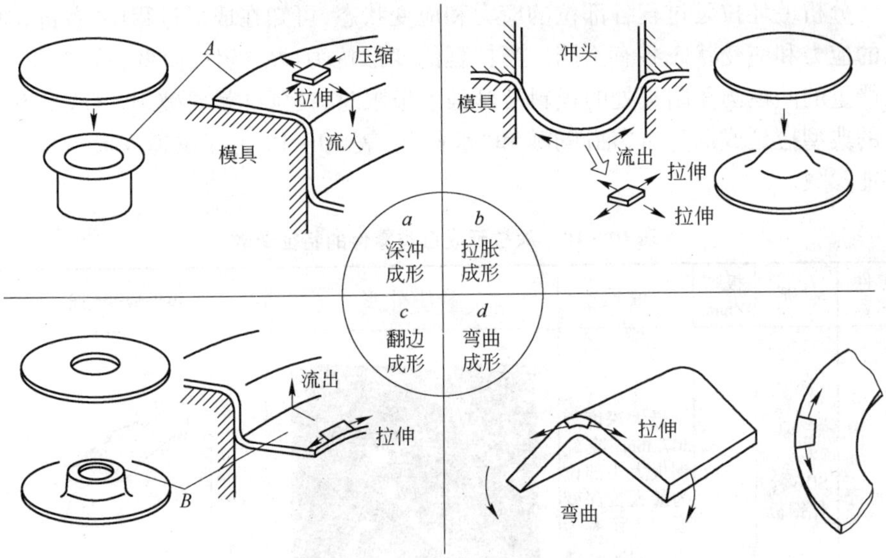

图 10-21 成形分类及变形特征

10.5.2 轿车冲压件成形分类及实际应用

现在,一台轿车的薄板冲压件约 500 余种,冲压件形状也日趋复杂,在实际生产中不可能将每种零件与材料性能指标一一对应起来,因此,将众多冲压件进行科学分类和管理十分必要,也是进行系统冲压变形研究工作的先决条件。同时,进行汽车冲压件成形的科学分类也是进行合理选材和用材,并降低成本和消耗的前提。

谭善昆,龚志坚等[13]对 CA7220 轿车薄板冲压件进行了成形分类及实际应用是一个很好的实例。根据零件应变的大小和特征、外形特点对材料性能的要求,将 CA7220 轿车车身用薄板冲压件分为深拉延成形类、胀形 - 深拉延成形类、浅拉延成形类、弯曲成形类和翻边成形类五大类。每种零件的应变大小、特征和外形特点分述如下。

10.5.2.1 深拉延成形类

所谓拉延(或拉深)是指模具给板料边缘部分施加的压紧力仅仅是为了防止零件产生翘曲,但板料可向凹模内自由流动,变形主要发生在板料边缘部分。变形特点是拉 - 压变形。如简化成拉延(或拉深),其示意图见图 10-8*a*。

用拉延(或拉深)工艺可制成筒形、阶梯形、锥形、方盒形和其他不规则形状的零件。如与其他工艺相配合,也可制成形状极为复杂的零件,如旋转体(轴对称)零件、矩形(盒形)零件、复杂形状零件。因此,拉延(或拉深)是汽车冲压件生产的一种主要成形工艺。

分析毛坯拉延过程各部位的应力和应变状态，可知在成形过程中，各部位所处的应力和应变状态各有不同。当拉延的变形抗力(R_p)超过筒壁，特别是变薄最严重的凸模圆角附近处的板料拉延强度极限时，拉延件就要破裂。CA7220 轿车的典型拉延成形件有“油底壳”和“水槽”。表 10－10 为深拉延成形类零件的特征参数。

表 10－10　深拉延成形类零件的特征参数

零件名称	材 质	板厚/mm	说 明	零 件 外 形	零件应变分布
油底壳	St16 冷轧钢板	1.5	最大深度为 207 mm，冷轧钢板大头部位为最大拉深变形，变形多为拉－压，属深拉延成形	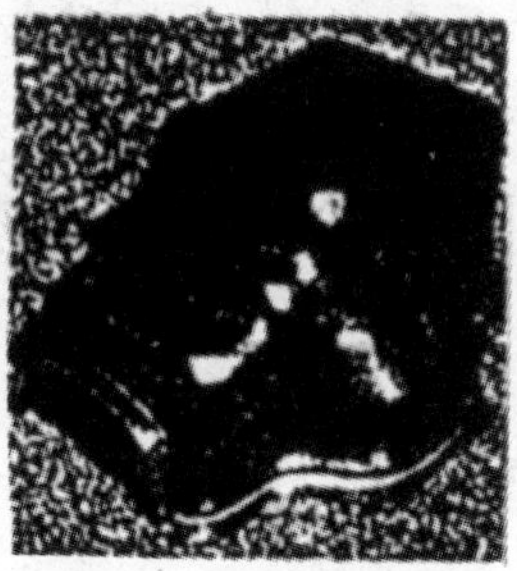	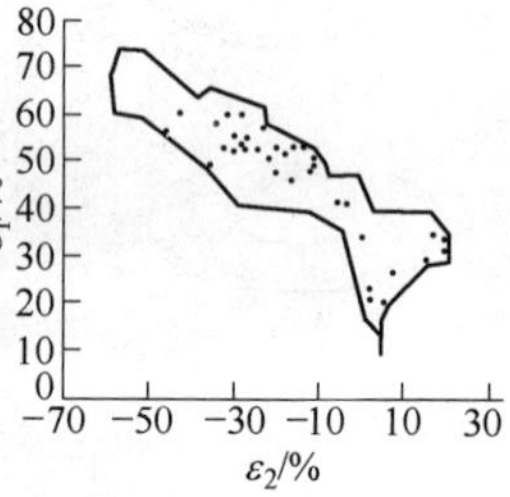
水槽	St17 冷轧钢板	0.8	最大应变在拉－压区，冷轧钢板属深拉延，双拉区最大应变量 28.2/16.55	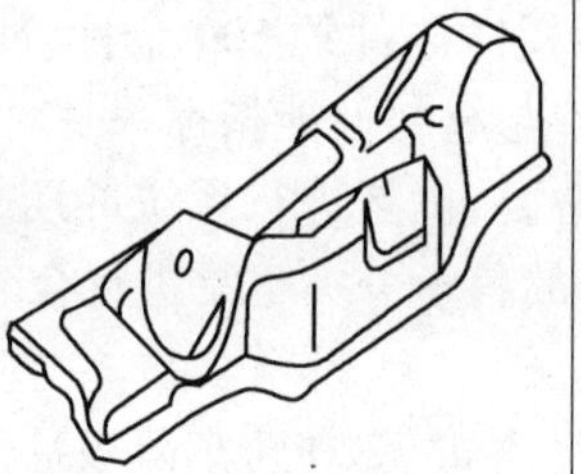	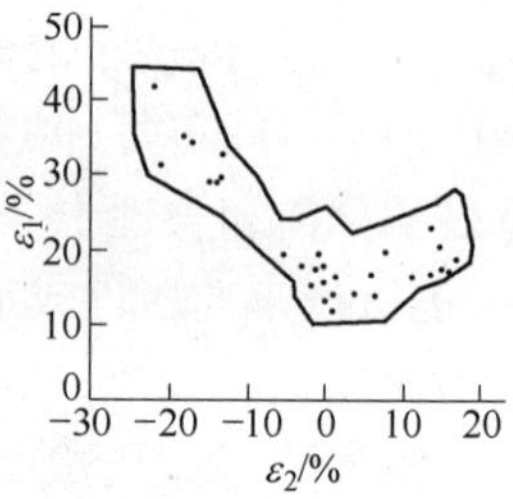

10.5.2.2　胀形－拉延成形类

胀性是指在冲压成形过程时通过上、下模具或模具上的加强筋将板料压紧，使板料不能很自由地向冲头内部流动，变形只发生在冲头的周围。胀形主要用于平板毛坯的局部胀形，如冲制局部凸起、凹坑、加强筋等。圆管类的胀形、平板毛坯的拉胀、曲面形状零件的拉延，在毛坯的曲面部位也产生胀形变形，并能与其他变形方式组合成复杂零件的冲压工艺。因此，胀形是一种基本形式。

胀形－拉深成形的冲压件，由于板料处于双向受拉的应力状态，一般情况下，零件的变形量在 10% 以上。因此，生产出的零件光洁平整，回弹小，零件质量好。表 10－11 为胀形－拉延成形类零件的特征参数。

表 10－11　胀形－拉延成形类零件的特征参数

零件名称	材 质	板厚/mm	说　明	零 件 外 形	零件应变分布
右后翼子板	St17、O5 冷轧钢板	0.8	最难冲的零件冷轧钢板平面应变值高，要求零件表面无缺陷	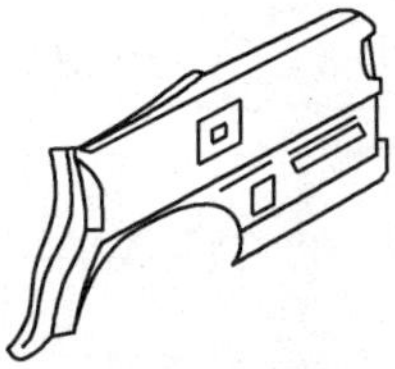	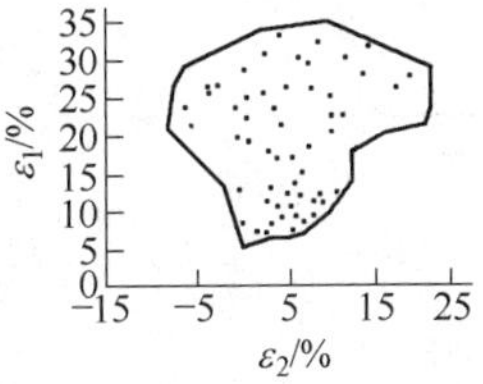
后固定座	St16 冷轧钢板（可用 St14ZF 级冷轧板）	2.5	最大应变在拉－压区，冷轧钢板属深拉延，双拉区最大应变量 28.2/16.55	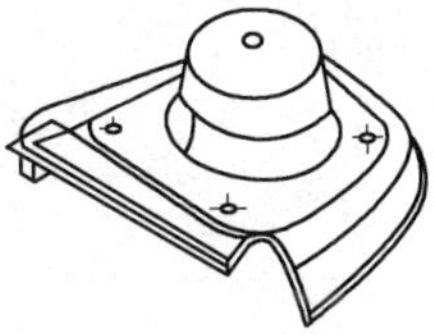	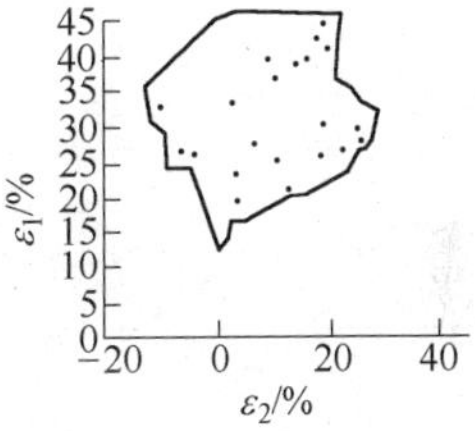
后纵梁	St17 冷轧钢板（可用 St16）	1.75	两端为复杂弯曲，总的应变不大		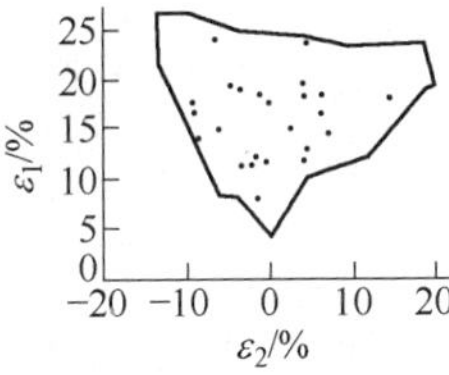
左前翼子板	St17、O5	0.8	两端有局部凸起和复杂弯曲成形，有成形难度，要求表面无凹陷和翘曲	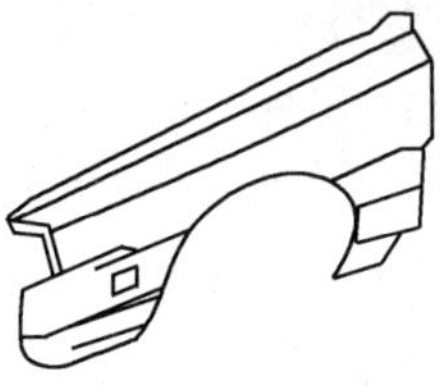	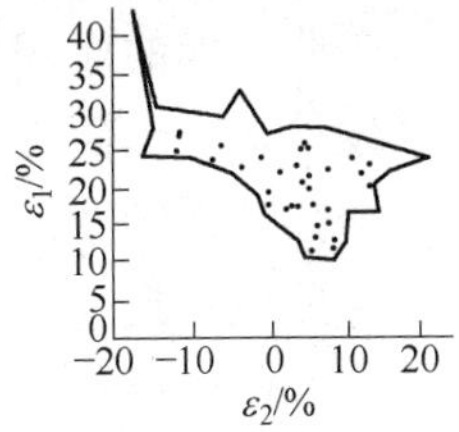
左/右后纵梁 I	St16	1.2	有局部胀形和最大的单拉区，冲压工艺复杂	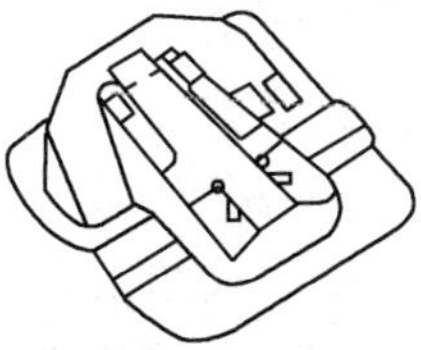	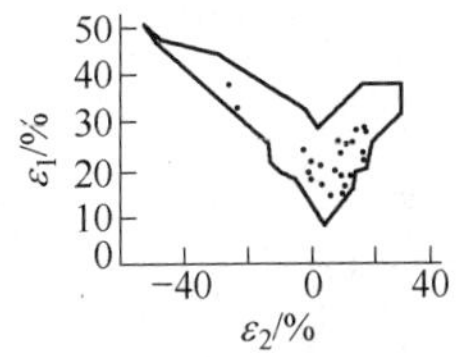

10.5.2.3　浅拉延成形类

浅拉延成形是指变形量小于 15%（双拉区）或拉延深度小于 20 mm 的冲压

成形件。此类零件对钢板的时效性很敏感，微小的屈服伸长可使此类件产生表面滑移线。由于零件的变形量不大，易引起刚性不足。表 10 – 12 为浅拉延成形类零件的特征参数。

表 10 – 12　浅拉延成形类零件的特征参数

<table>
<tr><th>零件
名称</th><th>材 质</th><th>板厚
/mm</th><th>说 明</th><th>零件外形</th><th>零件应变分布</th></tr>
<tr><td>行李箱盖外板</td><td>St14、O5冷轧钢板</td><td>0.8</td><td>绝大部分为拉 – 拉应变，应变量在 20% 以下，大应变量均在四角部，修边时可冲裁</td><td>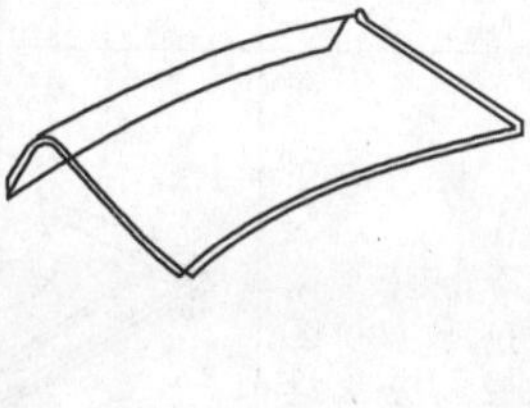</td><td>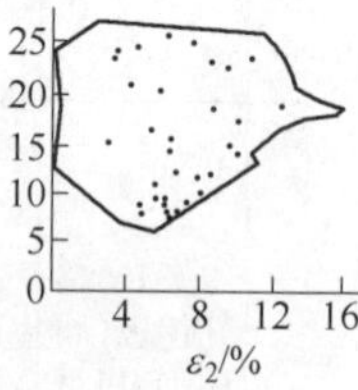
</td></tr>
<tr><td>车门外板</td><td>St14、O5冷轧钢板</td><td>0.8</td><td>基本上是拉 – 拉应变，“扣手或槽”处应变在 15%（$\varepsilon_2 \times \varepsilon_1$）以上</td><td>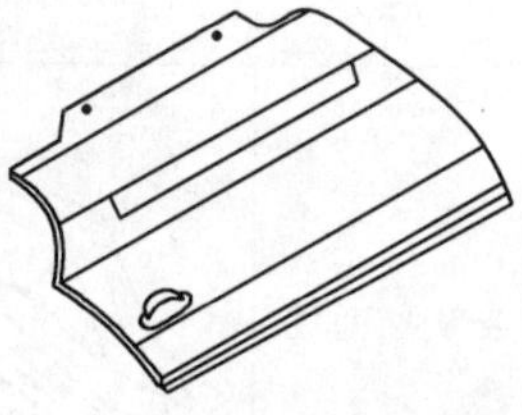</td><td>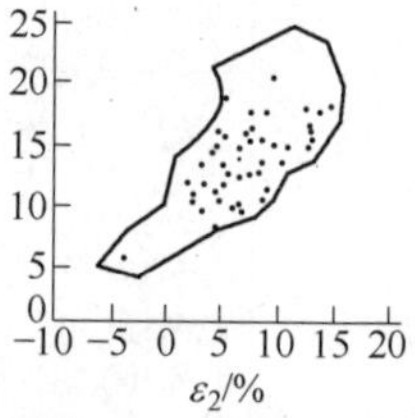
</td></tr>
</table>

10.5.2.4　弯曲成形类

弯曲成形的应用相当广泛，加工的零件非常多。在汽车冲压件成形中，绝大多数零件均有不同程度和方式的弯曲成形，多成为零件与零件之间搭焊的形式，或为加强零件刚性的一种工艺措施，是汽车冲压件常见的加工方法。

弯曲成形类有两种意义。一般讲，直线弯曲称简单弯曲，变形只发生在弯曲的圆角部位，变形大小与圆角的半径有关。弯曲成形类主要是指曲线成形（拉伸和压缩）。因此，变形不仅仅局限于圆角处，而壁部和底部均参加变形。同时零件存在着压筋和局部凸起，更增加了弯曲成形的复杂性。但零件的宏观外形近似槽形，所以划分为弯曲成形类，简单弯曲作为弯曲成形的特例，应归属于弯曲成形类。这里的弯曲成形就其变形特征，包括拉 – 拉变形、拉 – 压变形和平面应变共存，实际上是三种成形方式的组合。划分弯曲成形和翻边成形的主要区别是如果零件是开口式的拉伸或压缩的弯曲（包括曲线弯曲），应归属于弯曲成形类；而封闭的外翻边或翻内孔应归属翻边成形类。表 10 – 13 为弯曲成形类零件的特征参数。

表 10－13　弯曲成形类零件的特征参数

零件名称	材 质	板厚/mm	说 明	零 件 外 形	零件应变分布
后纵梁Ⅲ	St16 冷轧钢板	1	复杂弯曲件，大头端冷轧钢板有两次翻边为破裂危险区，有两次弯曲，法兰边存在拉－压应变	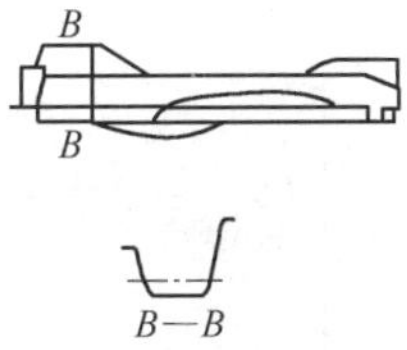	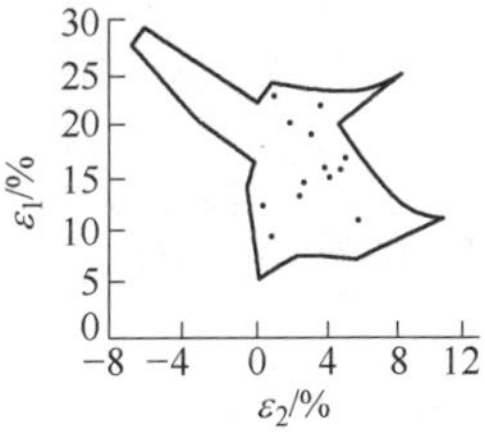
侧支架	St14 冷轧钢板	0.8	较典型弯曲件，法兰边冷轧钢板产生拉－拉应变，侧壁弯曲产生拉－压应变	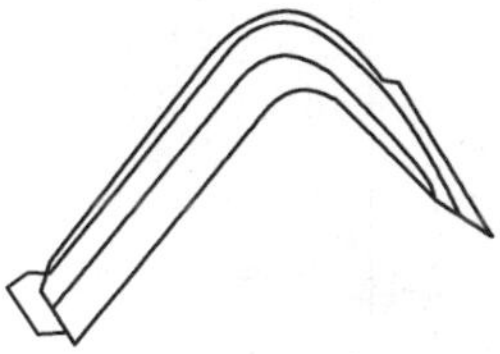	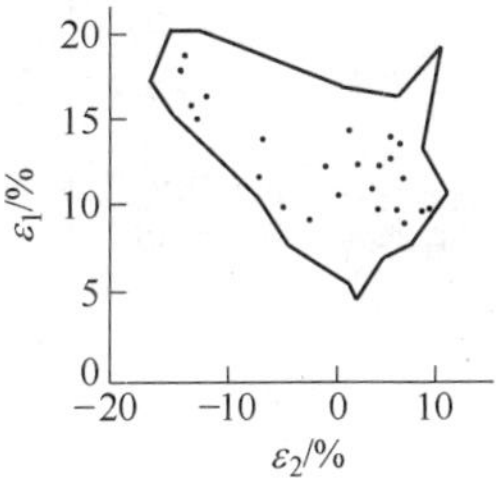
左支架	St16 冷轧钢板	2.5	复杂弯曲件，零件应变主要是拉－拉应变，存在一定量的平面应变	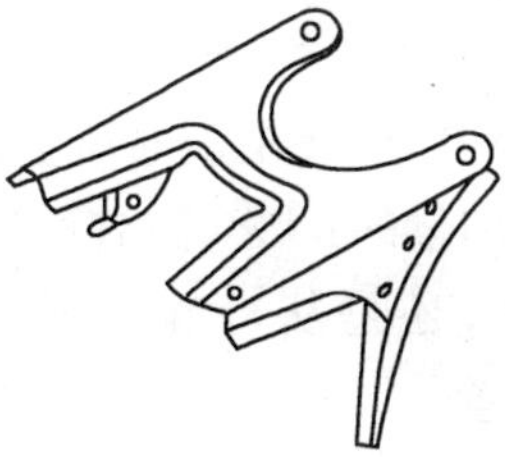	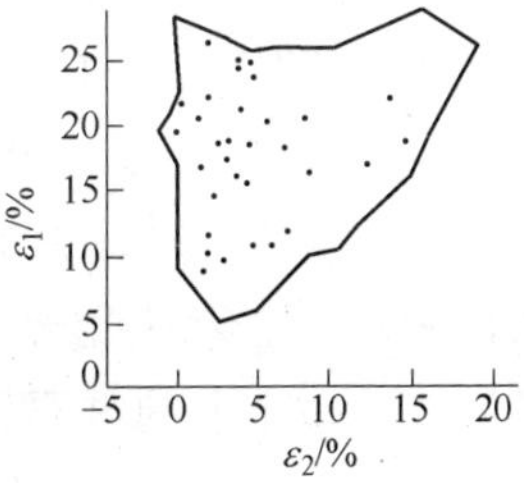

10.5.2.5　翻边成形类

翻边成形多数在毛坯的平面或曲面部分上使板料沿一定的曲线翻成竖立边缘的工艺叫做翻边。其作用在于增加零件的刚性；冲制内孔部分进行翻边以连接其他零件；有的则利用翻边进行焊接。

翻边成形可分为内凹翻边和外凸翻边。前者的变形特点是边缘在切向拉应力作用下产生切向伸长变形，厚度变薄、伸长翻边成形。如圆孔翻边时，愈接近口部变形越大，主要危险区在于边缘被拉裂；而后者的变形特点是边缘在切向压应力的作用下产生切向压缩变形和径向伸长变形，实质上与拉伸变形相近似。其极限变形程度受毛坯变形区失稳起皱的限制。表 10－14 为翻边成形类零件的特征参数。

表 10 – 14　翻边成形类零件的特征参数

零件名称	材 质	板厚/mm	说　明	零件外形	零件应变分布
前端盖 – 后消声器	不锈冷轧钢板	2	应变为拉 – 压应变，属压缩类翻边成形		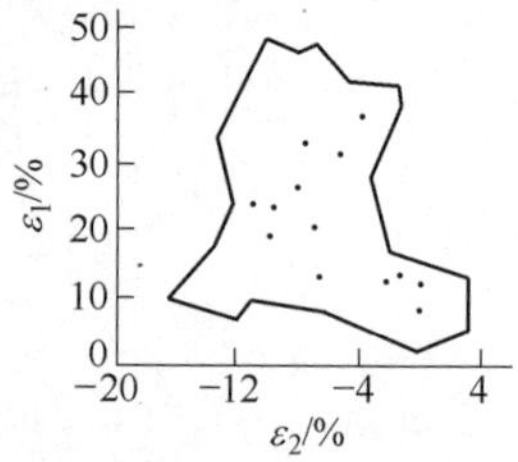
端盖 – 中消声器	不锈冷轧钢板	1.5	主要为拉 – 压应变，最大应变值在翻边的口边缘，即成形危险区		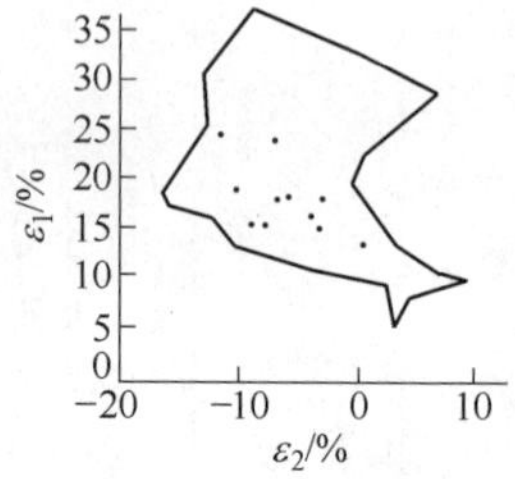

10.5.2.6　分析与讨论

CA7220 轿车钢板的用量很大，约占金属材料的 75%，其中冷轧钢板约占 67%。由于轿车零件形状复杂，要求表面质量也很高，因此，在冷轧钢板中，超深冲 IF 钢板约占冷轧钢板用量的 44%，高表面质量的“05”冷轧钢板占冷轧钢板的 19%。无论从用量上，还是从冷轧钢板的质量上，均决定了冷轧钢板在 CA7220 轿车上的重要位置。

轿车大多数零件的冲压成形方式都是深拉延成形、胀形或者局部凸起、弯曲或伸长弯曲和翻边等组合，而每种零件成形均为多种成形的组合，这是汽车零件成形的明显特点。因此，零件分类既要考虑零件的外形特征、应变大小和特点，同时还要注意材料性能指标的关系。如浅拉延件主要决定于 r 值的高低，但视其破裂部位的特征，应充分注意钢板的延性等等。以上的分类工作，既有一定的理论基础，但主要是零件的生产实践以及实践经验。这主要是零件生产的整个过程中诸多因素不稳定（漂移）或不太稳定的结果。

零件的成形方式与变形工艺有关，又与材料的各项指标紧密联系。在冲压工艺相对稳定的条件下，零件成形的成败在较大程度上取决于材料的性能（当然也要配以合理的模具设计和冲压成形工艺控制）。所以研究和探讨薄板零件的成形方式和薄板性能指标的关系很重要。现根据生产中的实际经验，参考国内外的有关资料，将薄板零件的成形方式与性能指标的对应关系列于表 10 – 15。该表的数据是根据生产实践和以往积累的实际经验提出的，是否合理有待探讨。

表 10－15 零件成形类别与薄板性能指标

序号	成形类别	性能指标		表面结构粗糙度平均值 $\overline{R}_a$/μm	表面质量	备注
1	深拉延成形类	r 值 n 值 低屈服强度 高伸长率	$r \geqslant 1.8$ $n \geqslant 0.23$ $R_e \leqslant 170$ MPa $A_{80} \geqslant 43\%$	0.8～1.8		
2	深拉延成形类	r 值 n 值 低屈服强度 高伸长率	$r \geqslant 2.0$ $n \geqslant 0.24$ $R_e \leqslant 160$ MPa $A_{80} \geqslant 43\%$	0.7～1.3 或 0.8～1.8	部分件要求“O5”表面钢板，即正面无缺陷	部分件系指前后翼子板
3	浅拉延成形类	无屈服伸长 低屈服强度 伸长率	屈服伸长为 0 $R_e \leqslant 200$ MPa $A_{80} \geqslant 38\%$	0.7～1.3	“O5”表面钢板，即正面无缺陷	无屈服伸长是为了防止产生“滑移线”
4	弯曲成形类	低屈服强度 伸长率 n 值 r 值	$R_e \leqslant 200$ MPa $A_{80} \geqslant 38\%$ $n \geqslant 0.21$ $r \geqslant 2.0$	0.8～1.8		
5	翻边成形类	伸长率 低屈服强度 n 值	$A_{80} \geqslant 38\%$ $R_e \leqslant 210$ MPa $n \geqslant 0.20$	0.8～1.8		

冲压成形过程就是毛坯变形区在力的作用下产生变形的过程。由于毛坯变形区的形状和尺寸的变化，使冲压毛坯被加工成冲压件。毛坯件的质量取决于毛坯变形区的变形是否顺利。如果毛坯变形区受阻，冲压件就会产生破裂或起皱。这种受阻与冲压工艺中的润滑条件、模具状态和压边力大小等工艺因素有关，如高塑性变形能力、应变硬化能力和抗变薄能力等。不同成形方式要求不同材料性能指标，这是零件冲压变形的性质决定的。如深拉延成形，变形区在毛坯边缘部分，毛坯可向内流动。当冲压件存在法兰边时，壁部产生拉－压应变，使筒壁变薄，因此需要高的 r 值；而胀形成形，毛坯边缘部分不参与变形，变形发生在胀形区，因而需要高的 n 值，胀形区变形小的部分未硬化或很小硬化的金属向变形大的部位或高硬化部位流动，使整个变形趋向均匀化。胀形－深拉成形为两者成形方式的联合，则需要高的 r 值和 n 值。

浅拉延成形类多为轿车覆盖件，如车门、发动机罩外板、行李箱盖外板等，均要求高表面质量冷轧钢板，即表 10－15 中所示的“O5”钢板。同时，由于这类零件的大部分部位的变形量不大或不太大（应变量小于 10%），而这种应变量是最易产生滑移线的应变量。因而要求钢板无屈服伸长，要求低的屈服强度和高的伸长率,是防止产生零件表面翘曲和顺利成形的需要。

弯曲成形类分为加强梁类的骨架件,要求较低的屈服强度是为了保证零件成形后的弹性回复小和确保零件形状稳定性及良好的装配性能;伸长率是顺利成形的需要;较好 r 值可使带法兰边的复杂弯曲件成形时,壁部增加抗变薄能力。

翻边成形类为内凹翻边和外凸翻边。其变形特点均产生拉伸变形。较好的伸长率是拉伸变形的必然结果;较低的屈服强度和较高的应变硬化指数有利于材料的早期硬化,增加其强度极限和抵御变形抗力,防止零件翻边时接近翻口边缘往往由于材料硬化引起开裂。

参考文献

[1] 康永林,唐荻,姚健,王先进.钢铁研究[J].1987,No.43:75~80.

[2] 北京科技大学,钢铁研究总院.国产深冲板成形性能手册[M].1991:29~35.

[3] 山口克彦.塑性と加工[J].1997,Vol.38,No.432:64~70.

[4] 王先进,姚健等编译.薄板成形性能[M].北京科技大学,1987:109~139.

[5] 胡世光,陈鹤峥.板料冷压成形的工程解析[M].北京:国防工业出版社,2004:73~312.

[6] 林央.塑性と加工[J].1993,Vol.34,No.385:116~124.

[7] Yoshida K,Hayashi H,Usuda M et al.. Proc.,1st ICTP, Japan,1984:747.

[8] Marciniak Z,Kukzynski K. Int. J. Mech. Sci. 1967,Vol.9,No.9:609~620.

[9] Guangnan Chen, Shiguang Hu. Proc. of Numisheet, Michigan,USA,1996:246~251.

[10] Kang Yonglin,Wang Xianjin. Proc. of 3th ICTP. Vol.2,Kyoto,Japan,1990:1251~1256.

[11] 康永林,王先进.机械工程学报[J].1991,Vol.27:96~103.

[12] 臼田松男.塑性と加工[J].1992,Vol.33,No.383:1329~1334.

[13] 谭善昆,龚志坚,宋起峰.汽车金属材料试验研究论文集[C].1998:30~38.

[14] 康永林,王先进.钢铁研究学报[J].1991,Vol.3:77~81.

[15] Kang Yonglin,Wang Xianjin. Journal of University of Sci. &Tech. Beijing, 1998,Vol.5:47~50.

[16] 殷瑞钰.钢的质量现代进展[M].北京:冶金工业出版社,1995:300~305.

[17] 崔德理.冶金工艺对无间隙原子钢板织构及深冲性能影响的研究[D].北京:北京科技大学,1992.

[18] 石山成志.第176回塑性加工シンポジウム论文集[C].山口县,1997.11:27~35.

[19] 田德新,刘浩,刘慧.退火工艺对微碳深冲冷轧薄板的影响[C].98年汽车工程材料年会论文集.长春,1998.

[20] 马衍伟,王先进.钢铁研究学报[J].1998,Vol.109(增刊):62~77.

[21] 池浩.日本第41回塑性加工连合讲演会文集[C].长野市,1990:633~642.

11 汽车板的先进成形技术

11.1 先进高强钢板应用所面临的课题

在现代汽车设计制造中，随着安全性、轻量化与节能减排要求的不断提高，新车的设计一直在不断地改善安全性、排放及燃油效率。这促使在许多新车项目中，广泛地应用了先进高强度钢（AHSS），例如，双相钢（DP）、相变诱导塑性钢（TRIP）、复相钢（CP）及马氏体钢（MS）等，包括 ULSAB—AVC、蒂森钢厂新钢车身及 Arcelor 车身概念，都已显示出 AHSS 对增加汽车结构强度及能量吸收能力的作用。这些优点及钢车体结构成本相对较低，促进了大量应用 AHSS，钢板强度最高已超过 1400 MPa。但随着 AHSS 的大量应用，同过去大量采用软钢相比，成形中的回弹、起皱、开裂、翘曲、卡模、形状不良、成形困难、模具损伤等成形连接问题和困难大量出现，在 AHSS 的车体结构上面临成形和连接技术的新的挑战，直接影响了 AHSS 在汽车上应用的进程和效果。

图 11 - 1 为2004 年日本7 个（A ~ G）新乘用车车型上采用高强度钢板的比例，可见各车型使用高强钢板的比例从 30% ~ 50% 不等[1]。图 11 - 2 和图 11 - 3分别为采用 780 MPa 级高强钢冲压成形时产生开裂和起皱的实例[2]。

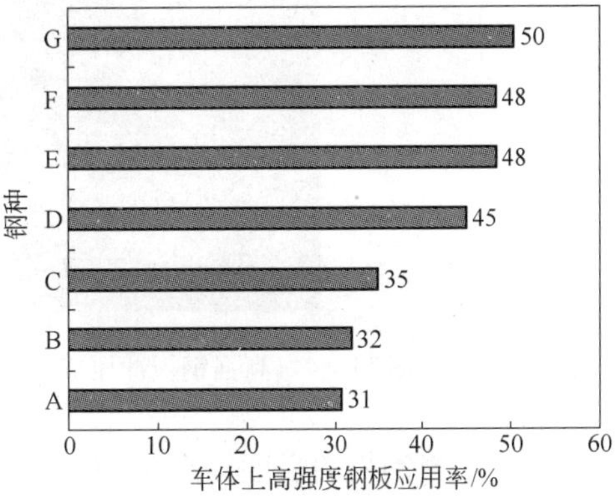

图 11 - 1　2004 年日本 7 个新车型上采用高强度钢板的比例

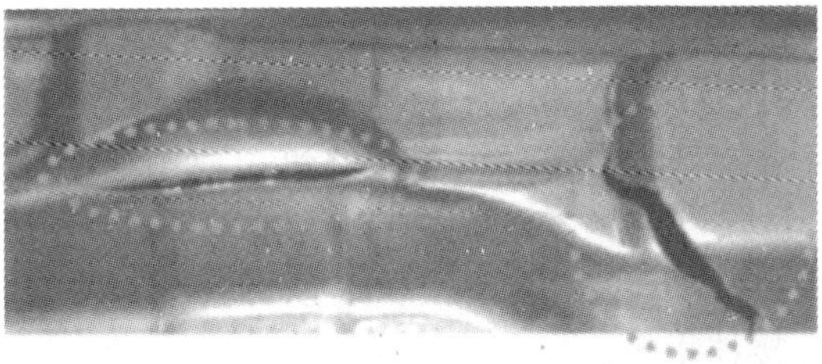

图 11 - 2　采用 780 MPa 级高强钢冲压成形时产生开裂的实例

图 11 - 3　采用 780 MPa 级高强钢冲压成形时产生起皱的实例

图 11 - 4 则是高强钢板冲压成形时因卡模产生的成形件损伤实例[2]。

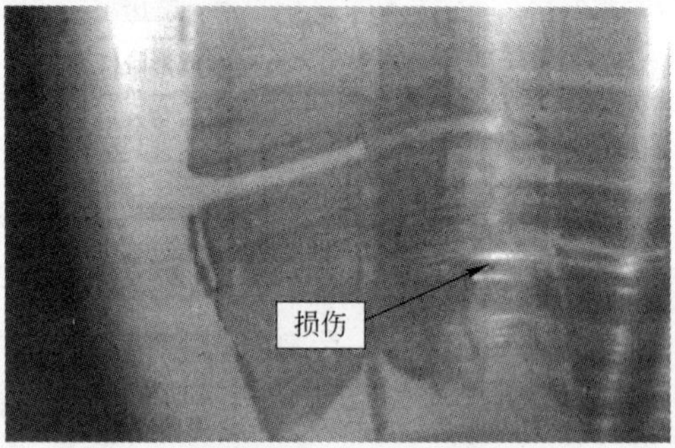

图 11 - 4　高强钢板冲压成形时因卡模产生的成形件损伤实例

通常，当钢板的强度提高时，因残余应力增加而易产生在成形后因弹性回复造成的形状和尺寸精度不良，这一直成为高强度钢板成形中的重要课题。由图 11 - 5 可见，对于同样的成形形状（帽形），随着钢板强度从约 300 MPa 的超深冲 IF 钢到 980 MPa 的双相钢（DP），成形件的形状稳定性变得越来越差[2]。

针对先进高强钢板（AHSS）的应用产生的以上各种成形问题，各汽车制造厂和钢板生产厂均研究了各种各样的先进成形技术，有些已实用化。其中包括：（1）深冲与高强涂镀层钢板成形摩擦特性分析与控制技术；（2）防止开裂、形状不良（起皱）的技术；（3）防止尺寸精度不良（回弹）的技术；（4）液压成形技术；（5）热（温）冲压成形技术；（6）成形过程模拟仿真与 CAD-CAE 系统技术；（7）钢板成形件先进连接技术等。

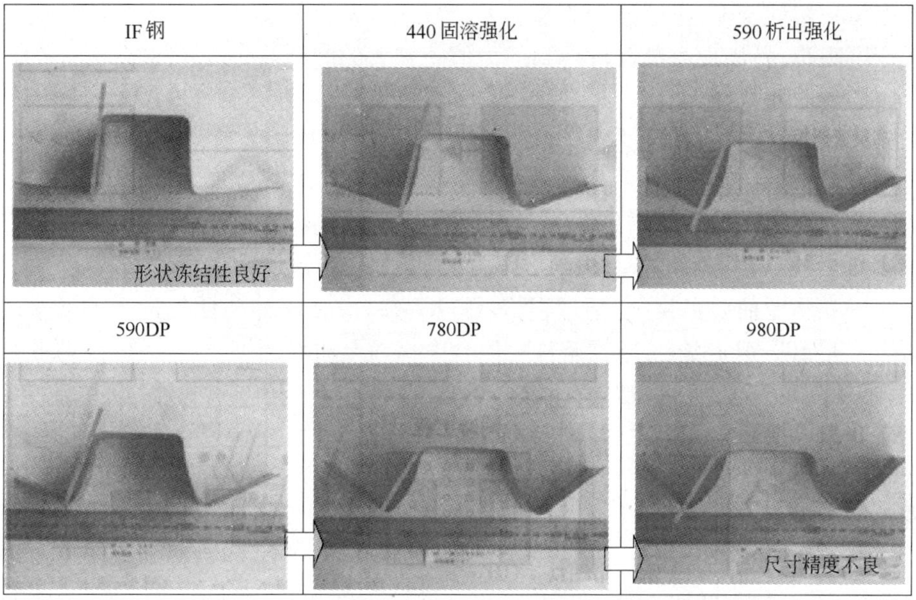

图 11－5 采用不同强度级别成形件的尺寸精度不良现象

11.2 涂镀层钢板的成形性及成形技术

11.2.1 涂镀层钢板成形性的模拟实验评价方法

目前常用的涂镀层钢板成形性模拟实验评价方法有如图 11－6 所示的几种方法[3]。

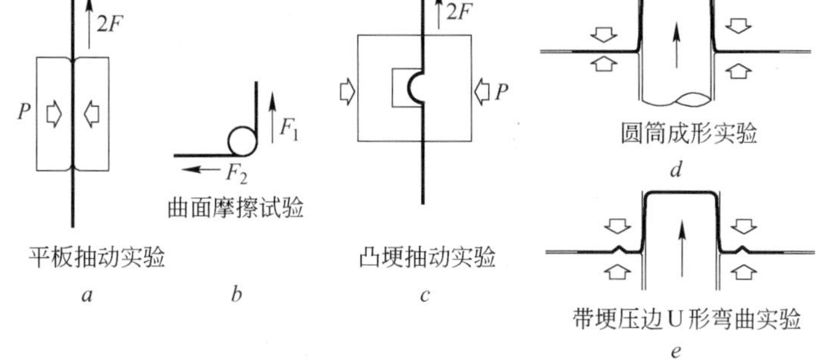

图 11－6 常用的镀层板成形性模拟实验方法简图

（1）平板抽动实验（图 11－6a）。平均接触表面压力多采用 3～50 MPa，摩擦条件从流体润滑到混合摩擦润滑。摩擦系数为工具所加力 P 和抽动力（因不产生体积塑性变形，板厚减少为零）$2F$ 之比 $\mu = F/P$ 直接求出。因保持工具的平行度很难，易出现由试验机得到的力值差别大的问题。

（2）曲面摩擦实验[4]（图 11－6b）。此方法在欧美应用较多，称为 Bending under tension（BUT）。通过控制 F_2，产生适当的体积塑性变形（伸长），测定拉伸力 F_1、F_2。设摩擦力为 F_μ，弯曲、反弯曲力为 F_b，则有 $F_1 - F_2 = F_\mu + F_b$ 利用将圆柱工具固定和转动两个条件，直接求出 F_b。设定接触表面压力分布，求出摩擦系数。

（3）凸埂抽动实验（包括用辊）（图 11－6c）。在深冲凸埂处的平均接触表面压力在 100 MPa 以上，摩擦条件为混合摩擦乃至边界摩擦。因弯曲、反弯曲及抽动力的作用，产生体积塑性变形（一般伸长约 10%～20%），表面层产生粉化、剥落等表面损伤的可能性也高。凸埂处的圆弧半径约 5 mm，要加强凸埂的约束力时也可采用凸台形埂。凸埂角部的圆角半径一般为 2～3 mm，但此值对凸埂抽动力有很大影响。

凸埂抽动实验的评价方法有两种，一是含抽动力产生的变形部分的名义摩擦系数，另一种是增加工具压力 P 时的增量与抽动力 $2F$ 的增量之比 $\Delta F/\Delta P$。耐因（Nine）采取在凸埂处使用转动辊的方法，通过转动和固定辊两种实验求出凸埂抽动力的摩擦力分量，并假定工具接触表面压力均匀分布，求出摩擦系数。

（4）圆筒成形实验（图 11－6d）。采用与裸钢板相同的方法测定 *LDR* 等值，来评价成形性。

（5）带埂压边 U 形弯曲实验（图 11－6e）。成形实验时虽产生平面应变，但可以将通过凸埂抗力和圆角半径部分的摩擦结合起来进行评价，评价方法与凸埂抽动实验（3）相同。

镀层板表面损伤（镀层损伤）的实验方法常用的是凸埂抽动实验（3）、圆筒成形实验（4）和带埂压边 U 形弯曲实验（5）。

11.2.2　涂镀层钢板成形中的摩擦特性及影响因素

11.2.2.1　涂镀层钢板表面状态及特性对摩擦的影响

涂镀层钢板的表面形貌、表面粗糙度及表面硬度对成形时的摩擦系数具有直接影响。表面形貌及表面粗糙度对板材成形时工具接触面的润滑剂起着储油和润滑效果的作用。因此，过低或过高以及均匀性差的表面粗糙度都难以发挥好的润滑效果。镀层板的表面粗糙度通常通过控制镀层工艺参数和采用表面微量平整的方法，对平整辊进行激光或电火花表面形貌处理，从而控制镀层板的表面形貌和粗糙度。图 11－7 为对同一种合金化镀锌板 GA 得到的不同表面形貌和表面粗糙度的实测结果[5]。

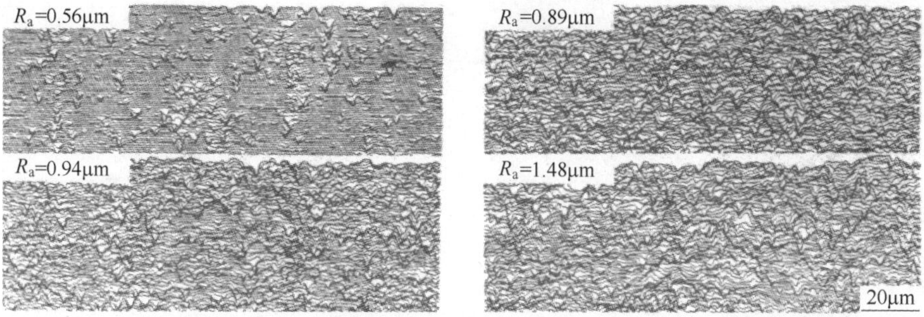

图 11－7　同一种合金化镀锌板 GA 得到不同表面粗糙度的实测结果

从图 11－8 可见[5]，在抽动摩擦实验中，当接触表面压力较低时（p = 9.8 MPa），摩擦系数随板材表面粗糙度的增加而增加。另一方面，当表面压力很高时，摩擦系数随板材表面粗糙度的增加略有下降。

如图 11－9 所示[5]，当板材表面较软时，表面凸起部分容易平坦化，表面产生黏结区，润滑区域减少。当板材表面硬度较高时，凸起部分平坦化倾向小，表面黏结区小，在含油的微小局部区域有产生微观塑性流体润滑的可能性。

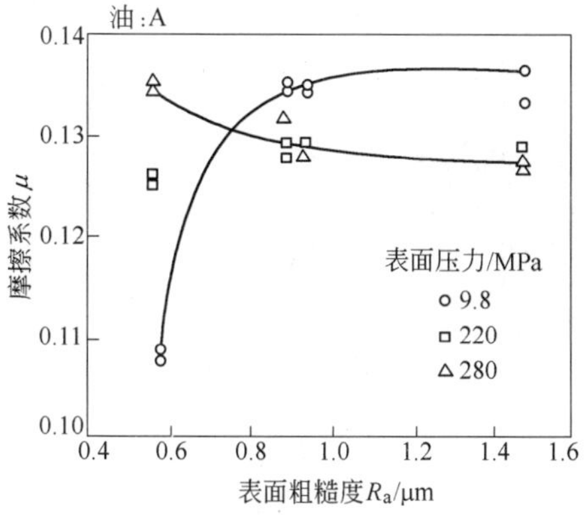

图 11－8　接触表面压力 p 和表面粗糙度对 GA 板材摩擦系数的影响

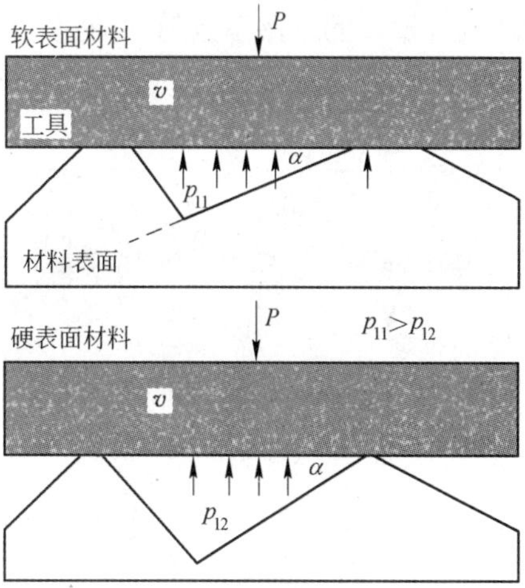

图 11－9　摩擦模型

图 11－10 为实验板料抽动速度与摩擦系数 μ 的相关性 $\partial\mu/\partial(\lg V)$ 和板材表面硬度 HV 的关系。表面硬度 HV 越高的材料受速度的影响越小。

另外，涂镀层钢板的表面硬度通常随温度升高而下降。从图 11－11 可见，合金化镀锌板 GA 表面具有较高的硬度[6]。

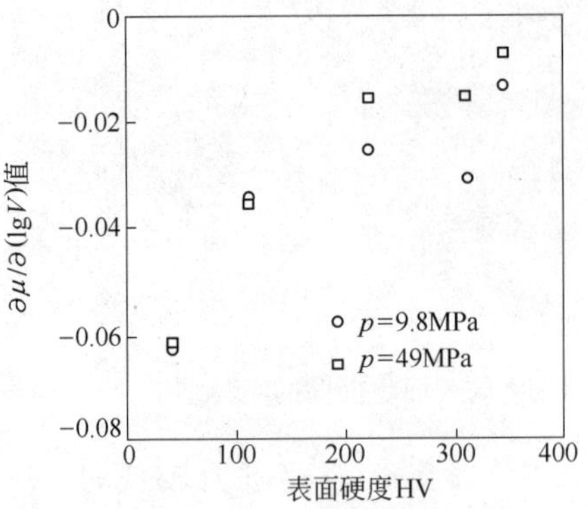

图 11－10　∂μ/∂(lgV)与板材表面硬度 HV 的关系

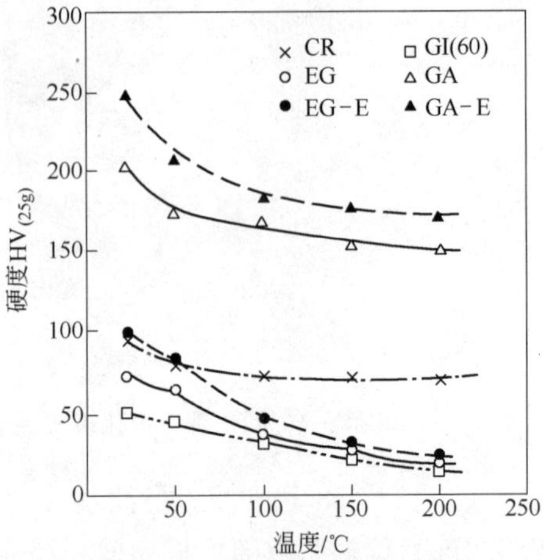

图 11－11　镀层钢板表层硬度与温度的关系

11.2.2.2　成形速度的影响

根据抽动摩擦实验结果，在板带表面压力为 9.8 MPa 时，摩擦系数随板带滑动速度的增加而下降(见图 11－12)[5]。从图 11－12 可见，在 5 种板材中，纯电镀锌板(EG)的摩擦系数随抽动速度的增加下降得最快，而合金化镀锌板 GA 和经 Fe-P 电镀处理后的 GAX 板的表面坚硬，其摩擦系数的变化对速度不敏感。

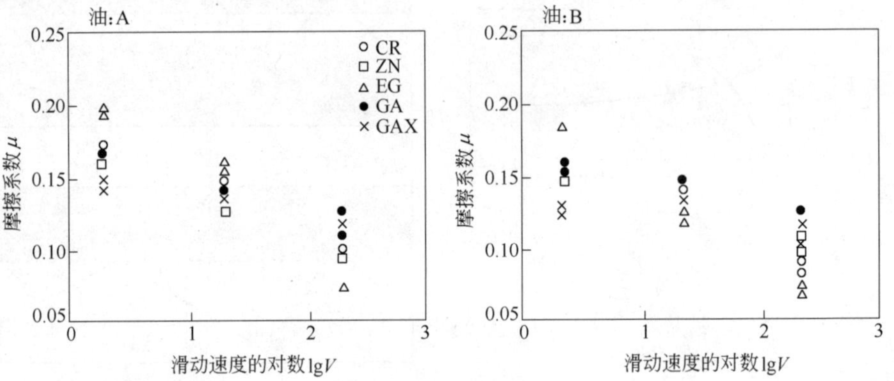

图 11－12　滑动速度 V 对摩擦系数 μ 的影响($p=98$ MPa)

11.2.2.3　接触表面压力的影响

接触表面压力影响界面接触率，从而影响表层塑性流动应力及微观润滑机制。Emmence 等研究了镀层钢板的润滑特性并测定了在数兆帕范围内摩擦系数与接触压力的关系[7]。总的趋势为摩擦系数 μ 随接触压力 p 的增加而下降，其中纯电镀锌板 EG 的摩擦系数最高且下降速度也最快。图 11－13 为 5 种表面类型板材低速抽动实验时摩擦系数与接触压力的关系。

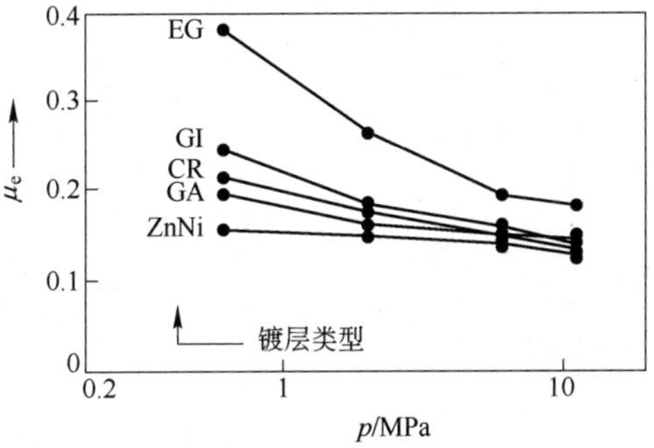

图 11－13 低速抽动实验时摩擦系数与接触压力的关系

图 11－14 为 5 种板材的摩擦系数与接触压力以及滑动速度的关系[5]。图 11－15 为当滑动速度 V 一定时（$V=200$ mm/s）摩擦系数与接触压力的关系[5]。

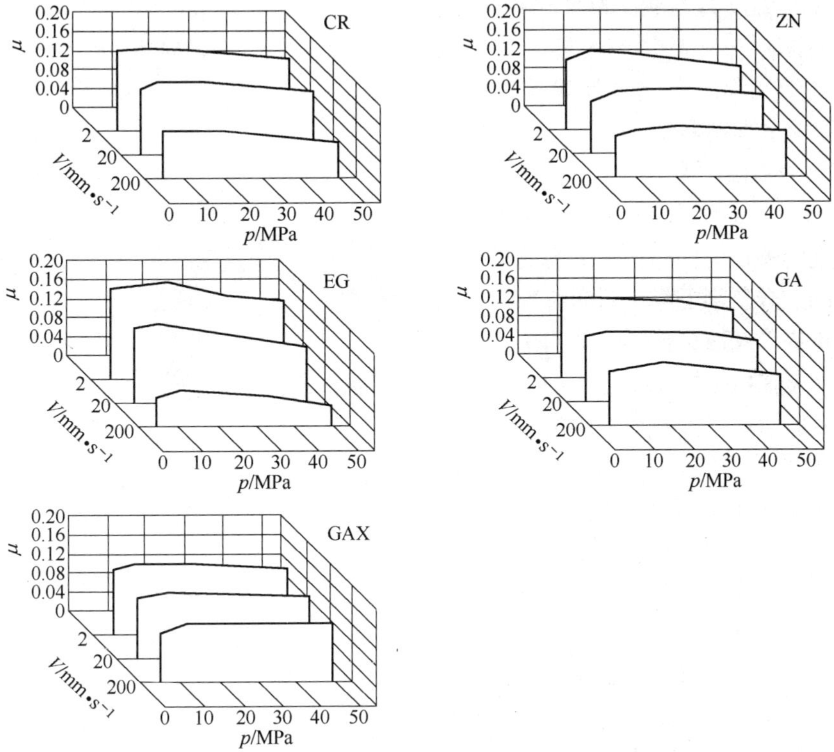

图 11－14 接触压力 p 和滑动速度 V 对摩擦系数的影响

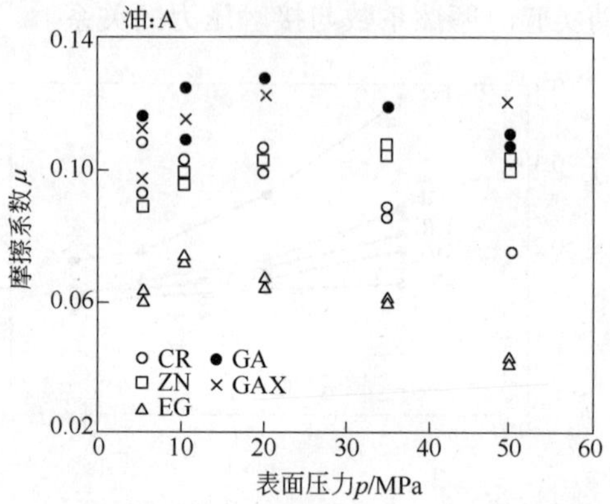

图 11－15　接触压力 p 与摩擦系数 μ 的关系（$V=200$ mm/s）

11.2.2.4　成形温度的影响

在实际的板材冲压成形过程中，因接触摩擦热和材料塑性变形功转变成热并使模具温度升高到100℃左右，因此温度对成形过程的影响不能忽视。温度对成形过程的影响主要表现在两个方面，一是影响润滑剂的黏度，二是影响镀层表面硬度及特性。

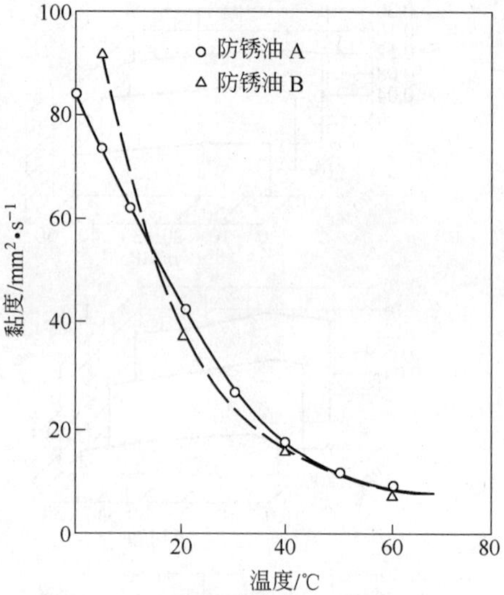

图 11－16　润滑剂黏度与温度的关系

图 11－16 为两种防锈油的动态黏度与温度的关系[8]，可见，润滑剂的黏度随温度的上升急剧下降。而润滑剂的黏度是评价成形摩擦系数的重要指标。通常的规律是在相同材料及成形条件下，摩擦系数随润滑剂的黏度下降而增加。

另外，如图 11－11 所示，一般涂镀层钢板的表面硬度随温度上升而下降，尤其是对纯镀锌钢板而言，锌在 50℃已开始再结晶，这正处于实际板材冲压成形的温度上升范围内，随温度升高，板材与模具实际接触率增加，使摩擦系数增加[9]。图 11－17 为 6 种板材的摩擦系数与温度的关系[8]。可见纯电镀锌板 EG 的摩擦系数随温度上升而显著上升。

根据已有的研究结果可知，通过冷却模具，提高润滑特性，可以降低镀层板表面损伤。在实际冲压过程中，由于冲压成形速度高，板材与模具间的摩擦热及板材的塑性变形热，使成形材料温度升高，从而影响涂镀层板的成形性和摩擦特性。图 11 – 18 为在润滑和非润滑条件下，成形板材温度随连续冲压件数的变化[10]。可见有润滑和无润滑可使板料温度降低约 30℃。

近年开发的自润滑板具有与通常的涂镀层板不同的摩擦特性。图 11 – 19 为三种涂镀层钢板在不同成形温度条件下的摩擦系数实验结果[11]，由此可见，两种自润滑钢板的摩擦系数均明显低于有铬酸盐涂层膜的镀锌板，而且自润滑板显示出摩擦系数随温度上升而下降的很好的摩擦特性。

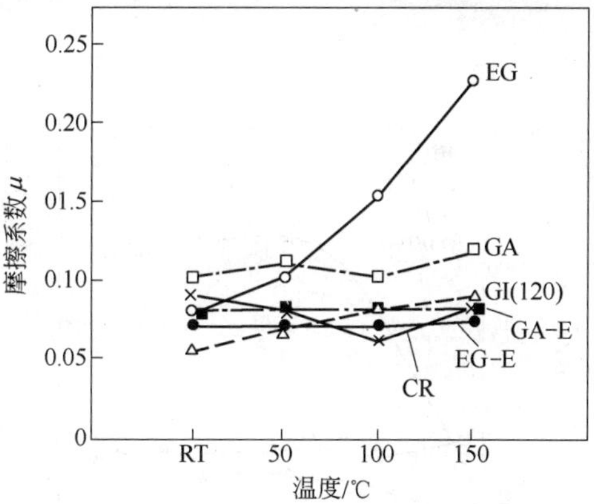

图 11 – 17　6 种板材摩擦系数随温度的变化

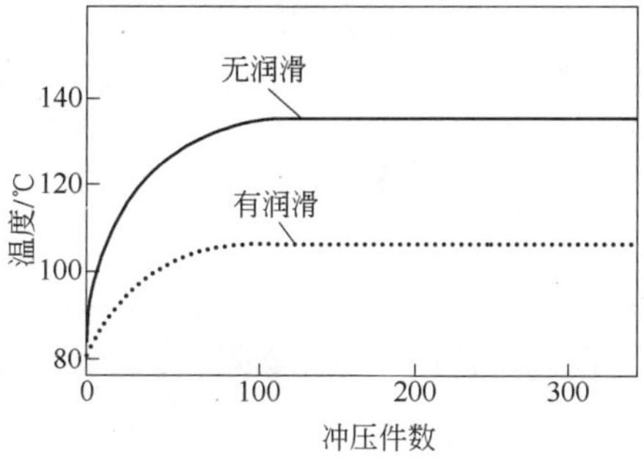

图 11 – 18　冲压件数与板料温度的关系

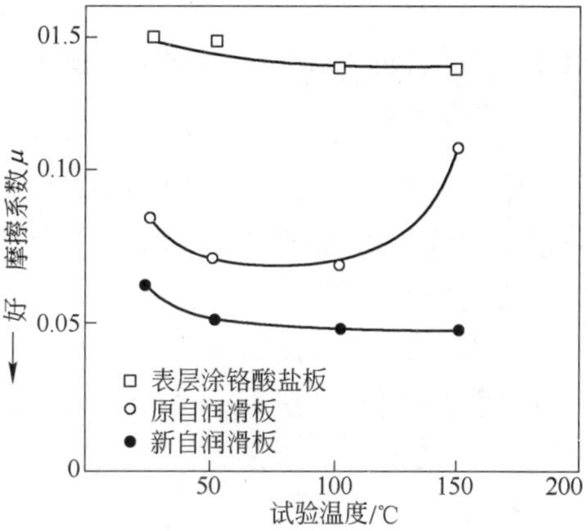

图 11 – 19　成形温度对自润滑钢板摩擦系数的影响

对自润滑钢板来说，涂层树脂配方与其本身性能、在成形中的摩擦及镀层损伤有重要影响，并且这种影响也随温度而变化。图 11 – 20 为成形实验时的模具温度与镀层损伤量 $\Delta w(Zn)$ 的关系[12]。

另外，虽无明确的研究结果，由于温度的上升可能对促进极压剂的作用有利，还可以改变模具和板材的亲和性。

11.2.2.5　润滑剂的影响

润滑剂在板材成形摩擦中的作用主要表现在润滑剂的动态黏度，润滑剂本质特性和板材表面润滑剂附着量上。

从图 11 – 21 可见，当润滑剂的黏度值在 0 ~ 20 mm^2/s 之间时，摩擦系数 μ 随润滑剂黏度的增加迅速下降，当黏度约在 20 mm^2/s 以上时，其对摩擦系数变化基本无明显影响[8]。

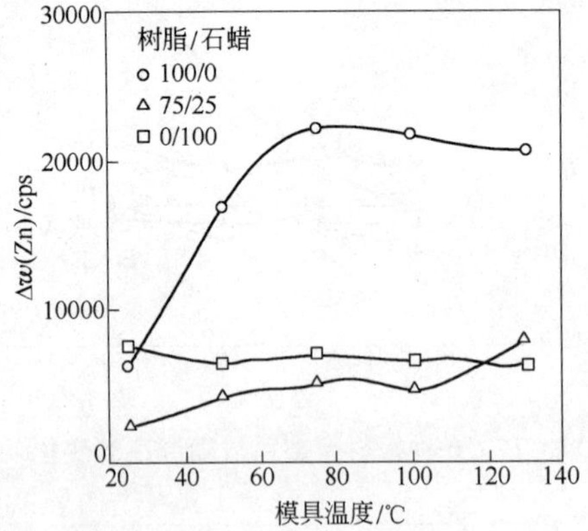

图 11 – 20　自润滑板的树脂/石蜡比与模具温度对镀锌板损伤量的影响

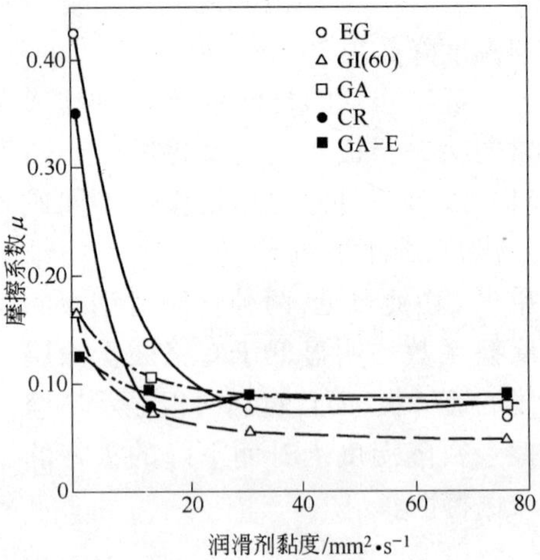

图 11 – 21　润滑剂黏度对涂镀层钢板摩擦系数的影响

中村等研究了镀锌系列钢板在 U 形减薄拉深实验中的摩擦系数与润滑剂动态黏度的关系，如图 11 – 22 所示[13]。可见，总的规律是摩擦系数随润滑剂动态黏度增加而下降。

图 11 – 23 为平板抽动实验中板材表面润滑剂附着量对摩擦系数的影响[14]。可见，润滑剂附着量在 3 g/m² 以下时，因油量附着不足使摩擦系数增大。

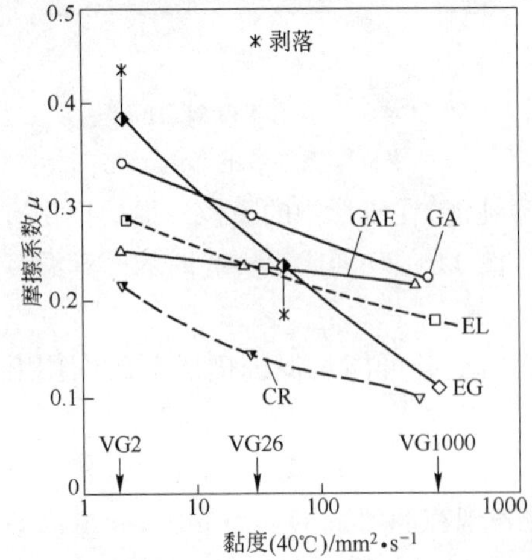

图 11 – 22　U 形拉深减薄成形中(减薄量 20%)润滑剂黏度对摩擦系数的影响

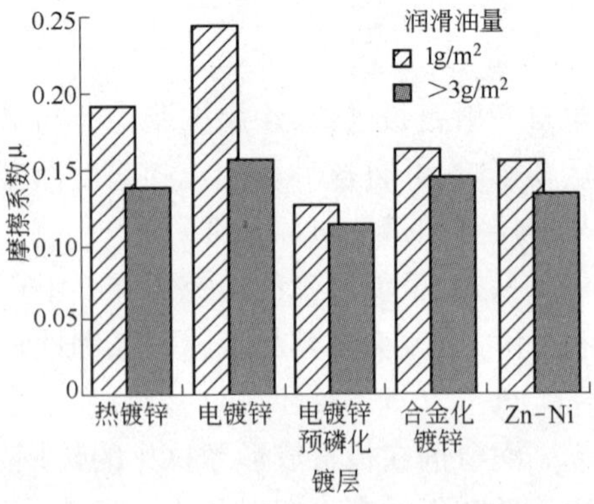

图 11 – 23　平板抽动实验中板材表面润滑剂附着量对摩擦系数的影响

11.2.2.6 其他因素的影响

图 11－24 为成形模具表面硬度(模具材质)与摩擦系数的关系[8]。当模具表面硬度约低于 600 HV 时,摩擦系数随模具表面硬度增加而略有下降,当模具表面硬度大于 700 HV 以上时,摩擦系数随模具表面硬度增加而增加。图 11－25 为模具表面硬度与板材表面硬度差对摩擦系数的影响[6]。可见表面硬度差约大于 400 HV 时,摩擦系数随硬度差值的增加而上升。

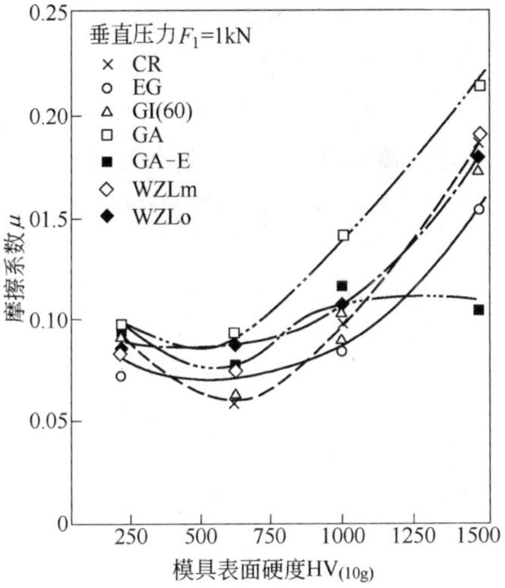

图 11－24 模具表面硬度与摩擦系数的关系

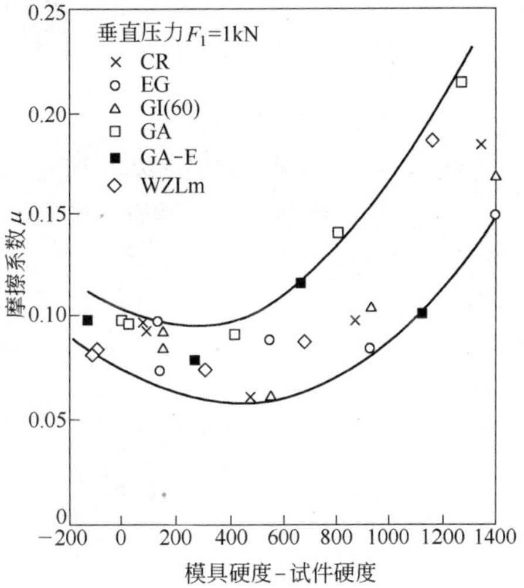

图 11－25 模具表面硬度与板材表面硬度差值对摩擦系数的影响

图 11－26 为模具表面粗糙度与带拉延筋抽动实验时摩擦系数的关系[14]。可见,粗糙度低的工具表面可明显降低板成形摩擦系数。

另外,有的研究结果表明,对同种镀层板,当成形道次数不同时,摩擦系数也发生变化。图11－27为五种涂镀层板在多道次平底模抽动摩擦实验中的摩擦系数测定结果[15]。

涂镀层钢板冲压成形摩擦系数的主要因素影响趋势可通过图 11－28 作一示意性描述[5]。

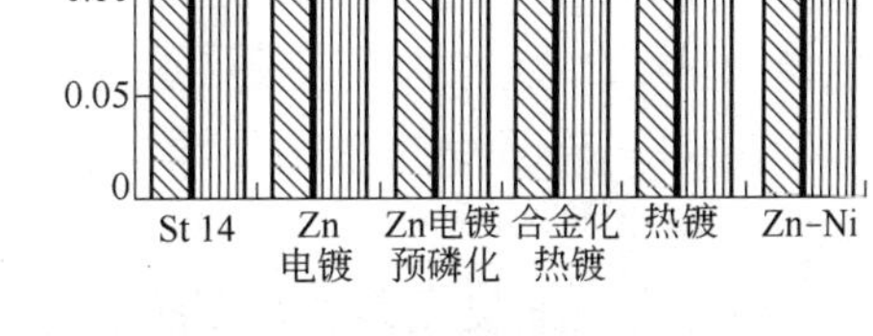

图 11－26 带拉延筋抽动实验时表面粗糙度对摩擦系数的影响

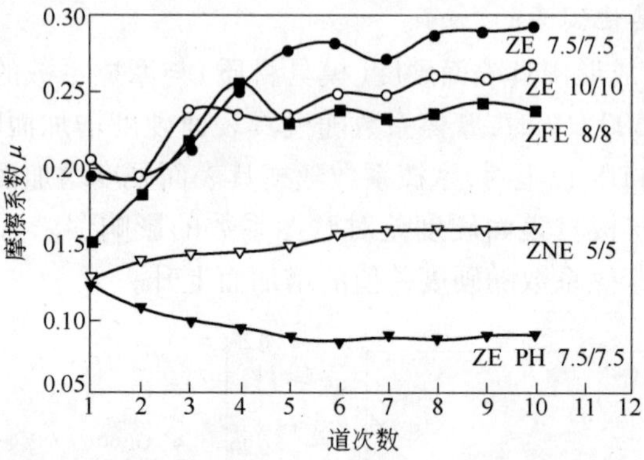

图 11－27　五种涂镀层钢板在多道次平底模抽动摩擦实验中的摩擦系数测定结果
（ZE：电镀锌板；ZE PH：磷化电镀锌板；ZNE：电镀锌－镍板；ZFE：合金化热镀锌板）

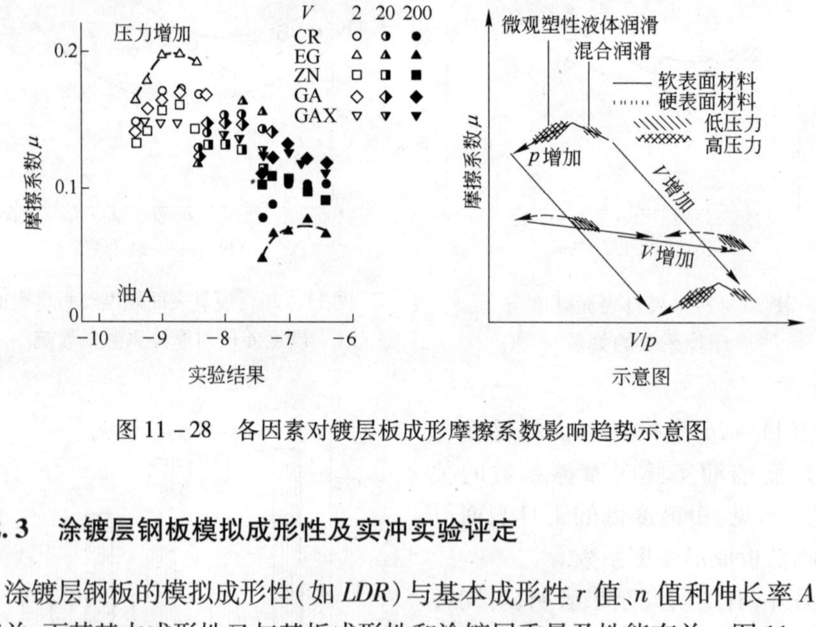

图 11－28　各因素对镀层板成形摩擦系数影响趋势示意图

11.2.3　涂镀层钢板模拟成形性及实冲实验评定

涂镀层钢板的模拟成形性（如 *LDR*）与基本成形性 *r* 值、*n* 值和伸长率 *A* 等直接相关，而其基本成形性又与基板成形性和涂镀层重量及性能有关。图 11－29 为电镀 Zn-Ni 合金板的材质、镀层重量与成形性的关系[15]。

图 11－30 表明当采用自润滑板时，板材的极限拉深比 *LDR* 比普通镀锌板有明显提高[10]。

在实际汽车复杂部件冲压成形过程中，成形条件十分复杂，需要合理控制材料流入和拉应力分布，以避免成形局部开裂和起皱发生。其中摩擦、润滑和压边力的控制非常重要。图 11－31 为采用各种涂镀层钢板冲压轿车门里板时可能的压边力控制范围[15]。可见当采用不同涂镀层板时为防止起皱和开裂应采用的压边力范围是不同的。

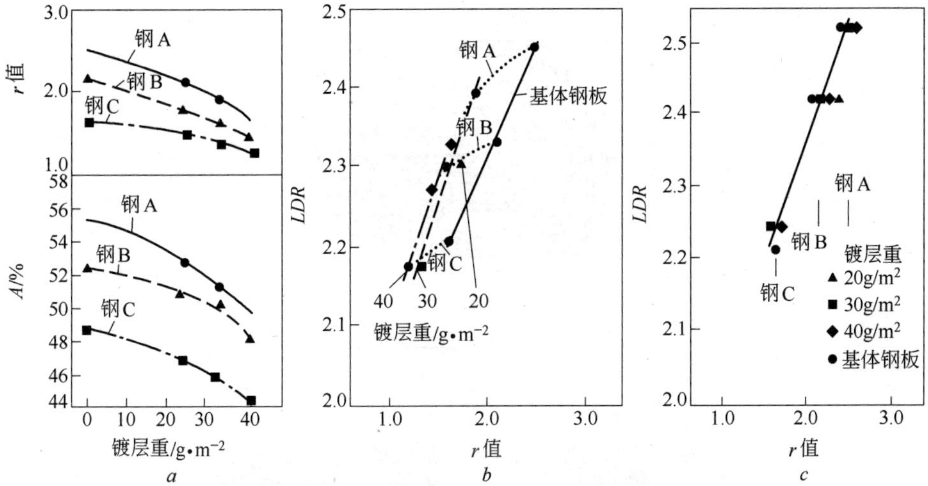

图 11－29 电镀 Zn-Ni 合金板的材质、镀层重量与成形性的关系

a—*r* 值-N 值和伸长率的变化；*b*—防锈油润滑时 *LDR* 和 *r* 值的关系；*c*—聚乙烯双面润滑时 *LDR* 和 *r* 值的关系

为了明确压边力的范围和法兰部位材料流入量的关系，可采用板料滑移性的概念作为评价其成形性的一个指标。所谓滑移性是指板料经法兰流入的难易程度，具体可用带拉延筋拉深实验的摩擦系数进行评价。图 11－32 表示拉延筋成形时的压边力和材料流入阻力的关系[16]。图中材料 A、B 具有相同的力学性能，但摩擦特性不同，材料 C 与材料 A 具有相同摩擦特性但抗拉强度高。

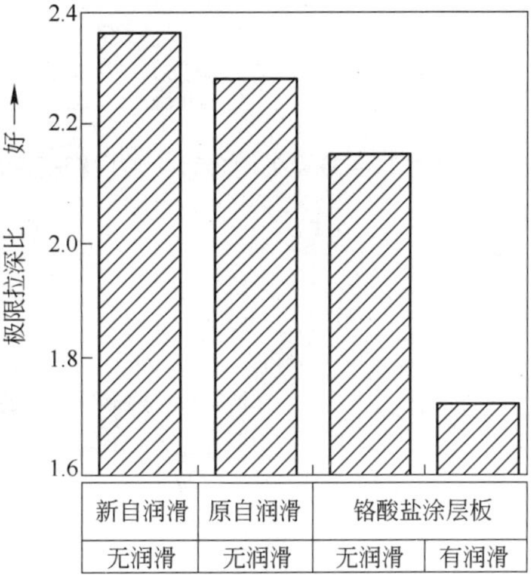

图 11－30 自润滑板与普通镀锌板极限拉深比 *LDR* 比较

在低的压边力范围内，板料因压边筋的作用而产生弯曲与反弯曲变形剧烈，拉伸力随压边力的增加而急剧增加。在拐点以上为与摩擦特性有关的区域，对于机械性能相同且断裂极限和起皱发生极限流入阻力相等的材料 A 和 B 而言，摩擦系数低的材料 A 的可成形压边力范围要宽。图 11－33 为板料的压边力与摩擦系数对成形开裂和起皱的影响[15]。

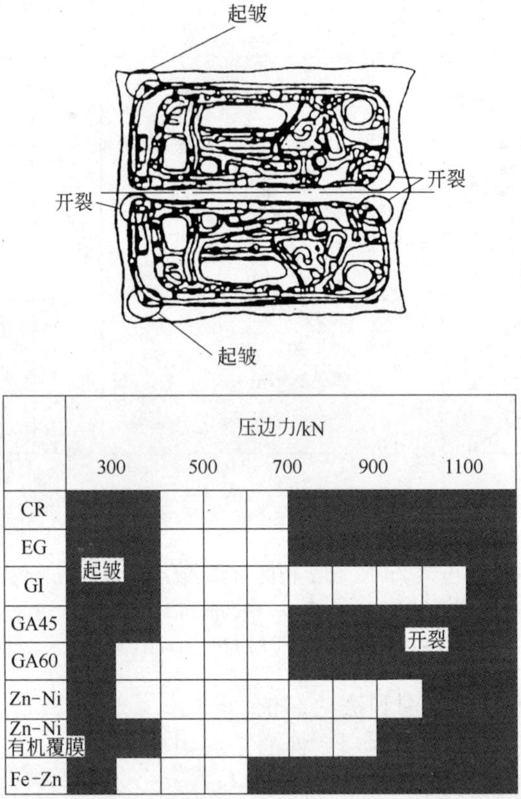

图 11 - 31　采用各种涂镀层钢板冲压轿车门里板时可能的压边力控制范围

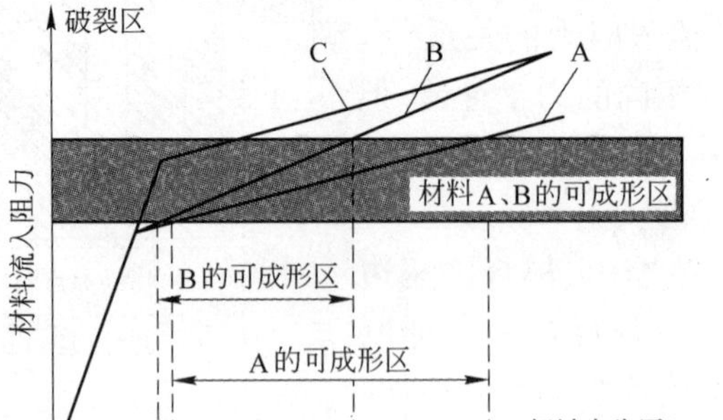

图 11 - 32　材料流入阻力和压边力的关系

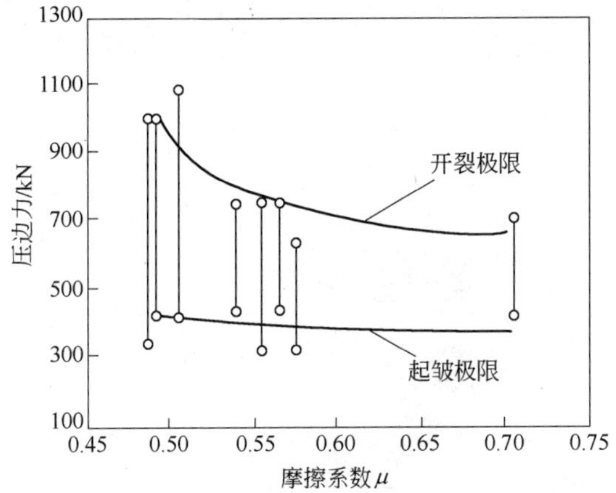

图 11-33 板料的压边力与摩擦系数对成形开裂和起皱的影响

另外,从对高强深冲镀锌板的成形性实验研究结果来看,其成形难度比普通深冲镀锌板要高,主要表现在镀层粉化、剥落、摩擦特性和回弹上[17]。

11.3 高强钢板的成形性及成形技术

11.3.1 高强钢板的成形性能

汽车上采用高强钢板主要的效果有:由材料强度提高而提高了安全性;由外板部件(覆盖件)抗凹陷性提高而提高了商品质量(商品性);由板厚减薄而使汽车轻型化。但另一方面,由普通钢板向高强度钢板转换中也出现了因材料强度增加、力学性能下降而产生的成形加工上的问题和不利因素。

在汽车覆盖件成形时,高强度钢板比普通钢板更易产生破裂、尺寸精度和形状精度不良的倾向。高强度钢板易发生破裂主要是成形性能参数总伸长率 A 值、r 值和 n 值低的原因(见图 11-34[18])。尺寸、形状精度不良主要是屈服强度和拉伸强度高,在冲压成形后的板内残余应力和回弹大。因此,与软钢板相比,高强度钢板的成形裕度要低。

图 11-35 为各种高延伸性热轧高强度钢板的扩孔率与拉伸强度的关系[19]。可见,新高强度钢板的扩孔率均比过去的高强度钢板高,双相钢板具有很高的扩孔率。

图 11-36 表示决定汽车覆盖件板厚的主要因素[148]。可见,一些情况是单纯提高拉伸强度与板厚减薄关系不大,而对成形件拉胀刚度来说,板厚和杨氏模量是重要的,在抗凹陷性上,钢板成形后的屈服强度很重要。

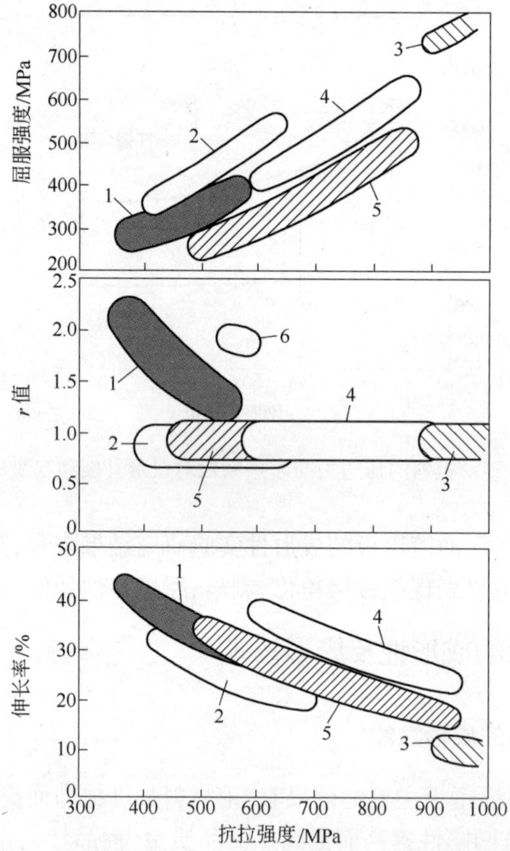

图 11－34 高强度冷轧钢板的强度与加工性能的关系

1—固溶强化（IF 钢）；2—析出强化；3—相变强化（贝氏体钢）；4—相变强化（残余奥氏体钢，TRIP 钢）；5—相变强化（铁素体＋马氏体钢）；6—析出强化（Cu 析出）

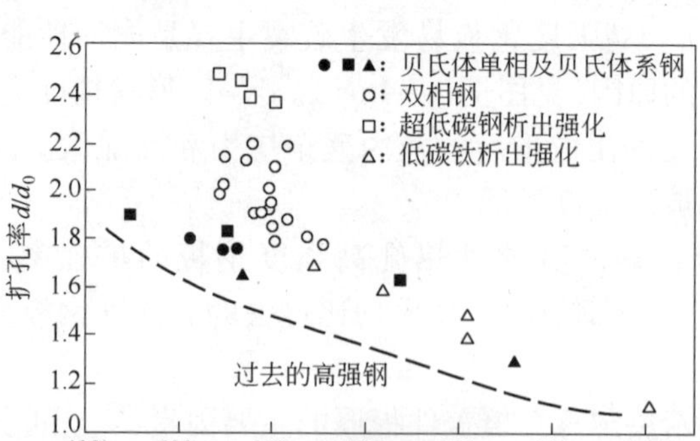

图 11－35 各种高延伸性热轧高强度钢板的扩孔率与拉伸强度的关系

分类＼特性		板厚决定因素					部件例
		拉胀刚度	抗凹陷性	部件刚度	耐久强度	大变形冲击强度	
外板		◎	○		△	○	顶盖 门外板
内板		◎	△	○	○	○	地板 车盖壁架
结构部件	A			◎	○	○	车体侧构件 发动机罩
	B			○	◎	○	侧构件 框架构件
	C			○	○	◎	门保护筋 座椅固定带
主要的材料特性		扬氏模量板厚	屈服强度板厚	扬氏模量板厚	抗拉强度板厚	屈服强度板厚	

▨ 高强度钢板特别有效的特性； ◎ 受该特性支配的对象部件多；
○ 受该特性支配的对象部件中； △ 受该特性支配的对象部件少

图 11－36 决定汽车覆盖件板厚的主要因素

11.3.2 高强钢板成形问题分析

对于普通钢板而言，冲压成形时易出现的问题主要有开裂、尺寸精度不良和形状精度不良三种。而高强度钢板成形时，有使在普通钢板产生的问题进一步恶化的倾向。这主要反映在[20]：

（1）高强度钢板的可成形范围窄，需要进一步改进钢板的深冲成形性，以冲压较难成形部件，这也是高强钢板应用的难点。

（2）冲压成形或弯曲成形后产生回弹、外板表面形状不稳定，出现表面凸起或凹陷现象，这与成形时产生板厚方向残余应力差而引起的弹性恢复有关，或者与拉深时法兰处的面内残余应力引起的力矩有关。这些成形件形状精度不良与钢板的屈服应力有关，高强钢板的屈服应力高，造成成形上的不利。

（3）在冲压成形过程中产生、直到成形完了仍然存在的成形件起皱或在弯曲成形时在弯曲部位附近产生平面应变，同时也引起板面内的压缩应力，使成形件形状变差。这种成形件形状精度不良也与材料强度有关，强度上升，形状不良恶化，这也是高强钢板应用上的不利方面。

图 11－37 为在 2004 年日本的汽车制造厂在应用高强度钢板过程中常遇到的成形问题调查结果[21]。其中可见，在汽车外板成形上遇到问题最多的是表面残余变形（面应变），在汽车内板成形上遇到问题最多的是形状不良。

成形件的尺寸精度和形状精度不仅影响汽车的功能和商品性，而且对模具制造和部件组合时的调整、修正等也有很大影响。因此，在成形技术上要求采取一些相应的措施。

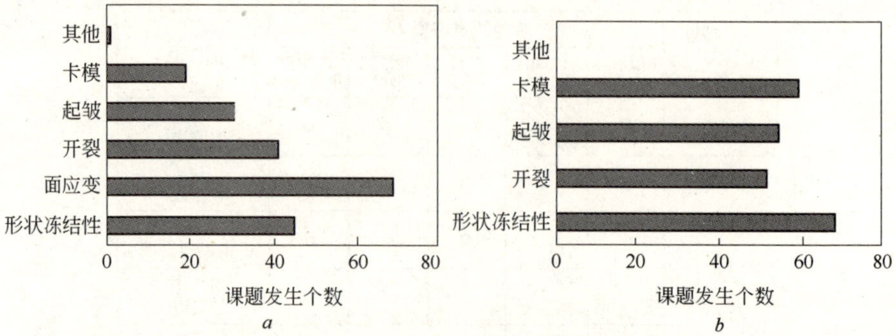

图 11－37　高强度钢板应用上的课题

a—外板应用上的课题；*b*—内板应用上的课题

11.3.2.1　外板部件成形[20]

作为外板部件，从功能上要求一定的刚性和抗凹陷性，同时从汽车的商品性和外观考虑，对尺寸精度和表面形状精度也有很高的要求。图 11－38 是外板部件采用普通钢板和高强度钢板冲压成形的尺寸精度比较结果。图 11－38*a* 是为了比较回弹量，将成形外板件放在检测量具（样板）上，测定样板与成形件端部（弯曲线）的偏差值。结果表明，高强钢板在各部位的回弹量都比普通钢板大，特别是在①～⑤、⑥～⑧处产生了扭曲变形。图 11－38*b* 是用断面形状样板测定成形件主断面形状的结果。虽然两种钢板都产生形状凹陷，但高强钢板的凹陷量要大一些。从这些结果可以说明，高强钢板的形状固定性差。

11.3.2.2　内板部件成形[20]

内板部件主要有结构、加强用的内护板和作为骨架、构件的框架，这些都是要求抗冲击强度和耐久强度的部件。与外板部件相比，内板部件板厚较厚的部件多，在满足强度要求的同时，为降低厚度、减轻重量，采用高强度钢板是最有效的。

图 11－39 为汽车前侧卫板成形的尺寸精度比较结果。卫板部件呈三维弯曲的地方和焊接法兰面的深度变化剧烈处很多，是一个难成形件，高强度钢板的尺寸偏差比普通钢板平均约高 2 倍以上。另外，对在普通钢板不发生起皱的地方，尽管提高压边力也仍然发生起皱，可见，起皱与材料强度有关。

11.3.3　成形裕度降低及对策

表 11－1 为 340 MPa 级普通强度板和 440 MPa 级、490 MPa 级高强度钢板的力学性能参数和冲压汽车前盖板部件成形裕度的比较[22]。由此可见，冲压相同的部件，与 340 MPa 普通强度级别冲压板相比，440 MPa 级以上高强度钢板成形裕度明显低，而 490 MPa 级已不可能冲压成形出合格产品。

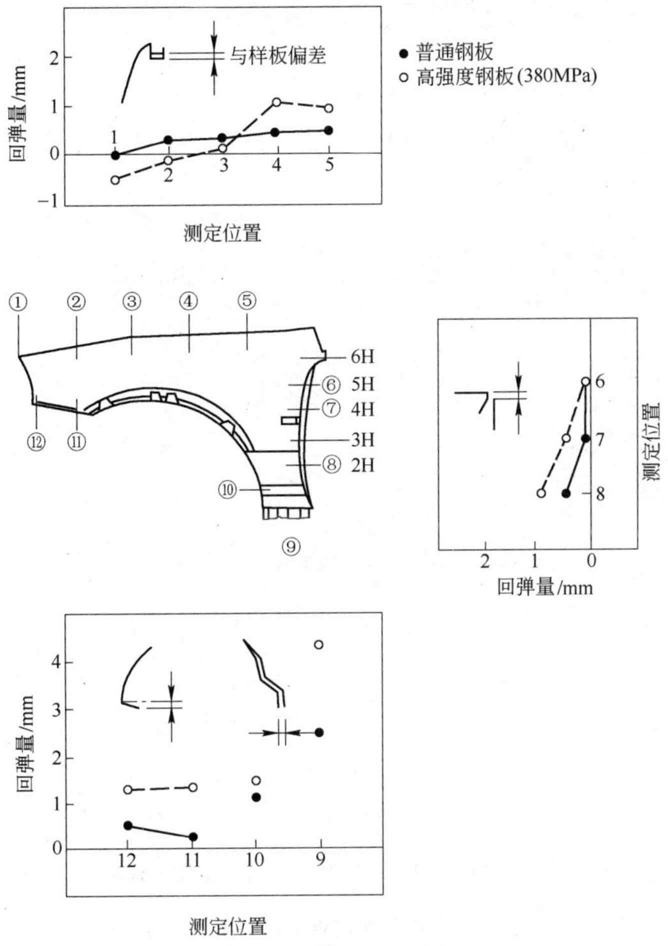

a

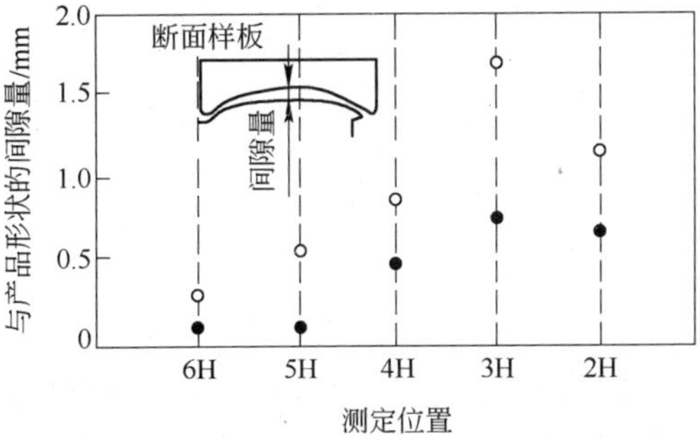

b

图 11－38　外板部件采用普通钢板和高强度钢板冲压成形的尺寸精度比较结果

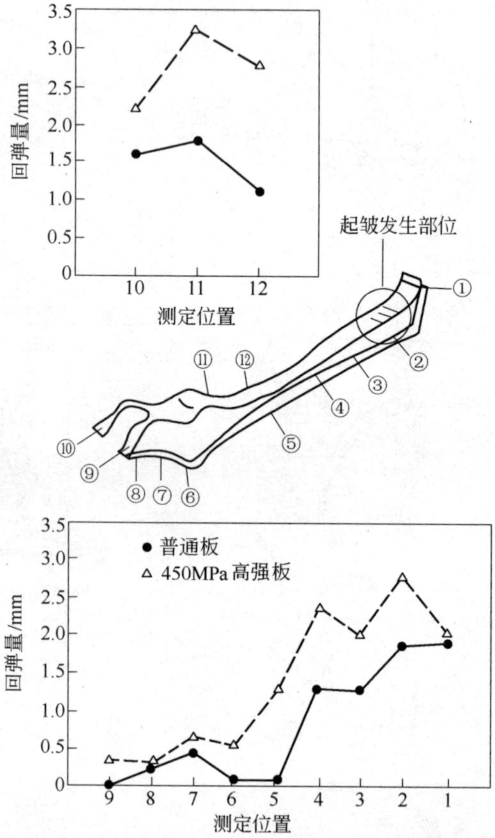

图 11－39　内板部件的尺寸精度(前侧卫板)

表 11－1　普通钢板和高强钢板的成形裕度比较

钢板类型	R_e/MPa	R_m/MPa	A/%	n 值	r 值	压边力/t					
						90	100	110	120	130	140
普通强度钢板(340 MPa)	219.5	368.5	43.6	0.201	1.74	起皱	好	好	好	好	开裂
高强度钢板(440 MPa)	321.4	453.7	38.0	0.192	1.54	—	—	起皱	好	开裂	—
高强度钢板(440 MPa)	325.4	492.9	35.5	0.24	1.49	—	—	起皱	不合格	开裂	—

对开裂所采取的措施有：(1)减少或附加张力，通过适当调整压边力，压边筋形状及位置，毛坯形状来促进材料流入，降低总延伸量；(2)增加断面和角部半径 R，使形状缓和，避免局部变形。

防止起皱的措施有：(1)增加附张力；(2)使夹料断面长度均匀；(3)设置防皱压边筋。

11.3.4 尺寸及形状精度不良及对策

使用高强度钢板成形时，由于材料屈服强度高，弹性回复量增大而产生冲压件尺寸精度不良。由于尺寸精度不良，不仅车体精度恶化，而且对焊接组装和冲压过程也带来许多不利影响，同时还要增加矫正工序和模具费。因此确保成形件尺寸精度是十分重要的。

所采取的主要对策有[20]：(1)在成形过程中，通过变化控制压边力，保证成形裕度的同时，增加附加张力控制回弹量；(2)在成形件侧壁部或角部设置柱形或三角形压边筋，或在法兰变形部位设置筋成形，以缓和成形后的残余应力；(3)增加预弯曲工序，通过使预弯曲工序的弯曲半径小于成形工序的弯曲半径，进而产生与弯曲部位弹性回复方向相反的反弯曲以克服回弹。

起皱是由于板材产生面内压缩应力的结果，需要采取抑制产生压缩应力的设计。例如，在冲制覆盖件时，如事先分析预测起皱发生的部位，采取能给予缓和压缩应力的张力的余边或设定冲压深度。

平面应变和起皱同样是由于板材面内压缩应力产生的，但由于它是在弯曲成形时发生的，因此解决对策很难。通常，在弯曲工序产生面应变的开口处周围预先估计一个弹性回复量，而在三维曲面变形的情况下，需要试验、调整或修正工步。

表 11－2 为薄板成形形状不良现象的因素分类及相应控制措施[23]。

表 11－2 薄板成形形状不良现象的因素分类及相应控制措施

<table>
<tr><th>残余应力特征</th><th>形状不良原因</th><th>现　　象</th><th>措　　施</th></tr>
<tr><td rowspan="2">板厚方向有残余应力</td><td>因弯曲方向存在残余弯曲力矩而造成弹性变形回复</td><td>U 形弯曲或 V 形弯曲，张开、闭合；
帽形弯曲、张开、闭合或翘曲；
成形时弯曲面大、形状稳定性不良</td><td rowspan="4">1. 降低残余应力绝对值。使应力单向分布（施加强拉力等）；在拉伸残余应力部位施加面压；使用低屈服强度材料。
2. 降低残余弯曲力矩，使力矩平衡。
3. 确保弯曲位移分量平衡。
4. 提高钢板表面刚性，确保成形件高度，增加加强筋。
5. 控制残余应力方向（拉伸、压缩）。
6. 设计时考虑预测弹性变形回复量</td></tr>
<tr><td>因弯曲棱线方向存在残余弯曲力矩而造成弹性变形回复</td><td>长尺寸弯曲部件出现鞍型翘曲（特别是厚部件）</td></tr>
<tr><td>板面有残余应力</td><td>1. 弯曲（残余应力：外侧拉伸、内侧压缩）；
2. 扭曲（残余应力：外侧压缩、内侧拉伸）；
3. 钢板表面残余应力向外发生力矩作用；
4. 不同符号相对的钢板面残余应力产生的非对称力矩作用</td><td>钢板表面畸变（门把手及其他部位）；
辊压成形件凹处折皱出现浅盘状或长尺寸深冲件微扭曲；
翻边等引起钢板弯曲或翘曲；
长尺寸的弯曲 U 形件在纵向出现扭曲</td></tr>
<tr><td>剪切残余应力</td><td>扭曲的成形法兰部位出现弹性变形回复</td><td>辊压成形件横断面：张开（前端）、闭合（后端）</td></tr>
</table>

形状不良的根源在于残余应力。相应控制措施中的分类是以残余应力为基础分类的。残余应力以力矩形式发生作用,对成形件形状有所影响。也就是说,残余应力是导致形状不良的直接原因。该力矩存在于成形后的部件中,也存在于压曲(弯曲或扭曲)后的部件中。

解决成形形状不良的对策有以下 3 种方法(见表 11－2 措施栏):

(1) 降低残余应力绝对值(这是最基本的)降低残余应力绝对值的典型对策是,施加拉伸应力后,使所发生的应力单向拉伸。然而,单向拉伸后,应力分布梯度则变小。若在此状态卸载,则残余应力变得极小。从板面垂直方向对产生拉伸应力的部位施压时,则能有效地减小拉伸与压缩的内部应力差。

(2) 降低残余弯曲力矩在弯曲一反弯曲过程中,残余应力在板厚方向分布。其产生的力矩若作为相反力矩加以平衡,则可以相互抵消,而板材的残余弯曲力矩也会随之减少。

(3) 实现位移分量的平衡。在帽形弯曲成形件中相互接近的不同部位(侧壁和圆角等),通过“张开”、“闭合”使相对位移的成分相互补偿。

上述(1)～(3)是基本措施。表 11－2 措施栏中 5.“控制残余应力方向”是比基本措施更适用的对策。辊压成形中过度弯曲后的矫正也属于这一类。采用的方法需根据成形类型中出现的问题加以处理。

11.4　不锈钢板成形性及成形技术

11.4.1　不锈钢板冲压加工的基本特点

不锈钢分为马氏体系、铁素体系、奥氏体系、铁素体/奥氏体两相系和析出强化系等几大类,其中可用于冲压成形的有 SUS430 代表的铁素体系不锈钢和 SUS304 代表的奥氏体系不锈钢。不锈钢的材料特性与冲压成形性之间存在密切关系。不锈钢的冲压加工方法与普通钢的加工方法基本相同,表 11－3 为不锈钢板和普通钢板的力学性能和物理性质[24,25]。

表 11－3　不锈钢板和普通钢板的力学性能和物理性质

钢　种	$R_{P0.2}$/MPa	R_m/MPa	A/%	n 值	r 值	热导率 /W·(m·C)$^{-1}$	线膨胀系数/℃$^{-1}$
SUS304	295	689	59.5	0.52	1.04	16.24	16.4×10^{-6}
SUS430	365	521	26.5	0.19	1.25	25.52	10.4×10^{-6}
普通钢	180	310	46.0	0.23	1.7	58	11.0×10^{-6}

一般不锈钢冲压加工应注意以下几点:

(1) 屈服强度和拉伸强度高,奥氏体系不锈钢的加工硬化大,易产生回弹和模具损伤,所以加工设备的强度、刚度及耐磨性一定要优良,通常选用铝青铜

(PVD、CVD 表面处理)。

(2) 热传导小、热膨胀大(奥氏体系),所以选用冷却性能优良的水溶性润滑油。

(3) 由于一些制品常常直接利用不锈钢板的表面光泽,在冲压加工中要避免表面损伤,为防止表面缺陷及进行润滑,通常钢板表面乙烯涂层或选用润滑处理钢板。

(4) 奥氏体系不锈钢,在常温附近的加工硬化特性受温度影响大,成形性受温度和速度的影响很大。通常高温、高速条件下,n 值降低,成形性恶化。所以利用温度影响大小的温加工方法可得到极优良的冲压性能。

(5) 奥氏体系和铁素体系的 n 值和 r 值的变化特征有所不同,这些特征在工程设计中的很好利用是很重要的。图 11-40 为不锈钢的 n 值与杯突值、r 值与极限压延比(LDR)的关系,由图可知,奥氏体系不锈钢板的冲压成形性 n 值影响大,铁素体系的 r 值影响大。

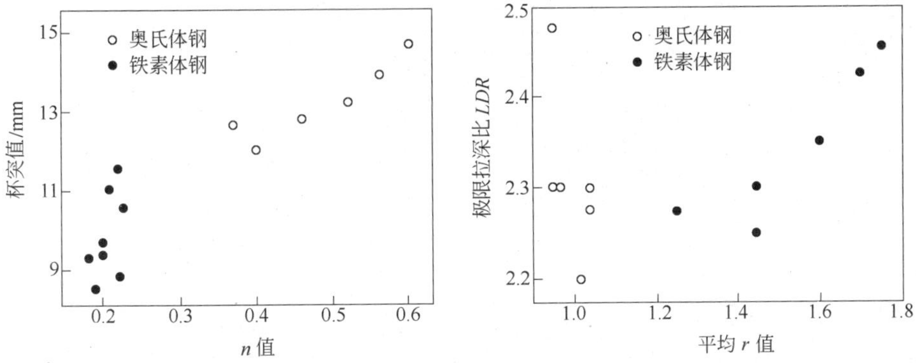

图 11-40　不锈钢的 n 值与杯突值、平均 r 值与极限压延比(LDR)的关系

奥氏体系不锈钢的 n 值随成分变化大,r 值基本在 1 左右,所以冲压成形用的奥氏体系不锈钢的成分设计主要应根据用途得到合适的 n 值为目的,几乎不考虑 r 值的影响。一般奥氏体系不锈钢的 n 值大,拉胀性好,所以工程设计上最好多采取拉胀成形条件;铁素体系不锈钢与奥氏体系不锈钢的情况相反,其成形性主要受 r 值支配,要想提高铁素体系不锈钢的成形性,必须提高其 r 值,通常铁素体系不锈钢的 r 值比奥氏体系不锈钢的大,深冲性优良,但也存在 n 值小于 0.2、伸长率低、拉胀成形难的问题。因此,铁素体系不锈钢的冲压成形设计时,应考虑最大限度地利用深冲性。

11.4.2　奥氏体系不锈钢的材料特性与成形性

11.4.2.1　成形性的影响因素[24,25]

(1) 奥氏体的稳定度。奥氏体系不锈钢的冲压成形性受奥氏体稳定度的影响很大，其 n 值主要是由奥氏体的稳定度支配的。准稳定的奥氏体不锈钢 SUS304 和 SUS301，在塑性变形时会诱发马氏体产生，奥氏体稳定度与加工诱发马氏体的化学成分影响可以用 *Md*30 值(℃)表示，*Md*30 值是材料拉伸 0.3、马氏体转变量为 50% 时的温度，*Md*30 值小，即便奥氏体相稳定，加工诱发的马氏体也可能产生。*Md*30 值与成分的关系为：

$$Md30 = 497 - 462(C + N) - 9.2Si - 8.1Mn - 13.7Cr - 20(Ni + Cu) - 18.5Mo$$

图 11－41 为奥氏体系不锈钢 *Md*30 值与成形性的关系，其 n 值随着 *Md*30 值的上升而增大，而杯突值在 *Md*30 值为 40℃ 时最大。加工诱发马氏体造成成形性提高的原因是由于相变诱发了塑性。*LDR* 和扩径率随着 *Md*30 值的增大而降低。

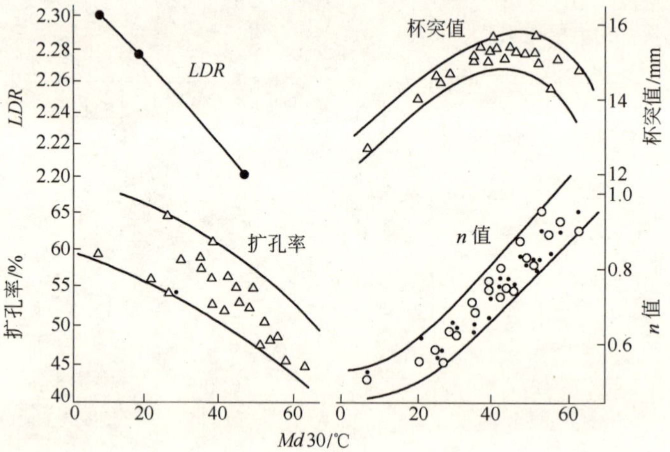

图 11－41　奥氏体系不锈钢稳定度(*Md*30 值)与成形性的关系

(2) C 量、N 量：C、N 量增加，屈服强度和硬度值增大，一般冲压成形性随着 C、N 量的降低而提高。C、N 量低，奥氏体相不稳定，可以通过 Ni、Cu、Mn 等调整奥氏体的稳定度，低 C、N 量化对加工裂纹的改善很有效。

(3) Cu 的添加：添加 Cu 是为了奥氏体稳定化，添加 2% ～3% Cu 时，奥氏体稳定度调整适度，成形性得到改善。

11.4.2.2　冲压成形的加工问题

(1) 裂纹。奥氏体系不锈钢在冲压成形时要注意产生裂纹问题，裂纹的影响因素主要有外缘部的残余应力、氢含量、润滑油、时效等。

残余应力：残余应力受加工诱发的马氏体相变影响很大，一般冲压比大的成形，奥氏体不稳定材料成形后加工诱发的马氏体量多，残余应力大，裂纹容易形成。Cr、Ni 系与 C、N 系(20℃以下)裂纹发生时间随 *Md*30 值增大而降低，而 C、

N 系(30℃以上)裂纹发生时间随 $Md30$ 值增大而增大。

氢含量：氢可使耐裂纹性急剧下降，在空气中退火，氢含量在 0.0001% 以下，在氢氮混合气中退火，BA 材料中就含有少量氢，这对深冲很不利。

润滑油、时效：其影响很复杂，润滑油中的有机溶剂可促使裂纹形成，因此成形时润滑油的选择，成形后的脱脂、洗净方法需注意。

(2) 制耳。奥氏体系材料冲压成形时，r 值的大小关系到深冲成形时是否产生制耳问题。

热轧 - 退火工艺：由图 11 - 42 可见，冷轧前晶粒大制耳率低，这是由于粗晶化使得冷轧板在{112}〈111〉方向的发展受到了抑制，这种粗晶化通常是热轧板退火形成的。

冷轧工艺：由图 11 - 43 可见，冷轧压下率小，第一次冷轧比第二次冷轧的 Δr 小，制耳率低，制耳问题通常发生于第二次冷轧材料。冷轧诱发的马氏体制耳率小，所以冷轧温度低的奥氏体相不稳定材料可有效防止制耳的发生。

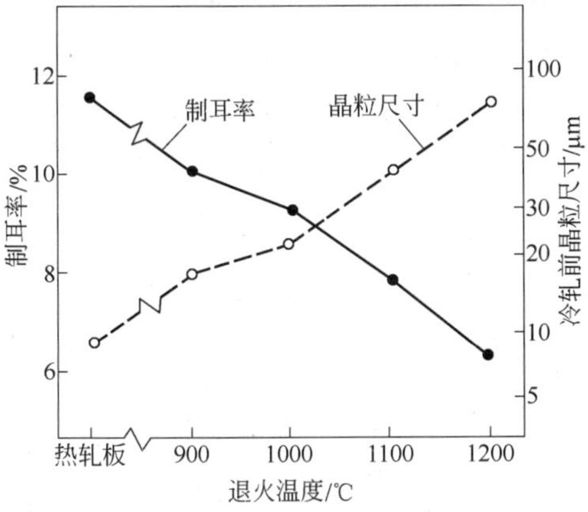

图 11 - 42 SUS304 热轧板退火温度、晶粒直径与制耳率的关系

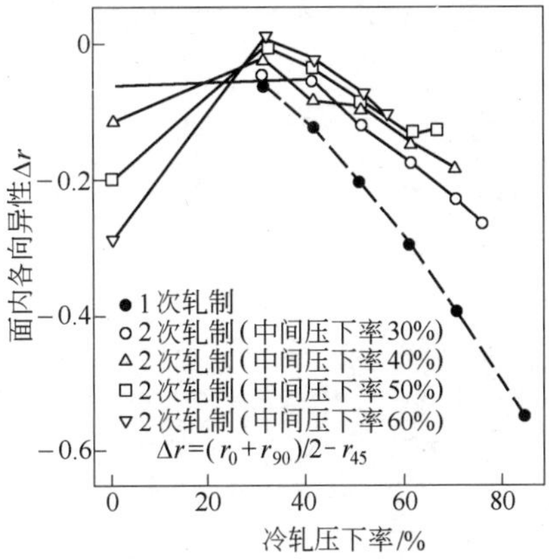

图 11 - 43 SUS304 冷轧压下率和制耳率(Δr)的关系

11.4.3 铁素体系不锈钢的材料特性与成形性

11.4.3.1 成形性的影响因素[24,25]

如前所述，对于铁素体系不锈钢，其成形性主要是通过 r 值来影响的。

(1) C、N 量和 Ti、Nb、Cu 的添加。为了使 r 值增大，母材的纯化(C、N 量的降低)、Ti 和 Nb 的添加(使自由 C、N 量进一步降低)是铁素体系不锈钢广泛采用的方法。近年来，随着精炼技术的发展，高纯度、耐蚀性好的铁素体系不锈钢相继问世。图 11 - 44 为低碳 17Cr 钢添加 Ti 后的 r 值、CCV 与 Ti 含量的关系，由图可见,随着 Ti 含量的增大,*r* 值与 *CCV* 显著提高,成形性得到改善。成分高纯度在冷轧时,使{111}组织得到发展,容易得到高 *r* 值。最近研究表明,S 有使固溶 C 量降低的效果,在添加 Ti 的同时添加 S 后,使成形性和耐蚀性得到提高。Cu 和 Ti 与 Nb 也有类似效果。

图 11-45 为低碳 17Cr 钢添加 Cu 后的 *r* 值、*CCV* 与 Cu 含量的关系,由图可见,添加 0.6% Cu 时,*r* 值与 *CCV* 最大。添加 Cu 使 *r* 值增大的原因与母材纯化不同,它是在回复再结晶初期析出细微 ε-Cu 相使大角度晶粒的移动受到抑制的结果。

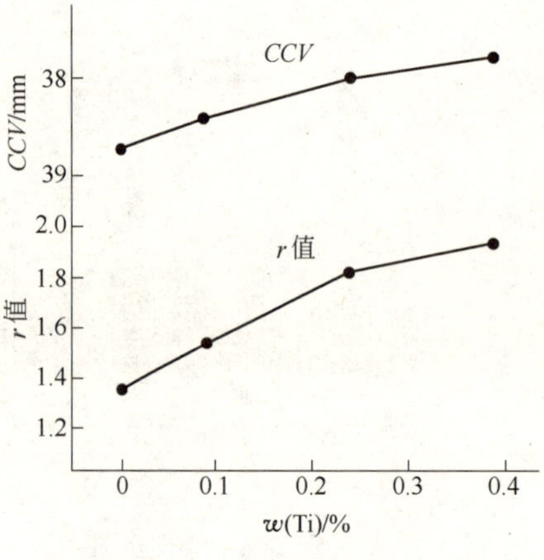

图 11-44　添加 Ti 对低碳 17Cr 钢的 *r* 值、*CCV* 的影响

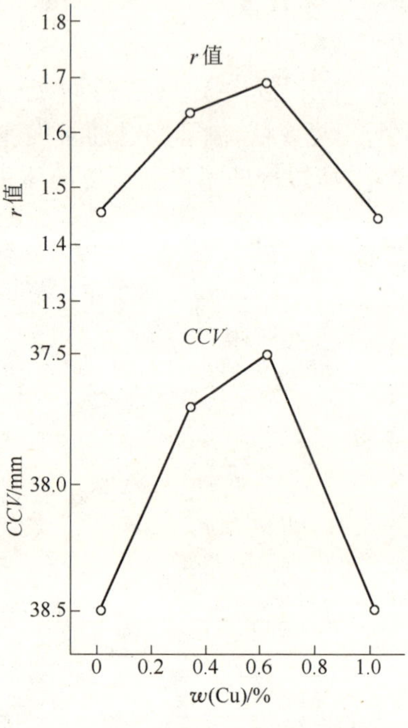

图 11-45　添加 Cu 对低碳 17Cr 钢 *r* 值、*CCV* 的影响

(2) 冷轧条件。图 11-46 为 SUS430 与 SUS430J1L 的冷轧率、冷轧次数与 *r* 值的关系。1 次冷轧材料为热延板经过 1 次冷轧后退火的材料,2 次冷轧材料为经两次冷轧、退火后材料,由图可见,冷轧压下率增大,冷轧次数增加,{111}组织优先发展,所以 *r* 值提高。冷轧压下率对 *r* 值的影响随着冷轧次数的增加而增大,所以 2 次冷轧的 *r* 值大幅度提高,这是铁素体系不锈钢的共同特点,所以通常采用 2 次冷轧材料进行加工。

11.4.3.2　冲压成形的加工问题

(1) 斜纹。在与冲压成形的拉伸方向成 45°方向产生凸凹状的起伏现象,其

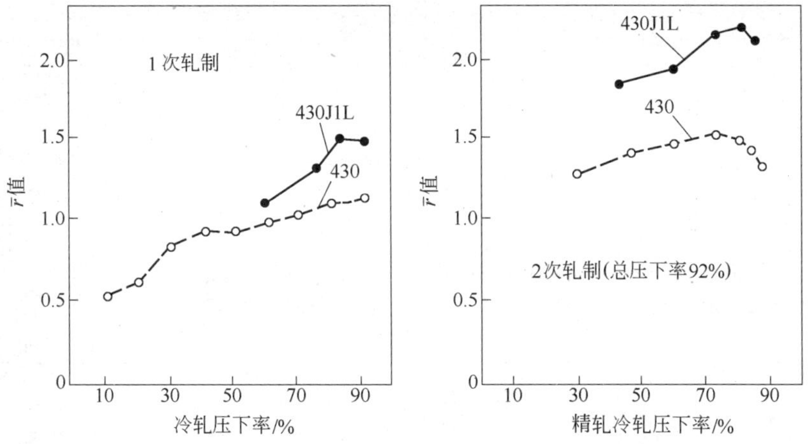

图 11－46 冷轧条件对铁素体系不锈钢 $\bar{r}$ 值的影响

原因为 C、N 等间隙元素的错位相互作用造成的。这可以通过适当地调整轧制工艺来防止。

(2) 直纹。在冲压成形件上产生与轧制方向平行的凸凹状的条纹,其原因为在轧制方向上存在不同方位的连铸柱状晶组织造成的。这可以通过破坏条带状组织来防止。

(3) 裂纹。在深冲加工后的二次加工中会在冲压方向上产生平行的脆性裂纹,在深冲加工后,由于二次加工的温度低,因此产生加工脆化。这可以通过添加 Ti、Nb、B 等来进行改善。

11.4.4 实用不锈钢的成形性

表 11－4、表 11－5 为实用奥氏体系不锈钢和铁素体系不锈钢的力学性能和成形性[24~25]。

表 11－4 冲压用奥氏体系不锈钢板的力学性能及成形性(板厚:0.6 mm)

JIS 记号 SUS	基本成分	$Md30$ /℃	R_e /MPa	R_m /MPa	A/%	n 值	r 值	杯突值 /mm	CCV /mm	LDR	扩孔率 /%
304	0.06C-18Cr-8Ni	18.0	295	689	59.5	0.52	1.04	13.1	27.5	2.275	52.0
	0.06C-18Cr-9Ni	7.0	290	650	61.0	0.46	0.97	12.6	27.5	2.300	57.0
301	0.10C-17Cr-7Ni	45.7	305	710	62.0	0.60	1.02	14.5	27.3	2.200	50.0
304J1	0.01C-17Cr-7Ni-2Cu	43.5	264	579	65.0	0.56	0.95	13.6	26.8	2.475	63.0
305J1	0.01C-18Cr-12Ni	-34.4	249	551	53.4	0.40	0.95	11.9	—	2.300	—
XM7	0.03C-18Cr-9Ni-3.5Cu	-46.7	280	560	48.1	0.37	1.04	12.5	27.7	2.300	97.0

表 11－5　冲压用铁素体系不锈钢板的力学性能及成形性（板厚：0.6 mm）

JIS 记号 SUS	基本成分	R_e /MPa	R_m /MPa	A/%	n 值	r 值	杯突值 /mm	CCV /mm	LDR	扩孔率 /%
430	0.06C-17Cr	365	521	26.5	0.19	1.25	8.5	28.5	2.275	51.0
434	0.06C-17Cr-1Mo	386	564	25.6	0.18	1.45	9.2	—	2.250	50.0
430JIL	低 C，N-17Cr-0.5Nb-0.4Cu	349	500	30.0	0.20	1.70	9.6	27.2	2.425	85.0
430LX	低 C，N-17Cr-0.3Ti	335	485	29.7	—	1.71	9.5	—	—	—
444	低 C，N-19Cr-2Mo-0.1Ti-0.3Nb	400	585	28.0	0.20	1.60	9.3	27.6	2.350	90.0
410L	低 C，N-12Cr	307	460	34.6	0.22	1.45	8.8	27.9	2.300	65.0
SUH409L	低 C，N-11Cr-0.3Ti	273	440	33.0	0.25	1.75	10.1	27.6	2.450	85.0

11.4.4.1　奥氏体系

（1）SUS304。是最有代表性的不锈钢，奥氏体的稳定度 *Md*30 值在 0～20℃ 范围内，其深冲性、拉伸性、拉胀性良好，适用范围广泛。

（2）SUS305J1、SUSXM7。这两种钢 C、N 量低，305J1 的 Ni 含量增大（12%），XM7 的 Cu 含量（3.5%），其奥氏体相十分稳定（*Md*30 值为 －30～－50℃），可以防止加工诱发的马氏体相变，其材质软，加工硬化低，拉胀性差，深冲性好。

11.4.4.2　铁素体系

（1）SUS430。是铁素体系不锈钢，代表钢是 17Cr 钢，其圆筒深冲性可与 SUS304 媲美，价格低，因此主要应用于厨房、家电、汽车等领域。

（2）SUS430LX，SUS430JIL。是 17Cr 高纯度铁素体系不锈钢，LX 为 Ti、Nb 的含量 0.5%，JIL 为 Cu 含量 0.4% 和 Nb 含量 0.5%，430 的整体成形性优良，其 *r* 值高，因此深冲性良好。SUS430 以上的不锈钢的耐蚀性要求很高，如 SUS434（17Cr-1Mo），为了节省 Mo，人们又开发了 436JIL（17Cr-0.5Mo）。

11.4.5　不锈钢板的温冲压成形

不锈钢板的温冲压成形已经有十多年的历史了，目前已经成为普遍认同的一种实用的加工手段。使用的不锈钢主要是 SUS304，SUS304 的耐蚀性好、冲压性能也良好、塑性变形可发生马氏体转变、加工硬化大、二次成形性差，因此冲压成形后需要进行退火处理。而采用温冲压成形可以省去退火处理工艺，而且得到提高的冲压比，使得深冲成形的应用范围进一步扩大[26,27]。

11.4.5.1　温冲压成形原理

通常，冲压成形时，为了提高成形极限，在容易破裂的冲头肩部保持高的抗开裂能力的同时，通过降低法兰部位的变形抗力和冲头肩部的弯曲、反弯曲抗力，减小冲压力是重要的。为此，一般是提高加工材料的 *r* 值和降低屈强比，进行深冲性优良的材料开发或在加工方法上进行模具材质、表面处理、润滑剂等的开发。在温冲加工方法中，采用了冲头冷却、冲模和压边加热的措施，使加工材料产生温度梯度。这样在容易破裂的冲头肩部保持了高的抗开裂能力的同时，也降低了法兰部位的变形抗力和冲头肩部的弯曲、反弯曲抗力，减小了冲压力。

图 11－47 为 SUS304、SUS430 和 SPCC 的拉伸强度和温度的关系，由图可见，不同钢种的拉伸强度及伸长率受温度的影响很大。对于 SUS304，在 0～100℃范围内是较容易处理的温度，由于拉伸强度受温度的影响大，因此可以利用这一性质大幅度提高其成形性。

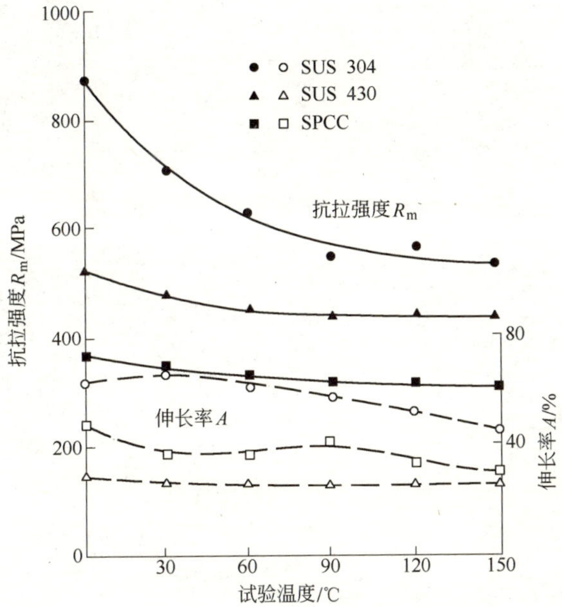

图 11－47 SUS304、SUS430 和 SPCC 的拉伸强度和温度的关系

11.4.5.2 温冲压成形实例

图 11－48～图 11－50 分别为 SUS304、SUS430、SPCC 的成形实例。材料的力学性能、化学成分如表 11－6 所示。冲头直径为 ϕ70、冲头肩半径为 R7、冲模肩半径为 R7、模具材料为铜－铝合金，润滑剂为油性润滑剂，冲头的冷却温度为 0～2℃，冲模和压边圈的加热温度为室温～150℃。各种材料在 90℃左右的冲压成形极限最大，其中 SUS304 的极限压延比为 3.0 得到大幅度提高，这与图 11－47所示的 0～100℃范围拉伸强度受温度影响明显是一致的。超过 120℃后，由于润滑剂的黏度降低，所以极限压延比减小。SUS430 和 SPCC 的极限压延比提高得小一些但比通常冲压成形要好。

表 11 - 6　试验材料的化学成分和力学性能

材质	化学成分(质量分数)/%								拉伸强度/MPa	伸长率/%	板厚/mm	硬度 HV	胀形高度/mm
	C	Si	Mn	P	S	Ni	Cr	Mo					
SUS304	0.05	0.48	0.85	0.029	0.006	9.24	18.0	0.10	706	66.7	1.0	210	60
SUS430	0.05	0.52	0.14	0.030	0.008	0.02	16.1	0.01	477	26.7	0.7	190	43
SPCC	0.04	0.03	0.17	0.015	0.010	0.08	0.05	—	340	36.8	1.0	110	56

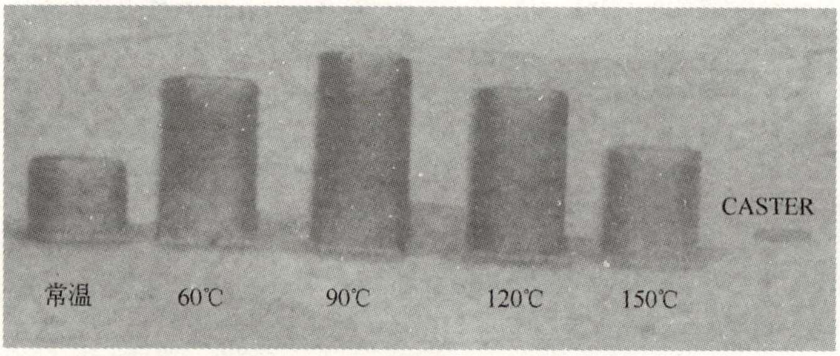

图 11 - 48　SUS304 板成形实例

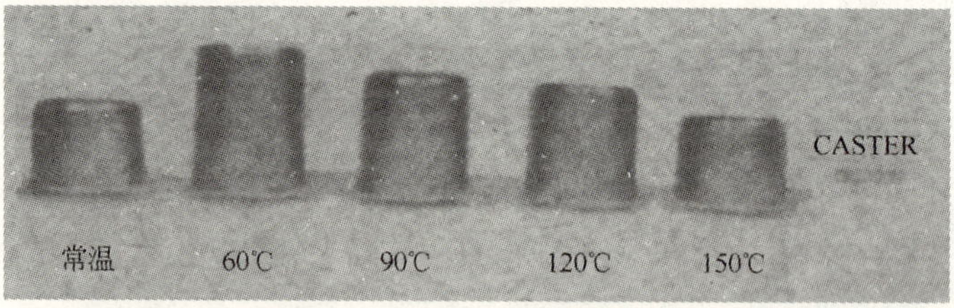

图 11 - 49　SUS430 板成形实例

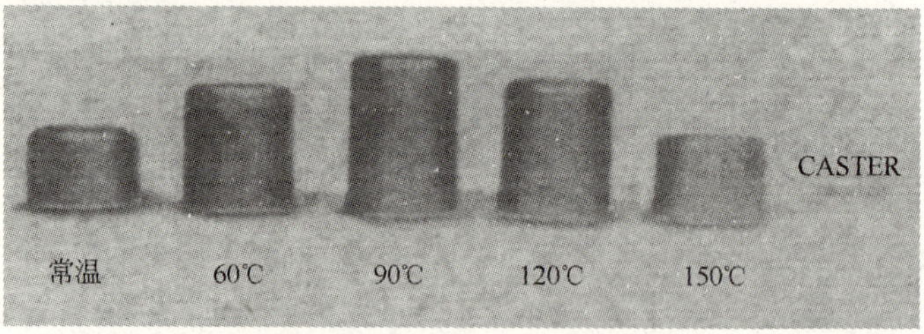

图 11 - 50　SPCC 钢板成形实例

11.4.5.3　不锈钢板温冲压成形的优点

不锈钢板，尤其是 SUS304 在温冲压成形中与其他材料相比，极限压延比得到大幅度提高，在深容器冲压成形中更具有优势。SUS301 是准稳定奥氏体不锈钢，在成形中会诱发马氏体转变（TRIP）。由实验研究得知，SUS301 随着变形量的增加，成形温度的降低，马氏体转变量增大。马氏体的转变温度 *Md* 为 160℃，因此在 160℃ 以上的温度范围，变形量多大也不会产生马氏体。SUS304 的奥氏体稳定度比 SUS301 的大一些，*Md* 点也低一些。所以 SUS304 和 SUS301 等奥氏

体不锈钢板在 *Md* 点附近的温度范围内进行温冲压加工时，几乎不会诱发马氏体相变。从不锈钢拉伸试验的 lg*R*-lg*ε* 的关系可见，拉伸变形受到了变形诱发的马氏体的影响，从而产生较大的加工硬化。然而在温冲压成形中，马氏体转变受到了抑制，裂纹得到了有效的防止，加工硬化得到抑制。

温冲压成形的实用化开始于 1985 年，起初不锈钢容器需要采用多工序圆筒深冲，后来，工序减少了一半，并且省去了退火处理工艺，它使依次成形成为可能。目前温冲压成形已经应用于汽车部件、家电部件等的加工。

11.5 超高强钢板的热成形技术

11.5.1 热成形技术工艺特点

近年来，对超过 980 MPa 级高强度钢板的需求越来越大，但在高强度钢板的冷加工成形时，形状不良和加工成形载荷要求高等问题越来越明显，因此钢板的热成形技术作为一种全新的工艺已引起人们的关注。通过热冲压和局部淬火使成形件的强度达到 1200 ~ 1500 MPa 的技术已应用于实际。这是塑性加工技术和热处理技术结合的结果，各关键技术的研究都已展开。但是，为能在性能价格比上与冷加工成形技术相竞争，必须优化使用薄钢板制作汽车部件的制造工艺，降低制造成本。

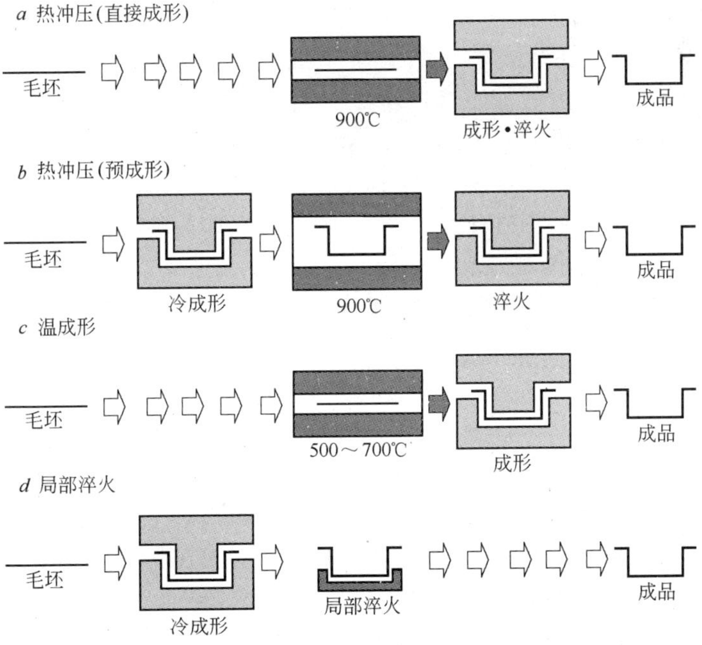

图 11-51 热成形强化工艺示意图

如图 11－51 所示[28]，目前研究开发的热成形技术主要有：(1)热冲压成形(直接成形)；(2)热冲压成形(预成形)；(3)温冲压成形；(4)局部淬火。

11.5.1.1　热冲压成形

热冲压是指在高温下的冲压，针对以强化淬火为目的的技术，是一种将在900℃左右的奥氏体区加热数分钟的工件进行冲压，通过工件在冲压金属模内冷却，强化淬火的技术，见图 11－51*a* 和图 11－52[29]。

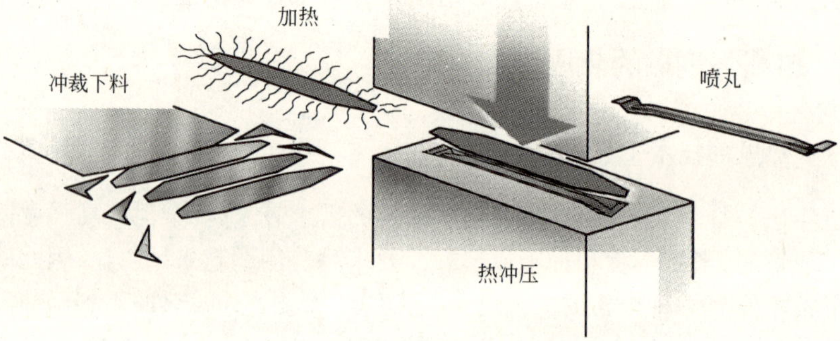

图 11－52　热冲压成形工艺过程示意图

在金属模内对被加热的部件实施挤压的状态下进行淬火时，由于能减轻热处理变形，因此很早以前就应用于片状齿轮等的淬火，它可称为冲压淬火和金属模淬火。薄钢板部件的热处理强化工艺有，先将钢板进行加热，然后在高温下进行冲压成形的同时，在冲压金属模内进行冷却淬火的方法。

还有一种方法与齿轮加工热处理一样，是将冷加工成形的部件进行加热，而不是在高温下进行成形的方法，相对前述的直接方式，它可称为间接方式或预成形方式(见图 11－51*b*)。另外，由于所使用的钢板添加了硼元素，因此称作 Boron steel(或 B-steel)名称的钢材有时也意味着它是采用热冲压加工方法的钢材。

11.5.1.2　温冲压成形

是一种将加热的钢板进行冲压成形的方法，但在加热温度低的情况下无法强化淬火，该方法不以淬火强化为目的，主要是降低成形载荷，加热温度在500～700℃左右成形的工艺。除加热温度外，其冲压工艺与直接方式的热冲压相同(见图 11－51*c*)。

11.5.1.3　局部淬火

局部淬火工艺是对冷加工成形部件的局部进行高频感应加热，在水冷后进行局部淬火强化。同将整个部件进行淬火相比，它只是对部件性能所要求的部位进行淬火，由此可降低热处理成本和减少热处理变形。局部淬火法有移动淬火法和定置淬火法。前者是一面移动加热带卷，一面按顺序对要求淬火的部位进行淬火的方法。后者是在不移动带卷的情况下能同时对要求的淬火部位进行加热的定置淬火方法。另外,还有将钢板局部淬火后进行成形的方法(见图 11-51*d*)。

11.5.1.4 热成形的工艺特点[28]

热成形的工艺特点示于表 11-7。超高强度钢由于变形抗力高,因此在对大的部件进行冷加工成形时需要很高的成形载荷,使冲压机的设备费用提高。不论是采用在高温下成形的热冲压(直接方式)和温冲压方法,还是采用将较软的钢材进行冷加工成形的热冲压(预成形方式)及局部淬火方法,其成形载荷都不太高。

表 11-7 热成形强化工艺的特点

名　称	成形载荷	成形极限	形状精度	工序	生产率	产生的氧化铁皮量
热冲压(直接方式)	小	中	优	中	差	多
热冲压(预成形方式)	中	大	优	长	差	多
温冲压	中	中	中	短	优	少
局部淬火	中	大	差	中	差	中
超高强钢板冷加工成形	大	小	差	短	优	无

在超高强度钢的冷加工成形中存在着弹性变形回复和扭曲等问题,但在将软钢进行成形时,形状不良的问题少。薄钢板成形部件的刚性一般很小,因此局部淬火时的变形是一个问题,采用局部淬火来改善变形的措施很重要。在热冲压时,工件在金属模内被成形为所定的形状下进行冷却、淬火,因此几乎不会发生变形。

在热处理时,加热手段和设备投资是不可少的。在热冲压和温冲压时,为使加热钢材的输送与冲压机的冲压同步进行,因此需要大型连续式加热炉。另一方面,采用局部淬火时,不要求加热钢材的输送与冲压机的冲压同步,由于加热范围小,可以使用较小的高频加热设备。另外,采用预成形方式的热冲压时,为对成形部件进行加热,需要比加热钢板更大的大型加热炉。热冲压生产节奏长,但采用低温冲压和局部淬火时,生产节奏与冷加工成形一样短。

在钢板被加热到高温的工艺中,存在着表面氧化铁皮的问题。根据 Arrhenius 公式,氧化铁皮的产生量随加热温度的升高而增加,与加热时间的平方根成正比。因此,在低温冲压的温度区域中,氧化铁皮的发生量非常少,但对热冲压时生成的氧化铁皮进行处理是一个问题。采用局部淬火时,由于加热时间短,因此氧化铁皮的产生量比热冲压时少。

11.5.2 热处理条件和热处理用钢板

11.5.2.1 热处理条件[28]

这里所说的热处理是指强化淬火热处理,目的是要把整个部件或所要求部位的金相组织变成马氏体组织。下面简单介绍淬火热处理的冶金原理和所需条件。

(1) 加热温度。在碳素钢中，当温度超过 A_{c_3} 以上时，会变成奥氏体单相，在 A_{c_1} 点和 A_{c_3} 点之间共存着铁素体和奥氏体。当含碳的奥氏体受到急冷时，会变成硬质的马氏体。由于急冷后的硬度受马氏体体积比(即加热中的奥氏体体积比)的支配，所以当加热到 A_{c_3} 点以上急冷时，金相组织成为具有一定的硬度的马氏体相。当加热温度在 A_{c_3} 点以下时，由于存在着软质铁素体，因此这一部分的硬度会下降，相变后的硬度受加热温度的影响。在 A_{c_3} 点以上进行加热时，即使加热温度变化，也不会对硬度产生影响，这是大量生产时控制硬度变化所不可缺少的条件(见图 11-53)。

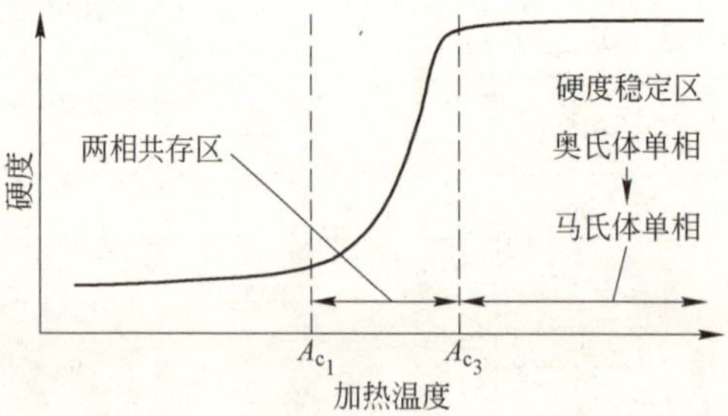

图 11-53　加热温度对钢板硬度的影响

(2) 冷却速度。即使从奥氏体单相状态开始冷却，在冷却速度慢的情况下，也不会成为马氏体单相，在急冷过程中会出现第二相(铁素体、珠光体、贝氏体)，剩余部分会成为马氏体。这些第二相组织比马氏体软，因此总的强度会下降。另外，如果冷却速度太慢，就无法得到马氏体。即使最初是缓慢冷却，但只要在第二相析出之前开始急冷就可以了，并不是一定要从最高加热温度开始急冷。但是，最初的冷却速度(指在热冲压时，加热钢板在输送过程中温度下降的速度)越慢，第二相析出开始温度就越高，因此急冷开始温度(热冲压时为成形开始温度，局部淬火时为水冷开始温度)的下限与到达其温度的冷却滞后有关(见图 11-54)。

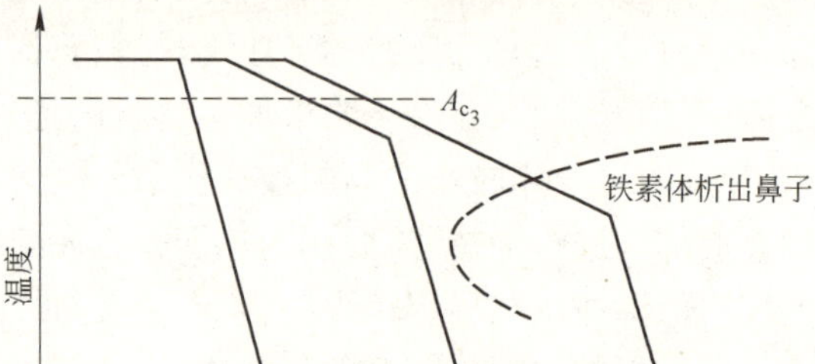

图 11-54　急冷开始温度对相变组织的影响

(3) 成分。马氏体单相的硬度可称为该材料的最高淬火硬度，关键取决于碳含量，其他合金元素的影响非常小。

如前所述，为形成马氏体单相，必须进行急冷，但这里可以把即使冷却速度慢，第二相也不容易析出，且具有容易变成马氏体单相的性质称为淬火性。添加 Mn、Mo、Cr 和 B 等元素可以提高淬火性。碳元素在提高最高淬火硬度的同时，还可以提高淬火性。由于金属模的冷却速度比水冷慢，因此热冲压用的钢板应选择淬火性比局部淬火用钢板更高的钢板。

11.5.2.2 热处理强化钢板要求的特性[28]

如前所述，热处理强化用的钢板应能进行淬火，淬火后的机械特性理所当然地要满足要求，但有时材料的机械特性也是很重要的，将其归纳到表 11 -8。

表 11 -8 热处理用钢板要求的特性

热处理成形方式	材料强度	材料延性	热处理特性
热冲压(直接方式)	不要求	不要求	淬火性(冷却速度慢)
热冲压(预成形方式)	低的好	需要	淬火性(冷却速度慢)
温冲压	与部件强度相同	需要(中温)	需要回火软化变形抗力
局部淬火	低的好,但取决于设计意图	需要	淬火性(冷却速度慢)
超高强度钢板冷加工成形	与部件强度相同	需要	不要求

首先，在冷加工成形工艺中，与一般加工用钢板一样，必须具有延性等成形性能，材质越软越好。在局部淬火中，未淬火部分的材料强度有时具有部件功能上的意义，因此要求材料具有规定的强度。另一方面，只在高温下成形时，具有选择材料的灵活性，还可以使用高强度冷轧板材，它与常温下的材料强度和成形性无关。

在温成形时，由于材料强度会直接成为部件的强度，因此材料应具有高的强度。高强度钢板是通过组织相变来提高强度，因此当加热时会产生回火，回到常温时强度有可能下降。必须选择在回火软化小的温度区域进行加热，或是设计部件预先考虑到可能回火软化的强度。

11.5.2.3 热处理用钢板

热冲压用钢板和高频淬火用钢板的成分和性能见表 11 -9 和表 11 -10[28]。冷却速度对这些钢板淬火硬度的影响表明，在热冲压用钢板的冷却速度为 30℃/s 以上时，硬度达到了一定值，即使采用金属模冷却也能进行淬火，但高频淬火用钢板的冷却速度必须在 500℃/s，与水冷相当。如果增加合金元素量可以提高淬火性，虽然能延迟必要的冷却速度，但不仅会增加成本，而且会使材料强度提高后的冷加工成形性变差。因此，应结合热处理工艺，选择具有最佳淬火性的材料。

表 11 -9 热冲压用钢板

化学成分(质量分数)/%					热处理后的力学性能			
C	Si	Mn	B	微量元素	硬度 HV	R_e/ MPa	R_m/MPa	A/%
0.21	0.25	1.2	0.0014		448	1139	1501	6.4

表 11－10　高频淬火用钢板

化学成分(质量分数)/%			力学性能(上部分:热处理前,下部分:热处理后)			
C	Si	Mn	硬度 HV	R_e/MPa	R_m/MPa	A/%
0.10	0.05	1.0	133	347	472	32.1
			400	1070	1240	6.0

在国内,宝钢已开始进行热冲压成形的试验研究,并建立了自己的热冲压成形试验线。图 11－55 为在宝钢热冲压成形试验线冲压的汽车部件 B 柱,图 11－56为采用热冲压成形的汽车部件[30]。

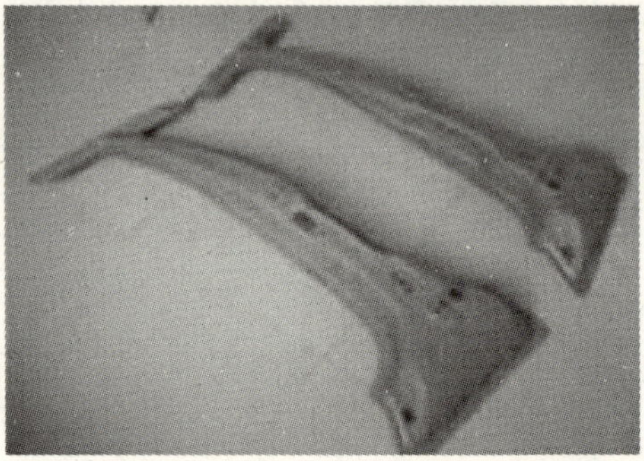

图 11－55　宝钢热冲压成形试验线冲压的汽车部件 B 柱

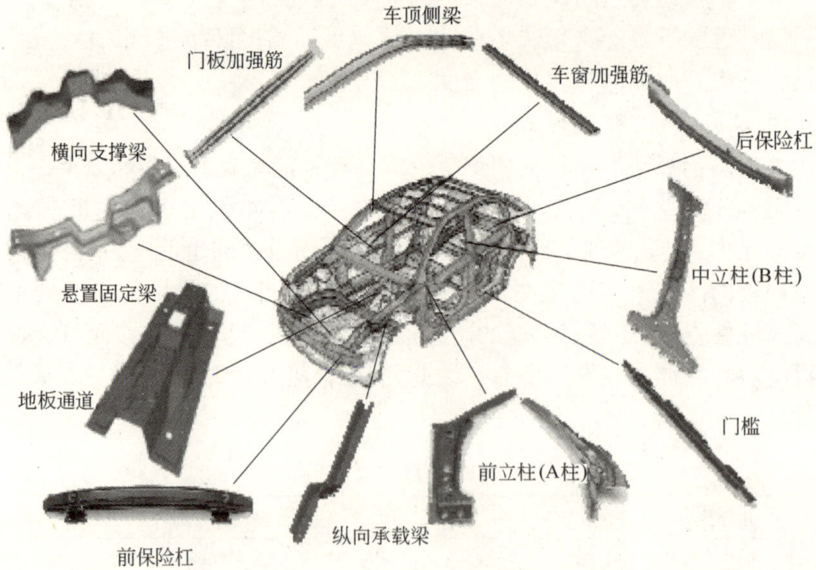

图 11－56　采用热冲压成形的汽车部件

11.5.3 热冲压成形技术的应用和课题

11.5.3.1 应用实例

欧美从20世纪90年代初期开始采用热冲压成形技术生产车门框和保险杆加强件，日本从2001年开始生产车门框。近年来，在生产量急剧增加的同时，可应用的部件范围也增加了，如车顶加强件、车体中央立柱上部门枢、车体中央立柱加强件和车前门立柱加强件等。

11.5.3.2 成形极限

在以弯曲为主的成形情况下，热冲压非常有利，不会发生冷加工成形时最头痛的问题，即弹性变形回复，但在对复杂部件进行成形时，需要进行胀形、深冲和凸缘等成形加工，必须弄清它们在高温下的成形极限。关于深冲性，有文献介绍高温成形时的LDR比冷加工成形时的低，变形抗力不仅与温度有关，而且冲头接触部分温度的下降和氧化铁皮的润滑效果会产生复合影响。当钢板形成温度分布不均时，在温度高变形抗力低的部位呈变形集中的趋势。因此，从热冲压成形来看，必须确保成形性。采用预成形方式时，成形极限取决于冷加工成形，由于热冲压时金属模和钢板之间的滑动小，因此可以减轻金属模的磨损和划伤。

与冷加工成形一样，假设成形温度一定，可根据该温度时的应力-应变曲线进行成形模拟，但考虑到成形过程中温度的下降会使应力-应变曲线发生变化，因此还应将成形和传热结合起来进行解析。尤其是，即使温度相同，但由于形成相的体积比不同，应力-应变曲线也不同，因此还可以采用考虑具有相变行为的材料模型进行解析。另外，氧化铁皮会影响摩擦系数和传热系数。如果考虑到所有的因素，就需要输入大量的数据和很长的计算时间，因此应根据不同的目的，寻求简化解析的技术。

11.5.3.3 生产节奏时间

钢板的冷却是通过向金属模的传热而进行的，由于冷却会进行到直至马氏体相变结束的温度为止，因此虽然它与板的厚度有关系，但必须保持数十秒时间的限定，并控制冲压作业线的节奏。如果在冲压成形件没有充分冷却时就从金属模取出，成形件的硬度和形状精度会下降。在冷冲压时，虽然生产节奏时间和成形件性能（强度和精度）基本上没有关系，但在热冲压时，它们具有对立的关系。也就是说，由于成形件要求性能的不同，必须改变生产节奏时间。为缩短生产节奏时间，尽可能提高冷却速度是很重要的。在成形件角部，钢板和金属模间隙大的部位，其传热受阻，冷却速度变慢。为防止连续生产过程中金属模温度的上升，在金属模内设置水冷却管路进行冷却，但冷却不充分的部位会成为高温点，使与部件对应部位的强度下降。

11.5.3.4 氧化铁皮的处理

加热产生的氧化铁皮对焊接性和涂漆性会造成不良的影响,必须清除。可采用喷丸清理来清除氧化铁皮。采用喷丸清理会产生压缩的残余应力,因此对疲劳和延迟断裂不利。另一方面,过度的喷丸清理有可能损坏成形件的形状。另外,采用喷丸清理时,由于基体会暴露,为防止成形件在仓库存放时生锈,必须对成形件进行涂油。使用不锈钢喷丸时,由于不锈钢会转印在成形件表面,因此能够防锈和省去涂油。只要清除氧化铁皮,就能与普通冷轧钢板一样进行化学处理、涂漆和点焊。

另外,还开发了即便被加热到高温也不会产生有害氧化铁皮的表面处理钢板,并已应用于实际。虽然已有镀锌系钢板和镀铝系钢板,但这两种钢板的镀层如果不经处理都无法承受高温,在加热过程中镀层和基体会发生反应,表面层的组成和结构会发生变化。如果对这些钢板进行表面处理,不仅可以省去脱氧化铁皮处理,而且能减轻脱落的氧化铁皮对金属模的污染,另外,还能提高钢板的耐蚀性,因此其用途将进一步扩大。

11.5.3.5 后处理

在冷冲压工序中,一般是进行冲孔和修整毛刺的后处理,但在热冲压工序中要进行后处理是很困难的。采用机械方法对淬火后强度提高的成形部件进行剪切加工需要很大的加工载荷,而且金属模的寿命也会缩短,因此应尽可能避免后处理。例如,如果预先在坯料上进行冲孔,就可以省去后处理,但由于孔的位置会因成形加工而改变,因此必须对材料的孔位置进行推测。采用预成形方式时,由于热冲压时没有材料的连续进入,因此在预成形时进行的冲孔和修整毛刺的精度比较高。

在对精度要求更高,或在出现凸缘飞边的情况下,必须进行后处理。采用激光进行冲孔和修整毛刺的技术已应用于实际,但与生产节奏长的热冲压作业线相比,需要数条激光剪切作业线。由于机械切割法成本低、生产效率高,因此希望能开发出提高切割机械耐用性的技术。

11.5.4 局部淬火的应用和课题

高频局部淬火技术已应用于车体中央立柱加强件和车前面底板横件的热处理。从淬火成本和热处理变形的观点来看,其淬火范围对冲撞时的变形状态有效,而且能将变形抑制在最小范围。采用机器人将加热带卷和冷却喷嘴沿成形部件的三维曲面移动,并进行淬火[28]。

11.5.4.1 热处理变形

由于薄钢板的刚性小,因此即使采用局部淬火方法,有时整个部件也会产生大的变形。尤其是,维持凸缘面点焊的精度是很重要的,为降低变形,可以在预测的热处理变形和逆向预变形的状态下，在夹具中对工件进行约束，淬火后解除约束，这是一种预变形和热处理变形相抵的方法。

在对整个部件的淬火处理方面，进行了预测应变等的热处理模拟，并对必要的资料数据库进行了整理。这些数据同样能用于薄钢板成形件的解析，可用作防止热处理变形的措施。

11.5.4.2　加热控制

为强化淬火，必须将材料加热到 A_{c_3} 以上，但从氧化铁皮增加和镀锌钢板的锌蒸发来看，最好是将温度控制在较低的水平。要将实际部件的特定范围加热均匀是很难的，温度过高部位的耐蚀性会下降。因此，将加热控制在一定温度范围内的技术很重要，而不是依部件的形状来控制。另外，在设计淬火范围时，除了强度方面的要求外，还必须考虑加热控制的容易性和有可能被过度加热部位的耐蚀性。通过电场解析，能对高频加热进行模拟，还可与前面所述的热处理变形解析相结合进行加热控制。

为将热处理强化技术广泛应用于超高强度钢板的冷加工成形部件中，当然是要通过改善生产技术来降低成本，还必须注意到部件性能方面的差异。通过热处理，强度达到 1500 MPa 级的部件已应用于实际，即使在冷冲压成形时，也能达到接近的强度，因此希望能开发出更高强度的材料。

目前已应用于实际的部件是提高冲撞安全性的加强构件，由于它是除冲撞时外作用应力小的部件，因此疲劳和延迟断裂不成问题。今后在扩大应用范围时，不可避免地要应用于应力起正常作用的部件中，因此应加深对疲劳和延迟断裂的认识，开发出改善疲劳和耐延迟断裂的材料和生产工艺。

11.6　液压成形技术

液压成形技术是通过模具和液压将板料加工成一定形状的技术。板料零件的液压膨胀成形属于内高压液压成形，可分为单面液压成形和双面液压成形。目前，汽车车身许多管件和框架机构件都采用各种内高压液压膨胀成形法进行加工。液压成形属于柔性成形技术，模具分为立式和卧式两种。在一般情况下加工时，将板料毛坯放置在上下模具中压边后，进行液压预成形，然后作边缘切割和焊接成形。该技术可使复杂形状的零件加工简单化，模具的加工费用下降1/3，生产周期也可大大缩短，具有广阔的市场发展情景[31]。

近年来，在液压扩管之前，普遍应用液压预成形的方法加工各种部件，包括：预先将管子弯成接近成品的形状、挤压、减径。采用液压成形法加工钢管的研发取得了稳定进展，欧洲和美国、加拿大等国已经开始采用带材制成的激光焊管进行液压成形加工，日本则多采用电焊管。日本积极推广液压成形技术并力求同欧洲和美国保持相同的水平，降低设备成本，大大缩短液压成形的周期。最近已有关于开发出多种液压成形设备,成形周期少于 20 s 的报道。

对于一些汽车成形件来说,采用液压成形工艺与传统的冲压成形和焊接成形相比有许多优点。归结起来,主要有[32]:

(1) 减轻重量,节省材料。对于空心轴类件,采用液压成形工艺可减轻重量 20% ~50%,而有些件可减轻 75%。表 11 - 11 表示采用冲压工艺和液压成形工艺生产汽车部件的重量对比。

表 11 - 11 采用冲压工艺和液压成形工艺生产汽车部件的重量对比

零件名称	冲压件/kg	液压成形件/kg	减少重量/%
散热器	16.5	11.5	24
发动机托架	12.0	7.9	34
仪表盘支架	2.72	1.36	50

(2) 较少模具和零件数量,降低模具费用。管材液压成形通常只需要一套模具,而普通冲压成形大多需要多套模具。如发动机支架,零件由 6 个减少到 1 个;散热器支架零件由 17 个减少到 10 个,模具费用降低 20% ~30%。表 11 - 12 为汽车典型零件副车架采用不同生产工艺时零件数量及费用的对比。

表 11 - 12 采用不同生产工艺生产汽车副车架时零件数量及费用对比

制造工艺	零件数量	产品重量/kg	模具费用/美元	产品费用/美元
传统冲压工艺	34	11.15	5359.1	51
液压成形工艺	30	9.31	3712.6	42.8

(3) 可减少后续机械加工和组装焊接量。以散热器支架为例,散热面积增加 43%,焊点由 174 个减少到 20 个,组装工序由 13 道减少到 6 道,生产效率提高 66%。

(4) 提高刚度与强度。

(5) 降低生产成本。

(6) 由于在超高压载荷下成形,零件回弹小、尺寸形状精度提高。

(7) 通过摩擦锁定或几何锁定,可以进行部件装配。

目前用于液压成形的钢管的材料主要是 290 ~440 MPa 级的低碳钢以及不锈钢等。对于高强度钢管材料,随着强度的提高成形性下降。因此,选择适当的成形方法和条件,并考虑钢管母材的成形特性至关重要。

图 11 - 57 为液压成形过程原理图[32]。在成形工艺中,主要工艺参数是内部压力 p 和管端轴向压力 F_Z 或轴向进给量。通过加载路径优化,建立内压 p 和轴向压力 F_Z 的合理匹配是保证零件顺利成形,并获得优质成形质量的关键。随着计算机技术、测控技术的发展以及材料加工设备自动化程度与精度的提高,在

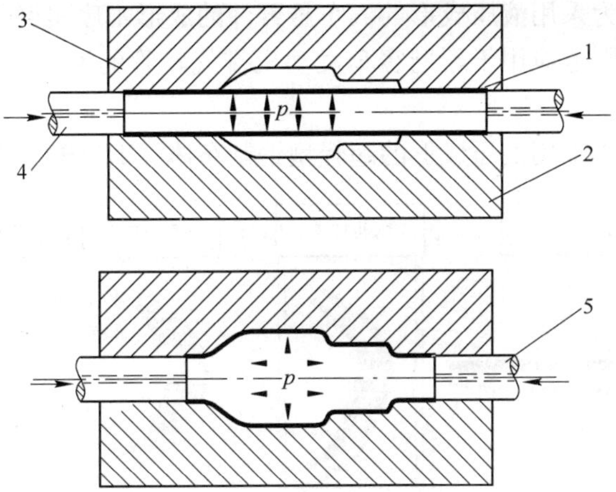

图 11－57　液压成形过程原理图(内压＋轴压)

1—管坯;2—下模;3—上模;4—左凸模;5—右凸模

目前液压成形生产中,通常是采用以确定内压和轴向速度关系曲线(称为加载曲线)的方法来建立最佳的成形工艺路线。

如果液压成形工艺按加载荷类型分类,可分为三种类型(图 11－58)[32]:

(1) 没有附加轴向力的胀形(图 11－58 中Ⅰ*a*)和纯胀形(图 11－58 中Ⅰ*b*);

(2) 有附加轴向力的胀形－轴压胀形(图 11－58 中Ⅱ);

(3) 径向位错与附加弯曲同时进行(图 11－58 中Ⅲ)。

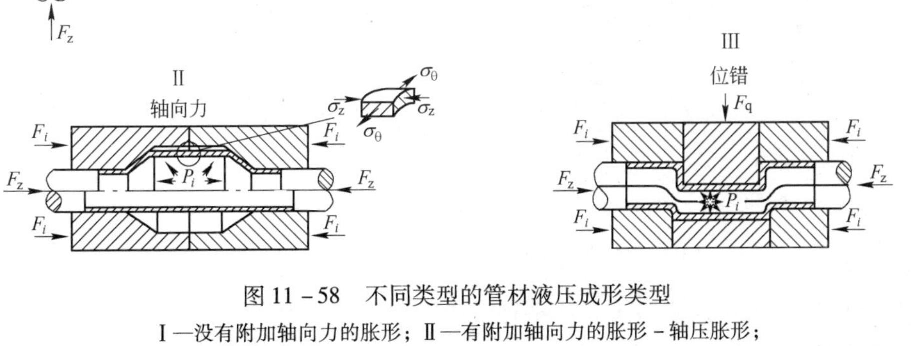

图 11－58　不同类型的管材液压成形类型

Ⅰ—没有附加轴向力的胀形;Ⅱ—有附加轴向力的胀形－轴压胀形;

Ⅲ—径向位错与附加弯曲同时进行

图 11 – 59 为采用液压成形的汽车悬臂件的成形工序实例[33]。

图 11 – 60 则是应用于新型客车发动机排气歧管的液压成形不锈钢管成形件实例[34]。

图 11 – 61 为采用液压成形的超轻型钢制车体(ULSAB)车框部件实例。

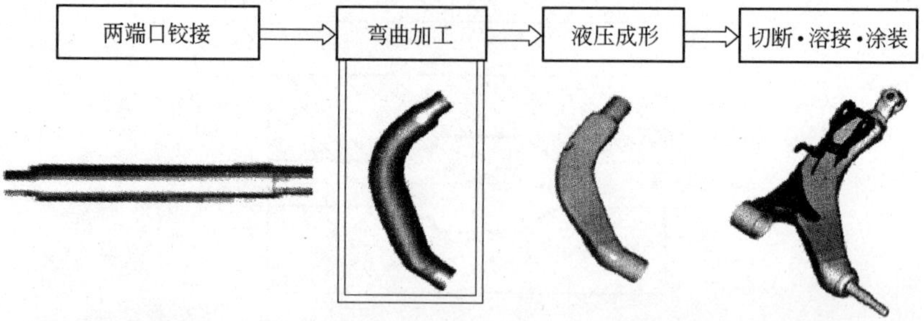

图 11 – 59　采用液压成形的汽车悬臂件的成形工序实例

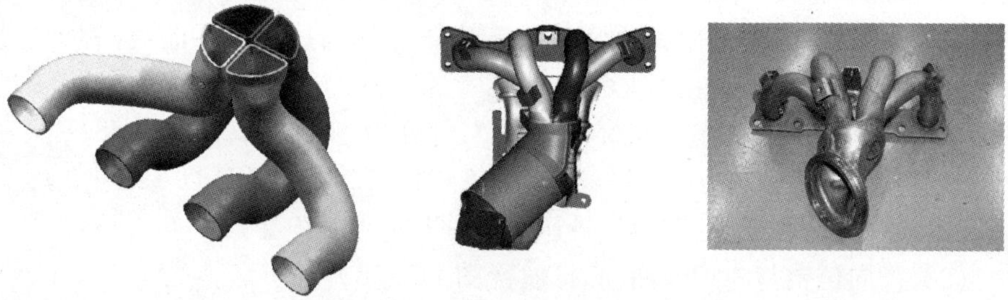

图 11 – 60　采用液压成形的排气歧管

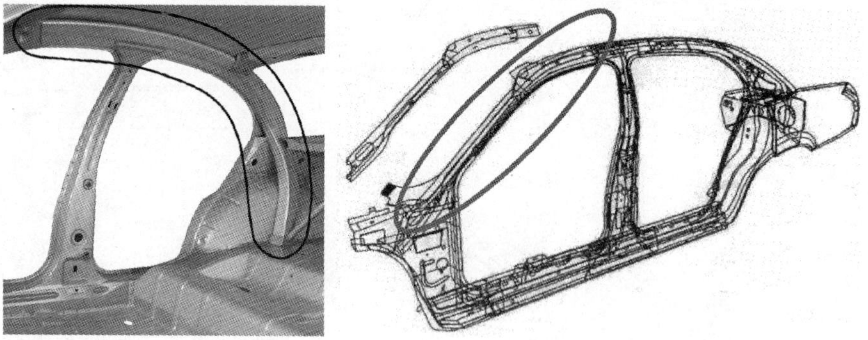

ϕ96mm，板厚1.0mm，280MPa　　　　ϕ70mm，板厚2.0mm，软钢

图 11 – 61　采用液压成形的超轻型钢制车体(ULSAB)车框部件

实际上，液压成形技术在汽车轻量化中的应用已十分广泛，不仅包括底盘和结构系统、排气系统，而且在前、后悬挂系统等部位也均有应用[35]，如图 11 – 62 所示。

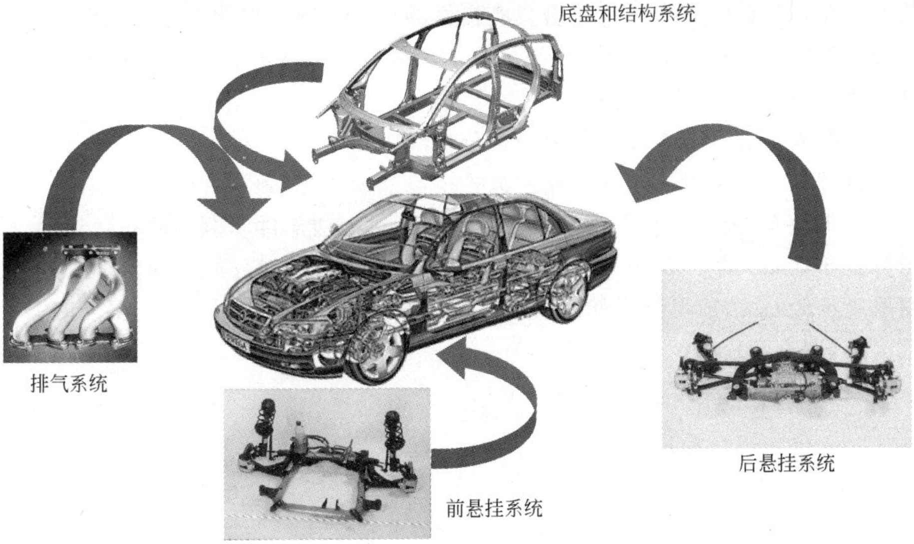

图 11－62 液压成形技术在汽车上的应用实例

11.7 数值模拟－CAE 技术在汽车板冲压成形中的应用

现代轿车的设计开发过程可以用一个连续的虚拟过程来完成（见图 1－7）。其中，成形过程模拟、冲撞模拟和计算机辅助设计发挥着关键的作用。

11.7.1 板材冲压成形数值模拟技术

近年来，随着有限元法和计算机功能的不断进步，计算机模拟技术取得了惊人的进展，并且已越来越多地用于分析研究冲压成形以及其他方面的难题。汽车制造商应用计算机模拟技术研究汽车部件的性能以及车体开发过程中材料的冲压成形性，冲压成形工艺分析、成形缺陷预测以及成形工艺优化等。例如，日本的一些钢铁公司与汽车制造商进行合作，改进计算机辅助设计数据处理，采用有限元法计算，共用数据库，共同开发汽车车身，扩大高强度钢板的应用，以缩短新型汽车的研发周期。目前，在冲压成形过程中已经能够用有限元法对可能产生的回弹量、开裂和起皱提前做出预报，并提高了部件的加工精度。汽车的抗撞击性能至关重要，用数据库中高应变速率时的应力－应变曲线可以做出高精度的计算，并能够对成形及成形后喷漆－烘烤的形变引起的应力变化以及抗碰撞性能做出分析。

汽车的计算机模拟仿真技术是计算机辅助分析技术的一种，它始终贯穿于汽车设计的全过程。刚度强度分析、碰撞分析、模态分析用于检验汽车结构是否符合安全标准；虚拟路试用于检验汽车的结构、零件和焊点等的抗疲劳性；冲压仿真分析用于检验车身零件是否具有良好的可成形性。因此汽车计算机仿真技术有效地缩短了汽车的设计周期,节约了大量的人力、物力和时间,从而显著降低了成本,提高了汽车厂的竞争能力[31]。

下面列举几个薄板成形数值模拟分析应用实例。

11.7.1.1 典型薄板冲压成形工艺模拟分析与优化[36]

图 11－63 为类似汽车油底壳形状的薄板冲压成形件实例的尺寸形状图,成形件长 300 mm、宽 150 mm,头部冲压深度 80 mm,基体部分冲压深度 30 mm,板材厚度 1 mm。该成形件虽然形状并不太复杂,但头部和基体部分拉深深度差异很大,成形难度较大。

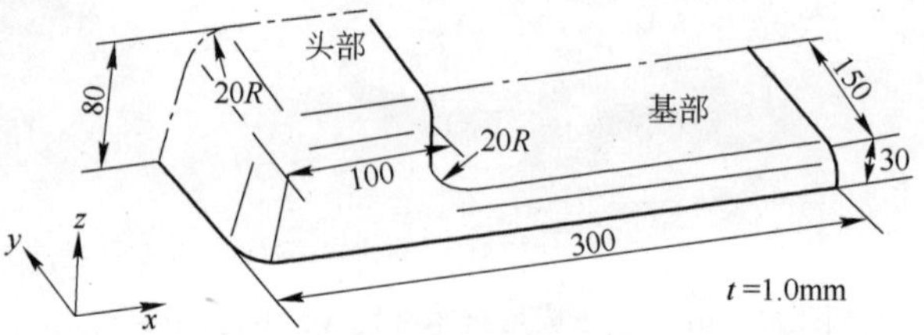

图 11－63 薄板冲压成形件实例的尺寸形状图

成形过程分析的主要步骤为三部分,如图 11－64 所示:(1)提出工艺、模具设计方案,生成 CAD 数据;(2)进行成形过程模拟;(3)对模拟结果进行评价、判断。若结果满意,则停止模拟分析,若结果不满意,则返回到步骤(1),重新进行(1)、(2)、(3)分析评价和工艺优化。

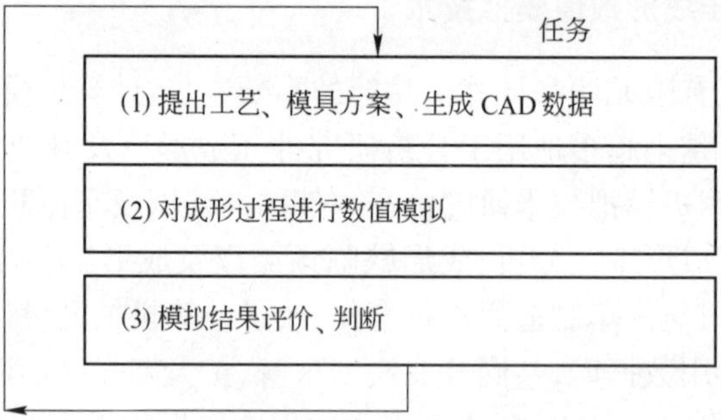

图 11－64 薄板成形模拟分析优化的主要步骤

成形件的成形工艺设计、模拟分析和优化过程见图 11－65。首先,根据成形件形状和板厚进行模具设计,称为方案 0,采用 SPCC 板材,对此方案的成形过程进行模拟的结果如图 11－65*a* 所示。在头部和基体部位之间发生起皱,并在头部的肩角部位产生－45% 和－33.5% 的厚度应变,在此处极易产生开裂。为了改善此成形状态,考虑更换材料,用成形性能更好的 SPCE 代替 SPCC(方案 1),模拟结果见图 11－65*b* 所示。起皱程度虽然降低,但没有大的改善。为了控制起皱发生,采用如图 11－65*c* 所示的在法兰压边部位加上压延筋(方案 2)。其结果虽然消除了起皱,但因压延筋的作用限制了材料流入,使成形件头部和基体部位过渡区产生大的厚度应变(54.9%)导致开裂。

因此放弃工艺设计 1,采用工艺设计 2(见图 11－65*d*、*e* 所示的方案 3、方案 4)。在方案 4 中,成形件头部的两处肩角半径在第一步成形时为 30 mm,第二步成形时为 20 mm。根据模拟分析结果,角部的厚度应变明显下降(－26.7% 和 －17.5%),成形没有问题,可以满足要求。但从设计角度也看出其中的不稳定因素,即工艺设计 2 的法兰压边时,法兰向模具右侧移动,这样深冲开始时法兰和模具相对位置不稳定,这可能对成品的波动产生影响。对此,再经过方案 5(图 11－65*f*)的改进分析,最后确定最佳的工艺控制方案,即工艺设计 3 中的方案 6(图 11－65*g*)。

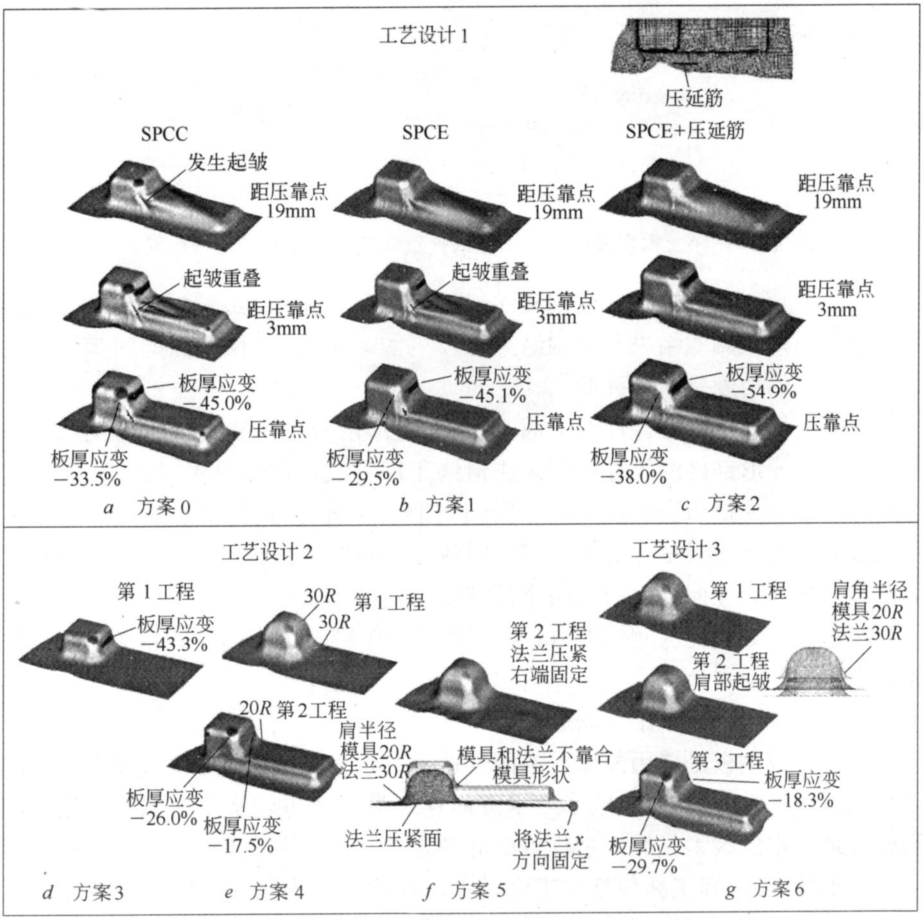

图 11－65　冲压成形件的成形工艺设计、模拟分析和优化过程

11.7.1.2　高强钢板冲压成形回弹的模拟预测分析

高强钢板在冲压成形时的回弹是成形工艺设计和控制中影响成形件的尺寸形状精度的一个关键问题,影响钢板成形后回弹量的因素很多,其中与钢板的强度指标关系最为密切(见图11－66)。如果采用数值模拟仿真的方法对于不同强度钢板成形的回弹量进行精确预测,就可以在模拟设计时给予考虑,从而使成形后的尺寸形状满足成形精度的要求。

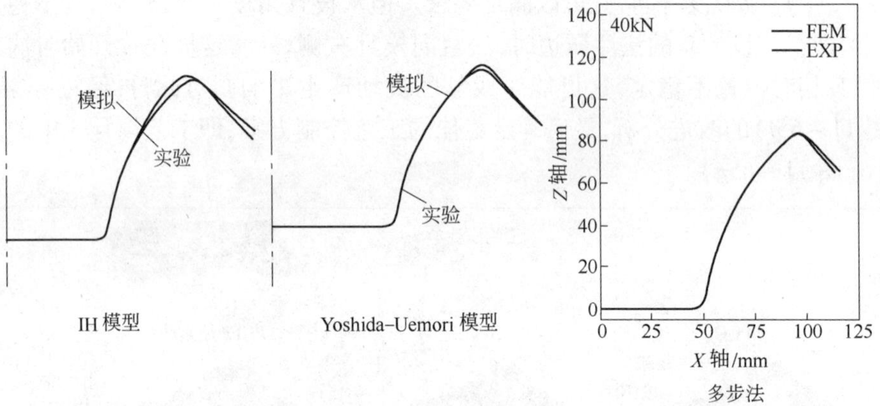

图11－66　帽形件冲压成形后回弹量模拟结果和实测结果比较

图11－66表示采用IH模型和Yoshida-Uemori模型分别对帽形件冲压成形后回弹量模拟预测的结果和实测结果比较[37,38]。可见,采用较高的回弹模型进行分析预测的精度是非常高的。

冲压成形的汽车覆盖件通常通过拉深、整形以及翻边成形等数道工序制造而成。由于成形部件的尺寸精度采用最终工序完成后的部件形状评价,因此有必要采用数值模拟仿真对与实冲相同的成形工序进行分析。图11－67表示采用钢板冲压前翼子板拉深成形工序中回弹前后的形状比较[39]。在形状比较中,表明3个参照点在回弹前后的两个形状中一致、重合的结果。此解析方法采用了静态显示FEM解法。图11－68为前翼子板轮缘翻边成形部位弧形角度的模拟结果和实测结果比较[39]。

11.7.1.3　拼焊板冲压成形的模拟预测分析

由于拼焊钢板是采用差厚或不同性能和强度的板材拼焊而成,其相对于均质材料的成形性能较低,在成形技术方面存在的问题也较多。影响拼焊钢板成形性能最基本的因素是焊接过程焊缝和热影响区的硬化。因此,为提高拼焊钢板的成形性,一些新工艺包括多工序成形和优化压边力工艺被用于拼焊钢板的成形。通过成形过程模拟仿真,可以准确预测拼焊钢板多工序成形过程的金属流动以及开裂、起皱等制造缺陷,以指导成形工艺过程。

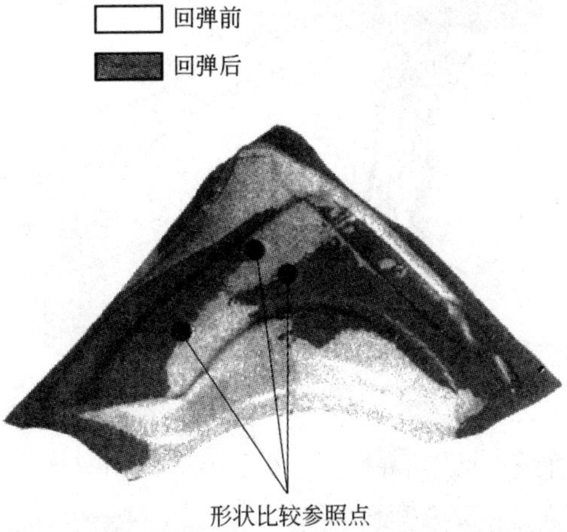

图 11－67 前翼子板拉深成形工序中回弹前后的形状比较

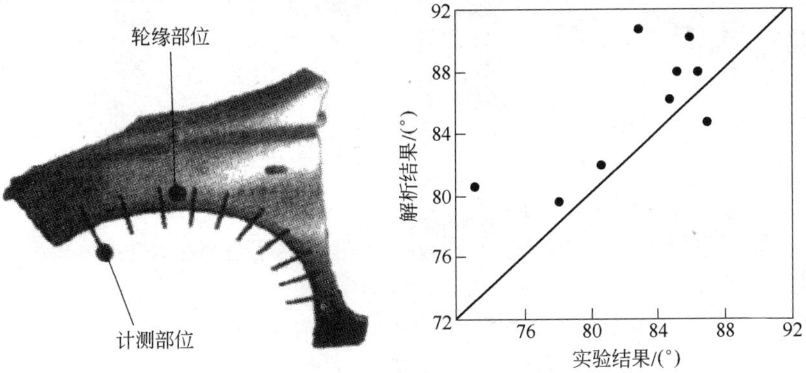

a *b*

图 11－68 前翼子板轮缘翻边成形部位弧形角度的模拟和实测结果比较

a—测量部位；*b*—弧形部位角度的比较

图 11－69 为采用拼焊板成形的车门框成形件外观照片，拼焊线位于门框两个立柱下部[39]。采用数值模拟分析方法对焊接线附近区域的成形形状和板厚分布进行了分析如图 11－70 所示[40]。可见，成形前呈直线的焊接线，在成形后变成曲线，FLD 显示了材料的应变值均在 FLD 极限以下，表明了成形工艺是完全可行的。

图 11－71 是拼焊板实际冲压成形汽车门内板的成形初期和成形完了的实物照片[39]。

图 11－72 则是数值模拟门内板初期成形过程中的起皱部位[39]。

蒋浩民等在开展汽车纵梁零件数值模拟和试验验证基础上，预测了拼焊板多工序成形的金属流动和成形缺陷，如图 11－73 所示[41]。

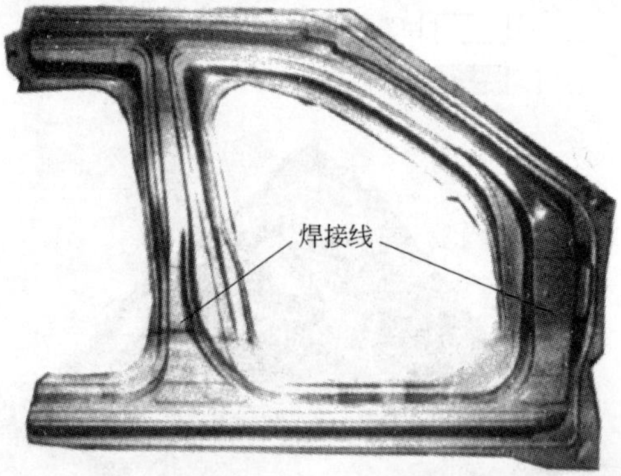

图 11 - 69　拼焊板成形的车门框成形件外观照片

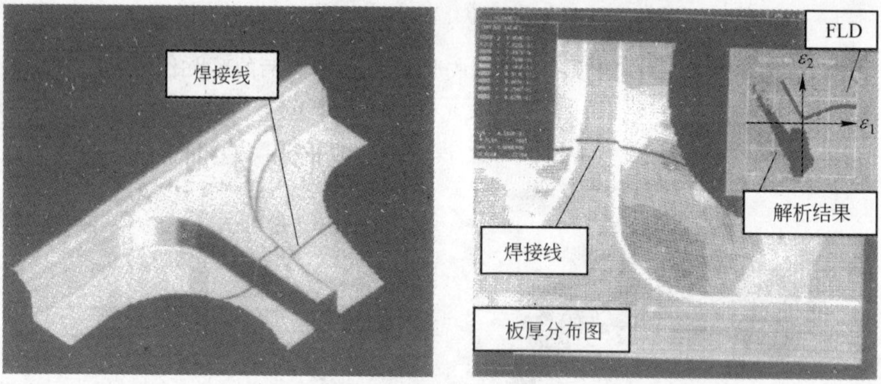

a　　　　　　*b*

图 11 - 70　拼焊板焊接部位成形的数值模拟结果

a—冲压成形模拟的形状；*b*—板厚分布及 FLD

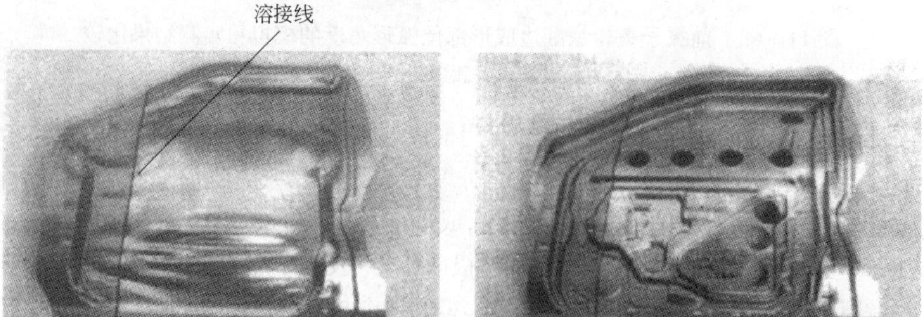

a　　　　　　*b*

图 11 - 71　拼焊板实际冲压成形汽车门内板的实例

a—成形初期；*b*—成形结束

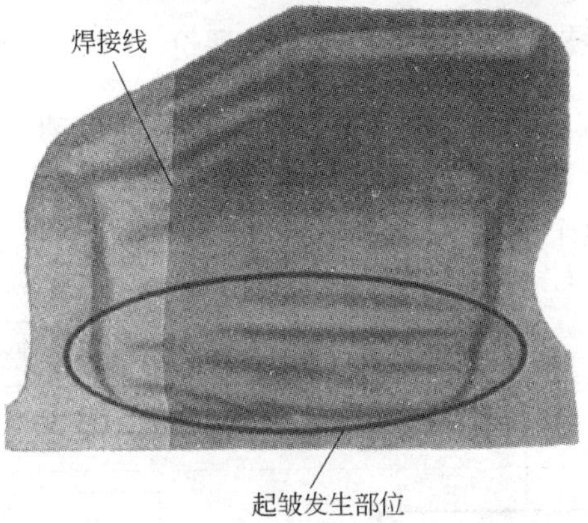

图 11－72 拼焊板冲压成形汽车门内板初期成形起皱模拟结果

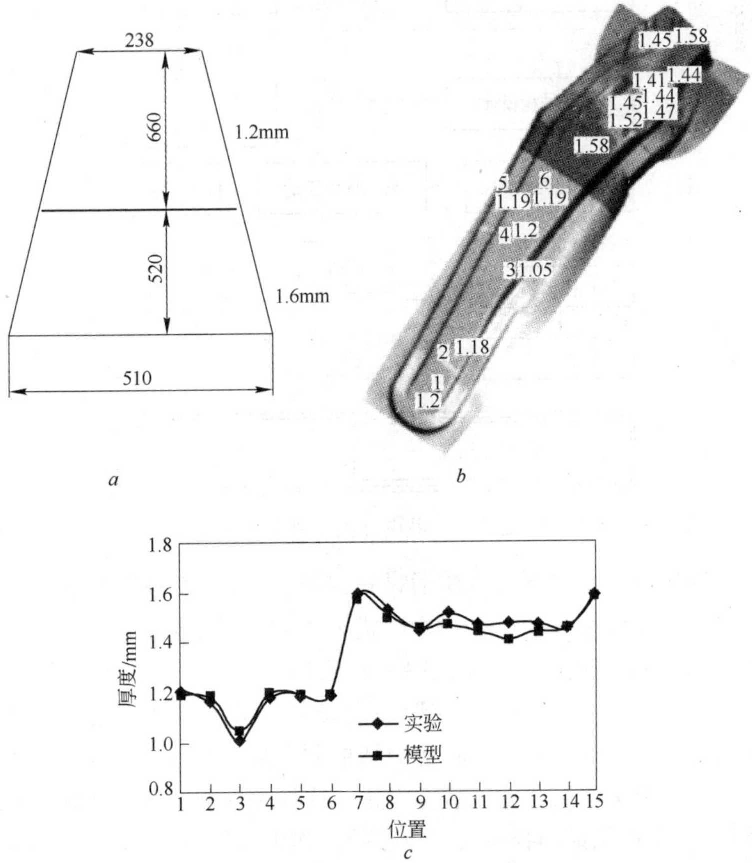

图 11－73 汽车纵梁零件拼焊板冲压成形模拟与实验结果比较

a—坯料；*b*—模拟成形件；*c*—厚度分布比较

11.7.2　采用 CAE 技术进行冲压成形工艺评价

在汽车部件冲压成形设计分析和评价中，计算机辅助工程 CAE(Computer Aided Engineering)已经成为必不可少的手段。图 11－74 表示从冲压成形产品设计到模具制造的整个工艺过程[35]。

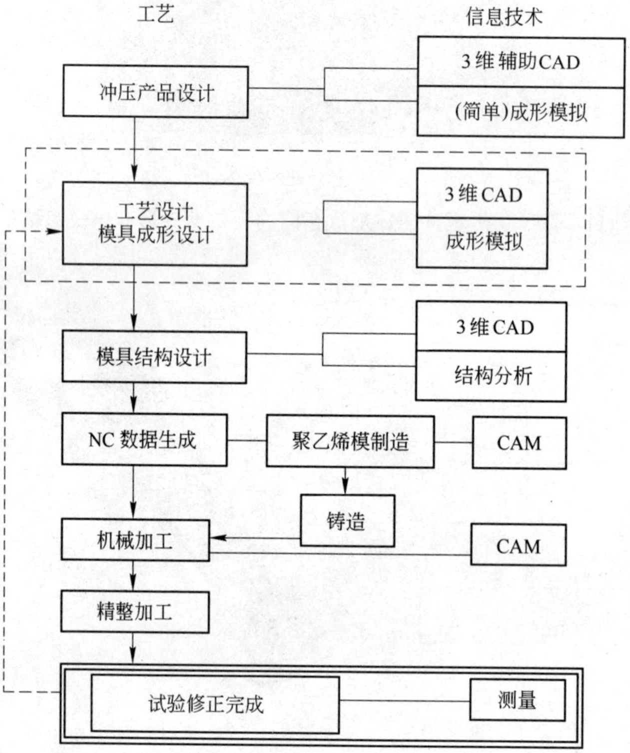

图 11－74　从冲压成形产品设计到模具制造的整个工艺过程

过去的冲压成形工艺评价方法通常是：模具设计—模具制造—试冲—代表点形状测量—尺寸精度评价—若 OK 则进入批量生产，若不满意(NG)则估算 SB(回弹)误差—模具修正—重新试冲－直至 OK。其中形状测量及检查主要采用 CAT(Computer Aided Testing)，成形件代表点多采用测量检测与测量样板的差别。而回弹偏差估计多基于形状检测结果和经验。其后要反复修正模具直到成品件的测量结果满足尺寸精度目标为止。这种评价方式对于回弹量小的软钢成形还可以，但很难保证回弹量大而复杂的高强钢板的成形精度，并且也不能满足多工序成形的评价[42]。

图 11－75 表示笹原提出的一种新的尺寸精度修正流程图[42]。其关键在于采取将模具制造前的 CAE 和模具制造后的 CAT 联立分析的方法，从而改变了

过去主要是基于模具制造后的经验方法。

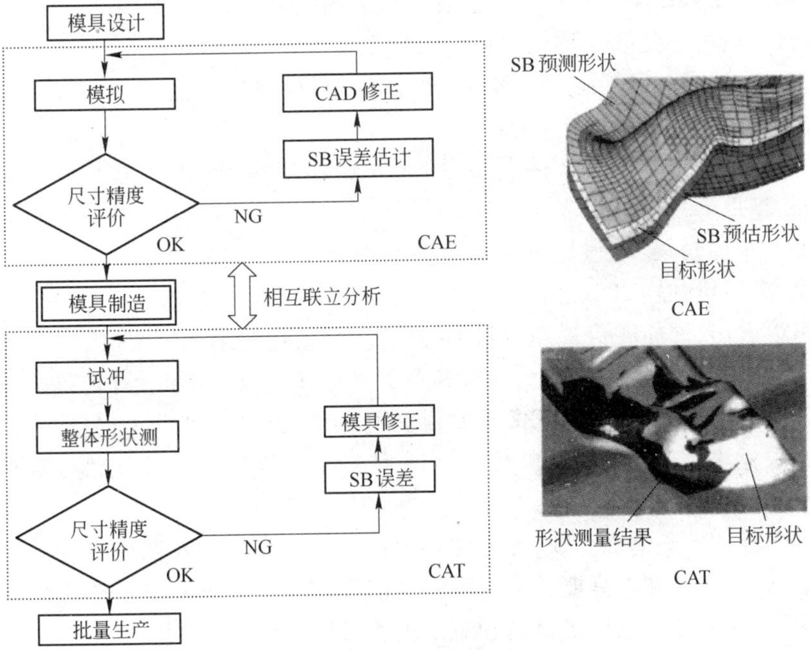

图 11－75　新的尺寸精度修正流程图

图 11－76 表示采用 CAE 方法进行回弹评价预测成形件形状最佳化的具体流程图[42]。其中以成形过程模拟 FEM 方法为基础，并通过 CAD、CAE 最后完成整个工作过程。

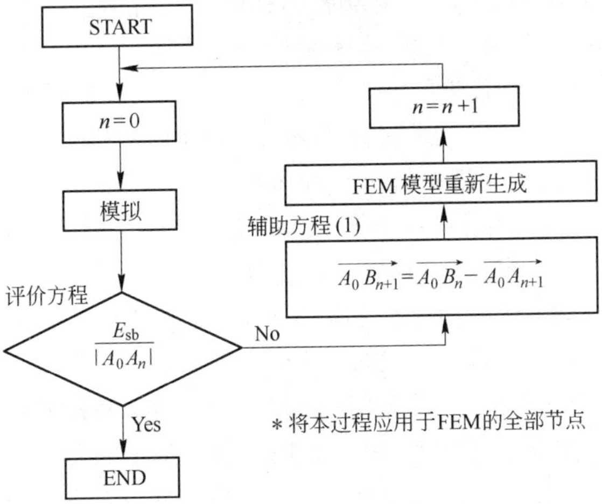

图 11－76　采用 CAE 方法进行回弹评价预测成形件形状最佳化流程图

目前在汽车的轻量化方面,主要对构成材料采取了薄壁、高强度化措施。为了试算某种车采用不同强度的高强度钢板后的轻量化效果,例如:按以下三种方式进行计算,可得到的轻量化效果分别为[43]:

(1) 车体骨架和增强材主要用590 MPa级材料和外板主要用390 MPa级材料时,车重可减轻5%;

(2) 车体骨架、增强部件主要用780 MPa级材料和外板主要用440 MPa级材料时,车重可减轻14%;

(3) 车体骨架、增强材料主要用980 MPa级材料和外板主要用590 MPa级材料时,车重可减轻20%。

可以看出,即使积极提高钢材的强度,其轻量化效果仅停留在20%,从目前各汽车厂计划达到轻量化25%~30%的目的较难实现。为此,有必要结合汽车结构改变以实现轻量化,这时便需要开发用CAE(计算机辅助工程技术,特别是应用有限元法对部件可用性进行评价、车体的抗冲撞性、刚性评价等)对车体特性的预测技术。

国内外的一些钢铁企业,作为材料生产厂从汽车结构和部件的设计阶段便开始参与,从保证和提高要求的材料特性出发,提出对结构、材料改进的建议并共同研发;这和过去只提供材料和对冲压成形加工性评价的作法不同,而是以总体考虑部件特性、车体特性和批量生产效率为目的。这种开发活动(EVI),就利用评价技术而言,不仅在范围上远较过去扩大,而且对评价预测技术的精度要求高,同时对有关评价预测装置相应充实,以对精度进行验证。

由于CAE不耗用大量费用以进行实验性验证,而仅用计算机即可解决评价验证问题,所以近年来得到了快速发展和利用。当材料生产企业对汽车用材料进行评价时,使用CAE解析技术具有重要的说服力。

关于汽车钢板的冲压成形性能评价,一般应用材料的成形极限曲线(FLD)来评价,对冲压生产部件的表面缺陷分布则用CAE解析评价,由此可以采用对比进行评价。但有关利用解析技术对冲压部件各部位的缺陷分布预测时,如需要对冲压成形机的实际条件,冲头形状、模具和材料流动情况等进行正确反映时,则结果并不理想。如仅对产品形状清楚而对模具形状不清楚时,或者虽对模具形状清楚,但对以后模具改修后的解析精度太差时都会出现这种情况。从而应在和用户、模具厂密切合作下,以取得有关冲压加工条件的正确资料,才是保证预测精度的关键。例如,有关材料的FLD特性方面,JFE钢铁采用自行开发的评价方法,并将结果制成数据库,这比利用一般预测方式所得的结果精度要高。JFE钢铁不仅只开发解析方法,并通过解析精度和实际比较的同时,以验证精度和积累经验,并进一步用于汽车部件及车体的冲撞特性评价,以及作为EVI活动的附加价值而利用。另外,冲压成形解析技术的精度大幅提高,但仍遗留一些课题,如对冲压工序产生的裂纹、起皱等缺陷和冲压工序的外缘延伸特性等仍难以明确预测。对上述特性的预测技术正在积极开发中,在不久的将来,预计对悬挂装置梁和侧部外梁等外缘延伸性部件成形的高精度预测技术将开发成功[43]。

参 考 文 献

[1] 林央.プレス技术[J]2004,42(8):18~22.

[2] 中原孝善.自动车车体への高强度钢板适用例と成形技术[J].塑性と加工,2005,46(534):585~589.

[3] 池浩.日本第41回塑性加工连合讲演会文集[C],长野市,1990:633~642.

[4] Ranta-Eskola,A.,et al..Comparison of strip drawing tests used for measuring surface interactions in press forming,12 th IDDRG, 1982:165.

[5] 比良隆明.ほか,プレスにおける表面処理钢板の摩擦举动[J].塑性と加工, 1993,Vol.34,No.393:1141~1146.

[6] Hashimoto K,Ohwue T Takita M. Proc of 16th IDDRG. SWEDEN,1990:153~160.

[7] Emmence W C,Monfort G. Proc. of 3rd ICTP, Kyoto. Japan,1990:1277.

[8] Roizard X,et al.. Proc of 16th IDDRG. SWEDEN,1990:161~172.

[9] T. Katsumi,et al.. Proc. of Galvatech'95 Conference, Chicago, USA, 1995:449~453.

[10] Tatsuya Miyoshi,et al..Proc. of Galvatech'95 Conference. Chicago, USA,1995:437~447.

[11] 尾形洪形.ほか[J].材料とプロセス,1995,Vol.8:1308.

[12] 中村保.ほか[J].塑性と加工,1993,Vol.34,No.393:1153~1159.

[13] Monfort G,Defourny J,Tribological factors in the stamping of coated and uncoated steel sheet. 16th IDDRG,1990:197~206.

[14] Kato T,et al..Proc of 16th IDDRG. SWEDEN,1990:347~354.

[15] Shimada J,Nakamura S,Ogawa T,et al.. Proc. of 17th IDDRG, Biennial Congress. Shenyang, China, 1992:16~23.

[16] 林央.第61回塑性加工学讲座"板材成形基础与应用"讲义.1995:84.

[17] 罗石念.高强热镀锌IF钢板的实验室研制及其成分、工艺对深冲性能影响规律研究[D].北京:北京科技大学,1996.

[18] 濑户一洋,坂田敬,加藤俊之.塑性と加工[J].1994,35:1042~1047.

[19] 山崎公三,小山一夫.塑性と加工[J],1994,Vol.35:1036~1041.

[20] 福富浩一郎.塑性と加工[J].1994. Vol.35:1054~1059.

[21] 杉山隆司.高强度钢板の车体への适用の变迁[J].塑性と加工,2005,46(534):552~555.

[22] 加藤胜人.塑性と加工[J],1994,Vol.35:1060~1064.

[23] 林丰.自动车用高强度钢板の成形における形状不良现象[J].塑性と加工,2005,46(534):580~584.

[24] 渡部丰臣.第176回塑性加工シンポジウム论文集[C].山口县,1997:37~43.

[25] 渡部丰臣.塑性と加工[J].1992,Vol.33:396~403.

[26] 石山成志.第176回塑性加工シンポジウム论文集[C].山口县,1997:27~35.

[27] 早川浩,ほか,CAMP-ISIJ,1995,8:704.

[28]　小嶋啓達. 热处理を用いた薄钢板部品の强化技术[J]. 塑性と加工,2005,46(534):595 ~ 599.
[29]　Paul J, Belanger, Matthew S, Walp, Marcio Militítsky. 先进钢构件在戴姆勒 - 克莱斯勒汽车轻量化上的应用[M]. 铌微合金化汽车用钢. 北京:冶金工业出版社,2006,41 ~ 48.
[30]　陆匠心. 宝钢汽车板的发展[C]. 2008 全国低合金钢金属年会论文集,北戴河,2008:23 ~ 52.
[31]　朱久发. 高强度汽车板应用技术[J]. 世界金属导报,2007,45(总第 1846 期),12 ~ 13 版.
[32]　李新军,薄壁管液压胀形加载规律的研究[D]. 北京:航空航天大学,2006.
[33]　上野行一,岸本篤典,岡田正雄,ほか. 高强度薄钢管の新曲げ加工法开发とア - ム部品への适用[J]. 塑性と加工,2007,48(563):1055 ~ 1059.
[34]　Ko Y S, Park H, Lee J K, et al.. 汽车用微合金钢近来的发展和趋势[M]. 铌微合金化汽车用钢. 北京:冶金工业出版社,2006:166 ~ 174.
[35]　蒋浩民. 宝钢液压成形技术研发(2008 国际汽车车身用钢技术研究会文集)[J]. 微合金化技术 2008,8(3):96 ~ 100.
[36]　牧野内昭武. CAE 环境 - ものつくり技术の脑化[J]. 塑性と加工,2008,49(564):24 ~ 29.
[37]　上森武,岡田达夫,吉田总仁. スプリンゲバック解析におけるバウシンガ - 效果の适切なモデル化の重要性[J]. 塑性と加工,2002,43(498):639 ~ 643.
[38]　比良隆明. プレス技术[J]. 2004,42(8):33 ~ 37.
[39]　Takamura M, Sunaga H, Kuwabara T, et al.. Proc. Numisheet. 2002:379 ~ 384.
[40]　杉山隆司. 第 83 回塑性加工学讲座テキスト. 2001:169 ~ 180.
[41]　蒋浩民,李淑慧,吴华,陈新华. 激光拼焊板多工序成形数值模拟及实验验证[C]. 首届宝钢学术年会论文集. 上海, 2004, Vol. 1:315 ~ 319.
[42]　笹原,孝利. CAEによるプレス金型のスプリンゲバック见込み形状の最適化[J]. 塑性と加工, 2005,46(534):607 ~ 611.
[43]　郭廷杰. JFE 高强度汽车钢应用技术[J]. 世界金属导报,2008,46(1866),07 版.

12 板材成形中的动态摩擦

许多研究结果已表明,难以用简单的接触摩擦条件来描述复杂的板材成形动态摩擦过程,这也是塑性成形摩擦学所面临的亟待解决的课题之一。美国著名材料塑性学学者 Avitzur 曾指出:摩擦问题是金属成形研究的最后堡垒[1]。

随着现代汽车技术和新材料的发展,薄板成形接触摩擦问题也出现了新的课题和内容,这主要表现在如下方面:

(1) 薄板材料性能变化。由过去 CQ,DQ 低冲压级别的低碳钢板发展到 DDQ,EDDQ,SEDDQ 深冲、超深冲级别钢板和深冲性良好的铝板、不锈钢板以及高强和超高强钢板等。

(2) 薄板表面状态变化。由过去的单纯裸钢板发展到各种电镀、热镀、合金镀、复合镀层及涂层板,光亮板,并对成形工艺条件(速度、温度等)有相当的敏感性。

(3) 成形工艺状态及成形件形状变化。由过去多为简单成形发展到复杂成形、深冲、超深冲成形以及激光拼焊差厚板成形等。

另外,大变形过程中板材表面形貌因滑移变形、晶体转动发生明显变化,因而成形过程中摩擦特性也在变化。

目前,对薄板成形摩擦研究主要为板成形摩擦模型研究和板成形摩擦实验测定研究。在板成形摩擦模型研究方面,由于对摩擦过程机理尚有许多不明之处,加之动态摩擦过程十分复杂,近年来进展不大,主要仍采用库仑摩擦定律表述摩擦力与正压力间的关系,摩擦系数多按常数处理[2]。W. C. Emmens 在摩擦模型中考虑了润滑剂黏度系数、成形速度及表面粗糙度几何因数的影响[3],G. Monfort 认为很难推出一个适用于所有冲压过程的摩擦模型,因此建立了一系列模型[4]。但是我们发现,这些模型建立的实验基础离实际冲压工艺过程条件较远,且对超深冲薄板及镀层板这样的对温度敏感的材料没有考虑温度等敏感性因素的影响,模型中不定因数难以实际确定、模型结构过于复杂难以应用。

在板材成形摩擦实验及应用研究方面,近年人们更注意镀层板成形的摩擦特性研究[5,6]。因为与裸板相比,镀层板因其表层的特殊结构和性能在成形过程中更容易因接触摩擦问题而使成形性能恶化,并且摩擦特性更容易受温度因素的影响。

在汽车厂实际应用中还发现,超深冲镀层板的冲压成形性能随季节、地区环境因素,尤其是温度、湿度不同而变化,同样的钢板在干燥、低温的冬季冲压成形问题很少,但到了高温、湿度大的夏秋季冲废率明显增加,成形性问题较多。经初步分析,基体及表面较软的超深冲薄板,尤其是超深冲镀层板的深冲摩擦特性对环境湿度、温度的变化有相当的敏感性,环境温度、湿度主要是通过冲压模具与板材表面在接触过程产生影响,这实际上是材料表面特性,尤其是接触界面特性发生一定变化的新的接触动态摩擦问题。

在板材成形摩擦实验研究方面,代表的研究有:(1)平板滑动实验(Sliding Test);(2)拉弯实验(Tension-Bending Test);(3)拉延成形(Stretching Test)摩擦实验。平板滑动实验是试验板带在上下加压的平面模具或圆弧形模具之间对板带加水平抽动力 F,使板带在上下模具间滑动,从而测定摩擦力和摩擦系数,近几年仍有采用。该方法实验装置简单,可在一定程度上模拟法兰处压边力作用下的摩擦条件,但缺点是没有考虑拉伸弯曲作用下的实际变形摩擦条件[5]。拉弯实验主要用于单纯模拟拉深成形中凹模压边圈处、圆角处或冲头圆角处摩擦条件[7]。拉延成形摩擦实验则模拟更接近于实际拉延成形条件并伴有拉伸弯曲成形(Bending Under Tension)状态的成形摩擦过程,此方法通过改进可直接测力,得到摩擦系数。近年,由王先进、康永林等合作开发的新型板成形动态摩擦测试系统可以较精确地模拟板材拉胀及拉深成形过程的摩擦条件,同时可测出凸模和凹模圆角处的动态摩擦系数变化情况以及温度等因素的影响[8~11]。山崎等人采用滑动试验方法试验分析了纯电镀锌(EG)、热镀锌(GI)和合金化镀锌(GA)钢板在不同表面压力和模具长度条件下的摩擦系数变化规律[12]。

12.1　板材成形过程动态摩擦测试系统的原理与方法

板材成形过程动态摩擦测试系统简图如图 12－1 所示[13],板材成形动态摩擦测试系统由驱动系统、机械系统、温控系统和数据采集系统四部分组成[13,14]。驱动系统中的 MTS810 材料实验机提供机械系统运动所需的总载荷 N 及总位移 H。温控系统可分别控制四个摩擦辊的辊面温度。液压系统提供连续可调的压边力 N_1、N_2。机械系统由图 12－2 所示的上部(三角架)和下部(底座)组成[9]。

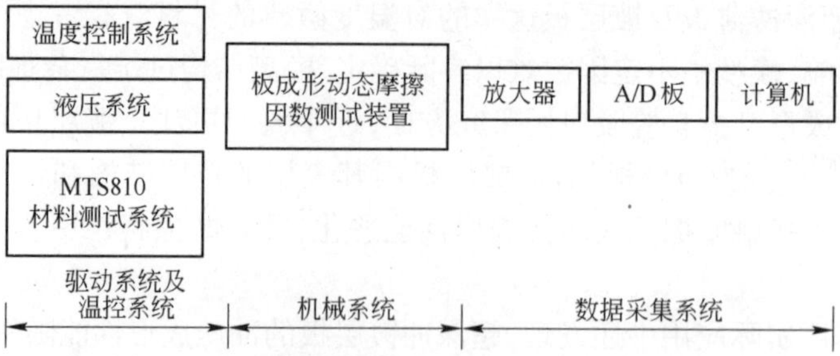

图 12－1　板材成形动态摩擦测试系统简图

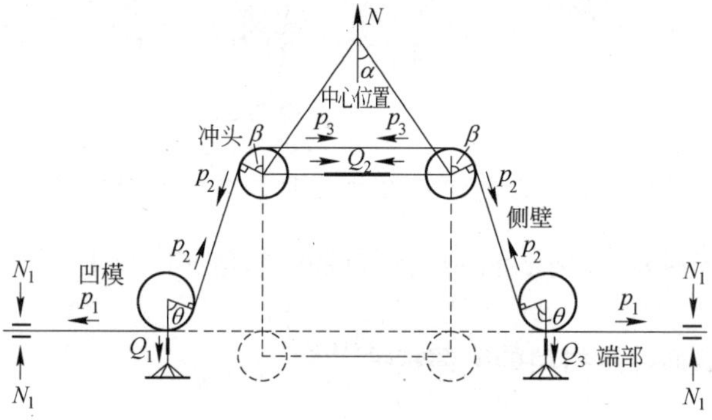

图 12-2 板材成形动态摩擦机械系统简图

通过测试出压边力 N_1、N_2，以及力 N、Q_2、Q_3 可得到板料试件各处所受的力 p_1、p_2、p_3。由此可得到钢板与凹模间的摩擦系数 μ_2 以及钢板与凸模间的摩擦系数 μ_3，以及压边处的摩擦系数 μ_1[9]，即：

凹模处的摩擦系数：

$$\mu_2 = \frac{1}{\beta}\ln\frac{p_2}{p_1} \tag{12-1}$$

冲头圆角处的摩擦系数：

$$\mu_3 = \frac{1}{\beta}\ln\frac{p_2}{p_3} \tag{12-2}$$

压边处的摩擦系数：

$$\mu_1 = \frac{p_1}{2N_1} \tag{12-3}$$

模拟拉胀实验过程中，试件两边夹死，只能得到 μ_2、μ_3 值。模拟深冲实验过程中，调节压边力，试件随冲头的运动可在压边装置处滑动，可得到 μ_1、μ_2 及 μ_3 值。

在摩擦系数的推导过程中，并未考虑弯曲力的影响，但在实际过程中，张力值 p_1、p_2、p_3 均包括弯曲力和摩擦力两部分。为了考察弯曲力对实验结果的影响，可设计相同直径的滚动轴承来代替摩擦辊，在良好的润滑条件下模拟无摩擦状态。模拟无摩擦状态时，可以认为侧壁上的张力 p'_2 与 p'_1、p'_3 的差值 δp 就是弯曲反弯引起的附加拉力。

$$\delta p_1 = p'_2 - p'_1 \tag{12-4}$$

$$\delta p_2 = p'_2 - p'_3 \tag{12-5}$$

修正后的摩擦系数计算公式如下：

$$\mu_2 = \frac{1}{\beta}\ln\frac{p_2 - \frac{1}{2}\delta p_1}{p_1 + \frac{1}{2}\delta p_1} \tag{12-6}$$

$$\mu_3 = \frac{1}{\beta}\ln\frac{p_2 - \frac{1}{2}\delta p_2}{p_3 + \frac{1}{2}\delta p_2} \tag{12-7}$$

通过弯曲反弯的校正,从原理上更合理地考察摩擦因素的影响。

12.2　不同材料及板材表面状态对摩擦系数的影响

12.2.1　不同表面镀层材料的摩擦特性[13,14]

图 12－3 为 60℃时 NKK-IF 钢板和国产 IF 钢电镀锌板(记为 1270 板)凸模和凹模处的摩擦系数。这两种板材的主要区别在镀层上,NKK 板为热镀锌合金化镀层,其表面硬度较高;而 1270 板为电镀锌镀层,其表面硬度较软。这两种板材的基本力学性能见表 12－1。

表 12－1　试样的基本力学性能

试样代号	试样厚/mm	镀层种类	镀层重/g·m^{-2}	R_e/MPa	R_m/MPa	A_{50}/%	$\bar{n}$ 值	$\bar{r}$ 值
NKK 板	0.9	GA	60/30	136	292	51	0.268	1.65
1270 板	0.9	EG	20/20	142	294	49	0.250	2.11

由表 12－1 可见,两种板材的基本力学性能相差不大,IF 钢电镀锌板的 r 值还高于 NKK 合金化镀锌板。

由图 12－3 可知,IF 钢电镀锌板在模具温度为 60℃模拟胀形时无论是凹模还是凸模处的摩擦系数均高于 NKK 合金化镀锌板的摩擦系数。且由板材拉伸过程中各部分(中部、侧臂及边部)测得的应变可知,1270 镀锌板的应变分布不均比 NKK 板严重(图 12－4)。

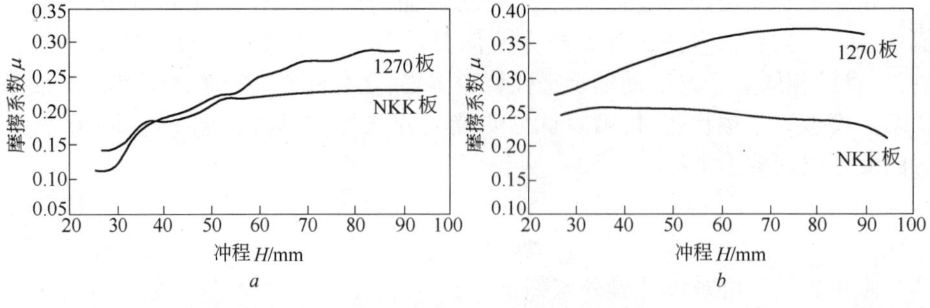

图 12－3　国产 IF 钢电镀锌板(1270 板)与 NKK 合金化镀锌板凹、凸模处摩擦系数的比较

(冲压速度 5 mm/s,润滑剂为重庆庆铃油,模具温度为 60℃)

a—凹模；b—凸模

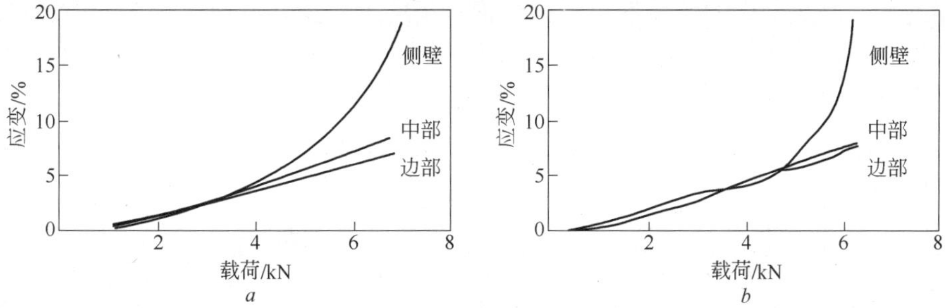

图 12－4　NKK 合金化镀锌板和 IF 钢电镀锌板（1270 板）在胀形过程中各部分的应变随载荷的变化

a—NKK 板（润滑剂：重庆庆铃油，冲头速度：5 mm/s，模具温度：60℃）；

b—1270 板（润滑剂：重庆庆铃油，冲头速度：5 mm/s，模具温度：30℃）

由图 12－4 可知，IF 钢电镀锌板拉胀时成形性与 NKK 合金化镀锌板有差别，这一点也可在两者拉胀时的最大冲程上表现出来（图 12－5）。

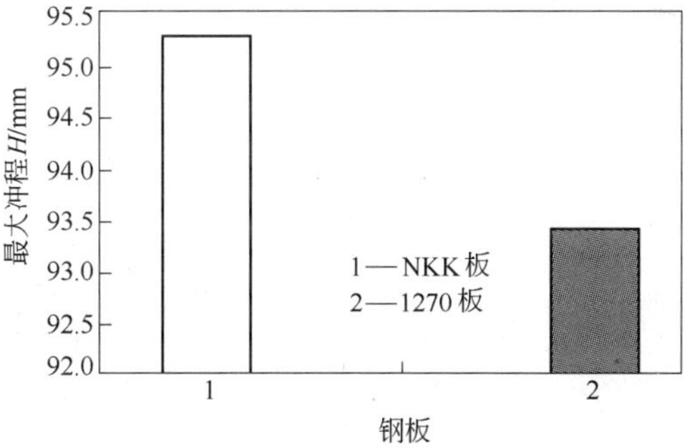

图 12－5　NKK 合金化镀锌板和 IF 钢电镀锌板（1270 板）最大冲程的比较

12.2.2　同种镀层板不同表面状态时（有无灰变、红锈）的摩擦特性[13,14]

在电镀锌板生产出来到用户对板料进行冲压成形的过程中，电镀锌板会由于环境湿度、温度等条件原因使板材表面发生腐蚀，常见的有灰变、红锈、白锈等，这必然对板材成形时的摩擦系数及成形性产生影响。

图 12－6 和图 12－7 为两种电镀锌板，正常板（1 号）、灰变板（2 号）在模拟胀形时凸模和凹模处摩擦系数随冲程的变化。

由图 12－6 和图 12－7 可知，在 30℃时，电镀锌板正常板（1 号）和灰变板（2 号）的摩擦系数差别较大，正常板的摩擦系数高于灰变板；在模具温度为 60℃时，正常板和灰变板的摩擦系数的差别变小可认为基本相等，这说明当模具温度上升时灰变板的摩擦系数变化较正常板的大。由实验结果表明，在模具温度为 30 ~ 60℃ 的范围内正常板和灰变板的摩擦系数无明显差别。但如果模具温度高于 60℃ 后，则需要作进一步的研究。

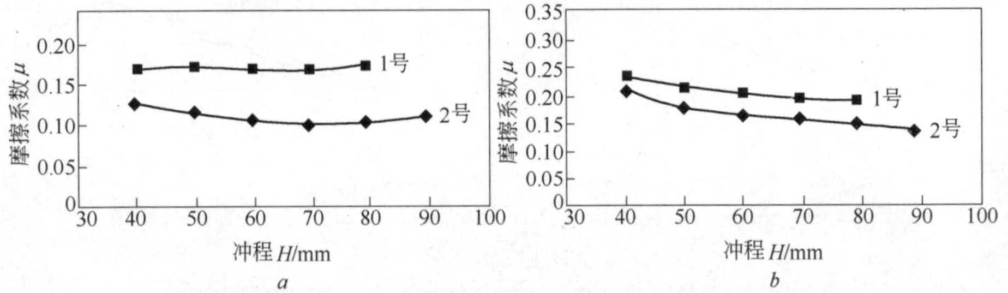

图 12 - 6　电镀锌板正常板（1 号）和灰变板（2 号）在凹、凸模处摩擦系数随冲程的变化

（模具温度：30℃，冲头速度：5 mm/s，润滑剂：重庆庆铃油）

a—凹模；*b*—凸模

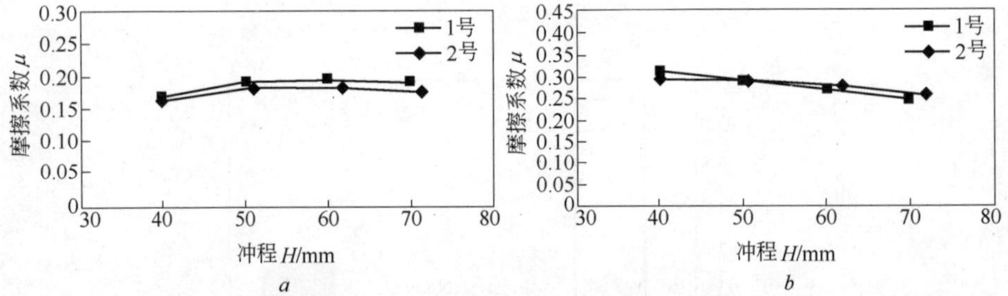

图 12 - 7　电镀锌板正常板（1 号）和灰变板（2 号）在凹、凸模处摩擦系数随冲程的变化

（模具温度：60℃，冲头速度：5 mm/s，润滑剂：重庆庆铃油）

a—凹模；*b*—凸模

汽车厂反馈的信息表明，灰变板的成形性较未灰变板好，此现象同由实验所推出的结论相同。

在改变原料的情况下对有关灰变板和正常板的成形性的对比实验的进一步实验研究如图 12 - 8 所示，在室温下国产 IF 钢电镀锌板灰变板的摩擦系数略小于卷号相同的正常板的摩擦系数，此实验结果同前面的实验结果相吻合。

12.2.3　镀锌板与其基板的摩擦特性[13,14]

图 12 - 9 表明在常温和模具温度升高的情况下，IF 钢电镀锌板和其基板在凸模处的摩擦系数随冲程的变化曲线。

如图 12 - 9 所示，无论是在常温下还是模具温度上升时，镀锌板的摩擦系数均高于基板的摩擦系数。

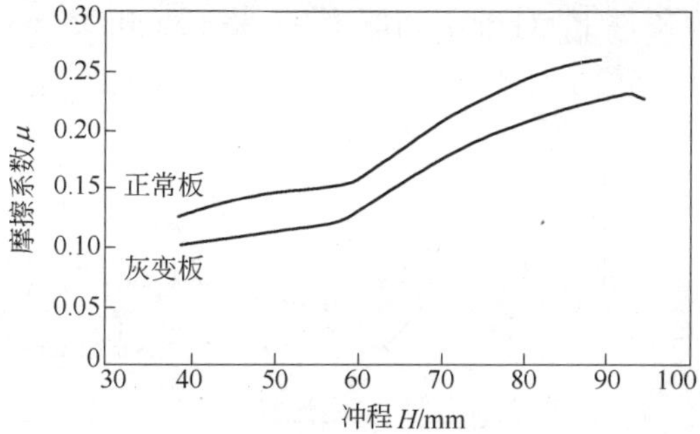

图 12－8　正常板与灰变板凹模处摩擦系数随冲程的变化

（模具温度:30℃ 冲头速度:5 mm/s 润滑剂:重庆庆铃油）

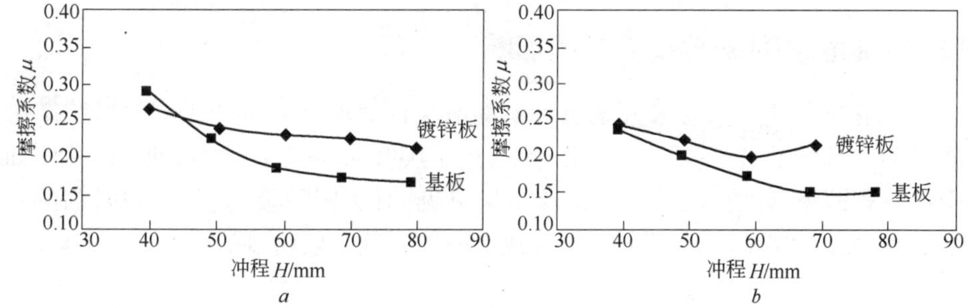

图 12－9　IF 钢电镀锌板、IF 钢裸板凸模处摩擦系数随冲程的变化

（冲头速度:5 mm/s,润滑剂:重庆庆铃油）

a—30℃；b—60℃

12.2.4　板材取向差异及厚度的摩擦特性

试验选取 08Al 裸板做轧向（R-D）与横向（T-D）拉胀成形摩擦系数的对比实验。结果如图 12－10 所示[8]。可见板材横向的摩擦系数大于轧向的。

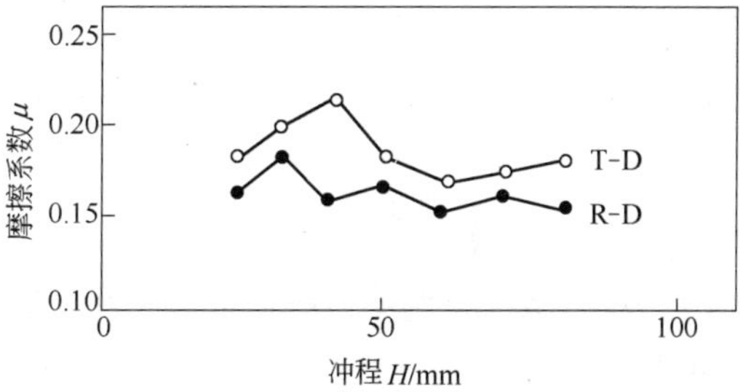

图 12－10　08Al 裸板轧向（R-D）与横向（T-D）拉胀成形摩擦系数比较

在相同的实验条件下，对于不同厚度（0.55 mm、0.75 mm、1.0 mm）的 08Al 板，其摩擦系数随板厚增加而有所增加（见图 12－11）。

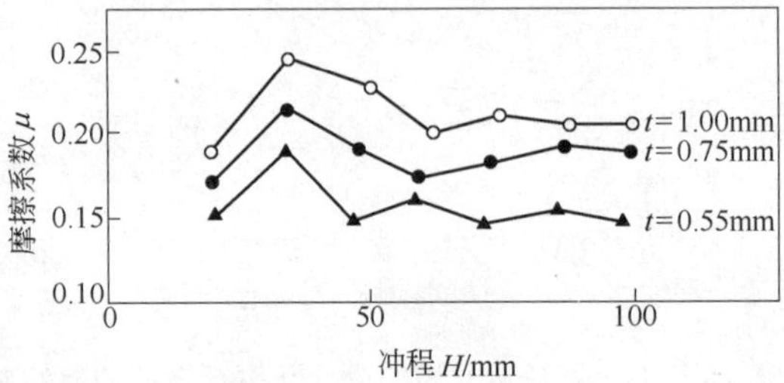

图 12－11　不同厚度 08Al 板的摩擦系数与冲程的关系

12.3　润滑条件对摩擦系数的影响

采用 IF 钢电镀锌板及其基板考察润滑条件对摩擦系数的影响的试验结果见图 12－12 和图 12－13[13]。润滑剂选用了庆铃油、联众油、大众油、Mp-404 和 Ks-5 五种润滑剂进行试验。由试验结果可见，对于同种板材，不同润滑剂的效果是不同的，润滑剂特性不同对板材成形摩擦系数有较明显的影响。

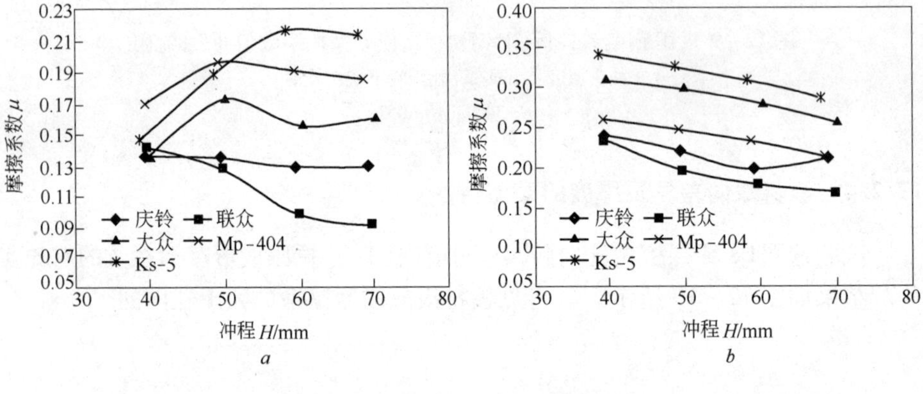

图 12－12　IF 钢电镀锌板凸、凹模处的摩擦系数随冲程的变化

（模具温度：60℃，冲头速度：5 mm/s）

a—凹模；*b*—凸模

如图 12－12，对于 IF 钢电镀锌板，庆铃油和联众油的润滑较好，Mp-404 和 Ks-5 的润滑效果不理想。

如图 12－13，IF 钢裸板模拟胀形时，庆铃油和联众油润滑效果较好，而 Mp-404 和 Ks-5 的润滑效果较差。

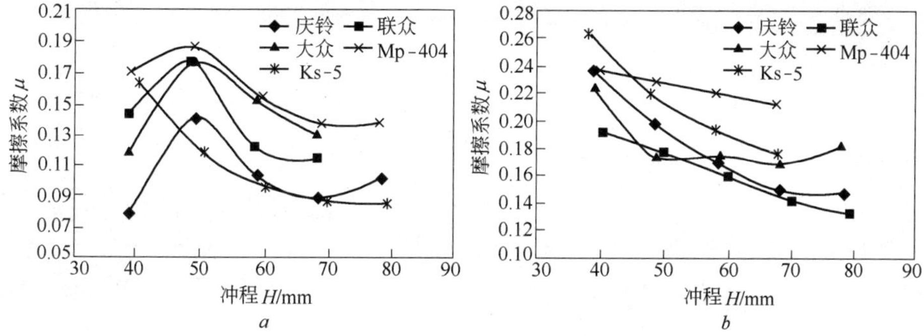

图 12-13 IF 钢裸板凸、凹模处的摩擦系数随冲程的变化

（模具温度：60℃，冲头速度：5 mm/s）

a—凹模；*b*—凸模

12.4 冲压成形速度对摩擦系数的影响

冲压速度直接影响到成形件与模具间的滑移速度，滑移速度对润滑剂的润滑机制起很重要的作用。同时，冲压速度的变化会影响材料的变形抗力，从而对摩擦状态起作用。图 12-14 ~ 图 12-16 说明了板材拉胀成形过程中冲头速度对摩擦系数的影响[13]。

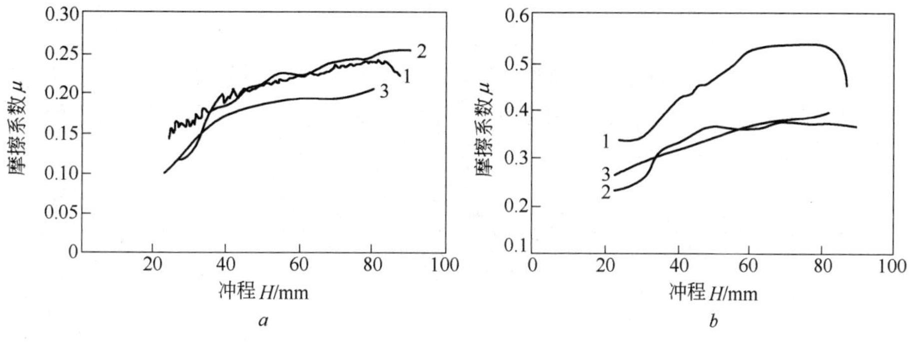

图 12-14 IF 钢电镀锌板凹、凸模处的摩擦系数随冲程的变化

（模具温度：60℃，润滑剂：庆铃油）

a—凹模；*b*—凸模

由试验结果可见，无论是在凹模还是在凸模处，当冲头速度 $V = 0.5$ mm/s 时的摩擦系数均较 $V = 5$ mm/s 及 10 mm/s 的高。而当 $V = 5$ mm/s 和 $V = 10$ mm/s 时，可能由于速度差异不明显，其摩擦系数变化的规律性不明显。裸板在冲头速度变化时，其摩擦系数变化不明显。

图 12-17 为不同表面状态及粗糙度的低碳合金化热镀锌板 GA 板和电镀锌板 EG 板（材料特性参数见表 12-2）的摩擦系数随冲压速度变化结果[15]。

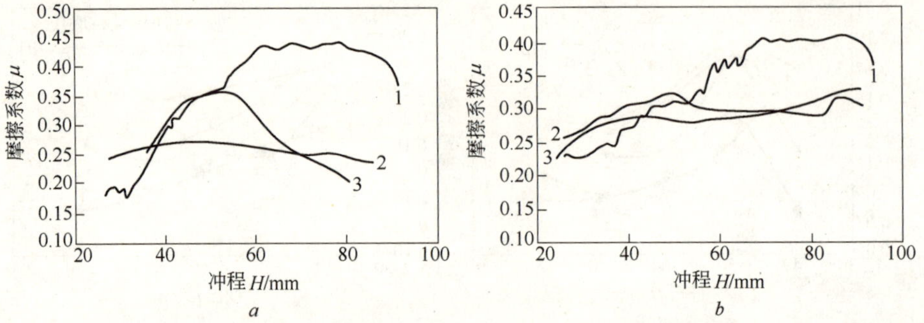

图 12－15 IF 钢电镀锌板凸模处摩擦系数随冲程的变化

（模具温度：a 为 60℃；b 为 30℃，润滑剂：庆铃油）

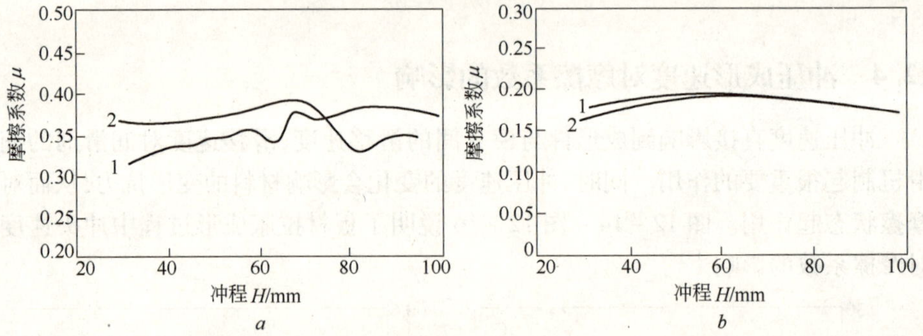

图 12－16 IF 钢裸板凸、凹模处摩擦系数随冲程的变化

（模具温度：30℃，润滑剂：庆铃油）

a—凸模；b—凹模

表 12－2 实验板材的材料特性参数

材 料	厚度/mm	镀层重量 /g · mm^{-2}	表面粗糙度 R_Z/μm	镀层硬度 HV(lgf)	R_e/MPa	R_m/MPa	A/%
W-GA	0. 98	162/162	4. 79	127. 3	180. 2	300. 5	46
Z-GA	0. 94	140/140	5. 46	69. 1	171. 6	325. 6	40
C-GA	0. 97	140/140	5. 04	74. 2	189. 9	354. 0	47
EG	0. 80	42/42	6. 05	43. 9	199. 9	379. 6	47

一般认为塑性加工润滑的类型有三种：边界润滑、混合润滑和流体动压润滑。在大多数板材成形过程中，模具的表面压力都很低，这意味着板料与模具的接触只局限于微凸体部分。在本次实验中，由于设备的限制，冲头的速度较低，因而可认为润滑属于边界润滑类型。从 Strieck 曲线上可以得出摩擦系数随冲头速度的增加而下降的结论。实验的结果证明了这一点。在实际生产中，冲头的速度会较高，润滑类型有从边界润滑向混合润滑过渡的倾向。此时，由于冲头

速度增加导致处于板料表面微凹处的润滑剂的动压增加,进而润滑剂即油膜的承载能力增加,则板料冲压时的摩擦系数减小。

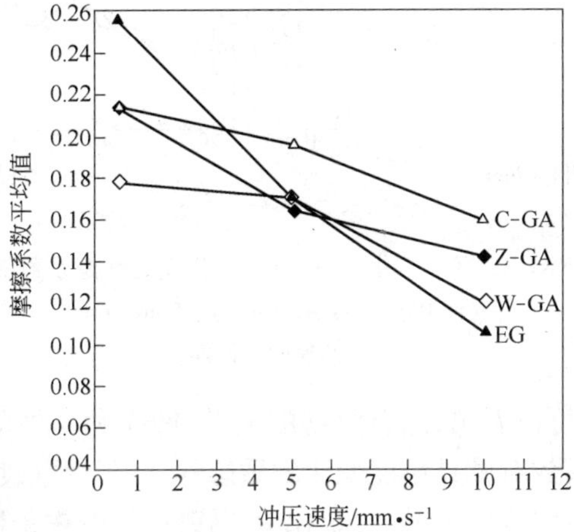

图 12-17 不同表面状态板材的摩擦系数随冲压速度的变化

12.5 模具温度对摩擦系数的影响

在实际生产中,因为板材的塑性变形和板材与模具之间的摩擦会使模具的温度上升。当温度上升时,摩擦系数是升高的;但对于不同的板材,其摩擦系数升高的程度是不同的,有些板材的摩擦系数升高较快即对模具温度变化较为敏感;但有些板材对模具温度变化却不太敏感。这会影响板材的成形性,因此有必要对温度对板材的摩擦特性的影响进行研究。图 12-18、图 12-19 为温度变化时,国产 IF 钢电镀锌板和 NKK-IF 钢合金化热镀锌板的摩擦系数的变化[13]。

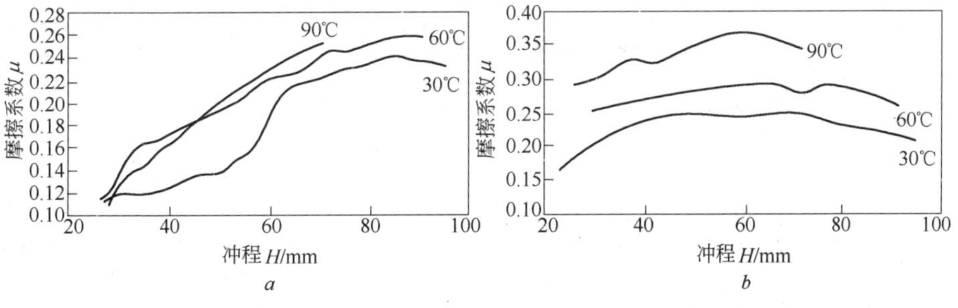

图 12-18 IF 钢电镀锌板凹、凸模处摩擦系数随冲程的变化

(润滑剂:庆铃油,冲压速度:5 mm/s)

a—凹模; *b*—凸模

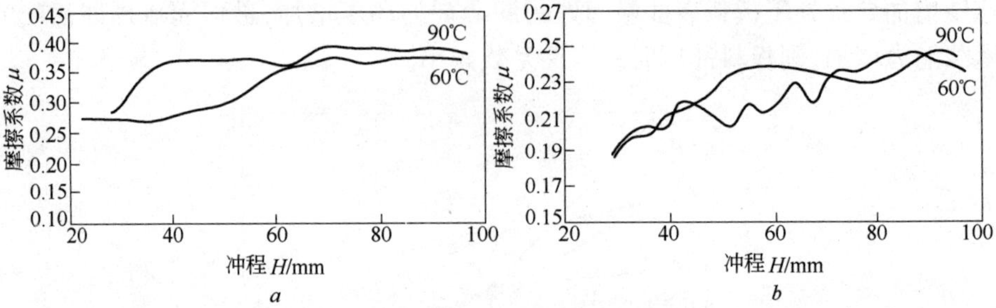

图 12－19　NKK-IF 钢合金化热镀锌板凹、凸模处摩擦系数随冲程的变化

（润滑剂：庆铃油，冲压速度：5 mm/s）

a—凸模；*b*—凹模

由以上几个图可以看出，随着温度的上升，凹模和凸模的摩擦系数均增加，但 NKK 板的摩擦系数对模具温度变化的敏感性比 IF 钢电镀锌板的摩擦系数的敏感性小，即随模具温度的上升，合金化 IF 钢镀锌板摩擦系数的增加不如 IF 钢电镀锌板明显。

分析造成两种板温度敏感性差异较大的原因如下：

（1）镀层硬度的影响。图 12－20 说明了 NKK-IF 钢合金化热镀锌板和 IF 钢电镀锌板镀层表面硬度随温度的变化[13]。IF 钢电镀锌板的表面硬度从 20℃ 的 72 HV 下降到 100℃ 的 38 HV，NKK 板表面硬度从 20℃ 的 250 HV 下降到 100℃ 的 184 HV。由于合金化热镀锌板镀层表面原始硬度较高，故可认为合金化热镀锌板表面硬度下降的趋势不如电镀锌板明显。而镀层硬度同镀层与模具发生黏结（Adhesion）的程度有很大关系。

（2）润滑剂黏度的影响。润滑剂的黏度与温度有很大的关系，如图 12－21 所示，当温度从 30℃ 上升到 95℃时，其黏度从 237.5 MPa · s 下降到 102.5 MPa · s[13]。

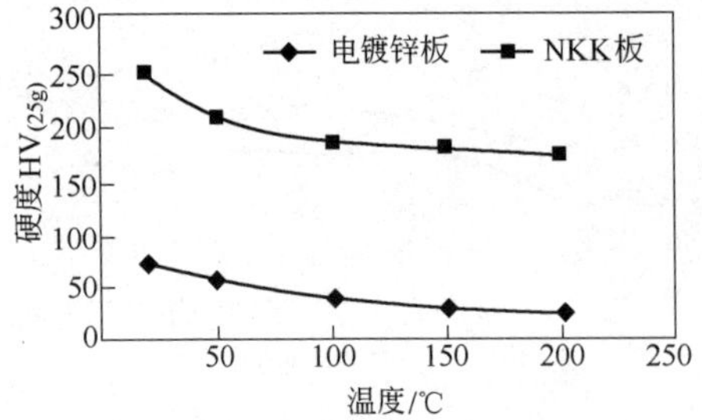

图 12－20　镀层板表面硬度与温度的关系

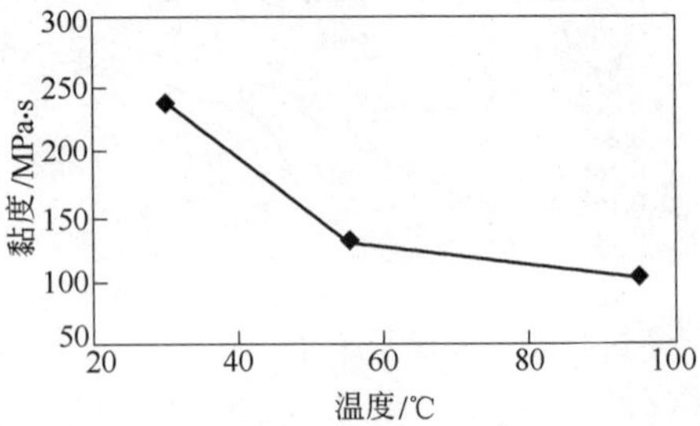

图 12－21　庆铃油黏度随温度的变化

综上所述，镀层硬度的差异是造成两种镀层板在模具温度上升时，摩擦增加

不同且电镀锌板的摩擦系数增加较大的主要原因。具体分析如下：由于温度上升，润滑油黏度下降；润滑油黏度下降后，位于模具和板材接触表面的润滑油膜减薄，易于被打破；温度的上升，镀锌层硬度下降，板材和模具发生黏结的倾向更加明显；而发生黏锌后的板材表面状态恶化，又促进了黏锌的发生，进一步加剧了摩擦系数的增大。于此相比，NKK 合金化热镀锌板由于表面较硬，镀层和模具发生黏结的倾向较小，因此对温度的升高反应不明显。

图 12－22～图 12－26 分别为电镀锌板－1（未灰变板）、电镀锌板－1 的灰变板、电镀锌板－2 和电镀锌板－2 的裸钢板四种板材在模拟胀形成形模具温度变化时，凹凸模处摩擦系数随冲程的变化曲线[13]。镀锌板即前三种板的摩擦系数均有明显的增加，而裸钢板基本无明显变化。在镀锌板中，当温度升高时，灰变板（2 号）的摩擦系数的增加较未灰变板（1 号）的大，这与从图 12－6 和图 12－7所得到结论相一致。

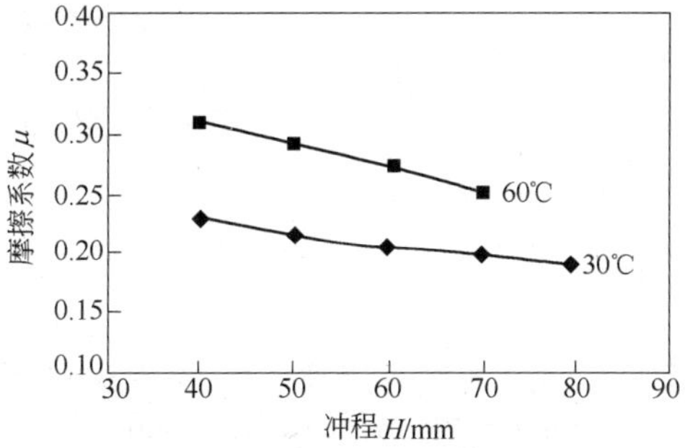

图 12－22　电镀锌板－1（未灰变板）凸模处摩擦系数随冲程变化
（模具温度：60℃，冲头速度：5 mm/s，润滑剂：庆铃油）

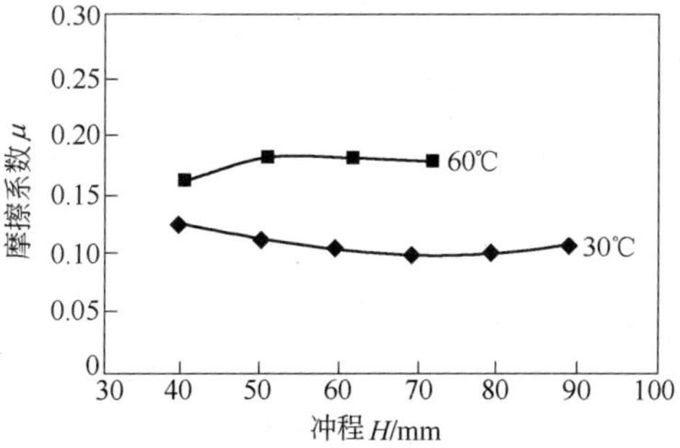

图 12－23　电镀锌板－1（灰变板）凹模处摩擦系数随冲程变化
（模具温度：60℃，冲头速度：5 mm/s，润滑剂：庆铃油）

实验结果表明，裸钢板在冲压时摩擦系数几乎不随模具温度的变化而变化。

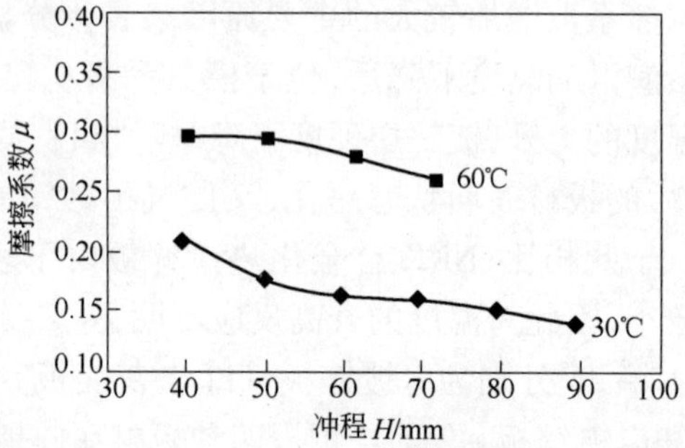

图 12 - 24　电镀锌板 - 1(灰变板)凸模处摩擦系数随冲程变化

(冲头速度:5 mm/s,润滑剂:庆铃油)

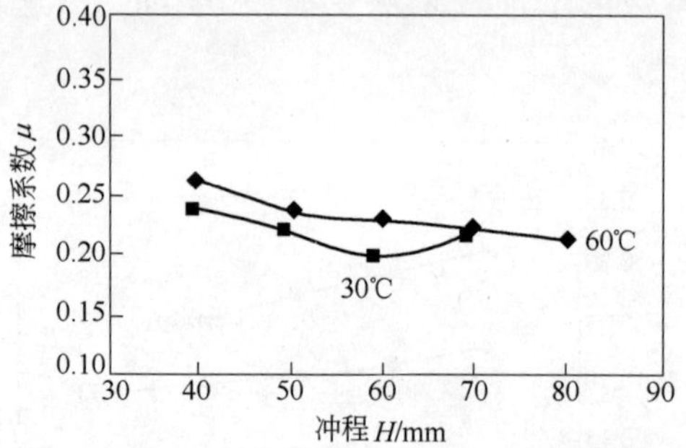

图 12 - 25　电镀锌板 - 2 凸模处摩擦系数随冲程变化

(冲头速度:5 mm/s,润滑剂:庆铃油)

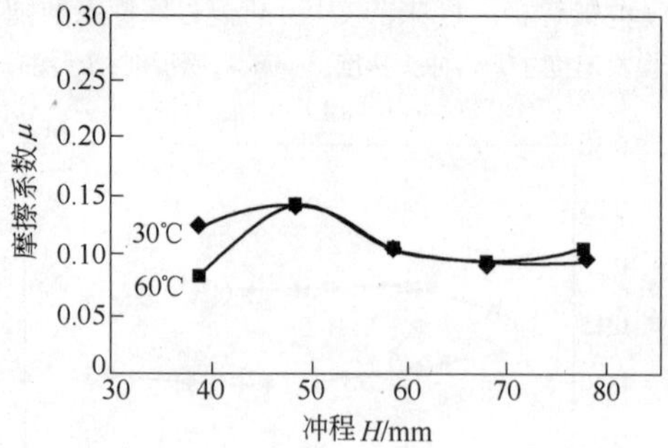

图 12 - 26　电镀锌板 - 2 的裸钢板凸模处摩擦系数随冲程变化

(冲头速度:5 mm/s,润滑剂:庆铃油)

12.6　模具尺寸、形状对摩擦系数的影响

模具的几何形状、尺寸、硬度及表面粗糙度是摩擦界面的重要组成,同时模具形状的变化会影响到工件和模具之间载荷的变化,工件应变区域的分布等。

图 12－27、图 12－28 是模拟胀形过程中摩擦系数随摩擦辊圆角半径(模拟凸模圆角半径)变化曲线的实测结果[13]。

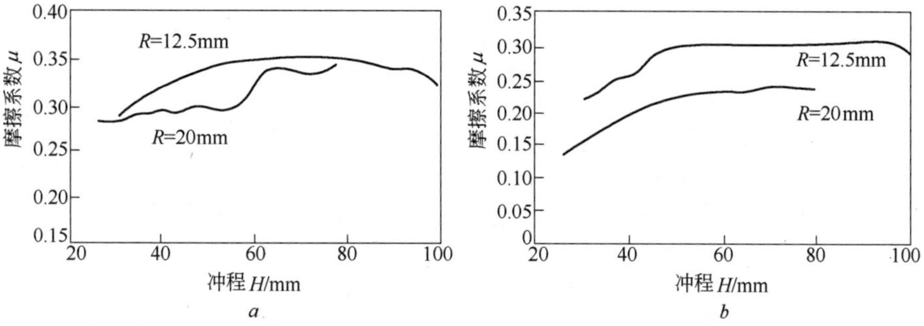

图 12－27　IF 钢电镀锌板在不同的摩擦辊圆角半径时摩擦系数随冲程变化

(模具温度:60℃,润滑剂:庆铃油,冲头速度:5 mm/s)

a—1270 板,凸模; *b*—1550 板,凹模

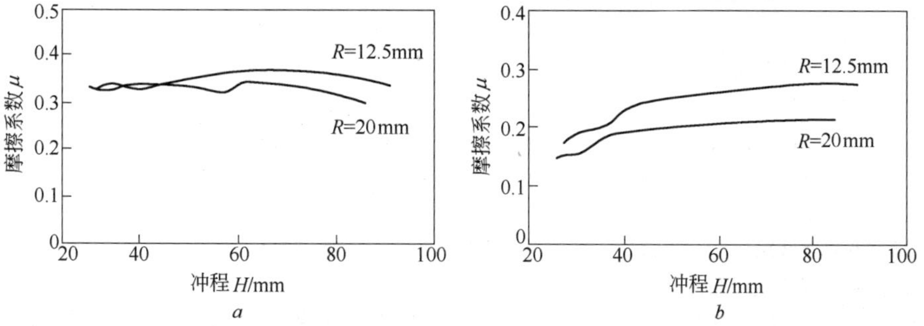

图 12－28　IF 钢电镀锌板裸板凸、凹模处摩擦系数随冲程的变化

(模具温度:30℃,润滑剂:庆铃油,冲头速度:5 mm/s)

a—凸模; *b*—凹模

由以上两图可以看出,无论是裸板还是镀锌板,在凸模或凹模处,半径为 20 mm 时的摩擦系数小于半径为 12.5 mm 时的摩擦系数。作者等对 08Al 板的试验研究也得到同样结果(见图 12－29)[8]。至于是否摩擦系数随模具圆角半径的增大而减小,可以进行进一步的试验研究。

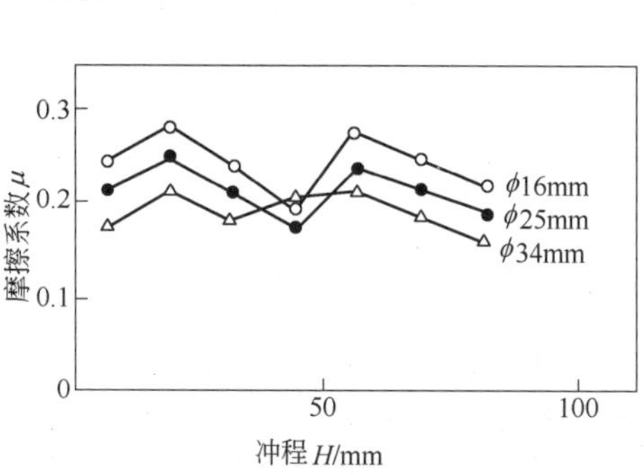

图 12－29　摩擦辊圆角半径(模拟凸模圆角半径)对摩擦系数的影响

图 12－30 表示辊距(模拟凸模直径)对摩擦系数的影响,材料为 08Al

板[8]。从试验结果可见,摩擦系数随辊距(模拟凸模直径)的增加而增大。

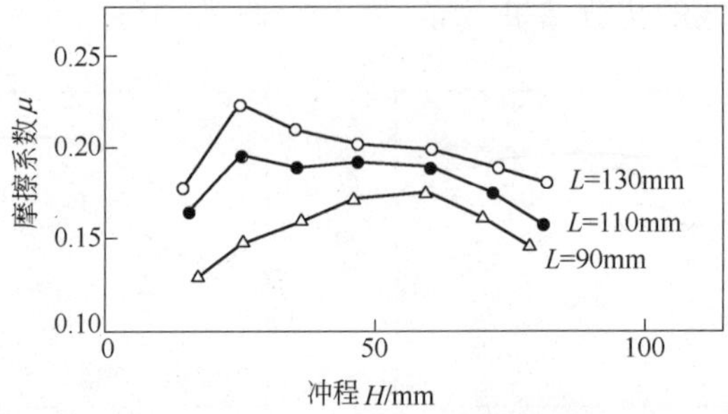

图 12 - 30　辊距(模拟凸模直径)对摩擦系数的影响

参 考 文 献

[1] Avitzur. A Persnal Look on My Involvement in the Recent History of Metal Forming Research. Advanved Technology of Plastisity. 3th ICTP,1990:1627 ~ 1636.

[2] 水野高尔, 池 浩. 塑性加工のトライボロジ－の基础をめぐつて[J]. 塑性と加工, 1995, Vol. 36, No. 413:560 ~ 565.

[3] Emmens W C. The influence of surface roughness on friction. 15th IDDRG,1988:63 ~ 70.

[4] Monfort G, Defourny J, Tribological factors in the stamping of coated and uncoated steel sheet. 16th IDDRG,1990:197 ~ 206.

[5] 比良隆明,ほか. プレスにおける表面处理钢板の摩擦举动[J]. 塑性と加工,1993, Vol. 34, No. 393:1141 ~ 1146.

[6] 中村保, ほか. 塑性と加工[J]. 1993, Vol. 34, No. 393:1153 ~ 1159.

[7] 池浩. L 型ビ－ド引抜き试验による表面处理钢板のすべり性の评价[J]. 塑性と加工, 1994, Vol. 35, No. 397:145 ~ 151.

[8] 康永林,孙英,王先进. 用新型摩擦装置测定薄板成形摩擦系数[J]. 机械工程学报,1996, Vol. 32:106 ~ 110.

[9] Wang X J, Tang D, Chu W, et al.. Development of New Universal Friction Test for Sheet Forming. Proc. of NUMISHEET 96, Michigan, USA, 1996:55 ~ 60.

[10] Kang Y L, Wagoner R H, et al. A Study on Friction Characteristics of Coated and Non-coated steel sheets in Sheet. Forming. Proc. of Numisheet 96, Michigan, USA, 1996:61 ~ 64.

[11] Yonglin Kang, J. P. Zheng, et al.. The Lab. Research of Friction and Formability of IF Galvanized Steel Sheets. Advanced Automotive Materials, 1997:84 ~ 98.

[12] 山崎雄司,小豆岛明,时田裕一. 自动车用表面处理钢板の滑动特性に及ぼす面压と工具长さの影响[J]. 塑性と加工,2005, Vol. 46, No. 537:957 ~ 961.

[13] 荣光. IF 钢电镀锌板摩擦特性和成形性研究[D]. 北京:北京科技大学,1998.

[14] 康永林,任学平,荣光. 中国表面工程[J]. 1998, Vol. 11, No. 41:25 ~ 28.

[15] 孙英. 薄板冲压成形摩擦试验装置的开发及应用研究[D]. 北京:北京科技大学,1995.

冶金工业出版社部分图书推荐